TURKISH
DICTIONARY

HarperCollins Publishers
Westerhill Road
Bishopbriggs
Glasgow G64 2QT
Great Britain

Second Edition 2019

10 9 8 7 6 5 4 3 2 1

© HarperCollins Publishers 2010, 2019

ISBN 978-0-00-827079-7

Collins Gem® is a registered trademark
of HarperCollins Publishers Limited

www.collinsdictionary.com

A catalogue record for this book is
available from the British Library

Typeset by Davidson Publishing
Solutions, Glasgow

Printed and bound in China by
RR Donnelley APS.

Acknowledgements

We would like to thank those authors
and publishers who kindly gave
permission for copyright material to be
used in the Collins Corpus. We would also
like to thank Times Newspapers Ltd for
providing valuable data.

If you would like to comment on any
aspect of this book, please contact us at
the given address or online.
E-mail: dictionaries@harpercollins.co.uk
facebook.com/collinsdictionary
@collinsdict

İÇİNDEKİLER

CONTENTS

GİRİŞ

Bu Türkçe sözlüğü almaya karar verdiğiniz için teşekkür ederiz, umarız bu sözlüğü evde, tatilde ya da iş yerinizde kullanmaktan keyif alır ve faydalanırsınız.

INTRODUCTION

We are delighted that you have decided to buy this Turkish dictionary and hope you will enjoy and benefit from using it at home, on holiday, or at work.

KISALTMALAR		**ABBREVIATIONS**
sıfat	*adj*	adjective
zarf	*adv*	adverb
ünlem	*excl*	exclamation
konuşma dili (! argo)	*inf (!)*	colloquial (! offensive)
edat	*prep*	preposition
zarf	*pron*	pronoun
isim	*n*	noun
dişil	*f*	feminine
eril	*m*	masculine
cinssiz	*nt*	neuter
çoğul	*pl*	plural
fiil	*v*	verb

TURKISH PRONUNCIATION

VOWELS

a	[a]	*kapı*	like *a* in c*a*r
e	[e]	*gelir*	like *e* in p*e*t
ı	[ə]	*kapı*	like *e* in op*e*n
i	[i]	*iki*	like *i* in mach*i*ne
o	[o]	*mor*	like *o* in m*o*re
ö	[ø]	*öğrenci*	like *u* in b*u*rn
u	[u]	*uyku*	like *u* in r*u*de
ü	[y]	*üzgün*	like *u* in c*u*be

CONSONANTS

c	[j]	*cam*	like *j* in *j*ohn
ç	[tʃ]	*çağdaş*	like *ch* in *ch*ain or *c* in *c*ello
ğ	[:]	*ağaç*	silent letter, which doubles the length of the previous vowel
j	[ʒ]	*ajans*	like *s* in mea*s*ure
ş	[ʃ]	*şeftali*	like *sh* in *sh*are or *s* in *s*ugar

b, d, g, h, k, l, m, n, p, r, s, t, v, y, and z are pronounced as in English.

STRESS
The rules of stress in Turkish are as follows:

(a)   The main stress usually occurs on the last syllable of a word:
        ara'ba (car), ka'dın (woman), or'tak (partner)

(b)   For proper names, the stress occurs on the penultimate syllable,
        unless the penultimate syllable is light and the antepenultimate
        syllable is heavy:
        Penultimate:
        An'talya, O'regon, İs'tanbul
        Antepenultimate:
        'Ankara

(c)   The regular stress pattern occurs on words where suffixes are added
        to stems. The stress shifts away from the stem as suffixes are
        concatenated:
        el'ma (apple)
        elma'lar (apples)
        elmalar'ım (my apples)

In the phonetic transcription, the symbol ['] precedes the syllable on which the
stress falls.

İNGILIZCE TELAFFUZ

	İngilizce Örnek	*Açıklamalar*
[ɑː]	**f**a**ther**	Türkçede karşılığı tam olarak bulunmaz. Uzatılmış *a* sesinin sonuna *ğ* eklenmiş halidir.
[ʌ]	b**u**t, c**o**me	Türkçedeki *a* sesidir. Örnek olarak *kapı* verilebilir
[æ]	m**a**n, c**a**t	Türkçede tam olarak karşılığı bulunmaz. *a* ile *e* sesleri arasındaki bir sese benzer.
[ə]	**f**a**ther**, **a**go	Türkçede tam olarak karşılığı bulunmaz. *a* ile *ı* sesleri arasındaki bir sese benzer.
[ə]	b**i**rd, h**ea**rd	*Köprü, Göz* gibi sözcüklerdeki *ö* sesinin biraz daha uzatılmış halidir.
[ɛ]	g**e**t, b**e**d	Türkçedeki *e* sesinin tam karşılığıdır. Örnek olarak *Eylül* verilebilir.
[i]	**i**t, b**i**g	Türkçedeki *i* sesinin tam karşılığıdır. Örnek olarak *Simit* verilebilir.
[i]	t**ea**, s**ee**	Türkçedeki *i* sesinin uzatılmış halidir.
[ɔ]	h**o**t, w**a**sh	Türkçede tam olarak karşılığı bulunmaz. Yine de *o* sesine çok benzer. Tam olarak *o* sesinin sonuna hafif bir *a* eklenmiş hali denilebilir.
[ɔ]	s**aw**, **a**ll	Türkçede tam olarak karşılığı bulunmaz. Uzunca söylenen *oğ* sesine benzer.
[u]	p**u**t, b**oo**k	Türkçedeki *u* sesinin karşılığıdır. Örnek olarak *dokuz* verilebilir.
[u]	t**oo**, y**o**u	Türkçede tam olarak karşılığı bulunmaz. Uzunca söylenen *ıu* sesine benzer.

[ai]	f**ly**, h**igh**	Hızlıca *ai* sesinin çıkarılmasına benzer.
[au]	h**ow**, h**ou**se	Hızlıca *au* sesinin çıkarılmasına benzer.
[εə]	th**ere**, b**ear**	Hızlıca *eı* sesinin çıkarılmasına benzer.
[ei]	d**ay**, ob**ey**	Hızlıca *ei* sesinin çıkarılmasına benzer.
[iə]	h**ere**, h**ear**	Hızlıca *iı* sesinin çıkarılmasına benzer.
[əu]	g**o**, n**o**te	Hızlıca *ıu* sesinin çıkarılmasına benzer. Fakat buradaki *ı* sesi, *ı* ile *a* arası bir sestir.
[əi]	b**oy**, **oil**	Hızlıca *oi* sesinin çıkarılmasına benzer.
[uə]	p**oor**, s**ure**	Hızlıca *ıuı* sesinin çıkarılmasına benzer. Buradaki ikinci *ı* sesi yine *ı* ile *a* arası bir sestir.
[dʒ]	**g**in, ju**dg**e	Türkçedeki *c* sesinin tam karşılığıdır. Örnek olarak Cuma verilebilir.
[ŋ]	si**ng**	Türkçede tam olarak karşılığı bulunmaz. *ng* sesinin çıkartılmasına benzer fakat sondaki *g* sesi tam olarak söylenmez, böylelikle uzatılmış bir *n* sesine benzer bir ses elde edilir.
[k]	**c**ome, mo**ck**	Türkçedeki *k* sesinin tam karşılığıdır. Örnek olarak kapı verilebilir.
[z]	ro**s**e, **z**ebra	Türkçedeki *z* sesinin tam karşılığıdır. Örnek olarak zor verilebilir.

[ʃ]	**sh**e, ma**ch**ine	Türkçedeki ş sesinin tam karşılığıdır. Örnek olarak şeref verilebilir.
[tʃ]	**ch**in, ri**ch**	Türkçedeki ç sesinin tam karşılığıdır. Örnek olarak çocuk verilebilir.
[w]	**w**ater, **wh**ich	Türkçede tam olarak karşılığı bulunmaz. v sesinden önce u sesi varmış gibi okunur fakat u sesinin yalnızca son kısmı söylenir.
[ʒ]	vi**s**ion	Türkçedeki j sesinin tam karşılığıdır. Örnek olarak ajanda verilebilir.
[θ]	**th**ink, my**th**	Türkçede tam olarak karşılığı bulunmaz. t ile s sesleri arasındaki bir sese benzer. Bu sesi çıkartmak için dil dişler arasında sıkıştırılarak sert bir şekilde t sesi çıkartılmaya çalışılır.
[ð]	**th**is, **th**e	Türkçede tam olarak karşılığı bulunmaz. d ile s sesleri arasındaki bir sese benzer. Bu sesi çıkartmak için dil dişler arasında sıkıştırılarak sert bir şekilde d sesi çıkartılmaya çalışılır.

Fonetik çevriyazıda, [°] simgesi, İngiliz İngilizcesinde ardından gelen sözcük sesli harf ile başlıyorsa çok hafif şekilde telaffuz edilen sözcük sonundaki 'r' harfini temsil eder. Fonetik çevriyazıda, ['] simgesi vurgunun olduğu heceden önce kullanılır.

SAYILAR		NUMBERS
sıfır	0	zero
bir	1	one
iki	2	two
üç	3	three
dört	4	four
beş	5	five
altı	6	six
yedi	7	seven
sekiz	8	eight
dokuz	9	nine
on	10	ten
on bir	11	eleven
on iki	12	twelve
on üç	13	thirteen
on dört	14	fourteen
on beş	15	fifteen
on altı	16	sixteen
on yedi	17	seventeen
on sekiz	18	eighteen
on dokuz	19	nineteen
yirmi	20	twenty

yirmi bir	21	twenty-one
yirmi iki	22	twenty-two
yirmi üç	23	twenty-three
otuz	30	thirty
otuz bir	31	thirty-one
kırk	40	fourty
elli	50	fifty
altmış	60	sixty
yetmiş	70	seventy
seksen	80	eighty
doksan	90	ninety
yüz	100	one hundred
yüz on	110	one hundered and ten
iki yüz	200	two hundred
iki yüz elli	250	two hundred and fifty
bin	1 000	one thousand
bir milyon	1 000 000	one million

HAFTANIN GÜNLERİ	DAYS OF THE WEEK
Pazartesi	Monday
Salı	Tuesday
Çarşamba	Wednesday
Perşembe	Thursday
Cuma	Friday
Cumartesi	Saturday
Pazar	Sunday

MESES	MONTHS
Ocak	January
Şubat	February
Mart	March
Nisan	April
Mayıs	May
Haziran	June
Temmuz	July
Ağustos	August
Eylül	September
Ekim	October
Kasım	November
Aralık	December

Turkish–English

Türkçe–İngilizce

a

AB [ap] *abbr* EU

abajur [abaʒur] *n* lampshade

abartı [abartə] *n* exaggeration

abartmak [abartmak] *v* exaggerate

ABD [abd] *n* USA

abonelik [abonelik] *n* subscription

abonman [abonman] *n* **abonman kartı** *n* season ticket; **tren abonmanı** *n* railcard

abseiling [abseiling] *n* **Abseiling yapmak isterdim** I'd like to go abseiling

Abu Dabi [abudabi] *n* Abu Dhabi

acaip [adʒaip] *adj* odd, weird

acele [adʒele] *n* hurry ▷ *v* **acele etmek** *v* hurry, hurry up; **Acelem var** I'm in a hurry

acemi [adʒemi] *adj* green (inexperienced)

acemice [adʒemidʒe] *adj* poorly

acenta [adʒenta] *n* **seyahat**

acentası *n* travel agency, travel agent's, *(kişi)* travel agent

acı [adʒə] *adj (tat)* bitter ▷ *n* pain; *(biber)* chilli; **acı çekmek** *v* suffer; **sıla acısı çeken** *adj* homesick; **Burası acıyor** I have a pain here

acık [adʒək] *n* **acıklı bir şekilde** *adv* sadly

acılı [adʒələ] *adj* painful, spicy

acıma [adʒəma] *n (duygu)* pity

acımak [adʒəmak] *v* pity

acımasız [adʒəmasəz] *adj* ruthless

acınası [adʒənasə] *adj* pathetic

acil [adʒil] *adj* immediate; **acil çıkış kapısı** *n* emergency exit; **acil durum** *n* emergency; **acil iniş** *n* emergency landing; **kaza & acil servis** *n* accident & emergency department

acre [adʒre] *n* acre

aç [atʃ] *adj (karın)* hungry; **kurt gibi aç** *adj* ravenous; **Aç değilim** I'm not hungry

açacak [atʃadʒak] *n* **kalem açacağı** *n* pencil sharpener; **kutu açacağı** *n* can-opener, tin-opener; **şişe açacağı** *n* bottle-opener

açgözlü [atʃgøzly] *adj* greedy

açı [atʃə] *n* angle; **bakış açısı** *n* aspect; **dik açı** *n* right angle

açığa çıkarmak *v* bare

açık [atʃək] *adj (hava vb)* clear, *(kapı, pencere vb)* open, *(kavram)* obvious, *(renk)* light *(not dark)* ▷ *adv* on ▷ *n (finans)* deficit; **açık arttırma** *n* auction; **açık çek** *n* blank cheque; **açık büfe** *n* buffet; **açık fikirli** *adj* broad-minded; **açık görüşlü** *adj* liberal; **açık hava** *adj* outdoor; **açık havada** *adv* out-of-doors, outdoors; **açık iş** n vacancy; **açık renk (ten/saç)** adj fair (light colour); **açık saçık** adj obscene; **açık sözlü** adj outspoken, straightforward; **açıkça fikrini söylemek** v speak up; **açıklık kazandırmak** v clarify; **mali açıklık** n shortfall; **rüzgara açık** adj bleak; **rekabete açık** adj competitive; **Açık mısınız?** Are you open?; **Banka bugün açık mı?** Is the bank open today?; **Bugün açık mı?** Is it open today?; **Müze ne zaman açık?** When is the museum open?; **Saray ne zaman açık?** When is the palace open?; **Tapınak ne zaman açık?** When is the temple open?; **Yarın açık mı?** Is it open tomorrow?

açıkça [atʃəktʃa] adv apparently, clearly

açıkçası [atʃəktʃasə] adv obviously

açıklama [atʃəklama] n (beyan) statement, (izah) explanation

açıklamak [atʃəklamak] vi explain; **kamuoyuna açıklamak** v issue

açıklık [atʃəklək] n (aralık) aperture

açılır [atʃələr] adj **üstü açılır araba** n convertible

açılış [atʃələʃ] n **açılış saatleri** npl opening hours; **açılış sayfası** n home page

açlık [atʃlək] n hunger; **açlık çekmek** v starve; **Açım** I'm hungry

açmak [atʃmak] v turn on, (paket) unwrap, (paket, fermuar vb) undo, (rulo/sargı) unroll ▷ vt (kapı vb) open, (sargı) unwind; **çiçek**

açmak v blossom, flower; **fermuarı açmak** v unzip; **şalter açmak** v switch on; **oturum açmak** v log in, log on; **yol açmak** v cause

ad [ad] n (gramer) noun, (kişi) name; **adın baş harfleri** n initials; **adının ön harflerini yazmak** v initial; **ön ad** n first name; **ön adı** n Christian name; **diğer adıyla** prep alias; **takma ad** n alias, nickname, pseudonym; **... adına yer ayırtmıştım** I booked a room in the name of...; **Adınız ne?** What's your name?; **Benim adım...** My name is...

ada [ada] n island; **ıssız ada** n desert island; **Mauritius Adası** n Mauritius

Ada [ada] n **Bahama Adaları** n Bahamas; **Batı Hint Adaları** npl West Indian, West Indies; **Faroe Adaları** npl Faroe Islands; **Kanarya Adaları** n Canaries; **Polonezya Adaları** n Polynesia

adalet [adalet] n justice

adaletsizlik [adaletsizlik] n injustice

adam [adam] n guy; **bilim adamı** n scientist; **iş adamı** n businessman; **kardan adam** n snowman

adanmış [adanməʃ] adj dedicated

adaptör [adaptør] n adaptor

aday [adaj] n candidate; **aday göstermek** v nominate

adaylık [adajlək] n nomination

adet [adet] n (gelenek) custom

adım [adəm] n footstep, pace, step; **adım adım** adv gradually;

uygun adım yürümek v march;
uygun adım yürümek v keep up with

adımlamak [adəmlamak] v tread

adil [adil] adj fair (reasonable)

adres [adres] n address (location);
adres defteri n address book;
adres listesi n mailing list;
e-posta adresi n email address;
ev adresi n home address;
internet adresi n web address;
Adresi yazar mısınız lütfen? Will you write down the address, please?; **İnternet adresi...** The website address is...;
Mektuplarımı şu adrese gönderin lütfen Please send my mail on to this address

Adriyatik [adrijatik] adj Adriatic
Adriyatik Denizi [adrijatikdenizi] n Adriatic Sea

adsız [adsəz] adj anonymous

aerobik [aerobik] npl aerobics

aerosol [aerosol] n aerosol

aferin [aferin] excl well done!

affedersiniz [affedersiniz] excuse me, sorry

Afgan [afgan] adj Afghan ▷ n Afghan

Afganistan [afganistan] n Afghanistan

afiyet [afijet] n appetite;
Afiyet olsun! Enjoy your meal!

afiyette [afijette] adj well

Afrika [afrika] n Africa;
Güney Afrika adj South Africa, South African; **Kuzey Afrika** adj North Africa, North African;
Orta Afrika Cumhuriyeti n Central African Republic

Afrikaanca [afrikaandʒa] n Afrikaans

Afrikalı [afrikalə] adj African ▷ n African; **Güney Afrikalı** n South African; **Kuzey Afrikalı** n North African

Afrikaner [afrikaner] n Afrikaner

ağ [a:] n web, (bilişim) network;
örümcek ağı n cobweb

ağaç [a:adʒ] n köknar ağacı n fir (tree)

ağaç [a:atʃ] n tree ▷ adj wooden;
ağaç üflemeli (çalgı) n woodwind; **ağaç gövdesi** n trunk;
ağaç işleri n woodwork; **huş ağacı** n birch; **kayın ağacı** n beech (tree); **Noel ağacı** n Christmas tree; **porsuk ağacı** n yew; **zeytin ağacı** n olive tree

ağartıcı [a:artədʒə] n bleach

ağartılmış [a:artəlməʃ] adj bleached

ağır [a:ər] adj heavy; **ağır bir şekilde** adv heavily; **ağır yük taşıma aracı** n HGV; **Bu çok ağır** This is too heavy

ağırlık [a:ərlək] n weight; **ağırlık kaldırma** n weightlifting; **kağıt ağırlığı** n paperweight

ağız [a:əz] n mouth, (çaydanlık vb) rim; **ağız dalaşı** v squabble; **dört yol ağzı** n crossroads; **kol ağzı** n sleeve

ağlamak [a:lamak] n cry ▷ v cry, weep; **hıçkırarak ağlamak** v sob

ağrı [a:rə] n ache; **ağrı kesici** n painkiller; **baş ağrısı** n headache; **diş ağrısı** n toothache; **kulak ağrısı** n earache; **mide ağrısı** n stomachache; **sırt ağrısı** n

back pain, backache; **Ağrıyor**
It's sore

ağrılı [a:rələ] *adj* sore

ağrımak [a:rəmak] *v* ache

Ağustos [a:ustos] *n* August

ahbap [ahbap] *n* mate

ahçı [ahtʃə] *n* cook

ahır [ahər] *n* stable

ahlak [ahlak] *n* **ahlak dışı** *adj*
immoral; **ahlak kuralları** *npl*
morals

ahlaki [ahlaki] *adj* ethical, moral

ahmak [ahmak] *n* fool

ahpap [ahpap] *n* chap

ahtapot [ahtapot] *n* octopus

ahududu [ahududu] *n* raspberry

AIDS [aids] *n* AIDS

aile [aile] *n* family; **aile oyunları** *n*
board game; **eşinin ailesi** *npl*
in-laws; **koruyucu aile**
bakımındaki çocuk *n* foster child;
koruyucu aile olmak *v* foster;
Aile odası ayırtmak istiyorum
I want to reserve a family room;
Aile odası istiyorum I'd like to
book a family room; **Ailemle**
geldim I'm here with my family

ait [ait] *n* **ait olmak** *v* belong,
belong to; **Georgia'ya ait** *adj*
Georgian; **Hollanda'ya ait** *n*
Dutch; **Lübnan'a ait** *n* Lebanese;
Meksika'ya ait *n* Mexican

ajans [aʒans] *n* agency

ak [ak] *n* **yumurta akı** *n* egg white

akademi [akademi] *n* academy;
akademik yıl *n* academic year

akademik [akademik] *adj*
academic

akbaba [akbaba] *n* vulture

akciğer [akdʒiier] *n* lung

akçaağaç [aktʃaa:atʃ] *n* maple

Akdeniz [akdeniz] *adj*
Mediterranean ▷ *n* Mediterranean

akdiken [akdiken] *n* hawthorn

akıcı [akədʒa] *adj* fluent

akıl [akəl] *adj* mental; **akıl**
hastanesi *n* psychiatric ward;
akıllı dokunuş *n* touchpad; **akıllı**
telefon *n* smart phone; **akıllıca**
olmayan *adj* unwise

akıllı [akəllə] *adj* brainy, wise

akıllıca [akəllədʒa] *adj* advisable,
rational

akım [akəm] *n* current *(electricity)*;
moda akımı *n* trend

akın [akən] *n* **akın etmek** *v* invade

akıntı [akəntə] *n (nezle)* catarrh

akış [akəʃ] *n* current *(flow)*

akmak [akmak] *v* flow ▷ *vt* pour

akne [akne] *n* spot *(blemish)*

akordiyon [akordijon] *n*
accordion

akraba [akraba] *adj* related;
en yakın akraba *n* next-of-kin

akrep [akrep] *n* scorpion

Akrep [akrep] *n* **Akrep burcu** *n*
Scorpio

akrobat [akrobat] *n* acrobat

aksesuar [aksesuar] *n* accessory

aksi [aksi] *prep* **saatin aksi**
yönünde *adv* anticlockwise;
ya da aksine *adv* vice versa

akşam [akʃam] *n* evening, in the
evening; **akşam okulu** *n* evening
class; **akşam yemeği** *n* dinner;
akşamdan kalma *n* hangover;
hafif akşam yemeği *n* supper;
kahvaltı ve akşam yemeği dahil
n half board; **İyi akşamlar** Good
evening; **Bu akşam ne**

yapıyorsunuz? What are you doing this evening?; **Burada akşamları yapılabilecek ne var?** What is there to do in the evenings?; **Masa bu akşam saat dokuz için rezerve edildi** The table is booked for nine o'clock this evening

aktarım [aktarəm] n *(doku/organ)* transplant; **kan aktarımı** n transfusion

aktif [aktif] adj active

aktivite [aktivite] n **aktivite tatili** n activity holiday

aktör [aktør] n actor

akupunktur [akupuŋtur] n acupuncture

akustik [akustik] adj acoustic

akü [aky] n **Akü çalışmıyor** The battery is flat; **Yeni bir akü gerekiyor** I need a new battery

akvaryum [akvarjum] n aquarium

alabalık [alabalək] n trout

alabora [alabora] v **alabora olmak** v capsize

alacakaranlık [aladʒakaranlək] n dusk

alaksız [alaksəz] adj irrelevant

alan [alan] n *(ölçü birimi)* area, *(yer)* site; **alan kodu** n postcode; **çalışma alanı** n workspace; **çöp döküm alanı** n rubbish dump; **çim alan** n lawn; **fuar alanı** n fairground; **inşaat alanı** n building site; **kapalı alan** adj indoor; **konaklama alanı** n service area; **koruma alanı** n reserve *(land)*; **oyun alanı** n playground, playing field;

paten alanı n rink, skating rink

alarm [alarm] n alarm; **duman alarmı** n smoke alarm; **hırsız alarmı** n burglar alarm; **yangın alarmı** n fire alarm; **yanlış alarm** n false alarm

alay [alaj] n *(askeri)* regiment, *(tören/gelin)* procession; **alay etmek** v mock; **alay etmek** v scoff; **ince alay** n irony; **tören alayı** n parade

alaycı [alajdʒa] adj ironic, sarcastic

albay [albaj] n colonel

albüm [albym] n *(müzik, fotoğraf)* album; **fotoğraf albümü** n photo album

alçak [altʃak] adj lousy; **alçak gönüllü** adj humble, modest

aldırmak [aldərmak] vi mind

alerji [alerʒi] n allergy; **buğday alerjisi** n wheat intolerance; **fıstık alerjisi** n nut allergy, peanut allergy

alerjik [alerʒik] adj allergic

alet [alet] n instrument; **kayıt aleti** n recorder *(scribe)*; **şarj aleti** n charger; **müzik aleti** n musical instrument

alev [alev] n flame; **parlak alev** n blaze

alfabe [alfabe] n alphabet

alıcı [aladʒə] n buyer, receiver *(electronic)*, *(kişi)* recipient

alım [aləm] n **bagaj alım** n baggage reclaim

alın [alən] n forehead

alınmış [alənməʃ] adj **satın alınmış** adj bought

alıntı [aləntə] n quotation, quote ▷ v **alıntı yapmak** v quote

alışılagelmiş [aləʃəlagelmiʃ] adj usual

alışılmadık [aləʃəlmadək] adj unusual

alışkanlık [aləʃkanlək] n habit

alışveriş [aləʃveriʃ] n shopping; **alışveriş çantası** n shopping bag; **alışveriş merkezi** n shopping centre; **alışveriş torbası** n carrier bag

alkış [alkəʃ] n applause

alkışlamak [alkəʃlamak] v applaud

alkışlanmak [alkəʃlanmak] vi clap

alkol [alkol] n alcohol; **alkollü içki** npl spirits; **düşük alkollü** adj low-alcohol; **Bunda alkol var mı?** Does that contain alcohol?

alkolik [alkolik] n alcoholic

alkollü [alkolly] adj alcoholic

alkolsüz [alkolsyz] adj alcohol-free

Allah [allah] n Allah

allık [allək] n blusher

alma [alma] n **eleman alma** n recruitment

almak [almak] v get, get (to a place), receive ⊳ vt take, take (time); **askıya alma** n suspension; **askıya almak** v suspend; **ödünç almak** v borrow; **garantiye almak** v ensure; **gözaltına alma** n detention; **geri almak** v take back; **hafife almak** v underestimate; **içeri almak** v admit (allow in); **içeriye almak** v let in; **ileriye almak** v put forward; **işe alma** n employment; **işe almak** v employ; **miras almak** v

inherit; **nefes alma** n breathing; **nefes almak** v breathe, breathe in; **not almak** v jot down, note down; **risk almak** v risk; **satın alma** (şirket) n buyout; **satın almak** v buy, purchase; **sıkı tedbirler almak** v crack down on; **toz almak** vt dust; **yönetimi ele almak** v take over; **yeniden ele almak** vt reconsider; **yerden almak** v pick up; **yerini alma** n replacement; **yerini almak** v replace

Alman [alman] adj German ⊳ n German (person)

Almanca [almandʒa] n (dil) German (language)

Almanya [almanja] n Germany

Alpler [alpler] npl Alps

alt [alt] n **alt geçit** n underpass; **alt kat** adj downstairs; **alt katta** adv downstairs; **altını çizmek** v underline; **el altında** adj handy; **en alt** adj bottom; **yerin altında** adv underground

alternatif [alternatif] adj alternative

altgeçit [altgetʃit] n subway

altı [altə] number six

altın [altən] adj (metal) golden ⊳ n (metal) gold; **altın kaplama** n gold-plated

altıncı [altəndʒə] adj sixth

altında [altənda] adv below, underneath ⊳ prep below, beneath, under, underneath

altmış [altməʃ] number sixty

altyapı [altjapə] n infrastructure

altyazı [altjazə] npl subtitles

altyazılı [altjazələ] adj subtitled

alüminyum [alyminjum] *n*
aluminium

Alzheimer [alsheimer] *n*
Alzheimer hastalığı *n*
Alzheimer's disease

amaç [amatʃ] *n* cause *(ideals)*,
objective

amaçsız [amatʃsəz] *adj* senseless

amatör [amatør] *n* amateur

ambulans [ambulans] *n*
Ambulans çağırın Call an
ambulance

amca [amdʒa] *n* uncle

ameliyat [amelijat] *n* surgery
(operation), *(tıp)* operation
(surgery); **ameliyat etmek** *v*
operate *(to perform surgery)*;
ameliyat odası *n* operating
theatre

Amerika [amerika] *n* America;
Güney Amerika *adj* South
America, South American; **Kuzey
Amerika** *adj* North America,
North American; **Latin Amerika**
adj Latin America, Latin American;
Orta Amerika *n* Central America

Amerikalı [amerikalə] *n*
American; **Güney Amerikalı** *n*
South American; **Kuzey
Amerikalı** *n* North American

Amerikan [amerikan] *adj*
American; **Amerikan futbolu** *n*
American football

amir [amir] *n* *(iş)* supervisor

amper [amper] *n* amp

ampul [ampul] *n* light bulb,
(elektrik) bulb *(electricity)*

an [an] *n* moment; **aynı anda** *adv*
simultaneously; **aynı anda olan**
adj simultaneous; **bir anlık** *adj*

momentary; **şu an** *n* present *(time
being)*; **şu anda** *adv* currently,
presently

ana [ana] *n* base, lead *(position)*;
ana okulu *n* infant school; **ana
yemek** *n* main course; **deniz
anası** *n* jellyfish

anadil [anadil] *n* mother tongue;
anadilini konuşan *n* native
speaker

anafikir [anafikir] *n* basis

anahtar [anahtar] *n* *(kilit)* key *(for
lock)*; **araba anahtarları** *npl* car
keys; **İngiliz anahtarı** *n* spanner;
Anahtar alabilir miyim? Can I
have a key?; **Anahtar lütfen** The
key, please; **Anahtar uymuyor**
The key doesn't work; **Anahtarı
nereden alacağız...?** Where do we
get the key...?; **Anahtarım
çalışmıyor** My key doesn't work;
Anahtarımı unuttum I've
forgotten the key; **Anahtarla
sorunum var** I'm having trouble
with the key; **Anahtarları
arabada bıraktım** I left the keys in
the car; **Ayrılırken anahtarı
nereye bırakacağız?** Where do
we hand in the key when we're
leaving?; **Bu anahtar nerenin?**
What's this key for?; **Bu kapının
anahtarı hangisi?** Which is the
key for this door?; **Hangisi ön
kapının anahtarı?** Which is the
key for the front door?; **Hangisi
garaj anahtarı?** Which is the key
for the garage?; **Yedek bir
anahtar istiyoruz** We need a
second key

anahtarlık [anahtarlək] *n* keyring

anakara [anakara] *n* mainland
analiz [analiz] *n* **sistem analizcisi** *n* systems analyst
ananas [ananas] *n* pineapple
anason [anason] *n* aniseed
anavatan [anavatan] *n* homeland
anayol [anajol] *n* main road
ancak [a:ndʒak] *adv* however
ançuez [antʃuez] *n* anchovy
And Dağları [andda:lərə] *npl* Andes
Andora [andora] *n* Andorra
anestetik [anestetik] *n* anaesthetic
anestezi [anestezi] *n* **genel anestezi** *n* general anaesthetic; **lokal anestezi** *n* local anaesthetic
Angola [angola] *adj* Angolan ▷ *n* Angola
Angolalı [angolalə] *n* Angolan
anında [anəndə] *adv* immediately
anıt [anət] *n* memorial, monument
ani [ani] *adj* abrupt, sudden; **ani rüzgar** *n* gust; **ani yükselme** *n* surge
aniden [aniden] *adv* abruptly, suddenly
anjin [anʒin] *n* angina
ankesör [aŋesør] *n* **ankesörlü telefon** *n* payphone
anket [aŋet] *n* questionnaire
anlam [anlam] *n* meaning; **anlamına gelmek** *v* stand for
anlama [anlama] *n* comprehension
anlamak [anlamak] *v* understand; **halden anlama** *n* sympathy; **halden anlamak** *v* sympathize; **yanlış anlama** *n* misunderstanding; **yanlış**

anlamak *v* misunderstand; **Anladım** I understand
anlamsız [anlamsəz] *adj* pointless
anlaşılır [anlaʃələr] *adj* understandable
anlaşma [anlaʃma] *n* agreement, deal, *(tarih)* treaty
anlaşmazlık [anlaʃmazlək] *n* disagreement
anlatıcı [anlatədʒə] *n* teller
anlatım [anlatəm] *n* expression
anlatmak [anlatmak] *vt* tell
anlayış [anlajəʃ] *adj* understanding
anlayışlı [anlajəʃlə] *adj* sympathetic
anlık [anlək] *adj* **bir anlığına** *adv* momentarily
anma [anma] *n* **anma yazısı** *(ölünün ardından)* *n* obituary
anmalık [anmalək] *n* souvenir
anne [anne] *n* mother, mum; **üvey anne** *n* stepmother; **isim annesi** *n* godmother; **ninenin annesi** *n* great-grandmother; **taşıyıcı anne** *n* surrogate mother
annecim [annedʒim] *n* mummy *(mother)*
annelik [annelik] *n* maternal
anons [anons] *n* **anons etmek** *v* page
anorak [anorak] *n* anorak
anoreksi [anoreksi] *n* anorexia
anoreksik [anoreksik] *adj* anorexic
anormal [anormal] *adj* abnormal
ansiklopedi [ansiklopedi] *n* encyclopaedia
Antarktik [antarktik] *n* Antarctic
anten [anten] *n* aerial

antibiyotik [antibijotik] *n*
antibiotic

antidepresan [antidepresan] *n*
antidepressant

antifriz [antifriz] *n* antifreeze

antihistamin [antihistamin] *n*
antihistamine

antika [antika] *n* antique;
antikacı dükkanı *n* antique shop

antikor [antikor] *n* antibody

antilop [antilop] *n* antelope

antiseptik [antiseptik] *n*
antiseptic

antivirüs [antivirys] *n* antivirus

antre [antre] *n* hallway

antreman [antreman] *n*
antreman giysisi *n* tracksuit

apaçık [apatʃək] *adj* blatant

apandisit [apandisit] *n*
appendicitis

apartman [apartman] *n*
apartman dairesi *n* apartment,
flat; **... adına bir apartman
dairesi ayırtmıştık** We've booked
an apartment in the name of...;
**Bir apartman dairesi
bakıyorduk** We're looking for an
apartment

aperatif [aperatif] *n* **Aperatif
almak istiyoruz** We'd like an aperitif

apse [apse] *n* abscess; **Burası apse
yaptı** I have an abscess

aptal [aptal] *adj* stupid

aptalca [aptaldʒa] *adj* silly

ara [ara] *n (konser, tiyatro)*
interval; **bir ara** *adv* sometime;
bu arada *adv* meantime;
devre arası *n* half-time;
reklam arası *n* commercial break;
tavan arası *n* loft

araba [araba] *n* car; **araba
anahtarları** *npl* car keys; **araba
kazası** *n* crash; **araba kiralama** *n*
car hire; **araba sigortası** *n* car
insurance; **araba tutması** *n* travel
sickness; **arabalı feribot** *n*
car-ferry; **arabayı çekmek** *v* tow
away; **at arabası** *n* buggy, cart;
üstü açılır araba *n* convertible;
bebek arabası *n* pram; **birini
arabayla evine bırakma** *n* lift
(free ride); **devriye arabası** *n*
patrol car; **el arabası** *n*
wheelbarrow; **içkili araba
kullanma** *n* drink-driving; **kiralık
araba** *n* hire car, hired car, rental
car; **şirket arabası** *n* company
car; **market arabası** *n* shopping
trolley; **sedan araba** *n* saloon car;
yarış arabası *n* racing car; **yük
arabası** *n* lorry; **Araba çalışmıyor**
The car won't start; **Araba
güvertesine nasıl gidebilirim?**
How do I get to the car deck?;
Araba kaydı The car skidded;
Araba kiralamak istiyorum I
want to hire a car; **Araba ne
zaman hazır olur?** When will the
car be ready?; **Arabada stereo
var mı?** Is there a stereo in the
car?; **Arabam bozuldu** My car has
broken down; **Arabamı çarptım**
I've crashed my car; **Arabamı
nereye park edebilirim?** Where
can I park the car?; **Arabamı
soydular** My car has been broken
into; **Arabanın garantisi var** The
car is still under warranty;
Arabanızı çeker misiniz lütfen?
Could you move your car, please?;

Arabayı buraya mı geri getirmem gerekiyor Do I have to return the car here?; **Arabayı yıkamak istiyorum** I would like to wash the car; **Beş günlüğüne bir araba kiralamak istiyorum** I want to hire a car for five days; **Beni arabayla alabilir misiniz?** Can you take me by car?; **Birisine araba çarptı** Someone has been knocked down by a car; **Hafta sonu için bir araba kiralamak istiyorum** I want to hire a car for the weekend

aracılık [aradʒələk] n hakem **aracılığıyla çözümleme** n arbitration

araç [aratʃ] n device, (mekanik) tool, (otomobil) vehicle; **ağır yük taşıma aracı** n HGV; **üstü kapalı yük aracı** n van; **kar temizleme aracı** n snowplough; **karşılıklı sefer yapan araç** n shuttle; **kurtarma aracı** n breakdown van; **uzay aracı** n spacecraft

Aralık [aralǝk] n (ay) December; **Otuz bir Aralık Cuma günü** on Friday the thirty first of December

arama [arama] n search; **arama ekibi** n search party; **arama motoru** n search engine

aramak [aramak] v ask for, look for, look up, search, seek ▷ vt call; **geri aramak** v call back, phone back, ring back; **telefonla aramak** v ring up; **... ı arıyoruz** We're looking for…; **Dışarıyı aramak istiyorum, hat bağlar mısınız?** I want to make an outside call, can I have a line?

Arap [arap] adj Arab, Arabic ▷ n Arab; **Birleşik Arap Emirlikleri** npl United Arab Emirates

Arapça [araptʃa] n Arabic (language)

arasında [arasǝnda] prep among, between

arasıra [arasǝra] adj occasional

araştırma [araʃtǝrma] n enquiry, research; **pazar araştırması** n market research

araştırmak [araʃtǝrmak] v enquire, explore

arazi [arazi] n bina ve etrafındaki arazi npl premises

arazide [arazide] n cross-country

ardıç [ardǝtʃ] n **ardıç kuşu** n thrush

ardıl [ardǝl] adj successive

arduvaz [arduvaz] n slate

argo [argo] n slang

arı [arǝ] n bee; **hezen arısı** n bumblebee

arındırmak [arǝndǝrmak] v **önyargılardan arındırma** n liberation

arıza [arǝza] n breakdown; **Arızalı** It's faulty

arife [arife] n eve; **büyük perhizin arife günü** n Shrove Tuesday; **Noel arifesi** n Christmas Eve

Arjantin [arʒantin] adj Argentinian ▷ n Argentina

Arjantinli [arʒantinli] n (kişi) Argentinian (person)

arka [arka] adj back, rear ▷ n behind, rear; **arka ayna** n rear-view mirror; **arka plan** n background; **arkaya dönmek** v turn round, turn around; **Hangisi**

arka kapının anahtarı? Which is the key for the back door?

Arka [arka] *abr* **Lütfen Arka Sayfaya Bakınız** *abbr* PTO

arkada [arkada] *adv* back ▷ *prep* behind

arkadaş [arkadaʃ] *n* friend; *v* friend *(social media)*
arkadaşlıktan çıkarmak unfriend; **erkek arkadaş** *n* boyfriend; **iş arkadaşı** *n* associate; **kalem arkadaşı** *n* penfriend; **kız arkadaş** *n* girlfriend; **oda arkadaşı** *n* roommate; **sınıf arkadaşı** *n* classmate; **Arkadaşlarıma geldim** I'm here with my friends; **Buraya arkadaşlarımı görmeye geldim** I'm here visiting friends

arkasında [arkasənda] *adv* behind

arkeolog [arkeolog] *n* archaeologist

arkeoloji [arkeoloʒi] *n* archaeology

armağan [arma:an] *n* gift, present *(gift)*; **birine ufak bir armağan alma** *n* treat; **Bir çocuk için armağan almak istiyordum** I'm looking for a present for a child; **Bu armağan sizin için** This is a gift for you; **Eşime bir armağan almak istiyordum** I'm looking for a present for my husband, I'm looking for a present for my wife

armonika [armonika] *n* mouth organ

armut [armut] *n* pear

Arnavut [arnavut] *adj* Albanian ▷ *n (kişi)* Albanian *(person)*

Arnavutça [arnavutʃa] *n (dil)* Albanian *(language)*

Arnavutluk [arnavutluk] *n* Albania

aromaterapi [aromaterapi] *n* aromatherapy

arpa [arpa] *n* barley

arsa [arsa] *n* plot *(piece of land)*

arsız [arsəz] *adj* cheeky

arşiv [arʃiv] *n* archive

art arda [artarda] *adj* **ardı ardına** *adj* consecutive

artık [artək] *adv* yet *(interrogative)*; **artık yıl** *n* leap year; **artık yemek** *npl* leftovers

artış [artəʃ] *n* increase

artmak [artmak] *v* increase; **gitgide artarak** *adv* increasingly

artrit [artrit] *n* Arttrit hastasıyım I suffer from arthritis

arttırmak [arttərmak] *v* açık **arttırma** *n* auction

arzu [arzu] *n* desire ▷ *v* arzu etmek *v* desire

as [as] *n* ace; **as soiist** *n* lead singer

asansör [asansør] *n* **Asansör nerede?** Where is the lift?; **Asansör var mı?** Is there a lift?; **Tekerlekli sandalyeler için asansör var mı?** Do you have a lift for wheelchairs?

asfalt [asfalt] *n* tarmac

asık [asək] *adj* **suratı asık** *adj* sulky

asılmak [asəlmak] *vi* hang

asi [asi] *adj* disobedient

asistan [asistan] *n* assistant; **kişisel asistan** *n* personal assistant, PA

asit [asit] *n* acid; **asit yağmuru** *n* acid rain

asker [asker] *n* soldier; **asker traşı** *n* crew cut; **askeri öğrenci** *n* cadet

askeri [askeri] *adj* military

askı [askə] *n* hanger; **askıya alma** *n* suspension; **askıya almak** *v* suspend; **elbise askısı** *n* coathanger; **kol askısı** *(sağlık) n* sling; **pantolon askıları** *npl* braces

askılık [askələk] *n* rack

asla [asla] *adv* never

aslan [aslan] *n* lion, *(dişi)* lioness

Aslan [aslan] *n* **Aslan burcu** *n* Leo

aslında [aslənda] *adv* actually, basically

asma [asma] *n (bitki)* vine; **asma köprü** *n* suspension bridge; **asma kilit** *n* padlock

asmak [asmak] *vt* hang; **suratını asmak** *v* sulk

aspirin [aspirin] *n* aspirin; **Aspirin alamıyorum** I can't take aspirin; **Aspirin rica ediyorum** I'd like some aspirin

ast [ast] *n* inferior

astar [astar] *n (kumaş)* lining

astım [astəm] *n* asthma; **Astımım var** I suffer from asthma

astroloji [astroloʒi] *n* astrology

astronomi [astronomi] *n* astronomy

astronot [astronot] *n* astronaut

Asya [asja] *adj* Asian ▷ *n* Asia

Asyalı [asjalə] *adj* Asiatic ▷ *n* Asian

aşağı [aʃa:ə] *adj (durum)* inferior, *(konum)* low ▷ *adv (konum)* low; **aşağıya inmek** *v* come down; **baş aşağı** *adv* upside down; **daha aşağı** *adj* lower

aşağıda [aʃa:əda] *adv* down

aşçı [aʃtʃə] *n* **Aşçının özel tercihi nedir?** What is the chef's speciality?

aşçıbaşı [aʃtʃəbaʃə] *n* chef

aşçılık [aʃtʃələk] *n* cookery

aşı [aʃə] *n (tıp)* jab, *(tıp)* vaccination; **Aşı yaptırmam gerek** I need a vaccination

aşık [aʃək] *n* lover

aşılamak [aʃəlamak] *v* vaccinate

aşırı [aʃərə] *adj* excessive, extreme; **aşırı derecede** *adv* extremely, terribly; **aşırı derecede korkmuş** *adj* terrified; **aşırı duygusal** *adj* soppy; **aşırı kilolu** *adj* overweight; **aşırı uçta** *n* extremist

aşırıcılık [aʃərədʒələk] *n* extremism

aşırma [aʃərma] *n (dükkanda)* shoplifting

aşina [aʃina] *adj* **aşina olmayan** *adj* unfamiliar

at [at] *n (hayvan)* horse; **at arabası** *n* buggy, cart; **at nalı** *n* horseshoe; **at yarışı** *n* horse racing; **ata binme** *n* riding; **sallanan at** *n* rocking horse; **yarış atı** *n* racehorse; **At yarışı görmek isterdim** I'd like to see a horse race; **Ata binebilir miyiz?** Can we go horse riding?; **Ata binmeye gidelim** Let's go horse riding

ata [ata] *n* ancestor

atamak [atamak] *v* appoint

atardamar [atardamar] *n* artery

atasözü [atasøzy] *n* proverb

ataş [ataʃ] *n* paperclip

ateş [ateʃ] *n* shot, *(sağlık)* fever; **ateş etme** *n* shooting; **ateş etmek** *vt* shoot; **ateşe dayanıklı** *adj* ovenproof; **şenlik ateşi** *n* bonfire; **Ateşi çok yüksek** He has a fever

ateşkes [ateʃkes] *n* ceasefire, truce

ateşleme [ateʃleme] *n* ignition

atık [atɯk] *v* **atık boşaltmak** *vt* drain ▷ *n* **atık borusu** *n* drain, drainpipe

atıştırma [atɯʃtɯrma] *n* snack

atkı [atkɯ] *n (giysi)* muffler

atkuyruğu [atkujru:u] *n* ponytail

atlama [atlama] *n* **sırıkla atlama** *n* pole vault; **uzun atlama** *n* long jump; **yüksek atlama** *n* high jump

atlamak [atlamak] *vi* jump ▷ *vt* skip; **engel atlama** *n* show-jumping; **hızla atlamak** *v* plunge ▷ *n* **uzun atlama** *n* jump

Atlantik [atlantik] *n* Atlantic

atlas [atlas] *n* atlas

atlet [atlet] *n* athlete, vest

atletik [atletik] *adj* athletic

atletizm [atletizm] *npl* athletics

atlıkarınca [atlɯkarɯndʒa] *n* merry-go-round

ATM [atm] *abr* **Buralarda ATM var mı?** Is there a cash machine here?; **En yakın ATM nerede?** Where is the nearest cash machine?

atma [atma] *n* **işten atma** *n* sack *(dismissal)*

atmak [atmak] *v* dump, scrap, throw away, throw out, toss ▷ *vt* throw; **çığlık atmak** *v* scream; **e-posta atmak** *v* email *(a person)*; **göz atmak** *vi* browse; **hapse atmak** *v* jail; **işten atmak** *v* sack; **şaplak atmak** *v* spank; **mesaj atmak** *v* text; **tehlikeye atmak** *v* endanger; **tokat atmak** *v* smack

atmosfer [atmosfer] *n* atmosphere

atom [atom] *n* atom; **atom bombası** *n* atom bomb

atölye [atølje] *n* workshop

au-pair [aupair] *n* au pair

av [av] *n* hunting; **balık avlamak** *n* fishing; **kaçak avlanmış** *adj* poached *(caught illegally)*

avanak [avanak] *n* twit

avara [avara] *v* **avara etmek** *v* bounce

avare [avare] *n* rambler

avcı [avdʒe] *n* hunter

avlamak [avlamak] *v* hunt; **balık avlamak** *n* fish

avlu [avlu] *n* courtyard, yard *(enclosure)*

avokado [avokado] **(avokadolar)** *n* avocado

avro [avro] *n* euro

Avrupa [avrupa] *adj* European ▷ *n* Europe; **Avrupa Birliği** *n* European Union

Avrupalı [avrupalə] *n* European

avuçiçi [avutʃitʃi] *n* palm *(part of hand)*

avukat [avukat] *n* attorney, lawyer

Avustralasya [avustralasja] *n* Australasia

Avustralya [avustralja] *n* Australia

Avustralyalı [avustraljalə] *adj* Australian ▷ *n* Australian

Avusturya [avusturja] *adj* Austrian ▷ *n* Austria

Avusturyalı [avusturjalə] *n* Austrian

ay [aj] *n (uydu)* moon, *(zaman)* month; **bir ay önce** a month ago; **bir ay sonra** in a month's time;

Beş ay sonra doğuracağım I'm due in five months

ayak, ayaklar [ajak, ajaklar] n foot; **ayağını yere vurmak** v stamp; **ayak parmağı** n toe; **ayak uzmanı** n chiropodist; **ayaklarını sürüyerek yürümek** v shuffle; **ayaklı merdiven** n stepladder; **çıplak ayak** adj barefoot; **çıplak ayakla** adv barefoot; **karbon ayak izi** n carbon footprint; **yangılı ayak şişi** n bunion; **Ayaklarım ağrıyor** My feet are sore

ayak bileği [ajakbileji:] n ankle

ayakizi [ajakizi] n footprint

ayakkabı [ajakkabə] n shoe; **ayakkabı bağı** n shoelace; **ayakkabı cilası** n shoe polish; **lastik spor ayakkabısı** npl trainers; **spor ayakkabısı** npl sneakers; **Ayakkabılar hangi katta?** Which floor are shoes on?; **Ayakkabılarımın topuklarını değiştirebilir misiniz?** Can you re-heel these shoes?; **Ayakkabımda delik var** I have a hole in my shoe; **Bu ayakkabıları tamir edebilir misiniz?** Can you repair these shoes?

ayakkabıcı [ajakkabədʒə] n shoe shop

ayaklanma [ajaklanma] n outbreak, riot

ayaklar [ajaklar] npl feet

ayarlama [ajarlama] n adjustment, set

ayarlamak [ajarlamak] v adjust ▷ vt set

ayarlanabilir [ajarlanabilir] adj adjustable

ayartma [ajartma] n temptation

ayçiçeği [ajtʃitʃeji:] n sunflower

aygır [ajgər] n **deniz aygırı** n walrus

aygıt [ajgət] n apparatus

ayı [ajə] n bear; **kutup ayısı** n polar bear; **oyuncak ayı** n teddy bear

ayık [ajək] adj sober

ayırılmak [ajərəlmak] v part with

ayırım [ajərəm] n **cinsiyet ayrımcılığı yapan** adj sexist

ayırmak [ajərmak] vt separate, split

ayırt [ajərt] n **ayırt etmek** v distinguish

ayin [ajin] n (kilise) mass (church), (tören) ritual; **Ayin ne zaman?** When is mass?

ayinsel [ajinsel] adj ritual

aylık [ajlək] adj (zaman) monthly

ayna [ajna] n mirror; **arka ayna** n rear-view mirror; **yan ayna** n wing mirror

aynasız [ajnasəz] n cop

aynı [ajnə] adj same; **aynı anda** adv simultaneously; **aynı anda olan** adj simultaneous; **aynı fikirde olmak** v agree; **Bana da aynısından** I'll have the same

ayraç [ajratʃ] n **kitap ayracı** n bookmark

ayrı [ajrə] adj separate ▷ adv apart; **ayrı olarak** adv separately ▷ n **sürüden ayrılmış** n stray; **Hesabı ayrı alalım** Separate bills, please; **sütü ayrı getirin** with the milk separate

ayrıca [ajrədʒa] prep plus

ayrıcalık [ajrədʒalək] n concession, privilege

ayrılış [ajrələʃ] *n* parting

ayrılma [ajrəlma] *n* separation

ayrılmak [ajrəlmak] *v* leave, split up; **biryerden ayrılmak** *v* leave; **Yarın sabah onda ayrılıyorum** I will be leaving tomorrow morning at ten a.m.

ayrılmış [ajrəlmɛʃ] *adj* reserved

ayrımcılık [ajrəmdʒələk] *n* discrimination

ayrıntı [ajrəntə] *n* detail

ayrıntılı [ajrəntələ] *adj* detailed

az [az] *adj* slight; **az görülür** *adj* rare (*uncommon*); **az pişmiş** *adj* rare (*undercooked*); **daha az** *pron* (*miktar olarak*) less, (*sayıca*) fewer; **en az** *adj* least, minimum; **en aza indirgemek** *v* minimize; **en azından** *adv* at least

az-yağlı [azjaːlə] *adj* low-fat

azalma [azalma] *n* decrease

azalmak [azalmak] *v* decrease, go down

azaltma [azaltma] *n* cutback

azaltmak [azaltmak] *v* diminish, reduce

azap [azap] *n* **vicdan azabı** *n* remorse

azarlamak [azarlamak] *v* scold, tell off

Azerbaycan [azerbajdʒan] *adj* Azerbaijani *> n* Azerbaijan

Azerbaycanlı [azerbajdʒanlə] *n* Azerbaijani

azgın [azgən] *adj* fierce

azıcık [azədʒək] *adv* slightly

azınlık [azənlək] *n* minority

aziz [aziz] *n* saint

azmetmek [azmetmek] *v* persevere

b

baba [baba] *n* dad, father, (*mafya*) godfather (*criminal leader*); **üvey baba** *n* stepfather; **dedenin babası** *n* great-grandfather; **isim babası** (*vaftiz*) *n* godfather (*baptism*)

babacığım [babadʒəm] *n* daddy

babalık [babalak] *n* **babalık izni** *n* paternity leave

baca [badʒa] *n* chimney

bacak [badʒak] *n* leg; **Bacağım kaşınıyor** My leg itches; **Bacağıma kramp girdi** I've got cramp in my leg; **Bacağımı oynatamıyorum** I can't move my leg; **Bacağını incitti** She has hurt her leg; **Bacağını oynatamıyor** He can't move his leg

badana [badana] *n* plaster (*for wall*); **yeniden badana yapmak** *v* redecorate

badanalamak [badanalamak] *v* whitewash

badem [badem] *n* almond; **badem ezmesi** *n* marzipan

bademcik [bademdʒik] *n* **bademcik iltihabı** *n* tonsillitis

bademcikler [bademdʒikler] *npl* tonsils

badminton [badminton] *n* badminton; **badminton topu** *n* shuttlecock

bagaj [bagaʒ] *n* baggage, luggage; **bagaj alımı** *n* baggage reclaim; **bagaj emanet dolabı** *n* left-luggage locker; **bagaj limiti** *n* baggage allowance; **bagaj trolleyi** *n* luggage trolley; **el bagajı** *n* hand luggage; **emanet bagaj** *n* left-luggage; **emanet bagaj bürosu** *n* left-luggage office; **fazla bagaj** *n* excess baggage; **port bagaj** *n* luggage rack, roof rack; **... uçağının bagajları nerede?** Where is the luggage for the flight from...?; **Bagaj limiti ne kadar?** What is the baggage allowance?; **Bagajım çıkmadı** My luggage hasn't arrived; **Bagajım hasar görmüş** My luggage has been damaged; **Bagajım kaybolmuş** My luggage has been lost; **Bagajımı sigorta ettirebilir miyim?** Can I insure my luggage?; **Bagajımız çıkmadı** Our luggage has not arrived; **Bagajlarımı nerede check-in yaptırabilirim** Where do I check in my luggage?

bağ [ba:] *n* bond, (*üzüm*) vineyard; **ayakkabı bağı** *n* shoelace; **göz bağı** *n* blindfold; **isteğe bağlı** *adj* optional

bağdaşım [ba:daʃəm] *n* **gerçeklerle bağdaşmayan** *adj* unrealistic

bağımlı [ba:əmlə] *adj* addicted ▷ *n* addict

bağımlılık [ba:əmləlæk] *n* **uyuşturucu bağımlısı** *n* drug addict

bağımsız [ba:əmsəz] *adj* independent; **bağımsız olarak** *adv* freelance

bağımsızlık [ba:əmsəzlæk] *n* independence

bağırmak [ba:ərmak] *v* shout, yell

bağırsak [ba:ərsak] *n* gut

bağırsaklar [ba:ərsaklar] *npl* bowels

bağırtı [ba:ərtə] *n* shout

bağışıklık [ba:əʃəklæk] *n* **bağışıklık sistemi** *n* immune system

bağışlama [ba:əʃlama] *n* pardon

bağışlamak [ba:əʃlamak] *v* donate, forgive; **hayatını bağışlamak** *v* spare

bağlamak [ba:lamak] *v* attach, tie, (*kablo*) connect, (*tekne*) moor; **birini bağlamak** *v* tie up; **gözlerini bağlamak** *v* blindfold

bağlanmak [ba:lanmak] *v* **Minimum bağlanma süresi ne kadar?** What's the minimum amount of time?

bağlantı [ba:lantə] *n* conjunction, connection, joint (*junction*); **bağlantı yolu** *n* slip road; **Bağlantı çok yavaş** The connection seems very slow; **Bağlantı uçağımı kaçırdım** I've missed my connection

Bahama [bahama] n **Bahama Adaları** n Bahamas

bahane [bahane] n pretext

bahar [bahar] n springtime; **bahar temizliği** n spring-cleaning

baharat [baharat] n spice; **köri baharatı** n curry powder; **tuzlu ve baharatlı** adj savoury

bahçe [bahtʃe] n garden; **bahçe kulübesi** n shed; **bahçe merkezi** n garden centre; **bahçe sulama bidonu** n watering can; **hayvanat bahçesi** n zoo; **meyve bahçesi** n orchard; **Bahçeleri gezebilir miyiz?** Can we visit the gardens?

bahçecilik [bahtʃedʒilik] n gardening

bahçıvan [bahtʃıvan] n gardener

bahis [bahis] n bet; **bahis bayii** n betting shop ▷ v **bahse girmek** vi bet

Bahreyn [bahrejn] n Bahrain

bahriyeli [bahrijeli] n sailor

bahsetmek [bahsetmek] v mention

bahşiş [bahʃiʃ] n tip (reward) ▷ v **bahşiş vermek** vt tip (reward); **Bahşiş vermek adet midir?** Is it usual to give a tip?; **Ne kadar bahşiş vermem gerek?** How much should I give as a tip?

bakan [bakan] n (hükümet) minister (government)

bakanlık [bakanlək] n ministry (government)

bakıcı [bakədʒə] n (apartman, ev) caretaker; **çocuk bakıcısı** n childminder, nanny; **bebek bakıcısı** n babysitter

bakım [bakəm] n (araba vb) maintenance, (hasta vb) care; **çocuk bakımı** n childcare; **yüz bakımı** n facial; **yoğun bakım ünitesi** n intensive care unit

bakınmak [bakənmak] v look round

bakır [bakər] n copper

bakış [bakəʃ] n glance, look; **bakış açısı** n aspect; **bakış noktası** n standpoint, viewpoint; **yaşama bakış** n outlook

bakire [bakire] n virgin

bakiye [bakije] n bank balance

bakkal [bakkal] n grocer, shopkeeper, (dükkan) grocer's

bakla [bakla] n (sebze) broad bean

bakliyat [baklijat] npl pulses

bakmak [bakmak] v look after, (hasta vb) care, (karşılıklı) face; **öfkeyle bakmak** v glare; **bebek bakma** n babysitting; **bebek bakmak** v babysit; **boşluğa bakmak** v stare; **şaşı bakmak** v squint

bakteri [bakteri] npl bacteria

bal [bal] n honey

balayı [balajə] n honeymoon

bale [bale] n ballet; **bale patiği** npl ballet shoes; **Baleye nereden bilet alabilirim?** Where can I buy tickets for the ballet?

balerin [balerin] n ballerina

balet [balet] n ballet dancer

balığı [balʒə] n yılan balığı n eel

balık [balək] n fish; **balık avlamak** n fish, fishing; **Japon balığı** n goldfish; **kılıç balığı** n swordfish; **köpek balığı** n shark; **mezgit balığı** n haddock; **morina balığı** n cod; **ringa balığı** n herring; **som**

balığı *n* salmon; **tatlısu balığı** *n* freshwater fish; **ton balığı** *n* tuna; **tuzlanıp tütsülenmiş ringa balığı** *n* kipper; **İçinde balık olmayan bir yemek yapabilir misiniz?** Could you prepare a meal without fish?; **İçinde et / balık olmayan ne yemekleriniz var mı?** Which dishes have no meat / fish?; **Balık alayım** I'll have the fish; **Balık yemiyorum** I don't eat fish; **Balıklarınız taze mi, dondurulmuş mu?** Is the fish fresh or frozen?; **Balıklardan ne var?** What fish dishes do you have?; **Bu yemekte balık suyu var mı?** Is this cooked in fish stock?; **Burada balık avlanabilir mi?** Can we fish here?; **Burada balık avlayabilir miyim?** Am I allowed to fish here?; **Nerede balık tutabilirim?** Where can I go fishing?

Balık [balək] *n* **Balık burcu** *n* Pisces

balıkadam [baləkadam] *n* **balıkadam kıyafeti** *n* wetsuit

balıkçı [baləktʃə] **(balıkçılar)** *n* fisherman, *(dükkan)* fishmonger; **balıkçı teknesi** *n* fishing boat; **olta balıkçısı** *n* angler

balıkçıl [baləktʃəl] *n* **balıkçıl kuşu** *n* heron

balıkçılık [baləktʃələk] *n* **olta balıkçılığı** *n* angling

balina [balina] *n* whale

balkabağı [balkaba:ə] *n* pumpkin

Balkan [balkan] *adj* Balkan

balkon [balkon] *n* balcony; **Balkonlu odanız var mı?** Do you have a room with a balcony?

balmumu [balmumu] *n* wax

balo [balo] *n* ball *(dance)*; **balo kostümü** *n* fancy dress

balon [balon] *n* balloon; **balonlu çiklet** *n* bubble gum

balta [balta] *n* axe

bambu [bambu] *n* bamboo

banço [bantʃo] **(bançolar)** *n* banjo

band [band] *n* **elastik band** *n* rubber band

bandaj [bandaʒ] *n* bandage

bando [bando] *n* **bando takımı** *n* brass band

bank [baŋ] *n* bench

banka [baŋa] *n* bank *(finance)*; **banka ödeme emri** *n* standing order; **banka ücretleri** *npl* bank charges; **banka hesabı** *n* bank account; **banka kartı** *n* debit card; **ticaret bankası** *n* merchant bank; **Banka bugün açık mı?** Is the bank open today?; **Banka buraya ne kadar uzakta?** How far is the bank?; **Banka ne zaman açılıyor?** When does the bank open?; **Banka ne zaman kapanıyor?** When does the bank close?; **Bankamdan para transferi yapmak istiyorum** I would like to transfer some money from my bank in...; **Burada banka var mı?** Is there a bank here?; **Yakınlarda bir banka var mı?** Is there a bank nearby?

bankacı [baŋadʒə] *n* banker

bankamatik [baŋamatik] *n* cash dispenser

banknot [baŋnot] *n* banknote

banliyö [banlijø] *adj* suburban ▷ *n* suburb

bant [bant] *n* band *(strip)*; **cırt bant** *n* Velcro®; **geniş bant** *n* broadband; **lastik bant** *n* elastic band; **saç bandı** *n* hairband; **taşıyıcı bant** *n* conveyor belt; **yara bandı** *n* Elastoplast®, plaster *(for wound)*

banyo [banjo] *n* bath, bathroom; **banyo havlusu** *n* bath towel; **köpüklü banyo** *n* bubble bath; **Banyo taşıyor** The bathroom is flooded; **Banyoda tutunma rayı var mı?** Are there support railings in the bathroom?; **Odada banyo var mı?** Does the room have a private bathroom?

Baptist [baptist] *n* Baptist

bar [bar] *n* bar *(alcohol)*; **bar işletmecisi** *n* publican; **snack bar** *n* snack bar; **İyi bir bar biliyor musunuz?** Where is there a nice bar?; **Bar ne tarafta?** Where is the bar?

baraj [baraʒ] *n* dam

baraka [baraka] *n* hut

Barbados [barbados] *n* Barbados

barbar [barbar] *adj* barbaric

barbekü [barbeky] *n* barbecue; **Barbekü kısmı nerede?** Where is the barbecue area?

bardak [bardak] *n* **cam bardak** *n* glass *(vessel)*; **Bir bardak limonata lütfen** A glass of lemonade, please; **Bir bardak su lütfen** a glass of water; **Temiz bir bardak alabilir miyim lütfen?** Can I have a clean glass, please?

barınak [barənak] *n* shelter

barındırmak [barəndərmak] *v* accommodate

barış [baraʃ] *n* peace

barışçıl [baraʃtʃəl] *adj* peaceful

bariyer [barijer] *n* barrier

bariz [bariz] *adj* glaring

barmen [barmen] **(barmenler)** *n* barman, bartender; **kadın barmen** *n* barmaid

bas [bas] *n* bass; **bas davul** *n* bass drum

basın [basən] *n* **basın toplantısı** *n* press conference; **Basın büronuz var mı?** Do you have a press office?

basınç [basəntʃ] *n* pressure

basit [basit] *adj* simple

basitçe [basittʃe] *adv* simply

basitleştirmek [basitleʃtirmek] *v* simplify

Bask [bask] *adj* Basque ▷ *n* **Bask dili** *n* Basque *(language)*

basketbol [basketbol] *n* basketball

baskı [baskə] *n (gazete, dergi)* edition, *(matbaa)* print; **baskı hatası** *n* misprint; **baskı yapmak** *v* lean on, pressure; **ikinci baskı kitap** *n* paperback

baskın [baskən] *n* raid; **baskın yapmak** *v* raid

baskısı [baskəsə] *n* **deneme baskısı** *n* proof *(for checking)*

Basklı [basklə] *n (kişi)* Basque *(person)*

basmak [basmak] *v (matbaa)* print; **su basmak** *(vt) vi* flood

basmakalıp [basmakaləp] *n* stereotype

bastırmak [bastərmak] *v* press; **bastırarak söndürmek** *v* stub out

baston [baston] *n* walking stick

basur [basur] *npl* piles

baş [baʃ] *adj* chief, *(tepede)* principal ▷ *n (vücut)* head *(body part)*, *(yönetim)* head *(principal)*; **adın baş harfleri** *n* initials; **baş ağrısı** *n* headache; **baş aşağı** *adv* upside down; **baş belası** *n* pest; **baş eğmek** *v* bow; **baş parmak** *n* thumb ▷ *v* **baş çekmek** *v* head; **başı dönmüş** *adj* dizzy; **başıyla onaylamak** *v* nod; **baştan başa** *prep* throughout; **merdiven başı** *n* landing; **saat başı** *adv* hourly

Başak [baʃak] *n* Başak burcu *n* Virgo

başarı [baʃarə] *n* achievement, success ▷ *v* **başarısız olmak** *vi* fail

başarılı [baʃarələ] *adj* successful

başarısız [baʃarəsəz] *adj* unsuccessful

başarısızlık [baʃarəsəzlək] *n* failure

başarıyla [baʃarəjla] *adv* successfully

başarmak [baʃarmak] *v* achieve, succeed

başbakan [baʃbakan] *n* prime minister

başına [baʃəna] *prep* per

başka [baʃka] *adj, adv* **başka bir yerde** *adv* elsewhere; **başka türlü** *adv* otherwise; **ilgisini başka yöne çekmek** *v* distract; **Başka bir oda istiyorum** I'd like another room; **Başka bir yol var mı?** Is there a diversion?; **Başka neyiniz var?** Have you anything else?; **Başka odanız var mı?** Do you have any others?; **Bunun başka**

rengi var mı? Do you have this in another colour?

başkaldırmak [baʃkaldərmak] *v* riot

başkan [baʃkan] **(başkanlar)** *n* chairman, *(şirket)* president, *(okul)* prefect; **belediye başkanı** *n* mayor

başkent [baʃkent] *n* capital

başlama [baʃlama] *n* **başlama vuruşu** *n* kick-off; **başlama vuruşu yapmak** *v* kick off

başlamak [baʃlamak] *v* begin ▷ *vt* start

başlangıç [baʃlangətʃ] *adj (ilk)* initial ▷ *n* beginning, *(çıkış)* outset, *(iş, yarış vb)* start; **başlangıç olarak** *adv* originally

başlangıçta [baʃlangətʃta] *adv* initially

başlatmak [baʃlatmak] *vi* start ▷ *vt* launch

başlayan [baʃlajan] *adj* **yeni başlayan** *n* beginner

başlıca [baʃlədʒa] *adv* mainly, primarily

başlık [baʃlək] *n* caption, *(haber)* headline, *(kitap, albüm vb)* title; **duş başlığı** *n* shower cap

başpiskopos [baʃpiskopos] *n* archbishop

başrol [baʃrol] *n (oyun/film)* lead *(in play/film)*

baştanbaşa [baʃtanbaʃa] *adj* thorough

başucu [baʃudʒu] *n* **başucu lambası** *n* bedside lamp

başvurmak [baʃvurmak] *v* resort to

başvuru [baʃvuru] *n* application; **başvuru formu** *n* application form

başvurucu [baʃvurudʒu] *n* applicant

bataklık [bataklək] *n* bog, marsh, swamp

batı [batə] *adj* west, western ▷ *n* west; **batıya doğru** *adj* westbound

Batı [batə] *n* **Batı Hint Adaları** *npl* West Indian, West Indies

batıl [batəl] *adj* **batıl inançları olan** *adj* superstitious

batmak [batmak] *vi* sink

battal [battal] *adj* **battal boy yatak** *n* king-size bed

battaniye [battanije] *n* blanket; **elektrikli battaniye** *n* electric blanket; **Bana bir battaniye daha getirir misiniz lütfen?** Please bring me an extra blanket

Bay [baj] *n* Mr

bayağı [baja:ə] *adv (oldukça)* pretty

bayan [bajan] *n (evlenmemiş kadınlara hitap şekli)* Ms, *(hanım)* Mrs; **Bayanlar tuvaleti nerede?** Where is the ladies?; **Bir bayan doktorla konuşmak istiyorum** I'd like to speak to a female doctor; **Bir bayan polisle konuşmak istiyorum** I want to speak to a policewoman

bayat [bajat] *adj* stale

bayılmak [bajəlmak] *v* faint, pass out; **Bayıldı** She has fainted

bayii [bajii] *n* **bahis bayii** *n* betting shop; **gazete bayii** *n* newsagent

baykuş [bajkuʃ] *n* owl

bayrak [bajrak] *n* flag

Bayram [bajram] *n* **Musevilerin Fısıh Bayramı** *n* Passover

bazen [bazen] *adv* sometimes

bazı [bazə] *pron* some

bebe [bebe] *n* **bebe sandalyesi** *n* highchair

bebek [bebek] *n* baby; **ıslak bebek mendili** *n* baby wipe; **bebe bisküvisi** *n* rusk; **bebek arabası** *n* pram; **bebek bakıcısı** *n* babysitter; **bebek bakma** *n* babysitting; **bebek bakmak** *v* babysit; **bebek bezi** *n* nappy; **bebek karyolası** *n* cot; **bebek sütü** *n* baby milk; **oyuncak bebek** *n* doll; **Bebeği nerede emzirebilirim?** Where can I breast-feed the baby?; **Bebeğin altını nerede değiştirebilirim?** Where can I change the baby?; **Bebek sandalyeniz var mı?** Do you have a baby seat?; **Bebekli aileler için kolaylıklarınız var mı?** Are there facilities for parents with babies?

beceri [bedʒeri] *n* skill

becerikli [bedʒerikli] *adj* skilful, skilled

beceriksiz [bedʒeriksiz] *adj* awkward

becermek [bedʒermek] *v* manage

bedava [bedava] *adj* free *(no cost)*

bedbin [bedbin] *adj* moody

beden [beden] *n* body; **bedenine göre büyük** *adj* outsize

beğenmek [bejenmek] *n* **kendini beğenmiş** *adj* arrogant, bigheaded

bej [beʒ] *adj* beige

bekar [bekar] *n* bachelor; **bekarlığa veda partisi (erkek)** *n* stag night; **Bekarım** I'm single

bekçi [bektʃi] *n* warden

bekle [bekle] *n* **Lütfen beni bekleyin** Please wait for me

bekleme [bekleme] *adj* **beklemede bilet** *n* stand-by ticket

beklemek [beklemek] *v* wait for ▷ *vt* wait; **bekleme listesi** *n* waiting list; **bekleme odası** *n* waiting room; **olması beklenen** *adj* due; **uçuş bekleme salonu** *n* departure lounge; **yatmayıp beklemek** *v* wait up

beklenti [beklenti] *n* **gelecek beklentisi** *n* prospect

bekleyiş [beklejiʃ] *n* **kuşku ve gerilimli bekleyiş** *n* suspense

bektaşi [bektaʃi] *n* **bektaşi üzümü** *n* gooseberry

bel [bel] *n* waist; **bel çantası** *n* bum bag, money belt

bela [bela] *n* **baş belası** *n* pest

Belarus [belarus] *adj* Belarussian

Belarusca [belarusdʒa] *n* Belarussian *(language)*

Belaruslu [belaruslu] *n* Belarussian *(person)*

Belçika [beltʃika] *adj* Belgian ▷ *n* Belgium

Belçikalı [beltʃikalɛ] *n* Belgian

belediye [beledije] *n* **belediye başkanı** *n* mayor; **belediye binası** *n* town hall; **belediye meclis üyesi** *n* councillor

belge [belge] *n* document, *(döküm)* transcript; **hasta belgesi** *n* sick note; **sağlık belgesi** *n* medical certificate; **sigorta belgesi** *n* insurance certificate; **Bu belgenin fotokopisini çektirmek istiyorum** I want to copy this document

belgeleme [belgeleme] *n* documentation

belgeler [belgeler] *npl* documents

belgesel [belgesel] *n* documentary

belirgin [belirgin] *adj* distinctive

belirlemek [belirlemek] *v* **kimlik belirlemek** *v* identify

belirleyici [belirlejidʒi] *adj* decisive

belirsiz [belirsiz] *adj* uncertain, vague; **belli belirsiz** *adj* subtle

belirsizlik [belirsizlik] *n* uncertainty

belirteç [belirtetʃ] *n* adverb

belirti [belirti] *n* trace, *(hastalık)* symptom

belirtmek [belirtmek] *v* specify; **miktar belirtmek** *v* quantify

belkemiği [belkeməə] *n* spine

belki [be:lki] *adv* maybe, perhaps

bellek [bellek] *n* memory

belli [belli] *adj* **belli belirsiz** *adj* subtle; **ne yapacağı belli olmayan** *adj* unpredictable

ben [ben] *pron (kişi)* n, me; **... a geldiğimizde beni uyarır mısınız?** Please let me know when we get to...; **Ben dondurma alayım** I'd like an ice cream; **Ben gelmiyorum** I'm not coming

bencil [bendʒil] *adj* self-centred, selfish

bengaldeş [bengaldeʃ] n
Bengaldeş ile ilgili n Bangladeshi
Bengaldeş [bengaldeʃ] n
Bangladesh
Bengaldeşli [bengaldeʃli] n
Bangladeshi
benim [benim] adj my ▷ pron mine;
Benim adım... My name is…;
Pardon, orası benim yerim
Excuse me, that's my seat
bent [bent] n embankment
benzemek [benzemek] v take
after
benzer [benzer] adj similar
benzerlik [benzerlik] n
resemblance, similarity
benzetmek [benzetmek] v
resemble
benzin [benzin] n petrol; **benzin
deposu** n petrol tank; **benzin
istasyonu** n petrol station, service
station; **kurşunsuz benzin** n
unleaded petrol; **Benzin bitti** The
petrol has run out; **Benzinim bitti**
I've run out of petrol; **Buraya en
yakın benzin istasyonu nerede?**
Is there a petrol station near here?;
Depo benzin sızdırıyor The
petrol tank is leaking
beraber [beraber] adv **beraber
yaşamak** v live together
berabere [berabere] n **berabere
kalmak** vt draw (equal with)
berbat [berbat] adj awful, nasty;
berbat etmek v spoil, wreck;
berbat etmek v mess up; **Hava
çok berbat!** What awful weather!
berber [berber] n barber
bere [bere] n (giyim) beret,
(tıp) bruise

beri [beri] prep **den beri** prep since;
o zamandan beri adv since;
Dünden beri kusuyorum I've
been sick since yesterday
beslemek [beslemek] vt feed
beslenme [beslenme] n nutrition;
yetersiz beslenme n
malnutrition
besleyici [besleʒidʒi] adj nutritious
▷ n (gıda) nutrient
beste [beste] n composition
besteci [bestedʒi] n composer
beş [beʃ] number five; **Beş ay sonra
doğuracağım** I'm due in five
months; **Beş günlüğüne bir
araba kiralamak istiyorum** I
want to hire a car for five days; **Beş
numaralı kabin nerede?** Where is
cabin number five?; **Beş yüz...
rica ediyorum** I'd like five
hundred…
beşik [beʃik] n cradle
beşinci [beʃindʒi] adj fifth
betimleme [betimleme] n
description
betimlemek [betimlemek] v
describe
beton [beton] n concrete
bey [bej] n master
beyan [bejan] n **özür beyan
etmek** v excuse
beyaz [bejaz] adj white; **beyaz
güvercin** n dove; **beyaz saçlı** adj
grey-haired; **beyaz yazı tahtası** n
whiteboard; **iyi bir beyaz şarap
tavsiye edebilir misiniz?** Can you
recommend a good white wine?;
Bir şişe beyaz şarap a bottle of
white wine; **Bir sürahi beyaz
şarap** a carafe of white wine;

Siyah beyaz in black and white
beyin [bejin] n brain
beyzbol [bejzbol] n baseball;
beyzbol kepi n baseball cap
bez [bez] n **bebek bezi** n nappy;
kurulama bezi n dishcloth
beze [beze] n gland, (tatlı)
meringue
bezelye [bezelje] npl peas
bıçak [bətʃak] n blade, knife;
bıçak, kaşık n cutlery; **traş bıçağı**
n razor, razor blade
bıçaklamak [bətʃaklamak] v stab
bıkmış [bəkməʃ] adj fed up
bıldırcın [bəldərdʒen] n quail
bırakmak [bərakmak] vt keep,
quit, stop; **birini arabayla evine
bırakma** n lift (free ride); **serbest
bırakma** n release ▷ v **serbest
bırakmak** v release
bıyık [bəjək] n moustache,
whiskers
biber [biber] n pepper; **kırmızı toz
biber** n paprika
biberiye [biberije] n rosemary
biberlik [biberlik] n peppermill
biberon [biberon] n baby's bottle
biçim [bitʃim] n **dikdörtgen
biçiminde** adj rectangular; **etkili
bir biçimde** adv efficiently; **şalvar
biçimi** adj baggy; **yaşam biçimi** n
lifestyle
biçmek [bitʃmek] v mow; **çim
biçme makinesi** n lawnmower,
mower ▷ v **fiyat biçmek** vt charge
(price)
bidon [bidon] n **bahçe sulama
bidonu** n watering can
biftek [biftek] n rump steak, steak
bigudi [bigudi] n curler

bikini [bikini] n bikini
bilanço [bilantʃo] n balance sheet
bilardo [bilardo] n billiards
bildik [bildik] adj familiar
bildirim [bildirim] n notification;
bildirimde bulunmak v notify
bile [bile] adv even
bilek [bilek] n wrist
bileşen [bileʃen] adj component
▷ n component, element
bilet [bilet] n ticket; **beklemede
bilet** n stand-by ticket; **bilet
gişesi** n booking office, box office,
ticket office; **bilet kontrolörü** n
ticket inspector; **bilet otomatı** n
ticket machine; **bilet turnikesi** n
ticket barrier; **günlük bilet** n day
return; **gidiş-dönüş bilet** n return
ticket; **otobüs bileti** n bus ticket;
otopark bileti n parking ticket;
tek gidiş bileti n one-way ticket;
tek yön bilet n single ticket; **... a
gidiş dönüş iki bilet** two return
tickets to...; **iki bilet, lütfen** I'd
like two tickets, please; **Baleye
nereden bilet alabilirim?** Where
can I buy tickets for the ballet?;
Bilet almam gerekiyor mu? Do I
need to buy a car-parking ticket?;
Bilet makinası çalışmıyor The
ticket machine isn't working;
Bilet makinası nasıl çalışıyor?
How does the ticket machine
work?; **Bilet makinası nerede?**
Where is the ticket machine?;
Biletimi değiştirmek istiyorum I
want to change my ticket;
Biletimi kaybettim I've lost my
ticket; **Biletler ne kadar?** How
much are the tickets?; **Biletleri**

buradan alabilir miyim? Can I buy the tickets here?; **Biletleri siz ayırtır mısınız lütfen?** Can you book the tickets for us?; **Bir çocuk bileti** a child's ticket; **Bir bilet, lütfen** A ticket, please; **Birkaç seyahati içeren bilet satıyor musunuz?** Do you have multi-journey tickets?; **Bu akşam için iki bilet almak istiyorum** I'd like two tickets for tonight; **Bu akşam için iki bilet lütfen** Two tickets for tonight, please; **Gidiş dönüş bilet ne kadar?** How much is a return ticket?; **Haftalık bir bilet lütfen** A book of tickets, please; **Konser bileti nereden alabilirim?** Where can I buy tickets for the concert?; **Nereden bilet alabilirim?** Where can I get tickets?, Where do I buy a ticket?; **Nereden bilet alabiliriz?** Where can we get tickets?; **Tek gidiş bilet ne kadar?** How much is a single ticket?

biletçi [bilettʃi] n bus conductor, ticket collector

bilgi [bilgi] n information, knowledge; **bilgi tazeleme eğitimi** n refresher course; **bilgi vermek** v inform; **bilgi yarışması** n quiz; **teknik bilgi** n know-how; **temel bilgiler** npl basics; ... **hakkında bilgi istiyordum** I'd like some information about...

bilgiç [bilgitʃ] n know-all

bilgilendirici [bilgilendiridʒi] adj informative

bilgili [bilgili] adj knowledgeable

bilgisayar [bilgisajar] n

computer; **bilgisayar çalışması** n computing; **bilgisayar bilimi** n computer science; **bilgisayar hafızası** hard disk; **bilgisayar oyunu** n computer game; **dizüstü bilgisayarı** n laptop; **Bilgisayar odası nerede?** Where is the computer room?; **Bilgisayarınızı kullanabilir miyim?** May I use your computer?; **Bu bilgisayarda CD yapabilir miyim?** Can I make CDs at this computer?

bilim [bilim] n science; **bilgisayar bilimi** n computer science; **bilim adamı** n scientist; **bilim kurgu** n science fiction; **din bilimi** n theology; **doğa bilimleri uzmanı** n naturalist; **elektronik bilimi** npl electronics; **genetik bilimi** n genetics; **insan bilimi** n anthropology

bilimsel [bilimsel] adj scientific

bilinçli [bilintʃli] adj conscious

bilinçlilik [bilintʃlilik] n consciousness

bilinçsiz [bilintʃsiz] adj unconscious

bilinen [bilinen] adj known

bilinmeyen [bilinmejen] adj; **bilinmeyen numaralar** npl directory enquiries

bilinmez [bilinmez] adj unknown

bilmece [bilmedʒe] n puzzle

bilmek [bilmek] v know; **Bilmiyorum** I don't know

bin [bin] number (sayı) thousand

bina [bina] n; **belediye binası** n town hall; **bina sorumlusu** n janitor; **bina ve etrafındaki arazi** npl premises; **Binada asansör var**

mı? Is there a lift in the building?
binici [biˈnidʒi] *n* rider
binicilik [biˈnidʒilik] *n* horse riding
bininci [biˈnindʒi] *adj* thousandth
▷ *n* thousandth
biniş [biˈniʃ] *n* **biniş kartı** *n*
boarding card, boarding pass;
Biniş kartım burada Here is my
boarding card
binmek [binˈmek] *v* get on ▷ *vt*
(hayvana) ride; **ata binme** *n*
riding; **bisiklete binme** *n* cycle
(bike), cycling; **Ata binebilir**
miyiz? Can we go horse riding?;
Ata binmeye gidelim Let's go
horse riding
bir [bɪɾ] *art* a, an ▷ *pron* one; **... a**
bir bilet a single to... ▷ *number*
one; **ağır bir şekilde** *adv* heavily;
başka bir yerde *adv* elsewhere;
bir anlığına *adv* momentarily; **bir**
anlık *adj* momentary; **bir ara** *adv*
sometime; **bir araya gelmek** *v*
get together; **bir kaşık dolusu** *n*
spoonful; **bir şey** *pron* something;
bir seferinde *adv* once; **bir**
seferlik *n* one-off; **bir sonraki** *adv*
next; **bir yerde** *adv* someplace,
somewhere; **dokuzda bir** *n* ninth;
her bir *pron* each; **herhangi bir**
şey *pron* anything; **herhangi bir**
yer *adv* anywhere; **kötü bir**
şekilde *adv* badly; **Ayrıca bir**
ücret ödenmesi gerekiyor mu?
Is there a supplement to pay?; **bir**
ay önce a month ago; **bir ay**
sonra in a month's time; **bir hafta**
önce a week ago; **bir hafta sonra**
in a week's time; **Bana bir otelde**
yer ayırtabilir misiniz? Can you

book me into a hotel?; **Bir**
apartman dairesi bakıyorduk
We're looking for an apartment;
Bir araç ve dört kişi ne kadar?
How much is the crossing for a car
and four people?; **Bir araç ve iki**
kişi ne kadar? How much is it for a
car with two people?; **Bir çay**
lütfen A tea, please; **Bir çekme**
bira lütfen A draught beer,
please; **Bir çocuğum var** I have a
child; **Bir büroda çalışıyorum** I
work in an office; **Bir bilet, lütfen**
A ticket, please; **Bir dakika lütfen**
Just a moment, please; **Bir**
fabrikada çalışıyorum I work in a
factory; **Bir günlük kayak kartı**
almak istiyorum I'd like a ski pass
for a day; **Bir gece daha kalmak**
istiyorum I want to stay an extra
night; **Bir haftalığı ne kadar?**
How much is it for a week?; **Bir**
kahve lütfen A coffee, please; **Bir**
şey içmek ister misiniz? Would
you like a drink?; **Bir metro**
haritası lütfen Could I have a
map of the tube, please?; **Bir oda**
kiralamak istiyorum I'd like to
rent a room; **Bir otel arıyoruz**
We're looking for a hotel; **Bir otel**
tavsiye edebilir misiniz? Can you
recommend a hotel?; **Bir saatlik**
internet bağlantısı kaça? How
much is it to log on for an hour?;
Bir tarife alabilir miyim, lütfen?
Can I have a timetable, please?;
Bir torba daha alabilir miyim
lütfen? Can I have an extra bag,
please?; **Bir villa kiralamak**
istiyorum I'd like to rent a villa;

Hafta sonu için bir araba kiralamak istiyorum I want to hire a car for the weekend; **Haftalık bir bilet lütfen** A book of tickets, please; **Size bir içki ısmarlayabilir miyim?** Can I get you a drink?; **Standart bir kabin bileti** a standard class cabin

bira [bira] *n* beer; **bira fabrikası** *n* brewery; **hafif bira** *n* lager; **Bir çekme bira lütfen** A draught beer, please; **Bir bira daha lütfen** Another beer, please

birader [birader] *n* **kayın birader** *n* brother-in-law

birahane [birahane] *n* pub

biraz [biraz] *pron* some; **Bana biraz borç verebilir misiniz?** Could you lend me some money?

birey [birej] *adj* individual

bireysel [birejsel] *adj* **Bireysel kaza sigortası yaptırmak istiyorum** I'd like to arrange personal accident insurance

biri [biri] *pron* either; **Biri bizi gözetliyor** *n* reality TV; **birinin hesabına borç kaydetmek** *v* debit; **herhangi biri** *pron* anybody, anyone

birikim [birikim] *npl* savings

birikinti [birikinti] *n* drift; **su birikintisi** *n* puddle

birikmek [birikmek] *v* mount up

biriktirmek [biriktirmek] *v* put aside, save up

birinci [birindʒi] *num* **birinci sınıf** *adj* first-class; **... a birinci sınıf bir gidiş dönüş bilet** a first-class return to...; **Biletimi birinci sınıfa çevirmek istiyorum** I want to

upgrade my ticket; **Birinci sınıf bir kabin** a first-class cabin; **Birinci sınıf seyahat etmek istiyorum** I would like to travel first-class

birisi [birisi] *pron* somebody, someone

birkaç [birkatʃ] *adj* few, several ▷ *pron* few, several

birleşik [birleʃik] *adj* united; **Birleşik Arap Emirlikleri** *npl* United Arab Emirates; **Birleşik Devletler** *n* US, *(Amerika)* United States; **Birleşik Krallık** *(İngiltere)* *n* UK, United Kingdom

birleşim [birleʃim] *n* **cinsel birleşim** *n* sexual intercourse

birleşme [birleʃme] *n* conjugation

birleştirme [birleʃtirme] *n* combination

birleştirmek [birleʃtirmek] *v* combine, *(kişileri)* unite, *(parçaları)* link (up) ▷ *vi* join

birlik [birlik] *n* union, *(dernek)* association; **Avrupa Birliği** *n* European Union; **oy birliği** *n* consensus

birlikler [birlikler] *npl (askeri)* troops

birlikte [birlikte] *adv* together; **birlikte yatmak** *v* sleep together; **bununla birlikte** *adv* nevertheless; **hep birlikte** *adv* altogether; **Hepsini birlikte yazın lütfen** All together, please

bisiklet [bisiklet] *n* bicycle, bike; **üç tekerlekli bisiklet** *n* tricycle; **bisiklet pompası** *n* bicycle pump ▷ *v* **bisiklet sürmek** *v* cycle; **bisiklet yolu** *n* cycle path;

bisiklet yolu n cycle lane;
bisiklete binme n cycle (bike),
cycling; **dağ bisikleti** n mountain
bike; **tandem bisiklet** n tandem;
Bisiklet kiralamak istiyorum
I want to hire a bike; **Bisiklet
vitesli mi?** Does the bike have
gears?; **Bisikleti ne zaman geri
getirmem gerekiyor?** When is
the bike due back?; **Bisikletimi
buraya bırakabilir miyim?** Can
I keep my bike here?; **Bisikletin
frenleri var mı?** Does the bike
have brakes?; **Bisikletin geri
frenleri var mı?** Does the bike
have back-pedal brakes?;
Bisikletin lambaları var mı?
Does the bike have lights?; **En
yakın bisiklet tamircisi nerede?**
Where is the nearest bike repair
shop?; **Nereden bisiklet
kiralayabilirim?** Where can I hire
a bike?
bisikletçi [bisiklettʃi] n cyclist
bisküvi [biskyvi] n biscuit; **bebe
bisküvisi** n rusk
bit [bit] npl (saç) lice
bitişiğinde [bitiʃæənde] prep near
bitişik [bitiʃik] adj adjacent;
bitişik nizam ev n semi,
semi-detached house
bitki [bitki] n plant; **bitki örtüsü** n
vegetation; **bitki çayı** n herbal
tea; **bitki yetiştirmek** vi grow;
**Yerel bitkileri ve ağaçları
görmek isterdik** We'd like to see
local plants and trees
bitkin [bitkin] adj shaky
bitmek [bitmek] v (tükenmek) run
out of ▷ vt (son bulmak) finish

bitmiş [bitmiʃ] adj over
bit pazarı [bitpazarə] n flea
market
biyo-çözünür [bijotʃøzynyr] adj
biodegradable
biyokimya [bijokimja] n
biochemistry
biyoloji [bijoloʒi] n biology
biyolojik [bijoloʒik] adj biological
biyometrik [bijometrik] adj
biometric
biz [biz] pron us, we, (kendimiz)
ourselves; **Bizi davet ettiğiniz
için çok teşekkürler** It's very kind
of you to invite us
bizim [bizim] adj our
bizimki [bizimki] pron ours
BlackBerry [pladʒkberrj] n
BlackBerry®
blazer [plazer] n blazer
blog [plog] n blog; **blog yazarı** n
blogger; **blog yazısı** n blogpost
▷ v **blog yazmak** v blog
blok [plok] n block (solid piece),
(bina) block (buildings)
bloke [ploke] v **bloke etmek** v block
blöf [pløf] n bluff ▷ v **blöf yapmak**
v bluff
blucin [pludʒin] npl denims, jeans;
blucin kumaşı n denim
bluz [pluz] n blouse
bodrum [bodrum] n basement
boğa [boaː] n bull
Boğa [boaː] n **Boğa burcu** n Taurus
boğaz [boaːz] n throat
boğazlamak [boaːzlamak] v
strangle
boğmak [boʊmak] v suffocate
boğucu [boʊːdʒu] adj stifling
boğulmak [boʊːlmak] v boğucu

sıcak adj sweltering; **suda boğulmak** v drown

boks [boks] n box, boxing

bokser [bokser] n **bokser şort** npl boxer shorts

boksör [boksør] n boxer

Bolivya [bolivja] adj Bolivian ⊳ n Bolivia

Bolivyalı [bolivjalə] n Bolivian

bomba [bomba] n bomb; **atom bombası** n atom bomb; **gözyaşı bombası** n teargas; **saatli bomba** n time bomb

bombacı [bombadʒə] n **intihar bombacısı** n suicide bomber

bombalama [bombalama] n bombing

bombalamak [bombalamak] vt bomb

boncuk [bondʒuk] n bead

borazan [borazan] n trumpet

borç [bortʃ] n debt; **birinin hesabına borç kaydetmek** v debit; **borçlu olmak** v owe; **vadesi geçmiş borç** npl arrears

bornoz [bornoz] n bathrobe

borsa [borsa] n stock exchange, stock market

borsacı [borsadʒə] n stockbroker

boru [boru] n pipe; **atık borusu** n drain, drainpipe; **boru hattı** n pipeline; **egzoz borusu** n exhaust pipe; **lağım borusu** n sewer

Bosna [bosna] adj Bosnian ⊳ n Bosnia

Bosna-Hersek [bosnahersek] n Bosnia and Herzegovina

Bosnalı [bosnalə] n (kişi) Bosnian (person)

boş [boʃ] adj (daire, ev, sandalye)

vacant, (insan) idle, (kağıt, zihin) blank, (mekan) empty; **boş durmak** v mess about; **boş vakit** n leisure; **boş zaman** n spare time

boşaltmak [boʃaltmak] v unpack, (bina) evacuate, (yük) unload ⊳ vt empty; **atık boşaltmak** vt drain

boşanma [boʃanma] n divorce

boşanmış [boʃanmɯʃ] adj divorced; **Boşandım** I'm divorced

boşluk [boʃluk] n (konum) slot, (mekan) space, (uzay, geometri) void, (yazı, zihin) blank; **boşluğa bakmak** v stare; **boşluk payı** (tavanda) n headroom; **karın boşluğu ile ilgili** adj coeliac

bot [bot] n **Fiyata botlar da dahil mi?** Does the price include boots?; **Kayak botu kiralamak istiyorum** I want to hire boots

Botsvana [botsvana] n Botswana

bovling [bovling] n tenpin bowling

bowling [bovling] n bowling; **bowling salonu** n bowling alley

boy [boj] n **battal boy yatak** n king-size bed; **boy göstermek** v turn up; **orta boy** adj medium-sized; **uzun boylu** adj tall; **Boyunuz kaç?** How tall are you?

boya [boja] n (giysi) dye, (yapı) paint; **boya fırçası** n paintbrush; **mum boya** n crayon; **Dip boya yapar mısınız lütfen?** Can you dye my roots, please?; **Saçımı boyar mısınız lütfen?** Can you dye my hair, please?

boyalı [bojalə] adj tinted

boyama [bojama] n colouring

boyamak [bojamak] v dye ▷ vt
paint

boylam [bojlam] n longitude

boynuz [bojnuz] n horn

boyun [bojun] n neck; **boyun
eğmek** v obey

boyunca [bojundʒa] prep along

boyut [bojut] n extent, size; **üç
boyutlu** adj three-dimensional

bozkır [bozkɪr] n moor

bozmak [bozmak] v break down;
kararı bozmak v overrule; **sinir
bozucu** adj annoying; **sinirini
bozmak** v annoy

bozuk [bozuk] adj **Arabam
bozuldu** My car has broken down;
**Bana... bir bozuk para verebilir
misiniz?** Could you give me
change of...?; **Biraz bozuk para
verebilir misiniz?** Can you give
me some change, please?; **Bozuk
param yok** I don't have anything
smaller; **Bozuk paranız var mı?**
Do you have any small change?; **Et
bozulmuş** This meat is off;
**Kusura bakmayın, hiç bozuk
param yok** Sorry, I don't have any
change; **Taksimetre bozuk** The
meter is broken; **Telefon için
bozuk para rica ediyorum** I'd like
some coins for the phone, please

böbrek [bøbrek] n kidney

böbürlenmek [bøbyrlenmek] v
boast

böcek [bødʒek] n beetle, bug,
insect; **böcek ilacı** n insect
repellent; **böcek zehiri** n
pesticide; **cırcır böceği** n cricket
(insect); **hamam böceği** n
cockroach; **uç uç böceği** n

ladybird; **Böcek ilacınız var mı?**
Do you have insect repellent?;
Odamda böcek var There are
bugs in my room

böğürtlen [bø:yrtlen] n
blackberry

bölge [bølge] n district, region,
(arazi) territory, (kent) precinct,
(savaş, kuraklık) zone, (seçim)
ward (area); **kırsal bölge** n
countryside; **kilisenin dini
bölgesi** n parish; **seçmen
bölgesi** n constituency,
electorate; **yayalara özel bölge** n
pedestrian precinct; **Bu bölgenin
haritasını nereden alabilirim?**
Where can I buy a map of the
region?

bölgesel [bølgesel] adj regional

bölme [bølme] n division

bölmek [bølmek] vt divide

bölüm [bølym] n (bina, konum)
section, (dizi) episode, (idari)
department, (kitap) chapter

börek [børek] n pie

böyle [bøjle] adj such

böylesine [bøjlesine] adv such

brendi [brendi] n brandy; **Ben
brendi alayım** I'll have a brandy

Brezilya [brezilja] adj Brazilian
▷ n Brazil

Brezilyalı [breziljalə] n Brazilian

brifing [brifing] n briefing

brokoli [brokoli] n broccoli

bronşit [bronʃit] n bronchitis

bronz [bronz] n bronze;
bronzlaşmış ten n tan

bronzlaşma [bronzlaʃma] n
suntan

bronzlaşmak [bronzlaʃmak] n

bronzlaşma losyonu *n* suntan lotion

broş [broʃ] *n* brooch

broşür [broʃyr] *n* brochure, leaflet, pamphlet; **tanıtma broşürü** *n* prospectus; **... hakkında broşürünüz var mı?** Do you have any leaflets about...?; **Broşürünüz var mı?** Do you have any leaflets?

Brüksel lahanası [bryksellahanəsə] *n* Brussels sprouts

bu [bu] *adj* that, this ▷ *pron* this; **bu arada** *adv* meantime; **bu gece** *adv* tonight; **bununla birlikte** *adv* nevertheless; **ya o, ya bu** *conj* either (... or); **Bu akşam ne yapıyorsunuz?** What are you doing this evening?; **Bu anahtar nerenin?** What's this key for?; **Bu armağan sizin için** This is a gift for you; **Bu elbiseyi deneyebilir miyim?** Can I try on this dress?; **Bu eşim** This is my husband, This is my wife; **Bu ilacı kullanıyorum** I'm on this medication; **Bu kadar yeter, sağolun** That's enough, thank you; **Bu koltuk boş mu?** Is this seat free?; **Bu mektubu postalamak istiyorum** I'd like to send this letter; **Bu ne demek?** What does this mean?; **Bu otobüs... a gider mi?** Does this bus go to...?; **Bu pantalonu deneyebilir miyim?** Can I try on these trousers?; **Bu partnerim** This is my partner; **Bu sabahtan beri kusuyorum** I've been sick since this morning; **Bunu**

değiştirmek istiyorum I'd like to exchange this; **Bunu kasaya koyun lütfen** Put that in the safe, please; **Bunun içinde ne var?** What is in this?

buçuk [butʃuk] *n* **Saat iki buçuk** It's half past two; **Saat neredeyse iki buçuk** It's almost half past two

Buda [buda] *n* Buddha

Budist [budist] *adj* Buddhist ▷ *n* Buddhist

Budizm [budizm] *n* Buddhism

bugün [bugyn] *adv* today; **Banka bugün açık mı?** Is the bank open today?; **Bugün açık mı?** Is it open today?; **Bugün deniz dalgalı mı?** Is the sea rough today?; **Bugün günlerden ne?** What day is it today?; **Bugün ne yapmak istersiniz?** What would you like to do today?; **Bugünün tarihi nedir?** What is today's date?

bugünlerde [bugynlerde] *adv* nowadays

buğday [bu:daj] *n* wheat; **buğday alerjisi** *n* wheat intolerance

buğu [bu:u] *n* condensation

buhar [buhar] *n* steam

buji [buʒi] *n* spark plug

buket [buket] *n* bouquet

bukle [bukle] *n* (saç) curl, (saç) lock (hair)

bulantı [bulantə] *n* nausea; **hamilelik bulantısı** *n* morning sickness

bulaşıcı [bulaʃədʒə] *adj* catching, contagious, infectious; **Bulaşıcı mı?** Is it infectious?

bulaşık [bulaʃək] *n* **bulaşık deterjanı** *n* washing-up liquid;

bulaşık makinesi n dishwasher;
bulaşık yıkama n washing-up;
bulaşık yıkamak v wash up
buldozer [buldozer] n bulldozer
Bulgar [bulgar] adj Bulgarian ▷ n
(kişi) Bulgarian (person)
Bulgarca [bulgardʒa] n (dil)
Bulgarian (language)
Bulgaristan [bulgaristan] n
Bulgaria
bulgu [bulgu] n **bulgularla
kanıtlamak** v demonstrate
bulimia [bulimia] n bulimia
bulma [bulma] n **iş bulma
kurumu** n job centre
bulmaca [bulmadʒa] n crossword
bulmak [bulmak] v (aradığı bir
şeyi) find, (keşfetmek) find out
bulunmak [bulunmak] v
bildirimde bulunmak v notify;
katkıda bulunmak v contribute;
tahminde bulunmak v estimate;
varsayımda bulunmak v
speculate
buluşma [buluʃma] n meeting
buluşmak [buluʃmak] v meet up
bulut [bulut] n cloud
bulutlu [bulutlu] adj cloudy,
overcast
bulvar [bulvar] n avenue
bulyon [buljon] n stock cube
bundan [bundan] pron **bundan
dolayı** adv accordingly
bungalov [bungalov] n bungalow
bunje-jumping [bunʒeʒumping]
n **Nerede bunje-jumping
yapabilirim?** Where can I go
bungee jumping?
bunlar [bunlar] pron these
bunların [bunlarən] adj these

bu oda [buoda] n **Bu oda çok
gürültülü** The room is too noisy
burada [burada] adv here
burç [burtʃ] n **Akrep burcu** n
Scorpio; **Aslan burcu** n Leo;
İkizler burcu n Gemini; **burçlar
kuşağı** n zodiac; **Balık burcu** n
Pisces; **Başak burcu** n Virgo;
Boğa burcu n Taurus; **Koç burcu**
n Aries; **Kova burcu** n Aquarius;
Oğlak burcu n Capricorn; **Terazi
burcu** n Libra; **Yay burcu** n
Sagittarius
Burç [burtʃ] n **Yengeç Burcu** n
Cancer (horoscope)
burger [burger] n burger
burkmak [burkmak] v (bilek)
sprain
burkulma [burkulma] n sprain
burma [burma] n wrench
Burma [burma] adj Burmese ▷ n
Burma; **Burma dili** (dil) n
Burmese (language)
burmak [burmak] v wrench
Burmalı [burmalə] n (kişi)
Burmese (person)
burs [burs] n scholarship
burun [burun] n nose; **burnunu
çekmek** v sniff; **burun deliği** n
nostril; **burun kanaması** n
nosebleed
but [but] n thigh
buyurgan [bujurgan] adj bossy
buz [buz] n ice; **çubuk buz** n ice
lolly; **buz çözücü** n de-icer; **buz
hokeyi** n ice hockey; **buz kutusu**
n icebox; **buz pateni** n
ice-skating; **buz pateni sahası** n
ice rink; **gizli buz** n black ice; **küp
buz** n ice cube; **buzlu lütfen** With

ice, please; **Buz pateni yapmak için nereye gidebiliriz?** Where can we go ice-skating?

buzdağı [buzda:ə] *n* iceberg

buzdolabı [buzdolabə] *n* fridge, refrigerator

buzlu [buzlu] *adj* frosty, icy

buzul [buzul] *n* glacier

Buzul [buzul] *n* **Kuzey Buzul Kuşağı** *n* Arctic Circle

büfe [byfe] *n (dükkan)* kiosk, *(mobilya)* sideboard; **açık büfe** *n* buffet

bükmek [bykmek] *vt* twist

bükülmüş [bykylmyʃ] *adj* bent *(not straight)*

büro [byro] *n* office; **danışma bürosu** *n* inquiries office; **döviz bürosu** *n* bureau de change; **emanet bagaj bürosu** *n* left-luggage office; **enformasyon bürosu** *n* information office; **turizm bürosu** *n* tourist office; **Basın büronuz var mı?** Do you have a press office?; **Büronuza nasıl gelebilirim?** How do I get to your office?; **Bir büroda çalışıyorum** I work in an office; **Turizm bürosu nerede?** Where is the tourist office?

bürokrasi [byrokrasi] *n* bureaucracy

büsbütün [bysbytyn] *adv* quite

bütçe [byttʃe] *n* budget

bütün [bytyn] *adj* complete, *(bölünmemiş)* intact, *(hepsi)* all, *(tamamı)* entire, *(tüm)* whole ▷ *n (tamamı)* whole; **Bütün gün hiç kimseyi değil, sadece kendimizi görmek isterdik!** We'd like to see

nobody but us all day!

bütünleyici [bytynlejidʒi] *adj* complementary

bütünüyle [bytynyjle] *adv* entirely, quite

büyü [byjy] *n* magic, spell *(magic)*

büyücü [byjydʒy] *n* sorcerer

büyük [byjyk] *adj* big, *(iri)* large, *(müthiş)* great ▷ *n* major; **çok büyük** *adj* tremendous; **büyük çoğunluk** *n* majority; **büyük karides** *npl* scampi; **büyük mağaza** *n* department store; **büyük perhizin arife günü** *n* Shrove Tuesday; **büyük yolcu gemisi** *n* liner; **bedenine göre büyük** outsize; **daha büyük** *adj* bigger; **yaşça en büyük** *adj* eldest; **Çok büyük** It's too big; **Büyük beden var mı?** Do you have a large?; **Bunun bir büyük bedeni var mı?** Do you have this in a bigger size?; **Daha büyük bir odanız var mı?** Do you have a bigger one?; **Ekstra büyük beden var mı?** Do you have an extra large?; **Ev oldukça büyük** The house is quite big

Büyük [byjyk] *adj* **Büyük perhizin ilk Çarşambası** *n* Ash Wednesday

büyükanne [byjykanne] *n* grandmother; **büyükanne ve büyükbaba** *npl* grandparents

büyükbaba [byjykbaba] *n* grandfather; **büyükanne ve büyükbaba** *npl* grandparents

büyükelçi [byjykeltʃi] *n* ambassador

büyüleyici [byjylejidʒi] *adj* fascinating

büyülü [byjyly] *adj* magic
büyüme [byjyme] *n* growth
büyümek [byjymek] *v* grow up
  ▷ *vi* grow
büyüteç [byjytetʃ] *n* magnifying
  glass
büyütme [byjytme] *n*
  enlargement
büyütmek [byjytmek] *v* **gözünde
  büyütmek** *v* overestimate

C

cadde [dʒadde] *n* street
cadı [dʒadə] *n* witch
cafe [kafe] *n* café; **Internet cafe** *n*
  internet café; **Buralarda Internet
  cafe var mı?** Are there any
  internet cafés here?
cahil [dʒahil] *adj* ignorant
cam [dʒam] *n* glass; **ön cam** *n*
  windscreen; **çift cam** *n* double
  glazing; **cam bardak** *n* glass
  (vessel); **cam kenarı koltuğu** *n*
  window seat; **cam sileceği** *n*
  windscreen wiper; **pencere camı**
  n window pane
cami [dʒami] *n* mosque; **Cami
  nerede var?** Where is there a
  mosque?
cam yünü [dʒamjyny] *n* fibreglass
can [dʒan] *v* **can kurtaran** *adj*
  life-saving; **can sıkıntısı** *n*
  boredom; **can sıkmak** *v* bore
  (be dull); **canı sıkılmış** *adj* bored;

canı sıkkın adj depressed
canavar [dʒanavar] n monster
cankurtaran [dʒaŋurtaran] n (sahil) lifeguard, (tıp) ambulance; **cankurtaran sandalı** n lifeboat; **cankurtaran simidi** n lifebelt; **cankurtaran yeleği** n life jacket; **Cankurtaran çağırın!** Get the lifeguard!; **Cankurtaran var mı?** Is there a lifeguard?
canlandırmak [dʒanlandərmak] v revive; **gözünde canlandırmak** v visualize
canlı [dʒanlə] adj (hayatta) alive, (parlak) vivid, (yaşayan) live ▷ n (yaşayan) living; **Canlı müzik dinleyebileceğimiz bir yer var mı?** Where can we hear live music?
cari [dʒari] adj **cari hesap** n current account
casus [dʒasus] n spy ▷ v **casusluk etmek** v spy
casusluk [dʒasusluk] n espionage, spying
catering [dʒatering] n catering
caz [dʒaz] n jazz
cazibe [dʒazibe] n **cazibesine kapılmak** v fall for
CD [si:di:] n CD; **CD ne zaman hazır olur?** When will the CD be ready?
CD-ROM [si:di:rom] n CD-ROM
cehalet [dʒehalet] n ignorance
cehennem [dʒehennem] n hell
ceket [dʒeket] n jacket
cenaze [dʒenaze] n funeral; **cenaze kaldırıcısı** n undertaker; **cenazenin gömülmeye ya da yakılmaya hazırlandığı oda** n funeral parlour

cenin [dʒenin] n foetus
cennet [dʒennet] n heaven, paradise
centilmen [dʒentilmen] **(centilmenler)** n gentleman
CEO [dʒeo] abbr CEO
cep [dʒep] n pocket; **cep harçlığı** n pocket money; **cep hesap makinesi** n pocket calculator; **cep matarası** n flask; **cep numarası** n mobile number; **cep telefonu** n mobile phone
cephane [dʒephane] n ammunition
cephe [dʒephe] n frontier
cereyan [dʒerejan] n draught
cerrah [dʒerrah] n surgeon
cerrahi [dʒerrahi] n **kozmetik cerrahi** n cosmetic surgery; **plastik cerrahi** n plastic surgery
cesaret [dʒesaret] n bravery, courage; **cesaret verici** adj encouraging; **cesaretini kırmak** v discourage
ceset [dʒeset] n corpse
cesur [dʒesur] adj brave, daring
cetvel [dʒetvel] n ruler (measure)
ceviz [dʒeviz] n walnut; **Hindistan cevizi** n coconut; **küçük Hindistan cevizi** n nutmeg
ceza [dʒeza] n fine, punishment, sentence (punishment); **dayak cezası** n corporal punishment; **idam cezası** n capital punishment; **Ceza ne kadar?** How much is the fine?; **Cezayı nereye yatıracağım?** Where do I pay the fine?
cezalandırmak [dʒezalandərmak] v penalize, punish

Cezayir [dʒezajir] *adj* Algerian ▷ *n* Algeria

Cezayirli [dʒezajirli] *n* Algerian

cezve [dʒezve] *n* coffeepot

check-in [dʒhedʒkin] *v* **... uçağı için nerede check-in yaptırabilirim?** Where do I check in for the flight to...?; **Check-in yaptırmak istiyorum lütfen** I'd like to check in, please; **En son kaçta check-in yaptırmam gerekiyor?** When is the latest I can check in?; **Kaçta check-in yaptırmam gerekiyor?** When do I have to check in?

cımbız [dʒɪmbəz] *npl* tweezers

cırcır [dʒərdʒər] *n* **cırcır böceği** *n* cricket *(insect)*

cırt [dʒərt] *n* **cırt bant** *n* Velcro®

cıva [dʒəva] *n* mercury

cıyaklamak [dʒəjaklamak] *v* squeak

ciddi [dʒiddi] *adj* serious; **Ciddi bir şey mi?** Is it serious?

ciddiyetle [dʒiddijetle] *adv* seriously

ciğer [dʒijer] *n* **Ciğer yiyemem** I can't eat liver

cihaz [dʒihaz] *n* appliance; **üfleme cihazı** *n* Breathalyser®; **çağrı cihazı** *n* bleeper, pager; **gizli dinleme cihazı yerleştirilmiş** *adj* bugged; **işitme cihazı** *n* hearing aid; **inhalasyon cihazı** *n* inhaler; **otopark ödeme cihazı** *n* parking meter; **ses kayıt cihazı** *n* recorder *(music)*, tape recorder; **yağmurlama cihazı** *n* sprinkler

cila [dʒila] *n* polish, *(vernik)* varnish; **ayakkabı cilası** *n* shoe polish; **tırnak cilası** *n* nail varnish

cilalamak [dʒilalamak] *v* polish, varnish

cilt [dʒilt] *n* skin

cimnastik [dʒimnastik] *n* **Cimnastik salonu nerede?** Where is the gym?

cin [dʒin] *n* *(alkol)* gin; **Ben bir cin tonik alayım lütfen** I'll have a gin and tonic, please

cinayet [dʒinajet] *n* murder

cins [dʒins] *adj* pedigree ▷ *n* *(hayvan)* breed

cinsel [dʒinsel] *adj* sexual; **cinsel birleşim** *n* sexual intercourse

cinsiyet [dʒinsijet] *n* gender, *(seks)* sex; **cinsiyet ayrımcılığı** *n* sexism; **cinsiyet ayrımcılığı yapan** *adj* sexist

cips [dʒips] *n* crisps

civar [dʒivar] *adv* **Civarda ilginç yürüyüş yerleri var mı?** Are there any interesting walks nearby?

civciv [dʒivdʒiv] *n* chick

coğrafya [dʒoɣrafja] *n* geography

conta [dʒonta] *n* gasket

coşku [dʒoʃku] *n* ecstasy

cömert [dʒømert] *adj* generous

cömertlik [dʒømertlik] *n* generosity

cross-country [dʒrossdʒountrj] *n* **Cross-country kayağı kiralamak istiyorum** I want to hire cross-country skis; **Cross-country kayağı yapmak mümkün mü?** Is it possible to go cross-country skiing?

Cuma [dʒuma] *n* Friday; **Kutsal Cuma** *n* Good Friday; **Cuma günü** on Friday; **Cuma günü için iki**

bilet almak istiyorum I'd like
two tickets for next Friday
Cumartesi [dʒumartesi] *n*
Saturday; **önümüzdeki
Cumartesi** next Saturday; **bu
Cumartesi** this Saturday;
Cumartesi günü on Saturday;
Cumartesileri on Saturdays;
geçen Cumartesi last Saturday;
her Cumartesi every Saturday;
Cumartesileri on Saturdays
cumhuriyet [dʒumhurijet] *n*
republic
Cumhuriyet [dʒumhurijet] *n*
Çek Cumhuriyeti *n* Czech
Republic; **Dominik Cumhuriyeti**
n Dominican Republic; **Orta
Afrika Cumhuriyeti** *n* Central
African Republic
cüce [dʒydʒe] **(cüceler)** *n* dwarf
(*inf!*)
cümle [dʒymle] *n* sentence
(*words*)
cüret [dʒyret] *n* nerve *(boldness)*
▷ *v* **cüret etmek** *v* dare
cüzdan [dʒyzdan] *n (erkek)* wallet,
(*kadın*) purse; **evlilik cüzdanı** *n*
marriage certificate; **nüfus
cüzdanı** *n* birth certificate;
Cüzdanım çalındı My wallet has
been stolen; **Cüzdanımı
kaybettim** I've lost my wallet
CV [si:vi:] *n* CV

çaba [tʃaba] *n* effort, try
çabalamak [tʃabalamak] *v* go
after, try
çabucak [tʃabudʒak] *adv* promptly
çabuk [tʃabuk] *adj* prompt, quick;
çabuk kızan *adj* irritable
çabukça [tʃabuktʃa] *adv* quickly
Çad [tʃad] *n* Chad
çadır [tʃadər] *n* tent; **çadır direği** *n*
tent pole; **çadır kazığı** *n* tent peg;
**Çadırımızı buraya kurabilir
miyiz?** Can we pitch our tent
here?; **Çadırın bir geceliği ne
kadar?** How much is it per night
for a tent?; **Çadırın bir haftalığı
ne kadar?** How much is it per
week for a tent?; **Bir çadır yeri
istiyoruz** We'd like a site for a tent
Çağ [tʃa:] *n* **Orta Çağ** *n* Middle Ages
çağdaş [tʃa:daʃ] *adj* contemporary
çağlayan [tʃa:lajan] *n* cataract
(*waterfall*)

çağlayanlar [tʃaːlajanlar] *npl* rapids

çağrı [tʃaːrə] *n* call; **çağrı cihazı** *n* bleeper, pager; **çağrı merkezi** *n* call centre; **uyarı çağrısı** *n* alarm call

çakı [tʃakə] *n* penknife

çakıl [tʃakəl] *n* gravel; **çakıl taşı** *n* pebble

çakırkeyif [tʃakərkejif] *adj* tipsy

çakışmak [tʃakəʃmak] *v* coincide

çakmak [tʃakmak] *n* cigarette lighter, lighter

çalgıcı [tʃalgədʒə] *n* **sokak çalgıcısı** *n* busker

çalı [tʃalə] *n* bush, shrub; **çalı fasulyesi** *n* French beans, runner bean; **çalı meyvesi** *n* berry

çalıkuşu [tʃaləkuʃu] *n* wren

çalılık [tʃalələk] *n* bush (thicket)

çalışan [tʃaləʃan] *n* **serbest çalışan** *adj* self-employed

çalışma [tʃaləʃma] *n* **çalışma alanı** *n* workspace; **çalışma köşesi** *n* workstation; **yol yapım çalışması** *npl* roadworks

çalışmak [tʃaləʃmak] *v* study ▷ *vt* work; **çalışma izni** *n* work permit; **çalışma köşesi** *n* work station; **çalışma saatleri** *npl* office hours; **bilgisayar çalışması** *n* computing; **esnek çalışma saati** *n* flexitime; **köle gibi çalışmak** *v* slave; **... a çalışıyorum** I work for...; **Çalışıyorum** I work; **Nerede çalışıyorsunuz?** Where do you work?; **Sizinle çalışmak bir zevkti** It's been a pleasure working with you

çalkalamak [tʃalkalamak] *vt* shake

çalkalanmak [tʃalkalanmak] *vi* shake

çalkantı [tʃalkantə] *n* turbulence

çalma [tʃalma] *v* **çalma tonu** *n* ringtone

çalmak [tʃalmak] *v* steal, (zil/çan) ring ▷ *vt* play (music); **ıslık çalmak** *v* whistle; **çalar saat** *n* alarm clock; **CD çalar** *n* CD player; **kapıyı çalmak** *v* knock (on the door etc.)

çam [tʃam] *n* pine

çamaşır [tʃamaʃər] *n* laundry, washing; **çamaşır ipi** *n* clothes line, washing line; **çamaşır kurutma makinesi** *n* spin dryer, tumble dryer; **çamaşır makinesi** *n* washing machine; **çamaşır mandalı** *n* clothes peg; **çamaşır odası** *n* utility room; **çamaşır tozu** *n* washing powder; **iç çamaşırı** *n* lingerie, underwear; **Çamaşır makineleri nerede?** Where are the washing machines?; **Çamaşır makinesi nasıl çalışıyor?** How does the washing machine work?; **Çamaşır servisi var mı?** Is there a laundry service?; **Çamaşır tozunuz var mı?** Do you have washing powder?; **Çamaşırlarımı nerede yıkayabilirim?** Where can I do some washing?

çamaşırhane [tʃamaʃərhane] *n* Launderette®

çamur [tʃamur] *n* mud; **sulu çamur** *n* slush

çamurlu [tʃamurlu] *adj* muddy

çamurluk [tʃamurluk] *n* mudguard

çan [tʃan] *n* **çan sesi** *n* toll

çanak [tʃanak] *n* **çanak çömlek** *n* pottery; **uydu çanak** *n* satellite dish

çanta [tʃanta] *n* handbag; **alışveriş çantası** *n* shopping bag; **bel çantası** *n* bum bag, money belt; **evrak çantası** *n* briefcase; **gecelik seyahat çantası** *n* overnight bag; **ilk yardım çantası** *n* first-aid kit; **okul çantası** *n* schoolbag; **omuz çantası** *n* satchel; **sırt çantası** *n* backpack, holdall, rucksack; **sırt çantasıyla dolaşan gezgin** backpacker; **sırt çantasıyla gezme** *n* backpacking; **tuvalet çantası** *n* sponge bag, toilet bag

çap [tʃap] *n* diameter

çapa [tʃapa] *n* anchor

çapkın [tʃapkən] *adj* **yalı çapkını** *n* kingfisher

çapraz [tʃapraz] *n* cross

çaput [tʃaput] *n* rag

çarkıfelek [tʃarkəfelek] *n* **çarkıfelek meyvası** *n* passion fruit

çarpıcı [tʃarpədʒə] *adj* striking

çarpışma [tʃarpəʃma] *n* collision

çarpışmak [tʃarpəʃmak] *v* collide ▷ *vi (araçla)* crash

çarpma [tʃarpma] *n* bump, hit; **elektrik çarpması** *n* electric shock; **güneş çarpması** *n* sunstroke

çarpmak [tʃarpmak] *v (matematik)* multiply; **çarparak kapatmak** *v* slam; **çarpma işlemi**

n multiplication; **kazara çarpmak** *v* bump into; **vasıta ile çarpmak** *vi* crash

çarşaf [tʃarʃaf] *n* sheet; **yatak çarşafı** *n* bed linen; **Çarşaflar kirli** The sheets are dirty; **Çarşaflarım kirli** My sheets are dirty

Çarşamba [tʃarʃamba] *n* Wednesday; **Büyük perhizin ilk Çarşambası** *n* Ash Wednesday; **Çarşamba günü** on Wednesday

çatal [tʃatal] *n* fork; **çatal, bıçak, kaşık** *n* cutlery; **Temiz bir çatal alabilir miyim lütfen?** Could I have a clean fork please?

çatı [tʃatə] *n* roof; **Çatı akıyor** The roof leaks

çatışma [tʃatəʃma] *n* conflict

çatışmak [tʃatəʃmak] *vi* clash

çatlak [tʃatlak] *adj* cracked ▷ *n* crack *(fracture)*

çatlatmak [tʃatlatmak] *vi* crack

çatmak [tʃatmak] *n* **kaşlarını çatmak** *v* frown

çavdar [tʃavdar] *n* rye

çavuş [tʃavuʃ] *n* sergeant

çay [tʃaj] *n* tea; **çay fincanı** *n* teacup; **çay kaşığı** *n* teaspoon; **çay saati** *n* teatime; **bitki çayı** *n* herbal tea; **torba çay** *n* tea bag; **Bir çay daha alabilir miyiz?** Could we have another cup of tea, please?; **Bir çay lütfen** A tea, please

çaydanlık [tʃajdanlək] *n* kettle, teapot

çayır [tʃajər] *n* meadow

Çeçenistan [tʃetʃenistan] *n* Chechnya

çek [tʃek] *n* cheque; **açık çek**

blank cheque; **çek defteri** *n* chequebook; **hediye çeki** *n* gift voucher; **seyahat çeki** *n* traveller's cheque; **Çek bozdurabilir miyim?** Can I cash a cheque?; **Çek bozdurmak istiyorum lütfen** I want to cash a cheque, please; **Çekle ödeme yapabilir miyim?** Can I pay by cheque?; **Bu seyahat çeklerini bozdurmak istiyorum** I want to change these traveller's cheques; **Seyahat çeki kabul ediyor musunuz?** Do you accept traveller's cheques?; **Seyahat çeklerimi burada bozdurabilir miyim?** Can I change my traveller's cheques here?

Çek-yat [tʃekjat] *n* sofa bed

Çek [tʃek] *adj* Czech ▷ *n (kişi)* Czech *(person)*; **Çek Cumhuriyeti** *n* Czech Republic; **Çek dili (dil)** *n* Czech *(language)*

çekici [tʃekidʒi] *adj* attractive; **ilgi çekici** *adj* interesting; **Çok çekicisiniz** You are very attractive

çekiç [tʃekitʃ] *n* hammer

çekiliş [tʃekiliʃ] *n* draw (tie), raffle

çekilmek [tʃekilmek] *v* opt out

çekim [tʃekim] *n* attraction, charm; **yeniden çekim** *n* remake

çekirdek [tʃekirdek] *n* pip; **çekirdekli kısım** *(meyve)* *n* core; **kahve çekirdeği** *n* coffee bean; **metal çekirdek** *n* pellet

çekirge [tʃekirge] *n* grasshopper; **sopa çekirgesi** *n* stick insect

çekme [tʃekme] *n* withdrawal

çekmece [tʃekmedʒe] *n* drawer;

Çekmece takılmış The drawer is jammed

çekmek [tʃekmek] *v* attract, withdraw, *(ağırlık)* weigh ▷ *vt* pull; **açlık çekmek** *v* starve; **acı çekmek** *v* suffer; **arabayı çekmek** *v* tow away; **başı çekmek** *v* head; **burnunu çekmek** *v* sniff; **dikkatini çekmek** *v* point out; **fişten çekmek** *v* unplug; **fotoğrafını çekmek** *v* photograph; **fotokopisini çekmek** *v* photocopy; **halat çekme oyunu** *n* tug-of-war; **hesabından çekilen para** *n* debit; **iç çekme** *n* sigh; **ilgisini başka yöne çekmek** *v* distract; **kürek çekmek** *v* row *(in boat)*; **kenara çekmek** *v (araç)* pull out, *(araç)* pull up; **şınav çekmek** *n* press-up; **röntgenini çekmek** *v* X-ray

çelik [tʃelik] *n* steel; **paslanmaz çelik** *n* stainless steel

çelişki [tʃeliʃki] *n* contradiction

çelişmek [tʃeliʃmek] *v* contradict

çene [tʃene] *n* chin, jaw

çerçeve [tʃertʃeve] *n* frame; **resim çerçevesi** *n* picture frame

çeşit [tʃeʃit] *n* assortment, sort, variety; **çeşitlilik göstermek** *v* vary

çeşitli [tʃeʃitli] *adj* miscellaneous, varied, various

çeşitlilik [tʃeʃitlilik] *n* **çeşitlilik göstermek** *v* range

çeşme [tʃeʃme] *n* fountain

çeşni [tʃeʃni] *n* seasoning

çete [tʃete] *n* gang

çetin [tʃetin] *adj* **çetin sınav** *n* ordeal

çevirimiçi [tʃevirimitʃi] *adj* online
çevirme [tʃevirme] *n (trafik)* roadblock
çevirmek [tʃevirmek] *v* **elektrik düğmesini çevirmek** *v* switch; **geri çevirmek** *v* turn down
çevre [tʃevre] *n* environment, vicinity ▷ *npl* surroundings; **çevre dostu** *adj* ecofriendly, environmentally friendly; **çevre yolu** *n* bypass, ring road
çevrebilim [tʃevrebilim] *n* ecology
çevrelemek [tʃevrelemek] *v* surround
çevresel [tʃevresel] *adj* environmental
çeyrek [tʃejrek] *n* quarter; **çeyrek final** *n* quarter final; **Saat ikiyi çeyrek geçiyor** It's quarter past two
çığ [tʃəɣ] *n* avalanche; **Çığ tehlikesi var mı?** Is there a danger of avalanches?
çığlık [tʃəɣlək] *n* scream ▷ *v* **çığlık atmak** *v* scream
çıkarıcı [tʃəkɑrədʒə] *n* **oje çıkarıcı** *n* nail-polish remover
çıkarma [tʃəkɑrma] *n* **çıkarma işlemi** *v* subtract
çıkarmak [tʃəkɑrmak] *v* leave out, stick out, take away, *(matematik)* deduct; **üstünü çıkarmak** *v* take off; **diş çıkarmak** *v* teethe; **elden çıkarmak** *v* sell off; **işten çıkarma** *(ihtiyaç fazlası olarak)* *n* redundancy; **işten çıkarmak** *v* lay off
çıkartmak [tʃəkɑrtmak] *v* **işten çıkarmak** *v* dismiss;

ortaya çıkarmak *v* disclose
çıkış [tʃəkəʃ] *n* checkout, exit, way out ▷ *v* **çıkış yapmak** *v* check out; **yangın çıkışı** *n* fire escape; **... çıkışı nerede?** Which exit for...?; **Çıkış nerede?** Where is the exit?
çıkış, kapı [tʃəkəʃkapə] *n* **acil çıkış kapısı** *n* emergency exit
çıkmak [tʃəkmak] *v* come out, get out; **dışarı çıkmak** *n* go out, outing; **iki katına çıkmak** *vt* double; **karşı çıkmak** *v* oppose; **ortaya çıkmak** *v* show up; **sahip çıkmak** *v* own up; **sıradan çıkmak** *v* fall out; **tura çıkmak** *v* tour; **yürüyüşe çıkma** *n* hike; **yola çıkmak** *v* go away, start off; **zahmetli bir yürüyüşe çıkmak** *v* trek
çıkmaz [tʃəkmaz] *n* **çıkmaz sokak** *n* dead end
çıktı [tʃəktə] *n (bilgisayar)* printout
çıldırmak [tʃəldərmak] *n* **öfkeden çıldırmış** *adj* furious
çılgın [tʃəlgən] *adj* crazy, frantic, mad *(angry)*
çılgınca [tʃəlgəndʒa] *adv* madly
çılgınlık [tʃəlgənlək] *n* madness, mania
çıngırak [tʃəngərak] *n* rattle; **çıngıraklı yılan** *n* rattlesnake
çıplak [tʃəplak] *adj* bare, naked, nude ▷ *n* nude; **çıplak ayak** *adj* barefoot; **çıplak ayakla** *adv* barefoot ▷ *v* **sığ suda çıplak ayak yürümek** *v* paddle
çırak [tʃərak] *n* apprentice
çırpıcı [tʃərpədʒə] *n* whisk
çırpmak [tʃərpmak] *n* **kanat çırpmak** *v* flap

çiçek [tʃitʃek] *n* flower ▷ *v* **çiçek açmak** *v* blossom, flower; **çiçek saksısı** *n* plant pot; **çiçek tozu** *n* pollen; **çuha çiçeği** *n* primrose; **düğün çiçeği** *n* buttercup; **inci çiçeği** *n* lily of the valley; **kadife çiçeği** *n* marigold; **saksı çiçeği** *n* pot plant

çiçekçi [tʃitʃektʃi] *n* florist

çift [tʃift] *adj* double ▷ *n* couple, pair; **çift cam** *n* double glazing; **çift kişilik yatak** *n* double bed; **çift odaklı gözlük** *npl* bifocals; **çift tırnak** *npl* quotation marks; **çift yatak** *npl* twin beds; **çift yataklı oda** *n* twin room, twin-bedded room; **çift-şeritli yol** *n* dual carriageway; **Çift yataklı bir oda rica ediyorum** I'd like a room with a double bed

çiftçi [tʃifttʃi] *n* farmer

çiftçilik [tʃifttʃilik] *n* farming

çiftlik [tʃiftlik] *n* farm; **çiftlik evi** *n* farmhouse

çiğ [tʃiʃ] *adj (pişmemiş)* raw; **Çiğ yumurta yiyemiyorum** I can't eat raw eggs

çiğdem [tʃiʃdem] *n (çiçek)* crocus

çiğnemek [tʃiʃinemek] *v* chew

çiklet [tʃiklet] *n* chewing gum; **balonlu çiklet** *n* bubble gum

çikolata [tʃikolata] *n* chocolate; **sade çikolata** *n* plain chocolate; **sütlü çikolata** *n* milk chocolate

çile [tʃile] *n* **çileden çıkaran** *adj* infuriating

çilek [tʃilek] *n* strawberry

çilingir [tʃilingir] *n* locksmith

çiller [tʃiller] *npl* freckles

çim [tʃim] *n* **çim alan** *n* lawn;

çim biçme makinesi *n* lawnmower, mower

çimdiklemek [tʃimdiklemek] *vt* pinch

çimento [tʃimento] *n* cement

Çin [tʃin] *adj* Chinese ▷ *n* China; **Çin çubuğu** *npl* chopsticks

Çince [tʃindʒe] *n (dil)* Chinese *(language)*

çingene [tʃingene] *n* gypsy

çinko [tʃinko] *n* zinc

Çinli [tʃinli] *n (kişi)* Chinese *(person)*

çip [tʃip] *n (elektronik)* chip *(electronic)*; **silikon çip** *n* silicon chip

çirkin [tʃirkin] *adj* ugly

çisenti [tʃisenti] *n* drizzle

çit [tʃit] *n (çalılık)* hedge, *(tahta, tel örgü)* fence

çivi [tʃivi] *n* nail

çizelge [tʃizelge] *n* **hesap çizelgesi** *n* spreadsheet

çizgi [tʃizgi] *n* line; **çizgi öykü** *n* comic strip; **eğik çizgi** *n* forward slash; **geriye yatık çizgi** *n* backslash; **taç çizgisi** *n* touchline

çizgili [tʃizgili] *adj* striped, stripy

çizim [tʃizim] *n* drawing

çizme [tʃizme] *n (ayakkabı)* boot, *(boyasını vb)* scratch; **lastik çizme** *npl* wellies; **lastik çizmeler** *npl* wellingtons

çizmek [tʃizmek] *v (arabanın boyasını vb)* scratch ▷ *vt (resim)* draw *(sketch)*; **altını çizmek** *v* underline

çoban [tʃoban] *n* shepherd; **İskoç çoban köpeği** *n* collie; **çoban köğeği** *n* sheepdog; **çoban püskülü** *n* holly

çocuk [tʃodʒuk] **(çocuklar)** n child, kid; **çocuk bakıcısı** n childminder, nanny; **çocuk bakımı** n childcare; **çocuk felci** n polio; **çocuk şarkıları** n nursery rhyme; **çocuk odası** n nursery; **çocuk oyun grubu** n playgroup; **çocuk tacizi** n child abuse; **koruyucu aile bakımındaki çocuk** n foster child; **oğlan çocuğu** n boy; **okul çocukları** n schoolchildren; **vaftiz çocuğu** n godchild; **yeni yürümeye başlayan çocuk** n toddler; **İki yaşında bir çocuk için çocuk koltuğu istiyorum** I'd like a child seat for a two-year-old child; **Çocuğum hasta** My child is ill; **Çocuğum kayıp** My child is missing; **Çocuğum yok** I don't have any children; **Çocuk bu pasaportta** The child is on this passport; **Çocuk havuzu var mı?** Is there a children's pool?; **Çocuk koltuğu var mı?** Do you have a child's seat?; **Çocuk menüsü var mı?** Do you have a children's menu?; **Çocuk porsiyonu yapıyor musunuz?** Do you have children's portions?; **Çocuklar bu pasaportta** The children are on this passport; **Çocuklar için etkinlikleriniz var mı?** Do you have activities for children?; **Çocuklar için güvenli mi?, Çocuklara verilebilir mi?** Is it safe for children?; **Çocuklar için kolaylıklarınız neler?** Do you have facilities for children?; **Çocuklar için neler var?** What is

there for children to do?; **Çocuklar için yüzme havuzu var mı?** Is there a paddling pool for the children?; **Çocuklara indirim var mı?** Are there any reductions for children?; **Çocukları alıyor musunuz?** Is it okay to take children?; **Çocuklarım arabada** My children are in the car; **Üç çocuğum var** I have three children; **Bir çocuğum var** I have a child; **Bir çocuk bileti** a child's ticket; **Bir çocuk için armağan almak istiyordum** I'm looking for a present for a child; **Bu akşam çocuklara bakacak birine ihtiyacım var** I need someone to look after the children tonight

çocukça [tʃodʒuktʃa] adj childish
çocukluk [tʃodʒukluk] n childhood
çoğul [tʃou:l] n plural
çoğunluk [tʃou:nluk] n **büyük çoğunluk** n majority
çoğunlukla [tʃou:nlukla] adv mostly
çok [tʃok] adj many ▷ adv very ▷ n plenty ▷ pron many, most (*majority*); **çok önemli** adj momentous; **çok büyük** adj tremendous; **çok güzel** adj gorgeous; **çok gizli** adj top-secret; **çok iyi** n fine; **çok komik** adj hilarious; **çok pişmiş** adj overdone; **çok sevinmiş** adj thrilled; **çok uluslu** n multinational; **çok yönlü** n versatile; **en çok** adv most, most (*superlative*); **Çok az İngilizce konuşabiliyorum** I speak very

little English; **Çok üzgünüm** I'm very sorry; **Çok çekicisiniz** You are very attractive; **Çok naziksiniz** That's very kind of you; **Çok sıcak** It's very hot; **Çok teşekkürler** Thank you very much; **Çok yakın** It's very near; **Beni davet ettiğiniz için çok teşekkürler** It's very kind of you to invite me; **Bu yemek çok yağlı** The food is very greasy; **Kar çok şiddetli** The snow is very heavy

çokça [tʃoktʃa] *adv* much

çoksatar [tʃoksatar] *n* bestseller

çorap [tʃorap] *n* sock; **külotlu çorap** *npl* tights; **naylon çorap** *n* stocking

çorba [tʃorba] *n* soup; **çorba kaşığı** *n* tablespoon; **et ya da sebze suyuna çorba** *n* broth; **Günün çorbası ne?** What is the soup of the day?

çökmek [tʃøkmek] *v* collapse; **diz çökmek** *v* kneel, kneel down

çöl [tʃøl] *n* desert; **çöl faresi** *n* gerbil

çömelmek [tʃømelmek] *v* crouch down

çömlek [tʃømlek] *n* **çanak çömlek** *n* pottery

çöp [tʃøp] *n* garbage, litter, rubbish, trash; **çöp döküm alanı** *n* rubbish dump; **çöp kutusu** *n* litter bin; **çöp sepeti** *n* dustbin, wastepaper basket; **çöp tenekesi** *n* bin; **Çöpü nereye bırakacağız?** Where do we leave the rubbish?

çöpçü [tʃøptʃy] **(çöpçüler)** *n* dustman

çöplük [tʃøplyk] *n* dump

çörek [tʃørek] *n* bun; **çörek ve kahve ya da çaydan oluşan kahvaltı** *n* continental breakfast

çözmek [tʃøzmek] *v* figure out, solve, work out, *(bağcık)* untie

çözücü [tʃøzydʒy] *n* solvent; **buz çözücü** *n* de-icer

çözüm [tʃøzym] *n* solution

çözümleme [tʃøzymleme] *n* analysis

çözümlemek [tʃøzymlemek] *v* analyse; **hakem aracılığıyla çözümleme** *n* arbitration

çözünür [tʃøzynyr] *adj* soluble

çubuk [tʃubuk] *n* bar *(strip)*, *(demir)* rod; **Çin çubuğu** *npl* chopsticks; **çubuk buz** *n* ice lolly; **kulak çubuğu** *n* cotton bud; **yağ çubuğu** *n* dipstick

çuha [tʃuha] *n* **çuha çiçeği** *n* primrose

çukur [tʃukur] *n* foseptik çukuru *n* septic tank; **yol çukuru** *n* pothole

çuval [tʃuval] *n* sack *(container)*

çünkü [tʃynky] *conj* because

çürük [tʃyryk] *n* vişne çürüğü renginde *adj* maroon

çürümek [tʃyrymek] *v* decay, rot

çürümüş [tʃyrymyʃ] *adj* rotten

d

da [da] *prep* on

dağ [da:] *n* mountain; **dağ bisikleti** *n* mountain bike; **Dağ manzaralı bir oda rica ediyorum** I'd like a room with a view of the mountains; **En yakın dağ kulübesi nerede?** Where is the nearest mountain hut?; **En yakın dağ kurtarma ekibi nerede?** Where is the nearest mountain rescue service post?

dağarcık [da:ardʒək] *n* **sözcük dağarcığı** *n* vocabulary

dağcı [da:dʒə] *n* mountaineer, *(tırmanıcı)* climber

dağcılık [da:dʒələk] *n* mountaineering, *(tırmanıcılık)* climbing

dağınık [da:ənək] *adj* untidy

dağınıklık [da:ənəklək] *n* mess

dağıtıcı [da:ətədʒə] *n* dispenser

dağıtım [da:ətəm] *n* gazete

dağıtım *n* paper round

dağıtmak [da:ətmak] *v* distribute, *(vermek)* give out

dağlık [da:lək] *adj* mountainous

daha [daha] *adv* more; **daha aşağı** *adj* lower; **daha az** *pron* less, *(miktar olarak)* less, *(sayıca)* fewer; **daha önce** *adv* earlier; **daha önceden** *adv* beforehand, previously; **daha önceden olmamış** *adj* unprecedented; **daha önemsiz bir göreve kaydırmak** *v* relegate; **daha büyük** *adj* bigger; **daha erken** *adv* sooner; **daha fazla** *pron* more; **daha genç** *adj* younger; **daha ileri, daha ileriye** *adv* further; **daha iyi, daha iyisi** *adv* better; **daha kötü, daha kötüsü** *adv* worse; **daha sonra** *adv* later; **daha uzun** *adv* longer; **daha yaşlı** *adj* elder; **Biraz daha yavaş konuşabilir misiniz lütfen?** Could you speak more slowly, please?; **Daha fazla çarşafa ihtiyacımız var** We need more sheets; **Daha fazla battaniyeye ihtiyacımız var** We need more blankets; **Daha fazla tabak çanağa ihtiyacımız var** We need more crockery

dahi [dahi] *adv (o da)* also ▷ *n (zeki)* genius

dahil [dahil] *adj* included ▷ *prep* including; **dahil etmek** *v* include, involve; **Fiyata neler dahil?** What is included in the price?; **KDV dahil mi?** Is VAT included?; **Sebze de dahil mi?** Are the vegetables included?; **Servis dahil mi?**

Is service included?

dahili [dahili] *adj* **Dahili ht numara** extension

daimi [daimi] *adj* continual ▷ *adv* continually

daire [daire] *n* circle; **apartman dairesi** *n* flat; **evlendirme dairesi** *n* registry office; **stüdyo daire** *n* studio flat; **yarım daire** *n* semicircle

dairesel [dairesel] *adj* circular

dairesi [dairesi] *n* **apartman dairesi** *n* apartment

dakika [dakika] *n* minute; **Her yirmi dakikada bir otobüs var** The bus runs every twenty minutes; **On dakika geciktik** We are ten minutes late; **Tren on dakika rötarlı** The train is running ten minutes late

daktilo [daktilo] *n* typewriter

daktilograf [daktilograf] *n* typist

dal [dal] *n (ağaç vb)* branch

dalaş [dalaʃ] *n* **ağız dalaşı** *v* squabble

daldırmak [daldərmak] *vt* dip

dalga [dalga] *n* wave *v* **dalga geçmek** *v* kid

dalgaboyu [dalgaboju] *n* wavelength

dalgalı [dalgalə] *adj* wavy

dalgıç [dalgətʃ] *n* diver

dalgın [dalgən] *adj* absent-minded

dalış [daləʃ] *n* dive; **tüplü dalış** *n* scuba diving

dalma [dalma] *n (denize)* diving

dalmak [dalmak] *v (deniz vb)* dive; **Burada dalınacak en iyi yer neresi?** Where is the best place to dive?; **Dalmak istiyorum**

I'd like to go diving

dama [dama] *n* **dama oyunu** *npl* draughts

damar [damar] *n* vein

damat [damat] **(damatlar)** *n (kızının kocası)* son-in-law, *(gelinin kocası)* bridegroom, groom

damga [damga] *n* stamp; **posta damgası** *n* postmark

damıtımevi [damətəmevi] *n* distillery

damla [damla] *n* drip, drop; **göz damlası** *npl* eye drops

damlalık [damlalək] *n* **damlalıklı eviye** *n* draining board

damlamak [damlamak] *v* drip

dana [dana] **(danalar)** *n* calf; **dana eti** *n* veal

danışma [danəʃma] *n* inquiry desk; **danışma bürosu** *n* inquiries office

danışmak [danəʃmak] *v* consult

danışman [danəʃman] *n* consultant *(adviser)*; **hukuk danışmanı** *n* solicitor

Danimarka [danimarka] *adj* Danish ▷ *n* Denmark; **Danimarka dili** *(dil)* *n* Danish *(language)*

Danimarkalı [danimarkalə] *n* Dane

dans [dans] *n* dance *v* **dans etmek** *v* dance; **danslı toplantı** *n* dancing; **salon dansı** *n* ballroom dancing; **step dansı** *n* tap-dancing; **Dans etmek için nereye gidebiliriz?** Where can we go dancing?; **Dans etmek ister misiniz?** Would you like to dance?;

Dans etmek istiyorum I feel like
dancing; **Dans etmem pek** I don't
really dance
dansçı [danstʃə] n dancer
dantel [dantel] n lace
dar [dar] adj narrow; **dar görüşlü**
adj narrow-minded; **dar sokak** n
alley; **dar yol** n lane
daracık [daradʒək] adj skin-tight
darbe [darbe] n bash v **darbe
yemek** vi strike
darlık [darlək] n austerity
darphane [darphane] n mint
(coins)
dart [dart] n dart; **dart oku** n dart; **dart
oyunu** npl darts
dava [dava] npl proceedings v **dava
etmek** v sue
davalı [davalə] n defendant
davar [davar] npl cattle
davet [davet] n invitation; **davet
etmek** v invite; **davetsiz misafir**
n intruder
davranış [davranəʃ] n behaviour
davranmak [davranmak] v
(hareket) act, (muamele) treat,
(tavır) behave
davul [davul] n drum; **bas davul** n
bass drum
davulcu [davuldʒu] n drummer
dayak [dajak] v **dayak cezası** n
corporal punishment
dayanan [dajanan] adj based
dayanıklılık [dajanəkləl*ə*k] n
stamina
dayanılmaz [dajanəlmaz] adj
unbearable
dayanmak [dajanmak] v bear up
dazlak [dazlak] adj bald; **dazlak
kafa** n skinhead

de [de] prep on
de, da [deda] prep at
debriyaj [debrijaʒ] n clutch
dede [dede] n granddad,
grandfather, grandpa; **dedenin
babası** n great-grandfather
dedektif [dedektif] n detective
dedikodu [dedikodu] n gossip;
dedikodu yapmak v gossip
defalarca [defalardʒa] adv
repeatedly
define [define] n treasure
defne [defne] n defne yaprağı n
bay leaf
defter [defter] n **adres defteri** n
address book; **çek defteri** n
chequebook; **digital not defteri**
n e-book; **karalama defteri** n
scrapbook; **not defteri** n jotter,
notebook, notepad
değer [de:er] n value, worth;
dikkate değer adj remarkable;
görülmeye değer adj
spectacular; **resmedilmeye
değer** adj picturesque; **Tamir
ettirmeye değer mi?** Is it worth
repairing?
değerlendirmek
[de:erlendirmek] v regard
değerli [de:erli] adj precious,
valuable; **değerli eşyalar** npl
valuables; **Değerli eşyalarımı
kasaya koymak istiyorum** I'd like
to put my valuables in the safe;
**Değerli eşyalarımı nereye
bırakabilirim?** Where can I leave
my valuables?
değersiz [de:ersiz] adj worthless
değil [deʒi:l] adv not, no; **iyi değil**
adj unwell; **net değil** adj unclear;

Aç değilim I'm not hungry;
Bir şey değil You're welcome;
Bundan memnun değilim I'm
not satisfied with this; **Bunun
tadı pek iyi değil** It doesn't taste
very nice; **Sorun değil** No
problem; **Uzak değil** It's not far
değirmen [deji:rmen] *n* mill,
windmill
değişik [deji:ʃik] *adj* different;
değişiklik yapmak *v* modify
değişiklik [deji:ʃiklik] *n*
modification; **iklim değişikliği** *n*
climate change
değişim [deji:ʃim] *n* change
değişken [deji:ʃken] *adj* variable
değişmemiş [deji:ʃmemiʃ] *adj*
unchanged
değiştirilebilir [deji:ʃtirilebilir]
adj changeable
değiştirmek [deji:ʃtirmek] *v*
alter, swap ▷ *vi* change ▷ *vt*
change, *(dönüştürmek)* convert;
güzergah değiştirme *n* detour;
kılık değiştirmek *v* disguise;
yer değiştirme *n* shift *v* **yer
değiştirmek** *v* shift
değnek [de:inek] *n* **koltuk
değneği** *n* crutch
dehşet [dehʃet] *n* horror;
dehşet verici *adj* horrifying,
outrageous *v* **dehşete
düşürmek** *v* terrify
deklare [deklare] *adj* **deklare
etmek** *v* declare; **İzin verilen
miktarda içki deklare etmek
istiyorum** I have the allowed
amount of alcohol to declare;
**İzin verilen miktarda sigara
deklare etmek istiyorum**

I have the allowed amount of
tobacco to declare
dekoratör [dekoratœr] *n*
decorator
dekore etmek *v* decorate
delege [delege] *n* delegate
deli [deli] *adj* insane
delici [delidʒi] *n* piercing
delik [delik] *adj (kulak vb)* pierced
▷ *n (çorap, duvar vb)* hole; **burun
deliği** *n* nostril; **musluk deliği** *n*
plughole
delikanlı [delikanlə] *n* lad
delil [delil] *n* clue
delmek [delmek] *v* bore *(drill)*,
pierce, *(iğneyle)* prick ▷ *vt
(matkapla)* drill
demet [demet] *n* bunch
demir [demir] *n* iron; **demir
dövmek** *v* forge
demirci [demirdʒi] *n* **demirci
dükkanı** *n* ironmonger's
demiryolu [demirjolu] *n* railway
demo [demo] *n* demo
demokrasi [demokrasi] *n*
democracy
demokratik [demokratik] *adj*
democratic
den [den] *conj* than ▷ *prep* from, off
deneme [deneme] *n* essay;
deneme baskısı *n* proof *(for
checking)*; **deneme sınavı** *adj*
mock; **deneme süresi** *n* trial
period
denemek [denemek] *v* rehearse,
test, try out, *(giysi)* try on;
Deneyebilir miyim? Can I try it on?
denetçi [denettʃi] *n* surveyor,
(maliye) auditor, *(müfettiş)*
inspector

denetim [denetim] n check; **hesap denetimi** n audit; **yazım denetimi** n spellchecker

denetlemek [denetlemek] v supervise, (teftiş) inspect ▷ vt (kontrol) check; **hesapları denetlemek** v audit

deney [denej] n experiment; **deney tüpü** n test tube

deneyim [denejim] n experience; **iş deneyimi** n work experience

deneyimli [denejimli] adj experienced

deneyimsiz [denejimsiz] adj inexperienced

denge [denge] n (durum) stability, (fizik) balance

dengede [dengede] adj stable

dengeli [dengeli] adj balanced

dengesiz [dengesiz] adj unstable

dengesizlik [dengesizlik] n instability

deniz [deniz] adj (askeri) naval ▷ n (coğrafya) sea; **deniz anası** n jellyfish; **deniz aygırı** n walrus; **deniz ürünü** n seafood; **deniz feneri** n lighthouse; **deniz kazası** n shipwreck; **deniz kazası geçirmiş** adj shipwrecked; **deniz kıyısı** n seaside, (sahil) seashore; **deniz kızı** n mermaid; **deniz motoru** n motorboat; **deniz seviyesi** n sea level; **deniz suyu** n sea water; **deniz tarağı** n scallop; **deniz tutmuş** adj seasick; **deniz yatağı** n Lilo®; **kabuklu deniz ürünü** n shellfish; **Karayip denizi** n Caribbean; **Bugün deniz dalgalı mı?** Is the sea rough today?; **Deniz manzaralı bir oda rica ediyorum**

I'd like a room with a view of the sea

Deniz [deniz] n **Kızıl Deniz** n Red Sea; **Kuzey Denizi** n North Sea

denizaltı [denizaltɪ] n submarine

deniz anası [denizanasə] n **Burada deniz anası var mı?** Are there jellyfish here?

denizaşırı [denizaʃərə] adv overseas

denizci [denizdʒi] (denizciler) n seaman

denizcilik [denizdʒilik] adj **denizcilikle ilgili** adj maritime

denk [deŋ] n (eşit) equivalent, (uygun) match (partnership)

deodoran [deodoran] n deodorant

deodorant [deodorant] n **ter önleyici deodorant** n antiperspirant

depo [depo] n storage, store, warehouse; **benzin deposu** n petrol tank; **depoyu doldurmak** v stock up on; **su deposu** n reservoir

depolamak [depolamak] v store

depozito [depozito] n deposit

deprem [deprem] n earthquake

depresyon [depresjon] n depression

dere [dere] n stream

derece [deredʒe] n (düzey) grade, (sıcaklık) degree; **aşırı derecede** adv extremely, terribly; **aşırı derecede korkmuş** adj terrified; **derece derece** adj gradual; **Fahrenheit derece** n degree Fahrenheit; **lisans derecesi** (edebiyat) abbr BA; **son derece** adv awfully; **Santigrat derece** n degree centigrade, degree Celsius

derecede [dered3ede] adv **dikkat çekecek derecede** adv remarkably

dergi [dergi] n magazine (periodical); **mizah dergisi** n comic book; **Dergi nereden alabilirim?** Where can I buy a magazine?

derhal [derhal] adj instant ▷ adv instantly

deri [deri] n (hayvan, giysi vb) leather

derin [derin] adj deep

derinden [derinden] adv deeply

derinlemesine [derinlemesine] adv thoroughly

derinlik [derinlik] n depth

derlemek [derlemek] v **derleyip toplamak** v tidy up

derli toplu adj tidy ▷ adv neatly

dernek [dernek] n **yardım derneği** n charity; **yardım derneği dükkanı** n charity shop

ders [ders] n lecture, (ahlaki) moral, (özel) tutorial, (sınıf) lesson; **ders kitabı** n schoolbook, textbook ▷ v **ders vermek** v lecture; **direksiyon dersi** n driving lesson; **Ders alabilir miyiz?** Can we take lessons?; **Ders veriyor musunuz?** Do you give lessons?; **Kayak dersleri veriyor musunuz?** Do you organise skiing lessons?

destek [destek] n (bağ, kuşak vb) brace (fastening), (manevi) support; **destek olmak** v back up; **mali destek** n sponsorship; **mali destek sağlamak** v subsidize

destekleme [destekleme] n backing

desteklemek [desteklemek] v support

deterjan [deter3an] n detergent; **bulaşık deterjanı** n washing-up liquid

dev [dev] n giant ▷ adj **dev gibi** adj giant

devalüasyon [devalyasjon] n devaluation

devam [devam] **devam etmek** v carry on, continue, go on; **doldurmaya devam etmek** v refill

devamı [devamə] n sequel

devasa [devasa] adj gigantic, mammoth

deve [deve] n camel; **deve dikeni** n thistle

devekuşu [devekuʃu] n ostrich

devir [devir] n **sermaye devri** n turnover

devirmek [devirmek] v (düşürmek) knock down ▷ vt (dökmek) tip (incline)

devlet [devlet] v **devlet koleji** n public school

Devlet [devlet] n **Birleşik Devletler** n US, (Amerika) United States

devralma [devralma] n takeover

devre [devre] n circuit; **devre arası** n half-time; **devre mülk** n timeshare

Devre [devre] n **Kapalı Devre Televizyon Sistemi** n CCTV

devrim [devrim] n revolution

devrimci [devrimd3i] adj revolutionary

devriye [devrije] n patrol; **devriye arabası** n patrol car

deyim [dejim] n saying

dezavantaj [dezavanta3] n disadvantage

dezenfektan [dezenfektan] n disinfectant

dırdır [dərdər] n **dırdır etmek** v nag

dış [dəʃ] adj (harici) external, (iç karşıtı) out, (yapı vb) exterior; **ahlak dışı** adj immoral; **dışa dönük** adj outgoing; **dışarı çıkmak** n outing; **gerçek dışı** adj unreal; **olasılık dışı** adj unlikely; **sezon dışı, on dışında** adv off-season

dışarı [dəʃarə] adj outside v **dışarda tutmak** v keep out; **Dışarıyı aramak istiyorum, hat bağlar mısınız?** I want to make an outside call, can I have a line?

dışarıda [dəʃarəda] adj out, outside; **Dışarıda** He's out

dışarısı [dəʃarəsə] n outside

dışında [dəʃənda] n (haricinde) exception ▷ prep outside, (ondan ayrı olarak) apart from, (onu hariç tutarak) excluding; **dışında tutmak** v exclude

digital [digital] adj **digital not defteri** n e-book

diğer [djier] adj another, other ▷ adv else; **diğer adıyla** prep alias

dijital [diʒital] adj digital; **dijital fotoğraf makinesi** n digital camera; **dijital radyo** n digital radio; **dijital saat** n digital watch; **dijital televizyon** n digital television; **Bu dijital kameraya hafıza kartı almak istiyorum**

lütfen A memory card for this digital camera, please

dik [dik] adj (yokuş vb) steep ▷ adv upright; **dik açı** n right angle

dikdörtgen [dikdørtgen] n rectangle; **dikdörtgen biçiminde** adj rectangular; **dikdörtgen şeklinde** adj oblong

diken [diken] n thorn; **deve dikeni** n thistle; **diken biken olmuş tüyler** mpl goose pimples; **dikenli tel** n barbed wire

dikey [dikej] adj vertical

dikiş [dikiʃ] n (eylem) sewing, (giysinin) seam, (tıp, nakış vb) stitch; **dikiş makinesi** n sewing machine

dikkat [dikkat] n attention; **dikkat çekecek derecede** adv remarkably; **dikkat çeken** adj noticeable v **dikkat etmek** v watch out; **dikkat etmek** v spot; **dikkate değer** adj remarkable; **dikkatini çekmek** v point out

dikkatinize [dikkatinize] abbr NB (notabene)

dikkatli [dikkatli] adj careful ▷ adv carefully

dikkatsiz [dikkatsiz] adj careless

dikmek [dikmek] v put up, sew, (bitki) plant, (onarmak) sew up, (tıp, nakış vb) stitch; **gözünü dikmek** v gaze

diktatör [diktatør] n dictator

dikte [dikte] n dictation

dil [dil] n (anatomi) tongue, (lisan) language; **Çek dili** (dil) n Czech (language); **Bask dili** n Basque (language); **Burma dili** (dil) n Burmese (language);

dil laboratuvarı n language laboratory; **dil okulu** n language school; **Danimarka dili** (dil) n Danish (language); **Estonya dili** (dil) n Estonian (language); **iki dilli** adj bilingual; **işaret dili** n sign language; **modern diller** npl modern languages; **Malta dili** (dil) n Maltese (language); **Maori dili** (dil) n Maori (language); **Hangi dilleri konuşabiliyorsunuz?** What languages do you speak?

dilbilim [dilbilim] adj linguistic

dilbilimci [dilbilimdʒi] n linguist

dilek [dilek] n wish

dilekçe [dilektʃe] n petition

dilemek [dilemek] v wish

dilenci [dilendʒi] n beggar

dilenmek [dilenmek] v beg

dilim [dilim] n slice; **dilimli grafik** n pie chart; **zaman dilimi** n time zone

dilimlemek [dilimlemek] v slice

dilsiz [dilsiz] adj dumb

din [din] n religion; **din bilimi** n theology; **kilisenin dini bölgesi** n parish

dinamik [dinamik] adj dynamic

dindirmek [dindirmek] v (acı) relieve

dingil [dingil] n axle

dini [dini] adj religious

dinlemek [dinlemek] v listen; **gizli dinleme cihazı yerleştirilmiş** adj bugged; **söz dinlemek** v listen to

dinlememek [dinlememek] v **söz dinlememek** v disobey

dinlendirici [dinlendiridʒi] adj restful

dinlenme [dinlenme] n rest, the rest; **dinlenme günü** (Yahudiler için Cumartesi, Hristiyanlar için Pazar) n Sabbath

dinlenmek [dinlenmek] vi rest

dinleyici [dinlejidʒi] n listener

dinleyiciler [dinlejidʒiler] n audience

dinozor [dinozor] n dinosaur

dip [dip] n bottom

diploma [diploma] n diploma

diplomat [diplomat] n diplomat

diplomatik [diplomatik] adj diplomatic

direk [direk] n pole, (çit) post (stake), (elektrik, telgraf) pole, (kale, gemi) mast; **çadır direği** n tent pole; **elektrik direği** n pylon; **lamba direği** n lamppost

direksiyon [direksijon] n steering wheel; **direksiyon öğretmeni** n driving instructor; **direksiyon dersi** n driving lesson; **direksiyon sınavı** n driving test; **direksiyonu kırmak** v swerve

direktör [direktør] n director

direnme [direnme] n resistance

direnmek [direnmek] v resist

dirsek [dirsek] n elbow

disiplin [disiplin] n discipline

disk [disk] n disc, disk; **disk kayması** n slipped disc; **disk sürücü** n disk drive; **kompakt disk** n compact disc

disket [disket] n diskette, floppy disk

disk jokey [diskʒokej] n disc jockey

disko [disko] n disco

disleksi [disleksi] n dyslexia

disleksik [disleksik] *adj* dyslexic
▷ *n* dyslexic

distribütör [distribytør] *n*
distributor

diş [diʃ] *adj* dental ▷ *n* tooth; **diş
ağrısı** *n* toothache; **diş çıkarmak**
v teethe; **diş fırçası** *n* toothbrush;
diş ipi *n* dental floss; **diş macunu**
n toothpaste; **takma dişler** *npl*
dentures; **yirmi yaş dişi** *n*
wisdom tooth; **Bu dişim ağrıyor**
This tooth hurts; **Diş sigortam
var mı bilmiyorum?** I don't know
if I have dental insurance; **Diş
sigortam yok** I don't have dental
insurance; **Dişim kırıldı** I've
broken a tooth

dişçi [diʃtʃi] *n* dentist; **Dişçiye
ihtiyacım var** I need a dentist

dişli [diʃli] *n* gear *(mechanism)*

divan [divan] *n* settee

diyabetik [dijabetik] *adj* diabetic

diyagonal [dijagonal] *adj*
diagonal

diyagram [dijagram] *n* diagram

diyalekt [dijalekt] *n* dialect

diyalog [dijalog] *n* dialogue

diyet [dijet] *n* diet *v* **diyet yapmak**
v diet

diz [diz] *n* knee; **diz çökmek** *v*
kneel, kneel down

dizayn [dizajn] *n* design

dizel [dizel] *n* diesel; **...lık dizel
lütfen** ... worth of diesel, please

dizgin [dizgin] *npl (at)* reins

dizi [dizi] *n* sequence, series;
televizyon dizisi *n* soap opera

dizin [dizin] *n (sayısal)* index
(numerical scale)

dizkapağı [dizkapa:ə] *n* kneecap

dizüstü [dizysty] *n* dizüstü
bilgisayarı *n* laptop; **Burada
dizüstü bilgisayarımı
kullanabilir miyim?** Can I use my
own laptop here?

DJ [di:dʒej] *n* DJ

DNA [de:ena:] *n* DNA

doğa [doa:] *n* nature; **doğa
bilimleri uzmanı** *n* naturalist;
vahşi doğa *n* wildlife

doğal [doa:l] *adj* natural; **doğal
gaz** *n* natural gas; **doğal
kaynaklar** *npl* natural resources;
doğal olarak *adv* naturally; **doğal
yiyecek** *npl* wholefoods

doğan [doa:n] *adj* **yeni doğan** *adj*
newborn

doğaüstü [doa:ysty] *adj*
supernatural

doğmuş [doymuʃ] *adj* born

doğrama [doyrama] *n* chop

doğramacı [doyramadʒe] *n* joiner

doğramak [doyramak] *v* hack,
(et, sebze) chop

doğru [doyru] *adj (çizgi)* straight,
(işlem, hareket) correct, *(işlem,
hareket)* right *(correct)*, *(söz,
eylem, sonuç)* accurate; **batıya
doğru** *adj* westbound; **doğru
dürüst** *adv* proper, properly;
doğru olarak *adv* accurately,
correctly, right; **doğru olmayan**
adj inaccurate; **...e doğru** *(yön)*
prep towards; **geriye doğru** *adv*
backwards; **kuzeye doğru** *adj*
northbound; **yana doğru** *adv*
sideways; **yukarıya doğru** *adv*
upwards

doğrudan doğruya
[doyrudandoyruja] *adv* directly

doğrulamak [doɣrulamak] *v* confirm

doğrulma [doɣrulma] *n* rise

doğrulmak [doɣrulmak] *v* rise

doğruluk [doɣruluk] *n* accuracy

doğu [dou:] *adj* east, eastern ▷ *n* east; **doğu yönünde** *adj* eastbound

Doğu [dou:] *n* Orient; **Orta Doğu** *n* Middle East; **Uzak Doğu** *n* Far East

doğum [dou:m] *n* birth; **doğum öncesi** *adj* antenatal; **doğum günü** *n* birthday; **doğum hastanesi** *n* maternity hospital; **doğum izni** *n* maternity leave; **doğum kontrol hapı** *n* contraceptive; **doğum kontrolü** *n* birth control, contraception; **doğum yeri** *n* birthplace, place of birth

doğurgan [dou:rgan] *adj* fertile

doğusunda [dou:sunda] *adv* east

doğuş [dou:ʃ] *n* birth; **gün doğuşu** *n* sunrise

dok [dok] *n* dock

doksan [doksan] *number* ninety

doktor [doktor] *n* doctor; **Bana bir doktor gerek** I need a doctor; **Bir bayan doktorla konuşmak istiyorum** I'd like to speak to a female doctor; **Bir doktor çağırın** Call a doctor!; **Doktordan randevu alabilir miyim?** Can I have an appointment with the doctor?; **Doktorla konuşmak istiyorum lütfen** I'd like to speak to a doctor; **Nöbetçi doktoru çağırın lütfen** Please call the emergency doctor

doktora [doktora] *n* PhD

dokunaklı [dokunaklə] *adj* (konuşma) touching, (sahne, film) moving

dokunmak [dokunmak] *v* touch; **akıllı dokunuş** *n* touchpad

dokuz [dokuz] *number* nine; **dokuzda bir** *n* ninth; **Masa bu akşam saat dokuz için rezerve edildi** The table is booked for nine o'clock this evening

dokuzuncu [dokuzundʒu] *adj* ninth

dolambaçlı [dolambatʃlə] *adj* tricky

dolandırıcı [dolandərədʒə] *n* cheat

dolandırıcılık [dolandərədʒələk] *n* (hileli iş) scam, (sahte para vb) fraud

dolandırmak [dolandərmak] *v* cheat

dolap [dolap] *n* (hile) trick, (mobilya) cupboard; **bagaj emanet dolabı** *n* left-luggage locker; **kilitli dolap** *n* locker; **mutfak dolabı** *n* dresser

dolar [dolar] *n* dollar; **Dolar kabul ediyor musunuz?** Do you take dollars?

dolaşım [dolaʃəm] *n* kan dolaşımı *n* circulation

dolaşmak [dolaʃmak] *v* wander; **sırt çantasıyla dolaşan gezgin** backpacker

dolayı [dolajə] *prep* due to

dolaylı [dolajlə] *adj* indirect

doldurmak [doldurmak] *v* fill in, (benzin deposu) fill up ▷ *vt* (içini) fill; **depoyu doldurmak** *v* stock up on; **doldurmaya devam etmek** v refill; **tıkabasa doldurmak** vi cram

dolgu [dolgu] n **Dolgum düştü** A filling has fallen out; **Geçici dolgu yapabilir misiniz?** Can you do a temporary filling?

dolmakalem [dolmakalem] n fountain pen

dolu [dolu] adj full ▷ n (hava) hail; **bir kaşık dolusu** n spoonful ▷ v **dolu yağmak** v hail; **enerji dolu** adj energetic; **tıkabasa dolu** adj crammed

dolunay [dolunaj] n full moon

domates [domates] **(domatesler)** n tomato; **domates sosu** n tomato sauce

Dominik [dominik] n **Dominik Cumhuriyeti** n Dominican Republic

domino [domino] n domino; **domino oyunu** npl dominoes

domuz [domuz] n pig; **domuz eti** n pork; **domuz pastırması** n bacon; **domuz pirzolası** n pork chop

don [don] n (hava) frost

donanım [donanəm] n equipment

donanımlı [donanəmlə] adj equipped

donanma [donanma] n (deniz) navy

dondurma [dondurma] n ice cream; **Ben dondurma alayım** I'd like an ice cream

dondurmak [dondurmak] vi freeze

dondurucu [dondurudʒu] adj (çok soğuk) freezing ▷ n (derin) freezer

donmuş [donmuʃ] adj frozen

donut® [donut] n doughnut

dosdoğru [dosdoɣru] adv straight on

dost [dost] n friend; **çevre dostu** adj ecofriendly, environmentally friendly; **kullanıcı dostu** adj user-friendly; **yakın dost** n pal

dostça [dosttʃa] adj friendly

dostluk [dostluk] n friendship

dosya [dosja] n file (folder), folder

dosyalamak [dosjalamak] v file (folder)

doz [doz] n dose

dozda [dozda] n **yüksek dozda** n overdose

dökmek [døkmek] vt spill

döküm [døkym] n **çöp döküm alanı** n rubbish dump

dönem [dønem] n period, (akademik dönem) term (division of year), (belirli bir süre) spell (time); **40 günlük Paskalya dönemi** n Lent

dönemeç [dønemetʃ] n hard shoulder

döner [døner] adj turning; **döner kavşak** n roundabout

döngü [døngy] n cycle (recurring period)

dönme [dønme] n turn

dönmek [dønmek] v go back ▷ vi turn; **arkaya dönmek** v turn round, turn around; **başı dönmüş** adj dizzy; **eski haline dönmek** n relapse; **geri dönmek** v return, reverse, turn back

dönük [dønyk] n **dışa dönük** adj outgoing

dönüş [dønyʃ] n turning; **gidiş**

dönüş yolculuk n round trip;
gidiş-dönüş bilet n return
ticket; **... a gidiş dönüş iki bilet**
two return tickets to...; **Gidiş
dönüş bilet ne kadar?** How much
is a return ticket?

dönüştürmek [dønyʃtyrmek] v
transform; **geri dönüştürmek** n
recycle, recycling

dönüşüm [dønyʃym] n
transformation; **şişe geri
dönüşüm kutusu** n bottle bank

dördüncü [dørdyndʒy] adj fourth

dört [dørt] number four; **dört
çekerli** n four-wheel drive; **Bu
akşam saat sekiz için dört
kişilik bir masa ayırtmak
istiyordum** I'd like to book a table
for four people for tonight at eight
o'clock; **Bu dört kartpostal için
pul alacaktım... a gidecek** Can I
have stamps for four postcards
to...; **Dört kişilik bir kamper ne
kadar?** How much is it for a
camper with four people?; **Dört
kişilik bir masa lütfen** A table for
four people, please

dört yol [dørtjol] n **dört yol ağzı** n
crossroads

döviz [døviz] n **döviz bürosu** n
bureau de change; **döviz kuru** n
exchange rate, rate of exchange;
Burada döviz bürosu var mı? Is
there a bureau de change here?;
Döviz bürosu arıyorum I need to
find a bureau de change; **Döviz
bürosu ne zaman açılıyor?** When
is the bureau de change open?;
Döviz kuru ne kadar? What's the
exchange rate?; **Nereden döviz**

alabilirim? Where can I change
some money?

dövme [døvme] n tattoo

dövmek [døvmek] v beat (strike)

dövüş [døvyʃ] n fight; **hayvan
dövüşleri** n blood sports

dövüşme [døvyʃme] n fighting

dram [dram] n drama

dramatik [dramatik] adj dramatic

dua [dua] n prayer; **dua etmek** v
pray

dublör [duplør] **(dublörler)** n
stuntman, stunt

dudak [dudak] n lip; **dudak kremi**
n lip salve; **dudak okuma** v
lip-read

dul [dul] n (kocası/karısı ölmüş)
widow, widower

duman [duman] mpl (pis kokulu)
fumes ⊳ n smoke; **duman alarmı**
n smoke alarm; **Odada duman
kokusu var** My room smells of
smoke

dur [dur] interj **Burada durun
lütfen** Stop here, please; **Lütfen
durun** Please stop the bus

durak [durak] n stop; **otobüs
durağı** n bus stop; **... için hangi
durakta inmem gerek?** Which
stop is it for...?; **... a kaç durak
var?** How many stops is it to...?;
Bir sonraki durak neresi? What
is the next stop?; **Otobüs durağı
buraya ne kadar uzakta?** How
far is the bus stop?; **Sonraki
durak... mı?** Is the next stop...?;
Taksi durağı nerede? Where is
the taxi stand?

duraklama [duraklama] n pause

duraksama [duraksama] n halt

duraksamak [duraksamak] v
hesitate

durdurma [durdurma] n stop

durdurmak [durdurmak] vi stop

durgun [durgun] adj still

durgunluk [durgunluk] n (piyasa)
recession

durmak [durmak] v stop; **ayakta
durmak** v stand

durulama [durulama] n rinse

durulamak [durulamak] v rinse

durum [durum] n situation,
(ruhsal) state; **acil durum** n
emergency; **ruh durumu** n mood

duruşma [duruʃma] n trial

duş [duʃ] n shower; **duş başlığı** n
shower cap; **duş jeli** n shower gel;
Burada duş var mı? Are there
showers?; **Duş çalışmıyor** The
shower doesn't work; **Duş kirli**
The shower is dirty; **Duş soğuk
akıyor** The showers are cold;
Duşlar nerede? Where are the
showers?

duty-free [dutjfree] adj duty-free
▷ n duty-free; **Duty-free nerede?**
Where is the duty-free shopping?

duvar [duvar] n wall; **duvar kağıdı**
n wallpaper; **güvenlik duvarı** n
firewall

duvarcı [duvardʒə] n bricklayer

duvardan duvara halı
[duvardanduvarahalə] n fitted
carpet

duyarlı [dujarlə] adj sensitive,
(tensel) sensuous

duyarsız [dujarsəz] adj
insensitive

duygu [dujgu] n emotion; **mizah
duygusu** n sense of humour

duygulanmış [dujgulanməʃ] adj
touched

duygusal [dujgusal] adj
emotional, sentimental; **aşırı
duygusal** adj soppy

duymak [dujmak] v hear, feel;
gerek duymak v need; **kuşku
duymak** v doubt; **saygı duymak**
v respect

duyu [duju] n sense

duyurmak [dujurmak] v
announce

duyuru [dujuru] n announcement

düğme [dy:me] n (giysi, elektrik)
button; **elektrik düğmesi** n
switch v **elektrik düğmesini
çevirmek** v switch; **kol
düğmeleri** npl cufflinks; **Hangi
düğmeye basacağım?** Which
button do I press?

düğüm [dy:ym] n knot

düğün [dy:yn] n wedding; **düğün
çiçeği** n buttercup; **Buraya bir
düğüne geldik** We are here for a
wedding

dükkân [dykkan] n shop; **antikacı
dükkânı** n antique shop; **demirci
dükkânı** n ironmonger's; **hediye
dükkânı** n gift shop; **içki satan
dükkan** n off-licence; **kuyumcu
dükkânı** n jeweller's; **yardım
derneği dükkânı** n charity shop;
Dükkanlar kaçta kapanıyor?
What time do the shops close?

dün [dyn] adv yesterday

dünya [dynja] n world; **Üçüncü
Dünya** n Third World; **Dünya
Kupası** n World Cup

dürbün [dyrbyn] n binoculars

dürtmek [dyrtmek] v poke

dürüst [dyryst] adj honest, truthful; **dürüst olmayan** adj dishonest; **doğru dürüst** adv proper, properly

dürüstçe [dyrysttʃe] adv honestly

dürüstlük [dyrystlyk] n fairness, honesty

düş [dyʃ] n (rüya) dream; **düş görmek** v dream; **düş kırıklığı** n disappointment

düşman [dyʃman] n enemy

düşmanca [dyʃmandʒa] adj hostile, unfriendly

düşmanlık [dyʃmanlək] n hostility; **düşmanlığını kazanmak** v antagonize

düşmek [dyʃmek] v fall down ▷ vi fall

düşük [dyʃyk] adj low; **düşük alkollü** adj low-alcohol; **düşük ücretli** adj underpaid; **düşük yapmak** n miscarriage; **en düşük** adj minimal

düşünce [dyʃyndʒe] n thought

düşünceli [dyʃyndʒeli] adj thoughtful, (özenli) considerate

düşüncesiz [dyʃyndʒesiz] adj thoughtless

düşünmek [dyʃynmek] v think

düşürmek [dyʃyrmek] v lower ▷ vt drop

düşüş [dyʃyʃ] n fall

düz [dyz] adj (düzgün) even, (desensiz, süssüz) plain, (yassı) flat; **düz ekran** adj flat-screen

düzelti [dyzelti] n correction

düzeltme [dyzeltme] n regulation

düzeltmek [dyzeltmek] v (hata, yanlış) correct, (hatalı bir davranış) rectify; **kesip düzeltmek** v trim

düzen [dyzen] n order; **düzenli olarak** adv regularly

düzenbaz [dyzenbaz] n crook, crook (swindler)

düzenleme [dyzenleme] n (aranjman) arrangement, (masa vb) layout

düzenlemek [dyzenlemek] v (masa, eşya vb) set out, (toplantı) arrange; **yeniden düzenlemek** v reorganize

düzenleyen [dyzenlejen] v eğlence düzenleyen n entertainer

düzenli [dyzenli] adj regular

düzensiz [dyzensiz] adj irregular

düzey [dyzej] n level

düzine [dyzine] n dozen

düzlem [dyzlem] n plane (surface)

düzmece [dyzmedʒe] adj false

DVD [dvd] n DVD; **DVD oynatıcı** n DVD player; **DVD yazıcı** n DVD burner

e

ebat [ebat] n dimension
ebe [ebe] **(ebeler)** n midwife
ebediyen [ebedijen] adv forever
ebeveyn [ebevejn] n parent;
  yalnız ebeveyn n single parent
ebeveynler [ebevejnler] npl
  parents
e-bilet [ebilet] n e-ticket
eczacı [edʒzadʒə] n chemist,
  pharmacist
eczane [edʒzane] n chemist('s),
  pharmacy; **En yakın eczane
  nerede?** Where is the nearest
  chemist?; **Hangi eczane nöbetçi?**
  Which pharmacy provides
  emergency service?
edebiyat [edebijat] n literature
eder [eder] n cost
editör [editør] n editor
efsane [efsane] n legend, myth
egzema [egzema] n eczema
egzersiz [egzersiz] n exercise

egzos [egzos] adj egzos borusu n
  exhaust pipe; **egzos gazı** npl
  exhaust fumes; **Egzos patladı**
  The exhaust is broken
egzotik [egzotik] adj exotic
eğe [e:e] n file (tool)
eğer [e:er] conj if
eğik [eji:k] adj eğik çizgi n forward
  slash
eğilim [eji:lim] n tendency;
  eğilim göstermek v tend
eğilmek [eji:lmek] v (ayak
  uçlarına doğru) bend over,
  (kıvrılarak) bend down
eğitilmiş [eji:tilmiʃ] adj trained
eğitim [eji:tim] n (kurs) training,
  (okul) education; **üniversite
  sonrası eğitim yapan öğrenci** n
  postgraduate; **bilgi tazeleme
  eğitimi** n refresher course;
  eğitim kursu n training course;
  ileri eğitim n further education;
  yüksek eğitim n higher
  education; **yetişkin eğitimi** n
  adult education
eğitimli [eji:timli] adj
  educated
eğitimsel [eji:timsel] adj
  educational
eğitmek [eji:tmek] vt train
eğitmen [eji:tmen] n (spor vb)
  trainer
eğlence [e:lendʒe] n fun;
  eğlence düzenleyen n
  entertainer; **eğlence merkezi** n
  leisure centre; **eğlence sanayii** n
  show business; **konulu eğlence
  parkı** n theme park
eğlendirici [e:lendiridʒi] adj
  entertaining, fun

eğlendirmek [e:lendirmek] *v* entertain, (*şakayla*) amuse

eğmek [e:mek] *n* **baş eğmek** *v* bow; **boyun eğmek** *v* obey

eğrelti otu [e:reltiotu] *n* fern

ehliyet [ehlijet] *n* licence; **sürücü ehliyeti** *n* driving licence; **İşte ehliyetim** Here is my driving licence; **Ehliyet numaram...** My driving licence number is...; **Ehliyetim üzerimde değil** I don't have my driving licence on me

ejderha [e3derha] *n* dragon

ek [ek] *adj* additional ▷ *n* attachment

Ekim [ekim] *n (ay)* October; **Üç Ekim Pazar** It's Sunday the third of October

ekip [ekip] *n* team; **arama ekibi** *n* search party

eklemek [eklemek] *v* add

ekli [ekli] *adj* attached

ekmek [ekmek] *n* bread; **ekmek kırıntısı** *n* breadcrumbs, crumb; **ekmek kızartma makinesi** *n* toaster; **ekmek kutusu** *n* bread bin; **esmer ekmek** *n* brown bread; **yuvarlak ekmek** *n* bread roll; **Biraz daha ekmek getirir misiniz?** Please bring more bread; **Biraz daha ekmek ister misiniz?** Would you like some more bread?

ekmekçi [ekmektʃi] *n (fırın)* bakery

ekolojik [ekolo3ik] *adj* ecological

ekonomi [ekonomi] *adj* economic ▷ *n* economy ▷ *npl* economics; **ekonomi yapmak** *v* economize

ekonomik [ekonomik] *adj* economical

ekonomist [ekonomist] *n* economist

ekose [ekose] *adj* tartan

ekran [ekran] *n* screen; **düz ekran** *adj* flat-screen; **ekranı yukarı kaydırmak** *v* scroll up; **ekranı aşağı kaydırmak** *v* scroll down; **ekran koruyucusu** *n* screen-saver; **plazma ekran** *n* plasma screen

eksantrik [eksantrik] *adj* eccentric

eksi [eksi] *prep* minus

eksik [eksik] *adj* incomplete

eksiklik [eksiklik] *n* lack, shortcoming

ekskavatör [ekskavatør] *n* digger

ekstra [ekstra] *adj* **Ekstra büyük beden var mı?** Do you have an extra large?; **Yanında ekstra... istiyorum lütfen** I'd like it with extra..., please

ekşi [ekʃi] *adj* sour

ekşime [ekʃime] *n* mide ekşimesi *n* heartburn

Ekvador [ekvador] *n* Ecuador

ekvator [ekvator] *n* equator

Ekvator [ekvator] *n* **Ekvator Ginesi** *n* Equatorial Guinea

el [el] *n* hand; **el altında** *adj* handy; **el arabası** *n* wheelbarrow; **el bagajı** *n* hand luggage; **el feneri** *n* torch; **el freni** *n* handbrake; **el sallamak** *v* wave; **el yapımı** *adj* handmade; **el yazısı** *n* handwriting; **elden çıkarmak** *v* sell off; **eli sıkı** *adj* mean; **elle yapmak** *v* handle; **elle yoklamak** *v* grope; **ikinci el** *adj* secondhand; **sağ elini kullanan** *adj* right-handed; **yeniden ele almak** *vt* reconsider;

Ellerimi nerede yıkayabilirim?
Where can I wash my hands?
elastik [elastik] *adj* elastik band *n*
rubber band
elbise [elbise] *n* clothes; **elbise**
askısı *n* coathanger; **gece**
elbisesi *n* evening dress; **takım**
elbise *n* suit; **Bu elbiseyi**
deneyebilir miyim? Can I try on
this dress?
elçilik [eltʃilik] *n* embassy; **Elçiliğe**
telefon etmem gerek I need to
call the embassy
eldiven [eldiven] *n* glove; **fırın**
eldiveni *n* oven glove; **lastik**
eldiven *npl* rubber gloves;
parmaksız eldiven *n* mitten
elek [elek] *n* sieve
elektrik [elektrik] *n* electricity;
elektriği kapamak *v* switch off;
elektrik çarpması *n* electric
shock *v* **elektrik düğmesi** *n*
switch; **elektrik düğmesini**
çevirmek *v* switch; **elektrik**
direği *n* pylon; **elektrik kesintisi**
n power cut; **elektrik süpürgesi** *n*
Hoover®, vacuum cleaner;
elektrikli battaniye *n* electric
blanket; **Elektrik ücrete dahil**
mi? Is the cost of electricity
included?; **Elektrik için ayrıca**
para ödememiz gerekiyor mu?
Do we have to pay extra for
electricity?; **Elektrik sayacı**
nerede? Where is the electricity
meter?; **Elektrik yok** There is no
electricity
elektrikçi [elektriktʃi] *n* electrician
elektrikli [elektrikli] *adj* electric,
electrical

elektronik [elektronik] *adj*
electronic; **elektronik bilimi** *npl*
electronics *n* **elektronik kitap**
okuyucu *n* e-reader; **elektronik**
sigara *n* e-cigarette; *v* **elektronik**
sigara içmek *v* vape
eleman [eleman] *n* staff
(workers); **eleman alma** *n*
recruitment; **satış elemanı** *n*
sales rep, shop assistant
eleme [eleme] *v* **ön eleme listesi**
n shortlist
eleştiri [eleʃtiri] *n (kitap, film vb)*
review
eleştirmek [eleʃtirmek] *v* criticize
eleştirmen [eleʃtirmen] *n* critic
elişi [eliʃi] *n* elişiyle süslemek *v*
embroider
elkoymak [elkojmak] *v* confiscate
elli [elli] *number* fifty; **Elli**
yaşındayım I'm fifty years old
elma [elma] *n* apple; **elma şarabı**
n cider; **elmalı turta** *n* apple pie
elmacık [elmadʒək] *n* elmacık
kemiği *n* cheekbone
elmas [elmas] *n* diamond
elti [elti] *n* sister-in-law
elveda [elveda] *excl* farewell!
elverişsiz [elveriʃsiz] *adj*
unfavourable
elyazması [eljazmasə] *n*
manuscript
e-mail [i:meil] *n* istenmeyen
e-mail *n* spam
emanet [emanet] *v* bagaj
emanet dolabı *n* left-luggage
locker; **emanet bagaj** *n*
left-luggage; **emanet bagaj**
bürosu *n* left-luggage office
emaye [emaje] *n* enamel

emek [emek] *n* labour

emeklemek [emeklemek] *v* crawl

emekli [emekli] *adj* retired ▷ *n* old-age pensioner, pensioner; **emekli maaşı** *n* pension; **emekli olmak** *v* retire; **Emekliyim** I'm retired

emeklilik [emeklilik] *n* retirement

emektar [emektar] *adj* veteran ▷ *n* veteran

emin [emin] *adj* sure; **emin olmayan** *adj* unsure

emir [emir] *n* command, order; **banka ödeme emri** *n* standing order

emlakçı [emlaktʃə] *n* estate agent

emmek [emmek] *v* suck

emniyet [emnijet] *n* safety; **emniyet kemeri** *n* safety belt, seatbelt

emoji [eməʊdʒɪ] *n* emoji

emzirmek [emzirmek] *v* breast-feed

en [en] *n* **en alt** *adj* bottom; **en az** *adj* least, minimum; **en aza indirgemek** *v* minimize; **en azından** *adv* at least; **en çok** *adv* most, most (*superlative*); **en düşük** *adj* minimal; **en fazla** *adj* maximum; **en genç** *adj* youngest; **en iyi** *adj* best; **en iyi şekilde** *adv* ideally; **en iyisi** *adv* best; **en kısa zamanda** *adv* asap (*as soon as possible*); **en kötü** *adj* worst; **en yakın akraba** *n* next-of-kin; **eninde sonunda** *adv* ultimately; **yaşça en büyük** *adj* eldest; **Buraya en yakın metro istasyonu nerede?** Where is the nearest tube station?; **Buraya en**

yakın otobüs durağı nerede? Where is the nearest bus stop?; **En geç ne zaman?** By what time?; **En sevdiğiniz içki hangisi?** What is your favourite drink?; **En ucuz bilet olsun lütfen** I'd like the cheapest ticket, please; **En yakın bisiklet tamircisi nerede?** Where is the nearest bike repair shop?; **En yakın gazete satan dükkan nerede?** Where is the nearest shop which sells newspapers?; **Umarım en kısa zamanda tekrar birlikte çalışabiliriz** I hope we can work together again soon

endişe [endiʃe] *n* anxiety; **endişe etmek** *vt* fret; **endişe verici** *adj* worrying

endişeli [endiʃeli] *adj* apprehensive, worried

Endonezya [endonezja] *adj* Indonesian ▷ *n* Indonesia

Endonezyalı [endonezjalə] *n* Indonesian (*person*)

endüstri [endystri] *n* industry

endüstriyel [endystrijel] *adj* industrial

enerji [enerʒi] *n* energy; **enerji dolu** *adj* energetic; **güneş enerjisi** *n* solar power

enerjik [enerʒik] *adj* lively

enfeksiyon [enfeksijon] *n* infection

enfes [enfes] *adj* delicious; **Enfesti** That was delicious; **Yemek enfesti** The dinner was delicious

enflasyon [enflasjon] *n* inflation

enformasyon [enformasjon] *n* **enformasyon bürosu** *n* information office

Enformasyon [enformasjon] *n*
Enformasyon Teknolojisi *n* IT

engebe [engebe] *n* **engebeli yol** *n*
track

engel [engel] *n* block *(obstruction)*,
drawback, hurdle, obstacle,
setback; **engel atlama** *n* show
jumping

engellenmiş [engellenmiʃ] *adj*
frustrated

engelli [engelli] *adj* disabled

enginar [enginar] *n* artichoke

enjeksiyon [enʒeksijon] *n*
injection

enjekte [enʒekte] *n* **enjekte
etmek** *v* inject

enkaz [enaz] *n* wreck, wreckage

enlem [enlem] *n* latitude

enstantane [enstantane] *n*
snapshot

enstitü [enstity] *n* institute

ensülin [ensylin] *n* insulin

entellektüel [entellektyel] *adj*
intellectual ▷ *n* intellectual

envanter [envanter] *n* inventory

E-posta [eposta] *n* **E-posta
adresim...** My email address is...;
E-posta adresiniz nedir? What is
your email address?; **E-posta
gönderebilir miyim?** Can I send
an email?; **E-postamı aldınız mı?**
Did you get my email?; **E-postanız
var mı?** Do you have an email?

e-posta [eposta] *n* email; **e-posta
adresi** *n* email address; **e-posta
atmak** *v* email *(a person)*;
E-postanızı alabilir miyim? Can I
have your email?

ergen [ergen] *n* adolescent, teenager

ergenler [ergenler] *npl* teens

ergenlik [ergenlik] *n* adolescence

erik [erik] *n* plum; **kuru erik** *n* prune

erimek [erimek] *vt* dissolve

erişilebilir [eriʃilebilir] *adj*
accessible

erişkin [eriʃkin] *n* grown-up

erişmek [eriʃmek] *v* access

eritmek [eritmek] *vi* melt

Eritre [eritre] *n* Eritrea

erkek [erkek] *adj* male ▷ *n* man,
male; **erkek arkadaş** *n* boyfriend;
erkek öğrenci *n* schoolboy;
erkek Fatma *n* tomboy; **erkek
kardeş** *n* brother; **erkek polis** *n*
police officer, policeman; **erkek
torun** *n* grandson; **erkek
tuvaleti** *n* gents'; **Fransız erkek** *n*
Frenchman; **üvey erkek kardeş**
n stepbrother

erkeksi [erkeksi] *adj* masculine

erken [erken] *adj* early, premature
▷ *adv* early; **daha erken** *adv*
sooner; **Daha erken bir uçak
tercih ederim** I would prefer an
earlier flight; **Erken/ geç geldik**
We arrived early/late

Ermeni [ermeni] *adj* Armenian ▷ *n*
(kişi) Armenian *(person)*

Ermenice [ermenidʒe] *n (dil)*
Armenian *(language)*

Ermenistan [ermenistan] *n*
Armenia

eroin [eroin] *n* heroin

erotik [erotik] *adj* erotic

ertelemek [ertelemek] *v*
postpone, put off

erzak [erzak] *npl* supplies

eser [eser] *n* **sanat eseri** *n* work
of art

esinti [esinti] *n* blow

eski [eski] *adj* ancient, *(ölmüş)* late *(dead)*, *(önceki)* former; **eski grubun yerini alan yeni grup** *n* relay; **eski haline dönmek** *n* relapse; **eski karı** *n* ex-wife; **eski koca** *n* ex-husband; **eski moda** *adj* old-fashioned; **eski püskü** *adj* shabby; **eski ve hoş** *adj* quaint

eskimiş [eskimiʃ] *adj* worn

esmek [esmek] *v (rüzgar)* wind *(coil around)*, *(rüzgar)* wind *(with a blow etc.)*

esmer [esmer] *adj* brown; **esmer ekmek** *n* brown bread; **esmer pirinç** *n* brown rice

esnek [esnek] *adj* flexible, *(materyal)* stretchy; **esnek çalışma saati** *n* flexitime; **esnek olmayan** *adj* inflexible

esnemek [esnemek] *v* yawn

esnetmek [esnetmek] *vi* stretch

esprili [esprili] *adj* witty

esrar [esrar] *n (bitki)* cannabis

Estonya [estonja] *adj* Estonian ▷ *n* Estonia; **Estonya dili** *(dil)* *n* Estonian *(language)*

Estonyalı [estonjalə] *n (kişi)* Estonian *(person)*

eş [eʃ] *n (karıkoca)* spouse; **eşinin ailesi** *npl* in-laws

eşarp [eʃarp] **(eşarplar)** *n* headscarf, scarf

eşek [eʃek] *n* donkey

eşekarısı [eʃekarəsə] *n* wasp

eşik [eʃik] *n* **kapı eşiği** *n* doorstep

eşit [eʃit] *adj* equal

eşitlemek [eʃitlemek] *v* equal, equalize

eşitlik [eʃitlik] *n (matematik)* equation, *(siyasi)* equality

eşkin [eʃkin] *n* **eşkin gitmek** *v* canter

eşkiya [eʃkija] *n* thug

eşlik [eʃlik] *n* **eşlik etmek** *v (refakat)* escort, *(yanında gitmek)* accompany

eşofman [eʃofman] *n* shell suit

eşsiz [eʃsiz] *adj* unique

eşya [eʃja] *npl* belongings; **değerli eşyalar** *npl* valuables; **indirimli fiyatla sunulan eşya** *n* special offer; **kayıp eşya bürosu** *n* lost-property office

et [et] *n (yiyecek)* meat; **dana eti** *n* veal; **domuz eti** *n* pork; **et sosu** *n* gravy; **et ya da sebze suyuna çorba** *n* broth; **geyik eti** *n* venison; **kırmızı et** *n* red meat; **kemikli et** *n* joint *(meat)*; **koyun eti** *n* mutton; **sığır eti** *n* beef; **Bu yemeğin içinde et suyu var mı?** Is this cooked in meat stock?; **Et bozulmuş** This meat is off; **Et sevmem** I don't like meat; **Et soğuk** The meat is cold; **Et yemiyorum** I don't eat meat; **Et yiyor musunuz?** Do you eat meat?; **Kırmızı et yemiyorum** I don't eat red meat

etek [etek] *n (giysi)* skirt; **mini etek** *n* miniskirt

eteklerinde [eteklerinde] *npl* outskirts

e-ticaret [etidʒaret] *n* e-commerce

etiket [etiket] *n (bilişim)* tag, *(defter vb)* sticker, *(fiyat vb)* label

etki [etki] *n* effect, *(nüfuz)* influence, *(sonuç)* impact; **etkili bir biçimde** *adv* efficiently; **etkili**

bir şekilde *adv* effectively; **yan etki** *n* side effect

etkilemek [etkilemek] *v* influence, *(bir sonuç yaratarak)* affect, *(iz bırakmak)* impress

etkilenmiş [etkilenmiʃ] *adj* impressed

etkileyici [etkilejidʒi] *adj* impressive

etkili [etkili] *adj* effective

etkin [etkin] *adj (nüfuzlu)* efficient

etkinlik [etkinlik] *n* activity

etmek [etmek] *prep* **acele etmek** *v* hurry, hurry up; **akın etmek** *v* invade; **alay etmek** *v* mock; **ameliyat etmek** *vt* operate *(to perform surgery)*; **anons etmek** *v* page; **arzu etmek** *v* desire; **ateş etmek** *vt* shoot; **ayırt etmek** *v* distinguish; **ısrar etmek** *v* insist; **özür beyan etmek** *v* excuse; **berbat etmek** *v* spoil, wreck; **casusluk etmek** *v* spy; **cüret etmek** *v* dare; **dahil etmek** *v* include, involve; **dans etmek** *v* dance; **dava etmek** *v* sue; **davet etmek** *v* invite; **dırdır etmek** *v* nag; **devam etmek** *v* carry on, continue, go on; **dikkat etmek** *v* watch out; **dua etmek** *v* pray; **eşlik etmek** *v (refakat)* escort, *(yanında gitmek)* accompany; **endişe etmek** *vt* fret; **enjekte etmek** *v* inject; **feda etmek** *n* sacrifice; **feryat etmek** *v* shriek; **finanse etmek** *v* finance, sponsor; **flört etmek** *v* flirt; **garanti etmek** *v* guarantee; **göç etmek** *v* emigrate; **gemiyle yolculuk etmek** *n* sail; **hak**

etmek *v* deserve; **hizmet etmek** *v* serve, service; **ibadet etmek** *v* worship; **icat etmek** *v* invent; **idam etmek** *v* execute; **idare etmek** *v* go round, manipulate; **ifade etmek** *v* express, state; **ihanet etmek** *v* betray; **ihmal etmek** *v* neglect; **ihraç etmek** *v* export; **ikna etme** *v* persuade; **iltifat etmek** *v* compliment; **işaret etmek** *v* sign; **işkence etmek** *v* torture; **inkar etmek** *v* deny; **inşa etmek** *v* build; **iptal etmek** *vt* call off, cancel; **israf etmek** *v* waste; **istifa etmek** *v* resign; **ithal etmek** *v* import; **itiraf etmek** *v* confess; **kabul etmek** *v* accept, *(itiraf)* admit *(confess)*; **kötü muamele etmek** *v* ill-treat; **şarj etmek** *(elektrik)* *v* charge *(electricity)*; **mahkum etmek** *v* sentence; **merak etmek** *v* wonder; **modernize etmek** *v* modernize; **nefret etmek** *v* hate; **organize etmek** *v* organize; **park etmek** *v* park; **pazarlık etmek** *v* haggle; **protesto etmek** *v* protest; **rahatsız etmek** *v* disturb; **restore etmek** *v* restore; **rezerve etmek** *v* book; **rica etmek** *v* appeal, request; **sırılsıklam etmek** *v* drench; **söz etmek** *v* refer; **seyahat etmek** *vi* travel; **sohbet etmek** *v* chat; **sterilize etmek** *v* sterilize; **tahrip etmek** *n* vandalize; **taklit etmek** *v* imitate; **talep etmek** *v* claim, demand; **tecavüz etmek** *v* rape; **tedavi etmek** *v* cure; **tehdit etmek** *v* threaten; **teklif etmek** *v* offer; **telaffuz etmek** v pronounce, spell; **telafi etmek** v compensate; **telaş etmek** vi rush; **telefon etmek** v phone; **teşekkür etmek** v thank; **temin etmek** v supply; **temsil etmek** v represent; **tercüme etmek** v translate; **teslim etmek** vt deliver; **umut etmek** v hope; **vekalet etmek** v substitute; **yardım etmek** vt help; **yok etmek** v destroy; **zahmet etmek** v bother; **ziyaret etmek** v visit; **zorbalık etmek** v bully; **Bunu iade etmek istiyorum** I'd like to return this; **Dans etmek ister misiniz?** Would you like to dance?

etnik [etnik] adj ethnic
etraf [etraf] adv bone ve **etrafındaki arazi** npl premises; **Bize etrafı gösterebilir misiniz?** Could you show us around?
etrafında [etrafənda] prep around
etrafını [etrafənə] prep round
Etyopya [etjopja] adj Ethiopian ▷ n Ethiopia
Etyopyalı [etjopjalə] n Ethiopian
ev [ev] n home, house; **çiftlik evi** n farmhouse; **birini arabayla evine bırakma** n lift (free ride); **ev adresi** n home address; **ev ödevi** n homework; **ev hayvanı** n pet; **ev işi** n housework; **ev şarabı** n house wine; **ev sahibesi** n landlady; **ev sahibi** n host (entertains), landlord; **ev yapımı** adj home-made; **evde kalmak** v stay in; **kişinin evinin önündeki özel yol** n driveway; **müstakil ev** n detached house; **sıra evler** adj

terraced; **taşınabilir ev** n mobile home; **tatil evi** n holiday home; **Ayrılmadan önce evi temizlememiz gerekiyor mu?** Do we have to clean the house before we leave?; **Ev oldukça büyük** The house is quite big; **Eve gitmek istiyorum** I'd like to go home; **Eve ne zaman gideceksiniz?** When do you go home?; **Eve ne zaman isterseniz o zaman dönebilirsiniz** Come home whenever you like; **Evi aramak ister misiniz?** Would you like to phone home?; **Evi arayabilir miyim?** May I phone home?
evcil [evdʒil] adj tame
evde [evde] adv home; **Akşam saat on bire kadar evde olun lütfen** Please come home by 11p.m.
evet [evet] excl yes; **Evet, çok isterdim** Yes, I'd love to; **Evet, bekarım** Yes, I'm single
eviye [evije] n **damlalıklı eviye** n draining board
evkadını [evkadənə] n housewife
evlat [evlat] n **üvey kız evlat** n stepdaughter; **evlat edinilmiş** adj adopted; **kız evlat** n daughter
evlendirme [evlendirme] n **evlendirme dairesi** n registry office
evlenmek [evlenmek] v marry; **yeniden evlenmek** v remarry
evlenmemiş [evlenmemiʃ] adj unmarried
evli [evli] adj married
evlilik [evlilik] n marriage; **evlilik**

cüzdanı n marriage certificate;
evlilik yıldönümü n wedding
anniversary; **şirket evliliği** n
merger; **Evliyim** I'm married

evrak [evrak] n documents,
papers; **evrak çantası** n briefcase;
evrak işi n paperwork;
Evraklarım burada Here are my
vehicle documents

evren [evren] n universe

evrim [evrim] n evolution

evsiz [evsiz] adj homeless

eylem [ejlem] n action

Eylül [ejlyl] n September

ezberlemek [ezberlemek] v
memorize

ezme [ezme] n squash, (yiyecek)
dip (food, sauce); **badem ezmesi**
n marzipan; **fıstık ezmesi** n
peanut butter; **yulaf ezmesi** n
oatmeal, porridge

ezmek [ezmek] v squash,
(arabayla) run over, (sıkıştırarak)
crush

f

fabrika [fabrika] n factory;
bira fabrikası n brewery; **Bir
fabrikada çalışıyorum** I work
in a factory

fagot [fagot] n bassoon

fahişe [fahiʃe] n prostitute

Fahrenheit [fahrenheit] n
Fahrenheit derece n degree
Fahrenheit

faiz [faiz] n interest (income);
faiz oranı n interest rate

fakat [fakat] conj but

faks [faks] n fax; **Buradan faks
çekebilir miyim?** Can I send a fax
from here?; **Faks çekmek
istiyorum** I want to send a fax;
Faks göndermek ne kadar? How
much is it to send a fax?; **Faks
numarası nedir?** What is the fax
number?; **Faksınız var mı?** Do
you have a fax?; **Faksınızı bir
daha gönderin** Please resend

your fax; **Faksınızda bir sorun var** There is a problem with your fax; **Kullanabileceğim bir faks makinesi var mı?** Is there a fax machine I can use?

fakslamak [fakslamak] *v* fax

fakülte [fakylte] *n* faculty; **hukuk fakültesi** *n* law school

fal [fal] *n* fortune; **yıldız falı** *n* horoscope

fanatik [fanatik] *n* fanatic

fanila [fanila] *n* flannel

far [far] *n* headlight; **göz farı** *n* eye shadow; **Farlar çalışmıyor** The headlights are not working

faraş [faraʃ] *n* dustpan

fare [fare] **(fareler)** *n* mouse; **çöl faresi** *n* gerbil; **fare pedi** *n* mouse mat; **kobay faresi** *n* guinea pig (rodent)

fark [fark] *n* difference; **fark gözetme** *n* distinction; **farkına varma** *n* notice (note); **farkına varmak** *v* notice, realize; **Farketmez** It doesn't matter

farkında [farkənda] *adj* aware

farklı [farklə] *adj* different; **farklı olarak** *prep* unlike; **Farklı bir şey istiyordum** I would like something different

Faroe [faroe] *adj* Faroe **Adaları** *npl* Faroe Islands

farzetmek [farzetmek] *v* presume

Fas [fas] *adj* Moroccan ▷ *n* Morocco

Faslı [faslə] *n* Moroccan

fasulye [fasulje] *n* bean; **çalı fasulyesi** *n* French beans, runner bean; **fasulye filizi** *npl* beansprouts

fatura [fatura] *n* invoice; **telefon**

faturası *n* phone bill

faturalamak [faturalamak] *v* invoice

faul [faul] *n* foul

fayans [fajans] *n* tile; **fayans döşeli** *adj* tiled

fazla [fazla] *adj* much, surplus ▷ *pron* more, much; **daha fazla** *pron* more; **en fazla** *adj* maximum; **fazla bagaj** *n* excess baggage; **fazla fiyat isteme** *n* surcharge; **fazla fiyat istemek** *v* overcharge; **fazla mesai** *n* overtime; **fazla para çekme** *n* overdraft; **hesabından fazla para çekmiş** *adj* overdrawn; **Çok fazla...** **koymuşsunuz** There's too much... in it; **Daha fazla çarşafa ihtiyacım var** We need more sheets; **Daha fazla battaniyeye ihtiyacımız var** We need more blankets; **Daha fazla tabak çanağa ihtiyacımız var** We need more crockery; **Taksimetrenin gösterdiğinden daha fazla** It's more than on the meter

fazlalık [fazlalək] *n* surplus

feda [feda] *n* sacrifice ▷ *v* **feda etmek** *v* sacrifice

fedai [fedai] *n* bouncer

felaket [felaket] *n* disaster, (doğal afet) catastrophe

felç [feltʃ] *n* paralysis; **çocuk felci** *n* polio

felçli [feltʃli] *adj* paralysed

felsefe [felsefe] *n* philosophy

feminist [feminist] *n* feminist

fener [fener] *n* flashlight; **deniz feneri** *n* lighthouse; **el feneri** *n* torch

ferah [ferah] adv (geniş) wide;
iç ferahlatıcı adj refreshing
ferahlamak [ferahlamak] v
freshen up
feribot [feribot] n ferry; **arabalı**
feribot n car ferry; **... feribotuna**
nereden binebiliriz? Where do
we catch the ferry to...?; **... a**
feribot var mı? Is there a car ferry
to...?
fermuar [fermuar] n zip;
fermuarı açmak v unzip
fersiz [fersiz] adj dull
feryat [ferjat] n scream, cry ⊳ v
feryat etmek v shriek
feshetmek [feshetmek] v abolish
fesleğen [fesle:en] n basil
festival [festival] n festival
fıçı [fətʃə] n barrel
fındık [fəndək] n hazelnut; **fındık**
fıstık n nut (food)
fırça [fərtʃa] n brush; **boya fırçası**
n paintbrush; **diş fırçası** n
toothbrush; **saç fırçası** n
hairbrush; **tırnak fırçası** n
nailbrush
fırçalamak [fərtʃalamak] v brush
fırın [fərən] n oven; **fırın eldiveni**
n oven glove; **fırında pişirilmiş**
adj baked; **fırında pişirme** n
baking; **fırında pişirmek** v bake;
mikrodalga fırın n microwave
oven
fırıncı [fərəndʒe] n baker
fırlatmak [fərlatmak] v pitch
fırsat [fərsat] n (durum) occasion,
(olanak) opportunity
fırtına [fərtəna] n storm; **gök**
gürültülü fırtına n
thunderstorm; **kar fırtınası** n

blizzard, snowstorm; **Fırtına**
çıkabilir mi? Do you think there
will be a storm?
fırtınalı [fərtənalə] adj stormy
Fısıh [fəsəh] n Musevilerin Fısıh
Bayramı n Passover
fısıldamak [fəsəldamak] v
whisper
fıstık [fəstək] n fındık fıstık n nut
(food); **fıstık alerjisi** n nut allergy,
peanut allergy; **fıstık ezmesi** n
peanut butter; **Hint fıstığı** n
cashew; **içinde fındık fıstık**
olmayan bir yemek yapabilir
misiniz? Could you prepare a meal
without nuts?; **Bunda fıstık var**
mı? Does that contain peanuts?;
Fıstığa alerjim var I'm allergic to
peanuts
fıtık [fətək] n hernia
fibre [fibre] n fibre
fidye [fidje] n ransom
fiil [fiil] n verb
Fiji [fiʒi] n Fiji
fikir [fikir] n (bir konuda) opinion,
(düşünce) idea; **açık fikirli** adj
broad-minded; **açıkça fikrini**
söylemek v speak up; **aynı**
fikirde olmak v agree
fiks [fiks] adj **fiks mönü** n set
menu; **Fiks menü alalım** We'll
take the set menu; **Fiks menü ne**
kadar? How much is the set
menu?; **Fiks menünüz var mı?**
Do you have a set-price menu?
fil [fil] n elephant
fildişi [fildiʃi] n ivory
fileto [fileto] n fillet ⊳ v **fileto**
kesmek v fillet
Filipinli [filipinli] **(Filipinler)** adj

Filipino ▷ *n* Filipino

Filistin [filistin] *adj* Palestinian ▷ *n* Palestine

Filistinli [filistinli] *n* Palestinian

filiz [filiz] *n* fasulye filizi *npl* beansprouts

film [film] *n* (fotoğraf vb) film, (sinema) movie; **film müziği** *n* soundtrack; **film yıldızı** *n* film star; **korku filmi** *n* horror film; **kovboy filmi** *n* western; **Bu filmi banyo edebilir misiniz lütfen?** Can you develop this film, please?; **Bu makine için renkli film istiyorum** I need a colour film for this camera; **Burada film çekebilir miyim?** Can I film here?; **Film görmek için nereye gidebiliriz?** Where can we go to see a film?; **Film kaçta başlıyor** When does the film start?; **Film takıldı** The film has jammed; **Renkli film istiyorum lütfen** A colour film, please; **Sinemada hangi film oynuyor?** Which film is on at the cinema?

filo [filo] *n* fleet

filtre [filtre] *n* filter

Fin [fin] *adj* Finnish ▷ *n* Finn

final [final] *n* final; **çeyrek final** *n* quarter final; **yarı final** *n* semifinal

finans [finans] *n* finance ▷ *v* **finanse etmek** *v* finance, sponsor

finansör [finansør] *n* sponsor

fincan [findʒan] *n* çay fincanı *n* teacup; **fincan tabağı** *n* saucer; **Bir fincan kahve daha alabilir miyiz?** Could we have another cup of coffee, please?

Finlandiya [finlandija] *n* Finland

Finli [finli] *n* Finnish

firma [firma] *m* firm

fiş [fiʃ] *n* receipt; **fişten çekmek** *v* unplug; **Fiş istiyorum lütfen** I need a receipt, please

fişek [fiʃek] *n* (silah) cartridge

fitil [fitil] *n* fitilli kadife *n* corduroy

fitted çarşaf [fittedtʃarʃaf] *n* fitted sheet

fiyasko [fijasko] *n* flop

fiyat [fijat] *n* price; **fazla fiyat isteme** *n* surcharge ▷ *v* **fazla fiyat istemek** *v* overcharge; **fiyat biçmek** *vt* charge (price); **fiyat listesi** *n* price list; **fiyat vermek** (açık arttırmada) *vi* bid (at auction); **indirimli fiyatla sunulan eşya** *n* special offer; **perakende fiyatı** *n* retail price; **satış fiyatı** *n* selling price; **yarı fiyatı** *adj* half-price; **yarı fiyatına** *adv* half-price; **Fiyata botlar da dahil mi?** Does the price include boots?; **Fiyata neler dahil?** What is included in the price?; **Fiyata sıcak su dahil mi?** Is hot water included in the price?; **Fiyata sopalar da dahil mi?** Does the price include poles?; **Fiyata tam kapsamlı sigorta dahil mi?** Is fully comprehensive insurance included in the price?; **Fiyatı yazar mısınız?** Please write down the price

fizik [fizik] *n* (görünüş) physical ▷ *npl* physics

fizikçi [fiziktʃi] *n* physicist

fiziksel [fiziksel] *adj* physical

fizyoterapi [fizjoterapi] *n* physiotherapy

fizyoterapist [fizyoterapist] n physiotherapist

flamingo [flamingo] n flamingo

flaş [flaʃ] n flash; **Flaş çalışmıyor** The flash is not working

flora [flora] n flora

floresan [floresan] adj fluorescent

flört [flørt] n flirt ▷ v **flört etmek** v flirt

flüt [flyt] n flute

fobi [fobi] n phobia

fok [fok] n seal (animal)

folklor [folklor] n folklore

folyo [foljo] n foil

fon [fon] n (destek) grant, (mali birikim) pool (resources)

form [form] n form; **başvuru formu** n application form; **istek formu** n claim form; **sipariş formu** n order form

formalite [formalite] n formality

format [format] n format

formatlamak [formatlamak] v format

formül [formyl] n formula

forum [foɾɑm] n forum

foseptik [foseptik] adj foseptik **çukuru** n septic tank

fotoğraf [fotoɣraf] n photo, photograph; **dijital fotoğraf makinesi** n digital camera; **fotoğraf albümü** n photo album; **fotoğraf makinesi** n camera ▷ v **başkasının fotoğrafına girmek** v photobomb; **fotoğrafını çekmek** v photograph; **fotoğraflı telefon** n camera phone; **Bu fotoğrafları CD'ye yükleybilir misiniz lütfen?** Can you put these photos on CD, please?; **Fotoğraf inidirebilir**

miyim? Can I download photos to here?; **Fotoğraflar kaça malolur?** How much do the photos cost?; **Fotoğraflar ne zaman hazır olur?** When will the photos be ready?; **Fotoğrafları mat kağıda basın lütfen** I'd like the photos matt; **Fotoğrafları parlak kağıda basın lütfen** I'd like the photos glossy

fotoğrafçı [fotoɣraftʃə] n photographer

fotoğrafçılık [fotoɣraftʃələk] n photography

fotokopi [fotokopi] n photocopy; **fotokopi makinesi** n photocopier ▷ v **fotokopisini çekmek** v photocopy; **Bunun fotokopisini istiyorum lütfen** I'd like a photocopy of this, please; **Bunun renkli fotokopisini istiyorum lütfen** I'd like a colour photocopy of this, please; **Nerede fotokopi çektirebilirim?** Where can I get some photocopying done?

fön [føn] n blow-dry; **Kesip fön çekin lütfen** A cut and blow-dry, please

Fransa [fransa] n France

Fransız [fransəz] adj French ▷ n French; **Fransız erkek** n Frenchman; **Fransız kadın** n Frenchwoman

fren [fren] n brake; **el freni** n handbrake; **fren lambası** n brake light; **Bisikletin frenleri var mı?** Does the bike have brakes?; **Bisikletin geri frenleri var mı?** Does the bike have back-pedal brakes?; **Frenler çalışmıyor** The

brakes are not working, The
brakes don't work

Frenk [freŋ] **Frenk soğanı** *mpl*
chives; **kırmızı Frenk üzümü** *n*
redcurrant

frenlemek [frenlemek] *v* brake

frikik [frikik] *n* free kick

fuar [fuar] *n* fair; **fuar alanı** *n*
fairground

full-board [fullboard] *n*
Full-board ne kadar? How much
is full board?

futbol [futbol] *n* football;
Amerikan futbolu *n* American
football; **futbol maçı** *n* football
match; **Futbol maçı görmek
isterdim** I'd like to see a football
match; **Futbol oynayalım** Let's
play football

futbolcu [futboldʒu] *n* football
player, footballer

füze [fyze] *n* missile

g

Gabon [gabon] *n* Gabon

gaddar [gaddar] *adj* cruel

gaf [gaf] *n* blunder

gaga [gaga] *n* beak

Gal [gal] *adj* Welsh

gala [gala] *n* premiere

galeri [galeri] *n* gallery; **sanat
galerisi** *n* art gallery

Galler [galler] *n* Wales

Galli [galli] *n* Welsh

Gambiya [gambija] *n* Gambia

Gana [gana] *adj* Ghanaian ▷ *n*
Ghana

Ganalı [ganalə] *n* Ghanaian

gangster [gangster] *n* gangster

garaj [garaʒ] *n* garage; **Hangisi
garaj anahtarı?** Which is the key
for the garage?

garanti [garanti] *n* guarantee,
warranty ▷ *v* **garanti etmek** *v*
guarantee; **garantiye almak** *v*
ensure; **Arabanın garantisi var**

The car is still under warranty; **Hala garantisi var** It's still under guarantee
gardrop [gardrop] *n* wardrobe
gargara [gargara] *n* mouthwash
garip [garip] *adj* strange
garson [garson] *n* waiter; **kadın garson** *n* waitress
gaspetmek [gaspetmek] *v* hijack
gayda [gajda] *npl* bagpipes
gaz [gaz] *n* gas; **doğal gaz** *n* natural gas; **egzos gazı** *npl* exhaust fumes; **gaz pedalı** *n* accelerator; **gazlı ocak** *n* gas cooker; **tüp gaz** *n* camping gas; **Gaz kokusu alıyorum** I can smell gas; **Gaz sayacı nerede?** Where is the gas meter?; **Gaz tüpümü doldurabilir misiniz?** Do you have a refill for my gas lighter?
gazete [gazete] *n* newspaper; **gazete bayii** *n* newsagent; **gazete dağıtım** *n* paper round; **gazete kesiği** *n* cutting; **En yakın gazete satan dükkan nerede?** Where is the nearest shop which sells newspapers?; **Gazete almak istiyorum** I would like a newspaper; **Gazete nereden alabilirim?** Where can I buy a newspaper?; **Gazete satıyor musunuz?** Do you have newspapers?
gazeteci [gazetedʒi] *n* journalist
gazetecilik [gazetedʒilik] *n* journalism
gazyağı [gazja:ə] *n* kerosene
gebe [gebe] *adj* pregnant
gebelik [gebelik] *n* pregnancy
gece [gedʒe] *n* at night, night; **bu**

gece *adv* tonight; **dün gece** *n* last night; **gece elbisesi** *n* evening dress; **gece hayatı** *n* nightlife; **gece kulübü** *n* nightclub; **gece nöbeti** *n* nightshift; **gece okulu** *n* night school; **kına gecesi** *n* hen night; **iki gece kalmak istiyorum** I'd like to stay for two nights; **İyi geceler** Good night; **Çadırın bir geceliği ne kadar?** How much is it per night for a tent?; **Bir gece daha kalmak istiyorum** I want to stay an extra night; **Geceliği ne kadar?** How much is it per night?
gecekondu [gedʒekondu] *n* slum
gecelik [gedʒelik] *n* nightdress, nightie, *(hafif)* negligee; **gecelik seyahat çantası** *n* overnight bag
geceyarısı [gedʒejarəsə] *n* midnight, at midnight
gecikme [gedʒikme] *n* delay
gecikmek [gedʒikmek] *v* delay
gecikmeli [gedʒikmeli] *adj* delayed, late *(delayed)*
geç [getʃ] *adv* late; **geç saatlere kadar oturmak** *v* stay up; **Çok geç** It's too late
geçen [getʃen] *adj* past, last; **geçen hafta** last week
geçer [getʃer] *n (standartlara uygun)* pass *(meets standard)*
geçerli [getʃerli] *adj* valid
geçersiz [getʃersiz] *adj* void
geçici [getʃidʒi] *adj* temporary, *(bir süreliğine)* provisional; **geçici görevli** *n* temp; **yol kenarında geçici park yeri** *n* layby
geçilmek [getʃilmek] *vi* pass
geçim [getʃim] *n* geçimini sağlamak *v* provide for

geçinmek [getʃinmek] v live on
geçirmek [getʃirmek] v go
through; **gözden geçirmek**
(yeniden) v revise; **iç geçirmek** v
sigh; **şok geçirmek** v shock
geçiş [getʃiʃ] n transition; **geçiş
hakkı** n right of way
geçit [getʃit] n crossing, passage
(route), *(dağ)* pass *(in mountains)*;
alt geçit n underpass; **ışıklı yaya
geçidi** n pelican crossing;
hemzemin geçit n level crossing;
şeritli yaya geçidi n zebra
crossing; **yaya geçidi** n
pedestrian crossing
geçmek [getʃmek] v go by,
(deneyim/ameliyat) undergo ▷ vt
pass; **dalga geçmek** v kid;
karşıdan karşıya geçmek vt
cross; **yanından geçmek** v go
past
geçmiş [getʃmiʃ] adj gone, past ▷ n
past; **ödeme günü geçmiş** adj
overdue; **günü geçmiş** adj
out-of-date; **modası geçmiş** adj
obsolete; **vadesi geçmiş borç** npl
arrears
gedik [gedik] n *(yer)* gap
geğirme [geji:rme] n burp
geğirmek [geji:rmek] vi burp
gelebilirsiniz v Gelebilirsiniz!
Come in!
gelecek [geledʒek] adj coming,
future, next ▷ n future; **gelecek
beklentisi** n prospect
gelen [gelen] **gelen kutusu** n
inbox; **yeni gelen** n newcomer
gelenek [gelenek] n tradition
geleneksel [geleneksel] adj *(töre)*
traditional

gelgit [gelgit] n tide
gelin [gelin] n daughter-in-law,
(damadın eşi) bride; **gelin teli** n
tinsel
gelincik [gelindʒik] n *(çiçek)*
poppy, *(hayvan)* weasel
gelinlik [gelinlik] n wedding dress
gelir [gelir] n *(maaş)* income ▷ npl
(aylık kazanç) earnings, *(toplanan
para)* proceeds; **gelir vergisi** n
income tax; **vergi geliri** n revenue
gelişigüzel [geliʃigyzel] adv
casually ▷ n chance
gelişme [geliʃme] n *(büyüme)*
development, *(iyileşme)*
improvement
gelişmek [geliʃmek] vt develop;
gelişmekte olan ülke n
developing country
gelişmemiş [geliʃmemiʃ] adj
immature
geliştirmek [geliʃtirmek] v
improve ▷ vi *(büyüme)* develop;
vücut geliştirme n bodybuilding
gelmek [gelmek] v come, come
from; **anlamına gelmek** v stand
for; **üstesinden gelmek** v master,
overcome, tackle; **bir araya
gelmek** v get together; **gündeme
gelmek** v come up; **geri gelmek** v
come back; **kendine gelmek** v
come round, regain; **yeniden bir
araya gelme** n reunion
gemi [gemi] n ship; **büyük yolcu
gemisi** n liner; **gemi gezisi** n
cruise; **gemi teknesi** n hull; **gemi
yapımı** n shipbuilding ▷ v **gemiyle
yolculuk etmek** n sail
gen [gen] n gene
genç [gentʃ] adj young; **daha genç**

adj younger; **en genç** adj youngest; **genç kız** n lass; **gençlerin kaldığı otel** n youth hostel

gençlik [gentʃlik] n youth; **gençlik klubü** n youth club

genel [genel] adj general ▷ n general; **genel anestezi** n general anaesthetic; **genel kültür** n general knowledge; **genel müdür** n managing director; **genel merkez** n HQ; **genel seçim** n general election

genellemek [genellemek] v generalize

genellikle [genellikle] adv generally, usually

genetik [genetik] adj genetic; **genetik bilimi** n genetics; **genetik olarak değiştirilmiş** adj genetically-modified

geniş [geniʃ] adj (ferah, yaygın) extensive, (yayvan) broad, (yayvan) wide; **geniş bant** n broadband

genişlik [geniʃlik] n width

Georgia [georgia] n (Amerikan eyaleti) Georgia (US state); **Georgia'ya ait** adj Georgian

gerçek [gertʃek] adj (durum) real, (mücevher) genuine, (söz) true ▷ n actual, (bilgi) fact, (doğruluk) truth; **gerçek dışı** adj unreal; **gerçeklerle bağdaşmayan** adj unrealistic; **gerçek kahveniz var mı?** Have you got real coffee?

gerçekçi [gertʃektʃi] adj realistic

gerçekleştirmek [gertʃekleʃtirmek] v fulfil

gerçeklik [gertʃeklik] n reality;

sanal gerçeklik n virtual reality

gerçekten [gertʃekten] adv indeed, really, truly

gerçi [gertʃi] adv though

gerek [gerek] adj necessary; **gerek duymak** v need; **Bana bir doktor gerek** I need a doctor; **Geri dönmeniz gerekiyor** You have to turn round; **Ne giymem gerekiyor?** What should I wear?; **Ne kadar almam gerekiyor?** How much should I take?

gerekli [gerekli] adj necessary

gereklilik [gereklilik] n necessity

gereksinim [gereksinim] n requirement

gereksiz [gereksiz] adj unnecessary

gerektirmek [gerektirmek] v require

gergin [gergin] adj (huzursuz) tense, (sinirleri yay gibi) uptight, (sinirli) edgy

gerginlik [gerginlik] n tension; **gerginlik yaratıcı** adj stressful

geri [geri] adv back; **geri almak** v take back; **geri aramak** v call back, phone back, ring back; **geri ödeme** n repayment; **geri ödemek** v pay back, repay; **geri çevirmek** v turn down; **geri dönüş** n return (coming back); **geri dönüştürmek** v recycle, recycling; **geri döndürmek** vi return; **geri dönmek** v return, reverse, turn back; **geri göndermek** v send back; **geri gelmek** v come back; **geri getirmek** v bring back, get back; **geri gitmek** v move back; **geri kalmak** v back out; **geri**

koymak v put back; **geri sarmak** v rewind; **geri tepmek** v backfire; **geri vermek** v give back; **geride kalmak** v lag behind; **geriye yatık çizgi** n backslash; **Arabayı buraya mı geri getirmem gerekiyor** Do I have to return the car here?; **Bisikleti ne zaman geri getirmem gerekiyor?** When is the bike due back?; **Geri dönmeniz gerekiyor** You have to turn round; **Kaçta geri döneriz?** When do we get back?; **Lütfen beni geri arayın** Please call me back; **Paramı geri alabilir miyim?** Can I have a refund?, Can I have my money back?; **Paramı geri istiyorum** I want my money back

geribildirim [geribildirim] n feedback

gerilim [gerilim] n tension; **kuşku ve gerilimli bekleyiş** n suspense

gerilmiş [gerilmiş] adj stressed

geriye [gerije] adv **geriye doğru** adv backwards

germek [germek] v tighten, stretch; **psikolojik anlamda germek** v strain

getiri [getiri] n return (yield)

getirmek [getirmek] v bring ▷ vt fetch; **geri getirmek** v bring back, get back

gevelemek [gevelemek] v waffle

gevrek [gevrek] adj crispy, (çıtır çıtır) crisp; **mısır gevreği** n cornflakes; **tahıl gevreği** n cereal

gevşek [gevşek] adj (düğüm vb) loose, (sarkmış karın vb) flabby, (tavır) slack

gevşeme [gevşeme] n relaxation

gevşemek [gevşemek] vi relax

gevşetici [gevşetidʒi] adj relaxing

geyik [gejik] **(geyikler)** n deer; **geyik eti** n venison; **ren geyiği** n reindeer

gezegen [gezegen] n planet

gezgin [gezgin] n tourist, traveller; **sırt çantasıyla dolaşan gezgin** backpacker

gezi [gezi] n excursion, tour; **gemi gezisi** n cruise; **keşif gezisi** n expedition

gezinti [gezinti] n (at/araba/ bisiklet) ride; **gezinti yeri** n promenade

gezmek [gezmek] v walk, go out, tour; **gezip görme** n sightseeing; **sırt çantasıyla gezme** n backpacking

gıda [gəda] n food; **gıda zehirlenmesi** n food poisoning

gıdıklamak [gədəklamak] v tickle

gibi [gibi] adv as ▷ prep like; **dev gibi** adj giant; **sırık gibi** n lanky

giden [giden] adj güneye giden adj southbound

gidermek [gidermek] v eliminate

gidiş [gidiʃ] n departure; **dörtnala gidiş** n gallop; **gidiş dönüş yolculuk** n round trip; **gidiş-dönüş bilet** n return ticket; **tek gidiş bileti** n one-way ticket; **... a gidiş dönüş iki bilet** two return tickets to...; **Gidiş dönüş bilet ne kadar?** How much is a return ticket?; **Tek gidiş bilet ne kadar?** How much is a single ticket?

gidon [gidon] npl handlebars

Gine [gine] n Guinea; **Ekvator Ginesi** n Equatorial Guinea

giriş [giriʃ] *n* entry, *(geçiş)* access, *(havaalanı)* check-in, *(kapı)* entrance, *(yer, nokta)* way in; **giriş ücreti** *n* admission charge, entrance fee; **giriş hakkı** *n* admittance ▷ v **giriş yapmak** *v* check in; **Engelli kişiler için girişiniz var mı?** Do you provide access for people with disabilities?; **Giriş vizem var** I have an entry visa; **Tekerlekli sandalye girişi olan bir oda istiyorum** I need a room with wheelchair access

girişim [giriʃim] *n* attempt, *(inisiyatif)* initiative

girmek [girmek] *v* get into, *(içeriye)* come in, *(içeriye)* go in ▷ *vt (bir yere)* enter; **bahse girme** *n* betting; **bahse girmek** *vi* bet; **kuyruğa girmek** *v* queue; **mekana girmek** *v* get in; **yeniden sınava girmek** *v* resit

gişe [giʃe] *n* **bilet gişesi** *n* booking office, box office, ticket office

git [git] *v* **Gidin buradan!** Go away!

gitar [gitar] *n* guitar

gitmek [gitmek] *v* go; **önden gitmek** *v* go ahead; **geri gitmek** *v* move back; **ileri gitmek** *v* move forward; **tırıs gitmek** *v* trot; **uçup gitmek** *v* fly away; **... a gitmek istiyorduk** We'd like to go to...; **... a gitmek istiyorum** I'm going to...; **Eve gitmek istiyorum** I'd like to go home; **Gitme zamanı geldi mi?** Is it time to go?; **Sörf için nereye gitmek gerek?** Where can you go surfing?; **Tırmanmaya gitmek isterdim** I'd like to go climbing

giyim [gijim] *n* clothing

giyinik [gijinik] *adj* dressed

giyinmek [gijinmek] *vi* dress

giymek [gijmek] *vt* wear

giysi [gijsi] *n (elbise)* dress, *(kıyafet)* garment; **antreman giysisi** *n* tracksuit; **spor giysisi** *n* sportswear; **Giysi kuralı var mı?** Is there a dress-code?

giysiler [gijsiler] *n* clothes

giz [giz] *n* mystery; **çok gizli** *adj* top-secret

gizem [gizem] *n* mystery

gizemli [gizemli] *adj* mysterious

gizli [gizli] *adj* confidential, secret; **gizli buz** *n* black ice; **gizli dinleme cihazı yerleştirilmiş** *adj* bugged; **gizli plan** *v* plot *(conspire)*; **gizli servis** *n* secret service

gizlice [gizlidʒe] *adv* secretly

glükoz [glykoz] *n* glucose

glüten [glyten] *n* gluten

GM [gm] *abbr* GM

gofret [gofret] *n* wafer

gol [gol] *n* goal, *(Amerikan futbolunda)* touchdown

golf [golf] *n* golf; **golf klübü** *n* golf club *(society)*; **golf sahası** *n* golf course; **golf sopası** *n* golf club *(stick)*, tee; **Buraya yakın bir golf sahası var mı?** Is there a public golf course near here?; **Golf sopaları kiralıyorlar mı?** Do they hire out golf clubs?; **Nerede golf oynayabilirim?** Where can I play golf?

Google® [google] *v* Google®

goril [goril] *n* gorilla

göbek [gøbek] *n* belly, navel; **göbek deliği** *n* belly button

göç [gøtʃ] n migration; **göç etmek** v emigrate

göçme [gøtʃme] n immigration

göçmen [gøtʃmen] adj migrant ▷ n immigrant, migrant

göçük [gøtʃyk] n dent

göçürmek [gøtʃyrmek] v dent

göğüs [gøːys] n breast, bust, chest; **Göğsümde bir ağrı var** I have a pain in my chest

gök [gøk] n sky; **gök gürültülü** adj thundery; **gök gürültülü fırtına** n thunderstorm; **gök gürültüsü** n thunder

gökdelen [gøkdelen] n high-rise, skyscraper

gökkuşağı [gøkkuʃaːɯ] n rainbow

göktaşı [gøktaʃɯ] n meteorite

göl [gøl] n lake

gölcük [gøldʒyk] n pond

gölge [gølge] n (birinin ya da bir şeyin) shadow, (tente, ağaç altı) shade

gömlek [gømlek] n shirt; **iç gömleği** n slip (underwear); **polo gömlek** n polo shirt

gömmek [gømmek] v bury

gönderen [gønderen] n sender

gönderme [gønderme] n (kaynak) reference

göndermek [gøndermek] v send, send out; **geri göndermek** v send back

gönenç [gønentʃ] n prosperity

gönül [gønylj] n heart, mind, affection; **alçak gönüllü** adj humble, modest; **gönüllü olarak** adv voluntarily; **gönüllü olmak** n volunteer

gönüllü [gønylly] adj voluntary;

gönüllü olmak n volunteer

gönülsüz [gønylsyz] adj reluctant

gönülsüzce [gønylsyzdʒe] adv reluctantly

göre [gøre] prep according to; **bedenine göre büyük** adj outsize; **göreceli olarak** adv comparatively, relatively

göreceli [gøredʒeli] n relative

görenek [gørenek] n custom; **göreneklere uymayan** adj unconventional

görev [gørev] n duty, task, (ödev vb) assignment, (pozisyon) post (position); **daha önemsiz bir göreve kaydırmak** v relegate

görevli [gørevli] adj assigned ▷ n official, employee; **görevli memur** (polis/asker) n officer; **güvenlik görevlisi** n security guard; **geçici görevli** n temp; **hapishane görevlisi** n prison officer; **hükümet görevlisi** n civil servant; **oda görevlisi** n chambermaid; **polis görevlisi** n police officer; **sahil koruma görevlisi** n coastguard; **sınav görevlisi** n examiner; **sosyal hizmetler görevlisi** n social worker; **Görevliyi gördünüz mü?** Have you seen the guard?

görgü [gørgy] npl manners

görkem [gørkem] n majesty

görkemli [gørkemli] adj glorious, splendid

görmek [gørmek] vt see; **düş görmek** v dream; **görme yetisi** n eyesight; **gezip görme** n sightseeing; **hor görme** n contempt

görsel [gørsel] *adj* visual
görünmek [gørynmek] *v* appear, seem; **yapar gibi görünmek** *v* pretend
görünmez [gørynmez] *adj* invisible
görünür [gørynyr] *adj* apparent, visible
görünüş [gørynyʃ] *n* appearance
görüş [gøryʃ] *n* view, *(fikir)* remark, *(göz)* sight, *(göz)* visibility; **açık görüşlü** *adj* liberal; **dar görüşlü** *adj* narrow-minded; **görüşe katılmamak** *v* disagree; **ortak görüş** *n* communion; **Görüşürüz** See you later
görüşme [gøryʃme] *n* interview ▷ **görüşme yapmak** *v* interview; **telefon görüşmesi** *n* phonecall
görüşmeci [gøryʃmedʒi] *n* interviewer, negotiator
görüşmek [gøryʃmek] *v* discuss, negotiate
görüşmeler [gøryʃmeler] *npl* negotiations
gösterge [gøsterge] *n* indicator; **gösterge tablosu** *n* dashboard
gösteri [gøsteri] *n (eğlence)* show, *(politik)* demonstration; **havai fişek gösterileri** *npl* fireworks; **Gösteri için nereye gidebiliriz?** Where can we go to see a show?
gösterici [gøsteridʒi] *n* demonstrator
gösterim [gøsterim] *n (film vb)* showing; **yeniden gösterim** *n* replay
gösteriş [gøsteriʃ] *n* show-off; **gösteriş yapmak** *v* show off
gösterişli [gøsteriʃli] *adj* grand

göstermek [gøstermek] *v* show ▷ *vi* point; **aday göstermek** *v* nominate; **çeşitlilik göstermek** *v* range, vary; **boy göstermek** *v* turn up; **eğilim göstermek** *v* tend; **haklılığını göstermek** *v* justify; **kendini göstermek** *v* stand out; **tepki göstermek** *v* react; **yeniden göstermek** *v* replay; **yol göstermek** *vt* lead
gövde [gøvde] *n* **ağaç gövdesi** *n* trunk
göz [gøz] *n* eye; **göz atmak** *vi* browse; **göz önünde tutarak** *prep* considering; **göz bağı** *n* blindfold; **göz damlası** *npl* eye drops; **göz farı** *n* eye shadow; **göz kamaştırıcı** *adj* glamorous, stunning; **göz kapağı** *n* eyelid; **göz kırpmak** *v* wink; **göz kırpmak** *v* blink; **gözünü dikmek** *v* gaze; **gözünü dikmek** *v* look, look at; **gözünü korkutmak** *v* intimidate; **gözünde büyütmek** *v* overestimate; **gözünde canlandırmak** *v* visualize; **gözden geçirmek** *(yeniden)* *v* revise; **gözden kaybolma** *n* disappearance; **gözden kaybolmak** *v* disappear; **gözlerini bağlamak** *v* blindfold; **torpido gözü** *n* glove compartment; **Gözüme bir şey kaçtı** I have something in my eye; **Gözlerim yanıyor** My eyes are sore
gözaltı [gøzalta] *n* **gözaltına alma** *n* detention
gözatmak [gøzatmak] *v* glance
gözbebeği [gøzbebeji:] *n* pupil *(eye)*

gözcü [gøzdʒy] n monitor; **sınav gözcüsü** n invigilator

gözde [gøzde] adj favourite ▷ n favourite

gözden [gøzden] n **gözden kaçırmak** v overlook

gözetim [gøzetim] n oversight (supervision)

gözetlemek [gøzetlemek] v pry ▷ vt watch

gözetmek [gøzetmek] v protect, look after, consider, respect; **fark gözetme** n distinction

gözlemci [gøzlemdʒi] adj observant ▷ n observer

gözlemek [gøzlemek] v watch, observe; **kuş gözleme** n birdwatching

gözlemevi [gøzlemevi] n observatory

gözlemlemek [gøzlemlemek] v observe

gözlük [gøzlyk] npl glasses, spectacles; **çift odaklı gözlük** npl bifocals; **güneş gözlüğü** npl sunglasses; **koruma gözlüğü** npl goggles; **Gözlüklerimi tamir edebilir misiniz?** Can you repair my glasses?

gözlükçü [gøzlyktʃy] n optician

gözyaşı [gøzjaʃə] n tear (from eye); **gözyaşı bombası** n teargas

GPS [dʒi:pi:es] n **GPS sistemi** n GPS; **GPS var mı?** Does it have GPS?

grafik [grafik] n graph ▷ npl graphics; **dilimli grafik** n pie chart

grafiti [grafiti] n graffiti

gram [gram] n gramme

gramatik [gramatik] adj grammatical

gramer [gramer] n grammar

granit [granit] n granite

grev [grev] n strike; **grev yapmak** vi strike (suspend work); **grev vardı, o yüzden** because of a strike

grevci [grevdʒi] n striker

greyfurt [grejfurt] n grapefruit

gri [gri] adj grey

grip [grip] n flu, influenza; **kuş gribi** n bird flu; **Grip geçiriyorum** I've got flu; **Yakınlarda grip atlattım** I had flu recently

Grönland [grønland] n Greenland

grup [grup] n group; **çocuk oyun grubu** n playgroup; **eski grubun yerini alan yeni grup** n relay; **kan grubu** n blood group; **sözcük grubu** n phrase; **Grup indirimi var mı?** Are there any reductions for groups?; **Kan grubum O pozitif** My blood group is O positive

Guatemala [guatemala] n Guatemala

guguk [guguk] n **guguk kuşu** n cuckoo

gurur [gurur] n pride

gururlu [gururlu] adj proud

gübre [gybre] n fertilizer, manure

gücendirmek [gydʒendirmek] v offend

güç [gytʃ] adj (zor) difficult ▷ n (erk) power, (kuvvet) force, (kuvvet) strength; **gücü yetmek** v afford; **insan gücü** n manpower

güçlendirmek [gytʃlendirmek] v strengthen

güçlü [gytʃly] adj powerful, strong

güçlük [gytʃlyk] n difficulty, trouble; **güçlük çıkaran** n troublemaker

güçlükle [gytʃlykle] adv hardly

güfte [gyfte] npl lyrics

gül [gyl] n rose

gülmek [gylmek] v laugh; **kahkahayla gülmek** v laugh; **kıs kıs gülmek** v snigger

gülümseme [gylymseme] n smile

gülümsemek [gylymsemek] v smile

gülünç [gylyntʃ] adj ridiculous

gülüş [gylyʃ] n laugh

gümrük [gymryk] n customs, (customs) duty; **gümrük memuru** n customs officer; **gümrük tarifesi** n tariff; **Bunun için gümrük ödemem gerekiyor mu?** Do I have to pay duty on this?

gümüş [gymyʃ] n silver

gün [gyn] n day; **dinlenme günü** (Yahudiler için Cumartesi, Hristiyanlar için Pazar) n Sabbath; **doğum günü** n birthday; **gün ışığı** n sunlight, sunshine; **gün batımı** n sunset; **gün doğuşu** n sunrise; **günü geçmiş** adj out-of-date; **her gün** adv daily; **resmi tatil günü** n public holiday; **Sevgililer Günü** n Valentine's Day; **tam gün** adv full-time; **yarım gün** adv part-time; **ödeme günü geçmiş** adj overdue; **Beş günlüğüne bir araba kiralamak istiyorum** I want to hire a car for five days; **Bugün günlerden ne?** What day is it today?; **Günün çorbası ne?** What is the soup of

the day?; **Günün yemeği ne?** What is the dish of the day?; **Harika bir gün!** What a lovely day!; **Müze her gün açık mı?** Is the museum open every day?; **öbür gün** the day after tomorrow

günah [gynah] n sin

güncel [gyndʒel] adj current, (haber vb) topical, (yenilenmiş) up-to-date; **güncel haberler** npl current affairs

güncellemek [gyndʒellemek] v update

gündem [gyndem] n agenda; **gündeme gelmek** v come up

gündüz [gyndyz] n daytime

güneş [gyneʃ] adj solar ▷ n sun; **güneş çarpması** n sunstroke; **güneş enerjisi** n solar power; **güneş gözlüğü** npl sunglasses; **güneş kremi** n suncream; **güneş sistemi** n solar system; **güneş sonrası krem** n after sun lotion; **güneş yağı** n suntan oil; **güneş yanığı** adj sunburn, sunburnt; **güneşte yanmak** v sunbathe; **güneşte yanmış** adj tanned; **güneşlenme yatağı** n sunbed; **koruyucu güneş kremi** n sunblock

güneşli [gyneʃli] adj sunny

güneşlik [gyneʃlik] n sunscreen

güney [gynej] adj south, southern ▷ n south; **güneye giden** adj southbound; **Güney Afrika** adj South Africa, South African; **Güney Afrikalı** n South African; **Güney Amerika** adj South America, South American; **Güney Amerikalı** n South American;

Güney Kore n South Korea;
Güney Kutbu n South Pole, the
Antarctic, Antarctica
güneybatı [gynejbatə] n
southwest
güneyde [gynejde] adv south
güneydoğu [gynejdou:] n
southeast
günlük [gynlyk] adj daily ▷ n diary;
günlük bilet n day return; **günlük
ifadeler sözlüğü** n phrasebook
Gürcistan [gyrdʒistan] n Georgia
(country)
Gürcü [gyrdʒy] n Georgian
(inhabitant of Georgia)
güreş [gyreʃ] n wrestling
güreşçi [gyreʃdʒi] n wrestler
gürültü [gyrylty] n noise; **gök
gürültülü** adj thundery; **gök
gürültülü fırtına** n
thunderstorm; **gök gürültüsü** n
thunder; **Gürültüden
uyuyamıyorum** I can't sleep for
the noise
gürültülü [gyryltyly] adj loud,
noisy
gütmek [gytmek] n **kin gütmek** v
spite
güve [gyve] n moth
güveç [gyvetʃ] n casserole, stew
güven [gyven] n confidence
(trust), trust; **güven verici** adj
reassuring; **güven vermek** v
reassure; **güvenine bağlı olmak** v
depend; **kendine güvenen** adj
confident, self-assured
güvence [gyvendʒe] n **güvence
vermek** v assure
güvenen [gyvenen] adj trusting
güvenilir [gyvenilir] adj reliable

güvenilmez [gyvenilmez] adj
unreliable
güvenli [gyvenli] adj safe, secure
güvenlik [gyvenlik] n safety,
security; **güvenlik duvarı** n
firewall; **güvenlik görevlisi** n
security guard; **sosyal güvenlik** n
social security
güvenmek [gyvenmek] v count
on, rely on, trust
güvensiz [gyvensiz] adj insecure
güvercin [gyverdʒin] n pigeon;
beyaz güvercin n dove
güverte [gyverte] n deck; **Araba
güvertesine nasıl gidebilirim?**
How do I get to the car deck?;
Güverteye çıkabilir miyiz? Can
we go out on deck?
Güyan [gyjan] n Guyana
güzel [gyzel] adj beautiful; **çok
güzel** adj gorgeous; **güzel
manzaralı yer** n beauty spot
güzellik [gyzellik] n beauty;
güzellik salonu n beauty salon
güzergah [gyzergah] n itinerary,
route; **güzergah değiştirme** n
detour

h

hafife almak v underestimate
hafta [hafta] n week; **hafta içi** n
weekday; **hafta sonu** n weekend;
iki hafta n fortnight; **bir hafta
önce** a week ago; **bir hafta sonra**
in a week's time; **bundan bir
hafta önce** the week before last;
Bir haftalığı ne kadar? How
much is it for a week?; **geçen
hafta** last week; **gelecek hafta**
next week; **Odanın haftalığı ne
kadar?** How much is it per week?
haftalık [haftalək] adj weekly;
Haftalık bir bilet lütfen A book
of tickets, please; **Haftalık kart
kaça?** How much is a pass per
week?; **Haftalık kayak kartı rica
ediyorum?** I'd like a ski pass for a
week; **Haftalık tarifeniz nedir?**
What are your rates per week?
haham [haham] n rabbi
hain [hain] adj (cadı vb) wicked ▷ n
(kötü) villain
Haiti [haiti] n Haiti
hak [hak] n right; **özlük hakları** n
civil rights; **geçiş hakkı** n right of
way; **giriş hakkı** n admittance;
hak etmek v deserve; **haklı
olarak** adv rightly; **haklılığını
göstermek** v justify; **insan
hakları** npl human rights; **telif
hakkı** n copyright; **Yol hakkı
sizin değildi** It wasn't your right
of way
hakaret [hakaret] n insult
hakaretamiz [hakaretamiz] adj
abusive
hakem [hakem] n referee, umpire;
hakem aracılığıyla çözümleme
n arbitration

haber [haber] n news,
information, knowledge; **güncel
haberler** npl current affairs;
haber sunucusu n newsreader;
**Gecikeceğiniz zaman lütfen
bize haber verin** Please call us if
you'll be late; **Haberler kaçta?**
When is the news?; **Polise haber
vermemiz gerekiyor** We will
have to report it to the police
haberler [haberler] npl news
hac [hadʒ] n pilgrimage
hacı [hadʒə] n pilgrim
hacim [hadʒim] n volume
hacker [hadʒker] n hacker
hafıza [hafəza] n memory;
bilgisayar hafızası hard disk;
hafıza kartı n memory card
hafif [hafif] adj light (not heavy);
hafif akşam yemeği n supper;
hafif bira n lager; **hafif rüzgar** n
breeze; **hafif vuruş** n tap;

hakim [hakim] **sulh hakimi** n
magistrate

hakimiyet [hakimijet] n curb

hakkında [hakkǝndǝ] prep about

haksız [haksǝz] adj unfair

hal [hal] n condition, state; **eski
haline dönmek** n relapse; **halden
anlama** n sympathy; **halden
anlamak** v sympathize; **hali vakti
yerinde** adj well-off; **medeni hal**
n marital status; **ruh hali** n
temper

hala [hala] adv still

halat [halat] n rope; **halat çekme
oyunu** n tug-of-war

halef [halef] n successor

half-board [halfboard] n
Half-board ne kadar? How much
is half board?

halı [halǝ] n carpet; **küçük halı** n
rug

halk [halk] adj public ▷ n public;
halk müziği n folk music; **halkla
ilişkiler** npl public relations; **hane
halkı** n household; **Kale halka
açık mı?** Is the castle open to the
public?; **Manastır halka açık mı?**
Is the monastery open to the
public?; **Saray halka açık mı?** Is
the palace open to the public?;
Tapınak halka açık mı? Is the
temple open to the public?

halka [halka] n (çember) round
(circle), (zincir) link

halletmek [halletmek] v deal
with, sort out

halterci [halterdʒi] n weightlifter

halükar [halykar] adv **her
halükarda** adv anyhow

hamak [hamak] n hammock

hamal [hamal] n porter

hamam [hamam] n baths;
hamam böceği n cockroach

hamburger [hamburger] n
beefburger, hamburger

hamile [hamile] adj pregnant;
Hamileyim I'm pregnant; **Hamile
kalmamak için bir şey
istiyorum** I need contraception

hamilelik [hamilelik] n
pregnancy; **hamilelik bulantısı** n
morning sickness

hamster [hamster] n hamster

hamur [hamur] n dough, pastry;
hamur yuvarı n dumpling;
milföy hamuru n puff pastry;
sulu hamur n batter; **un
kurabiyesi hamuru** n shortcrust
pastry

han [han] n inn

handikap [handikap] n handicap;
Handikapım... My handicap is...;
Handikapınız kaç? What's your
handicap?

handsfree [handsfree] adj
hands-free; **handsfree set** n
hands-free kit

hane [hane] n house; **hane halkı** n
household

hang-gliding [hanggliding] n
hang-gliding; **Hang-gliding
yapmak isterdim** I'd like to go
hang-gliding

hangi [hangi] adj which ▷ pron
which; **Ayakkabılar hangi katta?**
Which floor are shoes on?; **Hangi
düğmeye basacağım?** Which
button do I press?; **Hangi eczane
nöbetçi?** Which pharmacy
provides emergency service?

hanım [hanəm] *n* Mrs, Miss;
**... hanımla konuşabilir miyim
lütfen?** Can I speak to Ms...,
please?
hanımeli [hanəmeli] *n* honeysuckle
hantal [hantal] *adj* gross *(income
etc.)*
hap [hap] *n* pill, tablet; **doğum
kontrol hapı** *n* contraceptive;
uyku hapı *n* sleeping pill
hapis [hapis] *n* **hapse atmak** *v* jail
hapishane [hapishane] *n* jail,
prison; **hapishane görevlisi** *n*
prison officer
hapşırmak [hapʃərmak] *v* sneeze
hararet [hararet] *n* heat; **Motor
hararet yapıyor** The engine is
overheating
harcamak [hardʒamak] *v* spend,
use up
harcamalar [hardʒamalar] *npl*
expenditure
harç [hartʃ] *n* mortar *(plaster)*
harçlık [hartʃlək] *n* **cep harçlığı** *n*
pocket money
hardal [hardal] *n* mustard; **hardal
otu** *n* rape *(plant)*
harekat [harekat] *n* **yeraltı
harekatı** *n* underground
hareket [hareket] *n* act, move,
movement; **bir yerden hareket
etmek** *v* depart
hareketsiz [hareketsiz] *adj*
motionless
harf [harf] *n* letter *(a, b, c)*; **adın
baş harfleri** *n* initials; **adının ön
harflerini yazmak** *v* initial; **harfi
harfine** literally
hariç [haritʃ] *prep* except; **liste
harici** *adj* unlisted

harika [harika] *adj* fantastic,
magnificent, marvellous,
smashing, wonderful
harita [harita] *n* chart, map;
sokak haritası *n* street map; **yol
haritası** *n* road map; **... haritası
var mı?** Have you got a map of...?;
... yol haritası istiyorum
I need a road map of...; **Ülkenin
haritasını nereden alabilirim?**
Where can I buy a map of the
country?; **Bölgenin haritasını
nereden alabilirim?** Where can I
buy a map of the area?; **Bir metro
haritası lütfen** Could I have a
map of the tube, please?; **Bu
bölgenin haritasını nereden
alabilirim?** Where can I buy a map
of the region?; **Harita alabilir
miyim?** Can I have a map?;
**Haritada yerini gösterebilir
misiniz?** Can you show me where
it is on the map?; **Kentin
haritasını nereden alabilirim?**
Where can I buy a map of the city?;
Kentin yol haritasını istiyorum
I want a street map of the city;
Metro haritası var mı? Do you
have a map of the tube?; **Nerede
olduğumuzu haritada
gösterebilir misiniz?** Can you
show me where we are on the map?
harp [harp] *n (müzik)* harp
hasar [hasar] *n* damage; **Bagajım
hasar görmüş** My luggage has
been damaged; **Valizim hasar
görmüş** My suitcase has arrived
damaged
hasat [hasat] *n* harvest; **hasat
kaldırmak** *v* harvest

haset [haset] *n* envy

hasetlenmek [hasetlenmek] *v* envy

hasılat [hasəlat] *npl* takings

hassas [hassas] *adj* delicate, touchy

hasta [hasta] *adj* ill, sick ▷ *n* patient; **hasta belgesi** *n* sick note; **şeker hastası** *n* diabetic

hastalık [hastalək] *n* illness, sickness; **Alzheimer hastalığı** *n* Alzheimer's disease; **hastalık ödentisi** *n* sick pay; **hastalık izni** *n* sick leave; **şeker hastalığı** *n* diabetes

hastalıklı [hastaləklə] *adj* frail

hastane [hastane] *n* hospital; **akıl hastanesi** *n* psychiatric hospital; **doğum hastanesi** *n* maternity hospital; **Hastane nerede?** Where is the hospital?; **Hastanede çalışıyorum** I work in a hospital; **Hastaneye götürmemiz gerek** We must get him to hospital; **Hastaneye gitmesi gerekiyor mu?** Will he have to go to hospital?, Will she have to go to hospital?; **Hastaneye nasıl gidebilirim?** How do I get to the hospital?

haşlama [haʃlama] *adj* boiled; **haşlanmış yumurta** *n* boiled egg

hat [hat] *n* line; **boru hattı** *n* pipeline; **yardım hattı** *n* helpline; **... için nerede hat değiştirmem gerek?** Where do I change for...?; **... a hangi hat gider?** Which line should I take for...?; **Hat kesildi** I've been cut off; **Hat meşgul** It's

engaged; **Hattı düşüremiyorum** I can't get through

hata [hata] *n* fault (*defect*), fault (*mistake*), mistake, oversight, slip, slip-up; **baskı hatası** *n* misprint ▷ *v* **hata yapmak** *v* mistake, slip up; **Hata bende değildi** It wasn't my fault

hatalı [hatalə] *adj* faulty, mistaken

hatıra [hatəra] *n* memento

hatırlamak [hatərlamak] *v* remember

hatırlatıcı [hatərlatədʒə] *n* reminder

hatırlatmak [hatərlatmak] *v* remind

hatta [hatta] *adv* even, (*bilgisayar*) online

hava [hava] *n* air, (*meteoroloji*) weather; **açık hava** *adj* outdoor; **açık havada** *adv* out-of-doors, outdoors; **hava sahası** *n* airspace; **hava tahmini** *n* weather forecast; **hava trafik kontrolörü** *n* air-traffic controller; **hava yastığı** *n* airbag; **havaya uçmak** *vi* blow up; **Hava çok berbat!** What awful weather!; **Hava değişecek mi?** Is the weather going to change?; **Hava postası ile ne kadar zamanda gider?** How long will it take by air?; **Hava tahmini nasıl?** What's the weather forecast?; **Hava yarın nasıl olacak?** What will the weather be like tomorrow?; **Tekerleklerin havasını kontrol eder misiniz lütfen?** Can you check the air, please?; **Umarım hava böyle kalır** I hope the weather stays like this; **Umarım hava düzelir** I hope the weather improves

Hava [hava] n **Hava Kuvvetleri** n Air Force

hava alanı [havaalanə] n airport; **hava alanı otobüsü** n airport bus

havaalanı [havaalanə] n airport; **Havaalanına nasıl gidebilirim?** How do I get to the airport?; **Havaalanına otobüs var mı?** Is there a bus to the airport?; **Havaalanına taksi ne kadar?** How much is the taxi to the airport?

havai fişek [havaifiʃek] n **havai fişek gösterileri** npl fireworks

havalandırma [havalandərma] n air conditioning, ventilation

havalandırmalı [havalandərmalə] adj air-conditioned

havale [havale] n **posta havalesi** n postal order

havalı [havalə] adj cool (stylish)

havan [havan] n **havan topu** n mortar (military)

havasız [havasəz] adj stuffy

havaya [havaja] n **havaya uçurmak** v blow up

havayolu [havajolu] n airline

havlamak [havlamak] v bark

havlu [havlu] n towel; **banyo havlusu** n bath towel; **kurulama havlusu** n dish towel; **mutfak havlusu** n tea towel; **yüz havlusu** n face cloth; **Bana bir havlu verebilir misiniz?** Could you lend me a towel?; **Birkaç tane daha**

havlu getirir misiniz lütfen? Please bring me more towels; **Havlu kalmamış** The towels have run out

havuç [havutʃ] n carrot; **yabani havuç** n parsnip

havuz [havuz] n pool (water); **kum havuzu** n sandpit; **sığ havuz** n paddling pool; **yüzme havuzu** n swimming pool; **Açık yüzme havuzu mu?** Is it an outdoor pool?; **Çocuk havuzu var mı?** Is there a children's pool?; **Havuz ısıtılmış mı?** Is the pool heated?; **Yüzme havuzu nerede?** Where is the public swimming pool?; **Yüzme havuzu var mı/Yüzme havuzunuz var mı?** Is there a swimming pool?

haya [haja] n (anatomi) testicle

hayal [hajal] n imagination; **hayal kırıklığına uğramış** adj disappointed; **hayal kırıklığına uğratmak** v disappoint, let down

hayalet [hajalet] n ghost

hayali [hajali] adj imaginary

hayat [hajat] n life; **gece hayatı** n nightlife; **hayat pahalılığı** n cost of living; **hayatını bağışlamak** v spare; **hayatta kalan** n survivor; **hayatta kalmak** v survive

hayıflanmak [hajəflanmak] v regret

hayır [hajər] no

hayranlık [hajranlək] n admiration; **hayranlık duymak** v admire

hayret [hajret] n amazement, surprise; **hayret verici** adj amazing

haysiyet [hajsijet] *n* dignity

hayvan [hajvan] *n* animal; **ev hayvanı** *n* pet; **hayvan dövüşleri** *n* blood sports

hayvanat [hajvanat] *npl* fauna; **hayvanat bahçesi** *n* zoo

hayvanbilim [hajvanbilim] *n* zoology

haz [haz] *n* delight, zest *(excitement)*

hazımsızlık [hazəmsəzlək] *n* indigestion

hazır [hazər] *adj* finished, ready; **hazır bir şekilde** *adv* readily; **hazır mutfak** *n* fitted kitchen; **hazır yemek** *n* ready-cooked, takeaway; **Araba ne zaman hazır olur?** When will the car be ready?; **CD ne zaman hazır olur?** When will the CD be ready?; **Hazır değilim** I'm not ready; **Hazır mısınız?** Are you ready?; **Ne zaman hazır olur?** When will it be ready?

hazırlama [hazərlama] *v* prepare

hazırlanmış [hazərlanməʃ] *adj* prepared

hazırlık [hazərlək] *n* preparation

Haziran [haziran] *n* June; **bütün Haziran boyunca** for the whole of June; **Haziran başında** at the beginning of June; **Haziran sonunda** at the end of June; **On beş Haziran Pazartesi** It's Monday the fifteenth of June

hece [hedʒe] *n* syllable

heceleme [hedʒeleme] *n* spelling

hedef [hedef] *n* aim, target

hedeflemek [hedeflemek] *v* aim

hediye [hedije] *n* gift; **hediye çeki** *n* gift voucher; **hediye dükkanı** *n* gift shop; **Hediye paketi yapar mısınız?** Please can you gift-wrap it?; **Hediyelik eşya nereden alabilirim?** Where can I buy gifts?; **Hediyelik eşyanız var mı?** Do you have souvenirs?

hekim [hekim] *n* doctor; **pratisyen hekim** *n* GP

helal [helal] *adj* permissible; **Helal yemeğiniz var mı?** Do you have halal dishes?

helikopter [helikopter] *n* helicopter

helva [helva] *n* **pamuk helva** *n* candyfloss

hemen [hemen] *adv* nearly, immediately; **hemen hemen** *adv* nearly; **Hemen mi ödemem gerekiyor?** Do I have to pay it straightaway?; **Hemen yapabilir misiniz?** Can you do it straightaway?

hemoroid [hemoroid] *npl* haemorrhoids

hemşire [hemʃire] *n* nurse; **Hemşireyle konuşmak istiyorum** I'd like to speak to a nurse

hemzemin [hemzemin] *n* **hemzemin geçit** *n* level crossing

hendek [hendek] *n* ditch, moat

hentbol [hentbol] *n* handball

henüz [henyz] *adv* just, yet *(with negative)*

hep [hep] *adj* **hep birlikte** *adv* altogether

hepsi [hepsi] *pron* all; **hepsini satmak** *v* sell out; **Hepsi küçük harf** all lower case; **Hepsini**

birlikte yazın lütfen All together, please

her [her] *adj* any, every; **her bir** *pron* each; **her gün** *adv* daily; **her halükarda** *adv* anyhow; **her iki** *adj* both; **her ikisi de** *pron* both; **her ne kadar** *conj* though; **her yıl** *adv* annually, yearly; **her yerde** *adv* everywhere; **her zaman** *adv* always; **Müze her gün açık mı?** Is the museum open every day?

herhangi [herhangi] *adj* some ▷ *pron* any; **herhangi bir şey** *pron* anything; **herhangi bir yer** *adv* anywhere; **herhangi biri** *pron* anybody, anyone

herif [herif] *n* bloke

herkes [herkes] *pron* everybody, everyone

herşey [herʃej] *pron* everything

hesap [hesap] *n* bill (account), (banka) account (in bank); **banka hesabı** *n* bank account ▷ *v* birinin **hesabına borç kaydetmek** *v* debit; **cari hesap** *n* current account; **cep hesap makinesi** *n* pocket calculator; **hesaba katmak** *v* consider, reckon; **hesaba katmamak** *v* rule out ▷ *n* **hesabından çekilen para** *n* debit; **hesabından fazla para çekmiş** *adj* overdrawn; **hesap özeti** *n* bank statement; **hesap çizelgesi** *n* spreadsheet; **hesap denetimi** *n* audit; **hesap makinesi** *n* calculator; **hesap numarası** *n* account number; **hesap vermek** *v* account for ▷ *v* **hesapları denetlemek** *v* audit; **ortak hesap** *n* joint account; **Ayrıntılı hesap**

alabilir miyim? Can I have an itemized bill?; **Hesabı alalım lütfen** Please bring the bill; **Hesabı ayrı alalım** Separate bills, please; **Hesabıma yazın** Put it on my bill; **Hesabımdan para transferi yapmak istiyorum** I would like to transfer some money from my account; **Hesapta bir yanlışlık var** The bill is wrong

hesaplama [hesaplama] *n* calculation

hesaplamak [hesaplamak] *v* calculate

heteroseksüel [heteroseksyel] *adj* heterosexual

heves [heves] *n* enthusiasm

hevesli [hevesli] *adj* enthusiastic

heybe [hejbe] *n* saddlebag

heyecan [hejedʒan] *n* thrill; **heyecan verici** *adj* exciting, thrilling

heyecanlı [hejedʒanlə] *adj* excited

heykel [hejkel] *n* sculpture, statue

heykeltraş [hejkeltraʃ] *n* sculptor

hıçkırık [hətʃkərək] *npl* hiccups

hıçkırmak [hətʃkərmak] *v* **hıçkırarak ağlamak** *v* sob

hırdavat [hərdavat] *n* hardware

hırka [hərka] *n* cardigan

hırlamak [hərlamak] *v* growl, snarl

hırs [hərs] *n* ambition

hırsız [hərsəz] *n* burglar, thief; **hırsız alarmı** *n* burglar alarm

hırsızlık [hərsəzlək] *n* break-in, burglary, theft; **kimlik hırsızlığı** *n* identity theft; **Bir hırsızlığı bildirmek istiyorum** I want to report a theft

hırslı [hərslə] *adj* ambitious
Hırvat [hərvat] *adj* Croatian ▷ *n (kişi)* Croatian *(person)*
Hırvatça [hərvattʃa] *n (dil)* Croatian *(language)*
Hırvatistan [hərvatistan] *n* Croatia
hız [həz] *n* speed; **hız sınırı** *n* speed limit; **hız yapmak** *v* speeding ▷ *v* **hızla atlamak** *v* plunge; **hızla koşmak** *v* dash, sprint; **Bu yolda hız limiti nedir?** What is the speed limit on this road?
hızlanma [həzlanma] *n* acceleration
hızlanmak [həzlanmak] *v* accelerate, speed up
hızlı [həzlə] *adj* fast ▷ *adv* fast; **Çok hızlı gidiyordu** He was driving too fast; **Çok hızlı gidiyordunuz** You were driving too fast
hızölçer [həzøltʃer] *n* speedometer
hi-fi [hifi] *n* hifi
hiç [hitʃ] *adj* no ▷ *adv* ever; **hiç durmadan** *adv* non-stop; **hiç kimse** *pron* no one, nobody; **... a hiç gittiniz mi?** Have you ever been to...?; **Hiç param yok** I have no money
hiçbir [hitʃbir] *pron* neither; **hiçbir şey** *n* nothing; **hiçbir yerde** *adv* nowhere
hiçbiri [hitʃbiri] *pron* none ▷ *sfb* neither
hiddet [hiddet] *n* rage
hidrojen [hidroʒen] *n* hydrogen
hijyen [hiʒjen] *n* hygiene
hikaye [hikaje] *n* tale
hindi [hindi] *n* turkey

Hindistan [hindistan] *n* India; **Hindistan cevizi** *n* coconut; **küçük Hindistan cevizi** *n* nutmeg
Hindu [hindu] *adj* Hindu ▷ *n* Hindu
Hinduizm [hinduizm] *n* Hinduism
Hint [hint] *adj* Indian; **Batı Hint Adaları** *npl* West Indian, West Indies; **Hint fıstığı** *n* cashew; **Hint keneviri** *(yaprakları esrar olarak kullanılır)* *n* marijuana; **Hint Okyanusu** *n* Indian Ocean
Hintli [hintli] *n* Indian
hipermarket [hipermarket] *n* hypermarket
hipopotam [hipopotam] **(hipopotamlar)** *n* hippopotamus, hippo
hippi [hippi] *n* hippie
his [his] *n* feeling
hisar [hisar] *n* fort
hisse [hisse] *n* share; **hisse sahibi** *n* shareholder
hissedar [hissedar] *n* stockholder
hissetmek [hissetmek] *v* feel
hitap [hitap] *n* address *(speech)*
HIV [hiv] *n* HIV; **HIV'li olmayan** *adj* HIV-negative; **HIV'li** *adj* HIV-positive; **HIV'liyim** I am HIV positive
hizmet [hizmet] *n* service; **hizmet eden** *n* server *(person)*; **hizmet etmek** *v* serve, service; **hizmet sınıfı** *n* business class; **sosyal hizmetler** *npl* social services; **sosyal hizmetler görevlisi** *n* social worker
hizmetçi [hizmettʃi] *n* servant; **hizmetçi kadın** *n* maid

hobi [hobi] n hobby

hokey [hokej] n hockey; **buz hokeyi** n ice hockey

hokkabaz [hokkabaz] n juggler

Hollanda [hollanda] n Holland ▷ npl Netherlands

Hollandalı [hollandalə] **(Hollandalı erkekler)** n Dutchman, Dutchwoman, Dutch

homeopati [homeopati] n homeopathy

homeopatik [homeopatik] adj homeopathic

Honduras [honduras] n Honduras

hoparlör [hoparlør] n loudspeaker

hor [hor] **hor görme** n contempt

hor görmek [horgørmek] v despise

horlamak [horlamak] v snore

hormon [hormon] n hormone

horoz [horoz] n cock, cockerel

hortum [hortum] n hose, hosepipe

hostes [hostes] n air hostess, steward; **uçuş hostesi** n flight attendant

hoş [hoʃ] adj lovely, nice, pleasant, pretty; **eski ve hoş** adj quaint; **hoş bir şekilde** adv prettily; **hoş olmayan** adj unpleasant

hoşça [hoʃtʃa] adv beautifully

hoşçakal [hoʃtʃakal] excl bye!, bye-bye!, goodbye!

hoşgeldiniz [hoʃgeldiniz] excl welcome!

hoşgörülü [hoʃgøryly] adj tolerant

hoşgörüsüz [hoʃgørysyz] adj intolerant

hoşlanmak [hoʃlanmak] v enjoy

hoşlanmamak [hoʃlanmamak] v dislike

hoşnut [hoʃnut] adj delighted

hoşnutsuz [hoʃnutsuz] adj dissatisfied

hoverkraft [hoverkraft] n hovercraft

Hristiyan [hristijan] adj Christian ▷ n Christian

Hristiyanlık [hristijanlək] n Christianity

hukuk [hukuk] n law; **hukuk danışmanı** n solicitor; **hukuk fakültesi** n law school

huni [huni] n funnel

hurra [hurra] excl hooray!

huş [huʃ] n **huş ağacı** n birch

huy [huj] n nature, temper; **iyi huylu** adj good-natured

huysuz [hujsuz] adj bad-tempered, grumpy

huzurevi [huzurevi] n (yaşlılar için) nursing home

huzursuz [huzursuz] adj restless

hücre [hydʒre] n cell

hüküm [hykym] n judgement; **yanlış hüküm vermek** v misjudge

hükümdar [hykymdar] n ruler (commander)

hükümet [hykymet] n government; **hükümet görevlisi** n civil servant

hükümlü [hykymly] n inmate ▷ v convict

hümanist [hymanist] adj humanitarian

I

ığğ [əlɐdʒa] *excl* ugh
ikizler [əkizlɐr] *n* **İkizler burcu** *n* Gemini
ılıca [ələdʒa] *n* spa
ılık [ələk] *adj* lukewarm, warm
ılımlı [əlɐmlə] *adj* medium (between extremes), mild, moderate
ılımlılık [ələmlɐlɐk] *n* moderation
İncil [əndʒil] *n* Bible
İngiliz [əngiliz] *adj* British, English ▷ *n* Englishman, British; **İngiliz anahtarı** *n* spanner; **İngiliz kadın** *n* Englishwoman
İngilizce [əngilizdʒe] *n* English
İngiltere [əngiltere] *n* England; **İngiltere'nin kodu kaç?** What is the dialling code for the UK?
internet [ənternet] *n* Net
İÖ [əə] *abbr* BC
İran [əran] *adj* Iranian ▷ *n* Iran
İranlı [əranlə] *adj* Persian ▷ *n* (kişi) Iranian (person)

ırk [ɐrk] *n* race (origin); **ırkla ilgili** *adj* racial
ırkçı [ɐrktʃə] *adj* racist ▷ *n* racist
ırkçılık [ɐrktʃələk] *n* racism
İrlanda [ərlanda] *adj* Irish ▷ *n* Eire, Ireland; **Kuzey İrlanda** *n* Northern Ireland, Ulster
İrlandalı [ərlandalə] **(İrlandalı adamlar)** *n (erkek)* Irishman, *(kadın)* Irishwoman, Irish
ırmak [ərmak] *n* river; **ırmak kıyısı** *n* bank (ridge)
İsa [əsa] *n* Christ, Jesus
ısı [əsə] *n* heat
ısınma [əsənma] *n* **küresel ısınma** *n* global warming
ısırgan [əsərgan] *n* nettle
ısırıcı [əsərədʒə] *adj* stingy
ısırma [əsərma] *n* bite
ısırmak [əsərmak] *n* bite
ısıtıcı [əsətədʒe] *n* heater
ısıtma [əsətma] *n* heating; **Isıtma çalışmıyor** The heating doesn't work
ısıtmak [əsətmak] *v* heat, warm up; **merkezi ısıtma** *n* central heating
İskandinav [əskandinav] *adj* Scandinavian
İskandinavya [əskandinavja] *n* Scandinavia
İskoç [əskotʃ] *adj* Scots, Scottish ▷ *n* Scotswoman, *(erkek)* Scotsman, Scot; **İskoç çoban köpeği** *n* collie
İskoçya [əskotʃja] *n* Scotland
ıslak [əslak] *adj* moist, soaked, soggy, wet; **ıslak bebek mendili** *n* baby wipe
İslami [əslami] *adj* Islamic

ıslatmak [əslatmak] v soak

ıslık [əslək] n whistle; **ıslık çalmak** v whistle

ısmarlamak [əsmarlamak] v order *(request)*

ıspanak [əspanak] n spinach

İspanya [əspanja] n Spain

İspanyol [əspanjol] adj Spanish ▷ n Spaniard, Spanish

İsrail [əsrail] adj Israeli ▷ n Israel

İsrailli [əsrailli] n Israeli

ısrar [əsrar] n insistence; **ısrar etmek** v insist

ısrarlı [əsrarlə] adj persistent

ıssız [əssəz] n **ıssız ada** n desert island

ıstaka [əstaka] n cue *(billiards)*

ıstırap [əstərap] n agony

İsveç [əsvetʃ] adj Swedish ▷ n Sweden

İsveçli [əsvetʃli] n Swede, Swedish

İsviçre [əsvitʃre] adj Swiss ▷ n Switzerland

İsviçreli [əsvitʃreli] n Swiss

ışık [əʃək] n light; **ışığı söndürmek** v turn out; **ışıklı yaya geçidi** n pelican crossing; **gün ışığı** n sunlight, sunshine; **projektör ışığı** n floodlight; **tehlike uyarı ışığı** npl hazard warning lights; **trafik ışıkları** npl traffic lights; **Işığı söndürebilir miyim?** Can I switch the light off?; **Işığı yakabilir miyim?** Can I switch the light on?; **Işık yanmıyor** The light doesn't work; **Işıkta bakabilir miyim?** May I take it over to the light?; **Yağ ikaz ışığı yanıyor** The oil warning light won't go off

ışıklandırma [əʃəklandərma] n lighting

ışın [əʃən] n beam

İtalya [ətalja] n Italy

İtalyan [ətaljan] adj Italian ▷ n *(kişi)* Italian *(person)*

İtalyanca [ətaljandʒa] n *(dil)* Italian *(language)*

ızgara [əzgara] n grid, grill ▷ v **ızgara yapmak** v grill

ızgarada [əzgarada] adj grilled

İzlanda [əzlanda] adj Icelandic ▷ n Iceland

İzlandalı [əzlandalə] n Icelandic

◆

i

iade [iade] *n* returning, giving back; **iadeli taahhütlü** *n* recorded delivery; **para iadesi** *n* rebate, refund; **vergi iadesi** *n* tax return; **İadeli taahhütlü ne kadar sürer?** How long will it take by registered post?; **Bunu iade etmek istiyorum** I'd like to return this

ibadet [ibadet] *v* **ibadet etmek** *v* worship

icap ettirmek [idʒapettirmek] *v* call for

icat [idʒat] *n* invention; **icat etmek** *v* invent

iç [itʃ] *adj* inner, (organ vb) internal ▷ *n* interior; **ülke içi** *adj* domestic; **hafta içi** *n* weekday; **iç çamaşırı** *n* lingerie, underwear; **iç çekme,** **iç geçirmek** *n* sigh; **iç ferahlatıcı** *adj* refreshing; **iç gömleği** *n* slip

(underwear); **iç lastik** *n* inner tube; **iç mimar** *n* interior designer; **iç rahatlığı** *n* relief; **iç savaş** *n* civil war; **içine kapanık** *adj* self-conscious

içecek [itʃedʒek] *n* drink, soft drink; **serinletici içecek** *npl* refreshments

içeri [itʃeri] *prep* into; **içeri almak** *v* admit *(allow in)*

içeride [itʃeride] *adv* indoors, inside ▷ *prep* inside; **İçeride** It's inside

içerik [itʃerik] *n* context

içerisi [itʃerisi] *n* inside

içerlemiş [itʃerlemiʃ] *adj* resentful

içermek [itʃermek] *v* contain

içgüdü [itʃgydy] *n* instinct

için [itʃin] *prep* for, owing to; **Engelli kişiler için kolaylıklarınız nelerdir?** What facilities do you have for people with disabilities?; **Engelli için tuvaletiniz var mı?** Are there any accessible toilets?

içinde [itʃinde] *prep* in, within *(space)*

içinden [itʃinden] *prep* through

içine [itʃine] *prep* within *(term)*

iç karartıcı *adj* depressing, dismal

içki [itʃki] *n* booze; **alkollü içki** *npl* spirits; **içki satan dükkan** *n* off-licence; **içkili araba kullanma** *n* drink-driving; **yemek öncesi içki** *n* aperitif

içmek [itʃmek] *vt* drink; **ölçüsüz içme** *n* binge drinking; **içme suyu** *n* drinking water ▷ *v* **sigara içmek** *v* smoke; **Bir şey içmek ister misiniz?** Would you like a drink?; **Ne içmek istersiniz?** What would

you like to drink?; **içmiyorum**
I'm not drinking
içten [itʃten] adj sincere
içtenlikle [itʃtenlikle] adv frankly,
sincerely
idam [idam] n execution; **idam
cezası** n capital punishment;
idam etmek v execute
idare [idare] n management,
direction; **idare etmek** v go
round, manipulate; **idare etmek**
v control
idari [idari] adj administrative
iddia [iddia] n allegation; **iddia
edilen** adj alleged
ideal [ideal] adj ideal
ideoloji [ideoloʒi] n ideology
idrar [idrar] n urine
ifade [ifade] n expression; **günlük
ifadeler sözlüğü** n phrasebook;
ifade etmek v express, state
ifşa [ifʃa] n **ifşa etmek** v reveal
iğne [iʃne] n needle; **kilitli iğne** n
safety pin; **toplu iğne** n pin; **İğne
ipliğiniz var mı?** Do you have a
needle and thread?
iğrenç [iʃrentʃ] adj disgusting,
filthy, obnoxious, repulsive,
revolting
ihanet [ihanet] n **ihanet etmek** v
betray
ihmal [ihmal] n neglect; **ihmal
edilmiş** adj neglected ▷ v **ihmal
etmek** v neglect
ihracat [ihradʒat] n export
ihraç [ihratʃ] n **ihraç etmek** v
export
ihtiyaç [ihtijatʃ] n need; **ihtiyaca
uyarlanmış** adj customized;
Ütüye ihtiyacım var I need an

iron; **Bir ihtiyacınız var mı?** Do
you need anything?; **Yardıma
ihtiyacım var** I need assistance
ikaz [ikaz] n warning; **Yağ ikaz
ışığı yanıyor** The oil warning light
won't go off
iken [iken] conj as, while
iki [iki] num two; **her iki/her ikisi
de** pron both; **iki dilli** adj bilingual;
iki hafta n fortnight; **iki katına
çıkmak** vt double; **iki kere** adv
twice; **iki kişilik oda** n double
room; **iki nokta üst üste** n colon;
İki bilet, lütfen I'd like two
tickets, please; **İki gece kalmak
istiyorum** I'd like to stay for two
nights; **iki yaşında bir çocuk için
çocuk koltuğu istiyorum** I'd like
a child seat for a two-year-old
child; **İki yüz... rica ediyorum** I'd
like two hundred...; **İki yüz iki
numaralı odanın anahtarı
lütfen** the key for room number
two hundred and two; **Saat ikiye
çeyrek var** It's quarter to two;
**Saat yedi buçuğa iki kişilik bir
rezervasyon yaptırmak
istiyorum** I'd like to make a
reservation for half past seven for
two people; **Yarın akşam için iki
kişilik bir masa ayırtmak
istiyordum** I'd like to book a table
for two people for tomorrow
night; **Yolculuk iki saat sürüyor**
The journey takes two hours
ikilem [ikilem] n dilemma
ikinci [ikindʒi] n second, (yarışma)
runner-up; **ikinci baskı kitap** n
paperback; **ikinci el** adj
secondhand; **ikinci kalite** adj

second-rate; **ikinci olarak** *adv*
secondly; **ikinci sınıf** *adj* economy
class, second class, second-class;
Soldan ikinci sokağa dönün Take
the second turning on your left
ikiz [ikiz] *n* twin
iklim [iklim] *n* climate; **iklim
değişikliği** *n* climate change
ikmal [ikmal] *n* **yakıt ikmali
yapmak** *v* refuel
ikna [ikna] *n* persuasion; **ikna
edici** *adj* persuasive; **ikna etme** *v*
persuade
ikon [ikon] *n* icon
ikrar [ikrar] *n* acknowledgement
ilaç [ilatʃ] *n* drug, medicine,
remedy; **böcek ilacı** *n* insect
repellent; **ilaç yazmak** *v*
prescribe; **Bu ilacı alıyorum
zaten** I'm already taking this
medicine
ilahi [ilahi] *n* hymn
ilan [ilan] *n* notice; **ilan tahtası** *n*
bulletin board, notice board;
küçük ilanlar *npl* small ads
ilave [ilave] *adj* (fazladan) extra ▷ *n*
(ek) supplement
ilaveten [ilaveten] *adv* extra
ile [ile] *prep* with
ileri [ileri] *adj* advanced; **daha
ileri/daha ileriye** *adv* further;
İleri dönüştürmek *v* upcycle;
ileri eğitim *n* further education;
ileri gitmek *v* move forward;
ileriye almak *v* put forward
ileriye [ilerije] *adv* forward
ilerleme [ilerleme] *n* advance,
progress
ilerlemek [ilerlemek] *v* advance
iletişim [iletiʃim] *n* communication;

iletişim kurmak *v* communicate
iletlemek [iletlemek] *v* forward
ilgi [ilgi] *n* (merak) interest
(curiosity); **ilgi çekici** *adj*
interesting; **ilgisini başka yöne
çekmek** *v* distract
ilgilenmek [ilgilenmek] *v* interest
ilgili [ilgili] *adj* concerned,
interested ▷ *prep* concerning; **ırkla
ilgili** *adj* racial; **Bengaldeş ile ilgili**
n Bangladeshi; **denizcilikle ilgili**
adj maritime; **ilgili olarak** *prep*
regarding
ilginç [ilgintʃ] *adj* interesting;
**Gidilecek ilginç yerler önerebilir
misiniz?** Can you suggest
somewhere interesting to go?
ilik [ilik] *n* (anatomi) marrow
ilişki [iliʃki] *n* relation, relationship;
halkla ilişkiler *npl* public relations
ilişkin [iliʃkin] *adj* relevant
ilk [ilk] *adj* first, primary ▷ *n* first;
Büyük perhizin ilk Çarşambası *n*
Ash Wednesday; **ilk yardım** *n* first
aid; **ilk yardım çantası** *n* first-aid
kit; **... a ilk otobüs kaçta?** When
is the first bus to...?; **... a ilk tren
kaçta?** When is the first train
to...?; **İlk teleferik kaçta?** When
does the first chair-lift go?; **ilk
vapur kaçta?** When is the first
boat?; **Bu benim... a ilk gelişim**
This is my first trip to...; **Sağdan
ilk sokağa dönün** Take the first
turning on your right
ilkbahar [ilkbahar] *n* spring
(season)
ilke [ilke] *n* principle
ilkel [ilkel] *adj* primitive,
uncivilized

ilkin [ilkin] *adv* first
ilkokul [ilkokul] *n* elementary school, primary school
illet [illet] *n* disease
illüzyonist [illyzjonist] *n* conjurer
iltifat [iltifat] *n* compliment; **iltifat etmek** *v* compliment
iltihap [iltihap] *n* inflammation; **bademcik iltihabı** *n* tonsillitis; **karaciğer iltihabı** *n* hepatitis; **mafsal iltihabı** *n* arthritis
im [im] *n* tick
ima [ima] *n* hint ▷ *v* **imada bulunmak** *v* hint
imdat [imdat] *excl* help!
imge [imge] *n* image
imha [imha] *n* destruction
imkânsız [imkansøz] *adj* impossible
imleç [imletʃ] *n* cursor
imparator [imparator] **(imparatoriçe)** *n* emperor
imparatorluk [imparatorluk] *n* empire
imza [imza] *n* autograph, signature
inanç [inantʃ] *n* belief, faith; **batıl inançları olan** *adj* superstitious
inandırıcı [inandørødʒø] *adj* convincing, credible
inandırmak [inandørmak] *v* convince, rope in ▷ *vi* believe
inanılmaz [inanølmaz] *adj* incredible, unbelievable ▷ *afj* fabulous
inanmak [inanmak] *vt* believe
inatçı [inattʃø] *adj* stubborn
ince [indʒe] *adj* thin, (vücut vb) slim; **ince alay** *n* irony
inceleme [indʒeleme] *n* survey

incelemek [indʒelemek] *v* examine
incelik [indʒelik] *n* tact
incelikli [indʒelikli] *adj* tactful
inci [indʒi] *n* pearl; **inci çiçeği** *n* lily of the valley
incil [indʒil] *n* gospel
incinmiş [indʒinmiʃ] *adj* hurt
incir [indʒir] *n* fig
incitmek [indʒitmek] *vt* hurt; **Acıyor** It hurts
inç [intʃ] *n* inch
indeks [indeks] *n* index (list)
indirgemek [indirgemek] *v* **en aza indirgemek** *v* minimize
indirim [indirim] *n* discount, reduction; **öğrenci indirimi** *n* student discount; **indirimli fiyatla sunulan eşya** *n* special offer; **Çocuklara indirim var mı?** Are there any reductions for children?; **Öğrenci indirimi var mı?** Are there any reductions for students?; **Engelli için indiriminiz var mı?** Is there a reduction for people with disabilities?; **Bu kartla indirim alabilir miyim?** Is there a reduction with this pass?; **Grup indirimi var mı?** Are there any reductions for groups?; **Yaşlılara indirim var mı?** Are there any reductions for senior citizens?
indirme [indirme] *n* (bilgisayar) download
indirmek [indirmek] *v* (bilgisayar) download; **denize indirmek** *v* launch; **yere indirmek** *v* ground
inek [inek] *n* cow
ineklemek [ineklemek] *v* swot

ingilizce [ingilizdʒe] n English (language); **İngilizce bilen bir doktor var mı?** Is there a doctor who speaks English?; **İngilizce bilen biri var mı?** Does anyone speak English?; **İngilizce biliyor musunuz?** Do you speak English?; **İngilizce bilmiyorum** I don't speak English; **İngilizce broşürünüz var mı?** Do you have a leaflet in English?; **İngilizce film var mı?** Are there any films in English?; **İngilizce kılavuzunuz var mı?** Do you have a guide book in English?; **İngilizce konuşan bir rehber var mı?** Is there a guide who speaks English?; **İngilizce rehberli turunuz var mı?** Is there a guided tour in English?; **Çok az İngilizce konuşabiliyorum** I speak very little English

inhalasyon [inhalasjon] n **inhalasyon cihazı** n inhaler

iniş [iniʃ] n **acil iniş** n emergency landing; **iniş yapmak** vi land; **Bu iniş zor mu?** How difficult is this slope?; **Yokuş iniş kayağı kiralamak istiyorum** I want to hire downhill skis

inkar [inar] n denial; **inkar edilemez** adj undeniable; **inkar etmek** v deny

inlemek [inlemek] v groan, moan

inmek [inmek] v get off, (alçalmak) descend; **aşağı inmek** v come down

insan [insan] adj human; **insan bilimi** n anthropology; **insan gücü** n manpower; **insan hakları** npl human rights

insanlar, kişi [insanlar, kiʃi] npl people

insanlık [insanlək] n mankind

insanoğlu [insanoʏlu] n human being

inşa [inʃa] n construction; **inşa etmek** vt build

inşaat [inʃaat] n **inşaat alanı** n building site

inşaatçı [inʃaattʃə] n builder

interkom [interkom] n intercom

Internet [internet] n internet; **internet adresi** n web address; **Internet cafe** n internet café; **internet kamerası** n webcam; **Internet kullanıcısı** n internet user; **internet meme** n meme; **internet sitesi** n website; **internet suçu** n cybercrime; **internet tarayıcı** n web browser; **Buralarda Internet cafe var mı?** Are there any internet cafés here?; **Odada Internet bağlantısı var mı?** Is there an internet connection in the room?

intihar [intihar] n suicide; **intihar bombacısı** n suicide bomber

intikam [intikam] n revenge

ip [ip] n rope, string; **çamaşır ipi** n clothes line, washing line; **diş ipi** n dental floss

ipek [ipek] n silk

iplik [iplik] n thread; **İğne ipliğiniz var mı?** Do you have a needle and thread?

iPod® [ipod] n iPod®

iptal [iptal] n cancellation; **iptal etmek** vt call off, cancel; **iptal olan uçuş var mı?** Are there any cancellations?

IQ [ajkju:] *abbr* IQ

irade [irade] *n* will *(motivation)*, willpower

Irak [irak] *adj* Iraqi ▷ *n* Iraq

Iraklı [iraklɪ] *n* Iraqi

iri [iri] *adj* large, big; **iri parça** *n* lump

iribaş [iribaʃ] *n* tadpole

irin [irin] *n* pus

iris [iris] *n* iris

irkilmek [irkilmek] *v* startle

ishal [ishal] *n* diarrhoea; **İshal oldum** I have diarrhoea

isim [isim] *n* name; **isim annesi** *n* godmother; **isim babası** *(vaftiz)* *n* godfather *(baptism)*

iskele [iskele] *n (deniz)* quay, *(inşaat)* scaffolding

iskelet [iskelet] *n* skeleton

ISP [isp] *abbr* ISP

israf [israf] *n* waste; **israf etmek** *v* waste

istakoz [istakoz] *n* lobster

istasyon [istasjon] *n* station; **benzin istasyonu** *n* petrol station, service station; **metro istasyonu** *n* metro station, tube station; **polis istasyonu** *n* police station; **radyo istasyonu** *n* radio station; **tren istasyonu** *n* railway station; **Buraya en yakın benzin istasyonu nerede?** Is there a petrol station near here?; **Tren istasyonuna en kolay nasıl gidebilirim?** What's the best way to get to the railway station?

istek [istek] *n* wish, request; **isteğe bağlı** *adj* optional; **istek formu** *n* claim form

istekli [istekli] *adj* keen, willing

istemek [istemek] *v* want; **fazla fiyat isteme** *n* surcharge

istenmeyen [istenmejen] *adj* **istenmeyen e-mail** *n* spam

istifa [istifa] *n* resignation; **istifa etmek** *v* resign

istridye [istridje] *n* oyster

isyankar [isjaŋar] *adj* rebellious

iş [iʃ] *n* job, work; **ağaç işleri** *n* woodwork; **açık iş** *n* vacancy; **ev işi** *n* housework; **evrak işi** *n* paperwork; **her gün işe trenle giden kimse** *n* commuter; **her gün işi ile evi arasında gidip gelmek** *v* commute; **iş adamı** *n* businessman; **iş arkadaşı** *n* associate; **iş bulma kurumu** *n* job centre; **iş kadını** *n* businesswoman; **iş saatleri dışında** *adv* off-peak; **iş seyahati** *n* business trip; **işe alma** *n* employment; **işe almak** *v* employ; **işten atma** *n* sack *(dismissal)*; **işten çıkarılmış** *(ihtiyaç fazlası olarak)* *adj* redundant; **işten çıkarma** *(ihtiyaç fazlası olarak)* *n* redundancy; **işten çıkarmak** *v* dismiss, lay off; **musluk işleri** *n* plumbing; **usta işi** *adj* ingenious; **yazlık iş** *n* holiday job; **Buraya iş için geldim** I'm here for work

işaret [iʃaret] *n* mark, sign, signal; **ünlem işareti** *n* exclamation mark; **işaret dili** *n* sign language; **işaret etmek** *v* sign; **işaret parmağı** *n* index finger; **sınır işareti** *n* landmark; **soru işareti** *n* question mark; **ters tırnak işareti** *npl* inverted commas; **trafik işareti** *n* road sign;

at işaretini bulamıyorum I can't find the 'at' sign

işaretlemek [iʃaretlemek] v indicate, mark *(make sign)*

işbirliği [iʃbirləə] n cooperation; **işbirliği yapmak** v collaborate

işçi [iʃtʃi] **(işçiler)** n workman, employee, labourer, worker; **işçi sınıfı** adj working-class

işgal [iʃgal] n occupation *(invasion)*

işgücü [iʃgydʒy] n workforce

işitme [iʃitme] n hearing; **işitme cihazı** n hearing aid; **işitme aracı kullanıyorum** I have a hearing aid; **İşitme özürlüler için cihaz var mı?** Is there an induction loop?

işitmek [iʃitmek] v hear

işkence [iʃkendʒe] n torture ▷ v **işkence etmek** v torture

işlem [iʃlem] n process, transaction; **çarpma işlemi** n multiplication; **çıkarma işlemi** v subtract

işlemek [iʃlemek] v commit, operate *(to function)*

işletme [iʃletme] n bar **işletmecisi** n publican; **işletme masrafları** npl overheads

işsiz [issiz] adj unemployed

işsizlik [iʃsizlik] n unemployment

işsiz [iʃsiz] adj jobless

iştah [iʃtah] n appetite

işveren [iʃveren] n employer

işyeri [iʃjeri] n workplace

itaatkar [itaatkar] adj obedient

itfaiye [itfaije] n fire brigade; **İtfaiyeyi çağırın** Please call the fire brigade

itfaiyeci [itfaijedʒi] **(itfaiyeciler)** n firefighter

ithaf [ithaf] n dedication

ithal [ithal] n import ▷ v **ithal etmek** v import

itici [itidʒi] adj hideous, repellent

itimatname [itimatname] n credentials

itiraf [itiraf] n confession; **itiraf etmek** v confess

itiraz [itiraz] n objection, reservation

ittifak [ittifak] n alliance

ittirmek [ittirmek] vt push

ivedi [ivedi] adj urgent

ivedilik [ivedilik] n urgency

iyi [iji] adj good ▷ adv all right, well; **çok iyi** n fine; **daha iyi/daha iyisi** adv better; **en iyi/en iyisi** adv best; **en iyi şekilde** adv ideally; **iyi değil** adj unwell; **iyi huylu** adj good-natured; **iyi kalpli** adj kind; **iyi yüreklilik** n kindness; **iyi yetiştirilmiş** adj well-behaved; **İyi akşamlar** Good evening; **İyi bir beyaz şarap tavsiye edebilir misiniz?** Can you recommend a good white wine?; **İyi bir kırmızı şarap tavsiye edebilir misiniz?** Can you recommend a good red wine?; **İyi bir kulüp musunuz?** Where is there a good club?; **İyi bir şarap tavsiye edebilir misiniz?** Can you recommend a good wine?; **İyi bir restoran tavsiye edebilir misiniz?** Can you recommend a good restaurant?; **İyi günler** Good afternoon; **İyi geceler** Good night; **İyi konserler var mı?** Are there any good concerts on?; **İyi uyudunuz mu?** Did you sleep well?;

İyi yolculuklar! Have a good trip!; **Buralarda iyi bir plaj var mı?** Are there any good beaches near here?; **Gidilecek iyi bir yer biliyor musunuz?** Do you know a good place to go?; **Hiç iyi değil** He's not well

iyileşme [ijileʃme] *n* recovery

iyileşmek [ijileʃmek] *v* heal ⊳ *vi* recover

iyilikle [ijilikle] *adv* kindly

iyimser [ijimser] *adj* optimistic ⊳ *n* optimist

iyimserlik [ijimserlik] *n* optimism

iz [iz] *n* footprint, mark, trace; **iz sürmek** *v* retrace; **izini sürmek** *v* track down; **karbon ayak izi** *n* carbon footprint; **parmak izi** *n* fingerprint

izci [izdʒi] *n* scout

izin [izin] *n* permit, *(birine bir şey yapmak için verilen)* permission, *(işten alınan)* time off, *(işten izne ayrılmak)* leave; **çalışma izni** *n* work permit; **babalık izni** *n* paternity leave; **doğum izni** *n* maternity leave; **hastalık izni** *n* sick leave; **izin vermek** *n* allow, let, permit; **kayak izni** *n* ski pass; **Avlanma izin belgesi gerekiyor mu?** Do you need a fishing permit?

izlemek [izlemek] *vt* follow

izlenim [izlenim] *n* impression

izleyen [izlejen] *adj* following

izleyici [izlejidʒi] *n* onlooker, spectator, viewer

izmarit [izmarit] *n (sigara)* stub

J

jackpot [ʒdekpot] *n* jackpot

jaluzi [ʒaluzi] *n* blind, Venetian blind

Jamaika [ʒamaika] *adj* Jamaican

Jamaikalı [ʒamaikalə] *n* Jamaican

jambon [ʒambon] *n* ham

jant [ʒant] *n* **jant kapağı** *n* hubcap; **jant teli** *n* spoke

Japon [ʒapon] *adj* Japanese ⊳ *n (kişi)* Japanese *(person)*; **Japon balığı** *n* goldfish

Japonca [ʒapondʒa] *n (dil)* Japanese *(language)*

Japonya [ʒaponja] *n* Japan

jartiyer [ʒartijer] *npl* suspenders

jel [ʒel] *n* **duş jeli** *n* shower gel

jeneratör [ʒeneratør] *n* generator

jeoloji [ʒeoloʒi] *n* geology

jest [ʒest] *n* gesture

jet [ʒet] *n* jet; **jumbo jet** *n* jumbo jet

jet-ski [ʒetski] *n* **Jet-ski nereden**

kiralayabilirim? Where can I hire a jet-ski?

jeton [ʒeton] *n* **jetonlu makine** *n* slot machine

jimnastik [ʒimnastik] *npl* gymnastics; **jimnastik salonu** *n* gym

jimnastikçi [ʒimnastiktʃi] *n* gymnast

jinekolog [ʒinekolog] *n* gynaecologist

jogging [ʒogging] *n* jogging ▷ *v* **jogging yapmak** *v* jog; **Nerede jogging yapabilirim?** Where can I go jogging?

jokey [ʒokej] *n* jockey

joystick [ʒojstik] *n* joystick

jöle [ʒøle] *n (saç)* gel, *(tatlı)* jelly; **saç jölesi** *n* hair gel

judo [ʒudo] *n* judo

jumbo [ʒumbo] *adj* **jumbo jet** *n* jumbo jet

jüpon [ʒypon] *n* underskirt

jüri [ʒyri] *n* jury; **jüri kararı** *n* verdict

k

kaba [kaba] *adj (aceleyle yapılmış)* rough, *(davranış)* rude, *(iş vb)* crude, *(insan)* vulgar, *(kumaş, sakal vb)* coarse; **kaba şaka** *n* prank

kabaca [kabadʒa] *adv* grossly, roughly

kabak [kabak] *n* courgette, zucchini

kabakulak [kabakulak] *n* mumps

kaban [kaban] *n* coat

kabara [kabara] *n* stud

kabarcık [kabardʒək] *n* bubble; **sulu kabarcık** *n* blister

kabartmak [kabartmak] *v* raise; **kabartma tozu** *n* baking powder

kabız [kabəz] *adj* constipated; **Kabızlık çekiyorum** I'm constipated

kabile [kabile] *n* tribe

kabin [kabin] *n* cabin; **kabin mürettebatı** *n* cabin crew; **Beş**

numaralı kabin nerede? Where is cabin number five?; **Standart bir kabin bileti** a standard class cabin
kabine [kabine] *n* cabinet
kablo [kaplo] *n* cable, flex; **kablolu yayın** *n* cable television; **takviye kablosu** *npl* jump leads; **uzatma kablosu** *n* extension cable
kablosuz [kaplosuz] *adj* **Odada kablosuz Internet bağlantısı var mı?** Does the room have wireless internet access?
kabuk [kabuk] *n* shell; **kabuklu deniz ürünü** *n* shellfish; **kabuksuz sümüklüböcek** *n* slug; **limon kabuğu** *n* zest (lemon-peel); **meyva kabuğu** *n* peel
kabul [kabul] *n* admission; **kabul edilebilir** *adj* acceptable; **kabul edilemez** *adj* unacceptable; **kabul etmek** *v* accept, (*itiraf*) admit (confess)
kabullenmek [kabullenmek] *n* **yenilgiyi kabullenmek** *v* give in
kaburga [kaburga] *n* rib
kabza [kabza] *n* hold, handle; **kısa kabzalı tabanca** *n* pistol
kaç [katʃ] *num* how many?, how much?; **... a kaç durak var?** How many stops is it to...?; **Boyunuz kaç?** How tall are you?; **Kaç yaşındasınız?** How old are you?; **Kaça olur?** How much will it be?; **Kaçıncı katta?** What floor is it on?; **Kaçta kapatıyorsunuz?** What time do you close?; **Sabah kaçta kalkıyorsunuz?** What time do you get up?; **Tren... a kaçta varıyor?** What time does the train

arrive in...?; **Tren kaçta kalkacak?** What time does the train leave?
kaçak [katʃak] *n* **kaçak avlanmış** *adj* poached (caught illegally)
kaçakçı [katʃaktʃə] *n* smuggler; **kaçakçılık yapmak** *v* smuggle
kaçakçılık [katʃaktʃələk] *n* smuggling
kaçık [katʃək] *adj* mad (insane) ▷ *n* lunatic, nutter (inf, pej); **keyfi kaçık** *adj* upset
kaçınılmaz [katʃənəlmaz] *adj* inevitable, unavoidable; **kaçınılmaz bir şekilde** *adv* necessarily
kaçırmak [katʃərmak] *v* (*adam*) kidnap, (*birini*) abduct ▷ *vt* (*treni, otobüsü*) miss; **gözden kaçırmak** *v* overlook; **keyfini kaçırmak** *v* upset
kaçış [katʃəʃ] *n* escape
kaçmak [katʃmak] *v* avoid, flee, (*uzaklara*) run away ▷ *vi* escape; **kenara kaçmak** *v* dodge; **okuldan kaçmak** *v* play truant
kadar [kadar] *conj* (*zaman, olay vb*) until ▷ *prep* as, (*yer*) until; **...'e kadar** (*zaman*) *prep* till; **...e kadar** (*yer*) *prep* till; **her ne kadar** *conj* though
kadeh [kadeh] *n* glass, cup; **kadeh kaldırmak** *n* toast (tribute); **şarap kadehi** *n* wineglass
kader [kader] *n* destiny, fate
kadın [kadən] *adj* female ▷ *n* woman, female; **İngiliz kadın** *n* Englishwoman; **Fransız kadın** *n* Frenchwoman; **hizmetçi kadın** *n* maid; **iş kadını** *n* businesswoman;

kadın barmen n barmaid; **kadın garson** n waitress; **kadın kahraman** n heroine; **kadın oyuncu** n actress; **kadın polis** n police officer, policewoman; **kadın postacı** n postwoman; **kadın sporcu** n sportswoman; **kadınlar tuvaleti** n ladies'

kadınsı [kadənsə] adj feminine

kadife [kadife] n velvet; **fitilli kadife** n corduroy; **kadife çiçeği** n marigold

kadro [kadro] n **oyuncu kadrosu** n cast

kafa [kafa] n head; **dazlak kafa** n skinhead; **kafası karışık** adj confused; **kafası karışmış** adj puzzled; **kafasını takmış** adj preoccupied

kafatası [kafatasə] n skull

kafein [kafein] n caffeine

kafeinsiz [kafeinsiz] adj decaffeinated; **kafeinsiz kahve** n decaffeinated coffee

kafes [kafes] n cage

kafeterya [kafeterja] n cafeteria

Kafkas [kafkas] n Caucasus

kağıt [ka:ət] n paper; **aydınger kağıdı** n tracing paper; **duvar kağıdı** n wallpaper; **kağıt ağırlığı** n paperweight; **kağıt mendil** n tissue (anatomy), tissue (paper); **kağıt parçası** n slip (paper); **kağıt peçete** n serviette; **karalama kağıdı** n scrap paper; **not kağıdı** n notepaper; **paket kağıdı** n wrapping paper; **tuvalet kağıdı** n toilet paper, toilet roll; **yazı kağıdı** n writing paper; **Tuvalet kağıdı yok** There is no toilet paper

kahkaha [kahkaha] n laughter ▷ v **kahkahayla gülmek** v laugh

kahkül [kahkyl] n fringe

kahraman [kahraman] n hero; **kadın kahraman** n heroine

kahvaltı [kahvaltə] n breakfast; **kahvaltı ve akşam yemeği dahil** n half board; **yatak ve kahvaltı** n bed and breakfast, B&B; **kahvaltı dahil** with breakfast; **kahvaltı hariç** without breakfast; **Kahvaltı dahil mi?** Is breakfast included?; **Kahvaltı kaçta?** What time is breakfast?; **Kahvaltı nerede veriliyor?** Where is breakfast served?; **Kahvaltıda ne yemek istersiniz?** What would you like for breakfast?; **Odamda kahvaltı edebilir miyim?** Can I have breakfast in my room?

kahve [kahve] n coffee; **kafeinsiz kahve** n decaffeinated coffee; **kahve çekirdeği** n coffee bean; **sütsüz kahve** n black coffee; **Bir fincan kahve daha alabilir miyiz?** Could we have another cup of coffee, please?; **Bir kahve lütfen** A coffee, please; **gerçek kahveniz var mı?** Have you got real coffee?; **Kahve lekesi** This stain is coffee; **Salonda kahve içebilir miyiz?** Could we have coffee in the lounge?; **Sütlü kahve lütfen** A white coffee, please; **Taze kahveniz var mı?** Have you got fresh coffee?

kahverengi [kahverengi] adj brown

kakao [kakao] n cocoa

kaktüs [kaktys] n cactus

kalabalık [kalabalək] *adj* crowded
▷ *n* crowd, host *(multitude)*

kalamar [kalamar] *n* squid

kalan [kalan] *adj* remaining;
hayatta kalan *n* survivor

kalay [kalaj] *n* tin; **kalay yaldızı** *n* tinfoil

kalça [kaltʃa] *n* hip ▷ *npl* buttocks

kaldırım [kaldərəm] *n* pavement;
kaldırım taşı *n* kerb

kaldırmak [kaldərmak] *v* hold up,
remove, *(yukarıya)* lift; **ağırlık
kaldırma** *n* weightlifting; **hasat
kaldırmak** *v* harvest; **kadeh
kaldırmak** *n* toast *(tribute)*;
yürürlükten kaldırma *n* abolition

kale [kale] *n* *(şato vb)* castle;
kumdan kale *n* sandcastle; **Kale
halka açık mı?** Is the castle open
to the public?; **Kaleyi görebilir
miyiz?** Can we visit the castle?

kaleci [kaledʒi] *n* goalkeeper

kalem [kalem] *n* pen; **kalem
açacağı** *n* pencil sharpener;
kalem arkadaşı *n* penfriend; **keçe
kalem** *n* felt-tip pen; **kurşun
kalem** *n* pencil; **tükenmez kalem**
n Biro®; **Tükenmez kalem** *n*
ballpoint pen; **Kaleminiz var mı?**
Do you have a pen I could borrow?

kalemlik [kalemlik] *n* pencil case

kalıcı [kaledʒa] *adj* permanent;
kalıcı bir şekilde *adv* permanently

kalın [kalən] *adj* thick; **pamuklu
kalın tişört** *n* sweatshirt

kalınlık [kalənlək] *n* thickness

kalıntı [kaləntə] *npl* remains

kalıp [kaləp] *n* *(dikiş)* pattern, *(pasta,
jöle, briket vb)* mould *(shape)*

kalış [kaləʃ] *n* stay

kalıtsal [kalətsal] *adj* hereditary

kalite [kalite] *n* quality; **ikinci
kalite** *adj* second-rate

kalkan [kalkan] *n* shield

kalkış [kalkəʃ] *n* departure, *(uçak)*
takeoff

kalkışmak [kalkəʃmak] *v* attempt

kalkmak [kalkmak] *v* get up;
ayağa kalkmak *v* stand up

kalma [kalma] *adj* remaining;
akşamdan kalma *n* hangover

kalmak [kalmak] *v* remain, stay;
berabere kalmak *vt* draw *(equal
with)*; **geri kalmak** *v* back out;
geride kalmak *v* lag behind;
hayatta kalmak *v* survive;
kalacak yer *n* accommodation;
kısılıp kalmak *adj* stranded;
Otelde kalıyorum I'm staying at a
hotel

kalori [kalori] *n* calorie

kalorifer [kalorifer] *n* heating;
Kalorifer nasıl çalışıyor? How
does the heating work?; **Odada
kalorifer var mı?** Does the room
have heating?

kalp [kalp] *n* heart; **iyi kalpli** *adj*
kind; **kalbi kırık** *adj* heartbroken;
kalp krizi *n* heart attack; **kalp pili**
n pacemaker; **Kalp hastasıyım** I
have a heart condition

kalsiyum [kalsijum] *n* calcium

Kamboçya [kambotʃja] *adj*
Cambodian ▷ *n* Cambodia

Kamboçyalı [kambotʃjala] *n* *(kişi)*
Cambodian *(person)*

kamera [kamera] *n* camera; **araç
içi kamera** *n* dashcam; **internet
kamerası** *n* webcam; **video
kamera** *n* camcorder; **video**

kamerası n video camera; **Bu dijital kameraya hafıza kartı almak istiyorum lütfen** A memory card for this digital camera, please; **Bu video kamera için teyp alabilir miyim?** Can I have a tape for this video camera, please?; **Kameram tutukluk yapıyor** My camera is sticking
kameraman [kameraman] **(kameramanlar)** n cameraman
Kamerun [kamerun] n Cameroon
kamış [kaməʃ] n reed
kamp [kamp] n camp ▷ v **kamp yapmak** v camp; **kamp yeri** n campsite; **karavan kampı** n caravan site
kampanya [kampanja] n campaign
kampçı [kamptʃə] n camper
kamping [kamping] n camping
kampüs [kampys] n campus
kamulaştırmak [kamulaʃtərmak] v nationalize
kamuoyu [kamuoju] n public opinion; **kamuoyu yoklaması** n opinion poll, poll; **kamuoyuna açıklamak** v issue
kamyon [kamjon] n truck; **kamyon şoförü** n lorry driver, truck driver; **taşınma kamyonu** n removal van
kan [kan] n blood; **kan aktarımı** n transfusion; **kan dolaşımı** n circulation; **kan grubu** n blood group; **kan kırmızısı** adj scarlet; **kan nakli** n blood transfusion; **kan testi** n blood test; **kan zehirlenmesi** n blood poisoning; **Kan grubum O pozitif** My blood

group is O positive; **Kan lekesi** This stain is blood
Kanada [kanada] adj Canadian ▷ n Canada
Kanadalı [kanadalə] n Canadian
kanal [kanal] n canal, channel
kanama [kanama] n bleeding; **burun kanaması** n nosebleed
kanamak [kanamak] vi bleed
kanarya [kanarja] n canary
Kanarya [kanarja] n **Kanarya Adaları** n Canaries
kanat [kanat] n wing; **kanat çırpmak** v flap; **sağ kanat** adj right-wing
kanca [kandʒa] n hook, peg
kancık [kandʒək] n bitch
kandırmak [kandərmak] v fool, trick
kanepe [kanepe] n couch, (koltuk) sofa
kanguru [kanguru] n kangaroo
kanıt [kanət] n evidence, proof (evidence)
kanıtlamak [kanətlamak] v prove; **bulgularla kanıtlamak** v demonstrate
kaniş [kaniʃ] n poodle
kanlı [kanlə] adj bloody
kano [kano] n canoe; **kano sporu** n canoeing; **Kano sporu nerede yapabiliriz?** Where can we go canoeing?
kanser [kanser] n (hastalık) cancer (illness)
kansız [kansəz] adj anaemic
kantin [kantin] n canteen
kap [kap] n container; **yumurta kabı** n eggcup
kapa [kapa] v **Pencereyi**

kapatabilir miyim? May I close the window?

kapak [kapak] n lid; **göz kapağı** n eyelid; **jant kapağı** n hubcap; **motor kapağı** n bonnet (car)

kapalı [kapalə] adj closed ▷ adv off; **üstü kapalı yük aracı** n van; **kapalı alan** adj indoor; **kapalı yer korkusu olan** adj claustrophobic; **Kapalı Devre Televizyon Sistemi** n CCTV

kapamak [kapamak] v go off; **elektriği kapamak** v switch off

kapanık [kapanək] adj içine **kapanık** adj self-conscious

kapanış [kapanəʃ] n closure; **kapanış saati** n closing time

kaparo [kaparo] n deposit; **Kaparo ne kadar?** How much is the deposit?; **Kaparomu geri alabilir miyim?** Can I have my deposit back, please?

kapasite [kapasite] n capacity

kapatmak [kapatmak] v close, shut down, turn off ▷ vt shut, (fermuar) zip (up); **çarparak kapatmak** v slam; **oturum kapatmak** v log off, log out; **telefonu kapatmak** v hang up

kapı [kapə] n door, gate; **kapı eşiği** n doorstep; **kapı kolu** n door handle; **kapı telefonu** n entry phone; **kapı zili** n doorbell ▷ v **kapıyı çalmak** v knock (on the door etc.); **... numaralı kapıya gidiniz** Please go to gate...; **Bu kapının anahtarı hangisi?** Which is the key for this door?; **Hangisi arka kapının anahtarı?** Which is the key for the back door?;

Hangisi ön kapının anahtarı? Which is the key for the front door?; **Kapı açılmıyor** The door won't open; **Kapı kapanmıyor** The door won't close; **Kapı kilitlenmiyor** The door won't lock; **Kapının kolu çıktı** The door handle has come off; **Kapınızı kilitleyin** Keep the door locked

kapıcı [kapədʒe] **(kapıcılar)** n doorman

kapılmak [kapəlmak] v cazibesine kapılmak v fall for; **paniğe kapılmak** v panic

kapitalizm [kapitalizm] n capitalism

kapkaçcı [kapkatʃtʃə] n mugger

kapkaççılık [kapkatʃtʃələk] n mugging

kaplama [kaplama] n coating; **altın kaplama** n gold-plated

kaplan [kaplan] n tiger

kaplumbağa [kaplumba:a] n tortoise; **su kaplumbağası** n turtle

kapmak [kapmak] v snatch

kapsamlı [kapsamlə] adj comprehensive, inclusive ▷ adv overall

kapsül [kapsyl] n capsule

kaptan [kaptan] n captain

kapüşon [kapyʃon] n hood

kar [kar] n snow; **kar fırtınası** n blizzard, snowstorm; **kar tanesi** n snowflake; **kar temizleme aracı** n snowplough; **kar topu** n snowball ▷ v **kar yağmak** v snow; **kardan adam** n snowman; **sulu kar** n sleet; **... yolunda kar var mı?** Is the road to... snowed up?;

Kar çok şiddetli The snow is very heavy; **Kar durumu nasıl?** What are the snow conditions?; **Kar nasıl?** What is the snow like?; **Kar yağacak mı dersiniz?** Do you think it will snow?; **Kar yağıyor** It's snowing; **Kar zinciri almam gerekiyor mu?** Do I need snow chains?

kara [kara] *n (coğrafya)* land; **kara kurbağa** *n* toad

karaağaç [karaa:atʃ] *n* elm

karabasan [karabasan] *n* nightmare

karaciğer [karadʒiier] *n* liver; **karaciğer iltihabı** *n* hepatitis

kara hindiba [karahindiba] *n* dandelion

karakol [karakol] *n* police station; **Polis karakolu nerede?** Where is the police station?; **Polis karakolunu arıyorum** I need to find a police station

karakter [karakter] *n* character

karakteristik [karakteristik] *n* characteristic

karalama [karalama] *n* sketch; **karalama defteri** *n* scrapbook; **karalama kağıdı** *n* scrap paper

karalamak [karalamak] *v* scribble; **karalama yapmak** *v* sketch

karamela [karamela] *n* toffee

karamelâ [karamela:] *n* caramel

karanfil [karanfil] *n (çiçek)* carnation, *(baharat)* clove

karanlık [karanlɘk] *adj* dark ▷ *n* dark, darkness; **Karanlık** It's dark

karantina [karantina] *n* quarantine

karaoke [karaoke] *n* karaoke

karar [karar] *n* decision; **jüri kararı** *n* verdict; **karar vermek** *v* decide; **kararı bozmak** *v* overrule

kararlı [kararlɘ] *adj* determined

kararlılık [kararlɘlɘk] *n* resolution

kararsız [kararsɘz] *adj* indecisive, undecided

karartma [karartma] *n* blackout, curfew

karatahta [karatahta] *n* blackboard

karatavuk [karatavuk] *n* blackbird

karate [karate] *n* karate

karavan [karavan] *n* camper, caravan; **karavan kampı** *n* caravan site; **Karavanımızı buraya park edebilir miyiz?** Can we park our caravan here?; **Karavanımızla kamp edebileceğimiz bir yer arıyoruz** We'd like a site for a caravan

Karayip [karajip] *adj* Caribbean

karayolu [karajolu] *n* road; **Bu bölgenin karayolları haritası var mı?** Do you have a road map of this area?

karbon [karbon] *n* carbon; **karbon ayak izi** *n* carbon footprint

karbonat [karbonat] *n* bicarbonate of soda

karbonhidrat [karbonhidrat] *n* carbohydrate

karbüratör [karbyratør] *n* carburettor

kardeş [kardeʃ] *n* sibling; **erkek kardeş** *n* brother; **üvey erkek kardeş** *n* stepbrother

kardeşler [kardeʃler] *npl* siblings

kare [kare] *adj* square ▷ *n* square
kareli [kareli] *adj* checked
karga [karga] *n* crow
kargaşa [kargaʃa] *n* chaos, muddle
kargo [kargo] *n* cargo
karı [karə] **(karılar)** *n (eş)* wife;
   eski karı *n* ex-wife
karın [karən] *n* abdomen, tummy;
   karın boşluğu ile ilgili *adj* coeliac
karınca [karəndʒa] *n* ant
karışık [karəʃək] *adj* mixed ▷ *n*
   (şeker/çiçek) mix; **kafası karışık**
   adj confused; **karışık salata** *n*
   mixed salad
karışıklık [karəʃəklək] *m*
   confusion ▷ *n* mix-up
karışım [karəʃəm] *n* mixture
karıştırmak [karəʃtərmak] *v*
   (fikir) confuse, *(salata, baharat vb)*
   mix up ▷ *vt (çorba vb)* stir, *(nesne)*
   mix
karides [karides] *n* prawn; **büyük
   karides** *npl* scampi; **ufak karides**
   n shrimp
karikatür [karikatyr] *n* cartoon
kariyer [karijer] *n* career
karmakarışık [karmakarəʃək] *adj*
   chaotic
karnabahar [karnabahar] *n*
   cauliflower
karnaval [karnaval] *n* carnival
karne [karne] *n* report card
karpuz [karpuz] *n* watermelon
karşı [karʃə] *adj* opposed ▷ *prep*
   against, versus; **karşı çıkan** *adj*
   opposing; **karşı çıkmak** *v* oppose;
   karşıdan karşıya geçmek *vt*
   cross
karşılama [karʃəlama] *n* welcome
karşılamak [karʃəlamak] *v*

welcome; **zararını karşılamak** *v*
   reimburse
karşılık [karʃələk] *n* karşılıklı
   sefer yapan araç *n* shuttle ▷ *v*
   karşılıklı yapmak *v* exchange
karşılıklı [karʃələklə] *adj*
   alternate, mutual ▷ *adv* opposite
karşın [karʃən] *prep* despite
karşısında [karʃəsənda] *prep*
   opposite
karşıt [karʃət] *adj* opposite ▷ *n*
   opponent
karşıtlık [karʃətlək] *n* contrast
karşıya [karʃəja] *prep* across
kart [kart] *n* card; **abonman kartı**
   n season ticket; **üyelik kartı** *n*
   membership card; **banka kartı** *n*
   debit card; **biniş kartı** *n* boarding
   card, boarding pass; **hafıza kartı**
   n memory card; **kartlı telefon** *n*
   cardphone; **kimlik kartı** *n* badge,
   identity card, ID card; **kredi kartı**
   n credit card; **kredi kartı şifresi**
   npl PIN; **Noel kartı** *n* Christmas
   card; **oyun kartı** *n* playing card;
   tebrik kartı *n* greetings card;
   telefon kartı *n* phonecard,
   top-up card; **Banka kartı alıyor
   musunuz?/Banka kartı kabul
   ediyor musunuz?** Do you take
   debit cards?; **Biniş kartım burada**
   Here is my boarding card; **Bu kartı
   bu makinede kullanabilir miyim?**
   Can I use my card with this cash
   machine?; **Bu kartları nereden
   postalayabilirim?** Where can I
   post these cards?; **Buyurun
   kartım** Here is my card; **Kartım
   çalındı** My card has been stolen;
   Kartımı iptal ettirmek istiyorum

I need to cancel my card; **Kartınız var mı?** Do you have a business card?; **Kartınızı alabilir miyim?** Can I have your card?; **Kredi kartı kabul ediyor musunuz?** Do you take credit cards?; **Kredi kartıma nakit ödeme alabilir miyim?** Can I get a cash advance with my credit card?; **Kredi kartıyla ödeme yapabilir miyim?** Can I pay by credit card?; **Makine kartımı yuttu** The cash machine swallowed my card; **Nakit almak için kartımı kullanabilir miyim?** Can I use my card to get cash?; **Nereden otobüs kartı alabilirim?** Where can I buy a bus card?; **Telefon kartı nereden alabilirim** Where can I buy a top-up card?; **Telefon kartı satıyor musunuz?** Do you sell phone cards?; **Uluslararası telefon kartı satıyor musunuz?** Do you sell international phone cards?; **Yirmibeş euroluk telefon kartı rica ediyorum** I'd like a twenty-five euro phone card

kartal [kartal] n eagle

karton [karton] n carbboard; **karton kutu** n carton

kartpostal [kartpostal] n postcard; **Bu dört kartpostal için pul alacaktım... a gidecek** Can I have stamps for four postcards to...; **Kartpostal bakıyordum** I'm looking for postcards; **Kartpostal satıyor musunuz?** Do you have any postcards?; **Nereden kartpostal alabilirim?** Where can I buy some postcards?

karyola [karjola] n bed; **bebek karyolası** n cot; **portatif karyola** n camp bed

kas [kas] adj muscular ▷ n muscle

kasa [kasa] n safe; **yazar kasa** n till; **Bunu kasaya koyun lütfen** Put that in the safe, please; **Kasada eşyalarım vardı** I have some things in the safe

kasap [kasap] n butcher, butcher's

kase [kase] n bowl

kaset [kaset] n cassette

Kasım [kasəm] n (ay) November

kasımpatı [kasəmpatə] n chrysanthemum

kasırga [kasərga] n hurricane, tornado

kasıt [kasət] n purpose, intention; **kasıtlı olarak** adv deliberately; **kasıtsız olarak** adv inadvertently

kasıtlı [kasətlə] adj deliberate, intentional

kasıtsız [kasətsəz] adj unintentional

kasiyer [kasijer] n cashier

kask [kask] n (motosiklet) helmet; **Kask alabilir miyim?** Can I have a helmet?

kastetmek [kastetmek] v mean

kasvetli [kasvetli] adj gloomy

kaş [kaʃ] n eyebrow; **kaşlarını çatmak** v frown

kaşer [kaʃer] adj kosher

kaşık [kaʃək] n spoon; **çay kaşığı** n teaspoon; **çorba kaşığı** n tablespoon; **bir kaşık dolusu** n spoonful; **tatlı kaşığı** n dessert spoon; **Temiz bir kaşık alabilir miyim lütfen?** Could I have a clean spoon, please?

kaşınmak [kaʃənmak] v itch

kaşıntılı [kaʃəntələ] adj itchy

kaşif [kaʃif] n explorer

kaşmir [kaʃmir] n cashmere

kat [kat] n (giysi, kağıt vb) fold ▷ adj **alt kat** adj downstairs ▷ adv **alt katta** adv downstairs; **üç katı** adj treble, triple; **üst katta** adv upstairs; **iki katına çıkmak** vt double; **zemin kat** n ground floor

katalitik [katalitik] adj **katalitik konvertör** n catalytic converter

katalog [katalog] n catalogue; **Katalog istiyorum** I'd like a catalogue

Katar [katar] n Qatar

katarakt [katarakt] n cataract (eye)

katedral [katedral] n cathedral; **Katedral ne zaman açık?** When is the cathedral open?

kategori [kategori] n category

katı [katə] adj (durum) stark, (kumaş vb) stiff, (kural vb) strict, (maddenin hali) solid; **katı bir şekilde** adv strictly

katılım [katələm] n attendance

katılmak [katəlmak] v attend, participate ▷ vi join; **partiye katılmak** v party; **Size katılabilir miyim?** Can I join you?

katır [katər] n mule

katil [katil] n killer, murderer

katkı [katkə] n contribution; **katkı maddesi** n additive, preservative; **katkıda bulunmak** v contribute

katlamak [katlamak] vt fold

katlanır [katlanər] adj folding

katletmek [katletmek] v murder

katliam [katliam] n massacre

katman [katman] n layer

Katolik [katolik] adj Catholic ▷ n Catholic; **Roma Katoliği/Roma Katolik** n Roman Catholic

kavak [kavak] n poplar

kaval [kaval] n **kaval kemiği** n shin

kavanoz [kavanoz] n jar; **reçel kavanozu** n jam jar

kavga [kavga] n quarrel, scrap (dispute); **yaşam kavgası** n survival

kavramak [kavramak] v grab, grasp; **sımsıkı kavramak** v grip

kavrulmuş [kavrulmuʃ] adj roast

kavşak [kavʃak] n junction; **döner kavşak** n roundabout; **... kavşağı nerede?** Which junction is it for...?; **Araba... numaralı kavşağa yakın** The car is near junction number...; **Bir sonraki kavşaktan sağa dönün** Go right at the next junction; **Bir sonraki kavşaktan sola dönün** Go left at the next junction

kavun [kavun] n melon

kaya [kaja] n rock

kayak [kajak] n ski; **kayak alıştırma pisti** n nursery slope; **kayak izni** n ski pass ▷ v **kayak yapmak** v ski; **su kayağı** n water-skiing; **Burada kayak kiralayabilir miyiz?** Can we hire skis here?; **Burada kayak okulu var mı?** Is there a ski school?; **Cross-country kayağı yapmak mümkün mü?** Is it possible to go cross-country skiing?; **Haftalık kayak kartı rica ediyorum?** I'd like a ski pass for a week; **Kayak**

dersleri veriyor musunuz? Do you organise skiing lessons?; **Kayak güzergahlarının haritası var mı?** Do you have a map of the ski runs?; **Kayak gereçlerini nereden kiralayabilirim?** Where can I hire skiing equipment?; **Kayak kartı ne kadar?** How much is a ski pass?; **Kayak kartı nereden alabilirim?** Where can I buy a ski pass?; **Kayak kiralamak istiyorum** I want to hire skis; **Kayak sopası kiralamak istiyorum** I want to hire ski poles; **Kayak yapmak istiyorum** I'd like to go skiing; **Yokuş iniş kayağı kiralamak istiyorum** I want to hire downhill skis

kayakçı [kajaktʃə] n skier

kayalık [kajalək] n cliff

kaybetmek [kajbetmek] vt lose

kaybolmak [kajbolmak] vi lose; **gözden kaybolma** n disappearance; **gözden kaybolmak** v disappear

kaydetmek [kajdetmek] v record, tape; **birinin hesabına borç kaydetmek** v debit

kaydolmak [kajdolmak] v sign on

kaygan [kajgan] adj slippery

kayın [kajən] n **kayın ağacı** n beech (tree); **kayın birader** n brother-in-law

kayınpeder [kajənpeder] **(kayınpederler)** n father-in-law

kayınvalide [kajənvalide] **(kayınvalideler)** n mother-in-law

kayıp [kajəp] adj lost, missing ▷ n loss; **kayıp eşya bürosu** n lost-property office; **kaybolup bulunmuş** n lost-and-found; **Çocuğum kayıp** My child is missing; **Bagajım kaybolmuş** My luggage has been lost; **Kızım kayıp** My daughter is missing; **Kızım kayboldu** My daughter is lost; **Oğlum kayıp** My son is missing; **Oğlum kayboldu** My son is lost

kayısı [kajəsə] n apricot

kayış [kajəʃ] n strap; **saat kayışı** n watch strap; **soğutucu kayışı** n fan belt

kayıt [kajət] n record, recording, register, registration; **kayıt aleti** n recorder (scribe) ▷ v kayıt **yaptırmak** v register; **ses kayıt cihazı** n recorder (music), tape recorder

kayıtlı [kajətlə] adj registered

kayma [kajma] n slide; **toprak kayması** n landslide

kaymak [kajmak] v skid, slide ▷ vi slip; **disk kayması** n slipped disc; **kayma sporu** n skiing; **kızak kayma** n tobogganing; **kızak kaymak** n sledging; **patenle kaymak** n rollerskating

kaynak [kajnak] adj (çıkış noktası) origin ▷ n (destek) resource; **doğal kaynaklar** npl natural resources; **parasal kaynak** npl funds

kaynamış [kajnaməʃ] adj boiled

kaynar [kajnar] adj boiling

kaynaştırmak [kajnaʃtərmak] v merge

kaynatmak [kajnatmak] vt boil; **yavaş yavaş kaynatmak** v simmer

kaypak [kajpak] *adj* shifty

kaytarmak [kajtarmak] *v* skive

kaz [kaz] **(kazlar)** *n* goose

kaza [kaza] *n* accident; **araba kazası** *n* crash; **deniz kazası** *n* shipwreck; **deniz kazası geçirmiş** *adj* shipwrecked; **kaza & acil servis** *n* accident & emergency department; **kaza sigortası** *n* accident insurance; **kaza sonucu** *adj* accidental; **Bir kaza oldu!** There's been an accident!; **Bireysel kaza sigortası yaptırmak istiyorum** I'd like to arrange personal accident insurance; **Kaza geçirdim** I've been in an accident, I've had an accident; **Kaza geçirirsem ne yapmam gerekiyor?** What do I do if I have an accident?

kazak [kazak] *n* jersey, jumper, pullover, sweater; **polo yakalı kazak** *n* polo-necked sweater

Kazakistan [kazakistan] *n* Kazakhstan

kazan [kazan] *n* boiler

kazanan [kazanan] *adj* winning

kazanç [kazantʃ] *n* gain, profit

kazançlı [kazantʃlə] *adj* lucrative, profitable

kazandırmak [kazandərmak] *v* **açıklık kazandırmak** *v* clarify

kazanma [kazanma] *n* winner

kazanmak [kazanmak] *v* earn, win ▷ *vt* gain; **düşmanlığını kazanmak** *v* antagonize

kazara [kazara] *adv* accidentally, by chance, by accident

kazık [kazək] *n (pahalı)* rip-off; **çadır kazığı** *n* tent peg

kazıklamak [kazəklamak] *v* rip off

kazımak [kazəmak] *v* engrave

kazma [kazma] *n* pick

kazmak [kazmak] *vt* dig

kâfi [ka:fi] *adj* enough ▷ *pron* enough

KDV [kdv] *abbr* VAT; **KDV dahil mi?** Is VAT included?

kebap [kebap] *n* kebab; **kebap şişi** *n* skewer

keçe [ketʃe] *n* felt; **keçe kalem** *n* felt-tip pen

keçi [ketʃi] *n* goat

keder [keder] *n* grief

kedi [kedi] *n* cat; **kedi yavrusu** *n* kitten

kefalet [kefalet] *n* bail

kehanet [kehanet] *n* premonition

kehribar [kehribar] *n* amber

kek [kek] *n* cake; **şekerli kek süsü** *n* frosting

kekelemek [kekelemek] *v* stammer, stutter

kekik [kekik] *n* thyme

keklik [keklik] *n* partridge

kel [kel] *adj* bald

kelebek [kelebek] *n (hayvan)* butterfly

kelepçe [keleptʃe] *npl* handcuffs

keler [keler] *n* **su keleri** *m* newt

keman [keman] *n* violin

kemancı [kemandʒə] *n* violinist

kemer [kemer] *n* arch, belt; **emniyet kemeri** *n* safety belt, seatbelt; **kemer tokası** *n* buckle

kemik [kemik] *n* bone; **elmacık kemiği** *n* cheekbone; **kaval kemiği** *n* shin; **köprücük kemiği** *n* collarbone; **kürek kemiği** *n* shoulder blade; **kemikli et** *n* joint *(meat)*; **leğen kemiği** *n* pelvis

kemirgen [kemirgen] *n* rodent

kenar [kenar] *n* **cam kenarı koltuğu** *n* window seat; **kenara çekmek** *v (araç)* pull out, *(araç)* pull up; **kenara kaçmak** *v* dodge; **yol kenarında geçici park yeri** *n* layby

kendi [kendi] *adj* own; **kendinden memnun** *adj* smug; **kendine güvenen** *adj* self-assured; **kendine gelmek** *v* regain; **kendini beğenmiş** *adj* arrogant, bigheaded

kendileri [kendileri] *pron* themselves

kendiliğinden [kendiləənden] *adj* spontaneous

kendim [kendim] *pron* myself

kendin [kendin] *pron* yourself, yourself *(intensifier)*, yourself *(polite)*

kendine [kendine] *adv* **kendine gelmek** *v* come round

kendiniz [kendiniz] *pron* yourselves *(intensifier)*, yourselves *(polite)*, yourselves *(reflexive)*

kendin-yap [kendinjap] *n* DIY

kendisi [kendisi] *pron* itself, *(erkek)* himself, *(kadın)* herself

kenevir [kenevir] *n* Hint kenevir *(yaprakları esrar olarak kullanılır)* *n* marijuana

kent [kent] *n* city, town; **kent merkezi** *adv* city centre; **kent merkezinde** *adv* downtown; **Kent merkezine lütfen** Please take me to the city centre; **Kent turunuz var mı?** Are there any sightseeing tours of the town?; **Kente otobüs var mı?** Is there a bus to the city?; **Kente taksi ne kadar?** How much is the taxi fare into town?; **Kenti gezecek kadar zamanımız var mı?** Do we have time to visit the town?; **Kentin haritasını nereden alabilirim?** Where can I buy a map of the city?; **Kentin yol haritasını istiyorum** I want a street map of the city

Kenya [kenja] *adj* Kenyan ▷ *n* Kenya

Kenyalı [kenjalə] *n* Kenyan

kep [kep] *n* cap; **beyzbol kepi** *n* baseball cap

kepaze [kepaze] *adj* miserable

kepçe [keptʃe] *n (mutfak)* ladle

kepek [kepek] *n* bran, *(saç)* dandruff; **kepekli undan yapılmış** *adj* wholemeal

kepenk [kepeŋ] *n* shutters

kereste [kereste] *n* timber

kerevit [kerevit] *n* crayfish

kereviz [kereviz] *n* **kereviz sapı** *n* celery

kertenkele [kerteŋele] *n* lizard

keseye uygun [kesejeujgun] *adj* affordable

kesici [kesidʒi] *n* **ağrı kesici** *n* painkiller

kesilmek [kesilmek] *v (bağlantı)* disconnect

kesin [kesin] *adj* certain, definite

kesinlik [kesinlik] *n* certainty

kesinlikle [kesinlikle] *adv* absolutely, certainly, definitely

kesinti [kesinti] *n* deduction, interruption; **elektrik kesintisi** *n* power cut

kesintisiz [kesintisiz] *adj* continuous

keski [keski] *n* chisel

keskin [keskin] *adj* sharp

kesme [kesme] *n* cut

kesme imi [kesmeimi] *n* apostrophe

kesmek [kesmek] *v* cut, cut down, cut off; **fileto kesmek** *v* fillet; **kesip düzeltmek** *v* trim; **sözünü kesmek** *v* interrupt

kestane [kestane] *n* chestnut

kestirme [kestirme] *adj* direct ▷ *n (uyku)* nap; **kestirme yol** *n* shortcut; **saç kestirme** *n* haircut

kestirmek [kestirmek] *v* doze

keşfetmek [keʃfetmek] *v* discover

keşif [keʃif] *n* **keşif gezisi** *n* expedition

keşiş [keʃiʃ] *n* monk

ketçap [kettʃap] *n* ketchup

keten [keten] *n (kumaş)* linen

ketlenme [ketlenme] *n* inhibition

keyif [kejif] *n* pleasure, joy; **keyfi kaçık** *adj* upset; **keyfini kaçırmak** *v* upset; **keyif verici** *adj* delightful

Kıbrıs [kəbrəs] *n* Cyprus

Kıbrıs [kəbrəs] *adj* Cypriot

Kıbrıslı [kəbrəslə] *n (kişi)* Cypriot (person)

kıç [kətʃ] *n* backside, bum

kıkırdamak [kəkərdamak] *v* giggle

kılavuz [kəlavuz] *n* guide; **kullanım kılavuzu** *n* manual; **... kılavuzunuz var mı?** Do you have a guide book in...?; **İngilizce kılavuzunuz var mı?** Do you have a guide book in English?

kılıç [kələtʃ] *n* sword; **kılıç balığı** *n* swordfish

kılıf [kələf] *n* cover, case; **yastık kılıfı** *n* pillowcase

kılık [kələk] *n* outfit; **kılık değiştirmek** *v* disguise

kıllı [kəllə] *adj* hairy

kımıldamak [kəməldamak] *vi* move; **Kımıldayamıyor** She can't move

kımıldatmak [kəməldatmak] *vt* move

kına [kəna] *n* **kına gecesi** *n* hen night

kınamak [kənamak] *v* condemn

kırat [kərat] *n* carat

kırbaç [kərbatʃ] *n* whip

Kırgızistan [kərgəzistan] *n* Kyrgyzstan

kırık [kərək] *adj* broken, broken down ▷ *n* break, fracture; **düş kırıklığı** *n* disappointment; **hayal kırıklığına uğramış** *adj* disappointed; **hayal kırıklığına uğratmak** *v* disappoint, let down; **kalbi kırık** *adj* heartbroken

kırılgan [kərəlgan] *adj* fragile

kırılmaz [kərəlmaz] *adj* unbreakable

kırıntı [kərəntə] *n* fragment, piece; **ekmek kırıntısı** *n* breadcrumbs, crumb

kırışık [kərəʃək] *adj* creased ▷ *n* wrinkle

kırışıklık [kərəʃəklək] *n* crease

kırışmış [kərəʃməʃ] *adj* wrinkled

kırk [kərk] *number* forty

kırmak [kərmak] *v* break up ▷ *vt* break; **cesaretini kırmak** *v* discourage; **direksiyonu kırmak** *v* swerve; **onur kırmak** v insult

kırmızı [kərməzə] adj red; **kan kırmızısı** adj scarlet; **kırmızı et** n red meat; **kırmızı Frenk üzümü** n redcurrant; **kırmızı şarap** n red wine; **kırmızı toz biber** n paprika; **kırmızı turp** n radish; **kırmızı yaban mersini** n cranberry; **İyi bir kırmızı şarap tavsiye edebilir misiniz?** Can you recommend a good red wine?; **Bir şişe kırmızı şarap** a bottle of red wine; **Bir sürahi kırmızı şarap** a carafe of red wine; **Kırmızı et yemiyorum** I don't eat red meat

kırpmak [kərpmak] v **göz kırpmak** v wink; **göz kırpmak** v blink

kırsal [kərsal] adj rural; **kırsal bölge** n countryside

kırtasiye [kərtasije] n stationery

kırtasiyeci [kərtasijedʒi] n stationer's

kısa [kəsa] adj brief, short; **en kısa zamanda** adv asap (as soon as possible); **kısa öykü** n short story; **kısa kabzalı tabanca** n pistol; **kısa kürek** n paddle; **kısa kollu** adj short-sleeved; **kısa menzilli silah** n shotgun; **kısa mesafe hız koşusu** n sprint; **kısa mesafe koşucusu** n sprinter; **kısa not** n memo; **kısa ve öz** adj concise; **kısa zamanda** adv shortly, soon

kısaca [kəsadʒa] adv briefly

kısalmak [kəsalmak] v shrink

kısalmış [kəsalməʃ] adj shrunk

kısaltma [kəsaltma] n abbreviation, acronym

kısım [kəsəm] n part, section;

çekirdekli kısım (meyve) n core; **Bu kısım doğru dürüst çalışmıyor** This part doesn't work properly

kıskanç [kəskantʃ] adj envious, jealous

kısmen [kəsmen] adv partly

kısmi [kəsmi] adj partial

kısrak [kəsrak] n mare

kış [kəʃ] n winter; **kış sporları** npl winter sports

kışkırtmak [kəʃkərtmak] v tempt

kıt [kət] adj scarce

kıta [kəta] n continent

kıtlık [kətlək] n famine

kıvılcım [kəvəldʒəm] n spark

kıvırcık [kəvərdʒək] adj curly; **Saçım doğuştan kıvırcık** My hair is naturally curly

kıvrılmak [kəvrəlmak] v bend

kıvrım [kəvrəm] n turning

kıyafet [kəjafet] n dress, clothes; **balıkadam kıyafeti** n wetsuit

kıyaslama [kəjaslama] n comparison

kıyaslamak [kəjaslamak] v compare

kıyaslanabilir [kəjaslanabilir] adj comparable

kıyı [kəjə] n coast, shore; **ırmak kıyısı** n bank (ridge); **deniz kıyısı** n seaside, (sahil) seashore

kıyma [kəjma] n mince

kıymık [kəjmək] n splinter

kız [kəz] n girl; **deniz kızı** n mermaid; **kız arkadaş** n girlfriend; **kız öğrenci** n schoolgirl; **kız evlat** n daughter; **kız kurusu** n spinster; **kız torun** n granddaughter; **vaftiz kızı** n goddaughter; **üvey kız evlat** *n* stepdaughter

kızak [kəzak] *n* sledge, toboggan; **kızak kayma** *n* tobogganing; **kızak kaymak** *n* sledging; **Kızak kaymak için nereye gitmemiz gerek?** Where can we go sledging?

kızamık [kəzamək] *npl* measles; **Yakınlarda kızamık geçirdim** I had measles recently

kızamıkçık [kəzaməktʃək] *n* German measles

kızarıklık [kəzarəklək] *n* rash

kızarmak [kəzarmak] *v* blush; **yüz kızarması** *n* flush; **yüzü kızarmak** *v* flush

kızarmış [kəzarməʃ] *adj* fried

kızartma [kəzartma] *v* deep-fry; **ekmek kızartma makinesi** *n* toaster; **kızartma tavası** *n* frying pan; **patates kızartması** *npl* chips

kızartmak [kəzartmak] *v* fry

kızdırmak [kəzdərmak] *vt* tease

kızgın [kəzgən] *adj* angry, inflamed

kızıl [kəzəl] *adj* red; **Kızıl Deniz** *n* Red Sea; **kızıl saçlı** *n* red-haired, redhead

kızılgerdan [kəzəlgerdan] *n* robin

Kızılhaç [kəzəlhatʃ] *n* Red Cross

kızılımsı [kəzələmsə] *adj* kızılımsı sarı saçlı *n* ginger

kızışmak [kəzəʃmak] *v* heat up

kızkardeş [kəzkardeʃ] *n* sister; **üvey kızkardeş** *n* stepsister

kızlık [kəzlək] *n* **kızlık soyadı** *n* maiden name

ki [ki] *conj* that

kibar [kibar] *adj* gentle, polite

kibarca [kibardʒa] *adv* gently, politely

kibarlık [kibarlək] *n* politeness

kibirli [kibirli] *adj* stuck-up

kil [kil] *n* clay

kiler [kiler] *n* larder

kilise [kilise] *n* church; **kilise kulesi** *n* steeple; **kilise kulesinin sivri tepesi** *n* spire; **kilisenin dini bölgesi** *n* parish; **Kiliseyi gezebilir miyiz?** Can we visit the church?

kilit [kilit] *n* lock *(door)*; **asma kilit** *n* padlock; **kilidi açmak** *v* unlock; **kilitli dolap** *n* locker; **kilitli iğne** *n* safety pin; **Kilit alabilir miyim?** Can I have a lock?; **Kilit kırılmış** The lock is broken

kilitlemek [kilitlemek] *vt* lock

kilitlmek [kilitlmek] *v* lock out

kilo [kilo] *n* kilo; **aşırı kilolu** *adj* overweight

kilometre [kilometre] *n* kilometre

kilt [kilt] *n* kilt

kim [kim] *pron* who; **Kim arıyor?** Who's calling?; **Kim o?** Who is it?; **Kime şikayet edebilirim?** Who can I complain to?; **Kiminle görüşüyorum?** Who am I talking to?

kime [kime] *adj* whose ▷ *pron* whom

kimi [kimi] *pron* whom

kimin [kimin] *pron* whose

kimlik [kimlik] *n* identification, identity; **kimliği belirsiz** *adj* unidentified; **kimlik belirlemek** *v* identify; **kimlik hırsızlığı** *n* identity theft; **kimlik kartı** *n* badge, identity card, ID card

kimse [kimse] *pron* somebody, someone; **hiç kimse** *pron* no one, nobody

kimsesiz [kimsesiz] *n* orphan

kimya [kimja] *n* chemistry

kimyasal [kimjasal] *n* chemical

kimyon [kimjon] *n* cumin

kin [kin] *n* grudge; **kin gütmek** *v* spite

kinci [kindʒi] *adj* spiteful

kincilik [kindʒilik] *n* spite

kir [kir] *n* dirt

kira [kira] *n* rent, rental; **kira sözleşmesi** *n* lease; **kiralık araba** *n* rental car; **DVD kiralayabilir miyim?** Do you rent DVDs?

kiracı [kiradʒa] *n* tenant

kiralama [kiralama] *n* hire

kiralamak [kiralamak] *v* hire, lease, rent; **araba kiralama** *n* car hire; **oto kiralama** *n* car rental; **Paten nereden kiralayabiliriz?** Where can we hire skates?

kiralık [kiralǝk] *n* **kiralık araba** *n* hire car, hired car; **kiralık oda** *n* bedsit

kiraz [kiraz] *n* cherry

kireç [kiretʃ] *n* lime *(compound)*; **kireç taşı** *n* limestone

kiriş [kiriʃ] *n (anatomi)* tendon

kirlenmiş [kirlenmiʃ] *adj* polluted

kirletmek [kirletmek] *v* pollute

kirli [kirli] *adj* dirty, foul, messy; **Çatal bıçak kirli** My cutlery is dirty; **Çarşaflarım kirli** My sheets are dirty

kirlilik [kirlilik] *n* pollution

kirpi [kirpi] *n* hedgehog

kirpik [kirpik] *n* eyelash

kist [kist] *n* cyst

kişi [kiʃi] *n* person; **çift kişilik yatak** *n* double bed; **iki kişilik oda** *n* double room; **kişinin evinin önündeki özel yol** *n* driveway; **tek kişilik oda** *n* single room; **Bir araç ve iki kişi ne kadar?** How much is it for a car with two people?; **Bu akşam için üç kişilik bir masa ayırtmak istiyordum** I'd like to book a table for three people for tonight; **Bu akşam saat sekiz için dört kişilik bir masa ayırtmak istiyordum** I'd like to book a table for four people for tonight at eight o'clock; **Dört kişilik bir kamper ne kadar?** How much is it for a camper with four people?; **Dört kişilik bir masa lütfen** A table for four people, please; **Kişi başına ne kadar?** How much is it per person?; **Saat yedi buçuğa iki kişilik bir rezervasyon yaptırmak istiyorum** I'd like to make a reservation for half past seven for two people; **Yarın akşam için iki kişilik bir masa ayırtmak istiyordum** I'd like to book a table for two people for tomorrow night

kişilik [kiʃilik] *n* personality

kişisel [kiʃisel] *adj* personal; **kişisel asistan** *n* personal assistant, PA; **kişisel müzik çalar** *n* personal stereo; **kişisel olarak** *adv* personally; **kişisel organizatör** *n* personal organizer; **Bu benim kişisel kullanımım için** It is for my own personal use

kişniş [kiʃniʃ] *n* coriander

kitap [kitap] *n* book; **ders kitabı** *n* schoolbook, textbook; **ikinci baskı kitap** *n* paperback; **kitap**

ayracı n bookmark; **kitap rafı** n bookshelf; **referans kitabı** n handbook; **yemek kitabı** n cookbook, cookery book

kitapçı [kitaptʃə] n bookshop

kitapçık [kitaptʃək] n booklet

kitaplık [kitapЮ] n bookcase

kitle [kitlə] n mass; **kitle fonlaması** n crowdfunding

kivi [kivi] n (kuş) kiwi

klarnet [klarnet] n clarinet

klasik [klasik] adj classic, classical ▷ n classic

klasör [klasœr] n ring binder

klavye [klavje] n keyboard

klima [klima] n air conditioner; **Klima çalışmıyor** The air conditioning doesn't work; **Klima var mı?** Does it have air conditioning?; **Odada klima var mı?** Does the room have air conditioning?

klinik [klinik] n surgery (doctor's)

klips [klips] n clip

klon [klon] n clone

klonlamak [klonlamak] v clone

klor [klor] n chlorine

klüp [klyp] n club (group)

km/s [kilometrefanje] abbr km/h

kobay [kobaj] n guinea pig (for experiment); **kobay faresi** n guinea pig (rodent)

koca [kodʒa] n (eş) husband; **eski koca** n ex-husband

kocaman [kodʒaman] adj huge

koç [kotʃ] n ram, (spor) coach (trainer)

Koç [kotʃ] n **Koç burcu** n Aries

kod [kod] n code; **alan kodu** n postcode; **telefon kodu** n dialling code; **İngiltere'nin kodu kaç?** What is the dialling code for the UK?

koğuş [kou:ʃ] n ward (hospital room); **... hangi koğuşta?** Which ward is... in?

kokain [kokain] n cocaine

koklamak [koklamak] vt smell

kokmak [kokmak] vi smell; **kötü kokmak** v stink

kokpit [kokpit] n cockpit

kokteyl [koktejl] n cocktail; **Kokteyl yapıyor musunuz?** Do you sell cocktails?

koku [koku] n aroma, odour, scent, smell; **kokulu otlar** n herbs; **pis kokulu** adj smelly; **Garip bir koku var** There's a funny smell; **Gaz kokusu alıyorum** I can smell gas

kokuşmuş [kokuʃmuʃ] adj vile

kol [kol] n arm, handle, lever; **kapı kolu** n door handle; **kısa kollu** adj short-sleeved; **kol ağzı** n sleeve; **kol askısı** (sağlık) n sling; **kol düğmeleri** npl cufflinks; **kol saati** n watch; **vites kolu** n gear lever, gear stick, gearshift; **Kapının kolu çıktı** The door handle has come off; **Kolu çıktı** The handle has come off; **Kolumu oynatamıyorum** I can't move my arm; **Kolunu incitti** He has hurt his arm

Kola [kola] n Coke®

kolay [kolaj] adj easy; **kolay gıdıklanan** adj ticklish; **En kolay alanlar nereleri?** Which are the easiest runs?

kolaylıkla [kolajləkla] adv easily

kolaylıklar [kolajləklar] npl facilities

kolçak [koltʃak] n bracelet

kolej [koleʒ] *n* **devlet koleji** *n*
public school

koleksiyon [koleksijon] *n*
collection

kolektif [kolektif] *adj* collective ▷ *n*
collective

kolesterol [kolesterol] *n*
cholesterol

kolleksiyoncu [kolleksijondʒu] *n*
collector

Kolombiya [kolombija] *adj*
Colombian ▷ *n* Colombia

Kolombiyalı [kolombijalə] *n*
Colombian

kolsuz [kolsuz] *adj (giysi)*
sleeveless

koltuk [koltuk] *n* armchair, easy
chair, *(politika)* seat
(constituency); **cam kenarı
koltuğu** *n* window seat; **koltuk
değneği** *n* crutch; **koridor
koltuğu** *n* aisle seat; **Çocuk
koltuğu var mı?** Do you have a
child's seat?; **Bu koltuk boş mu?**
Is this seat free?; **Koltuğum
koridor tarafında olsun** I'd like
an aisle seat; **Koltuğum pencere
kenarında olsun** I'd like a window
seat; **Sigara içilen bölümde bir
koltuk lütfen** I'd like a seat in the
smoking area; **Sigara içilmeyen
bölümde bir koltuk lütfen** I'd like
a non-smoking seat

koltukaltı [koltukaltə] *n* armpit

kolye [kolje] *n* necklace

koma [koma] *n* coma

komedi [komedi] *n* comedy

komedyen [komedjen] *n*
comedian

komik [komik] *adj* funny ▷ *n* comic;

çok komik *adj* hilarious

komisyon [komisjon] *n*
commission; **Komisyon alıyor
musunuz?** Do you charge
commission?; **Komisyon ne
kadar?** What's the commission?

komisyoncu [komisjondʒu] *n*
broker

komite [komite] *n* committee

komodin [komodin] *n* bedside
table, chest of drawers

kompakt [kompakt] *adj* **kompakt
disk** *n* compact disc

kompartıman [kompartəman] *n*
compartment; **Sigara içilmeyen
kompartmanda yer ayırtmak
istiyorum** I want to book a seat in
a non-smoking compartment

kompleks [kompleks] *n* complex

komplike [komplike] *adj* complex,
complicated

kompliman [kompliman] *n*
compliment

komplo [komplo] *n* conspiracy ▷ *v*
plot *(secret plan)*

komşu [komʃu] *n* neighbour

komut [komut] *n* order, command
▷ *v* **komut vermek** *v* order
(command)

komünizm [komynizm] *n*
communism

konak [konak] *n* mansion

konaklama [konaklama] *n*
stopover

konaklamak [konaklamak] *v*
konaklama alanı *n* service area

konçerto [kontʃerto]
(konçertolar) *n* concerto

konferans [konferans] *n*
conference; **Konferans**

merkezine lütfen Please take me to the conference centre

konfeti [konfeti] npl confetti

konfor [konfor] n comforts, conveniences; **konfor ve rahatlık** npl mod cons

Kongo [kongo] n Congo

koni [koni] n cone

konser [konser] n concert; **İyi konserler var mı?** Are there any good concerts on?; **Konser biletlerini nereden alabilirim?** Where can I buy tickets for the concert?; **Konser salonunda bu gece ne var?** What's on tonight at the concert hall?

konserve [konserve] n **kutulanmış konserve** adj tinned

konsol [konsol] n **oyun konsolu** n games console

konsolos [konsolos] n consul

konsolosluk [konsolosluk] n consulate

kontakt [kontakt] n **kontakt lens** npl contact lenses

kontrabas [kontrabas] n double bass

kontrat [kontrat] n contract

kontrol [kontrol] n control; **doğum kontrol hapı** n contraceptive; **doğum kontrolü** n birth control, contraception; **kontrol edilemez** adj uncontrollable; **kontrol lambası** n pilot light; **pasaport kontrol** n passport control; **bilet kontrolörü** n ticket inspector; **hava trafik kontrolörü** n air-traffic controller

kontrplak [kontrplak] n plywood

kontuar [kontuar] n counter

konu [konu] n subject, theme; (computer) thread, **konulu eğlence parkı** n theme park

konuk [konuk] n guest

konukevi [konukevi] n guesthouse

konukseverlik [konukseverlik] n hospitality

konuşan [konuʃan] n **anadilini konuşan** n native speaker

konuşkan [konuʃkan] adj talkative

konuşlanmış [konuʃlanməʃ] adj situated

konuşma [konuʃma] n conversation, speech, talk; **abuk sabuk konuşma** n rave

konuşmacı [konuʃmadʒə] n speaker

konuşmak [konuʃmak] v speak ▷ vi talk; **biriyle konuşmak** v talk to; **... ile konuşmak istiyorum lütfen** I'd like to speak to..., please; **... konuşabiliyorum** I speak...; **Müdürle konuşmak istiyorum lütfen** I'd like to speak to the manager, please

konut [konut] n house; **konut kredisi** n mortgage; **sosyal konut** n council house

konvensiyonel [konvensijonel] adj (alışılmış) conventional

konvertibl [konvertipl] adj convertible

konvertör [konvertør] n **katalitik konvertör** n catalytic converter

konvoy [konvoj] n convoy

kopmak [kopmak] vt snap; **ödü kopmak** adj petrified

kopya [kopja] n *(nüsha)* copy *(written text)*, *(taklit)* replica

kopyalamak [kopjalamak] v copy

Kore [kore] adj Korean ▷ n Korea; **Güney Kore** n South Korea; **Kuzey Kore** n North Korea

Korece [koredʒe] n *(dil)* Korean *(language)*

Koreli [koreli] n *(kişi)* Korean *(person)*

koridor [koridor] n aisle, corridor; **koridor koltuğu** n aisle seat; **Koltuğum koridor tarafında olsun** I'd like an aisle seat

korkak [korkak] n coward

korkakça [korkaktʃa] adj cowardly

korkmak [korkmak] v fear

korkmuş [korkmuʃ] adj afraid, frightened, scared

korku [korku] n fear, fright; **kapalı yer korkusu olan** adj claustrophobic ▷ v **korkarak titremek** v shudder; **korku filmi** n horror film; **yükseklik korkusu** n vertigo

korkuluk [korkuluk] n scarecrow

korkunç [korkuntʃ] adj appalling, disastrous, dreadful, horrendous, horrible, terrible

korkutmak [korkutmak] v frighten, scare; **gözünü korkutmak** v intimidate

korkutucu [korkutudʒu] adj scary

kornet [kornet] n cornet

korno [korno] n French horn

koro [koro] n choir

korsan [korsan] n *(deniz)* pirate, *(uçak/hava)* hijacker

kort [kort] n **tenis kortu** n tennis court; **Kort rezervasyonunu nerede yapabilirim?** Where can I book a court?; **Tenis kortu kiralamak kaça?** How much is it to hire a tennis court?

koruluk [koruluk] n wood *(forest)*

koruma [koruma] n conservation, protection; **özel koruma** n bodyguard; **koruma gözlüğü** npl goggles

korumak [korumak] v defend, guard, protect; **koruma alanı** n reserve *(land)*; **koruma altına alma** n custody; **sahil koruma görevlisi** n coastguard

koruyucu [korujudʒu] adj **ekran koruyucusu** n screen-saver; **koruyucu güneş kremi** n sunblock

Kosova [kosova] n Kosovo

Kosta Rika [kostarika] n Costa Rica

kostüm [kostym] n costume; **balo kostümü** n fancy dress

koşer [koʃer] adj, adv **Koşer yemeğiniz var mı?** Do you have kosher dishes?

koşma [koʃma] n running

koşmak [koʃmak] vt run; **dörtnala koşmak** n gallop; **hızla koşmak** v dash, sprint

koşturmak [koʃturmak] vi run

koşu [koʃu] n run, running; **kısa mesafe hız koşusu** n sprint

koşucu [koʃudʒu] n runner; **kısa mesafe koşucusu** n sprinter

koşul [koʃul] n condition

koşullar [koʃullar] npl circumstances

koşullu [koʃullu] adj conditional

koşulsuz [koʃulsuz] adj unconditional

kota [kota] n quota

kova [kova] n bucket, pail

Kova [kova] n **Kova burcu** n Aquarius

kovalamaca [kovalamadʒa] n pursuit

kovboy [kovboj] n cowboy; **kovboy filmi** n western

kovmak [kovmak] v expel

kovuşturma [kovuʃturma] n prosecution

koyak [kojak] n ravine

koymak [kojmak] v lay, put; **geri koymak** v put back; **yıldız koymak** v star; **yoluna koymak** v settle

koyulmak [kojulmak] v **yola koyulmak** v set off

koyun [kojun] n sheep, (dişi) ewe; **koyun eti** n mutton; **koyun postu** n sheepskin

kozalak [kozalak] n conifer

kozmetik [kozmetik] n **kozmetik cerrahi** n cosmetic surgery

köfte [køfte] n meatball

kök [køk] n root

köknar [køknar] n **köknar ağacı** n fir (tree)

köle [køle] n slave

kömür [kømyr] n coal; **kömür ocağı** n colliery; **odun kömürü** n charcoal

köpek [kjøpek] n dog; **İskoç çoban köpeği** n collie; **köpek balığı** n shark; **köpek kulübesi** n kennel; **rehber köpek** n guide dog; **yavru köpek** n puppy; **Rehber köpeğim var** I have a guide dog

köprü [køpry] n bridge; **asma**

köprü n suspension bridge

köprücük [køprydʒyk] n **köprücük kemiği** n collarbone

köpük [køpyk] n foam; **köpük krema** n mousse, whipped cream; **köpüklü banyo** n bubble bath; **traş köpüğü** n shaving foam

köpüklü [køpykly] adj fizzy

kör [kør] adj blind, (bıçak/makas) blunt; **renk körü** adj colour-blind; **Körüm** I'm blind

körfez [kørfez] n bay

Körfez [kørfez] n **Körfez Ülkeleri** npl Gulf States

köri [køri] n curry; **köri baharatı** n curry powder

köstebek [køstebek] n (casus) mole (infiltrator), (hayvan) mole (mammal)

köşe [køʃe] n corner; **çalışma köşesi** n work station, workstation; **köşeli parantezler** npl brackets; **Köşede** It's on the corner; **Köşeyi dönünce** It's round the corner

kötü [køty] adj bad, vicious; **daha kötü/daha kötüsü** adv worse; **en kötü** adj worst; **kötü bir şekilde** adv badly; **kötü kokmak** v stink; **kötü muamele etmek** v ill-treat; **kötü niyetli** adj malicious; **kötüye kullanmak** v abuse

kötücül [køtydʒyl] adj evil, malignant

kötülemek [køtylemek] v deteriorate

kötüleşmek [køtyleʃmek] v worsen

kötülük [køtylyk] n vice

kötümser [køtymser] adj pessimistic ▷ n pessimist

köy [køj] *n* village

kraker [kraker] *n* cracker

kral [kral] *n* king, monarch

kraliçe [kralitʃe] *n* queen

kraliyet [kralijet] *adj* royal ▷ *n* monarchy

krallık [krallək] *n* kingdom; **Birleşik Krallık (İngiltere)** *n* United Kingdom

kramp [kramp] *n* spasm

kravat [kravat] *n* tie; **papyon kravat** *n* bow tie

kredi [kredi] *n* credit, loan; **konut kredisi** *n* mortgage; **kredi kartı** *n* credit card; **kredi kartı şifresi** *npl* PIN; **Kredi kartı kabul ediyor musunuz?** Do you take credit cards?; **Kredi kartıma nakit ödeme alabilir miyim?** Can I get a cash advance with my credit card?; **Kredi kartıyla ödeme yapabilir miyim?** Can I pay by credit card?

krek [krek] *n (kokain)* crack *(cocaine)*

krem [krem] *n* cream; **dudak kremi** *n* lip salve; **güneş kremi** *n* suncream; **güneş sonrası krem** *n* after sun lotion; **koruyucu güneş kremi** *n* sunblock; **saç kremi** *n* conditioner; **traş kremi** *n* shaving cream

krema [krema] *n* cream, custard; **köpük krema** *n* mousse, whipped cream; **kremalı pasta** *n* gateau

krematoryum [krematorjum] **(krematoryumlar)** *n* crematorium

krep [krep] *n (yiyecek)* pancake

kreş [kreʃ] *n* crêche, nursery school

kriket [kriket] *n* cricket *(game)*

kriko [kriko] *n* jack

kristal [kristal] *n* crystal

kriter [kriter] *n* criterion

kritik [kritik] *adj* critical

kriz [kriz] *n* crisis; **kalp krizi** *n* heart attack; **sinir krizi** *n* nervous breakdown

krom [krom] *n* krom kaplı *n* chrome

kronik [kronik] *adj* chronic

kronometre [kronometre] *n* stopwatch

krüsifi [krysifi] *n* crucifix

ksilofon [ksilofon] *n* xylophone

kuaför [kuafør] *n* hairdresser, hairdresser's

kuartet [kuartet] *n* quartet

kucak [kudʒak] *n* lap

kucaklama [kudʒaklama] *n* cuddle, hug

kucaklamak [kudʒaklamak] *v* cuddle ▷ *vt* hug

kuduz [kuduz] *n* rabies

kuğu [ku:u] *n* swan

kukla [kukla] *n* puppet

kulak [kulak] *n* ear; **kulak ağrısı** *n* earache; **kulak çubuğu** *n* cotton bud; **kulak tıkacı** *npl* earplugs; **kulak zarı** *n* eardrum

kulaklık [kulaklək] *npl* earphones, headphones; **Kulaklık var mı?** Does it have headphones?

kule [kule] *n* tower; **kilise kulesi** *n* steeple; **kilise kulesinin sivri tepesi** *n* spire

kullanıcı [kullanədʒə] *n* user; **İnternet kullanıcısı** *n* internet user; **kullanıcı dostu** *adj* user-friendly

kullanılmış [kullanəlməʃ] *adj* used

kullanım [kullanəm] *n* use; **son kullanım tarihi** *n* best-before date, expiry date; **tek kullanımlık** *adj* disposable

kullanmak [kullanmak] *v* apply, use; **içkili araba kullanma** *n* drink-driving; **kötüye kullanmak** *v* abuse; **yeniden kullanmak** *v* reuse

kulübe [kulybe] *n* cabin, cottage; **bahçe kulübesi** *n* shed; **köpek kulübesi** *n* kennel; **telefon kulübesi** *n* call box, phonebox

kulüp [kulyp] *n* club; **gece kulübü** *n* nightclub; **İyi bir kulüp biliyor musunuz?** Where is there a good club?

kum [kum] *n* grit, sand; **kum havuzu** *n* sandpit; **kum tepesi** *n* sand dune; **kumdan kale** *n* sandcastle

kumanda [kumanda] *n*, *v* uazaktan kumanda *n* remote control; **uzaktan kumandalı** *adj* radio-controlled; **Kumanda kilitlendi** The controls have jammed; **Kumandaların nasıl çalıştığını gösterir misiniz?** Can you show me how the controls work?

kumar [kumar] *n* gambling ▷ *v* **kumar oynamak** *v* gamble

kumarcı [kumardʒə] *n* gambler

kumarhane [kumarhane] *n* casino

kumaş [kumaʃ] *n* cloth, fabric

kumaşı [kumaʃə] *n* blucin kumaşı *n* denim

kumbara [kumbara] *n* piggybank

kumpir [kumpir] **(kumpirler)** *n* baked potato, jacket potato

kumral [kumral] *adj* auburn

kumsal [kumsal] *n* beach; **Buraya yakın sakin bir kumsal var mı?** Is there a quiet beach near here?

kumtaşı [kumtaʃə] *n* sandstone

kundaklama [kundaklama] *n* arson

kunduz [kunduz] *n* beaver

kupa [kupa] *n* (kahve) mug, (spor) trophy; **Dünya Kupası** *n* World Cup

kupkuru [kupkuru] *adj* bone dry

kupon [kupon] *n* voucher

kur [kur] *n* (para) currency; **döviz kuru** *n* exchange rate, rate of exchange

kura [kura] *n* draw (lottery)

kuraklık [kuraklək] *n* drought

kural [kural] *n* rule; **ahlak kuralları** *npl* morals; **trafik kuralları** *n* Highway Code

kuram [kuram] *n* theory

Kuran [kuran] *n* Koran

kurbağa [kurba:a] *n* frog; **kara kurbağa** *n* toad

kurbağalama [kurba:alama] *n* (yüzme) breaststroke

kurban [kurban] *n* (kişi) victim

kurdele [kurdele] *n* ribbon

kurgu [kurgu] *n* fiction; **bilim kurgu** *n* science fiction

kurmak [kurmak] *v* iletişim kurmak *v* communicate; **temas kurmak** *v* contact

kurnaz [kurnaz] *adj* cunning, sly

kurs [kurs] *n* course; **eğitim kursu** *n* training course

kursiyer [kursijer] *n* trainee

kurşun [kurʃun] *n* (metal) lead (metal), (silah) bullet; **kurşun**

kalem n pencil; **kurşunsuz benzin** n unleaded petrol

kurşunsuz [kurʃunsuz] adj lead-free ⊳ n unleaded; **...lık kurşunsuz benzin lütfen** ... worth of premium unleaded, please

kurt [kurt] **(kurtlar)** n wolf; **kurt gibi aç** adj ravenous

kurtarma [kurtarma] n rescue

kurtarmak [kurtarmak] v rescue, save; **kurtarma aracı** n breakdown van

kurtçuk [kurttʃuk] n grub

kuru [kuru] adj dried, dry; **kız kurusu** n spinster; **kuru üzüm** n raisin, sultana; **kuru erik** n prune; **kuru temizleme** n dry-cleaning; **Bunu kuru temizleyiciye vermek istiyorum** I need this dry-cleaned

kurul [kurul] n board (meeting)

kurulamak [kurulamak] v dry; **kurulama bezi** n dishcloth; **kurulama havlusu** n dish towel

kurum [kurum] n (enstitü) institution; **iş bulma kurumu** n job centre

kuru temizleyici [kurutemizlejidʒi] n dry-cleaner's

kurutmak [kurutmak] v dry; **çamaşır kurutma makinesi** n spin dryer; **Çamaşırlarımı kurutabileceğim bir yer var mı?** Is there somewhere to dry your clothes?

kurutucu [kurutudʒu] n dryer

kurye [kurje] n courier; **Kuryeyle göndermek istiyorum** I want to send this by courier

kusmak [kusmak] v throw up,

vomit; **Kusuyor** She has been sick

kusur [kusur] n defect, flaw

kuş [kuʃ] n bird; **ardıç kuşu** n thrush; **balıkçıl kuşu** n heron; **guguk kuşu** n cuckoo; **kuş gözleme** n birdwatching; **kuş gribi** n bird flu; **muhabbet kuşu** n budgerigar; **tavus kuşu** n peacock; **yırtıcı kuş** n bird of prey

kuşak [kuʃak] n (jenerasyon) generation; **burçlar kuşağı** n zodiac

kuşet [kuʃet] n couchette; **kuşetli vagon** n sleeping car; **a bir kuşetli bilet ayırtmak istiyorum** I want to book a sleeper to...; **Kuşetlide yer ayırtabilir miyim?** Can I reserve a sleeper?

kuşkonmaz [kuʃkonmaz] n asparagus

kuşku [kuʃku] n doubt ⊳ v **kuşku duymak** v doubt; **kuşku götürmez bir şekilde** adv undoubtedly; **kuşku ve gerilimli bekleyiş** n suspense

kuşkulanmak [kuʃkulanmak] v suspect

kuşkulu [kuʃkulu] adj doubtful, dubious, sceptical, suspicious

kuşüzümü [kuʃyzymy] n blackcurrant, currant

kutlama [kutlama] n celebration

kutlamak [kutlamak] v celebrate, congratulate

kutsal [kutsal] adj holy, sacred; **Kutsal Cuma** n Good Friday

kutsamak [kutsamak] v bless

kutu [kutu] n box; **çöp kutusu** n litter bin; **buz kutusu** n icebox; **ekmek kutusu** n bread bin; **gelen**

kutusu n inbox; **karton kutu** n carton; **kutu açacağı** n can-opener, tin-opener; **kutulanmış konserve** adj tinned; **şişe geri dönüşüm kutusu** n bottle bank; **posta kutusu** n letterbox, mailbox, postbox; **sigorta kutusu** n fuse box; **teneke kutu** n canister; **vites kutusu** n gear box

kutulanmış [kutulanməʃ] adj canned

kutup [kutup] adj polar; **kutup ayısı** n polar bear

Kutup [kutup] n Pole; **Güney Kutbu** n South Pole, the Antarctic, Antarctica; **Kuzey Kutbu** n North Pole, the Arctic

Kuveyt [kuvejt] adj Kuwaiti ⊳ n Kuwait

Kuveytli [kuvejtli] n Kuwaiti

Kuvvet [kuvvet] n strength, power, force; **Hava Kuvvetleri** n Air Force

kuvvetli [kuvvetli] adv strongly

kuyruk [kujruk] n (hayvan vb) tail, (insan sırası) queue ⊳ v **kuyruğa girmek** v queue; **kuyruklu yıldız** n comet; **Kuyruğun sonu burası mı?** Is this the end of the queue?

kuyu [kuju] n well; **petrol kuyusu** n oil well

kuyumcu [kujumdʒu] n jeweller; **kuyumcu dükkanı** n jeweller's

kuzen [kuzen] n cousin

kuzey [kuzej] adj north, northern ⊳ n north; **kuzeye doğru** adj northbound; **Kuzey Afrika** adj North Africa, North African; **Kuzey Afrikalı** n North African;

Kuzey Amerika adj North America, North American; **Kuzey Amerikalı** n North American; **Kuzey İrlanda** n Northern Ireland; **Kuzey Buzul Kuşağı** n Arctic Circle; **Kuzey Denizi** n North Sea; **Kuzey Kore** n North Korea; **Kuzey Kutbu** n North Pole, the Arctic; **Kuzey Okyanusu** n Arctic Ocean

kuzeybatı [kuzejbatə] n northwest

kuzeyde [kuzejde] adv north

kuzeydoğu [kuzejdou:] n northeast

kuzgunî [kuzguni:] n raven

kuzu [kuzu] n lamb

Küba [kyba] adj Cuban ⊳ n Cuba

Kübalı [kybalə] n Cuban

kübik [kybik] adj cubic

küçük [kytʃyk] adj minute, small ⊳ n little, minor; **küçük halı** n rug; **küçük Hindistan cevizi** n nutmeg; **küçük ilanlar** npl small ads; **küçük sandal** n dinghy; **yaşça küçük** adj junior; **Çok küçük** It's too small; **Bunun bir küçük bedeni var mı?** Do you have this in a smaller size?; **Küçük beden var mı?** Do you have a small?

küf [kyf] n mould (fungus)

küflü [kyfly] adj mouldy

küfretmek [kyfretmek] v swear

küfür [kyfyr] n curse, swearword

kül [kyl] n yanıp kül olmak v burn down; **Kül tablası alabilir miyim?** May I have an ashtray?

küllük [kyllyk] n ashtray

külot [kylot] npl briefs, panties,

pants, *(kadın)* knickers; **külotlu çorap** *npl* tights
kültür [kyltyr] *n* culture; **genel kültür** *n* general knowledge
kültürel [kyltyrel] *adj* cultural
küp [kyp] *n* cube; **küp buz** *n* ice cube
küpe [kype] *n* earring
kürdan [kyrdan] *n* toothpick; **kürdan gibi** *adj* skinny
kürek [kyrek] *n* oar, shovel, spade; **kısa kürek** *n* paddle; **kürek çekmek** *v* row *(in boat)*; **kürek kemiği** *n* shoulder blade; **kürek sporu** *n* rowing; **kürek teknesi** *n* rowing boat
küresel [kyresel] *adj* global; **küresel ısınma** *n* global warming
küreselleşme [kyreselleʃme] *n* globalization
kürk [kyrk] *n* fur, *(giysi)* fur coat
kürtaj [kyrtaʒ] *n* abortion
kütle [kytle] *n* mass *(amount)*
kütüphane [kytyphane] *n* library
kütüphaneci [kytyphanedʒi] *n* librarian
küvet [kyvet] *n* bathtub

labirent [labirent] *n* maze
laboratuvar [laboratuvar] *n* lab, laboratory; **dil laboratuvarı** *n* language laboratory
lacivert [ladʒivert] *adj* navy-blue
lagün [lagyn] *n* lagoon
lağım [la:əm] *adj* **lağım borusu** *n* sewer
lahana [lahana] *n* cabbage; **Brüksel lahanası** *npl* sprouts; **lahana salatası** *n* coleslaw
lake [lake] *n* lacquer
lale [lalje] *n* tulip
lamba [ljamba] *n* lamp; **ön lamba** *n* headlamp, headlight; **başucu lambası** *n* bedside lamp; **fren lambası** *n* brake light; **kontrol lambası** *n* pilot light; **lamba direği** *n* lamppost; **sis lambası** *n* fog light; **sokak lambası** *n* streetlamp; **spot lambası** *n* spotlight; **yan lambalar** *n*

sidelight; **Lamba çalışmıyor**
The lamp is not working
lanet [lanet] *adj* damn
Laos [laos] *n* Laos
larenjit [larenʒit] *n* laryngitis
larva [larva] *n* maggot
lastik [lastik] *n* elastic, rubber,
tyre; **iç lastik** *n* inner tube; **lastik
çizme** *npl* wellies; **lastik çizmeler**
npl wellingtons; **lastik bant** *n*
elastic band; **lastik eldiven** *npl*
rubber gloves; **lastik spor
ayakkabısı** *npl* trainers; **Lastiğim
indi/Lastiğim patladı** I have a flat
tyre; **Lastik patladı** The tyre has
burst; **Lastikleri kontrol eder
misiniz lütfen?** Can you check
the tyres, please?
Latin [ljatin] *n* Latin; **Latin
Amerika** Latin America, Latin
American
Latviya [ljatvija] *adj* Latvian ▷ *n*
Latvia
lav [lav] *n* lava
lavabo [lavabo] *n* sink, washbasin;
Lavabo kirli The washbasin is
dirty
lavanta [lavanta] *n* lavender
lazer [lazer] *n* laser
lazımlık [lazəmlək] *n* potty
leğen [le:en] *n* basin; **leğen
kemiği** *n* pelvis
leke [leke] *n* smudge, stain;
leke çıkarıcı *n* stain remover;
Bu lekeyi çıkarabilir misiniz?
Can you remove this stain?;
Kahve lekesi This stain is coffee;
Kan lekesi This stain is blood;
Şarap lekesi This stain is wine;
Yağ lekesi This stain is oil

lekelemek [lekelemek] *v* stain
lens [lens] *n* lens; **kontakt lens** *npl*
contact lenses; **Lens solüsyonu**
cleansing solution for contact
lenses; **Lens takıyorum** I wear
contact lenses
leopar [leopar] *n* leopard
leotard [leotard] *n* leotard
Letonca [letondʒa] *n* (dil) Latvian
(language)
Letonyalı [letonjalə] *n* (kişi)
Latvian (person)
leydi [lejdi] *n* lady
leylak [lejlak] *n* lilac; **leylak renkli**
adj lilac; **pembemsi leylak rengi**
adj mauve
lezzet [lezzet] *n* flavour; **lezzet
katıcı** *n* flavouring
lezzetli [lezzetli] *adj* delicious,
tasteful, tasty
Liberya [liberja] *adj* Liberian ▷ *n*
Liberia
Liberyalı [liberjalə] *n* Liberian
Libya [libja] *adj* Libyan ▷ *n* Libya
Libyalı [libjalə] *n* Libyan
lider [lider] *n* leader
lig [lig] *n* league
Lihtenştayn [lihtenʃtajn] *n*
Liechtenstein
likör [likør] *n* liqueur; **Likör olarak
neleriniz var?** What liqueurs do
you have?
liman [liman] *n* harbour, port
(ships); **yat limanı** *n* marina
limit [limit] *n* limit; **bagaj limiti** *n*
baggage allowance; **Bagaj limiti
ne kadar?** What is the baggage
allowance?; **Bu yolda hız limiti
nedir?** What is the speed limit on
this road?

limon [limon] *n* lemon; **limon kabuğu** *n* zest *(lemon-peel)*; **yeşil limon** *n* lime *(fruit)*; **limonlu** with lemon

limonata [limonata] *n* lemonade; **Bir bardak limonata lütfen** A glass of lemonade, please

limonluk [limonluk] *n* conservatory

limuzin [limuzin] *n* limousine

lisans [lisans] *n* licence, certificate; **lisans derecesi** *(edebiyat)* abbr BA

liste [liste] *n* list; **adres listesi** *n* mailing list; **ön eleme listesi** *n* shortlist; **bekleme listesi** *n* waiting list; **fiyat listesi** *n* price list; **liste harici** *adj* unlisted; **şarap listesi** *n* wine list; **Şarap listesi lütfen** The wine list, please

listelemek [listelemek] *n* list

litre [litre] *n* litre

Litvanca [litvandʒa] *n (dil)* Lithuanian *(language)*

Litvanya [litvanja] *adj* Lithuanian ▷ *n* Lithuania

Litvanyalı [litvanjalə] *n (kişi)* Lithuanian *(person)*

lobi [lobi] *n* lobby; **Lobide buluşuruz** I'll meet you in the lobby

logo [logo] *n* logo

lokal [lokal] *n* **lokal anestezi** *n* local anaesthetic

lokanta [lokanta] *n* restaurant; **lokanta müşterisi** *n* diner

lolipop [lolipop] *n* lollipop, lolly

Londra [londra] *n* London

losyon [losjon] *n* lotion; **bronzlaşma losyonu** *n* suntan

lotion; **traş losyonu** *n* aftershave; **yüz temizleme losyonu** *n* cleansing lotion

loş [loʃ] *adj* dim

lösemi [løsemi] *n* leukaemia

lunapark [lunapark] *n* funfair

Lübnan [lybnan] *n* Lebanon

Lübnanlı [lybnanlə] *n* Lebanese

lüks [lyks] *adj* luxurious ▷ *n* luxury

Lüksemburg [lyksemburg] *n* Luxembourg

lütfen [lytfen] *excl* please; **Lütfen Arka Sayfaya Bakınız** *abbr* PTO *(please turn over)*; **... koymayın lütfen** I'd like it without..., please; **Adresi yazar mısınız lütfen?** Will you write down the address, please?; **buzlu lütfen** With ice, please; **Binmeme yardım eder misiniz lütfen?** Can you help me get on, please?; **Biraz daha yavaş konuşabilir misiniz lütfen?** Could you speak more slowly, please?; **Burada durun lütfen** Stop here, please; **Burada ineyim lütfen** Please let me off; **Buranın sahibiyle konuşabilir miyim lütfen** Could I speak to the owner, please?; **Daha yüksek sesle konuşabilir misiniz lütfen?** Could you speak louder, please?; **Deneyebilir miyim lütfen?** Can I test it, please?; **Gecikeceğiniz zaman lütfen bize haber verin** Please call us if you'll be late; **Hesabı alalım lütfen** Please bring the bill; **Lütfen bana bir iğne yapın** Please give me an injection; **Lütfen beni bekleyin** Please wait for me; **Lütfen durun** Please stop the bus; **Menü lütfen** The menu, please; **Sarar mısınız lütfen?** Could you wrap it up for me, please?; **Tekrar eder misiniz lütfen?** Could you repeat that, please?; **Temiz bir kaşık alabilir miyim lütfen?** Could I have a clean spoon, please?; **Tuzu uzatır mısınız lütfen?** Pass the salt, please; **Yanında ekstra... istiyorum lütfen** I'd like it with extra..., please; **Yazabilir misiniz lütfen** Could you write that down, please?

maaş [maaʃ] *n* pay, salary; **emekli maaşı** *n* pension; **yüksek maaşlı** *adj* well-paid
mabed [mabed] *n* shrine
Macar [madʒar] *adj* Hungarian ▷ *n* Hungarian
Macaristan [madʒaristan] *n* Hungary
macera [madʒera] *n* adventure
maceraperest [madʒeraperest] *adj* adventurous
macun [madʒun] *n* paste; **diş macunu** *n* toothpaste
maç [matʃ] *n* match *(sport)*; **futbol maçı** *n* football match; **kendi sahasında maç** *n* home match; **rakip sahada maç** *n* away match; **Futbol maçı görmek isterdim** I'd like to see a football match
Madagaskar [madagaskar] *n* Madagascar
madalya [madalja] *n* medal

madalyon [madaljon] *n* locket, medallion

madam [madam] *n* madam

madde [madde] *n* stuff, substance, *(dizi)* item, *(fizik)* matter, *(yasa vb)* clause; **katkı maddesi** *n* additive, preservative; **patlayıcı madde** *n* explosive; **yiyecek maddeleri** *npl* groceries

maden [maden] *n* mineral; **maden ocağı** *n* mine; **maden suyu** *n* mineral water, sparkling water; **Bir şişe maden suyu** a bottle of mineral water

madenci [madendʒi] *n* miner

madencilik [madendʒilik] *n* mining

madensel [madensel] *adj* mineral

mafsal [mafsal] *n* joint; **mafsal iltihabı** *n* arthritis

magazin [magazin] *n* online **magazin** *n* webzine

mağara [ma:ara] *n* cave

mağaza [ma:aza] *v* large shop; **büyük mağaza** *n* department store

mahalle [mahalle] *n* neighbourhood

mahcup [mahdʒup] *adj* ashamed

mahkeme [mahkeme] *n* court, tribunal

mahkum [mahkum] *n* prisoner ▷ *v* **mahkum etmek** *v* sentence

mahvetmek [mahvetmek] *v* ruin

mahvolmuş [mahvolmuʃ] *adj* devastated

mahzen [mahzen] *n* cellar

makale [makale] *n* article

makara [makara] *n* reel

makarna [makarna] *n* pasta ▷ *npl* macaroni

makas [makas] *npl* scissors, *(tırnak/saç/tel/çalı)* clippers; **tırnak makası** *n* nail scissors

makaslamak [makaslamak] *v* cut up

makine [makine] *n* engine, machine; **çamaşır kurutma makinesi** *n* spin dryer, tumble dryer; **çamaşır makinesi** *n* washing machine; **çim biçme makinesi** *n* lawnmower, mower; **bulaşık makinesi** *n* dishwasher; **cep hesap makinesi** *n* pocket calculator; **dijital fotoğraf makinesi** *n* digital camera; **dikiş makinesi** *n* sewing machine; **ekmek kızartma makinesi** *n* toaster; **fotoğraf makinesi** *n* camera; **fotokopi makinesi** *n* photocopier; **hesap makinesi** *n* calculator; **jetonlu makine** *n* slot machine; **makinede yıkanabilir** *n* machine washable; **makineli tüfek** *n* machine gun; **otomatik satış makinesi** *n* vending machine; **saç kurutma makinesi** *n* hairdryer; **slot makinesi** *n* fruit machine; **traş makinesi** *n* shaver; **Çamaşır makinesi nasıl çalışıyor?** How does the washing machine work?; **Bilet makinası çalışmıyor** The ticket machine isn't working; **Bilet makinası nasıl çalışıyor?** How does the ticket machine work?; **Bilet makinası nerede?** Where is the ticket machine?; **Bu kartı bu makinede kullanabilir miyim?**

Can I use my card with this cash machine?; **Kullanabileceğim bir faks makinesi var mı?** Is there a fax machine I can use?; **Makine kartımı yuttu** The cash machine swallowed my card

maksat [maksat] n purpose

maksimum [maksimum] n maximum

makul [makul] adv reasonably

Malawi [malavi] n Malawi

Malezya [malezja] adj Malaysian ▷ n Malaysia

Malezyalı [malezjalə] n Malaysian

mali [mali] adj financial, fiscal; **mali açıklık** n shortfall; **mali destek** n sponsorship; **mali destek sağlamak** v subsidize; **mali yıl** n financial year, fiscal year

malikane [malikane] n estate, stately home

mallar [mallar] npl goods

malt [malt] n **malt viskisi** n malt whisky

Malta [malta] adj Maltese ▷ n Malta; **Malta dili** (dil) n Maltese (language)

Maltalı [maltalə] n (kişi) Maltese (person)

malzeme [malzeme] n ingredient, material; **makyaj malzemeleri** npl toiletries; **makyaj malzemesi** npl cosmetics; **malzeme temin etme** n supply

mama [mama] n **mama önlüğü** n

bib; **Mama sandalyeniz var mı?** Do you have a high chair?

mamut [mamut] n mammoth

manastır [manastər] n abbey, convent, monastery; **Manastır halka açık mı?** Is the monastery open to the public?

manav [manav] n greengrocer's

manda [manda] n buffalo

mandal [mandal] n **çamaşır mandalı** n clothes peg

mandalina [mandalina] n clementine, mandarin (fruit), tangerine

mandıra [mandəra] n dairy

manevi [manevi] adj spiritual

mangetout [mangetout] n mangetout

mango [mango] n mango

manikür [manikyr] n manicure ▷ v **manikür yapmak** n manicure

manken [maŋen] n **vitrin mankeni** n dummy

mantar [mantar] n (botanik) mushroom, (botanik) toadstool, (eşya) cork

mantık [mantək] n reason

mantıklı [mantəklə] adj logical, reasonable

mantıksız [mantəksəz] adj unreasonable

manyak [manjak] n madman, maniac

manzara [manzara] n landscape, scenery; **güzel manzaralı yer** n beauty spot

Maori [maori] adj Maori ▷ n (kişi) Maori (person); **Maori dili** (dil) n Maori (language)

marangoz [marangoz] n carpenter

marangozluk [marangozluk] *n*
carpentry

maraton [maraton] *n* marathon

margarin [margarin] *n* margarine

marka [marka] *n* brand, brand
name, *(ticaret)* trademark

marker [marker] *n* highlighter

market [market] *n* **market
arabası** *n* shopping trolley

Marksizm [marksizm] *n* Marxism

marmelat [marmelat] *n*
marmalade

marş [marʃ] *n* anthem; **milli marş**
n national anthem

Mart [mart] *n* March

martı [martə] *n* seagull

marul [marul] *n* lettuce

masa [masa] *n* table *(furniture)*;
masa örtüsü *n* tablecloth; **masa
tenisi** *n* table tennis; **servis
masası** *n* trolley; **tuvalet masası**
n dressing table; **Dört kişilik bir
masa lütfen** A table for four
people, please

masaj [masaʒ] *n* massage

masal [masal] *n* story, tale; **peri
masalı** *n* fairytale

masif [masif] *adj* massive

maske [maske] *n* mask

maskeli [maskeli] *adj* masked

masraf [masraf] *n* expense;
işletme masrafları *npl* overheads

masraflar [masraflar] *npl* expenses

masum [masum] *adj* innocent

maşa [maʃa] *n* **saç maşası** *npl*
straighteners

matara [matara] *n* **cep matarası**
n flask

matbaacı [matbaadʒə] *n*
printer *(person)*

matem [matem] *n* mourning

matematik [matematik] *npl*
mathematics, maths

matematiksel [matematiksel]
adj mathematical

matine [matine] *n* matinée; **Sekiz
matinesine iki bilet lütfen** two
for the eight o'clock showing

matkap [matkap] *n* drill;
pnömatik matkap *n* pneumatic
drill

maun [maun] *n* mahogany

mavi [mavi] *adj* blue

mavna [mavna] *n* barge

maya [maja] *n* yeast

maydanoz [majdanoz] *n* parsley

Mayıs [majəs] *n* May

maymun [majmun] *n* monkey

mayo [majo] *n* bathing suit,
swimming costume, swimsuit

mayonez [majonez] *n*
mayonnaise

mecburi [medʒburi] *adj* **mecburi
yön** *(trafik)* *n* diversion

meclis [medʒlis] *n (belediye vb)*
council; **belediye meclis üyesi** *n*
councillor

medeni [medeni] *adj* **medeni hal**
n marital status

meditasyon [meditasjon] *n*
meditation

medya [medja] *npl* media

mega [mega] *adj* mega

mekanik [mekanik] *adj*
mechanical

mekanizma [mekanizma] *n*
machinery, mechanism

Mekke [mekke] *n* Mecca

Meksika [meksika] *n* Mexico

Meksikalı [meksikalə] *n* Mexican

mektup [mektup] *n* letter
(*message*); **Bu mektubu
postalamak istiyorum** I'd like to
send this letter

melankoli [melaŋoli] *npl* blues

melas [melas] *n* treacle

melek [melek] *n* angel

melez [melez] *n* mongrel

melodi [melodi] *n* melody, tune

memeli [memeli] *n* mammal

memnun [memnun] *adj* glad,
pleased; **kendinden memnun** *adj*
smug

memur [memur] *n* official,
employee; **Çin'de yüksek memur**
n mandarin (*official*); **görevli
memur** (*polis/asker*) *n* officer;
gümrük memuru *n* customs
officer; **tasfiye memuru** *n*
receiver (*person*); **trafik memuru**
n traffic warden

mendil [mendil] *n* handkerchief,
hankie; **ıslak bebek mendili** *n*
baby wipe; **kağıt mendil** *n* tissue
(*anatomy*), tissue (*paper*)

menenjit [meneŋʒit] *n* meningitis

menopoz [menopoz] *n*
menopause

mensup [mensup] *n* ordu
mensubu *n* (*erkek*) serviceman,
(*kadın*) servicewoman

menteşe [menteʃe] *n* hinge

menü [meny] *n* menu; **Çocuk
menüsü var mı?** Do you have a
children's menu?; **Fiks menü
alalım** We'll take the set menu;
Fiks menü ne kadar? How much
is the set menu?; **Fiks menünüz
var mı?** Do you have a set-price
menu?; **Menü lütfen** The menu,

please; **Tatlı menüsü lütfen**
The dessert menu, please

menzil [menzil] *n* **kısa menzilli
silah** *n* shotgun

merak [merak] *n* curiosity ▷ *v*
merak etmek *v* wonder

meraklı [meraklə] *adj* curious,
inquisitive, nosy

mercan [merdʒan] *n* coral

mercanköşk [merdʒanøʃk]
marjoram, (*yabani*) oregano

mercimek [merdʒimek] *npl* lentils

merdiven [merdiven] *n* staircase;
ayaklı merdiven *n* stepladder;
merdiven başı *n* landing; **taşınır
merdiven** *n* ladder; **yürüyen
merdiven** *n* escalator

merdivenler [merdivenler] *npl*
stairs

merhaba [merhaba] *excl* hello!

merhamet [merhamet] *n* mercy

merhem [merhem] *n* ointment

merkez [merkez] *n* centre ▷ *npl*
headquarters; **alışveriş merkezi**
n shopping centre; **çağrı merkezi**
n call centre; **bahçe merkezi** *n*
garden centre; **eğlence merkezi**
n leisure centre; **genel merkez** *n*
HQ; **kent merkezi** *adv* city centre;
kent merkezinde *adv* downtown;
şehir merkezi *n* town centre;
merkezi ısıtma *n* central heating;
yönetim merkezi *n* head office;
ziyaretçi merkezi *n* visitor
centre; **Kent merkezine lütfen**
Please take me to the city centre;
**Şehir merkezinden ne kadar
uzaktayız?** How far are we from
the town centre?; **Şehir
merkezine en kolay nasıl**

gidebilirim? What's the best way to get to the city centre?

merkezi [merkezi] *adj* central

mermer [mermer] *n* marble

mesafe [mesafe] *n* distance, space; **kısa mesafe hız koşusu** *n* sprint; **kısa mesafe koşucusu** *n* sprinter

mesai [mesai] *n* work; **fazla mesai** *n* overtime

mesaj [mesaʒ] *n* message, text message; **mesaj atmak** *v* text; **Bana mesaj var mı?** Are there any messages for me?; **Mesaj bırakabilir miyim?** Can I leave a message?; **Sekreterine mesaj bırakabilir miyim?** Can I leave a message with his secretary?

mesele [mesele] *n* issue

meskun [meskun] *adj* residential; **meskun olmayan** *adj* uninhabited

meslek [meslek] *n* occupation (*work*), profession

meslekdaş [meslekdaʃ] *n* colleague

mesleki [mesleki] *n* vocational

meşe [meʃe] *n* oak; **meşe palamudu** *n* acorn

meşgul [meʃgul] *adj* busy; **meşgul sinyali** *n* busy signal, engaged tone; **Kusura bakmayın, meşgulüm** Sorry, I'm busy

metabolizma [metabolizma] *n* metabolism

metal [metal] *n* metal; **metal çekirdek** *n* pellet

metazori [metazori] *adj* compulsory

Methodist [methodist] *adj*

Methodist mezhebine ait *n* Methodist

metin [metin] *n* text

metre [metre] *n* metre; **şerit metre** *n* tape measure

metres [metres] *n* mistress

metrik [metrik] *adj* metric

metro [metro] *n* underground, tube; **metro istasyonu** *n* metro station, tube station; **Bir metro haritası lütfen** Could I have a map of the tube, please?; **Buraya en yakın metro istasyonu nerede?/En yakın metro istasyonu nerede?** Where is the nearest tube station?; **En yakın metro istasyonuna nasıl gidebilirim?** How do I get to the nearest tube station?; **Metro haritası var mı?** Do you have a map of the tube?

mevsim [mevsim] *n* season

mevsimlik [mevsimlik] *n* seasonal

mevzuat [mevzuat] *n* legislation

meydan [mejdan] *n* **meydan okuma** *v* challenge

meyve [mejve] *n* fruit (*botany*), fruit (*collectively*); **çalı meyvesi** *n* berry; **meyve bahçesi** *n* orchard; **meyve salatası** *n* fruit salad; **meyve suyu** *n* fruit juice, juice; **çarkıfelek meyvası** *n* passion fruit; **meyva kabuğu** *n* peel

mezar [mezar] *n* grave; **mezar taşı** *n* gravestone

mezarlık [mezarlək] *n* cemetery, graveyard

mezgit [mezgit] *n* whiting; **mezgit balığı** *n* haddock

mezhep [meshep] n sect;
Methodist mezhebine ait n
Methodist; **Quaker
mezhebinden** n Quaker

mezun [mezun] n **üniversite
mezunu** n graduate,
undergraduate

mezuniyet [mezunijet] n
graduation

mıknatıs [məknatəs] n magnet

mıknatıslı [məknatəslə] adj
magnetic

mırıldanmak [mərəldanmak] v
mutter, (kedi gibi) purr

mısır [məsər] b maize ⊳ n (sebze)
corn; **bebe mısır** n sweetcorn;
mısır gevreği n cornflakes; **mısır
nişastası** n cornflour; **patlamış
mısır** n popcorn

Mısır [məsər] adj Egyptian ⊳ n
(ülke) Egypt

Mısırlı [məsərlə] n Egyptian

mızrak [məzrak] n javelin

mide [mide] n stomach; **mide
ağrısı** n stomachache; **mide
bulandırıcı** adj sickening; **mide
ekşimesi** n heartburn

midilli [midilli] n pony

midye [midje] n mussel

migren [migren] n migraine

mikroçip [mikrotʃip] n microchip

mikrodalga [mikrodalga] n
mikrodalga fırın n microwave
oven

mikrofon [mikrofon] n
microphone, mike; **Mikrofon var
mı?** Does it have a microphone?

mikrop [mikrop] n germ

mikroskop [mikroskop] n
microscope

mikser [mikser] n blender,
liquidizer, mixer

miktar [miktar] n amount,
quantity; **miktar belirtmek** v
quantify

mil [mil] n mile; **mil ölçer** n
mileometer; **mil hesabıyla
uzaklık** n mileage

milenyum [milenjum] n
millennium

milföy [milføj] n **milföy hamuru**
n puff pastry

milimetre [milimetre] n
millimetre

milkshake [milkshake] n
milkshake

millet [millet] n nation; **Birleşmiş
Milletler** n UN, United Nations

milli [milli] adj **milli marş** n
national anthem; **milli park** n
national park

mil/saat [milsaat] abbr mph

milyar [miljar] n billion

milyon [miljon] n million

milyoner [miljoner] n millionaire

mimar [mimar] n architect; **iç
mimar** n interior designer

mimarlık [mimarlək] n
architecture

mini [mini] adj mini; **mini etek** n
miniskirt

minibar [minibar] n minibar

minibüs [minibys] n minibus

minimum [minimum] adj
minimum; **Minimum bağlanma
süresi ne kadar?** What's the
minimum amount of time?

minyatür [minjatyr] adj
miniature ⊳ n miniature

miras [miras] n heritage,

inheritance; **miras almak** v inherit

misafir [misafir] n guest, visitor; **davetsiz misafir** n intruder

misyoner [misjoner] n missionary

miting [miting] n rally

mitoloji [mitoloʒi] n mythology

miyop [mijop] adj near-sighted, short-sighted

mizah [mizah] n humour; **mizah dergisi** n comic book; **mizah duygusu** n sense of humour

MMS [ememes] n MMS

mobil [mobil] n mobile

mobilya [mobilja] n furniture

mobilyalı [mobiljalə] adj furnished

moda [moda] n fashion; **eski moda** adj old-fashioned; **moda akımı** n trend; **modası geçmiş** adj obsolete; **modaya uygun** adj fashionable, trendy; **modaya uymayan** adj unfashionable

model [model] n model ▷ v **modelini yapmak** v model; **saç modeli** n hairdo, hairstyle

modem [modem] n modem

modern [modern] adj modern; **modern diller** npl modern languages

modernize [modernize] v **modernize etmek** v modernize

modül [modyl] n module

Moğol [moɣol] adj Mongolian

Moğolca [moɣolʒa] n (dil) Mongolian (language)

Moğolistan [moɣolistan] n Mongolia

mola [mola] n break; **yemek molası** n lunch break; **Ne zaman mola veriyoruz?** When do we stop next?; **Yemek molası ne zaman?** Where do we stop for lunch?

Moldova [moldova] adj Moldovan ▷ n Moldova

Moldovalı [moldovalə] n Moldovan

molekül [molekyl] n molecule

Monako [monako] n Monaco

Mongolistanlı [mongolistanlə] n (kişi) Mongolian (person)

moped [moped] n moped; **Moped kiralamak istiyorum** I want to hire a moped

mor [mor] adj purple

moral [moral] n morale

morfin [morfin] n morphine

morg [morg] n morgue

morina [morina] n **morina balığı** n cod

Moritanya [moritanja] n Mauritania

Morse [morse] n (alfabe) Morse

motel [motel] n motel

motivasyon [motivasjon] n motivation

motor [motor] n motor; **arama motoru** n search engine; **deniz motoru** n motorboat; **motor kapağı** n bonnet (car); **motor teknisyeni** n motor mechanic; **sürat motoru** n speedboat

motorsiklet [motorsiklet] n **Motosiklet kiralamak istiyorum** I want to hire a motorbike

motosiklet [motosiklet] n motorbike, motorcycle

motosikletçi [motosiklettʃi] n motorcyclist

mozaik [mozaik] n mosaic

Mozambik [mozambik] n
Mozambique

mönü [møny] n menu; **fiks mönü**
n set menu

MP3 [empi:ytʃ] n **MP3 çalar** n MP3
player

MP4 [empi:dørt] n **MP4 çalar** n
MP4 player

MS [ms] abbr AD ▷ n (hastalık) MS

muamele [muamele] n
treatment; **kötü muamele
etmek** v ill-treat

muazzam [muazzam] adj
enormous

mucit [mudʒit] n inventor

mucize [mudʒize] n miracle

muhabbet [muhabbet] n
muhabbet kuşu n budgerigar;
muhabbet kuşu n budgie

muhabir [muhabir] n
correspondent, reporter

muhafazakâr [muhafazaka:r]
adj conservative

muhakkak [muhakkak] adv
surely

muhalefet [muhalefet] n
opposition

muharebe [muharebe] n battle;
muharebe zırhlısı n battleship

muhasebeci [muhasebedʒi] n
accountant

muhasebecilik
[muhasebedʒilik] n accountancy

muhbir [muhbir] n grass
(informer)

muhteşem [muhteʃem] adj
superb

muhteviyat [muhtevijat] n
content ▷ npl contents (list)

mukavva [mukavva] n cardboard,
hardboard

muktedir [muktedir] adj able,
capable

multipl skleroz n multiple
sclerosis

mum [mum] n candle; **mum boya**
n crayon

mumya [mumja] n mummy
(body)

Musevi [musevi] n Jew ▷ adj
Jewish; **Musevilerin Fısıh
Bayramı** n Passover

musluk [musluk] n tap; **musluk
deliği** n plughole; **musluk işleri** n
plumbing

muslukçu [musluktʃu] n plumber

muson [muson] n monsoon

muşamba [muʃamba] n **yer
muşambası** n lino

mutabık [mutabɪk] adj agreed

mutfak [mutfak] n kitchen; **hazır
mutfak** n fitted kitchen; **mutfak
dolabı** n dresser; **mutfak havlusu**
n tea towel; **mutfak robotu** n
food processor

mutlu [mutlu] adj happy; **Mutlu
Yıllar!** Happy New Year!

mutluluk [mutluluk] n bliss,
happiness

mutsuz [mutsuz] adj unhappy

muz [muz] n banana

mücadele [mydʒadele] n struggle

mücevher [mydʒevher] n gem,
jewel

mücevherat [mydʒevherat] n
jewellery

müdahale [mydahale] n
interruption

müdür [mydyr] n headteacher,

manager, principal, *(kadın)* manageress; **genel müdür** *n* managing director; **müdür yardımcısı** *n* deputy head; **Müdürle konuşmak istiyorum lütfen** I'd like to speak to the manager, please

müflis [myflis] *adj* bankrupt

müfredat [myfredat] *n* curriculum, syllabus

mühendis [myhendis] *n* engineer

mühendislik [myhendislik] *n* engineering

mühlet [myhlet] *n* notice *(termination)*

mühür [myhyr] *n* seal *(mark)*

mühürlemek [myhyrlemek] *v* seal

mükemmel [mykemmel] *adj* excellent, outstanding, perfect; **mükemmel bir şekilde** *adv* perfectly; **Yemek mükemmeldi** The lunch was excellent

mükemmellik [mykemmellik] *n* perfection

mülk [mylk] *n* property; **özel mülk** *n* private property; **devre mülk** *n* timeshare

mülkiyet [mylkijet] *n* possession

münazara [mynazara] *n* discussion

mürekkep [myrekkep] *n* ink

mürettebat [myrettebat] *n* crew; **kabin mürettebatı** *n* cabin crew

müshil [myshil] *n* laxative

müsli [mysli] *n* muesli

Müslüman [myslyman] *adj* Moslem, Muslim ▷ *n* Moslem, Muslim

Müslümanlık [myslymanlək] *n* Islam

müsrüf [mysryf] *v* **müsrüflük etmek** *v* squander

müstakil [mystakil] *adj* self-contained; **müstakil ev** *n* detached house

müstesna [mystesna] *adj* exceptional

müşterek [myʃterek] *adj* common

müşteri [myʃteri] *n* client, customer; **lokanta müşterisi** *n* diner

mütercim [myterdʒim] *n* interpreter

müteşekkir [myteʃekkir] *adj* grateful

müthiş [mythiʃ] *adj* terrific

müttefik [myttefik] *n* ally

müze [myze] *n* museum; **Müze öğleden sonra açık mı?** Is the museum open in the afternoon?; **Müze her gün açık mı?** Is the museum open every day?; **Müze ne zaman açık?** When is the museum open?; **Müze Pazar günleri açık mı?** Is the museum open on Sundays?; **Müze sabahları açık mı?** Is the museum open in the morning?

müzik [myzik] *adj* musical ▷ *n* music; **film müziği** *n* soundtrack; **halk müziği** *n* folk music; **kişisel müzik çalar** *n* personal stereo; **müzik aleti** *n* musical instrument; **müzik seti** *n* music centre; **Canlı müzik dinleyebileceğimiz bir yer var mı?** Where can we hear live music?

müzikal [myzikal] *n* musical

müzisyen [myzisjen] *n* musician, player *(instrumentalist)*; **Yerel müzisyenleri dinleyebileceğimiz bir yer var mı?** Where can we hear local musicians play?
müzmin [myzmin] *adj* obstinate
Myanmar [mjanmar] *n* Myanmar

nabız [nabəz] *n* pulse
nadiren [nadiren] *adv* rarely, scarcely, seldom
nahoş [nahoʃ] *adj* embarrassing
nakış [nakəʃ] *n* embroidery
nakil [nakil] *n* transfer; **kan nakli** *n* blood transfusion
nakit [nakit] *n* cash; **Üzerimde nakit yok** I don't have any cash; **Nakit almak için kartımı kullanabilir miyim?** Can I use my card to get cash?; **Nakit ödemelere indirim yapıyor musunuz?** Do you offer a discount for cash?
nakliye [naklije] *n* freight
nal [nal] *n* **at nalı** *n* horseshoe
namına [naməna] *n* on behalf of
namussuz [namussuz] *adj* bent *(inf: dishonest)*
nane [nane] *n (bitki/şeker)* mint *(herb/sweet)*; **nane şekeri** *n* peppermint

nankör [naŋør] *adj* ungrateful

nar [nar] *n* pomegranate

nasıl [nasɨl] *adj* what ▷ *adv* how; **... merkezine nasıl gidebilirim?** How do I get to the centre of…?; **... na nasıl gidebilirim?** How do I get to…?; **... na nasıl gidebiliriz?** How do we get to…?; **Bilet makinası nasıl çalışıyor?** How does the ticket machine work?; **Bu nasıl çalışıyor?** How does this work?; **Bu yemeği nasıl pişiriyorsunuz?** How do you cook this dish?; **Bunun nasıl yapıldığını biliyor musunuz?** Do you know how to do this?; **Hava yarın nasıl olacak?** What will the weather be like tomorrow?; **Kar nasıl?** What is the snow like?; **Kumandaların nasıl çalıştığını gösterir misiniz?** Can you show me how the controls work?; **Nasıl alacağım?** How should I take it?; **Nasıl okunuyor?** How do you pronounce it?; **Nasıl yazılıyor?** How do you spell it?; **Nasılsınız?** How are you?; **Oraya nasıl gidebilirim?** How do I get there?

nasılsa [nasɨlsa] *adv* somehow

NATO [nato] *abbr* NATO

naylon [najlon] *n* nylon; **naylon çorap** *n* stocking; **naylon torba** *n* plastic bag, polythene bag

nazik [nazik] *adj* polite; **Çok naziksiniz** That's very kind of you

ne [ne] *adj* what ▷ *conj* neither ▷ *pron* what; **ne yapacağı belli olmayan** *adj* unpredictable; **... a ne zaman varırız?** What time do we get to…?; **Adınız ne?** What's your name?; **Bu ne demek?** What does this mean?; **Bu nedir?** What is it?; **Bu yemeğin içinde ne var?** What is in this dish?; **Bunun içinde ne var?** What is in this?; **Burada neler yapabiliriz?** What is there to do here?; **Buraya özel ne var?** What is the house speciality?; **Ne giymem gerekiyor?** What should I wear?; **Ne içmek istersiniz?** What would you like to drink?; **Ne işle meşgulsünüz?** What do you do?; **Ne oldu?** What happened?; **Ne zaman kalkıyor?** What time does it leave?; **Otobüs ne zaman geliyor?** What time does the bus arrive?; **Otobüs ne zaman kalkacak?** What time does the bus leave?; **Sandviç olarak ne var?** What kind of sandwiches do you have?

neden [neden] *n* cause *(reason)*

nedime [nedime] *n* bridesmaid

nefes [nefes] *n* breath; **nefes alma** *n* breathing; **nefes almak** *v* breathe, breathe in; **nefes vermek** *v* breathe out

nefis [nefis] *adj* excellent; **Nefisti** That was delicious; **Yemek nefisti** The meal was delicious

nefret [nefret] *n* hatred ▷ *v* **nefret etmek** *v* hate; **nefret etmek** *v* resent

nehir [nehir] *n* river; **Nehirde tekne turu var mı?** Are there any boat trips on the river?; **Nehirde yüzülebilir mi?** Can one swim in the river?

nektarin [nektarin] *n* nectarine

nem [nem] n humidity, moisture

nemlendirici [nemlendiridʒi] n moisturizer

nemli [nemli] adj damp, humid

neon [neon] n neon

Nepal [nepal] n Nepal

nerede [nerede] adv where ▷ conj where; **Bunu nerede tamir ettirebilirim?** Where can I get this repaired?; **Duşlar nerede?** Where are the showers?; **Nerede buluşabiliriz?** Where can we meet?; **Nerede buluşalım?** Where shall we meet?; **Nerede kalıyorsunuz?** Where are you staying?; **Nerede oturuyorsunuz?** Where do you live?

nereden [nereden] pron, conj ... ın neresindensiniz? What part of... are you from?

neredeyse [neredejse] adv almost

nergiz [nergiz] n daffodil

nesne [nesne] n object

neşe [neʃe] n joy

neşeli [neʃeli] adj cheerful, jolly ▷ n smiley

net [net] adj, adv **net değil** adj unclear

netbol [netbol] n netball

network [netvork] n **şirketiçi network** n intranet

neyse [nejse] adv anyway

nice [nidʒe] adj **Nice Yıllara!** Happy birthday!

niçin [nitʃin] adv why

Nijer [niʒer] n Niger

Nijerya [niʒerja] adj Nigerian ▷ n Nigeria

Nijeryalı [niʒerjalə] n Nigerian

Nikaragua [nikaragua] adj Nicaraguan ▷ n Nicaragua

Nikaragualı [nikaragualə] n Nicaraguan

nikotin [nikotin] n nicotine

nine [nine] n grandma, granny; **ninenin annesi** n great-grandmother

ninni [ninni] n lullaby

Nisan [nisan] n April; **1 Nisan Şakası** n April Fools' Day

nişan [niʃan] n (belirti) token; **nişan yüzüğü** n engagement ring

nişanlı [niʃanlə] adj engaged ▷ n (erkek) fiancé, (kadın) fiancée; **Nişanlıyım** I'm engaged

nişasta [niʃasta] n starch; **mısır nişastası** n cornflour

nitekim [nitekim] adv consequently

nitelemek [nitelemek] v qualify

nitelik [nitelik] n qualification

nitelikli [nitelikli] adj qualified

niteliksiz [niteliksiz] adj unskilled

nitrojen [nitroʒen] n nitrogen

niyet [nijet] n intention; **kötü niyetli** adj malicious

niyetlenmek [nijetlenmek] v intend to

nizam [nizam] n **bitişik nizam ev** n semi, semi-detached house

Noel [noel] n Christmas, Xmas; **Noel ağacı** n Christmas tree; **Noel arifesi** n Christmas Eve; **Noel öncesi** n advent; **Noel kartı** n Christmas card; **Noel şarkısı** n carol; **Mutlu Noeller!** Merry Christmas!

nohut [nohut] n chickpea

nokta [nokta] n (gramer) full stop,

(şekil) dot, *(yer)* point; **bakış noktası** n standpoint, viewpoint; **iki nokta üst üste** n colon; **noktalı virgül** n semicolon

noktalama [noktalama] n punctuation

noodle [noodle] npl noodles

normal [normal] adj normal; **Normal postayla ne kadar sürer?** How long will it take by normal post?

normalde [normalde] adv normally

Norveç [norvetʃ] adj Norwegian ▷ n Norway

Norveççe [norvetʃtʃe] adj Norwegian ▷ n *(dil)* Norwegian *(language)*

Norveçli [norvetʃli] n *(kişi)* Norwegian *(person)*

not [not] n *(mesaj)* note *(message)*; **digital not defteri** n e-book; **kısa not** n memo; **not almak** v jot down, note down; **not defteri** n jotter, notebook, notepad; **not kağıdı** n notepaper ▷ v **not vermek** v mark *(grade)*

nota [nota] n score *(of music)*, *(müzik)* note *(music)*

nöbet [nøbet] n seizure; **öfke nöbeti** n tantrum; **gece nöbeti** n nightshift; **sara nöbeti** n epileptic fit

nöbetçi [nøbetʃi] n guard

nörotik [nørotik] adj neurotic

numara [numara] n number; **bilinmeyen numaralar** npl directory enquiries; **cep numarası** n mobile number; **hesap numarası** n account number; **oda numarası** n room number; **referans numarası** n reference number; **telefon numarası** n phone number; **yanlış numara** n wrong number; **... numaralı kapıya gidiniz** Please go to gate...; **Ayakkabı numaram altı** My feet are a size six; **İki yüz iki numaralı odanın anahtarı lütfen** the key for room number two hundred and two; **Üç numaralı pompa lütfen** Pump number three, please; **Beş numaralı kabin nerede?** Where is cabin number five?; **Benim cep numaram...** My mobile number is...; **Bilinmeyen numaralar için hangi numarayı çevireceğim?** What is the number for directory enquiries?; **Ehliyet numaram...** My driving licence number is...; **Faks numarası nedir?** What is the fax number?; **Otuz numaralı vagon nerede?** Where is carriage number thirty?; **Telefon numaranızı alabilir miyim?** Can I have your phone number?; **Telefon numarası nedir?** What's the telephone number?

nüdist [nydist] n nudist

nüfus [nyfus] n population; **nüfus cüzdanı** n birth certificate; **nüfus sayımı** n census

nükleer [nykleer] adj atomic, nuclear

nükte [nykte] n wit

nükteli [nykteli] adj humorous

O

o [o] *pron (eşya/hayvan)* it, *(erkek)* he, *(kadın)* she; **o sırada** *adv* meanwhile; **ya o, ya bu** *conj* either *(.. or);* **Onu tanıyor musunuz?** Do you know him?

obez [obez] *adj* obese

obua [obua] *n* oboe

ocak [odʒak] *n (fırın vb)* cooker; **gazlı ocak** *n* gas cooker; **kömür ocağı** *n* colliery; **maden ocağı** *n* mine; **taş ocağı** *n* quarry

Ocak [odʒak] *n (ay)* January

oda [oda] *n* room; **ameliyat odası** *n* operating theatre; **öğretmen odası** *n* staffroom; **çamaşır odası** *n* utility room; **çift yataklı oda** *n* twin room, twin-bedded room; **çocuk odası** *n* nursery; **bekleme odası** *n* waiting room; **cenazenin gömülmeye ya da yakılmaya hazırlandığı oda** *n* funeral parlour; **iki kişilik oda** *n* double

room; **kiralık oda** *n* bedsit; **oda arkadaşı** *n* roommate; **oda görevlisi** *n* chambermaid; **oda numarası** *n* room number; **oda servisi** *n* room service; **oturma odası** *n* living room, sitting room; **sohbet odası** *n* chatroom; **soyunma odası** *n (mağaza)* fitting room, *(spor)* changing room; **tek kişilik oda** *n* single room; **yatak odası** *n* bedroom; **yedek oda** *n* spare room; **Aile odası istiyorum** I'd like to book a family room; **İki kişilik bir oda ayırtmak istiyorum** I want to reserve a double room; **İki kişilik bir oda istiyorum** I'd like to book a double room; **Balkonlu odanız var mı?** Do you have a room with a balcony?; **Başka bir oda istiyorum** I'd like another room; **Bilgisayar odası nerede?** Where is the computer room?; **Bir oda kiralamak istiyorum** I'd like to rent a room; **Bu oda çok küçük** The room is too small; **Oda çok sıcak** The room is too hot; **Oda çok soğuk** The room is too cold; **Oda hesabıma yazın lütfen** Please charge it to my room; **Oda ne kadar?** How much is the room?; **Oda pis** The room is dirty; **Oda servisi var mı?** Is there room service?; **Oda temizlenmemiş** The room isn't clean; **Odada banyo var mı?** Does the room have a private bathroom?; **Odada bir sorun var** There's a problem with the room; **Odada duman kokusu var** My room smells of smoke; **Odada Internet bağlantısı var mı?** Is there an internet connection in the room?; **Odada kablosuz Internet bağlantısı var mı?** Does the room have wireless internet access?; **Odada kalorifer var mı?** Does the room have heating?; **Odada klima var mı?** Does the room have air conditioning?; **Odada televizyon var mı?** Does the room have a TV?; **Odada vantilatör var mı?** Does the room have a fan?; **Odamı değiştirebilir miyim?** Can I switch rooms?; **Odamı temizler misiniz lütfen** Can you clean the room, please?; **Odamda böcek var** There are bugs in my room; **Odamda kahvaltı edebilir miyim?** Can I have breakfast in my room?; **Odanız burası** This is your room; **Odanız var mı?** Do you have a room?; **Odayı görebilir miyim?** Can I see the room?; **Odayı kaçta boşaltmam gerek?** When do I have to vacate the room?; **Sessiz bir oda rica ediyorum** I'd like a quiet room; **Sigara içilebilen bir oda rica ediyorum** I'd like a smoking room; **Sigara içilemeyen bir oda rica ediyorum** I'd like a no smoking room; **Soyunma odaları ne tarafta?** Where are the changing rooms?; **Tek kişilik bir oda ayırtmak istiyorum** I want to reserve a single room

odak [odak] n focus; **çift odaklı gözlük** npl bifocals

odaklanmak [odaklanmak] v focus

odun [odun] n firewood, log; **odun kömürü** n charcoal

ofsayt [ofsajt] adj offside

Oğlak [oγlak] n **Oğlak burcu** n Capricorn

oğlan [oγlan] n **oğlan çocuğu** n boy

oğul [ou:l] n son; **üvey oğul** n stepson; **vaftiz oğlu** n godson; **Oğlum kayıp** My son is missing; **Oğlum kayboldu** My son is lost

oje [oʒe] n nail polish; **oje çıkarıcı** n nail-polish remover

ok [okej] n arrow; **dart oku** n dart

OK [okej] excl OK!

okey [okej] adj okay; **okey!** excl okay!

oklava [oklava] n rolling pin

oksijen [oksiʒen] n oxygen

okşama [okʃama] n stroke (apoplexy), stroke (hit)

okşamak [okʃamak] v stroke

okul [okul] n school; **akşam okulu** n evening class; **ana okulu** n infant school; **dil okulu** n language school; **gece okulu** n night school; **okul üniforması** n school uniform; **okul çantası** n schoolbag; **okul çocukları** n schoolchildren; **okuldan kaçmak** v play truant; **sanat okulu** n art school; **yatılı okul** n boarding school; **yüksek okul** n college; **Burada kayak okulu var mı?** Is there a ski school?; **Okuyorum** I'm still studying

okuma [okuma] n reading; **okuma yazması olmayan** adj illiterate

okumak [okumak] v read; **dudak okuma** v lip-read; **yüksek sesle okumak** v read out; **Okuyamıyorum** I can't read it

okunaklı [okunaklə] adj legible

okunaksız [okunaksəz] adj illegible

okutman [okutman] n lecturer

okuyucu [okujudʒu] n reader

okyanus [okjanus] n ocean; **Hint Okyanusu** n Indian Ocean; **Kuzey Okyanusu** n Arctic Ocean

Okyanusya [okjanusja] n Oceania

olağanüstü [ola:anysty] adj extraordinary

olan [olan] art **aynı anda olan** adj simultaneous

olanaklar [olanaklar] npl amenities

olarak [olarak] conj **düzenli olarak** adv regularly; **doğal olarak** adv naturally; **gönüllü olarak** adv voluntarily; **otomatik olarak** adv automatically; **tam olarak** adv exactly

olası [olasə] adj likely, possible, probable

olasılık [olasələk] n possibility, probability; **olasılık dışı** adj unlikely

olasılıkla [olasələkla] adv possibly, presumably, probably

olay [olaj] n affair, event, incident, occurrence; **önemli olay** n highlight

olaylı [olajlə] adj eventful

oldukça [oluktʃa] adv fairly, rather

olgun [olgun] adj (kişi) mature,

(mevye) ripe; **olgun öğrenci** n mature student

olmadıkça [olmadəktʃa] conj unless

olmak [olmak] v be, become, happen; **ait olmak** v belong, belong to; **alabora olmak** v capsize; **aynı fikirde olmak** v agree; **önemli olmak** v matter; **başarısız olmak** v fail; **destek olmak** v back up; **doğru olarak** adv accurately; **emekli olmak** v retire; **gönüllü olmak** v volunteer; **sahip olmak** v have, own, possess; **sonucu olmak** v result in; **teslim olmak** v surrender; **var olmak** v exist; **yaklaşık olarak** adv approximately; **yanıp kül olmak** v burn down; **yapmak zorunda olmak** v have to; **yok olmak** v vanish; **Üye olmak gerekiyor mu?** Do you have to be a member?

olmayan [olmajan] prep **dürüst olmayan** adj dishonest; **doğru olmayan** adj inaccurate; **esnek olmayan** adj inflexible; **HIV'li olmayan** adj HIV-negative; **pahalı olmayan** adj inexpensive; **pratik olmayan** adj impractical; **tatmin edici olmayan** adj disappointing

olta [olta] n fishing rod, fishing tackle; **olta balıkçılığı** n angling; **olta balıkçısı** n angler

olumlu [olumlu] adj positive

olumsuz [olumsuz] adj negative ▷ n negative

oluşmak [oluʃmak] v consist of

oluşturmak [oluʃturmak] v make up

omlet [omlet] *n* omelette

omurga [omurga] *n* backbone

omurilik [omurilik] *n* spinal cord

omuz [omuz] *n* shoulder; **omuz çantası** *n* satchel; **omuz silkmek** *v* shrug; **Omuzumu incittim** I've hurt my shoulder

on [on] *number* ten; **on yıl** *n* decade; **On dakika geciktik** We are ten minutes late; **On yaşında** He is ten years old; **Saat ikiyi on geçiyor** It's ten past two; **Tren on dakika rötarlı** The train is running ten minutes late

ona [ona] *adj (kadın)* her ▷ *pron (erkek)* him, *(kadın)* her

onaltı [onaltə] *number* sixteen

onaltıncı [onaltəndʒə] *adj* sixteenth

onarmak [onarmak] *v* mend, repair

onay [onaj] *n* approval

onaylamak [onajlamak] *v* approve; **başıyla onaylamak** *v* nod

onbaşı [onbaʃə] *n* corporal

on beş [onbeʃ] *num* **On beş Haziran Pazartesi** It's Monday the fifteenth of June

onbeş [onbeʃ] *number* fifteen

onbeşinci [onbeʃindʒi] *adj* fifteenth

onbir [onbir] *number* eleven

onbirinci [onbirindʒi] *adj* eleventh

ondokuz [ondokuz] *number* nineteen

ondokuzuncu [ondokuzundʒu] *adj* nineteenth

ondördüncü [ondørdyndʒy] *adj* fourteenth

ondört [ondørt] *number* fourteen

oniki [oniki] *number* twelve

onikinci [onikindʒi] *adj* twelfth

onlar [onlar] *pron* they

onları [onlarə] *pron* them

onların [onlarən] *adj* their

onlarınki [onlarəni] *pron* theirs

onluk [onluk] *adj* decimal

ons [ons] *n* ounce

onsekiz [onsekiz] *number* eighteen

onsekizinci [onsekizindʒi] *adj* eighteenth

onsuz [onsuz] *prep* without

onsuz yapmak [onsuzjapmak] *v* do without

onu [onu] *adj* her ▷ *pron* her, him

onun [onun] *adj* its, *(erkek)* his ▷ *prep* of ▷ *pron (erkek)* his

onuncu [onundʒu] *adj* tenth ▷ *n* tenth

onunki [onuni] *pron (kadın)* hers

onur [onur] *n (şeref)* honour ▷ *v* **onur kırmak** *v* insult

onüç [onytʃ] *number* thirteen

onüçüncü [onytʃyndʒy] *adj* thirteenth

onyedi [onjedi] *number* seventeen

onyedinci [onjedindʒi] *adj* seventeenth

opera [opera] *n* opera

operasyon [operasjon] *n* operation *(undertaking)*

operatör [operatør] *n* operator; **tur operatörü** *n* tour operator

oran [oran] *n* proportion, rate, ratio; **faiz oranı** *n* interest rate

oranlamak [oranlamak] *v* rate

orantılı [orantələ] *adj* proportional

oraya [oraja] *prep* to

ordu [ordu] *n* army; **ordu mensubu** *n (erkek)* serviceman, *(kadın)* servicewoman

org [org] *n* organ *(music)*

organ [organ] *n* organ *(body part)*

organik [organik] *adj* organic

organizasyon [organizasjon] *n* organization

organizatör [organizatör] *n* **kişisel organizatör** *n* personal organizer

organize [organize] *adj* **organize etmek** *v* organize

organizma [organizma] *n* organism

orgazm [orgazm] *n* orgasm

orkestra [orkestra] *n* band *(musical group)*, orchestra; **orkestra şefi** *n* conductor

orkide [orkide] *n* orchid

orman [orman] *n* forest, jungle; **orman tavuğu** *n* grouse *(game bird)*; **yağmur ormanı** *n* rainforest

orta [orta] *adj* intermediate, mid ▷ *n* middle; **orta boy** *adj* medium-sized; **orta sınıf** *adj* middle-class; **orta yaşlı** *adj* middle-aged; **ortaya çıkarmak** *v* disclose; **ortaya çıkmak** *v* show up

Orta [orta] *n* middle; **Orta Afrika Cumhuriyeti** *n* Central African Republic; **Orta Amerika** *n* Central America; **Orta Çağ** *n* Middle Ages; **Orta Doğu** *n* Middle East

ortaçağ [ortatʃa:] *adj* mediaeval

ortak [ortak] *adj* joint; **ortak görüş** *n* communion; **ortak hesap** *n* joint account; **suç ortağı** *n* accomplice

ortalama [ortalama] *adj* average ▷ *n* average

ortaokul [ortaokul] *n* secondary school

oryantal [orjantal] *adj* oriental

ot [ot] *n* grass *(plant)*, *(esrar)* grass *(marijuana)*; **hardal otu** *n* rape *(plant)*; **kokulu otlar** *n* herbs; **süpürge otu** *n* heather; **yabani ot** *n* weed; **yabani ot öldürücü** *n* weedkiller

otel [otel] *n* hotel; **gençlerin kaldığı otel** *n* youth hostel; **Bana bir otelde yer ayırtabilir misiniz?** Can you book me into a hotel?; **Bir otel arıyoruz** We're looking for a hotel; **Bir otel tavsiye edebilir misiniz?** Can you recommend a hotel?; **Bu otele taksi ne kadar?** How much is the taxi fare to this hotel?; **Şu otele en kolay nasıl gidebilirim?** What's the best way to get to this hotel?; **Otelde kalıyorum** I'm staying at a hotel; **Oteli yönetiyor** He runs the hotel; **Otelinizde tekerlekli sandalye girişi var mı?** Is your hotel accessible to wheelchairs?

oto [oto] *n* car; **oto kiralama** *n* car rental; **oto yarışı** *n* motor racing; **oto yıkama** *n* car wash

otobüs [otobys] *n* bus; **hava alanı otobüsü** *n* airport bus; **otobüs bileti** *n* bus ticket; **otobüs durağı** *n* bus stop; **otobüs terminali** *n* bus station; **tur otobüsü** *n* coach *(vehicle)*; **... otobüsü ne kadarda bir geliyor?** How often are the buses to...?; **... otobüsü ne sıklıkta geliyor?** How frequent are the buses to...?; **... otobüsüne nereden binebilirim?** Where can I get a bus to...?, Where do I catch the bus to...?, Where do I get a bus for...?; **... a bir sonraki otobüs kaçta?** When is the next bus to...?; **... a ilk otobüs kaçta?** When is the first bus to...?; **... a otobüs var mı?** Is there a bus to...?; **... a son otobüs kaçta?** When is the last bus to...?; **Affedersiniz,... a hangi otobüs gidiyor?** Excuse me, which bus goes to...?; **Bu otobüs... a gider mi?** Does this bus go to...?; **Buraya en yakın otobüs durağı nerede?** Where is the nearest bus stop?; **Havaalanına otobüs var mı?** Is there a bus to the airport?; **Kente otobüs var mı?** Is there a bus to the city?; **Nereden otobüs kartı alabilirim?** Where can I buy a bus card?; **Otobüs durağı buraya ne kadar uzakta?** How far is the bus stop?; **Otobüs ne zaman geliyor?** What time does the bus arrive?; **Otobüs ne zaman kalkacak?** What time does the bus leave?; **Otobüs terminali nerede?** Where is the bus station?; **Otobüs terminaline ne kadar uzaktayız?** How far are we from the bus station?; **Plaja otobüs var mı?** Is there a bus to the beach?; **Son otobüs kaçta?** What time is the last bus?; **Tur otobüsü ne zaman kalkıyor?** When is the bus tour of the town?

otomat [otomat] n **bilet otomatı** n ticket machine

otomatik [otomatik] adj automatic; **otomatik ödeme** n direct debit; **otomatik olarak** adv automatically; **otomatik satış makinesi** n vending machine; **Bu araba otomatik mi?** Is it an automatic car?; **Otomatik olsun lütfen** An automatic, please

otopark [otopark] n car park; **otopark ödeme cihazı** n parking meter; **otopark bileti** n parking ticket; **Buralarda bir otopark var mı?** Is there a car park near here?

otostop [otostop] n hitchhike; **otostop yapma** n hitchhiking

otostopçu [otostoptʃu] n hitchhiker

otoyol [otojol] n motorway; **Bu otoyol ücretli mi?** Is there a toll on this motorway?; **Otoyola nereden gidebilirim?** How do I get to the motorway?; **Otoyolda trafik yoğun mu?** Is the traffic heavy on the motorway?

oturak [oturak] n **Oturağınız var mı?** Do you have a potty?

oturma [oturma] n **oturma odası** n living room

oturmak [oturmak] v occupy, sit down ▷ vi sit; **geç saatlere kadar oturmak** v stay up; **oturma odası** n sitting room; **Nereye oturabilirim** Where can I sit down?; **Oturabileceğim bir yer var mı?** Is there somewhere I can sit down?; **Oturabilir miyim?** Can I sit here?

oturum [oturum] n **oturum açmak** v log in, log on; **oturum kapatmak** v log off, log out

otuz [otuz] *number* thirty; **Otuz numaralı vagon nerede?** Where is carriage number thirty?

ova [ova] *n* plain

oval [oval] *adj* oval

ovalamak [ovalamak] *v* scrub

oy [oj] *n* vote; **oy birliği** *n* consensus; **oy propagandası yapmak** *v* canvass ▷ *v* **oy vermek** *v* vote

oybirliğiyle [ojbirləəjle] *adj* unanimous

oymak [ojmak] *vt (ağaç)* carve

oynamak [ojnamak] *vt* play *(in sport)*; **kumar oynamak** *v* gamble; **Tenis oynamak istiyoruz** We'd like to play tennis

oynatıcı [ojnatədʒe] *n* **DVD oynatıcı** *n* DVD player

oyuk [ojuk] *adj* hollow

oyun [ojun] *n* game, play; **aile oyunları** *n* board game; **çocuk oyun grubu** *n* playgroup; **bilgisayar oyunu** *n* computer game; **dama oyunu** *npl* draughts; **dart oyunu** *npl* darts; **domino oyunu** *npl* dominoes; **halat çekme oyunu** *n* tug-of-war; **oyun alanı** *n* playground, playing field; **oyun kartı** *n* playing card; **oyun konsolu** *n* games console; **oyun saati** *n* playtime; **oyun salonu** *n* amusement arcade; **oyun yazarı** *n* playwright; **Buralarda çocuk oyun alanı var mı?** Is there a play park near here?; **Oyun oynayabilir miyim?** Can I play video games?

oyunbozan [ojunbozan] *n* spoilsport

oyuncak [ojundʒak] *n* toy; **oyuncak ayı** *n* teddy bear; **oyuncak bebek** *n* doll

oyuncu [ojundʒu] *adj (oyunbaz)* playful ▷ *n (spor)* player *(of sport)*; **kadın oyuncu** *n* actress; **oyuncu kadrosu** *n* cast; **tenis oyuncusu** *n* tennis player

oyunculuk [ojundʒuluk] *n* acting

ozon [ozon] *n* ozone; **ozon tabakası** *n* ozone layer

Ö

öd [ød] *n* **ödü kopmak** *adj* petrified

ödeme [ødeme] *n* payment; **ödeme günü geçmiş** *adj* overdue; **banka ödeme emri** *n* standing order

ödemek [ødemek] *vi* pay; **geri ödeme** *n* repayment; **geri ödemek** *v* pay back, repay; **otomatik ödeme** *n* direct debit; **Ayrıca bir şey ödeyecek miyim?** Is there a supplement to pay?; **Şimdi mi ödemem gerekiyor?** Do I pay in advance?; **Şimdi mi ödeyeceğim, sonra mı?** Do I pay now or later?

ödenecek [ødenedʒek] *adj* payable

ödenti [ødenti] *n* income; **hastalık ödentisi** *n* sick pay

ödev [ødev] *n* role; **ev ödevi** *n* homework

ödül [ødyl] *n* award, prize, reward; **ödül töreni** *n* prize-giving

ödüllü [ødylly] *n* prizewinner

ödün [ødyn] *n* compromise; **ödün vermek** *v* compromise

ödünç [ødyntʃ] *n* **ödünç almak** *v* borrow; **ödünç vermek** *v* lend, loan

öfke [øfke] *n* anger; **öfke nöbeti** *n* tantrum; **öfkeden çıldırmış** *adj* furious; **öfkeyle bakmak** *v* glare

öfkeli [øfkeli] *adj* cross

öğle [ø:le] *n* midday, noon; **Öğle at midday**

öğlen [ø:len] *n* midday, noon, at midday; **öğle yemeği** *n* lunch; **öğleden önce** *abbr* a.m.; **öğleden sonra** *abbr* afternoon, p.m.; **öğleden sonra** in the afternoon; **Öğle yemeğinde buluşabilir miyiz?** Can we meet for lunch?; **Öğlen boşum, yemek yiyebiliriz** I'm free for lunch; **Müze öğleden sonra açık mı?** Is the museum open in the afternoon?; **Saat öğlen on iki** It's twelve midday; **yarın öğleden sonra** tomorrow afternoon

öğrenci [ø:rendʒi] *n* learner, pupil *(learner)*, student; **askeri öğrenci** *n* cadet; **öğrenci indirimi** *n* student discount; **öğrenci sürücü** *n* learner driver; **öğrenci yurdu** *n* hostel; **üniversite sonrası eğitim yapan öğrenci** *n* postgraduate; **erkek öğrenci** *n* schoolboy; **kız öğrenci** *n* schoolgirl; **olgun öğrenci** *n* mature student; **yatılı öğrenci** *n* boarder; **Öğrenci indirimi var mı**

Are there any reductions for students?; **Öğrenciyim** I'm a student

öğrenmek [ö:renmek] v learn

öğretim [ö:retim] n tuition; **öğretim ücreti** npl tuition fees

öğretme [ö:retme] n teaching

öğretmek [ö:retmek] v teach

öğretmen [ö:retmen] n instructor, schoolteacher, teacher; **öğretmen odası** n staffroom; **özel öğretmen** n tutor; **direksiyon öğretmeni** n driving instructor; **yardımcı öğretmen** n classroom assistant; **yedek öğretmen** n supply teacher

öğün [ö:yn] n meal

öğüt [ö:yt] n advice, tip (suggestion)

öğütmek [ö:ytmek] vt grind

ökseotu [ökseotu] n mistletoe

öksürmek [öksyrmek] vi cough; **Öksürüyorum** I have a cough

öksürük [öksyryk] n cough; **öksürük şurubu** n cough mixture; **Öksürüyorum** I have a cough

ölçek [ölt∫ek] n gauge

ölçmek [ölt∫mek] v gauge, measure

ölçü [ölt∫y] n scale (measure)

ölçüler [ölt∫yler] npl measurements

ölçüsüz [ölt∫ysyz] adj extortionate; **ölçüsüz içme** n binge drinking

öldürmek [öldyrmek] v kill

ölmek [ölmek] v die

ölü [öly] adj dead ▷ adv dead

ölüm [öljym] n death

ölümcül [ölymd3yl] adj fatal, terminal ▷ adv terminally

ön [ön] adj front ▷ n front; **adının ön harflerini yazmak** v initial; **ön ad** n first name; **ön adı** n Christian name; **ön cam** n windscreen; **ön eleme listesi** n shortlist; **ön lamba** n headlamp, headlight; **ön plan** n foreground; **ön yemek** n starter; **önüne gelenle yatmak** v sleep around; **önden gitmek** v go ahead; **öne eğilmek** v lean forward; **göz önünde tutarak** prep considering; **Öne bakan koltuk olsun lütfen** Facing the front, please; **Hangisi ön kapının anahtarı?** Which is the key for the front door?

önce [önd3e] conj before; **öğleden önce** abbr a.m.; **önceden ödenmiş** adj prepaid; **önceden rezervasyon** n advance booking; **daha önce** adv earlier; **daha önceden** adv beforehand, previously; **daha önceden olmamış** adj unprecedented; **doğum öncesi** adj antenatal; **Noel öncesi** n advent; **sondan bir önceki** adj penultimate; **tarih öncesi** adj prehistoric; **yemek öncesi içki** n aperitif; **önceki gün** the day before yesterday; **Ayrılmadan önce evi temizlememiz gerekiyor mu?** Do we have to clean the house before we leave?; **saat beşten önce** before five o'clock; **Daha önce bu modelde saç kesmiş miydiniz?** Have you cut my type of hair before?

önceden [øndʒeden] *adv* before

önceki [øndʒeki] *adj* preceding, previous ▷ *adv* formerly

öncelik [øndʒelik] *n* priority; **öncelik belirlemek** *v* put in; **öncelik getirmek** *v* bring forward

öncelikle [øndʒelikle] *adv* firstly

önde [ønde] *adv* ahead

önem [ønem] *n* importance, significance; **önemsiz şey** *n* trifle

önemli [ønemli] *adj* crucial, important, significant, vital; **önemli olay** *n* highlight; **önemli olmak** *v* matter; **çok önemli** *adj* momentous

önemsiz [ønemsiz] *adj* trivial, unimportant

öneri [øneri] *n* proposal, recommendation, suggestion

önermek [ønermek] *v* propose, suggest

öngörmek [øngørmek] *v* foresee, predict

önlem [ønlem] *n* caution, precaution

önleme [ønleme] *n* prevention

önlemek [ønlemek] *v* prevent; **ter önleyici deodorant** *n* antiperspirant

önlük [ønlyk] *n* apron, pinafore; **mama önlüğü** *n* bib

önsezi [ønsezi] *n* intuition

önünde [ønynde] *prep* before

önyargı [ønjargə] *n* prejudice; **önyargılardan arındırma** *n* liberation

önyargılı [ønjargələ] *adj* prejudiced

öpmek [øpmek] *v* kiss

öpücük [øpydʒyk] *n* kiss

ördek [ørdek] *n* duck

örgü [ørgy] *n* knitting; **örgü şişi** *n* knitting needle; **saç örgüsü** *n* pigtail, plait

örmek [ørmek] *vt* knit

örneğin [ørneji:n] *abbr* e.g., i.e.

örnek [ørnek] *adj* model ▷ *n* example, instance, sample

örtmek [ørtmek] *v* cover

örtü [ørty] *n* cover; **bitki örtüsü** *n* vegetation; **masa örtüsü** *n* tablecloth; **yatak örtüsü** *n* bedspread

örümcek [ørymdʒek] *n* spider; **örümcek ağı** *n* cobweb

ötesinde [øtesinde] *prep* beyond

övmek [øvmek] *v* praise

övücü [øvydʒy] *adj* complimentary

öykü [øjky] *n* story; **özyaşam öyküsü** *n* autobiography; **çizgi öykü** *n* comic strip; **kısa öykü** *n* short story; **yaşam öyküsü** *n* biography

öyle [øjle] *adv* so; **öyle ki** *conj* so (that)

öylesine [øjlesine] *adv* so

öyleyse [øjlejse] *adv* then

öz [øz] *adv* **kısa ve öz** *adj* concise

Özbekistan [øzbekistan] *n* Uzbekistan

özçekim [øztʃekim] *n* selfie

özdeş [øzdeʃ] *adj* identical

özdisiplin [øzdisiplin] *n* self-discipline

özel [øzel] *adj* private, special; **özel öğretmen** *n* tutor; **özel koruma** *n* bodyguard; **özel mülk** *n* private property; **özel yaşam** *n* privacy; **kişinin evinin önündeki özel yol** *n* driveway; **yayalara özel bölge** *n* pedestrian precinct; **Özel sağlık**

sigortam var I have private health insurance; **Sizinle özel olarak konuşabilir miyim?** Can I speak to you in private?

özelleştirmek [özelleʃtirmek] v privatize

özellik [özellik] adj particular ▷ n feature

özellikle [özellikle] adv especially, particularly, specially, specifically

özellikler [özellikler] npl specs

özen [özen] n care, attention; **özenli bir şekilde** adv cautiously

özerk [özerk] adj autonomous

özerklik [özerklik] n autonomy

özet [özet] n outline, summary; **hesap özeti** n bank statement

özetlemek [özetlemek] v sum up, summarize

özgeçmiş [özgetʃmiʃ] n curriculum vitae

özgü [özgy] adj special, unique to; **Bu şehre özgü bir şey istiyorum** Have you anything typical of this town?; **Bu yöreye özgü bir şey denemek istiyorum lütfen** I'd like to try something local, please; **Bu yöreye özgü bir şey istiyorum** Do you have anything typical of this region?; **Yöreye özgü bir şey ısmarlamak istiyorum** I'd like to order something local

özgün [özgyn] adj authentic, original

özgür [özgyr] adj free (no restraint)

özgürlük [özgyrlyk] n freedom

özgüven [özgyven] n confidence (self-assurance)

özkontrol [özkontrol] n self-control

özlemek [özlemek] v long

özlü [özly] adj lush

özlük [özlyk] n person, individual; **özlük hakları** n civil rights

özsavunma [össavunma] n self-defence

özür [özyr] n alibi, apology, excuse ▷ v **özür beyan etmek** v excuse

özür dilemek [özyrdilemek] v apologize

özürlü [özyrly] adj disabled, with a disability; **Özürlüler için girişiniz var mı?** Do you provide access for people with disabilities?; **Özürlüler için indiriminiz var mı?** Is there a reduction for people with disabilities?; **Özürlüler için kolaylıklarınız nelerdir?** What facilities do you have for people with disabilities?; **Özürlüler için tuvaletiniz var mı?** Are there any accessible toilets?

özverili [özverili] adj devoted

özyaşam [özjaʃam] n **özyaşam öyküsü** n autobiography

p

paha [paha] n price, value; **paha biçmek** v appreciate

pahalı [pahalə] adj dear (expensive), expensive; **hayat pahalılığı** n cost of living; **pahalı olmayan** adj inexpensive; **pahalı sezon** n high season; **Çok pahalı** It's quite expensive; **Benim için çok pahalı** It's too expensive for me

paket [paket] n package, packet, parcel; **paket kağıdı** n wrapping paper; **paket tatil** n package holiday; **paket tur** n package tour; **paket yemek** n packed lunch; **sımsıkı paketlenmiş** adj compact; **Bu paket kaça gider?** How much is it to send this parcel?; **Bu paketi postalamak istiyorum** I'd like to send this parcel

paketleme [paketleme] n packaging

paketlemek [paketlemek] v wrap up ▷ vt pack

paketlenmiş [paketlenmiʃ] adj packed

Pakistan [pakistan] adj Pakistani ▷ n Pakistan

Pakistanlı [pakistanlə] n Pakistan

palamut [palamut] n **meşe palamudu** n acorn

palanga [palanga] n tackle

palmiye [palmije] n palm (tree)

palto [palto] n overcoat

palyaço [paljatʃo] n clown

pamuk [pamuk] n cotton wool, (bitki) cotton; **pamuk helva** n candyfloss; **pamuklu kalın tişört** n sweatshirt

Panama [panama] n Panama

pancar [pandʒar] n beetroot

panç [pantʃ] n punch (hot drink)

panda [panda] n panda

pandantif [pandantif] n pendant

pandispanya [pandispanja] n sponge (cake)

pandomim [pandomim] n pantomime

panik [panik] n panic, scare ▷ v **paniğe kapılmak** v panic

pansiyoner [pansijoner] n lodger

panter [panter] n panther

pantolon [pantolon] npl trousers; **pantolon askıları** npl braces

panzehir [panzehir] n antidote

papa [papa] n pope

papağan [papa:an] n parrot

papatya [papatja] n daisy

papaz [papaz] n **papaz yardımcıs** n vicar

papazlık [papazlək] n ministry (religion)

papyon [papjon] v **papyon kravat** n bow tie

para [para] n money; **fazla para çekme** n overdraft; **hesabından çekilen para** n debit; **hesabından fazla para çekmiş** adj overdrawn; **madeni para** n coin; **para iadesi** n rebate, refund ▷ v **para iadesi yapmak** v refund; **Bana acilen para gönderilmesini ayarlayabilir misiniz?** Can you arrange to have some money sent over urgently?; **Hesabımdan para transferi yapmak istiyorum** I would like to transfer some money from my account; **Hiç param yok** I have no money; **Param bitti** I have run out of money; **Paramı geri alabilir miyim?** Can I have my money back?; **Paramı geri istiyorum** I want my money back

para-sailing [parasailing] n **Para-sailing için nereye gitmek gerek?** Where can you go para-sailing?

parafin [parafin] n paraffin

paragliding [paragliding] n **Paragliding için nereye gidebiliriz?** Where can you go paragliding?

paragraf [paragraf] n paragraph

Paraguay [paraguaj] adj Paraguayan ▷ n Paraguay

Paraguaylı [paraguajlə] n Paraguayan

paralel [paralel] adj parallel

paramedik [paramedik] n paramedic

parantez [parantez] n **köşeli parantezler** npl brackets

parasal [parasal] adj monetary; **parasal kaynak** npl funds

parascending [parasdʒending] n **Parascending yapmak isterdim** I'd like to go parascending

parasetamol [parasetamol] n **Parasetamol rica ediyorum** I'd like some paracetamol

paraşüt [paraʃyt] n parachute

parça [partʃa] n bit, chip (small piece), chunk, part, piece, portion, scrap (small piece), (müzik) passage (musical); **iri parça** n lump; **kağıt parçası** n slip (paper); **yedek parça** n spare part

parçalamak [partʃalamak] vt smash

pardon [pardon] part **Pardon, anlayamadım** Sorry, I didn't catch that; **Pardon, orası benim yerim** Excuse me, that's my seat

parfüm [parfym] n perfume

park [park] n park; **konulu eğlence parkı** n theme park; **milli park** n national park; **park etme** n parking ▷ v **park etmek** v park; **yol kenarında geçici park yeri** n layby; **Arabamı buraya park edebilir miyim?** Can I park here?; **Arabamı nereye park edebilirim?** Where can I park the car?; **Karavanımızı buraya park edebilir miyiz?** Can we park our caravan here?; **Ne kadarlığına park edebilirim?** How long can I park here?; **Yanımıza park edebilir miyiz?** Can we park by our site?

parka [parka] n su geçirmez **parka** n cagoule

parkmetre [parkmetre] n
  Parkmetre bozuk The parking
  meter is broken; **Parkmetre için**
  bozuk paranız var mı? Do you
  have change for the parking
  meter?
parkur [parkur] n **yarış parkuru** n
  racecourse
parlak [parlak] adj bright, shiny;
  parlak alev n blaze
parlamak [parlamak] v shine ▷ vi
  flash
parlamento [parlamento] n
  parliament
parmak [parmak] n finger; **ayak**
  parmağı n toe; **baş parmak** n
  thumb; **işaret parmağı** n index
  finger; **parmak izi** n fingerprint;
  parmaklarının ucunda yürüme
  n tiptoe; **parmaksız eldiven** n
  mitten
parmaklık [parmaklɛk] n rail ▷ npl
  railings
parti [parti] n (grup) party (group),
  (sosyal etkinlik) party (social
  gathering); **bekarlığa veda**
  partisi (erkek) n stag night;
  yemekli parti n dinner party
partner [partner] n partner; **Bu**
  partnerim This is my partner;
  Partnerim var I have a partner
pas [pas] n (metal) rust;
  paslanmaz çelik n stainless steel
pasaklı [pasaklɛ] adj sloppy
pasaport [pasaport] n passport;
  pasaport kontrol n passport
  control; **İşte pasaportum** Here is
  my passport; **Çocuk bu**
  pasaportta The child is on this
  passport; **Çocuklar bu**

pasaportta The children are on
  this passport; **Pasaportum**
  çalındı My passport has been
  stolen; **Pasaportumu kaybettim**
  I've lost my passport;
  Pasaportumu unutmuşum I've
  forgotten my passport
pasif [pasif] adj passive
Pasifik [pasifik] n Pacific
Paskalya [paskalja] n Easter;
  Paskalya yumurtası n Easter egg
paslı [paslɛ] adj rusty
paso [paso] n pass (permit)
paspas [paspas] n (ayak silme)
  mat, (yer silme) mop
paspaslamak [paspaslamak] v
  mop up
pasta [pasta] n cake; **kremalı**
  pasta n gateau; **pastanın**
  üzerindeki şekerli süsleme n
  icing
pastırma [pastɛrma] n domuz
  pastırması n bacon
pastörize [pastørize] adj
  pasteurized
patates [patates] **(patatesler)** n
  potato; **patates kızartması** npl
  chips; **patates püresi** n mashed
  potatoes; **patates soyucu** n
  potato peeler
patavatsız [patavatsɛz] adj
  tactless
paten [paten] npl rollerskates; **buz**
  pateni n ice-skating; **buz pateni**
  sahası n ice rink; **paten yapma** n
  skating ▷ v **paten yapmak** v
  skate; **patenle kaymak** n
  rollerskating
patenler [patenler] npl skates

patik [patik] *n* **bale patiği** *npl* ballet shoes

patika [patika] *n* footpath, lane *(driving)*, path; **Patikadan ayrılmayın** Keep to the path

patlak [patlak] *n* puncture

patlama [patlama] *n* blast, explosion; **patlama sesi** *n* bang

patlamak [patlamak] *v* *(delinerek)* burst, *(havaya uçarak)* explode, *(ses çıkararak)* bang

patlayıcı [patlajədʒə] *adj* **patlayıcı madde** *n* explosive

patlıcan [patlədʒan] *n* aubergine

patron [patron] *n* boss; **patronluk taslamak** *v* boss around

pay [paj] *n* share; **boşluk payı** *(tavanda)* *n* headroom

payalamak [pajalamak] *v* tick off

paylaşmak [pajlaʃmak] *v* share, *(iş/masraf)* club together; *(computer)* post

paylaştırmak [pajlaʃtərmak] *v* share out

pazar [pazar] *n* *(piyasa)* market; **pazar araştırması** *n* market research; **pazar yeri** *n* marketplace

Pazar [pazar] *n* Sunday; **Üç Ekim Pazar** It's Sunday the third of October; **Pazar günü** on Sunday

pazarlama [pazarlama] *n* marketing

pazarlık [pazarlək] *n* bargain; **pazarlık etmek** *v* haggle

Pazartesi [pazartesi] *n* Monday; **Pazartesi'den Çarşamba'ya kadar kalmak istiyorum** I want to stay from Monday till Wednesday; **Pazartesi'nden beri kusuyorum** I've been sick since

Monday; **On beş Haziran Pazartesi** It's Monday the fifteenth of June; **Pazartesi günü** on Monday

PC [pi.si:] *n* PC

PDF [pi:di:ef] *n* PDF

peçe [petʃe] *n* veil

peçete [petʃete] *n* napkin; **kağıt peçete** *n* serviette

ped [ped] *n* pad, sanitary towel; **fare pedi** *n* mouse mat

pedal [pedal] *n* pedal; **gaz pedalı** *n* accelerator

pedofil [pedofil] *n* paedophile

pekala [pekala] *adv* fine

Pekin [pekin] *n* Beijing

Pekinez [pekinez] *n* Pekinese

pelikan [pelikan] *n* pelican

pembe [pembe] *adj* pink; **pembe şarap** *n* rosé; **pembemsi leylak rengi** *adj* mauve

penaltı [penaltə] *n* penalty

pencere [pendʒere] *n* window; **pencere camı** *n* window pane; **pencere pervazı** *n* windowsill; **Koltuğum pencere kenarında olsun** I'd like a window seat; **Pencere açılmıyor** The window won't open; **Pencereyi açabilir miyim?** May I open the window?; **Pencereyi açamıyorum** I can't open the window; **Pencereyi kapatabilir miyim?** May I close the window?

pençe [pentʃe] *n* claw, paw

penguen [penguen] *n* penguin

peni [peni] *n* penny

penisilin [penisilin] *n* penicillin; **Penisiline alerjim var** I'm allergic to penicillin

pense [pense] *npl* pliers

pentatlon [pentatlon] *n* pentathlon

perakende [perakende] *n* retail; **perakende fiyatı** *n* retail price

perakendeci [perakendedʒi] *n* retailer

perde [perde] *n* curtain, (ses) pitch (sound)

performans [performans] *n* performance (functioning); **performans göstermek** *v* perform; **sahne performansı** *n* performance (artistic)

perhiz [perhiz] *n* diet, fast; **büyük perhizin arife günü** *n* Shrove Tuesday; **Büyük perhizin ilk Çarşambası** *n* Ash Wednesday

peri [peri] *n* fairy; **peri masalı** *n* fairytale

perili [perili] *adj* haunted

perma [perma] *n* perm; **Saçım permalı** My hair is permed

personel [personel] *n* personnel

perspektif [perspektif] *n* perspective

Perşembe [perʃembe] *n* Thursday; **Perşembe günü** on Thursday

Peru [peru] *adj* Peruvian ▷ *n* Peru

peruk [peruk] *n* wig; **yarım peruk** *n* toupee

Perulu [perulu] *a* Peruvian

peş [peʃ] *n*, *v* **peşine takılmak** *v* pursue

pet [pet] *nf* can

petrol [petrol] *n* petrol; **petrol kuyusu** *n* oil well; **petrol platformu** *n* oil rig, rig; **petrol rafinerisi** *n* oil refinery; **petrol sızması** *n* oil slick

peynir [pejnir] *n* cheese; **süzme**

peynir *n* cottage cheese

pırasa [pərasa] *n* leek

pırıl pırıl [pərəlpərəl] *adj* brilliant

pijama [piʒama] *npl* pyjamas

piknik [piknik] *n* picnic

piksel [piksel] *n* pixel

pil [pil] *n* battery; **kalp pili** *n* pacemaker; **Bu makineye uygun pil var mı?** Do you have batteries for this camera?; **Pil satıyor musunuz?** Do you have any batteries?

pilot [pilot] *n* pilot

pint [pint] *n* (içki) pint

piramit [piramit] *n* pyramid

pire [pire] *n* flea

pirinç [pirintʃ] *n* (metal) brass, (yiyecek) rice; **esmer pirinç** *n* brown rice

pirzola [pirzola] *n* cutlet; **domuz pirzolası** *n* pork chop

pis [pis] *adj* dirty; **pis kokulu** *adj* smelly; **Oda pis** The room is dirty; **Pis** It's dirty

piskopos [piskopos] *n* bishop

pist [pist] *n* kayak alıştırma pisti *n* nursery slope; **uçak pisti** *n* runway; **yarış pisti** *n* racetrack

piston [piston] *n* piston

pişirme [piʃirme] *n* cooking

pişirmek [piʃirmek] *v* boil, cook; **fırında pişirme** *n* baking; **fırında pişirmek** *v* bake; **fırında pişirilmiş** *adj* baked

pişmanlık [piʃmanlək] *n* regret

piyade [pijade] *n* infantry

piyango [pijango] *n* lottery

piyanist [pijanist] *n* pianist

piyano [pijano] *n* piano

pizza [pizza] *n* pizza

plaj [plaʒ] *n* beach; **Buralarda iyi bir plaj var mı?** Are there any good beaches near here?; **Plaj ne kadar uzakta?** How far is the beach?; **Plaja gidiyorum** I'm going to the beach; **Plaja otobüs var mı?** Is there a bus to the beach?; **Plajdan ne kadar uzaktayız?** How far are we from the beach?

plaka [plaka] *n (otomobil)* number plate

plaket [plaket] *n* plaque

plan [plan] *n* plan, scheme; **arka plan** *n* background; **ön plan** *n* foreground; **plan yapmak** *v* plot *(conspire)*; **şehir planlama** *n* town planning; **sokak planı** *n* street plan

planlama [planlama] *n* planning

planlamak [planlamak] *v* plan

planör [planør] *n* glider; **planörle uçma** *n* gliding

plastik [plastik] *adj* plastic ▷ *n* plastic; **plastik cerrahi** *n* plastic surgery

platform [platform] *n* platform; **petrol platformu** *n* oil rig, rig; **... treni hangi platformdan kalkıyor?** Which platform does the train for... leave from?; **... treninin kalkacağı platform burası mı?** Is this the right platform for the train to...?; **Tren hangi platformdan kalkıyor?** Which platform does the train leave from?

platin [platin] *n* platinum

PlayStation® [plajstation] *n* PlayStation®

plazma [plazma] *n* plazma ekranı *n* plasma screen; **plazma TV** *n* plasma TV

pnömatik [pnømatik] *adj* **pnömatik matkap** *n* pneumatic drill

podcast [poddʒast] *n* podcast

pohpohlamak [pohpohlamak] *v* flatter

pohpohlanmış [pohpohlanmɯʃ] *adj* flattered

poker [poker] *n* poker

poliklinik [poliklinik] *n* clinic

polis [polis] *n* police; **erkek polis** *n* police officer, policeman; **kadın polis** *n* police officer, policewoman; **polis görevlisi** *n* police officer; **polis istasyonu** *n* police station; **Polis çağırın** Call the police; **Polis karakolu nerede?** Where is the police station?; **Polis karakolunu arıyorum** I need to find a police station; **Polise haber vermemiz gerekiyor** We will have to report it to the police; **Sigortam için polise bildirmemiz gerekiyor** I need a police report for my insurance

polisiye [polisije] *n* thriller

politik [politik] *adj* political

politika [politika] *npl* politics

politikacı [politikadʒɯ] *n* politician

polo [polo] *n* polo; **polo gömlek** *n* polo shirt; **polo yakalı kazak** *n* polo-necked sweater

Polonezce [polonezdʒe] *n (dil)* Polynesian *(language)*

Polonezya [polonezja] *adj* Polynesian; **Polonezya Adaları** *n* Polynesia

Polonezyalı [polonezjalə] n (kişi)
Polynesian (person)

Polonya [polonja] adj Polish ▷ n
Poland

Polonyalı [polonjalə] n Polish

pompa [pompa] n pump; **bisiklet
pompası** n bicycle pump; **Bisiklet
pompanız var mı?** Do you have a
bicycle pump?

pompalamak [pompalamak] v
pump

popüler [popyler] adj popular;
popüler olmayan adj unpopular

popülerlik [popylerlik] n
popularity

porno [porno] n porn

pornografi [pornografi] n
pornography

pornografik [pornografik] adj
pornographic

porselen [porselen] n china

porsuk [porsuk] n badger; **porsuk
ağacı** n yew

port [port] n port bagaj n luggage
rack, roof rack

portakal [portakal] n orange;
portakal rengi adj orange;
portakal suyu n orange juice

portatif [portatif] adj portable;
portatif karyola n camp bed

portbebe [portbebe] n carrycot

Portekiz [portekiz] adj
Portuguese ▷ n Portugal

Portekizce [portekizdʒe] n (dil)
Portuguese (language)

Portekizli [portekizli] n (kişi)
Portuguese (person)

portföy [portføj] n portfolio

porto [porto] n **porto şarabı** n
port (wine)

Portoriko [portoriko] n Puerto Rico

portre [portre] n portrait

post [post] n fleece; **koyun postu**
n sheepskin

posta [posta] n mail, post (mail);
istenmeyen posta n junk mail;
posta ücreti n postage; **posta
damgası** n postmark; **posta
havalesi** n postal order; **posta
kutusu** n letterbox, mailbox,
postbox; **sesli posta** n voicemail;
uçak postası n airmail; **Acele
posta ile ne kadar zamanda
gider?** How long will it take by
priority post?; **Normal postayla
ne kadar sürer?** How long will it
take by normal post?

postacı [postadʒə] **(postacılar)** n
postman; **kadın postacı** n
postwoman

postalamak [postalamak] v mail,
post

postane [postane] n post office;
Postane ne zaman açılıyor?
When does the post office open?

poster [poster] n poster

potansiyel [potansijel] adj
potential ▷ n potential

pound [pound] n (İngiliz ağırlık
birimi) pound; **pound sterlin**
(İngiliz para birimi) n pound
sterling

pozisyon [pozisjon] n position

pratik [pratik] adj practical ▷ n
practice; **pratik olarak** adv
practically; **pratik olmayan** adj
impractical; **pratik yapmak** v
practise

pratisyen [pratisjen] n **pratisyen
hekim** n GP

prens [prens] n prince

prenses [prenses] n princess

pres [pres] n press, (spor) push-up

Presbiteryan [presbiterjan] adj Presbyterian ▷ n Presbyterian

prestij [prestiʒ] n prestige

prezervatif [prezervatif] n condom

prim [prim] n bonus

priz [priz] n socket

profesör [profesør] n professor

profesyonel [profesjonel] adj professional ▷ n professional

profesyonelce [profesjoneldʒe] adv professionally

profil [profil] n profile; **profil fotoğrafı** n profile picture

program [program] n program, programme, schedule, timetable; **sohbet programı** n chat show; **Programa uygun gidiyoruz** We are on schedule; **Programın gerisindeyiz** We are slightly behind schedule

programcı [programdʒə] n programmer

programlama [programlama] n programming

programlamak [programlamak] v program

proje [proʒe] n project

projektör [proʒektør] n overhead projector, projector; **projektör ışığı** n floodlight

propaganda [propaganda] n propaganda; **oy propagandası yapmak** v canvass

protein [protein] n protein

Protestan [protestan] adj Protestant ▷ n Protestant

protesto [protesto] n protest ▷ v **protesto etmek** v protest

prova [prova] n rehearsal

psikiyatrik [psikijatrik] adj psychiatric

psikiyatrist [psikijatrist] n psychiatrist

psikolog [psikolog] n psychologist

psikoloji [psikoloʒi] n psychology

psikolojik [psikoloʒik] adj psychological

psikoterapi [psikoterapi] n psychotherapy

puding [puding] n pudding

pudra [pudra] n powder; **talk pudrası** n talcum powder

pul [pul] n stamp, (balık) scale (tiny piece); **Pul nereden alabilirim?** Where can I buy stamps?; **Pul satan en yakın yer nerede?** Where is the nearest shop which sells stamps?; **Pul satıyor musunuz?** Do you sell stamps?

pulluk [pulluk] n plough

punkçu [puntʃu] n punk

puro [puro] n cigar

puset [puset] n pushchair

pusula [pusula] n compass

pürüzsüz [pyryssyz] adj smooth

püskürtmek [pyskyrtmek] v spray

q r

Quaker [kuaker] *n* **Quaker mezhebinden** *n* Quaker

radar [radar] *n* radar

radyasyon [radjasjon] *n* radiation

radyatör [radjatør] *n* radiator; **Radyatör sızıntı yapıyor** There is a leak in the radiator

radyo [radjo] *n* radio; **dijital radyo** *n* digital radio; **radyo istasyonu** *n* radio station; **Radyoyu açabilir miyim?** Can I switch the radio on?; **Radyoyu kapatabilir miyim?** Can I switch the radio off?

radyoaktif [radjoaktif] *adj* radioactive

raf [raf] **(raflar)** *n* shelf; **kitap rafı** *n* bookshelf; **şömine rafı** *n* mantelpiece

rafineri [rafineri] *n* refinery; **petrol rafinerisi** *n* oil refinery

rağmen [ra:men] *conj* although

rahat [rahat] *adj* comfortable, cosy, laid-back, relaxed

rahatlamış [rahatlaməʃ] *adj* relieved

rahatlık [rahatlək] *n* peace, comfort; **iç rahatlığı** *n* relief; **konfor ve rahatlık** *npl* mod cons

rahatsız [rahatsəz] *adj* inconvenient, uncomfortable; **rahatsız etmek** *v* disturb

rahatsızlık [rahatsəzlək] *n* inconvenience

rahibe [rahibe] *n* nun

rahip [rahip] *n* priest

raket [raket] *n* racket *(racquet)*, racquet; **tenis raketi** *n* tennis racket; **Raket kiralıyorlar mı?** Do they hire out rackets?; **Raket nereden kiralayabilirim?** Where can I hire a racket?

rakip [rakip] *adj* rival ▷ *n* adversary, rival; **rakip sahada maç** *n* away match

rakun [rakun] *n* racoon

Ramazan [ramazan] *n* Ramadan

rampa [rampa] *n* ramp

randevu [randevu] *n* appointment, engagement, rendezvous; **... ile randevum vardı** I have an appointment with...; **Doktordan randevu alabilir miyim?** Can I have an appointment with the doctor?; **Randevu almak istiyorum** I'd like to make an appointment; **Randevunuz var mıydı?** Do you have an appointment?

ranza [ranza] *n* berth, bunk, bunk beds

rapor [rapor] *n* report ▷ *v* **rapor vermek** *v* report

raptiye [raptije] *n* drawing pin, thumb tack

rastgele [rastgele] *adj* random

rastlantı [rastlantə] *n* coincidence

ravent [ravent] *n* rhubarb

ray [raj] *n* rail

reaktör [reaktør] *n* reactor

reçel [retʃel] *n* jam; **reçel kavanozu** *n* jam jar

reçete [retʃete] *n* prescription; **Bu reçeteyi nerede yaptırabilirim** Where can I get this prescription made up?

reçine [retʃine] *n* resin

red [red] *n* refusal

reddetme [reddetme] *n* refuse

reddetmek [reddetmek] *v* refuse, reject

reddeylemek [reddejlemek] *v* ignore

referans [referans] *n* reference; **referans kitabı** *n* handbook; **referans numarası** *n* reference number

refleks [refleks] *n* reflex

regl [regl] *n* menstruation

rehber [rehber] *n* **rehber köpek** *n* guide dog; **rehberli tur** *n* guided tour; **rehberli etmek** *v* conduct; **telefon rehberi** *n* telephone directory; **telefon rehberi** *n* directory; **tur rehberi** *n* tour guide; **İngilizce rehberli turunuz var mı?** Is there a guided tour in English?; **Rehber köpeğim var** I have a guide dog; **Rehberli tur kaçta başlıyor?** What time does the guided tour begin?; **Rehberli yürüyüş var mı?** Are there any guided walks?

rehberlik [rehberlik] *n* **Bana**

rehberlik eder misiniz lütfen
Can you guide me, please?

rehinci [rehindʒi] *n* pawnbroker

rehine [rehine] *n* hostage

rekabet [rekabet] *n* rivalry;
rekabete açık *adj* competitive

reklam [reklam] *n* ad, advert,
advertisement, commercial;
reklam arası *n* commercial break;
reklam yapmak *v* advertise

reklamcılık [reklamdʒələk] *n*
advertising

ren [ren] *v* **ren geyiği** *n* reindeer

rende [rende] *n* plane (tool)

rendelemek [rendelemek] *v*
grate

reng [reng] *n* vişne çürüğü
renginde *adj* maroon

renk [reŋ] *n* colour; **açık renk** (ten/
saç) *adj* fair (light colour); **krem
renkli** *adj* cream; **leylak renkli** *adj*
lilac; **pembemsi leylak rengi** *adj*
mauve; **portakal rengi** *adj*
orange; **renk körü** *adj*
colour-blind; **renkli televizyon** *n*
colour television; **türkuvaz renkli**
adj turquoise; **Bu makine için
renkli film istiyorum** I need a
colour film for this camera; **Bu
rengi sevmedim** I don't like the
colour; **Bu renk olsun** This colour,
please; **Bunun başka rengi var
mı?** Do you have this in another
colour?; **Bunun renkli
fotokopisini istiyorum lütfen**
I'd like a colour photocopy of this,
please; **Renkli film istiyorum
lütfen** A colour film, please

renkli [reŋli] *adj* colourful,
in colour

resepsiyon [resepsijon] *n*
reception

resepsiyonist [resepsijonist] *n*
receptionist

resim [resim] *n* painting, picture;
resim çerçevesi *n* picture frame

resimleme [resimleme] *n (kitabı)*
illustration

resmi [resmi] *adj* formal; **resmi
olmayan** *adj* unofficial; **resmi
tatil günü** *n* public holiday

ressam [ressam] *n* painter

restoran [restoran] *n* restaurant;
**İyi bir restoran tavsiye edebilir
misiniz?** Can you recommend a
good restaurant?

restore [restore] *v* **restore etmek**
v restore

reşit [reʃit] *n*, *adj* adult; **reşit
olmayan** *adj* underage

revir [revir] *n* infirmary

revizyon [revizjon] *n* check-up,
revision

revolver [revolver] *n* revolver

rezene [rezene] *n* fennel

rezervasyon [rezervasjon] *n*
booking; **önceden rezervasyon** *n*
advance booking; **rezerve etmek**
v book; **Masa bu akşam saat
dokuz için rezerve edildi** The
table is booked for nine o'clock this
evening; **Rezervasyonumu
değiştirebilir miyim?** Can I
change my booking?;
**Rezervasyonumu iptal
ettirmek istiyorum** I want to
cancel my booking;
**Rezervasyonumu mektupla
teyid etmiştim** I confirmed my
booking by letter

rıhtım [rəhtəm] *n* jetty, pier
rica [ridʒa] *n* appeal, request ▷ *v*
    rica etmek *v* appeal, request
rimel [rimel] *n* eyeliner, mascara
ringa [ringa] *n* **ringa balığı** *n*
    herring
risk [risk] *n* risk ▷ *v* **risk almak** *v*
    risk
riskli [riskli] *adj* risky
ritim [ritim] *n* beat, rhythm
robot [robot] *n* robot; **mutfak**
    robotu *n* food processor
roket [roket] *n* rocket
rollercoaster [rollerdʒoaster] *n*
    rollercoaster
rom [rom] *n* rum
roman [roman] *n* novel
romancı [romandʒə] *n* novelist
Romanesk [romanesk] *adj*
    Romanesque
romantik [romantik] *adj*
    romantic
Romanya [romanja] *n* Romania
romatizma [romatizma] *n*
    rheumatism
Romen [romen] *adj* Roman,
    Romanian
römork [rømork] *n* trailer
röntgen [røntgen] *n* X-ray ▷ *v*
    röntgenini çekmek *v* X-ray
rugbi [rugbi] *n* rugby
ruh [ruh] *n* soul, spirit; **ruh**
    durumu *n* mood; **ruh hali** *n*
    temper
ruj [ruʒ] *n* lipstick
rulet [rulet] *n* roulette
Rumen [rumen] *n (kişi)* Romanian
    (person)
Rumence [rumendʒe] *n (dil)*
    Romanian *(language)*

Rus [rus] *adj* Russian ▷ *n (kişi)*
    Russian *(person)*
Rusça [rustʃa] *n (dil)* Russian
    (language)
Rusya [rusja] *n* Russia
rüşvet [ryʃvet] *n* bribery ▷ *v* **rüşvet**
    vermek *v* bribe
rütbe [rytbe] *n* rank *(status)*
rüzgar [ryzgar] *n* wind; **ani rüzgar**
    n gust; **hafif rüzgar** *n* breeze;
    şiddetli rüzgar *n* gale; **rüzgar**
    sörfü *n* windsurfing; **rüzgara**
    açık *adj* bleak; **Rüzgar sörfü**
    yapmak istiyorum I'd like to go
    windsurfing
rüzgarlı [ryzgarlə] *adj* windy

S

much is it to log on for an hour?;
Saati ne kadar? How much is it
per hour?; **Yolculuk iki saat
sürüyor** The journey takes two
hours; **Ziyaret saatleri nedir?**
When are visiting hours?

sabah [sabah] *n* in the morning,
morning; **bu sabah** this morning;
**Beni yarın sabah yedide
uyandırır mısınız?** I'd like an
alarm call for tomorrow morning
at seven o'clock; **Bu sabahtan
beri kusuyorum** I've been sick
since this morning; **Müze
sabahları açık mı?** Is the museum
open in the morning?; **Otobüs
sabah kaçta hareket ediyor?**
When does the coach leave in the
morning?; **yarın sabah** tomorrow
morning; **Yarın sabah boşum**
I'm free tomorrow morning;
Yarın sabah onda ayrılıyorum
I will be leaving tomorrow
morning at ten a.m.

sabahlık [sabahlək] *n* dressing
gown

sabır [sabər] *n* patience

sabırlı [sabərlə] *adj* patient

sabırsız [sabərsəz] *adj* impatient

sabırsızlık [sabərsəzlək] *n*
impatience

sabırsızlıkla [sabərsəzləkla] *adv*
impatiently

sabit [sabit] *adj (değişmez)*
constant, *(dengeli)* steady

sabitlemek [sabitlemek] *vt* fix

sabitlenmiş [sabitlenmiʃ] *adj*
fixed

sabotaj [sabotaʒ] *n* sabotage;
sabote etmek *v* sabotage

saat [saat] *n (fırın vb)* timer,
(genelde) clock, *(zaman)* hour;
açılış saatleri *npl* opening hours;
çalar saat *n* alarm clock; **çalışma
saatleri** *npl* office hours; **çay
saati** *n* teatime; **dijital saat** *n*
digital watch; **esnek çalışma
saati** *n* flexitime; **geç saatlere
kadar oturmak** *v* stay up; **iş
saatleri dışında** *adv* off-peak;
kapanış saati *n* closing time; **kol
saati** *n* watch; **oyun saati** *n*
playtime; **saat başı** *adv* hourly;
saat kayışı *n* watch strap; **saat
yönünde** *adv* clockwise; **saatin
aksi yönünde** *adv* anticlockwise;
saatli bomba *n* time bomb;
sıkışık saat *npl* peak hours;
sıkışık saatler *n* rush hour; **yarım
saat** *n* half-hour; **ziyaret saatleri**
npl visiting hours; **Bir saatlik
internet bağlantısı kaça?** How

sabretmek [sabretmek] *v* hang on
sabun [sabun] *n* soap; **sabun tozu**
n soap powder; **Sabun yok** There
is no soap
sabunluk [sabunluk] *n* soap dish
saç [satʃ] *n* hair; **beyaz saçlı** *adj*
grey-haired; **kızıl saçlı** *n*
red-haired, redhead; **kızılımsı sarı
saçlı** *adj* ginger; **saç örgüsü** *n*
pigtail, plait; **saç bandı** *n*
hairband; **saç fırçası** *n* hairbrush;
saç jölesi *n* hair gel; **saç kestirme**
n haircut; **saç kremi** *n*
conditioner; **saç kurutma
makinesi** *n* hairdryer; **saç maşası**
npl straighteners; **saç modeli** *n*
hairdo, hairstyle; **saç spreyi** *n* hair
spray; **saç tokası** *n* hairgrip; **Saç
kurutma makinesine ihtiyacım
var** I need a hair dryer; **Saçım
doğuştan düz** My hair is naturally
straight; **Saçım doğuştan
kıvırcık** My hair is naturally curly;
Saçım kuru I have dry hair; **Saçım
permalı** My hair is permed; **Saçım
röfleli** My hair is highlighted;
Saçım yağlı I have greasy hair;
Saçıma ne tavsiye edersiniz?
What do you recommend for my
hair?; **Saçımı boyar mısınız
lütfen?** Can you dye my hair,
please?; **Saçımı düzleştirebilir
misiniz?** Can you straighten my
hair?; **Saçımı yıkar mısınız
lütfen?** Can you wash my hair,
please?
saçma [satʃma] *adj* absurd ▷ *n*
nonsense
saçmalamak [satʃmalamak]
v rave

sadakat [sadakat] *n* loyalty
sadakatle [sadakatle] *adv*
faithfully
sadakatsiz [sadakatsiz] *adj*
unfaithful
sade [sade] *adj* plain; **sade
çikolata** *n* plain chocolate
sadece [sadedʒe] *adj* mere
sadık [sadək] *adj* faithful
saf [saf] *adj* daft, naive, pure
safari [safari] *n* safari
safir [safir] *n* sapphire
safra [safra] *n* **safra kesesi** *n* gall
bladder; **safra kesesi taşı** *n*
gallstone
safran [safran] *n* saffron
sağ [sa:] *adj* (yan, yön) right (not
left); **sağ elini kullanan** *adj*
right-handed; **sağ kanat** *adj*
right-wing; **sağdan trafik** *n*
right-hand drive; **Sağa dönün**
Turn right; **Sağdan ilk sokağa
dönün** Take the first turning on
your right
sağanak [sa:anak] *n* downpour
sağdıç [sa:datʃ] *n* best man
sağduyu [sa:duju] *n* common
sense, discretion
sağduyulu [sa:dujulu] *adj*
sensible
sağır [sa:ər] *adj* deaf; **sağır edici**
adj deafening; **Sağırım** I'm deaf
sağlam [sa:lam] *adj* sound, tough
sağlamak [sa:lamak] *v* provide;
ürün sağlamak *v* yield; **geçimini
sağlamak** *v* provide for; **mali
destek sağlamak** *v* subsidize;
yarar sağlamak *v* benefit
sağlıcakla [sa:lədʒakla] *excl*
cheerio!

sağlık [sa:lək] *n* health; **sağlık belgesi** *n* medical certificate; **sağlıklı yaşam** *n* keep-fit; **Özel sağlık sigortam var** I have private health insurance; **Sağlık sigortam yok** I don't have health insurance

sağlıklı [sa:ləklə] *adj* healthy

sağlıksız [sa:ləksəz] *adj* unfit, unhealthy

sağmak [sa:mak] *v* milk

saha [saha] *n (spor)* pitch *(sport)*; **buz pateni sahası** *n* ice rink; **golf sahası** *n* golf course; **hava sahası** *n* airspace; **kendi sahasında maç** *n* home match; **rakip sahada maç** *n* away match

sahil [sahil] *n* sahil **koruma görevlisi** *n* coastguard

sahip [sahip] *n* owner; **ev sahibi** *n* host *(entertains)*, landlord; **ev sahibesi** *n* landlady; **hisse sahibi** *n* shareholder; **sahip çıkmak** *v* own up; **sahip olmak** *v* have, own, possess; **toprak sahibi** *n* landowner; **Buranın sahibiyle konuşabilir miyim lütfen** Could I speak to the owner, please?

sahipsiz [sahipsiz] *adj* unattended

sahne [sahne] *n (olay, bölüm)* scene, *(tiyatro mekan)* stage; **sahne performansı** *n* performance *(artistic)*

Sahra [sahra] *n* Sahara

sahte [sahte] *n* fake, forgery

sakal [sakal] *n* beard

sakallı [sakallə] *adj* bearded

sakar [sakar] *adj* clumsy

sakat [sakat] *n* invalid

sakatlık [sakatlək] *n* disability

sakınca [sakəndʒa] *n* **Sakıncası yok** I don't mind; **Sizce sakıncası var mı?** Do you mind?

sakız [sakəz] *n* gum

sakin [sakin] *adj* calm ⊳ *n (konut)* inhabitant, *(konut)* resident

sakinleşmek [sakinleʃmek] *v* calm down

sakinleştirici [sakinleʃtiridʒi] *n* tranquillizer

saklamak [saklamak] *v (korumak)* reserve ⊳ *vi* hide

saklambaç [saklambatʃ] *n* hide-and-seek

saklı [saklə] *adj* hidden

saksağan [saksa:an] *n* magpie

sal [sal] *n* float, raft

salak [salak] *n* idiot

salakça [salaktʃa] *adj* idiotic

salam [salam] *n* salami

salaş [salaʃ] *adj* naff

salata [salata] *n* salad; **karışık salata** *n* mixed salad; **lahana salatası** *n* coleslaw; **meyve salatası** *n* fruit salad; **salata sosu** *n* salad dressing; **sirkeli salata sosu** *n* vinaigrette; **yeşil salata** *n* green salad

salatalık [salatalək] *n* cucumber

saldırgan [saldərgan] *adj* aggressive, offensive

saldırı [saldərə] *n* attack, offence; **terörist saldırı** *n* terrorist attack; **Saldırıya uğradım** I've been attacked

saldırmak [saldərmak] *v* mug ⊳ *vt* attack

salgın [salgən] *n* epidemic

Salı [salə] n Tuesday; **Salı günü** on Tuesday

salınmak [salənmak] v sway

sallamak [sallamak] v rock; **el sallamak** v wave

sallanan [sallanan] adj unsteady

sallanma [sallanma] n swing

sallanmak [sallanmak] vi swing; **sallanan at** n rocking horse; **sallanan sandalye** n rocking chair

salon [salon] n hall, lounge, saloon; **bowling salonu** n bowling alley; **güzellik salonu** n beauty salon; **jimnastik salonu** n gym; **oyun salonu** n amusement arcade; **salon dansı** n ballroom dancing; **transit yolcu salonu** n transit lounge; **uçuş bekleme salonu** n departure lounge; **yemek salonu** n dining room; **Konser salonunda bu gece ne var?** What's on tonight at the concert hall?; **Salonda kahve içebilir miyiz?** Could we have coffee in the lounge?

salyangoz [saljangoz] n snail

saman [saman] n hay, straw; **saman nezlesi** n hay fever; **saman yığını** n haystack; **saz ve saman çatılı** adj thatched

samanlık [samanlək] n barn

samimiyetsiz [samimijetsiz] adj insincere

sanal [sanal] adj virtual; **sanal gerçeklik** n virtual reality

sanat [sanat] n art; **sanat eseri** n work of art; **sanat galerisi** n art gallery; **sanat okulu** n art school

sanatçı [sanattʃə] n artist

sanatsal [sanatsal] adj artistic

sanayi [sanaji] n industry; **eğlence sanayii** n show business; **sanayi sitesi** n industrial estate

sandal [sandal] n **cankurtaran sandalı** n lifeboat

sandalet [sandalet] n sandal

sandalye [sandalje] n chair (furniture), seat (furniture); **bebe sandalyesi** n highchair; **sallanan sandalye** n rocking chair; **tekerlekli sandalye** n wheelchair; **Bebek sandalyeniz var mı?** Do you have a baby seat?; **Mama sandalyeniz var mı?** Do you have a high chair?

sandık [sandək] n chest (storage)

sandviç [sandvitʃ] n sandwich; **sosisli sandviç** n hot dog; **Sandviç olarak ne var?** What kind of sandwiches do you have?

sanık [sanək] n accused

San Marino [sanmarino] n San Marino

sansasyonel [sansasjonel] adj sensational

Santigrat [santigrat] n **Santigrat derece** n degree centigrade, degree Celsius

santimetre [santimetre] n centimetre

santral [santral] n switchboard

sap [sap] n **kereviz sapı** n celery; **saplı tencere** n saucepan

sara [sara] n epilepsy; **sara nöbeti** n epileptic fit

saralı [saralə] n epileptic

saray [saraj] n palace; **Saray halka açık mı?** Is the palace open to the public?; **Saray ne zaman açık?** When is the palace open?

sardalya [sardalja] n sardine

sardunya [sardunja] n geranium

sargı [sargə] n bandage; **Sargı yapar mısınız?** I'd like a bandage; **Sargılarımı değiştirir misiniz?** I'd like a fresh bandage

sarhoş [sarhoʃ] adj drunk ▷ n drunk; **dut gibi sarhoş** adj pissed (inf!)

sarı [sarə] adj yellow; **kızılımsı sarı saçlı** adj ginger; **sarı şalgam** n swede; **yumurta sarısı** n egg yolk; **yumurtanın sarısı** n yolk

Sarı [sarə] adj **Sarı Sayfalar** npl Yellow Pages®

sarılık [sarələk] n jaundice

sarışın [sarəʃən] adj blonde; **Doğma büyüme sarışınım** My hair is naturally blonde

sarkmak [sarkmak] v to hang; **dışarıya sarkmak** v lean out

sarmak [sarmak] v bandage, do up, wrap; **geri sarmak** v rewind; **Sarar mısınız lütfen?** Could you wrap it up for me, please?

sarmaşık [sarmaʃək] n ivy

sarmısak [sarməsak] n garlic; **Bunda sarmısak var mı?** Is there any garlic in it?

sarsılmış [sarsəlməʃ] adj shaken

sarsıntı [sarsəntə] n concussion

satıcı [satədʒə] n (**satıcı kadınlar**) n saleswoman, (**erkek**) salesman, dealer, salesperson, supplier, vendor; **uyuşturucu satıcısı** n drug dealer

satın [satən] v **satın alınmış** adj bought; **satın alma (şirket)** n buyout; **satın almak** v buy

satış [satəʃ] n sale; **otomatik satış makinesi** n vending machine; **satış elemanı** n sales rep, shop assistant; **satış fiyatı** n selling price; **son satış tarihi** n sell-by date; **telefonla satış** npl telesales; **toptan satış** adj wholesale

satmak [satmak] vt sell; **hepsini satmak** v sell out; **perakende satmak** v retail

satnav [satnav] n sat nav

satranç [satrantʃ] n chess

sauna [sauna] n sauna

savaş [savaʃ] n war; **iç savaş** n civil war

savaşmak [savaʃmak] v fight

savruk [savruk] adj extravagant

savunma [savunma] n defence

savunmasız [savunmasəz] adj vulnerable

savunucu [savunudʒu] n defender

savurmak [savurmak] v fling

sayaç [sajatʃ] n meter; **Gaz sayacı nerede?** Where is the gas meter?

saydam [sajdam] adj transparent

sayfa [sajfa] n page; **açılış sayfası** n home page; **Lütfen Arka Sayfaya Bakınız** abbr PTO; **Sarı Sayfalar** npl Yellow Pages®

saygı [sajgə] n regard, respect ▷ v **saygı duymak** v respect

saygıdeğer [sajgəde:er] adj reputable, respectable

saygın [sajgən] adj prestigious

sayı [sajə] n number, (maç/oyun) score (game/match) ▷ v **sayı yapmak** v score

sayım [sajəm] n **nüfus sayımı** n census

sayımlama [sajəmlama] *npl* statistics

sayısız [sajəsəz] *adj* numerous

saymak [sajmak] *v* count

sayvan [sajvan] *n* pavilion

saz [saz] *n* **saz ve saman çatılı** *adj* thatched

sci-fi [sdʒifi] *n* sci-fi

seans [seans] *n* session

sebep [sebep] *n* motive; **bu sebeple** *adv* therefore

sebze [sebze] *n* vegetable; **Sebze de dahil mi?** Are the vegetables included?; **Sebzeleriniz taze mi, dondurulmuş mu?** Are the vegetables fresh or frozen?

seçenek [setʃenek] *n* alternative, option

seçilmiş [setʃilmiʃ] *adj* chosen

seçim [setʃim] *n* choice, election; **genel seçim** *n* general election

seçme [setʃme] *n* selection

seçmek [setʃmek] *v* choose, elect, pick out, select

seçmen [setʃmen] *n* voter; **seçmen bölgesi** *n* constituency, electorate

sedan [sedan] *n* **sedan araba** *n* saloon car

sedye [sedje] *n* stretcher

sefalet [sefalet] *n* misery

sefer [sefer] *n* journey; **bir seferinde** *adv* once; **bir seferlik** *n* one-off; **karşılıklı sefer yapan araç** *n* shuttle

sehpa [sehpa] *n* coffee table

sekiz [sekiz] *number* eight; **Sekiz matinesine iki bilet lütfen** two for the eight o'clock showing

sekizinci [sekizindʒi] *adj* eighth ▷ *n* eighth

sekreter [sekreter] *n* secretary; **Sekreterine mesaj bırakabilir miyim?** Can I leave a message with his secretary?

seksen [seksen] *number* eighty

seksi [seksi] *adj* sexy

seksilik [seksilik] *n* sexuality

sektör [sektør] *n* sector

sel [sel] *n* flood

selam [selam] *excl* hi!

selamlamak [selamlamak] *v* greet, salute

selamlaşma [selamlaʃma] *n* greeting

sele [sele] *n* seat, saddle; **Bu sele rahat değil** The seat is uncomfy; **Sele çok alçak** The seat is too low; **Sele çok yüksek** The seat is too high

selef [selef] *n* predecessor

self-catering [selfdʒatering] *n* self-catering

selfservis [selfservis] *adj* self-service

seloteyp [selotejp] *n* Sellotape®

sembol [sembol] *n* symbol

semer [semer] *n* saddle

sen [sen] *pron* you *(singular)*; **Seni seviyorum** I love you

sendelemek [sendelemek] *v* stagger

sendika [sendika] *n* trade union

sendikacı [sendikadʒə] *n* trade unionist

sendrom [sendrom] *n* **Down sendromu** *n* Down's syndrome

Senegal [senegal] *adj* Senegalese ▷ *n* Senegal

Senegalli [senegalli] n Senegalese
senfoni [senfoni] n symphony
senin [senin] adj your (singular)
sent [sent] n (para birimi) cent
sepet [sepet] n basket; **çöp sepeti**
n dustbin, wastepaper basket
sepetlemek [sepetlemek] v ditch
sera [sera] n greenhouse
seramik [seramik] adj ceramic
serbest [serbest] adj free,
independent; **serbest çalışan** adj
self-employed; **serbest bırakma**
n release; **serbest bırakmak** v
release; **Serbest çalışıyorum** I'm
self-employed
serçe [sertʃe] n sparrow
sergi [sergi] n exhibition
sergileme [sergileme] n display
sergilemek [sergilemek] v display
seri [seri] n serial
serin [serin] adj cool (cold);
serinletici içecek npl
refreshments
sermaye [sermaje] n **sermaye
devri** n turnover
sermek [sermek] v **yere sermek** v
knock out
serpinti [serpinti] n spray
sersem [sersem] n **Uçak
sersemiyim** I'm suffering from jet
lag
serseri [serseri] n tramp (beggar)
sert [sert] adj hard (firm, rigid)
sertifika [sertifika] n certificate
servet [servet] n fortune
servis [servis] n service; **gizli
servis** n secret service; **kaza & acil
servis** n accident & emergency
department; **oda servisi** n room
service; **servis atmak** n serve;

servis ücreti n cover charge,
service charge; **servis masası** n
trolley; **servis tabağı** n dish
(plate); Is there a laundry service?; **Çocuk
bakıcı servisiniz var mı?** Is there
a child-minding service?; **Oda
servisi var mı?** Is there room
service?; **Servis berbattı** The
service was terrible; **Servis dahil
mi?** Is service included?; **Servisten
şikayetçiyim** I want to complain
about the service; **Tamir servisini
çağırabilir misiniz lütfen?** Call
the breakdown service, please
ses [ses] n sound, voice; **çan sesi** n
toll; **patlama sesi** n bang; **ses
kayıt cihazı** n recorder (music),
tape recorder; **ses sınavı** n
audition; **sesli posta** n voicemail;
yüksek sesle adv aloud, loudly;
yüksek sesle okumak v read out
sessiz [sessiz] adj quiet, silent;
Sessiz bir oda rica ediyorum I'd
like a quiet room
sessizce [sessizdʒe] adv quietly
sessizlik [sessizlik] n silence
sevecen [sevedʒen] adj
affectionate
sevgi [sevgi] n love
sevgili [sevgili] adj dear (loved)
Sevgili [sevgili] n **Sevgililer Günü**
n Valentine's Day
sevgilim [sevgilim] n darling
sevimli [sevimli] adj charming,
cute
sevinmek [sevinmek] v to be
pleased; **çok sevinmiş** adj thrilled
seviye [sevije] n level; **deniz
seviyesi** n sea level

sevmek [sevmek] v like, love; **... severim** I love ...; **Seni seviyorum** I love you

seyahat [sejahat] n journey, travel; **gecelik seyahat çantası** n overnight bag; **iş seyahati** n business trip; **seyahat acentası** n travel agency, travel agent's, (kişi) travel agent; **seyahat çeki** n traveller's cheque; **seyahat etme** n travelling ▷ v **seyahat etmek** vi travel; **seyahat sigortası** n travel insurance; **Seyahat bulantım var** I get travel-sick; **Seyahat sigortam yok** I don't have travel insurance; **Tek başıma seyahat ediyorum** I'm travelling alone

seyis [sejis] n groom

sezmek [sezmek] v guess

sezon [sezon] n season; **pahalı sezon** n high season; **sezon dışı/ sezon dışında** adv off-season; **ucuz sezon** n low season; **yaz sezonu** n summertime

sıcak [sɯdʒak] adj hot; **boğucu sıcak** adj sweltering; **sıcak su torbası** n hot-water bottle; **Çok sıcak** It's very hot; **Çok sıcakladım** I'm too hot; **Biraz fazla sıcak** It's a bit too hot; **Oda çok sıcak** The room is too hot; **Sıcak su yok** There is no hot water

sıcaklık [sɯdʒaklɯk] n temperature

sıçan [sɯtʃan] n rat

sıçramak [sɯtʃramak] v leap

sıçratmak [sɯtʃratmak] v splash

sıfat [sɯfat] adj adjective

sıfır [sɯfɯr] (**sıfırlar**) n zero, nil, nought

sığ [sɯɣ] adj shallow; **sığ havuz** n paddling pool

sığınak [sɯɣɯnak] n refuge

sığınma [sɯɣɯnma] n asylum

sığınmacı [sɯɣɯnmadʒɯ] n asylum seeker, refugee

sığır [sɯɣɯr] n cattle; **sığır eti** n beef

sık [sɯk] adj frequent, (orman) dense; **sık sorulan sorular** n FAQ (Frequently Asked Question)

sıkı [sɯkɯ] adj firm, tight; **eli sıkı** adj mean; **sıkı tedbirler almak** v crack down on; **sımsıkı kavramak** v grip; **sımsıkı paketlenmiş** adj compact

sıkıcı [sɯkɯdʒɯ] adj boring, drab

sıkılamak [sɯkɯlamak] v tighten

sıkılmak [sɯkɯlmak] v to get bored; **canı sıkılmış** adj bored; **canı sıkkın** adj depressed

sıkıntı [sɯkɯntɯ] n nuisance; **can sıkıntısı** n boredom

sıkışık [sɯkɯʃɯk] adj sıkışık saat npl peak hours; **sıkışık saatler** n rush hour

sıkışmak [sɯkɯʃmak] v squeeze in

sıkışmış [sɯkɯʃmɯʃ] adj jammed

sıklık [sɯklɯk] n frequency

sıklıkla [sɯklɯkla] adv often

sıkmak [sɯkmak] v squeeze; **can sıkmak** v bore (be dull)

sıla [sɯla] n sıla acısı çeken adj homesick

sınav [sɯnav] n exam, examination (medical), examination (school); **çetin sınav** n ordeal; **deneme sınavı** adj mock; **direksiyon sınavı** n driving test; **ses sınavı** n audition; **sınav görevlisi** n examiner; **sınav gözcüsü** n

invigilator ▷ v **sınavı kazanmak** v
pass *(an exam)*; **yeniden sınava
girmek** v resit

sınıf [sənəf] n class, classroom;
birinci sınıf adj first-class; **hizmet
sınıfı** n business class; **ikinci sınıf**
adj economy class, second class,
second-class; **işçi sınıfı** adj
working-class; **orta sınıf** adj
middle-class; **sınıf arkadaşı** n
classmate; **... a birinci sınıf bir
gidiş dönüş bilet** a first-class
return to...; **Birinci sınıf bir kabin**
a first-class cabin; **Birinci sınıf
seyahat etmek istiyorum** I
would like to travel first class

sınır [sənər] n border, boundary,
edge, limit, margin, range *(limits)*;
hız sınırı n speed limit; **sınır dışı
etmek** v deport; **sınır işareti** n
landmark; **yaş sınırı** n age limit

sınırlamak [sənərlamak] v restrict

sır [sər] n confidence *(secret)*, secret

sıra [səra] n order, *(dizi)* row *(line)*,
(okul) desk, *(oyun)* round *(series)*,
(taksi vb) rank *(line)*; **sıra evler** n
terraced; **taksi sırası** n taxi rank

sırada [sərada] n while; **o sırada**
adv meanwhile

sıradağ [sərada:] n range
(mountains)

sıradan [səradan] adj ordinary ▷ n
routine; **sıradan çıkmak** v fall out

sıralamak [səralamak] v rank

sırasıyla [sərasəjla] adv
respectively

Sırbistan [sərbistan] n Serbia

sırık [sərək] n pole; **sırık gibi** n
lanky; **sırıkla atlama** n pole vault

sırılsıklam [sərəlsəklam] v

sırılsıklam etmek v drench

sırıtış [sərətəf] n grin

sırıtmak [sərətmak] v grin

Sırp [sərp] adj Serbian ▷ n *(kişi)*
Serbian *(person)*

Sırpça [sərptʃa] n *(dil)* Serbian
(language)

sırt [sərt] n back; **sırt ağrısı** n back
pain, backache; **sırt çantası** n
backpack, holdall, rucksack; **sırt
çantasıyla dolaşan gezgin**
backpacker; **sırt çantasıyla
gezme** n backpacking; **Sırtım
ağrıyor** My back is sore; **Sırtım
tutuldu** I've got a bad back;
sırtüstü yüzme n backstroke

sıtma [sətma] n malaria

sıvı [səvə] n liquid

sıvışmak [səvəʃmak] v get away

sızdırmak [səzdərmak] vi leak

sızıntı [səzəntə] n leak

sızma [səzma] n **petrol sızması** n
oil slick

siber [siber] adj **siber zorbalık** n
cyberbullying

Siberya [siberja] n Siberia

sidik [sidik] v urine; **sidik torbası**
n bladder

sifon [sifon] n **Tuvaletin sifonu
çalışmıyor** The toilet won't flush

sigara [sigara] n cigarette, *(argo)*
fag; **sigara içen** n smoker; **sigara
içilmeyen** adj non-smoking;
sigara içmek v smoke; **sigara
içmeyen** n non-smoker

sigorta [sigorta] n *(elektrik)* fuse,
(poliçe) insurance; **araba
sigortası** n car insurance; **kaza
sigortası** n accident insurance;
üçüncü kişi sorumluluk

sigortası n third-party insurance; **seyahat sigortası** n travel insurance; **sigorta belgesi** n insurance certificate; **sigorta kutusu** n fuse box; **sigorta poliçesi** n insurance policy; **yaşam sigortası** n life insurance; **İşte sigorta bilgilerim** Here are my insurance details; **Bireysel kaza sigortası yaptırmak istiyorum** I'd like to arrange personal accident insurance; **Diş sigortam var mı bilmiyorum?** I don't know if I have dental insurance; **Diş sigortam yok** I don't have dental insurance; **Fiyata tam kapsamlı sigorta dahil mi?** Is fully comprehensive insurance included in the price?; **Sağlık sigortam yok** I don't have health insurance; **Seyahat sigortam yok** I don't have travel insurance; **Sigorta attı** A fuse has blown; **Sigorta belgenizi görebilir miyim lütfen?** Can I see your insurance certificate please?; **Sigorta bilgilerim burada** Here are my insurance details; **Sigorta bilgilerinizi verin lütfen** Give me your insurance details, please; **Sigorta için fiş almam gerekiyor** I need a receipt for the insurance; **Sigortam için polise bildirmemiz gerekiyor** I need a police report for my insurance; **Sigortalıyım** I have insurance; **Sigortanız var mı?** Do you have insurance?; **Sigortayı tamir eder misiniz?** Can you mend a fuse?; **Sigota bunu öder mi?** Will the

insurance pay for it?; **Tam kapsamlı sigorta için ne kadar ekstra ödemem gerekiyor?** How much extra is comprehensive insurance cover?

sigortalamak [sigortalamak] v insure

sigortalı [sigortalə] adj insured

siğil [səəl] n wart

sihirbaz [sihirbaz] n magician

sihirli [sihirli] adj magical

Sikh [sikh] adj Sikh ▷ n Sikh

siklon [siklon] n cyclone

silah [silah] n gun, weapon; **kısa menzilli silah** n shotgun

silahlı [silahlə] adj armed

silecek [siledʒek] n **cam sileceği** n windscreen wiper; **Cam sileceklerinin deposunu doldurur musunuz lütfen?** Can you top up the windscreen washers?

silikon [silikon] n **silikon çip** n silicon chip

silindir [silindir] n cylinder, roller

silkmek [silkmek] v **omuz silkmek** v shrug

silmek [silmek] v delete, erase, (silip çıkarmak) cross out; **silerek temizlemek** v wipe; **silip temizlemek** v wipe up

simetrik [simetrik] adj symmetrical

simit [simit] n **cankurtaran simidi** n lifebelt

sinagog [sinagog] n synagogue; **Sinagog nerede var?** Where is there a synagogue?

sincap [sindʒap] n squirrel

sindirim [sindirim] n digestion

sindirmek [sindirmek] v digest

sinek [sinek] n fly

sinema [sinema] n cinema; **Bu gece sinemada ne var?** What's on tonight at the cinema?; **Sinemada hangi film oynuyor?** Which film is on at the cinema?; **Sinemada ne oynuyor?** What's on at the cinema?

sinir [sinir] n (anatomi) nerve (anat); **sinir bozucu** adj annoying, irritating, nerve-racking; **sinir krizi** n nervous breakdown; **sinirini bozmak** v annoy

sinirli [sinirli] adj nervous

sinüs [sinys] n sinus

sinyal [sinjal] n signal; **meşgul sinyali** n busy signal, engaged tone; **sinyal vermek** v signal; **telefon sinyali** n dialling tone

sipariş [sipariʃ] n order; **sipariş formu** n order form; **Sipariş verebilir miyim lütfen?** Can I order now, please?

siper [siper] n trench

siren [siren] n siren

sirk [sirk] n circus

sirke [sirke] n vinegar; **sirkeli salata sosu** n vinaigrette

sis [sis] n fog, mist; **sis lambası** n fog light

sisli [sisli] adj foggy, misty

sistem [sistem] n system; **bağışıklık sistemi** n immune system; **güneş sistemi** n solar system; **GPS sistemi** n GPS; **sistem analizcisi** n systems analyst; **Kapalı Devre Televizyon Sistemi** n CCTV

sistemli [sistemli] adj systematic

sistit [sistit] n cystitis

sitkom [sitkom] n sitcom

sivil [sivil] adj civilian ▷ n civilian

sivilce [sivildʒe] n acne, pimple, zit

sivilceli [sivildʒeli] adj spotty

sivrisinek [sivrisinek] n mosquito

siyah [sijah] adj black; **Siyah beyaz** in black and white

siz [siz] pron you (plural), you (singular polite); **Siz döndüğünüzde biz yatmış oluruz** We'll be in bed when you get back; **Siz nasılsınız?** And you?; **Sizden çok hoşlanıyorum** I like you very much; **Size katılabilir miyim?** Can I join you?; **Sizi yarın arayabilir miyim?** May I call you tomorrow?; **Sizinle özel olarak konuşabilir miyim?** Can I speak to you in private?; **Sizinle çalışmak bir zevkti** It's been a pleasure working with you; **Sizinle nasıl temas kurabilirim?** Where can I contact you?; **Sizinle tanışmak bir zevk** It was a pleasure to meet you

sizin [sizin] adj your (plural), your (singular polite)

sizinki [sizinki] pron yours (plural), yours (singular), yours (singular polite)

skandal [skandal] n scandal

skateboard [skateboard] n skateboard; **skateboard yapma** n skateboarding; **Skateboarding yapmak isterdim** I'd like to go skateboarding

skleroz [skleroz] n multipl skleroz n multiple sclerosis

skuter [skuter] n scooter

Slovak [slovak] *adj* Slovak ▷ *n (kişi)* Slovak *(person)*

Slovakça [slovaktʃa] *n (dil)* Slovak *(language)*

Slovakya [slovakja] *n* Slovakia

Slovence [slovendʒe] *n (dil)* Slovenian *(language)*

Slovenya [slovenja] *adj* Slovenian ▷ *n* Slovenia

Slovenyalı [slovenjalə] *n (kişi)* Slovenian *(person)*

smokin [smokin] *n* dinner jacket, tuxedo

smoothie [smuθi] *n* smoothie, *püre kıvamında içecek*

SMS [esemes] *n* SMS

snooker [snooker] *n* snooker

snowboard [snovboard] *n* **Snowboard kiralamak istiyorum** I want to hire a snowboard; **Snowboarding dersleri veriyor musunuz?** Do you organise snowboarding lessons?

soba [soba] *n* stove

sofistike [sofistike] *adj* sophisticated

soğan [soa:n] *n* onion, *(bitki)* bulb *(plant)*; **Frenk soğanı** *mpl* chives; **taze soğan** *n* spring onion

soğuk [sou:k] *adj* chilly, cold ▷ *n* cold; **Duş soğuk akıyor** The showers are cold; **Et soğuk** The meat is cold; **Oda çok soğuk** The room is too cold; **Soğuk algınlığı için bir şey rica ediyorum** I'd like something for a cold; **Soğuk algınlığım var** I have a cold

soğutmak [sou:tmak] *v* chill

soğutucu [sou:tudʒu] *n* fridge; **soğutucu kayışı** *n* fan belt

sohbet [sohbet] *n* chat ▷ *v* **sohbet etmek** *v* chat; **sohbet odası** *n* chatroom; **sohbet programı** *n* chat show

sokak [sokak] *n* street; **çıkmaz sokak** *n* dead end; **dar sokak** *n* alley; **sokak çalgıcısı** *n* busker; **sokak haritası** *n* street map; **sokak lambası** *n* streetlamp; **sokak planı** *n* street plan; **sokaklarda büyümüş** *adj* streetwise; **yan sokak** *n* side street; **Sağdan ilk sokağa dönün** Take the first turning on your right; **Soldan ikinci sokağa dönün** Take the second turning on your left

sokma [sokma] *n (arı, böcek)* sting

sokmak [sokmak] *v (arı, böcek vb)* sting

sol [sol] *adj* left, left-hand, *(politika)* left-wing ▷ *n* left; **soldan trafik** *n* left-hand drive; **Sola dönün** Turn left; **Soldan ikinci sokağa dönün** Take the second turning on your left

solak [solak] *adj* left-handed

soldaki [soldaki] *adv* left

solist [solist] *n* soloist; **as solist** *n* lead singer

sollamak [sollamak] *v* overtake

solmak [solmak] *v* fade, wilt

solucan [soludʒan] *n* worm

soluk [soluk] *adj* pale

solüsyon [solysjon] *n* Lens solüsyonu cleansing solution for contact lenses

som [som] *n* som balığı *n* salmon

Somali [somali] *adj* Somali ▷ *n* Somalia

Somalice [somalidʒe] n Somali (language)

Somalili [somalili] n (kişi) Somali (person)

somun [somun] **(somunlar)** n (ekmek) loaf; **vida somunu** n nut (device)

son [son] adj final, last, ultimate ▷ n end, ending, finish; **eninde sonunda** adv ultimately; **hafta sonu** n weekend; **son derece** adv awfully; **son kullanım tarihi** n best-before date, expiry date; **son olarak** adv lastly; **son satış tarihi** n sell-by date; **son teslim tarihi** n deadline; **son zamanlarda** adv lately, recently; **sondan bir önceki** adj penultimate; **... a son otobüs kaçta?** When is the last bus to...?; **... a son tren kaçta?** When is the last train to...?; **... a son vapur kaçta?** When is the last sailing to...?; **En son çıkış kaçta?** When is the last ascent?; **Haziran sonunda** at the end of June; **Kuyruğun sonu burası mı?** Is this the end of the queue?; **Son otobüs kaçta?** What time is the last bus?; **Son teleferik kaçta?** When does the last chair-lift go?; **Son vapur kaçta?** When is the last boat?

sonbahar [sonbahar] n autumn

sonda [sonda] adv last

sonlandırmak [sonlandərmak] v end, finalize

sonra [sonra] adv afterwards ▷ conj after; **öğleden sonra** abbr afternoon, p.m.; **bir sonraki** adv next; **daha sonra** adv later; **güneş sonrası krem** n after sun lotion; **ondan sonra** conj then; **bir sonraki hafta** the week after next; **saat sekizden sonra** after eight o'clock

sonsuz [sonsuz] adj endless, eternal ▷ n eternity, infinitive

sonuç [sonutʃ] n conclusion, consequence, outcome, result; **kaza sonucu** adj accidental; **sonucu olmak** v result in

sonuçlar [sonutʃlar] npl repercussions

sonuçta [sonutʃta] adv eventually

sonunda [sonunda] adv finally

sopa [sopa] n (asa) staff (stick or rod), (çubuk) stick, (silah) club (weapon); **golf sopası** n golf club (game), tee; **sopa çekirgesi** n stick insect; **Golf sopaları kiralıyorlar mı?** Do they hire out golf clubs?

soprano [soprano] n soprano

sorbet [sorbet] n sorbet

sorgulamak [sorgulamak] v interrogate, query

sormak [sormak] v ask, question

soru [soru] n inquiry, query, question; **sık sorulan sorular** n FAQ (Frequently Asked Question); **soru işareti** n question mark

sorumlu [sorumlu] adj accountable, responsible; **bina sorumlusu** n janitor

sorumluluk [sorumluluk] n responsibility; **üçüncü kişi sorumluluk sigortası** n third-party insurance

sorumsuz [sorumsuz] adj irresponsible

sorun [sorun] n problem; **ufak sorun** n hitch; **Bir sorun çıkarsa kiminle temas kuracağız?** Who do we contact if there are problems?; **Odada bir sorun var** There's a problem with the room; **Sorun değil** No problem

soruşturma [soruʃturma] n inquest, investigation

soruşturmak [soruʃturmak] v inquire

sos [sos] n sauce; **domates sosu** n tomato sauce; **et sosu** n gravy; **salata sosu** n salad dressing; **sirkeli salata sosu** n vinaigrette; **soya sosu** n soy sauce; **terbiye sosu** n marinade; **terbiye sosuna yatırmak** v marinade

SOS [esoes] n SOS

sosis [sosis] n sausage; **sosisli sandviç** n hot dog

sosyal [sosjal] adj sociable, social; **sosyal güvenlik** n social security; **sosyal hizmetler** npl social services; **sosyal hizmetler görevlisi** n social worker; **sosyal medya** n social media

sosyalist [sosjalist] adj socialist ▷ n socialist

sosyalizm [sosjalizm] n socialism

soy [soj] n race; lineage; **soyu tükenmiş** adj extinct

soya [soja] n soya; **soya sosu** n soy sauce

soyadı [sojadə] n surname; **kızlık soyadı** n maiden name

soygun [sojgun] n hold-up, robbery

soyguncu [sojgundʒu] n robber

soymak [sojmak] v burgle, rob ▷ vt (meyva, deri vb) peel

soyunmak [sojunmak] v strip, undress; **soyunma odası** n (mağaza) fitting room, (spor) changing room

soyut [sojut] adj abstract

soyutlanmış [sojutlanmǝʃ] adj isolated

söğüt [sø:yt] n willow

sökmek [søkmek] v (parçalarına ayırmak) take apart, (vida) unscrew

sömestr [sømestr] n semester

sömürmek [sømyrmek] v exploit

sömürü [sømyry] n exploitation

söndürmek [søndyrmek] v put out, turn off; **bastırarak söndürmek** v stub out

söndürücü [søndyrydʒy] n (yangın) extinguisher; **yangın söndürücü** n fire extinguisher

sör [sør] n sir

sörf [sørf] n surf; **rüzgar sörfü** n windsurfing; **sörf tahtası** n surfboard; **sörf yapma** n surfing; **sörf yapmak** v surf; **Sörf için nereye gitmek gerek?** Where can you go surfing?

sörfçü [sørfʧy] n surfer

söylemek [søjlemek] v say; **açıkça fikrini söylemek** v speak up; **şarkı söyleme** n singing; **şarkı söylemek** v sing; **yalan söylemek** v lie

söylenti [søjlenti] n rumour

söz [søz] n promise; **açık sözlü** adj outspoken, straightforward; **söz dinlemek** v listen to; **söz dinlememek** v disobey; **söz etmek** v refer; **söz vermek** v promise; **sözünü kesmek** v

interrupt; **sözünü kesmek** v
break in (on), disrupt
sözcü [søzdʒy] **(sözcüler)** n
spokesperson, *(erkek)*
spokesman, *(kadın)*
spokeswoman
sözcük [søzdʒyk] n word; **sözcük
dağarcığı** n vocabulary; **sözcük
grubu** n phrase
sözlü [søzly] adj oral ▷ n oral
sözlük [søzlyk] n dictionary;
günlük ifadeler sözlüğü n
phrasebook
spagetti [spagetti] n spaghetti
spatül [spatyl] n spatula
sperm [sperm] n sperm
spesifik [spesifik] adj specific
spor [spor] n sport; **kano sporu** n
canoeing; **kayma sporu** n skiing;
kış sporları npl winter sports;
kürek sporu n rowing; **lastik
spor ayakkabısı** npl trainers;
spor ayakkabısı npl sneakers;
spor giysisi n sportswear; **yelken
sporu** n sailing; **Buralarda sport
tesisi var mı?** What sports
facilities are there?; **Hangi spor
gösterisine gidebiliriz?** Which
sporting events can we go to?
sporcu [spordʒu] **(sporcular)** n
(erkek) sportsman; **kadın sporcu**
n sportswoman
sporsever [sporsever] adj sporty
spot [spot] n **spot lambası** n
spotlight
stadyum [stadjum]
(stadyumlar) n stadium;
Stadyuma nasıl gidebiliriz? How
do we get to the stadium?
standart [standart] adj standard

▷ n standard; **yaşam standardı** n
standard of living; **Standart bir
kabin bileti** a standard-class
cabin
statüko [statyko] n status quo
steno [steno] n shorthand
stepne [stepne] n spare tyre, spare
wheel
stereo [stereo] n stereo; **Arabada
stereo var mı?** Is there a stereo in
the car?; **Stereo var mı?** Does it
have a stereo?
steril [steril] adj sterile
sterilze [sterilze] v **sterilize
etmek** v sterilize
sterlin [sterlin] n sterling; **pound
sterlin** *(İngiliz para birimi)* n
pound sterling
steroid [steroid] n steroid
stil [stil] n style
stilist [stilist] n stylist
stok [stok] n stock
stoklamak [stoklamak] v stock
strateji [stratezi] n strategy
stratejik [stratezik] adj strategic
stres [stres] n strain, stress
striptizci [striptizdʒi] n stripper
stüdyo [stydjo] n studio; **stüdyo
daire** n studio flat
su [su] n water; **deniz suyu** n sea
water; **içme suyu** n drinking
water; **maden suyu** n mineral
water; **meyve suyu** n fruit juice,
juice; **portakal suyu** n orange
juice; **sığ suda çıplak ayak
yürümek** v paddle; **sıcak su
torbası** n hot-water bottle; **su
baskınına uğramak** vi flood; **su
basmak** vt/vi flood; **su basması** n
flooding; **su birikintisi** n puddle;

su deposu n reservoir; **su geçirmez** adj waterproof; **su geçirmez parka** n cagoule; **su kaplumbağası** n turtle; **su kayağı** n water-skiing; **su keleri** m newt; **su samuru** n otter; **su teresi** n watercress; **suda boğulmak** v drown; **suda pişirilmiş** (yumurta, balık) adj poached (simmered gently); **sulu çamur** n slush; **sulu kar** n sleet; **sulu sepken yağmak** v sleet; **Bir bardak su** a glass of water; **Bir şişe maden suyu** a bottle of mineral water, a bottle of sparkling mineral water; **Bir şişe su** a bottle of still mineral water; **Bir sürahi su** a jug of water; **Biraz daha su getirir misiniz?** Please bring more water; **Burada su kayağı yapmak mümkün mü?** Is it possible to go water-skiing here?; **Sıcak su nasıl çalışıyor?** How does the water heater work?; **Sıcak su yok** There is no hot water; **Suyu kontrol eder misiniz lütfen?** Can you check the water, please?; **Suyun derinliği ne kadar?** How deep is the water?

sualtı [sualtɑ] adv underwater
suç [sutʃ] n blame, crime; **internet suçu** n cybercrime; **suç ortağı** n accomplice
suçiçeği [sutʃitʃeji:] n chickenpox
suçlama [sutʃlama] n accusation, charge (accusation)
suçlamak [sutʃlamak] v accuse, blame, charge (accuse)
suçlu [sutʃlu] adj criminal, guilty ▷ n criminal
suçluluk [sutʃluluk] n guilt

Sudan [sudan] adj Sudanese ▷ n Sudan
Sudanlı [sudanlə] n Sudanese
suit [suit] n suite
sulamak [sulamak] v water; **bahçe sulama bidonu** n watering can
sulandırılmış [sulandərəlməʃ] adj diluted
sulandırmak [sulandərmak] v dilute
sulh [sulh] n peace; **sulh hakimi** n magistrate
sulu [sulu] adj sulu hamur n batter; **sulu kabarcık** n blister
suluboya [suluboja] n watercolour
sunak [sunak] n altar
sunma [sunma] n presentation
sunucu [sunudʒu] n (bilişim) server (computer), (oyun, film, gösteri) compere, (radyo, TV) presenter; **haber sunucusu** n newsreader
surat [surat] n face; **suratı asık** adj sulky; **suratını asmak** v sulk
Suriye [surije] adj Syrian ▷ n Syria
Suriyeli [surijeli] n Syrian
susmak [susmak] v shut up
susturucu [susturudʒu] n silencer
susuz [susuz] adj dehydrated, thirsty; **Susadım** I'm thirsty
susuzluk [susuzluk] n thirst
Suudi [suudi] adj Saudi ▷ n Saudi
Suudi Arabistan [suudiarabistan] adj Saudi Arabia, Saudi Arabian
Suudi Arabistanlı [suudiarabistanlə] n Saudi Arabian

sübvansiyon [sbvansijon] *n*
subsidy

süet [syet] *n* suede

sülün [sylyn] *n* pheasant

sümbül [symbyl] *n* hyacinth

sümüklüböcek [symyklybødʒek]
n **kabuksuz sümüklüböcek** *n*
slug

sünger [synger] *n (banyo)* sponge
(for washing)

süper [syper] *adj* super

süpermarket [sypermarket] *n*
supermarket; **Süpermarket
arıyorum** I need to find a
supermarket

süprüntü [syprynty] *adj* rubbish

süpürge [sypyrge] *n* broom;
elektrik süpürgesi *n* Hoover®,
vacuum cleaner; **süpürge otu** *n*
heather

süpürgelik [sypyrgelik] *n* skirting
board

süpürmek [sypyrmek] *v* sweep,
(elektrikli süpürgeyle) hoover

sürahi [syrahi] *n* carafe, jug; **Bir
sürahi beyaz şarap** a carafe of
white wine; **Bir sürahi kırmızı
şarap** a carafe of red wine; **Bir
sürahi su** a jug of water; **Kendi
şarabınızdan bir sürahi** a carafe
of the house wine

sürat [syrat] *n* speed; **sürat
motoru** *n* speedboat

sürdürmek [syrdyrmek] *v* keep
up, maintain ▷ *vi* continue

süre [syre] *n* duration; **deneme
süresi** *n* trial period; **uzatma
süresi** *n* injury time

sürekli [syrekli] *adv* constantly

süresince [syresindʒe] *prep* during

sürgü [syrgy] *n* bolt

sürgün [syrgyn] *n (başka bir yere)*
exile

sürmek [syrmek] *v* last,
(otomobil) drive; **bisiklet sürmek**
v cycle; **iz sürmek** *v* retrace; **izini
sürmek** *v* track down; **tarla
sürmek** *vt* plough

sürpriz [syrpriz] *n* surprise

sürtmek [syrtmek] *v* rub

sürü [syry] *n* flock, herd; **sürüden
ayrılmış** *n* stray

sürücü [syrydʒy] *n* driver,
motorist; **öğrenci sürücü** *n*
learner driver; **disk sürücü** *n* disk
drive; **sürücü ehliyeti** *n* driving
licence; **taksi sürücüsü** *n* taxi
driver

sürüklemek [syryklemek] *vt* drag

sürüklenmek [syryklenmek] *vi*
(sularla) drift

sürükleyici [syryklejidʒi] *adj*
gripping

sürüngen [syryngen] *n* reptile

süs [sys] *n* ornament; **şekerli kek
süsü** *n* frosting; **pastanın
üzerindeki şekerli süsleme** *n*
icing; **toz süsleme şekeri** *n* icing
sugar

süslemek [syslemek] *v* decorate;
elişiyle süsleme *v* embroider

süslenmek [syslenmek] *v* dress
up

süt [syt] *n* milk; **bebek sütü** *n* baby
milk; **süt ürünleri** *n* dairy
products; **sütlü çikolata** *n* milk
chocolate; **sütle yapılmış** *n* dairy
produce; **sütsüz kahve** *n* black
coffee; **UHT süt** *n* UHT milk; **yağı
alınmış süt** *n* skimmed milk;

yarım yağlı süt *n* semi-skimmed milk; **Bu pastörize edilmemiş sütten mi yapıldı?** Is it made with unpasteurised milk?; **sütü ayrı getirin** with the milk separate; **Süt içer misiniz?** Do you drink milk?; **Taze sütünüz var mı?** Have you got real milk?
sütun [sytun] *n* column, pillar
sütyen [sytjen] *n* bra
süyek [syjek] *n* splint
süzgeç [syzgetʃ] *n* colander
süzmek [syzmek] *v* filter
Swaziland [svaziland] *n* Swaziland

şafak [ʃafak] *n* dawn
şaheser [ʃaheser] *n* masterpiece
şahit [ʃahit] *n* witness; **yalancı şahitlik** *n* perjury; **Yehovanın Şahitleri** *n* Jehovah's Witness
şahmat [ʃahmat] *n* stalemate
şair [ʃair] *n* poet
şaka [ʃaka] *n* joke; **kaba şaka** *n* prank; **şaka yapmak** *v* joke
şal [ʃal] *n* shawl
şalgam [ʃalgam] *n* turnip; **sarı şalgam** *n* swede
şalter [ʃalter] *n* switch; **şalter açmak** *v* switch on
şalvar [ʃalvar] *n* **şalvar biçimi** *adj* baggy
şamandıra [ʃamandəra] *n* buoy
şamata [ʃamata] *n* din
şamdan [ʃamdan] *n* candlestick
şampanya [ʃampanja] *n* champagne
şampiyon [ʃampijon] *n* champion

şampiyona [ʃampijona] *n* championship

şampuan [ʃampuan] *n* shampoo; **Şampuan satıyor musunuz?** Do you sell shampoo?

şans [ʃans] *n* luck

şanslı [ʃanslə] *adj* fortunate, lucky

şanssız [ʃanssəz] *adj* unlucky

şantaj [ʃantaʒ] *n* blackmail; **şantaj yapmak** *n* blackmail

şapel [ʃapel] *n* chapel

şapka [ʃapka] *n* hat

şaplak [ʃaplak] *n*, *v* **şaplak atmak** *v* spank

şarap [ʃarap] *n* wine; **elma şarabı** *n* cider; **ev şarabı** *n* house wine; **kırmızı şarap** *n* red wine; **şarap kadehi** *n* wineglass; **şarap listesi** *n* wine list; **pembe şarap** *n* rosé; **porto şarabı** *n* port *(wine)*; **yemeklik şarap** *n* table wine; **İyi bir beyaz şarap tavsiye edebilir misiniz?** Can you recommend a good white wine?; **İyi bir kırmızı şarap tavsiye edebilir misiniz?** Can you recommend a good red wine?; **İyi bir şarap tavsiye edebilir misiniz?** Can you recommend a good wine?; **İyi bir roze şarap tavsiye edebilir misiniz?** Can you recommend a good rosé wine?; **Bir şişe beyaz şarap** a bottle of white wine; **Bir şişe kırmızı şarap** a bottle of red wine; **Bir şişe kendi şarabınızdan** a bottle of the house wine; **Bir sürahi beyaz şarap** a carafe of white wine; **Bir sürahi kırmızı şarap** a carafe of red wine; **Bu şarap**

soğutulmamış This wine is not chilled; **Hiç şarap içmem** I never drink wine; **Kendi şarabınızdan bir sürahi** a carafe of the house wine; **Şarap lekesi** This stain is wine; **Şarap listesi lütfen** The wine list, please; **Şarap soğutulmuş mu?** Is the wine chilled?

şarj [ʃarʒ] *n* charge *(electricity)*; **şarj aleti** *n* charger; **şarj etmek** *(elektrik)* *v* charge *(electricity)*; **Şarj etmiyor** It's not charging, It's not holding its charge

şarjör [ʃarʒør] *n* magazine *(ammunition)*

şarkı [ʃarka] *n* song; **çocuk şarkıları** *n* nursery rhyme; **şarkı söyleme** *n* singing; **şarkı söylemek** *v* sing; **Noel şarkısı** *n* carol

şarkıcı [ʃarkədʒə] *n* singer

şarküteri [ʃarkyteri] *n* delicatessen

şart [ʃart] *n* **şartlı tahliye** *n* parole

şaşı [ʃaʃə] *n* **şaşı bakmak** *v* squint

şaşırmış [ʃaʃərməʃ] *adj* astonished, bewildered, surprised

şaşırtıcı [ʃaʃərtədʒə] *adj* astonishing, puzzling, surprising; **şaşırtıcı bir şekilde** *adv* surprisingly

şaşırtmak [ʃaʃərtmak] *v* amaze, astonish

şaşkın [ʃaʃkən] *adj* amazed, baffled, puzzling; **şaşkına dönmüş** *adj* stunned

şayet [ʃajet] *conj* whether

şef [ʃef] *n* chief; **orkestra şefi** *n* conductor

şefkatli [ʃefkatli] *adj* caring
şeftali [ʃeftali] *n* peach
şehir [ʃehir] *n* city, town; **şehir merkezi** *n* town centre; **şehir planlama** *n* town planning; **Bu şehre özgü bir şey istiyorum** Have you anything typical of this town?; **Şehir merkezinden ne kadar uzaktayız?** How far are we from the town centre?; **Şehir merkezine en kolay nasıl gidebilirim?** What's the best way to get to the city centre?
şehit [ʃehit] *n* martyr
şehvet [ʃehvet] *n* lust
şeker [ʃeker] *n* sugar, sweet; **şeker hastalığı** *n* diabetes; **şeker hastası** *n* diabetic; **şekerli kek süsü** *n* frosting; **nane şekeri** *n* peppermint; **pastanın üzerindeki şekerli süsleme** *n* icing; **toz süsleme şekeri** *n* icing sugar
şekersiz [ʃekersiz] *adj* no sugar, sugar-free
şekil [ʃekil] *n* figure, shape; **ağır bir şekilde** *adv* heavily; **özenli bir şekilde** *adv* cautiously; **etkili bir şekilde** *adv* effectively; **kötü bir şekilde** *adv* badly
şelale [ʃelale] *n* waterfall
şempanze [ʃempanze] *n* chimpanzee
şemsiye [ʃemsije] *n* umbrella
şen [ʃen] *adj* happy; **şen şakrak** *adj* merry
şenlik [ʃenlik] *n* festivity; **şenlik ateşi** *n* bonfire
şerefe [ʃerefe] *excl* cheers!
şeri [ʃeri] *n* sherry; **Bir sek şeri**

lütfen A dry sherry, please
şerit [ʃerit] *n* strip, stripe; tape; **çift-şeritli yol** *n* dual carriageway; **şerit metre** *n* tape measure; **şeritli yaya geçidi** *n* zebra crossing
şey [ʃej] *n* thing; **önemsiz şey** *n* trifle; **bir şey** *pron* something; **herhangi bir şey** *pron* anything; **hiçbir şey** *n* nothing
şeytan [ʃejtan] *n* devil
şezlong [ʃezlong] *n* deckchair
şık [ʃək] *adj* smart
şımartılmış [ʃəmartəlməʃ] *adj* spoilt
şınav [ʃənav] *n, v* şınav çekmek *n* press-up
şırınga [ʃərənga] *n* syringe
şiddet [ʃiddet] *n* violence; **şiddet uygulayan** *adj* violent; **şiddetle vurmak** *v* bash; **şiddetli rüzgar** *n* gale
şiddetli [ʃiddetli] *adj* harsh
şifre [ʃifre] *n* code, password; **kredi kartı şifresi** *npl* PIN
Şii [ʃii] *adj* Shiite
şiir [ʃiir] *n* poem, poetry
şikayet [ʃikajet] *n* complaint, grouse *(complaint)*; **Bir şikayette bulunmak istiyorum** I'd like to make a complaint
Şili [ʃili] *adj* Chilean ▷ *n* Chile
Şilili [ʃilili] *n* Chilean
şimdi [ʃi:mdi] *adv* now; **Şimdi kendinizi nasıl hissediyorsunuz?** How are you feeling now?; **Şimdi mi ödeyeceğim, sonra mı?** Do I pay now or later?
şimşek [ʃimʃek] *n* lightning
şirket [ʃirket] *n* company; **şirket**

arabası n company car; **şirket evliliği** n merger; **şirketiçi network** n intranet; **Şirket hakkında bilgi alabilir miyim?** I would like some information about the company; **Şirketimle ilgili bilgiler** Here's some information about my company

şiş [ʃiʃ] adj swollen ▷ n spit; **örgü şişi** n knitting needle; **kebap şişi** n skewer; **yangılı ayak şişi** n bunion

şişe [ʃiʃe] n bottle; **şişe açacağı** n bottle-opener; **şişe geri dönüşüm kutusu** n bottle bank; **Bir şişe beyaz şarap** a bottle of white wine; **Bir şişe daha getirir misiniz?** Please bring another bottle; **Bir şişe içki deklare etmek istiyorum** I have a bottle of spirits to declare; **Bir şişe kırmızı şarap** a bottle of red wine; **Bir şişe kendi şarabınızdan** a bottle of the house wine; **Bir şişe maden suyu** a bottle of mineral water, a bottle of sparkling mineral water; **Bir şişe su** a bottle of still mineral water

şişirilebilir [ʃiʃirilebilir] adj inflatable

şişirmek [ʃiʃirmek] v pump up

şişko [ʃiʃko] adj gross (fat)

şişman [ʃiʃman] adj fat

şizofren [ʃizofren] adj schizophrenic

snorkel [ʃnorkel] n snorkel; **Şnorkelle dalmak istiyorum** I'd like to go snorkelling

şoför [ʃofør] n chauffeur; **kamyon şoförü** n lorry driver, truck driver

şok [ʃok] n shock; **şok geçirmek** v shock

şort [ʃort] npl shorts, (erkek iç çamaşırı) underpants; **bokser şort** npl boxer shorts; **yüzücü şortu** npl swimming trunks, trunks

şoven [ʃoven] n chauvinist

sömine [ʃømine] n fireplace; **sömine rafı** n mantelpiece

şöyle [ʃøjle] adv thus; **şöyle böyle** adv so-so

şu [ʃu] adj that; **şu an** n present (time being); **şu anda** adv currently, presently; **Şu ne kadar?** How much does that cost?

Şubat [ʃubat] n February

şunlar [ʃunlar] adj those ▷ pron those

şunu [ʃunu] pron that

şurup [ʃurup] n syrup; **öksürük şurubu** n cough mixture

t

taahhüt [taahhyt] n contract, obligation; **iadeli taahhütlü** n recorded delivery; **iadeli taahhütlü ne kadar sürer?** How long will it take by registered post?

tabak [tabak] n plate; **fincan tabağı** n saucer; **servis tabağı** n dish (plate)

tabaka [tabaka] n layer; **ozon tabakası** n ozone layer

taban [taban] n **taban tepmek** v tramp (long walk); **veri tabanı** n database

tabanca [tabandʒa] n **kısa kabzalı tabanca** n pistol

tabela [tabela] n sign; **yol tabelası** n signpost

tablet [tablet] n tablet (medicine, computer)

tablo [taplo] n (grafik) table (chart); **gösterge tablosu** n dashboard

tabu [tabu] adj taboo ⊳ n taboo

tabure [tabure] n stool

tabut [tabut] n coffin

Tacikistan [tadʒikistan] n Tajikistan

taciz [tadʒiz] n abuse, harassment; **çocuk tacizi** n child abuse

taç [tatʃ] n crown; **taç çizgisi** n touchline

tahıl [tahəl] n **tahıl gevreği** n cereal; **tahıl tanesi** n grain

Tahiti [tahiti] n Tahiti

tahliye [tahlije] n evacuation; **şartlı tahliye** n parole; **tahliye etmek** v vacate

tahmin [tahmin] n estimate, guess, (hava, borsa vb) forecast; **hava tahmini** n weather forecast; **tahmin edilebilir** adj predictable; **tahminde bulunmak** v estimate; **Hava tahmini nasıl?** What's the weather forecast?

tahribat [tahribat] n ruin

tahrip [tahrip] n destruction; **tahrip etmek** v vandalize

taht [taht] n throne

tahta [tahta] n (ağaç) wood (material), (okul) board (go aboard), (okul) board (wood); **ütü tahtası** n ironing board; **beyaz yazı tahtası** n whiteboard; **ilan tahtası** n bulletin board, notice board; **sörf tahtası** n surfboard

tahterevalli [tahterevalli] n seesaw

takdim [takdim] n introduction, presentation; **takdim etmek** v present

takılmak [takəlmak] v **peşine takılmak** v pursue

takılmış [takəlməʃ] adj stuck; **Takıldı** It's stuck

takım [takəm] *n* kit; **bando takımı** *n* brass band; **takım elbise** *n* suit; **tamir takımı** *n* repair kit; **yatak takımı** *n* bedclothes, bedding; **Tamir takımı alabilir miyim?** Can I have a repair kit?; **Tamir takımınız var mı?** Do you have a repair kit?

takıntı [takəntə] *n* obsession

takıntılı [takəntələ] *adj* obsessed

takip [takip] *n* chase; **takibi bırakmak** *v* unfollow; **takip etmek** *v (computer)* follow

taklit [taklit] *n* copy *(reproduction)*, imitation; **taklit etmek** *v* imitate, mimic

takma [takma] *adj* false; **takma ad** *n* alias, nickname, pseudonym; **takma dişler** *npl* dentures

takmak [takmak] **birine takmak** *v* pick on

taksi [taksi] *n* cab, minicab, taxi; **taksi sırası** *n* taxi rank; **taksi sürücüsü** *n* taxi driver; **Bagajımı takside bıraktım** I left my bags in the taxi; **Bana bir taksi gerek** I need a taxi; **Birlikte bir taksi tutabiliriz** We could share a taxi; **Bu otele taksi ne kadar?** How much is the taxi fare to this hotel?; **Havaalanına taksi ne kadar?** How much is the taxi fare to the airport?; **Kente taksi ne kadar?** How much is the taxi fare into town?; **Nereden taksi bulabilirim?** Where can I get a taxi?; **Taksi durağı nerede?** Where is the taxi stand?; **Valizlerimi taksiye çıkarır mısınız lütfen?** Please take my luggage to a taxi

taksimetre [taksimetre] *n* **Taksimetre bozuk** The meter is broken; **Taksimetrenin gösterdiğinden daha fazla** It's more than on the meter; **Taksimetreniz var mı?** Do you have a meter?

taksit [taksit] *n* instalment

taktik [taktik] *npl* tactics

takunya [takunja] *n* clog

takvim [takvim] *n* calendar

takviye [takvije] *n* reinforcement; **takviye kablosu** *npl* jump leads

talan [talan] *n* **talan olmuş** shambles

talaş [talaʃ] *n* sawdust

talep [talep] *n* claim, demand; **talep etmek** *v* claim, demand

talihsizlik [talihsizlik] *n* misfortune

talimat [talimat] *n* **talimat vermek** *v* instruct

talimatlar [talimatlar] *npl* directions, instructions

talk [talk] *v* **talk pudrası** *n* talcum powder

tam [tam] *adj* exact, precise, sheer, *(bütün)* total; **tam gün** *adv* full-time; **tam olarak** *adv* exactly, fully, precisely

Tamam [tamam] OK!

tamamen [tamamen] *adv* completely, totally

tamir [tamir] *n* repair; **tamir takımı** *n* repair kit; **Bunu nerede tamir ettirebilirim?** Where can I get this repaired?; **Bunu tamir edebilir misiniz?** Can you repair this?; **Saatimi tamir edebilir misiniz?** Can you repair my

watch?; **Tamir edebilir misiniz?**
Can you repair it?; **Tamir etmek
ne kadar sürer?** How long will it
take to repair?; **Tamir ettirmeye
değer mi?** Is it worth repairing?;
Tamir kaça malolacak? How
much will the repairs cost?;
Tamir takımı alabilir miyim? Can I have
a repair kit?; **Tamir takımınız var
mı?** Do you have a repair kit?
tamirci [tamirdʒi] n (otomobil)
mechanic; **Tamirci gönderebilir
misiniz?** Can you send a
mechanic?
tampon [tampon] n tampon,
(oto) bumper
tandem [tandem] n **tandem
bisiklet** n tandem
tane [tane] n piece; **kar tanesi** n
snowflake; **tahıl tanesi** n grain
tanı [tanə] n diagnosis
tanık [tanək] n witness; **Tanıklık
eder misiniz?** Can you be a
witness for me?
tanım [tanəm] n definition
tanımak [tanəmak] v know,
recognize
tanımlamak [tanəmlamak] v
define
tanınabilir [tanənabilir] adj
recognizable
tanınmış [tanənməʃ] adj
renowned, well-known
tanışmak [tanəʃmak] vt meet;
Tanıştığımıza memnun oldum
Pleased to meet you
tanıtım [tanətəm] n promotion,
publicity; **tanıtımını yapmak** v
promote
tanıtma [tanətma] n

introduction; **tanıtma broşürü** n
prospectus
tanıtmak [tanətmak] v introduce
tank [taŋ] n tank (large container),
(ordu) tank (combat vehicle)
tanker [taŋer] n tanker
tanrı [tanrə] n god; **tanrı tanımaz**
n atheist
tansiyon [tansijon] n blood
pressure
Tanzanya [tanzanja] adj
Tanzanian ▷ n Tanzania
Tanzanyalı [tanzanjalə] n
Tanzanian
tapınak [tapənak] n temple;
Tapınak halka açık mı? Is the
temple open to the public?;
Tapınak ne zaman açık? When is
the temple open?
tapmak [tapmak] v adore
taraf [taraf] n side
tarafından [tarafəndan] prep by
tarafsız [tarafsəz] adj neutral ▷ n
neutral
taraftar [taraftar] n supporter
tarak [tarak] n comb; **deniz tarağı**
n scallop
tarama [tarama] n (bilgisayar) scan
taramak [taramak] v comb,
(bilgisayar) scan
tarayıcı [tarajədʒə] n (internet)
browser, (scanner) scanner;
internet tarayıcı n web browser
tarçın [tartʃən] n cinnamon
tarhun [tarhun] n tarragon
tarım [tarəm] n agriculture
tarımsal [tarəmsal] adj
agricultural
tarif [tarif] n account (report),
recipe

tarife [tarife] n timetable, schedule; **gümrük tarifesi** n tariff; **tarifeli uçuş** n scheduled flight; **tarifesiz uçuş** n charter flight; **Bir tarife alabilir miyim, lütfen?** Can I have a timetable, please?; **Günlük tarifeniz nedir?** What are your rates per day?; **Haftalık tarifeniz nedir?** What are your rates per week?; **Ucuz tarifeli uçuşunuz var mı?** Are there any cheap flights?

tarih [tari:h] n (geçmiş, ders) history, (takvim) date; **son kullanım tarihi** n best-before date, expiry date; **son satış tarihi** n sell-by date; **son teslim tarihi** n deadline; **tarih öncesi** adj prehistoric; **Bugün ayın kaçı?** What is the date?; **Bugünün tarihi nedir?** What is today's date?

tarihçi [tarihtʃi] n historian

tarihi [ta:rihi:] adj historical

tarla [tarla] n field; **tarla sürmek** vt plough

tartışma [tartəʃma] n argument, row (argument), (fikir) debate

tartışmak [tartəʃmak] v argue, quarrel, row (to argue), (fikir) debate

tartışmalı [tartəʃmalə] adj controversial

tartışmasız [tartəʃmasəz] adj undisputed

tarz [tarz] n style; **Yepyeni bir tarz istiyorum** I want a completely new style

tas [tas] n cup

tasalanmak [tasalanmak] vt worry

tasarımcı [tasarəmdʒə] n designer

tasarlamak [tasarlamak] v design, devise

tasavvur [tasavvur] n imagination, concept, idea; **tasavvur etmek** v fancy, imagine

tasfiye [tasfije] n **tasfiye memuru** n receiver (person)

taslak [taslak] n draft

taslamak [taslamak] v **patronluk taslamak** v boss around

Tasmanya [tasmanja] n Tasmania

taş [taʃ] n stone; **çakıl taşı** n pebble; **kaldırım taşı** n kerb; **kireç taşı** n limestone; **mezar taşı** n gravestone; **safra kesesi taşı** n gallstone; **taş ocağı** n quarry

taşıma [taʃəma] n removal, transport; **toplu taşıma** n public transport

taşımak [taʃəmak] v bear, transport ▷ vt carry

taşınabilir [taʃənabilir] adj portable, removable; **taşınabilir ev** n mobile home

taşınmak [taʃənmak] v move in; **taşınma kamyonu** n removal van

taşıt [taʃət] n vehicle; **yıllık taşıt testi** n MOT

taşıyıcı [taʃəjədʒə] n carrier; **taşıyıcı anne** n surrogate mother; **taşıyıcı bant** n conveyor belt

taşmak [taʃmak] v boil over

tat [tat] n taste; **tatsız tuzsuz** adj tasteless; **Bunun tadı pek iyi değil** It doesn't taste very nice

tatarcık [tatardʒək] n midge

tatil [tatil] n holiday; **aktivite**

tatili n activity holiday; **paket tatil** n package holiday; **resmi tatil günü** n public holiday; **sömestr tatili** n half-term; **tatil evi** n holiday home; **tatil yeri** n resort; **yaz tatili** npl summer holidays; **İyi tatiller!** Enjoy your holiday!; **Burada tatildeyim** I'm here on holiday, I'm on holiday here

tatlandırıcı [tatlandərədʒə] n sweetener; **Tatlandırıcınız var mı?** Do you have any sweetener?

tatlı [tatlə] adj sweet (taste), (hoş) sweet (pleasing) ▷ n dessert ▷ npl afters; **tatlı kaşığı** n dessert spoon; **Tatlı menüsü lütfen** The dessert menu, please; **Tatlı rica ediyoruz** We'd like a dessert

tatlılar [tatlələr] npl sweets

tatlısu [tatləsu] adj tatlısu balığı n freshwater fish

tatmak [tatmak] v taste

tatmin [tatmin] n satisfaction; **tatmin edici** adj rewarding, satisfactory; **tatmin edici olmayan** adj disappointing, unsatisfactory; **tatmin olmuş** adj satisfied

tatsız [tatsəz] adj grim

tava [tava] n pan; **kızartma tavası** n frying pan

tavan [tavan] n ceiling; **açılır tavan** n sunroof; **tavan arası** n loft

tavır [tavər] n attitude, manner

tavsiye [tavsije] n recommendation; **tavsiye etmek** v advise, recommend; **Ne tavsiye edersiniz?** What do you recommend?

tavşan [tavʃan] n rabbit; **tavşan uykusu** n snooze; **yabani tavşan** n hare

tavuk, horoz [tavuk, horoz] n hen, chicken; **orman tavuğu** n grouse (game bird)

tavus [tavus] n tavus kuşu n peacock

tay [taj] n foal

tayfa [tajfa] n crew

Tayland [tajland] n Thailand

Taylandca [tajlanddʒa] n (dil) Thai (language)

Taylandlı [tajlandlə] n (kişi) Thai (person)

Tayvan [tajvan] adj Taiwanese ▷ n Taiwan

Tayvanlı [tajvanlə] n Taiwanese

taze [taze] adj fresh; **taze soğan** n spring onion; **Balıklarınız taze mi, dondurulmuş mu?** Is the fish fresh or frozen?; **Sebzeleriniz taze mi, dondurulmuş mu?** Are the vegetables fresh or frozen?; **Taze kahveniz var mı?** Have you got fresh coffee?

tazminat [tazminat] n compensation

tebeşir [tebeʃir] n chalk

tebrik [tebrik] interj tebrik kartı n greetings card

tebrikler [tebrikler] npl congratulations

tecavüz [tedʒavyz] n (cinsel) rape (sexual attack); **tecavüz etmek** v rape; **Tecavüze uğradım** I've been raped

tecavüzcü [tedʒavyzdʒy] n rapist

tedavi [tedavi] n cure; **tedavi etmek** vt cure

tedbir [tedbir] n measure, step; **sıkı tedbirler almak** v crack down on

tedbirli [tedbirli] adj cautious

tefsir [tefsir] n interpretation; **tefsir etmek** v interpret

teğmen [te:men] n (subay/polis) lieutenant

tehdit [tehdit] n threat; **tehdit edici** adj threatening; **tehdit etmek** v threaten

tehlike [tehlike] n danger; **tehlike uyarı ışığı** npl hazard warning lights; **tehlikeye atmak** v endanger; **Çığ tehlikesi var mı?** Is there a danger of avalanches?

tehlikeli [tehlikeli] adj dangerous

tek [tek] adj only, single; **tek başına** n solo; **tek gidiş bileti** n one-way ticket; **tek kişilik oda** n single room; **tek kullanımlık** adj disposable; **tek yatak** n single bed; **tek yataklı oda** n single; **tek yön bilet** n single ticket; **Tek gidiş bilet ne kadar?** How much is a single ticket?; **Tek kişilik bir oda ayırtmak istiyorum** I want to reserve a single room; **Tek kişilik bir oda istiyorum** I'd like to book a single room

tekdüze [tekdyze] adj monotonous

tekel [tekel] n monopoly

tekerlek [tekerlek] n wheel; **üç tekerlekli bisiklet** n tricycle; **tekerlekli sandalye** n wheelchair; **Tekerlekler kilitleniyor** The wheels lock; **Tekerleklerin havası ne kadar olmalı?** What should the tyre pressure be?

tekil [tekil] n singular

tekinsiz [tekinsiz] adj uncanny

tekler [tekler] npl (spor) singles

teklif [teklif] n bid, offer; **teklif etmek** v offer

teklifsiz [teklifsiz] adj informal

tekme [tekme] n kick

tekmelemek [tekmelemek] vt kick

tekne [tekne] n boat; **balıkçı teknesi** n fishing boat; **gemi teknesi** n hull; **kürek teknesi** n rowing boat

teknik [teknik] adj technical ⊳ n technique; **teknik bilgi** n know-how

teknisyen [teknisjen] n technician; **motor teknisyeni** n motor mechanic

tekno [tekno] n techno

teknoloji [teknoloʒi] n technology

Teknoloji [teknoloʒi] n **Enformasyon Teknolojisi** n IT

teknolojik [teknoloʒik] adj technological

tekrar [tekrar] n repeat; **Tekrar eder misiniz lütfen?** Could you repeat that, please?

tekrarlamak [tekrarlamak] v repeat

tekrarlayan [tekrarlajan] adj repetitive

tekstil [tekstil] n textile

tel [tel] n wire; **dikenli tel** n barbed wire; **gelin teli** n tinsel; **jant teli** n spoke; **tel zımba** n stapler; **zımba teli** n staple (wire)

telaffuz [telaffuz] n pronunciation; **telaffuz etmek** v pronounce, spell

telafi [telafi] n compensation; **telafi etmek** v compensate

telaş [telaʃ] n rush; **telaş etmek** vi rush

telaşla [telaʃla] adv hastily

teleferik [teleferik] n cable car, chairlift, ski lift

telefon [telefon] n phone, telephone; **akıllı telefon** n smart phone; **ankesörlü telefon** n payphone; **cep telefonu** n mobile phone; **fotoğraflı telefon** n camera phone; **kapı telefonu** n entry phone; **kartlı telefon** n cardphone; **telefon etmek** v phone; **telefon faturası** n phone bill; **telefon görüşmesi** n phonecall; **telefon kartı** n phonecard, top-up card; **telefon kodu** n dialling code; **telefon kulübesi** n call box, phonebox; **telefon numarası** n phone number; **telefon rehberi** n telephone directory; **telefon sinyali** n dialling tone; **telefonla aramak** v ring up; **telefonla satış** npl telesales; **telefonu kapatmak** v hang up; **video telefon** n videophone; **... a telefon ne kadar?** How much is it to telephone...?; **Acil bir telefon görüşmesi yapmam gerek** I need to make an urgent telephone call; **Bir telefon görüşmesi yapmam gerek** I must make a phone call; **Buradan telefon edebilir miyim?** Can I phone from here?; **Cep telefonumu nerede şarj edebilirim** Where can I charge my mobile phone?; **Nereden telefon edebilirim?** Where can I make a phone call?; **Telefon etmek istiyorum** I want to make a phone call; **Telefon kartı satıyor musunuz?** Do you sell phone cards?; **Telefon numaranızı alabilir miyim?** Can I have your phone number?; **Telefon numarası nedir?** What's the telephone number?; **Telefonla sorunum var** I'm having trouble with the phone; **Telefonunuzu kullanabilir miyim lütfen?** Can I use your phone, please?; **Telefonunuzu kullanabilir miyim?** May I use your phone?; **Uluslararası telefon kartı satıyor musunuz?** Do you sell international phone cards?; **Yirmibeş euroluk telefon kartı rica ediyorum** I'd like a twenty-five euro phone card

telekomünikasyon [telekomynikasjon] npl telecommunications

telesekreter [telesekreter] n answering machine, answerphone

teleskop [teleskop] n telescope

televizyon [televizjon] n television, telly; **dijital televizyon** n digital television; **renkli televizyon** n colour television; **televizyon dizisi** n soap opera; **Televizyon nerede?** Where is the television?; **Televizyon odası var mı?** Is there a television lounge?

telgraf [telgraf] n telegram; **Bir telgraf çekmek istiyorum** I want to send a telegram; **Buradan**

telgraf çekebilir miyim? Can I send a telegram from here?; **Nereden telgraf çekebilirim?** Where can I send a telegram from?

telif [telif] n **telif hakkı** n copyright

telsiz [telsiz] adj cordless ▷ n walkie-talkie

tema [tema] n topic

temas [temas] n contact; **temas kurmak** v contact; **temassız** adj contactless; **Sizinle nasıl temas kurabilirim?** Where can I contact you?

tembel [tembel] adj lazy

temel [temel] adj basic, main; **temel ürün** n staple (commodity); **temel bilgiler** npl basics

temiz [temiz] adj clean; **temiz ve tertipli** adj neat; **Temiz bir çatal alabilir miyim lütfen?** Could I have a clean fork please?; **Temiz bir bardak alabilir miyim lütfen?** Can I have a clean glass, please?; **Temiz bir kaşık alabilir miyim lütfen?** Could I have a clean spoon, please?

temizleme [temizleme] n cleaning

temizlemek [temizlemek] vt clean; **kar temizleme aracı** n snowplough; **kuru temizleme** n dry-cleaning; **silip temizlemek** v wipe up; **yüz temizleme losyonu** n cleansing lotion

temizleyici [temizlejidʒi] n cleanser

temizlik [temizlik] n cleanliness; **bahar temizliği** n spring-cleaning

temizlikçi [temizliktʃi] n cleaner,

cleaning lady; **Temizlikçi kaçta geliyor?** When does the cleaner come?

Temmuz [temmuz] n July

temsil [temsil] n representation; **temsil eden** adj representative; **temsil etmek** v represent

temsilci [temsildʒi] n agent, rep

ten [ten] n complexion; **bronzlaşmış ten** n tan

tencere [tendʒere] n pot; **saplı tencere** n saucepan

teneke [teneke] n tin; **çöp tenekesi** n bin; **teneke kutu** n canister

tenis [tenis] n tennis; **masa tenisi** n table tennis; **tenis kortu** n tennis court; **tenis oyuncusu** n tennis player; **tenis raketi** n tennis racket; **Nerede tenis oynayabilirim?** Where can I play tennis?; **Tenis kortu kiralamak kaça?** How much is it to hire a tennis court?; **Tenis oynamak istiyoruz** We'd like to play tennis

tenkit [tenit] n (davranış) criticism

tenör [tenør] n tenor

tente [tente] n tarpaulin

tepe [tepe] n top, (coğrafya) hill; **kilise kulesinin sivri tepesi** n spire; **kum tepesi** n sand dune; **tepelere tırmanma** n hill-walking; **Tepelere yürüyüşe çıkmak isterim** I'd like to go hill walking

tepede [tepede] adj top

tepki [tepki] n reaction; **tepki göstermek** v react

tepmek [tepmek] v to kick; **geri tepmek** v backfire; **taban tepmek** n tramp (long walk)

tepsi [tepsi] n tray

ter [ter] n sweat; **ter önleyici deodorant** n antiperspirant

terapi [terapi] n therapy

teras [teras] n patio, terrace; **Terasta yiyebilir miyim?** Can I eat on the terrace?

terazi [terazi] npl scales

Terazi [terazi] n **Terazi burcu** n Libra

tercih [terdʒih] n preference; **tercih etmek** v prefer

tercihen [terdʒihen] adv preferably

tercüman [terdʒyman] n translator

tercüme [terdʒyme] n translation; **tercüme etmek** v translate

tere [tere] n cress; **su teresi** n watercress

tereyağı [tereja:ə] n butter

terim [terim] n term (description)

teriyer [terijer] n terrier

terketmek [terketmek] v abandon

terleme [terleme] n perspiration

terlemek [terlemek] v sweat

terli [terli] adj sweaty

terlik [terlik] n slipper

terminal [terminal] n terminal; **otobüs terminali** n bus station

termometre [termometre] n thermometer

termos [termos] n Thermos®

termostat [termostat] n thermostat

terörist [terørist] n terrorist; **terörist saldırı** n terrorist attack

terörizm [terørizm] n terrorism

ters [ters] adj inverted; **ters tırnak**

işareti npl inverted commas

tersane [tersane] n shipyard

terslik [terslik] n mishap

tertip [tertip] n arrangement; **temiz ve tertipli** adj neat

terzi [terzi] n tailor

tesis [tesis] n plant (site/ equipment)

teslim [teslim] n delivery; **son teslim tarihi** n deadline; **teslim etmek** vt deliver; **teslim olmak** v surrender

teslimat [teslimat] n delivery

test [test] n test; **kan testi** n blood test; **Pap smear testi** n smear test; **yıllık taşıt testi** n MOT

testere [testere] n saw

teşekkür [teʃekkyr] n **teşekkür ederim** thank you ▷ v **teşekkür etmek** vt thank; **İçmiyorum, sağolun** I'm not drinking, thank you; **İyiyim, teşekkür ederim** Fine, thanks; **Çok teşekkürler** Thank you very much; **Beni davet ettiğiniz için çok teşekkürler** It's very kind of you to invite me; **Bizi davet ettiğiniz için çok teşekkürler** It's very kind of you to invite us

teşekkürler [teʃekkyrler] excl thanks!, thank you!

teşvik [teʃvik] n incentive

tetanoz [tetanoz] n tetanus; **Tetanoz aşısı yaptırmam gerek** I need a tetanus shot

teveccüh [teveddʒyh] n concern

teyit [tejit] n confirmation

teyze [tejze] n auntie, aunt (mother's sister)

tezahürat [tezahyrat] n cheer;

tezahürat yapmak v cheer

tezgah [tezgah] n stall

tezgahlar [tezgahlar] npl stands

tezgahtar [tezgahtar] n sales assistant

Thai [thai] adj Thai

tıbbi [tɨbbi] adj medical

tığ [tɨɣ] n **tığ gibi** adj slender

tık [tɨk] n click

tıkabasa [tɨkabasa] n **tıkabasa doldurmak** vi cram; **tıkabasa dolu** adj crammed

tıkaç [tɨkatʃ] n plug; **kulak tıkacı** npl earplugs

tıkalı [tɨkalə] adj blocked

tıkamak [tɨkamak] v obstruct

tıkanıklık [tɨkanəklək] n blockage, congestion

tıkanmak [tɨkanmak] vi choke

tıkırdamak [tɨkɨrdamak] v tick

tıklamak [tɨklamak] v click

tıknaz [tɨknaz] adj plump

tıp [tɨp] n medical

tırmanma [tɨrmanma] n (kaya) rock climbing

tırmanmak [tɨrmanmak] v climb, mount; **tepelere tırmanma** n hill-walking; **Tırmanmaya gitmek isterdim** I'd like to go climbing

tırmık [tɨrmək] n rake

tırnak [tɨrnak] n fingernail; **çift tırnak** npl quotation marks; **tırnak cilası** n nail varnish; **tırnak fırçası** n nailbrush; **tırnak makası** n nail scissors; **tırnak törpüsü** n nailfile; **ters tırnak işareti** npl inverted commas

tırtıl [tɨrtəl] n caterpillar

Tibet [tibet] adj Tibetan ⊳ n Tibet

Tibetçe [tibettʃe] n (dil) Tibetan (language)

Tibetli [tibetli] n (kişi) Tibetan (person)

ticaret [tidʒaret] n business, trade; **ticaret bankası** n merchant bank

tifo [tifo] n typhoid

tiksinmek [tiksinmek] v loathe

tiksinmiş [tiksinmiʃ] adj disgusted

tilki [tilki] n fox

timsah [timsah] n alligator, crocodile

tip [tip] n type

tipik [tipik] adj typical

tirbuşon [tirbuʃon] n corkscrew

tire [tire] n hyphen

tişört [tiʃørt] n tee-shirt, T-shirt; **pamuklu kalın tişört** n sweatshirt

titremek [titremek] v shiver, tremble; **korkarak titremek** v shudder

tiyatro [tijatro] n theatre; **Tiyatroda ne var?** What's on at the theatre?

Togo [togo] n Togo

tohum [tohum] n seed

toka [toka] n clasp; **kemer tokası** n buckle; **saç tokası** n hairgrip

tokat [tokat] v **tokat atmak** v smack

tokatlamak [tokatlamak] v slap

tokmak [tokmak] n (kapı, çekmece) knob

tokyo [tokjo] n (terlik) flip-flops

tombala [tombala] n bingo

tombul [tombul] adj chubby

tomruk [tomruk] n log

tomurcuk [tomurdʒuk] n blossom

ton [ton] n (ağırlık) ton; **çalma tonu** n ringtone; **ton balığı** n tuna

Tonga [tonga] n Tonga

tonik [tonik] n tonic; **Ben bir cin tonik alayım lütfen** I'll have a gin and tonic, please

top [top] n ball; **badminton topu** n shuttlecock; **derli toplu** (düzenli) neatly, (tertipli) tidy; **havan topu** n mortar (military); **kar topu** n snowball

topal [topal] adj lame

topallamak [topallamak] v limp

toparlamak [toparlamak] v round up; **toparlayıp kaldırmak** v put away

toparlanmak [toparlanmak] v get over

toplam [toplam] n sum, total

toplamak [toplamak] v (matematik) add up, (ortalığı) clear up, (ortalığı) tidy ▷ vt (çiçek vb) pick, (para, pul vb) collect; **derleyip toplamak** v tidy up

toplanmak [toplanmak] vi meet ▷ vt gather

toplantı [toplantə] n meeting; **basın toplantısı** n press conference; **danslı toplantı** n dancing; **... ile bir toplantı ayarlamak istiyordum** I'd like to arrange a meeting with...

toplu [toplu] n **toplu iğne** n pin; **toplu taşıma** n public transport

topluluk [topluluk] n a lot, assembly, community

toplum [toplum] n society

toplumbilim [toplumbilim] n sociology

toplumcu [toplumdʒu] adj communist ▷ n communist

toprak [toprak] n soil; **toprak kayması** n landslide; **toprak sahibi** n landowner

toptan [toptan] n wholesale

topuk [topuk] n heel; **yüksek topuklar** npl high heels; **yüksek topuklu** adj high-heeled

torba [torba] n bag; **alışveriş torbası** n carrier bag; **naylon torba** n plastic bag, polythene bag; **sıcak su torbası** n hot-water bottle; **sidik torbası** n bladder; **torba çay** n tea bag; **Bir torba daha alabilir miyim lütfen?** Can I have an extra bag, please?; **Torba istemem, sağolun** I don't need a bag, thanks; **Torbanız var mı?** Can I have a bag, please?

torbacık [torbadʒək] n sachet

tornavida [tornavida] n screwdriver

torpido [torpido] n **torpido gözü** n glove compartment

torun [torun] n grandchild; **erkek torun** n grandson; **kız torun** n granddaughter

torunlar [torunlar] npl grandchildren

tost [tost] n toast (culin)

toyota [tojota] n **Toyota parçaları var mı?** Do you have parts for a Toyota?

toz [toz] n dust, powder; **çamaşır tozu** n washing powder; **çiçek tozu** n pollen; **kabartma tozu** n baking powder; **kırmızı toz biber** n paprika; **sabun tozu** n soap powder; **toz almak** vt dust

toz süsleme şekeri *n* icing sugar;
Çamaşır tozunuz var mı? Do you
have washing powder?

tozlu [tozlu] *adj* dusty

tozluk [tozluk] *npl* leggings

tökezlemek [tøkezlemek] *v*
stumble, trip (up)

tören [tøren] *n* ceremony; **ödül
töreni** *n* prize-giving; **tören alayı**
n parade

törpü [tørpy] *n* tırnak törpüsü *n*
nailfile

törpülemek [tørpylemek] *v* file
(smoothing)

trabzan [trabzan] *n* banister

trafik [trafik] *n* traffic; **hava trafik
kontrolörü** *n* air-traffic controller;
sağdan trafik *n* right-hand drive;
soldan trafik *n* left-hand drive;
trafik ışıkları *npl* traffic lights;
trafik işareti *n* road sign; **trafik
kuralları** *n* Highway Code; **trafik
magandalığı** *n* road rage; **trafik
memuru** *n* traffic warden; **trafik
sıkışıklığı** *n* traffic jam; **Otoyolda
trafik yoğun mu?** Is the traffic
heavy on the motorway?; **Yoğun
trafikten kaçabileceğim bir
güzergah var mı?** Is there a route
that avoids the traffic?

trajedi [traʒedi] *n* tragedy

trajik [traʒik] *adj* tragic

traktör [traktør] *n* tractor

tramplen [tramplen] *n* diving
board, trampoline

tramvay [tramvaj] *n* tram

transfer [transfer] *n* transfer;
**Bankamdan para transferi
yapmak istiyorum** I would like to
transfer some money from my

bank in...; **Hesabımdan para
transferi yapmak istiyorum** I
would like to transfer some money
from my account; **Transfer ücreti
var mı?** Is there a transfer charge?;
Transfer ne kadar sürer? How
long will it take to transfer?

transistör [transistør] *v*
transistor

transit [transit] *n* transit; **transit
yolcu salonu** *n* transit lounge

transparan [transparan] *adj*
see-through

transvestit [transvestit] *n*
transvestite

traş [traʃ] *n* **asker traşı** *n* crew cut;
traş bıçağı *n* razor, razor blade;
traş köpüğü *n* shaving foam; **traş
kremi** *n* shaving cream; **traş
losyonu** *n* aftershave; **traş
makinesi** *n* shaver; **traş olmak** *v*
shave; **Traş makinem için priz
nerede?** Where is the socket for
my electric razor?

traşsız [traʃsøz] *adj* unshaven

travmatik [travmatik] *adj*
traumatic

tren [tren] *n* train; **her gün işe
trenle giden kimse** *n* commuter;
tren abonmanı *n* railcard; **tren
istasyonu** *n* railway station;
... tren saatleri nedir? What
times are the trains to...?; **... treni
bu mu?** Is this the train for...?;
**... treni hangi platformdan
kalkıyor?** Which platform does
the train for... leave from?; **... treni
hangi sıklıkta geliyor?** How
frequent are the trains to...?;
... treni ne zaman What time is

the train to ...?; **... trenine nereden binebilirim?** Where can I get a train to ...?; **... treninin kalkacağı platform burası mı?** Is this the right platform for the train to...?; **... a bir sonraki tren kaçta?** When is the next train to ...?; **... a ilk tren kaçta?** When is the first train to ...?; **... a son tren kaçta?** When is the last train to ...?; **Bir sonraki tren lütfen** The next available train, please; **Bu tren... da duruyor mu?** Does the train stop at ...?; **Direk tren mi?** Is it a direct train?; **Tren gecikmeli mi?** Is the train running late?; **Tren hangi platformdan kalkıyor?** Which platform does the train leave from?; **Tren kaçta geliyor?** When is the train due?; **Tren kaçta kalkacak?** What time does the train leave?; **Tren on dakika rötarlı** The train is running ten minutes late; **Tren saatinde mi kalkacak?** Is the train on time?; **Trende restoran var mı?** Is there a buffet car on the train?; **Tren tekerlekli sandalye girişi var mı?** Is the train wheelchair-accessible?; **Trenimi kaçırdım** I've missed my train; **Ucuz tren tarifesi var mı?** Are there any cheap train fares?

trend [trend] v trend **olmak** v trend

Trinidad ve Tobago [trinidadvetobago] n Trinidad and Tobago

troley [trolej] n **Valizler için troley var mı?** Are there any luggage trolleys?

trolley [trollej] n **bagaj trolleyi** n luggage trolley

trombon [trombon] n trombone

tropik [tropik] adj tropical

tsunami [tsunami] n tsunami

tuğla [tu:la] n brick

tuhaf [tuhaf] adj peculiar

tulum [tulum] n dungarees ▷ npl *(giysi)* overalls; **uyku tulumu** n sleeping bag

Tunus [tunus] adj Tunisian ▷ n Tunisia

Tunuslu [tunuslu] n Tunisian

tur [tur] n *(gezi)* tour; **paket tur** n package tour; **rehberli tur** n guided tour; **tur operatörü** n tour operator; **tur otobüsü** n coach *(vehicle)*; **tur rehberi** n tour guide; **tura çıkmak** v tour; **Kent turunuz var mı?** Are there any sightseeing tours of the town?; **Rehberli tur kaçta başlıyor?** What time does the guided tour begin?; **Tur ne kadar sürüyor?** How long does the tour take?; **Tur otobüsü ne zaman kalkıyor?** When is the bus tour of the town?; **Tur saat... da başlıyor** The tour starts at about...; **Turdan çok zevk aldım** I enjoyed the tour

turba [turba] n peat

turist [turist] n tourist; **Buraya turist olarak geldim** I'm here as a tourist

turizm [turizm] n tourism; **turizm bürosu** n tourist office

turna [turna] n crane *(bird)*

turnike [turnike] n turnstile; **bilet turnikesi** n ticket barrier

turnuva [turnuva] n tournament

turp [turp] n kırmızı **turp** n radish

turta [turta] n flan, tart; **elmalı turta** n apple pie

tuş [tuʃ] n (bilgisayar/piyano) key (music/computer)

tuşlamak [tuʃlamak] v (telefon) dial

tutarlı [tutarlə] adj consistent

tutarsız [tutarsəz] adj inconsistent

tutkal [tutkal] n glue

tutku [tutku] n passion

tutmak [tutmak] vt hold, keep; **dışarda tutmak** v keep out; **dışında tutmak** v exclude; **göz önünde tutarak** prep considering; **uçak tutması** n airsick

tutuklama [tutuklama] n arrest

tutuklamak [tutuklamak] v arrest

tutumlu [tutumlu] adj thrifty

tutunmak [tutunmak] v hold on

tutya [tutja] n pewter

tuvalet [tuvalet] n lavatory, loo, toilet; **erkekler tuvaleti** n gents'; **kadınlar tuvaleti** n ladies'; **tuvalet çantası** n sponge bag, toilet bag; **tuvalet kağıdı** n toilet paper, toilet roll; **tuvalet masası** n dressing table; **Özürlüler için tuvaletiniz var mı?** Are there any accessible toilets?; **Burada tuvalet var mı?** Is there a toilet on board?; **Tuvalet kağıdı yok** There is no toilet paper; **Tuvaleti kullanabilir miyim?** Can I use the toilet?; **Tuvaletin sifonu çalışmıyor** The toilet won't flush; **Tuvaletler nerede?** Where are the toilets?

tuz [tuz] n salt; **tatsız tuzsuz** adj tasteless; **tuzlanıp tütsülenmiş ringa balığı** n kipper; **tuzlu ve baharatlı** adj savoury; **Tuzu uzatır mısınız lütfen?** Pass the salt, please

tuzak [tuzak] n ambush, trap

tuzlu [tuzlu] adj saltwater, salty

tüberküloz [tyberkyloz] n tuberculosis, TB

tüfek [tyfek] n rifle; **makineli tüfek** n machine gun

tükenmek [tykenmek] v soyu **tükenmiş** adj extinct

tükenmez [tykenmez] adj **tükenmez kalem** n Biro®, ballpoint pen

tükenmiş [tykenmiʃ] adj exhausted

tüketici [tyketidʒi] n consumer

tükürmek [tykyrmek] v spit

tükürük [tykyryk] n saliva

tül [tyl] n net

tümsekli [tymsekli] adj bumpy

tünel [tynel] n tunnel

tüp [typ] n tube; **deney tüpü** n test tube; **tüp gaz** n camping gas

tür [tyr] n kind, species

türbe [tyrbe] n tomb

Türk [tyrk] adj Turkish ▷ n Turk

Türkçe [tyrktʃe] n Turkish

Türkiye [tyrkije] n Turkey

türkuvaz [tyrkuvaz] adj **türkuvaz renkli** adj turquoise

tüten [tyten] n smoking

tütsü [tytsy] n smoke; **tuzlanıp tütsülenmiş ringa balığı** n kipper

tütsülenmiş [tytsylenmiʃ] adj smoked

tütün [tytyn] n tobacco

tütüncü [tytyndʒy] *n* tobacconist's

tüy [tyj] *n* feather; **tüyler ürpertici** *adj* gruesome

tüyler [tyjler] *n* **diken diken olmuş tüyler** *mpl* goose pimples

TV [tv] *n* TV; **plazma TV** *n* plasma TV

tweet [tweet] *n* tweet; **tweet atmak** *v* tweet

ucuz [udʒuz] *adj* cheap; **ucuz sezon** *n* low season; **Daha ucuz bir şey istiyorum** I want something cheaper; **Daha ucuz bir şeyiniz var mı?** Do you have anything cheaper?; **En ucuz bilet olsun lütfen** I'd like the cheapest option; **Ucuz tarifeli uçuşunuz var mı?** Are there any cheap flights?; **Ucuz tren tarifesi var mı?** Are there any cheap train fares?

uç [utʃ] *n (kalem/dil)* tip *(end of object)*; **aşırı uçta** *n* extremist; **parmaklarının ucunda yürüme** *n* tiptoe; **uç uç böceği** *n* ladybird; **ucu ucuna** *adv* barely

uçak [utʃak] *n* aircraft, plane *(aeroplane)*; **uçak pisti** *n* runway; **uçak postası** *n* airmail; **uçak tutması** *n* jet lag; **uçak tutması** *n* airsick; **Uçağım... da kalkıyor** My plane leaves at...

uçmak [utʃmak] *vi* fly; **havaya uçmak** *vi* blow; **planörle uçma** *n* gliding; **uçup gitmek** *v* fly away

uçuk [utʃuk] *n (sağlık)* cold sore

uçurmak [utʃurmak] *v* fly, ascend; **havaya uçurmak** *v* blow up

uçurtma [utʃurtma] *n* kite

uçuş [utʃuʃ] *n* flight; **tarifeli uçuş** *n* scheduled flight; **tarifesiz uçuş** *n* charter flight; **uçuş bekleme salonu** *n* departure lounge; **uçuş hostesi** *n* flight attendant; **Uçuşumu değiştirmek istiyorum** I'd like to change my flight; **Uçuşumu iptal ettirmek istiyorum** I'd like to cancel my flight; **Uçuşunuz gecikmeli** The flight has been delayed

U-dönüşü [udønyʃy] *n* U-turn

ufak [ufak] *adj* minor, tiny; **birine ufak bir armağan alma** *n* treat; **ufak karides** *n* shrimp; **ufak sorun** *n* hitch

UFO [ufo] *abbr* UFO

ufuk [ufuk] *n* horizon

Uganda [uganda] *adj* Ugandan ▷ *n* Uganda

Ugandalı [ugandalə] *n* Ugandan

uğraş [u:raʃ] *n* pastime

uğraşmak [u:raʃmak] *v* struggle

uğurlamak [u:urlamak] *v* send off

uğursuz [u:ursuz] *adj* sinister

UHT [uha:te:] *n* **UHT süt** *n* UHT milk

Ukrayna [ukrajna] *adj* Ukrainian ▷ *n* Ukraine

Ukraynaca [ukrajnadʒa] *n (dil)* Ukrainian *(language)*

Ukraynalı [ukrajnalə] *n (kişi)* Ukrainian *(person)*

ulak [ulak] *n* messenger

ulaşmak [ulaʃmak] *vt* reach

ultimatom [ultimatom] *n* ultimatum

ultrason [ultrason] *n* ultrasound

ulumak [ulumak] *v* howl

ulus [ulus] *n* nation, nationality; **çok uluslu** *adj* multinational

ulusal [ulusal] *adj* national

ulusalcı [ulusaldʒə] *n* nationalist

ulusalcılık [ulusaldʒələk] *n* nationalism

uluslararası [uluslararasə] *adj* international; **Bir uluslararası telefon kartı lütfen** An international phone card, please; **Buradan uluslararası görüşme yapabilir miyim?** Can I phone internationally from here?; **Nereden uluslararası telefon görüşmesi yapabilirim?** Where can I make an international phone call?

ummak [ummak] *v* expect

Umman [umman] *n* Oman

umulmadık [umulmadək] *adj* unexpected

umursamaz [umursamaz] *adj* casual

umut [umut] *n* hope; **umut etmek** *v* hope

umutla [umutla] *adv* hopefully

umutlu [umutlu] *adj* hopeful

umutsuz [umutsuz] *adj* desperate, hopeless

umutsuzca [umutsuzdʒa] *adv* desperately

umutsuzluk [umutsuzluk] *n* despair

un [un] *n* flour; **kepekli undan yapılmış** *adj* wholemeal; **un kurabiyesi hamuru** *n* shortcrust pastry

unutmak [unutmak] *v* forget

unutulmaz [unutulmaz] *adj* unforgettable

unutulmuş [unutulmuʃ] *adj* forgotten

ur [ur] *n* tumour

uranyum [uranjum] *n* uranium

URL [ure:le:] *n* URL

Uruguay [uruguaj] *adj* Uruguayan ▷ *n* Uruguay

Uruguaylı [uruguajlə] *n* Uruguayan

USB [uesbe:] *adj* USB bellek *n* USB stick

uskumru [uskumru] *n* mackerel

usta [usta] *adj* skilful; **usta işi** *adj* ingenious

utanç [utantʃ] *npl* shame; **utanç verici** *adj* disgraceful

utangaç [utangatʃ] *adj* shy

utanmış [utanməʃ] *adj* embarrassed

uyanık [ujanək] *adj* alert, awake

uyanmak [ujanmak] *v* awake, wake up

uyarı [ujarə] *n* warning; **tehlike uyarı ışığı** *n* hazard warning lights; **uyarı çağrısı** *n* alarm call

uyarlamak [ujarlamak] *n* adapt; **ihtiyaca uyarlanmış** *adj* customized

uyarmak [ujarmak] *v* alert, warn

uydu [ujdu] *n* satellite; **uydu çanak** *n* satellite dish

uydurmak [ujdurmak] *vi* fit ▷ *vt* match; **Olmadı** It doesn't fit me

uyduruk [ujduruk] *adj* fake

uygarlık [ujgarlək] *n* civilization

uygulama [ujgulama] *n* app

uygulamak [ujgulamak] *v* carry out

uygulanabilir [ujgulanabilir] *adj* feasible

uygun [ujgun] *adj* appropriate, available, convenient, decent, fit, suitable; **haklı olarak** *adv* rightly; **modaya uygun** *adj* fashionable, trendy; **uygun adım yürümek** *v* march; **uygun olmayan** *adj* unsuitable

uygunluk [ujgunluk] *n* availability

uyku [ujku] *n* sleep; **tavşan uykusu** *n* snooze; **uyku hapı** *n* sleeping pill; **uyku tulumu** *n* sleeping bag; **uykuda yürüme** *v* sleepwalk; **uykusunu almak** *v* have a lie-in, lie in; **uykuyu uzatmak** *v* snooze; **Uyuyamıyorum** I can't sleep

uykuda [ujkuda] *adj* asleep

uykulu [ujkulu] *adj* drowsy, sleepy

uykusuzluk [ujkusuzluk] *n* insomnia

uyma [ujma] *n* fit

uymak [ujmak] *v* suit ▷ *vi* fit in

uysal [ujsal] *adj* easy-going

uyumak [ujumak] *v* sleep; **Uyuyamıyorum** I can't sleep

uyumlu [ujumlu] *adj* compatible, matching

uyun adım yürüyüş [ujunadəmjyryjyʃ] *n* march

uyuşturucu [ujuʃturudʒu] *n*

uyuşturucu bağımlısı n drug addict; **uyuşturucu satıcısı** n drug dealer

uyuşuk [ujuʃuk] adj numb

uyuyakalmak [ujujakalmak] v doze off, oversleep, sleep in

uzak [uzak] adj distant, far, remote; **uzaktan kumandalı** adj radio-controlled; **uzaktan yakından** adv remotely; **Banka buraya ne kadar uzakta?** How far is the bank?; **Oldukça uzak** It's quite far; **Plajdan ne kadar uzaktayız?** How far are we from the beach?; **Uzak değil** It's not far; **Uzak mı?** Is it far?; **Uzak Doğu** n Far East

uzaklık [uzaklək] n distance; **mil hesabıyla uzaklık** n mileage

uzakta [uzakta] adv away, far

uzatma [uzatma] n extension; **uzatma kablosu** n extension cable; **uzatma süresi** n injury time

uzay [uzaj] n space; **uzay aracı** n spacecraft

uzman [uzman] n expert, specialist; **ayak uzmanı** n chiropodist; **doğa bilimleri uzmanı** n naturalist

uzmanlaşmak [uzmanlaʃmak] v specialize

uzmanlık [uzmanlək] n speciality

uzun [uzun] adj long; **daha uzun** adv longer; **uzun atlama** n jump, long jump; **uzun boylu** adj tall; **Çok uzun zamandır bekliyoruz** We've been waiting for a very long time

uzunca [uzundʒa] adv long

uzunluk [uzunluk] n length; **Bu uzunlukta olsun** This length, please

uzun uzadıya [uzunuzadəja] a extensively

councillor; **üye** ... **yor mu?** Do you ... **ember?: üye** ... **yor mu?** Do I have ... membership; ... mbership card ... örüşmek

prep above

... ektaşi
... uru üzüm
... Frenk

... fee, wage;
... eti npl tuition fees;
ücretli ... nmemiş adj unpaid;
banka ... retleri npl bank charges;
giriş ücreti n admission charge,
entrance fee; posta ücreti n
postage; servis ücreti n cover
charge, service charge; **Yer
ayırtmak için ücret ödemek
gerekiyor mu?** Is there a booking
fee to pay?
ücretli [ydʒretli] adj paid; **düşük
ücretli** adj underpaid
üç [ytʃ] number three; **üç boyutlu**
adj three-dimensional; **üç katı** adj
treble, triple; **üç tekerlekli
bisiklet** n tricycle; **Üç çocuğum
var** I have three children; **Üç Ekim
Pazar** It's Sunday the third of
October; **Üç numaralı pompa
lütfen** Pump number three,
please; **Bu akşam için üç kişilik**

---

bir masa ayırtmak istiyordum
... e to book a table for three
... for tonight; **saat üçte** at
... o'clock
... n [ytʃgen] n triangle
... üncü [ytʃyndʒy] adj third ▷ n
... third; **üçüncü kişi sorumluluk
sigortası** n third-party insurance;
üçüncü olarak adv thirdly;
Üçüncü Dünya n Third World
üçüzler [ytʃyzler] npl triplets
üflemek [yflemek] v blow;
üfleme cihazı n Breathalyser®
ülke [ylke] n country; **ülke içi** adj
domestic; **gelişmekte olan ülke**
n developing country; **Ülkenin
haritasını nereden alabilirim?**
Where can I buy a map of the
country?; **Körfez Ülkeleri** npl
Gulf States
ümit [ymit] n hope, expectation;
ümit veren adj promising
ün [yn] n fame, reputation
üniforma [yniforma] n uniform;
okul üniforması n school
uniform
ünite [ynite] n unit
üniversite [yniversite] n uni,
university; **üniversite mezunu** n
graduate, undergraduate
ünlem [ynlem] n **ünlem işareti** n
exclamation mark
ünlü [ynly] adj famous ▷ n
celebrity, (gramer) vowel
ünsüz [ynsyz] n (gramer)
consonant
Ürdün [yrdyn] adj Jordanian ▷ n
Jordan
Ürdünlü [yrdynly] n Jordanian
üreme [yreme] n reproduction

üretici [yretidʒi] n manufacturer, producer

üretim [yretim] n production

üretmek [yretmek] v manufacture

ürkünç [yrkyntʃ] adj frightening

ürkütücü [yrkytydʒy] adj alarming, spooky

ürün [yryn] n crop, product; **ürün sağlamak** v yield; **deniz ürünü** n seafood; **kabuklu deniz ürünü** n shellfish; **süt ürünleri** n dairy products; **temel ürün** n staple (commodity)

üst [yst] adj upper, (rütbe) senior ▷ n (kalite/rütbe) superior; **üst katta** adv upstairs; **üstü açılır araba** n convertible; **üstü kapalı yük aracı** n van; **üstünü çıkarmak** v take off

üste [yste] n **üstesinden gelmek** v tackle

üstelik [ystelik] adv besides

üstün [ystyn] adj superior

üstünde [ystynde] prep over

üstünlük [ystynlyk] n advantage

ütü [yty] n **ütü tahtası** n ironing board; **Ütüye ihtiyacım var** I need an iron; **Bunu nerede ütületebilirim?** Where can I get this ironed?

ütüleme [ytyleme] n ironing

ütülemek [ytylemek] v iron

üvey [yvej] n **üvey anne** n stepmother; **üvey baba** n stepfather; **üvey erkek kardeş** n stepbrother; **üvey kız evlat** n stepdaughter; **üvey kızkardeş** n stepsister; **üvey oğul** n stepson

üye [yje] n member; **belediye**

meclis üyes

olmak gerek
have to be a m

olmam gereki
to be a member

üyelik [yjelik] n n

üyelik kartı n me

üzere [yzere] conj o

üzere See you soon

üzerinde [yzerinde]

üzgün [yzgyn] adj sad

üzüm [yzym] n grape;

üzümü n gooseberry;
n raisin, sultana; **kırmız**

üzümü n redcurrant

V

vaaz [vaaz] *n* sermon

vade [vade] *prep* **vadesi geçmiş borç** *npl* arrears

vadi [vadi] *n* valley

vaftiz [vaftiz] *n* christening; **vaftiz çocuğu** *n* godchild; **vaftiz kızı** *n* goddaughter; **vaftiz oğlu** *n* godson

vagon [vagon] *n* carriage, *(oto)* estate car; **kuşetli vagon** *n* sleeping car; **yemek vagonu** *n* dining car; **yemekli vagon** *n* buffet car; **Otuz numaralı vagon nerede?** Where is carriage number thirty?

vaha [vaha] **(vahalar)** *n* oasis

vahşi [vahʃi] *adj* brutal; **vahşi doğa** *n* wildlife

vaiz [vaiz] *n* minister *(clergy)*

vaka [vaka] *n* case

vakıflar [vakaflar] *npl* foundations

vakit [vakit] *n* time; **boş vakit** *n* leisure; **hali vakti yerinde** *adj* well-off; **Çok güzel vakit geçiriyoruz** We are having a nice time

vakumlamak [vakumlamak] *v* vacuum

vakumlanmış [vakumlanməʃ] *adj* airtight

valiz [valiz] *n* suitcase; **Valizim hasar görmüş** My suitcase has arrived damaged

vals [vals] *n* waltz; **vals yapmak** *v* waltz

vampir [vampir] *n* vampire

vandal [vandal] *n* vandal

vandalizm [vandalizm] *n* vandalism

vanilya [vanilja] *n* vanilla

vantilatör [vantilatør] *n* fan; **Odada vantilatör var mı?** Does the room have a fan?

vapur [vapur] *n* **... a bir sonraki vapur kaçta?** When is the next sailing to...?; **... a son vapur kaçta?** When is the last sailing to...?; **... a vapur var mı?** Is there a ferry to...?; **İlk vapur kaçta?** When is the first boat?; **Son vapur kaçta?** When is the last boat?; **Vapur kaçta hareket ediyor?** When do we sail?; **Vapur nereden kalkıyor?** Where does the boat leave from?

var [var] *adj* present; **var olmak** *v* exist

varış [varəʃ] *n* arrival

varis [varis] *n* heir, *(kadın)* heiress

varlık [varlək] *n* asset, assets, presence, *(zenginlik)* wealth

varmak [varmak] v arrive; **farkına varmak** v notice, realize

varsayım [varsajəm] n supposition; **varsayımda bulunmak** v speculate

varsaymak [varsajmak] v assume, suppose

varsıl [varsəl] adj wealthy

vasıta [vasəta] n vehicle; **vasıta ile çarpmak** vi crash

vasiyet [vasijet] n will (document)

vatandaş [vatandaʃ] n citizen; **yaşlı vatandaş** n senior citizen

vatandaşlık [vatandaʃlək] n citizenship

Vatikan [vatikan] n Vatican

vazgeçilmez [vazgetʃilmez] adj indispensable

vazgeçmek [vazgetʃmek] v give up, waive

vazo [vazo] n vase

vb [vb] abbr (kısaltma) etc

ve [ve] conj and

veda [veda] n farewell, goodbye; **bekarlığa veda partisi** (erkek) n stag night

vegan [vegan] n vegan; **Bu yemek veganlara uygun mu?** Is this suitable for vegans?; **Vegan yemeğiniz var mı?** Do you have any vegan dishes?

vejetaryen [veʒetarjen] adj vegetarian ▷ n vegetarian; **Bu yemek vejetaryenlere uygun mu?** Is this suitable for vegetarians?; **Vejetaryenim** I'm vegetarian; **Buralarda vejetaryen restoranlar var mı?** Are there any vegetarian restaurants here?; **Vejetaryen**

yemekleriniz var mı? Do you have any vegetarian dishes?

vekalet [vekalet] **vekalet etmek** v substitute

vekaleten [vekaleten] adj acting

velet [velet] n brat

Venezuela [venezuela] adj Venezuelan ▷ n Venezuela

Venezuelalı [venezuelalə] n Venezuelan

veranda [veranda] n porch

vergi [vergi] n tax; **gelir vergisi** n income tax; **vergi geliri** n revenue; **vergi iadesi** n tax return; **vergi yükümlüsü** n tax payer; **yol vergisi** n road tax

veri [veri] npl data; **veri tabanı** n database

verici [veridʒi] n donor; **cesaret verici** adj encouraging; **dehşet verici** adj horrifying; **endişe verici** adj worrying; **heyecan verici** adj exciting, thrilling; **keyif verici** adj delightful; **utanç verici** adj disgraceful

verimlilik [verimlilik] n productivity

verimsiz [verimsiz] adj infertile

vermek [vermek] v hand ▷ vt give; **ödün vermek** v compromise; **ödünç vermek** v lend, loan; **bahşiş vermek** vt tip (reward); **bilgi vermek** v inform; **ders vermek** v lecture; **fiyat vermek** (açık arttırmada) vi bid (at auction); **güven vermek** v reassure; **güvence vermek** v assure; **geri vermek** v give back; **hayret verici** adj amazing; **hesap vermek** v account for; **izin**

vermek n allow, let, permit; **karar vermek** v decide; **komut vermek** v order (command); **nefes vermek** v breathe out; **not vermek** v mark (grade); **oy vermek** v vote; **rapor vermek** v report; **rüşvet vermek** v bribe; **söz vermek** v promise; **talimat vermek** v instruct; **tepki vermek** v respond; **yanıt vermek** v answer; **yanlış hüküm vermek** v misjudge; **yetki vermek** v authorize; **zarar vermek** v damage, harm; **Bahşiş vermek adet midir?** Is it usual to give a tip?

versiyon [versijon] n version

vestiyer [vestijer] n cloakroom

veteriner [veteriner] n vet

veto [veto] n veto

veznedar [veznedar] n treasurer

vızıldamak [vəzəldamak] v hum

vicdan [vidʒdan] n conscience; **vicdan azabı** n remorse

vicdanlı [vidʒdanlə] adj conscientious

rida [vida] n screw; **vida somunu** n nut (device); **Vida gevşemiş** The screw has come loose

rideo [video] n video; **video blogu** n vlog; **video blog yazarı** n vlogger; **video kamera** n camcorder; **video kamerası** n video camera; **video telefon** n videophone

Vietnam [vietnam] adj Vietnamese ▷ n Vietnam

Vietnamca [vietnamdʒa] n (dil) Vietnamese (language)

Vietnamlı [vietnamlə] n (kişi) Vietnamese (person)

villa [villa] n villa; **Bir villa kiralamak istiyorum** I'd like to rent a villa

vinç [vintʃ] n crane (for lifting)

viraj [viraʒ] n bend

viral [viral] adj viral; **viral olmak** v to go viral

virgül [virgyl] n comma; **noktalı virgül** n semicolon

virüs [virys] n virus

viski [viski] n whisky; **malt viskisi** n malt whisky; **bir viski soda** a whisky and soda; **Ben viski alayım** I'll have a whisky

vişne [viʃne] n vişne çürüğü renginde adj maroon

vitamin [vitamin] n vitamin

vites [vites] n gear; **vites kolu** n gear lever, gear stick, gearshift; **vites kutusu** n gear box; **Bisiklet vitesli mi?** Does the bike have gears?; **Vites çalışmıyor/Vitesler çalışmıyor** The gears don't work

vitray [vitraj] n stained glass

vitrin [vitrin] n shop window; **vitrin mankeni** n dummy

viyola [vijola] n viola

viyolonsel [vijolonsel] n cello

vize [vize] n visa; **Giriş vizem var** I have an entry visa; **Vizem burada** Here is my visa

vizon [vizon] n mink

voleybol [volejbol] n volleyball

volkan [volkan] **(volkanlar)** n volcano

volt [volt] n volt

voltaj [voltaʒ] n voltage; **Voltaj ne kadar?** What's the voltage?

votka [votka] n vodka

vurgulamak [vurgulamak] v

emphasize, highlight, stress
vurmak [vurmak] v knock, ram, thump, (sineklik gibi yassı bir şeyle) swat ▷ vt hit, strike; **ayağını yere vurmak** v stamp; **şiddetle vurmak** v bash
vurmalı [vurmalə] n (müzik) percussion
vuruş [vuruʃ] n knock, (topa sopayla) bat (with ball); **başlama vuruşu** n kick-off; **başlama vuruşu yapmak** v kick off; **hafif vuruş** n tap
vücut [vydʒut] n body; **vücut geliştirme** n bodybuilding

W

waffle [vaffle] n waffle
webmaster [vebmaster] n webmaster
wifi [vifi] n WiFi

y

ya [ja] *conj* either... or, or
yabancı [jabandʒə] *adj* foreign ▷ *n* alien, foreigner, stranger
yaban gelinciği [jabangelindʒəə] *n* ferret
yabani [jabani] *adj* wild; **yabani havuç** *n* parsnip; **yabani ot** *n* weed; **yabani ot öldürücü** *n* weedkiller; **yabani tavşan** *n* hare
yaban mersini [jabanmersini] *n* blueberry; **kırmızı yaban mersini** *n* cranberry
yabanturpu [jabanturpu] *n* horseradish
ya da [jada] *adv* alternatively
yağ [ja:] *n* fat, grease, oil; **güneş yağı** *n* suntan oil; **yağ çubuğu** *n* dipstick; **yağı alınmış süt** *n* skimmed milk; **yarım yağlı süt** *n* semi-skimmed milk; **zeytin yağı** *n* olive oil; **Yağ ikaz ışığı yanıyor** The oil warning light won't go off;

Yağ lekesi This stain is oil
yağlamak [ja:lamak] *v* oil
yağlı [ja:lə] *adj* greasy
yağmak [ja:mak] *v* rain; **dolu yağmak** *v* hail; **kar yağmak** *v* snow; **sulu sepken yağmak** *v* sleet; **yağmur yağmak** *v* rain
yağmur [ja:mur] *n* rain; **asit yağmuru** *n* acid rain; **yağmur ormanı** *n* rainforest; **yağmura dayanıklı** *adj* showerproof; **yağmurlama cihazı** *n* sprinkler; **Sizce yağmur yağacak mı?** Do you think it's going to rain?; **Yağmur yağıyor** It's raining
yağmurlu [ja:murlu] *adj* rainy
yağmurluk [ja:murluk] *n* mac, raincoat
Yahudi [jahudi] *adj* Jewish ▷ *n* Jew
yaka [jaka] *n* collar; **polo yakalı kazak** *n* polo-necked sweater
yakalamak [jakalamak] *v* seize ▷ *vt* catch
yakın [jakən] *adj* close, close by, intimate, near, nearby ▷ *adv* close; **en yakın akraba** *n* next-of-kin; **uzaktan yakından** *adv* remotely; **yakın dost** *n* pal; **Çok yakın** It's very near; **Buraya en yakın metro istasyonu nerede?** Where is the nearest tube station?; **Buraya en yakın otobüs durağı nerede?** Where is the nearest bus stop?; **Buraya yakın bir golf sahası var mı?** Is there a public golf course near here?; **Buraya yakın sakin bir kumsal var mı?** Is there a quiet beach near here?; **En yakın bisiklet tamircisi nerede?** Where is the nearest bike repair

shop?; **En yakın dağ kulübesi nerede?** Where is the nearest mountain hut?; **En yakın dağ kurtarma ekibi nerede?** Where is the nearest mountain rescue service post?; **En yakın eczane nerede?** Where is the nearest chemist?; **En yakın fotoğraf malzemeleri satan dükkan nerede?** Where is the nearest shop which sells photographic equipment?; **En yakın gazete satan dükkan nerede?** Where is the nearest shop which sells newspapers?; **En yakın metro istasyonu nerede?** Where is the nearest tube station?; **En yakın metro istasyonuna nasıl gidebilirim?** How do I get to the nearest tube station?; **Pul satan en yakın yer nerede?** Where is the nearest shop which sells stamps?; **Yakınlarda bir banka var mı?** Is there a bank nearby?

yakından [jakəndan] *adv* closely

yakınında [jakənənda] *adv* around, near

yakınlarda [jakənlarda] *adv* nearby

yakınlık [jakənlək] *n* proximity

yakınmak [jakənmak] *v* complain

yakışıklı [jakəʃəklə] *adj* good-looking, handsome

yakıt [jakət] *n* fuel; **yakıt ikmali yapmak** *v* refuel

yaklaşık [jaklaʃək] *adj* approximate ▷ *adv* about; **yaklaşık olarak** *adv* approximately

yaklaşmak [jaklaʃmak] *v* approach

yakmak [jakmak] *v (ışık)* light ▷ *vt (ateşte)* burn

yalak [jalak] *n* trough

yalamak [jalamak] *v* lick

yalan [jalan] *n* lie; **yalan söylemek** *v* lie

yalancı [jalandʒə] *n* liar; **yalancı şahitlik** *n* perjury

yaldız [jaldəz] *n* **kalay yaldızı** *n* tinfoil

yalı [jalə] *adj* **yalı çapkını** *n* kingfisher

yalıtım [jalətəm] *n* insulation

yalnız [jalnəz] *adj* alone, lonely, lonesome; **yalnız ebeveyn** *n* single parent

yalnızca [jalnəzdʒa] *adv* exclusively, only

yalnızlık [jalnəzlək] *n* loneliness

yama [jama] *n* patch

yamalı [jamalə] *adj* patched

yan [jan] *n (destek)* subsidiary; **yan ayna** *n* wing mirror; **yan etki** *n* side effect; **yan lambalar** *n* sidelight; **yan sokak** *n* side street; **yana doğru** *adv* sideways; **yanından geçmek** *v* go past

yanak [janak] *n* cheek

yangı [jangə] *n* inflammation

yangın [jangən] *n* fire; **yangın alarmı** *n* fire alarm; **yangın çıkışı** *n* fire escape; **yangın söndürücü** *n* fire extinguisher; **Yangın var!** Fire!

yanıcı [janədʒə] *adj* flammable

yanık [janək] *n* burn; **güneş yanığı** *adj* sunburn, sunburnt

yanılsama [janəlsama] *n* illusion

yanıltıcı [janəltədʒə] *adj* confusing, misleading

yanıltmak [janəltmak] v deceive

yanında [janənda] prep beside, next to

yanıt [janət] n answer, reply, response; **yanıt vermek** v answer; **Yanıtınızı bana mesajla geçer misiniz?** Can you text me your answer?

yanıtlamak [janətlamak] v reply

yankesicilik [janesidʒilik] n pickpocket

yankı [jankə] n echo

yanlı [janlə] adj biased

yanlış [janləʃ] adj incorrect, wrong ▷ adv wrong ▷ n error; **yanlış alarm** n false alarm; **yanlış anlama** n misunderstanding; **yanlış anlamak** v misunderstand; **yanlış hüküm vermek** v misjudge; **yanlış numara** n wrong number; **yanlış yere koymak** v mislay; **Sanırım yanlış para üstü verdiniz** I think you've given me the wrong change; **Yanlış şerittesiniz** You are in the wrong lane; **Yanlış numara** You have the wrong number

yanlışlıkla [janləʃləkla] adv mistakenly

yanmak [janmak] v burn; **yanıp kül olmak** v burn down

yansıma [jansəma] n reflection

yansıtmak [jansətmak] v reflect

yansız [jansəz] adj impartial, impersonal

yapabilmek [japabilmek] **yapabilir almak** v to be able

yapamamak [japamamak] adj unable to

yapay [japaj] adj artificial, superficial

yapboz [jabboz] n jigsaw

yapı [japə] n building, construction, structure

yapıcı [japədʒə] adj constructive ▷ n maker

yapılmış [japəlməʃ] adj done; **sütle yapılmış** n dairy produce

yapım [japəm] n make; **el yapımı** adj handmade; **ev yapımı** adj home-made; **gemi yapımı** n shipbuilding; **yol yapım çalışması** npl roadworks

yapışkan [japəʃkan] adj sticky

yapışmak [japəʃmak] vi stick

yapıştırmak [japəʃtərmak] v glue

yapmak [japmak] v construct, make ▷ vt do; **alıntı yapmak** v quote; **ızgara yapmak** v grill; **başlama vuruşu yapmak** v kick off; **baskı yapmak** v lean on, pressure; **baskın yapmak** v raid; **blöf yapmak** v bluff; **düşük yapmak** n miscarriage; **değişiklik yapmak** v modify; **dedikodu yapmak** v gossip; **diyet yapmak** v diet; **ekonomi yapmak** v economize; **elle yapmak** v handle; **görüşme yapmak** v interview; **gösteriş yapmak** v show off; **giriş yapmak** v check in; **grev yapmak** vi strike (suspend work); **hata yapmak** v mistake, slip up; **hız yapmak** v speeding; **işbirliği yapmak** v collaborate; **iniş yapmak** vi land; **kaçakçılık yapmak** v smuggle; **kamp yapmak** v camp; **karalama yapmak** v sketch; **karşılıklı yapmak** v exchange; **şaka yapmak** v joke; **şantaj yapmak** n blackmail; **manikür yapmak** n manicure; **modelini yapmak** v model; **otostop yapma** n hitchhiking; **para iadesi yapmak** v refund; **paten yapma** n skating; **paten yapmak** v skate; **pratik yapmak** v practise; **reklam yapmak** v advertise; **sayı yapmak** v score; **sörf yapma** n surfing; **sörf yapmak** v surf; **skateboard yapma** n skateboarding; **tanıtımını yapmak** v promote; **tezahürat yapmak** v cheer; **vals yapmak** v waltz; **yapmak zorunda olmak** v have to; **yatırım yapmak** v invest; **yayın yapmak** v broadcast; **yeniden yapmak** v rebuild, redo; **yorum yapmak** v comment

yaprak [japrak] n leaf; **defne yaprağı** n bay leaf

yapraklar [japraklar] npl leaves

yaptırmak [japtərmak] **kayıt yaptırmak** v register

yara [jara] n injury, scar, sore, wound, (ülser) ulcer; **yara bandı** n Elastoplast®, plaster (for wound)

yaradılış [jaradələʃ] n creation

yaralamak [jaralamak] v injure, wound

yaralanmış [jaralanməʃ] adj injured

yaramaz [jaramaz] adj (çocuk vb) mischievous, (çocuk vb) naughty

yaramazlık [jaramazlək] n mischief

yarar [jarar] n benefit; **yarar sağlamak** v benefit

yararlı [jararlə] adj useful

yararsız [jararsəz] adj useless

yarasa [jarasa] n bat (mammal)

yaratıcı [jaratədʒə] adj creative; **gerginlik yaratan** adj stressful

yaratık [jaratək] n creature

yaratmak [jaratmak] v create, produce

yarda [jarda] n yard (measurement)

yardım [jardəm] n aid, assistance favour, help; **ilk yardım** n first aid; **ilk yardım çantası** n first-aid kit; **yardım derneği** n charity; **yardım derneği dükkanı** n charity shop; **yardım etmek** vt help; **yardım hattı** n helpline; **yoksulluk yardımı** n dole; **Binmeme yardım eder misiniz lütfen?** Can you help me get on, please?; **Valizleri taşımama yardım eder misiniz lütfen?** Can you help me with my luggage, please?; **Yardım çağırın, çabuk!** Fetch help quickly!; **Yardım edebilir misiniz lütfen?** Can you help me, please?; **Yardıma ihtiyacım var** I need assistance; **Yardımcı olabilir misiniz?** Can you help me?

yardımcı [jardəmdʒə] adj associate, helpful; **müdür yardımcısı** n deputy head; **papaz yardımcısı** n vicar; **yardımcı öğretmen** n classroom assistant; **yardımcı olmayan** adj unhelpful

yargıç [jargətʃ] n judge

yargılamak [jargəlamak] v judge

yarı [jarə] n **yarı fiyatı/yarı fiyatına** adv half-price; **yarı yarıya** adv fifty-fifty, half; **yarı yolda** halfway

yarım [jarəm] *adj* half ▷ *n* half; **yarı final** *n* semifinal; **yarım daire** *n* semicircle; **yarım gün** *adv* part-time; **yarım peruk** *n* toupee; **yarım saat** *n* half-hour; **yarım yağlı süt** *n* semi-skimmed milk

yarımada [jarəmada] *n* peninsula

yarın [ja:rən] *adv* tomorrow; **Sizi yarın arayabilir miyim?** May I call you tomorrow?; **yarın öğleden sonra** tomorrow afternoon; **yarın gece** tomorrow night; **yarın sabah** tomorrow morning; **Yarın açık mı?** Is it open tomorrow?; **Yarın ayrılıyorum** I'm leaving tomorrow; **Yarın bir şeyler yapmak ister misiniz?** Would you like to do something tomorrow?; **Yarın sabah boşum** I'm free tomorrow morning; **Yarın tekrar arayacağım** I'll call back tomorrow

yarış [jarəʃ] *n* race (contest); **at yarışı** *n* horse racing; **oto yarışı** *n* motor racing; **yarış arabası** *n* racing car; **yarış atı** *n* racehorse; **yarış parkuru** *n* racecourse; **yarış pisti** *n* racetrack; **At yarışı görmek isterdim** I'd like to see a horse race

yarışçı [jarəʃtʃə] *n* racer, (otomobil) racing driver

yarışma [jarəʃma] *n* competition, contest; **bilgi yarışması** *n* quiz

yarışmacı [jarəʃmadʒə] *n* competitor, contestant, runner

yarışmak [jarəʃmak] *v* compete ▷ *vi* race

yasa [jasa] *n* bill (legislation), law

yasadışı [jasadəʃə] *adj* illegal

yasak [jasak] *adj* forbidden ▷ *n* ban

yasaklamak [jasaklamak] *v* ban, forbid, prohibit

yasaklanmış [jasaklanməʃ] *adj* banned, prohibited

yasal [jasal] *adj* legal

yasalar [jasalar] *n* constitution

yaslamak [jaslamak] *v* lean

yaslanır [jaslanər] *adj* reclining

yastık [jastək] *n* cushion, pillow; **hava yastığı** *n* airbag; **yastık kılıfı** *n* pillowcase

yaş [jaʃ] *n* (yıl) age; **orta yaşlı** *adj* middle-aged; **yaş sınırı** *n* age limit; **yaşça en büyük** *adj* eldest; **yaşça küçük** *adj* junior; **yaşlı vatandaş** *n* senior citizen; **yirmi yaş dişi** *n* wisdom tooth

yaşam [jaʃam] *n* life; **özel yaşam** *n* privacy; **sağlıklı yaşam** *n* keep-fit; **yaşam öyküsü** *n* biography; **yaşam biçimi** *n* lifestyle; **yaşam kavgası** *n* survival; **yaşam sigortası** *n* life insurance; **yaşam standardı** *n* standard of living; **yaşama bakış** *n* outlook

yaşamak [jaʃamak] *v* live; **beraber yaşamak** *v* live together

yaşlı [jaʃlə] *adj* aged, old; **daha yaşlı** *adj* elder

yaşlılar [jaʃlələr] *adj* elderly

yaşlılık [jaʃlələk] *n* geriatric

yat [jat] *n* (tekne) yacht; **yat limanı** *n* marina

yatak [jatak] *n* bed, (döşek) mattress; **çift kişilik yatak** *n* double bed; **çift yatak** *npl* twin beds; **çift yataklı oda** *n* twin room, twin-bedded room; **battal**

boy yatak *n* king-size bed; **deniz yatağı** *n* Lilo®; **güneşlenme yatağı** *n* sunbed; **tek yatak** *n* single bed; **yatak örtüsü** *n* bedspread; **yatak çarşafı** *n* bed linen; **yatak odası** *n* bedroom; **yatak takımı** *n* bedclothes, bedding; **yatak ve kahvaltı** *n* bed and breakfast; **İki yataklı bir oda rica ediyorum** I'd like a room with twin beds; **Çift yataklı bir oda rica ediyorum** I'd like a room with a double bed; **Tek bir yatak rica ediyorum** I'd like a dorm bed; **Yatak çok rahatsız** The bed is uncomfortable; **Yatakta mı kalmam gerekiyor?** Do I have to stay in bed?

yatakhane [jatakhane] *n* dormitory

yatay [jataj] *adj* horizontal, level

yatık [jatɪk] *n* **geriye yatık çizgi** *n* backslash

yatırım [jatɪrɪm] *n* investment; **yatırım yapmak** *v* invest

yatırımcı [jatɪrɪmdʒɯ] *n* investor

yatıştırıcı [jataʃtɯrɯdʒɯ] *n* sedative

yatmak [jatmak] *v* lie, lie down; **önüne gelenle yatmak** *v* sleep around; **birlikte yatmak** *v* sleep together; **yatma zamanı** *n* bedtime

yavaş [javaʃ] *adj* slow; **yavaş yavaş kaynatmak** *v* simmer; **Bağlantı çok yavaş** The connection seems very slow; **Biraz daha yavaş konuşabilir misiniz lütfen?** Could you speak more slowly, please?

yavaşça [javaʃtʃa] *adv* slowly

yavaşlamak [javaʃlamak] *v* slow down

yavru [javru] *n (aslan/ayı)* cub; **kedi yavrusu** *n* kitten; **yavru köpek** *n* puppy; **yeni doğmuş yavrular** *n* litter *(offspring)*

yay [jaj] *n* bow *(weapon)*, spring *(coil)*

Yay [jaj] *n* **Yay burcu** *n* Sagittarius

yaya [jaja] *n* pedestrian; **ışıklı yaya geçidi** *n* pelican crossing; **şeritli yaya geçidi** *n* zebra crossing; **yaya geçidi** *n* pedestrian crossing; **yayalara ayrılmış** *adj* pedestrianized; **yayalara özel bölge** *n* pedestrian precinct

yaygara [jajgara] *n* fuss

yaygaracı [jajgaradʒɯ] *adj* fussy

yaygın [jajgɯn] *adj* widespread; **yaygın bir şekilde** *adv* largely

yayılım [jajɯlɯm] *n* spread

yayılmak [jajɯlmak] *v* spread out

yayımlama [jajɯmlama] *n* publication

yayımlamak [jajɯmlamak] *v* publish

yayın [jajɯn] *n* broadcast, feed; **kablolu yayın** *n* cable television; **yayın akışı** *n* stream; **yayın aktarmak** *v* stream; **yayın yapmak** *v* broadcast

yayınevi [jajɯnevi] *n* publisher

yayıntı [jajɯnta] *n* clutter

yaymak [jajmak] *vt* spread

yaz [jaz] *n (mevsim)* summer; **yaz sezonu** *n* summertime; **yaz tatili** *npl* summer holidays; **yaz boyunca** during the summer;

yazın in summer; **yazdan önce** before summer; **yazdan sonra** after summer

yazar [jazar] **(kadın yazar)** n author, writer; **oyun yazarı** n playwright; **yazar kasa** n till

yazı [jazə] n writing; **anma yazısı** *(ölünün ardından)* n obituary; **beyaz yazı tahtası** n whiteboard; **el yazısı** n handwriting; **kazılmış yazı** n inscription; **yazı kağıdı** n writing paper

yazıcı [jazədʒə] n printer *(machine)*; **CD yazıcı** n CD burner; **DVD yazıcı** n DVD burner; **Renkli yazıcı var mı?** Is there a colour printer?

yazık [jazək] n pity, shame; **ne yazık ki** adv unfortunately

yazılım [jazələm] n software

yazım [jazəm] n spelling; **yazım denetimi** n spellchecker

yazın [jazən] in summer

yazışma [jazəʃma] n correspondence

yazlık [jazlək] n **yazlık iş** n holiday job

yazma [jazma] adv okuma **yazması olmayan** adj illiterate

yazmak [jazmak] v write, write down, *(daktilo/bilgisayar)* type; **blog yazmak** v blog; **ilaç yazmak** v prescribe

yedek [jedek] adj spare ▷ n backup, reserve *(retention)*, substitute; **yedek öğretmen** n supply teacher; **yedek oda** n spare room; **yedek parça** n spare part; **Yedek çarşaf takımı var mı?** Is there any spare bedding?

yedi [jedi] number seven

yedinci [jedindʒi] adj seventh ▷ n seventh

yeğen [je:en] n *(erkek)* nephew, *(kız)* niece

Yehova [jehova] n **Yehovanın Şahitleri** n Jehovah's Witness

yelek [jelek] n waistcoat; **cankurtaran yeleği** n life jacket

yelken [jelken] n sail; **yelken sporu** n sailing

yelkenli [jelkenli] n sailing boat

yemek [jemek] n dish *(food)* ▷ vt eat; **akşam yemeği** n dinner; **ana yemek** n main course; **artık yemek** npl leftovers; **öğle yemeği** n lunch; **ön yemek** n starter; **darbe yemek** vi strike; **hafif akşam yemeği** n supper; **hazır yemek** n ready-cooked, takeaway; **paket yemek** n packed lunch; **yemek öncesi içki** n aperitif; **yemek kitabı** n cookbook, cookery book; **yemek molası** n lunch break; **yemek salonu** n dining room; **yemek vagonu** n dining car; **yemek zamanı** n dinner time, lunchtime, mealtime; **yemekli parti** n dinner party; **yemekli vagon** n buffet car; **yemeklik şarap** n table wine; **İçinde nişasta olmayan yemeğiniz var mı?** Do you have gluten-free dishes?; **Bir şey yemek ister misiniz?** Would you like something to eat?; **Bu yemeği nasıl pişiriyorsunuz?** How do you cook this dish?; **Bu yemeğin içinde ne var?** What is in this dish?; **Bu yemeğin yanında ne**

veriyorsunuz? How is this dish served?; **Feribotta yemek satan bir yer var mı?** Is there somewhere to eat on the boat?; **Günün yemeği ne?** What is the dish of the day?; **Helal yemeğiniz var mı?** Do you have halal dishes?; **Koşer yemeğiniz var mı?** Do you have kosher dishes?; **Ne yemek istersiniz?** What would you like to eat?; **Vegan yemeğiniz var mı?** Do you have any vegan dishes?; **Vejetaryen yemekleriniz var mı?** Do you have any vegetarian dishes?; **Yöresel bir yemek tavsiye edebilir misiniz?** Can you recommend a local dish?; **Yemek yediniz mi?** Have you eaten?

Yemen [jemen] n Yemen
yemin [jemin] n oath
yengeç [jengetʃ] n crab
Yengeç [jengetʃ] n **Yengeç Burcu** n Cancer (horoscope)
yeni [jeni] adj new, recent; **yeni başlayan** n beginner; **yeni doğan** adj newborn; **yeni doğmuş yavrular** n litter (offspring); **yeni gelen** n newcomer; **yeni yürümeye başlayan çocuk** n toddler; **yeniden çekim** n remake; **yeniden badana yapmak** v redecorate; **yeniden bir araya gelme** n reunion; **yeniden düzenlemek** v reorganize; **yeniden ele almak** vt reconsider; **yeniden evlenmek / yeniden gösterim** remarry; **yeniden göstermek** v replay; **yeniden kullanmak** v reuse; **yeniden sınava girmek** v resit;

yeniden yapılandırma v restructure; **yeniden yapmak** v rebuild, redo; **Yeni bir akü gerekiyor** I need a new battery; **Yepyeni bir tarz istiyorum** I want a completely new style; **Yeni Yıl** n New Year
yenilebilir [jenilebilir] adj edible
yenilemek [jenilemek] n makeover ▷ v renew, renovate
yenilenebilir [jenilenebilir] adj renewable
yenilgi [jenilgi] n defeat; **yenilgiyi kabullenmek** v give in
yenilik [jenilik] n innovation
yenilikçi [jeniliktʃi] adj innovative
yenilmez [jenilmez] adj unbeatable
yenilmiş [jenilmiʃ] n loser
Yeni Zelanda [jenizelanda] n New Zealand; **Yeni Zelandalı** n New Zealander
yenmek [jenmek] v beat (outdo), conquer, defeat, triumph
yepyeni [jepjeni] adj brand-new
yer [jer] n floor, ground, location, place, spot, venue; **ayağını yere vurmak** v stamp; **başka bir yerde** adv elsewhere; **bir yerde** adv someplace, somewhere; **doğum yeri** n birthplace, place of birth; **güzel manzaralı yer** n beauty spot; **gezinti yeri** n promenade; **gidilecek yer** n destination; **her yerde** adv everywhere; **herhangi bir yer** adv anywhere; **hiçbir yerde** adv nowhere; **kalacak yer** n accommodation; **kamp yeri** n campsite; **kapalı yer korkusu olan** adj claustrophobic; **pazar**

yeri n marketplace; **tatil yeri** n resort; **yanlış yere koymak** v mislay; **yer değiştirme** n shift; **yer değiştirmek** v shift; **yer muşambası** n lino; **yere sermek** v knock out; **yerin altında** adv underground; **yerini alma** n replacement; **yerini almak** v replace; **Burada dalınacak en iyi yer neresi?** Where is the best place to dive?; **Gidilecek iyi bir yer biliyor musunuz?** Do you know a good place to go?

yeraltı [jeraltə] n **yeraltı harekatı** n underground

yerden [jerden] n **yerden almak** v pick up

yerel [jerel] adj local; **Yerel bitkileri ve ağaçları görmek isterdik** We'd like to see local plants and trees; **Yerel müzisyenleri dinleyebileceğimiz bir yer var mı?** Where can we hear local musicians play?; **Yerel yürüyüşler için rehberiniz var mı?** Do you have a guide to local walks?; **Yerel yemeğiniz nedir?** What's the local speciality?; **Yerel yemeğiniz var mı?** Is there a local speciality?

yerfıstığı [jerfəstəə] n peanut

yerine [jerine] adv instead ▷ prep instead of

yerküre [jerkyre] n globe

yerleşmek [jerleʃmek] v settle down

yerleştirme [jerleʃtirme] n placement

yerleştirmek [jerleʃtirmek] vt place

yerli [jerli] adj native

yeryüzü [jerjyzy] n earth

yeşil [jeʃil] adj green (colour) ▷ n green; **yeşil limon** n lime (fruit); **yeşil salata** n green salad

Yeşilaycı [jeʃilajdʒe] adj teetotal

yetenek [jetenek] n ability, talent

yetenekli [jetenekli] adj gifted, talented

yeteneksiz [jeteneksiz] adj incompetent

yeter [jeter] adv **yeter ki** conj provided, providing; **Bu kadar yeter, sağolun** That's enough, thank you

yeterli [jeterli] adj sufficient

yetersiz [jetersiz] adj inadequate, inefficient, insufficient, skimpy; **yetersiz beslenme** n malnutrition

yetişkin [jetiʃkin] n adult; **yetişkin eğitimi** n adult education

yetişmek [jetiʃmek] v catch up

yetiştirilme [jetiʃtirilme] n upbringing

yetiştirmek [jetiʃtirmek] v bring up, (hayvan) breed

yetki [jetki] n authority; **yetki vermek** v authorize

yetkilendirmek [jetkilendirmek] v delegate

yetkili [jetkili] adj official

yetkin [jetkin] adj competent

yetmiş [jetmiʃ] number seventy

yığılmak [jəəlmak] n pile-up

yığın [jəən] n heap, pile, stack; **saman yığını** n haystack

yıkamak [jəkamak] v wash; **bulaşık yıkama** n washing-up; **bulaşık yıkamak** v wash up;

oto yıkama n car wash; **Arabayı yıkamak istiyorum** I would like to wash the car; **Yıkama makinesi nasıl çalışıyor?** How do I use the car wash?

yıkanabilir [jəkanabilir] adj **makinede yıkanabilir** n machine washable; **Bu yıkanabilir mi?** Is it washable?

yıkıcı [jəkədʒə] adj devastating

yıkmak [jəkmak] v demolish, pull down

yıl [jəl] n year; **akademik yıl** n academic year; **artık yıl** n leap year; **her yıl** adv annually, yearly; **mali yıl** n financial year, fiscal year; **on yıl** n decade; **yıllık taşıt testi** n MOT; **yüzüncü yıl** n centenary; **bu yıl** this year; **geçen yıl** last year; **gelecek yıl** next year; **Mutlu Yıllar!** Happy New Year!; **Yeni Yıl** n New Year

yılan [jələn] n snake; **çıngıraklı yılan** n rattlesnake; **yılan balığı** n eel

yıldız [jəldəz] n (gök) star (sky), (kişi) star (person); **film yıldızı** n film star; **kuyruklu yıldız** n comet; **yıldız falı** n horoscope; **yıldız koymak** v star

yıl dönümü [jəldənymy] n anniversary

yıllık [jələk] adj annual, yearly

yırtıcı [jərtədʒə] n **yırtıcı kuş** n bird of prey

yırtık [jərtək] n tear (split)

yırtmak [jərtmak] v rip up, tear, tear up ▷ vt rip

yine [jine] adv again; **yine de** adv yet (nevertheless)

yinelenen [jinelenen] adj recurring

yirmi [jirmi] number twenty; **yirmi yaş dişi** n wisdom tooth; **Her yirmi dakikada bir otobüs var** The bus runs every twenty minutes

yirminci [jirmindʒi] adj twentieth

yiyecek [jijedʒek] n food; **doğal yiyecek** npl wholefoods; **yiyecek maddeleri** npl groceries; **Yiyecek satıyor musunuz?** Do you have food?

yoga [joga] n yoga

yoğun [jou:n] adj intense, intensive; **yoğun bakım ünitesi** n intensive care unit

yoğunlaşma [jou:nlaʃma] n concentration

yoğunlaşmak [jou:nlaʃmak] v concentrate

yoğunluk [jou:nluk] n density

yoğurt [jou:rt] n yoghurt

yok [jok] adj absent ▷ adv not; **yok etmek** v destroy; **yok olmak** v vanish

yoklama [joklama] n roll call; **kamuoyu yoklaması** n opinion poll, poll

yoklamak [joklamak] v search, inspect; **elle yoklamak** v grope

yokluk [jokluk] n (devam) absence, (eksiklik) shortage

yoksa [joksa] conj otherwise

yoksul [joksul] adj hard up, poor

yoksulluk [joksulluk] n poverty; **yoksulluk yardımı** n dole

yokuş [jokuʃ] n slope; **yokuş yukarı** adv uphill

yol [jol] n road, way ▷ npl means;

çevre yolu n bypass, ring road;
çift-şeritli yol n dual
carriageway; **bağlantı yolu** n slip
road; **bisiklet yolu** n cycle path;
bisiklet yolu n cycle lane; **dar yol**
n lane; **engebeli yol** n track;
kestirme yol n shortcut; **yarı
yolda** halfway ▷ v **yol açmak** v
cause; **yol çukuru** n pothole; **yol
göstermek** vt lead; **yol haritası** n
road map; **yol kenarında geçici
park yeri** n layby; **yol tabelası** n
signpost; **yol vergisi** n road tax;
yol yapım çalışması npl
roadworks; **yola çıkmak** v go
away, start off; **yola koyulmak** v
set off; **yoluna koymak** v
settle; **... yol haritası istiyorum** I
need a road map of...; **... a gitmek
için hangi yoldan gitmem
gerek?** Which road do I take for...?;
Bu yolda hız limiti nedir? What is
the speed limit on this road?; **Yol
hakkı sizin değildi** It wasn't your
right of way; **Yol ne zaman açılır?**
When will the road be clear?;
Yol vermedi She didn't give way;
Yollar buzlu mu? Are the roads icy?
yolcu [joldʒu] n fare, passenger;
büyük yolcu gemisi n liner;
transit yolcu salonu n transit
lounge
yolcular [joldʒular] npl traveller
yolculuk [joldʒuluk] n (kısa) trip,
(otomobil) drive; **gemiyle
yolculuk etmek** n sail; **gidiş
dönüş yolculuk** n round trip; **İyi
yolculuklar!** Have a good trip!
yoldaş [joldaʃ] n companion
yoluyla [jolujla] prep past, via

yorgan [jorgan] n duvet, quilt
yorgun [jorgun] adj tired; **Biraz
yorgunum** I'm a little tired;
Yorgunum I'm tired
yorucu [jorudʒu] adj tiring
yorum [jorum] n comment,
commentary; **yorum yapmak** v
comment
yorumcu [jorumdʒu] n
commentator
yosun [josun] n moss, seaweed
yozlaşma [jozlaʃma] n corruption
yozlaşmış [jozlaʃməʃ] adj corrupt
yön [jøn] n direction; **çok yönlü** n
versatile; **doğu yönünde** adj
eastbound; **ilgisini başka yöne
çekmek** v distract; **mecburi yön**
(trafik) n diversion; **saat yönünde**
adv clockwise; **saatin aksi
yönünde** adv anticlockwise; **tek
yön bilet** n single ticket
yönetici [jønetidʒi] n executive
yönetim [jønetim] n
administration, management,
steering; **yönetim merkezi** n
head office; **yönetimi ele almak** v
take over
yönetmek [jønetmek] vt direct
yönetmelik [jønetmelik] n
regulation
yöntem [jøntem] n method
yöre [jøre] n **Bu yöreye özgü bir
şey denemek istiyorum lütfen**
I'd like to try something local,
please; **Bu yöreye özgü bir şey
istiyorum** Do you have anything
typical of this region?; **Yöreye
özgü bir şey ısmarlamak
istiyorum** I'd like to order
something local; **Yöresel bir**

yemek tavsiye edebilir misiniz?
Can you recommend a local dish?

yukarı [jukarə] *adv* up; **yokuş yukarı** *adv* uphill; **yukarıya doğru** *adv* upwards

yukarıya [jukarəja] *adv* up

yulaf [julaf] *npl* oats; **yulaf ezmesi** *n* oatmeal, porridge

yumruk [jumruk] *n* fist, punch (blow)

yumruklamak [jumruklamak] *v* punch

yumurta [jumurta] *n* egg; **haşlanmış yumurta** *n* boiled egg; **karıştırılmış yumurta** *npl* scrambled eggs; **Paskalya yumurtası** *n* Easter egg; **yumurta akı** *n* egg white; **yumurta kabı** *n* eggcup; **yumurta sarısı** *n* egg yolk; **yumurtanın sarısı** *n* yolk; **içinde yumurta olmayan bir yemek yapabilir misiniz?** Could you prepare a meal without eggs?; **Çiğ yumurta yiyemiyorum** I can't eat raw eggs

yumurtalık [jumurtalək] *n* (sağlık) ovary

yumuşak [jumuʃak] *adj* tender ▷ *n* soft

yumuşatıcı [jumuʃatədʒə] *n* **Yumuşatıcı satıyor musunuz?** Do you sell conditioner?; **Yumuşatıcınız var mı?** Do you have softener?

Yunan [junan] *adj* Greek

Yunanca [junandʒa] *n* (dil) Greek (language)

Yunanistan [junanistan] *n* Greece

Yunanlı [junanlə] *n* (kişi) Greek (person)

yunus [junus] *n* dolphin

yurtdışı [jurddəʃə] *adv* abroad

yurtsever [jurtsever] *adj* patriotic

yusufçuk [jusuftʃuk] *n* dragonfly

yutma [jutma] *n* swallow

yutmak [jutmak] *vt* swallow

yutulmak [jutulmak] *vi* swallow

yuva [juva] *n* nest

yuvar [juvar] *n* hamur yuvarı *n* dumpling

yuvarlak [juvarlak] *adj* round; **yuvarlak ekmek** *n* bread roll

yuvarlanma [juvarlanma] *n* roll

yuvarlanmak [juvarlanmak] *vi* roll

yük [jyk] *n* burden, load, pack; **ağır yük taşıma aracı** *n* HGV; **yük arabası** *n* lorry

yükleme [jykleme] *n* shipment

yüklemek [jyklemek] *v* load, upload

yüklenici [jyklenidʒi] *n* contractor

yüksek [jyksek] *adj* high; **Çin'de yüksek memur** *n* mandarin (official); **yüksek atlama** *n* high jump; **yüksek dozda** *n* overdose; **yüksek eğitim** *n* higher education; **yüksek maaşlı** *adj* well-paid; **yüksek okul** *n* college; **yüksek sesle** *adv* aloud, loudly; **yüksek sesle okumak** *v* read out; **yüksek topuklar** *npl* high heels; **yüksek topuklu** *adj* high-heeled; **Sele çok yüksek** The seat is too high

yükseklik [jykseklik] *n* altitude, height; **yükseklik korkusu** *n* vertigo

yüksekte [jyksekte] *adv* high
yükselmek [jykselmek] *v* go up; **ani yükselme** *n* surge
yükseltici [jykseltidʒi] *n* amplifier
yüküm [jykym] *n* **vergi yükümlüsü** *n* tax payer
yün [jyn] *n* wool
yünlü [jynly] *adj* woollen
yünlüler [jynlyler] *npl* woollens
yürek [jyrek] *n* **iyi yüreklilik** *n* kindness
yüreklendirme [jyreklendirme] *n* encouragement
yüreklendirmek [jyreklendirmek] *v* boost, encourage
yürekli [jyrekli] *adj* courageous
yürüme [jyryme] *n* walking
yürümek [jyrymek] *v* walk; **ayaklarını sürüyerek yürümek** *v* shuffle; **parmaklarının ucunda yürüme** *n* tiptoe; **uygun adım yürümek** *v* march; **uykuda yürüme** *v* sleepwalk; **yürüyen merdiven** *n* escalator
yürürlük [jyryrlyk] *n* **yürürlükten kaldırma** *n* abolition
yürüteç [jyrytetʃ] *n* Zimmer® frame
yürüyüş [jyryjyʃ] *n* hiking, stroll, walk; **yürüyüşe çıkma** *n* hike; **zahmetli yürüyüş** *n* trek; **zahmetli bir yürüyüşe çıkmak** *v* trek; **Civarda ilginç yürüyüş yerleri var mı?** Are there any interesting walks nearby?; **Rehberli yürüyüş var mı?** Are there any guided walks?; **Tepelere yürüyüşe çıkmak isterim** I'd like to go hill walking; **Yürüyüş kaç**

kilometre? How many kilometres is the walk?; **Yerel yürüyüşler için rehberiniz var mı?** Do you have a guide to local walks?
yüz [jyz] *adj* facial ▷ *n* face ▷ *number* (sayı) hundred; **yüz bakımı** *n* facial; **yüz havlusu** *n* face cloth ▷ *v* **yüz kızarması** *n* flush; **yüz temizleme losyonu** *n* cleansing lotion; **yüzü kızarmak** *v* flush; **İki yüz... rica ediyorum** I'd like two hundred...; **İki yüz iki numaralı odanın anahtarı lütfen** the key for room number two hundred and two; **Beş yüz... rica ediyorum** I'd like five hundred...; **Yüz... lık... almak istiyorum** I'd like to change one hundred... into...
yüzde [jyzde] *adv* per cent ▷ *n* percentage
yüzdürmek [jyzdyrmek] *vi* float
yüzey [jyzej] *n* surface
yüzgeç [jyzgetʃ] *npl* flippers
yüzkızartıcı [jyzkəzartədʒə] *adj* shocking
yüzme [jyzme] *n* swimming; **Yüzme havuzu nerede?** Where is the public swimming pool?; **Yüzme havuzunuz var mı?** Is there a swimming pool?
yüzmek [jyzmek] *v* bathe ▷ *vt* swim; **sırtüstü yüzme** *n* backstroke; **yüzme havuzu** *n* swimming pool; **Burada güvenle yüzmek mümkün mü?** Is it safe to swim here?; **Burada yüzülebilir mi?** Can you swim here?; **Nerede yüzebilirim?** Where can I go swimming?;

Yüzme havuzu var mı? Is there a swimming pool?; **Yüzmeye gidelim** Let's go swimming

yüzücü [jyzydʒy] *n* swimmer; **yüzücü şortu** *npl* swimming trunks, trunks

yüzük [jyzyk] *n* ring, *(nikah)* wedding ring; **nişan yüzüğü** *n* engagement ring

yüzüncü [jyzyndʒy] *num* **yüzüncü yıl** *n* centenary

yüzyıl [jyzjəl] *n* century

Z

zafer [zafer] *n* glory, triumph, victory

zahmet [zahmet] *n* trouble, difficulty; **zahmet etmek** *v* bother; **zahmetli yürüyüş** *n* trek

zahmetli [zahmetli] *adj* demanding

zaman [zaman] *n* time, *(gramer)* tense; **boş zaman** *n* spare time; **en kısa zamanda** *adv* asap; **her zaman** *adv* always; **kısa zamanda** *adv* shortly, soon; **ne zaman/ne zaman ki** *conj* when; **o zamandan beri** *adv* since; **son zamanlarda** *adv* lately, recently; **yatma zamanı** *n* bedtime; **yemek zamanı** *n* dinner time, lunchtime, mealtime; **zaman dilimi** *n* time zone; **... a ne zaman varırız?** What time do we get to...?; **Çok uzun zamandır bekliyoruz** We've been waiting for a very long time;

Gitme zamanı geldi mi? Is it time to go?; **Kenti gezecek kadar zamanımız var mı?** Do we have time to visit the town?; **Ne zaman kalkıyor?** What time does it leave?; **Otobüs ne zaman geliyor?** What time does the bus arrive?; **Otobüs ne zaman kalkacak?** What time does the bus leave?

zamanında [zamanənda] *adj* on time, punctual

zambak [zambak] *n* lily

Zambiya [zambija] *adj* Zambian ▷ *n* Zambia

Zambiyalı [zambijalə] *n* Zambian

zamir [zamir] *n* pronoun

zanaat [zanaat] *n* craft

zanaatkâr [zanaatka:r] *n* craftsman

zanlı [zanlə] *n* culprit, suspect

zaptetmek [zaptetmek] *v* capture

zar [zar] **(zarlar)** *n (kumar)* dice; **kulak zarı** *n* eardrum

zarar [zarar] *n* damage; **zarar vermek** *v* damage, harm; **zararını karşılamak** *v* reimburse

zararlı [zararlə] *adj* harmful

zararsız [zararsəz] *adj* harmless

zarf [zarf] *n* envelope

zarif [zarif] *adj* elegant, graceful

zaten [zaten] *adv* already

zatürre [zatyrre] *n* pneumonia

zayıf [zajəf] *adj (ışık, ses vb)* faint, *(karakter)* weak

zayıflık [zajəflək] *n* weakness

zayiat [zajiat] *n* casualty

zebra [zebra] *n* zebra

zehir [zehir] *n* poison, venom; **böcek zehiri** *n* pesticide; **gıda**

zehirlenmesi *n* food poisoning

zehirlemek [zehirlemek] *v* poison; **kan zehirlenmesi** *n* blood poisoning

zehirli [zehirli] *adj* poisonous, toxic

zeka [zekja:] *n* intelligence, wisdom

zeki [zeki] *adj* clever, intelligent

zemin [zemin] *n* ground, earth; **zemin kat** *n* ground floor; **Zemin katta yatak odası var mı?** Do you have any bedrooms on the ground floor?

zencefil [zendʒefil] *n* ginger

zengin [zengin] *adj* rich; **zengin pinti** *n* miser

zevk [zevk] *n* pleasure; **Sizinle tanışmak bir zevk** It was a pleasure to meet you

zevkli [zevkli] *adj* enjoyable

zeytin [zejtin] *n* olive; **zeytin ağacı** *n* olive tree; **zeytin yağı** *n* olive oil

zımba [zəmba] *n, adj* **tel zımba** *n* stapler; **zımba teli** *n* staple *(wire)*

zımbalamak [zəmbalamak] *v* staple

zımpara [zəmpara] *n* sandpaper

zırh [zərh] *n* armour

zırhlı [zərhlə] *adj* **muharebe zırhlısı** *n* battleship

zıt [zət] *n* contrary

zihin [zihin] *n* mind

zihniyet [zihnijet] *n* mentality

zil [zil] *n (kapı, okul)* bell ▷ *npl (müzik)* cymbals; **kapı zili** *n* doorbell

Zimbabwe [zimbabve] *adj* Zimbabwean ▷ *n* Zimbabwe

Zimbabweli [zimbabveli] *n*
Zimbabwean

zincir [zindʒir] *n* chain; **Kar zinciri
almam gerekiyor mu?** Do I need
snow chains?

zindan [zindan] *n* dungeon

zirve [zirve] *n* peak, summit

ziyaret [zijaret] *n* visit; **ziyaret
etmek** *v* visit; **ziyaret saatleri** *npl*
visiting hours; **Ziyaret saatleri
nedir?** When are visiting hours?

ziyaretçi [zijarettʃi] *n* visitor;
ziyaretçi merkezi *n* visitor centre

zonklamak [zoŋlamak] *v* throb

zoom mercek [zoommerdʒek] *n*
zoom merceği *n* zoom lens

zor [zor] *adj* hard *(difficult)* ▷ *adv*
hard

zorba [zorba] *n* bully; **zorbalık
etmek** *v* bully

zorlama [zorlama] *adj* strained

zorlamak [zorlamak] *v* force

zorlayıcı [zorlajədʒə] *adj*
challenging, drastic

zorluk [zorluk] *n* complication

zorunlu [zorunlu] *adj* essential

zulüm [zulym] *n* cruelty

züğürt [zy:yrt] *adj* broke

züppe [zyppe] *n* snob

zürafa [zyrafa] *n* giraffe

English–Turkish

İngilizce–Türkçe

a

a [eɪ] *art* bir

abandon [ə'bændən] *v* terketmek

abbey ['æbɪ] *n* manastır

abbreviation [ə,briːvɪ'eɪʃən] *n* kısaltma

abdomen ['æbdəmən; æb'dəʊ-] *n* karın

abduct [æb'dʌkt] *v* kaçırmak *(birini)*

ability [ə'bɪlɪtɪ] *n* yetenek

able ['eɪbᵊl] *adj* muktedir

abnormal [æb'nɔːməl] *adj* anormal

abolish [ə'bɒlɪʃ] *v* feshetmek

abolition [,æbə'lɪʃən] *n* yürürlükten kaldırma

abortion [ə'bɔːʃən] *n* kürtaj

about [ə'baʊt] *adv* yaklaşık ▷ *prep* hakkında; **Do you have any leaflets about…?**… hakkında broşürünüz var mı?

above [ə'bʌv] *prep* üzerinde

abroad [ə'brɔːd] *adv* yurtdışı

abrupt [ə'brʌpt] *adj* ani

abruptly [ə'brʌptlɪ] *adv* aniden

abscess ['æbses; -sɪs] *n* apse; **I have an abscess** Burası apse yaptı

absence ['æbsəns] *n* yokluk *(devam)*

absent ['æbsənt] *adj* yok

absent-minded [,æbsənt'maɪndɪd] *adj* dalgın

absolutely [,æbsə'luːtlɪ] *adv* kesinlikle

abstract ['æbstrækt] *adj* soyut

absurd [əb'sɜːd] *adj* saçma

Abu Dhabi ['æbuː 'dɑːbɪ] *n* Abu Dabi

abuse [ə'bjuːs] *n* taciz ▷ [ə'bjuːz] *v* kötüye kullanmak; **child abuse** *n* çocuk tacizi

abusive [ə'bjuːsɪv] *adj* hakaretamiz

academic [,ækə'dɛmɪk] *adj* akademik; **academic year** *n* akademik yıl

academy [ə'kædəmɪ] *n* akademi

accelerate [æk'sɛlə,reɪt] *v* hızlanmak

acceleration [æk,sɛlə'reɪʃən] *n* hızlanma

accelerator [æk'sɛlə,reɪtə] *n* gaz pedalı

accept [ək'sɛpt] *v* kabul etmek

acceptable [ək'sɛptəbᵊl] *adj* kabul edilebilir

access ['æksɛs] *n* giriş *(geçiş)* ▷ *v* erişmek; **Do you provide access for people with disabilities?** Özürlüler için girişiniz var mı?

accessible [ək'sɛsəbəl] *adj*
erişilebilir

accessory [ək'sɛsərı] *n* aksesuar

accident ['æksɪdənt] *n* kaza;
**accident & emergency
department** *n* kaza & acil servis;
accident insurance *n* kaza
sigortası; **by accident** *adv* kazara;
**I'd like to arrange personal
accident insurance** Bireysel kaza
sigortası yaptırmak istiyorum; **I've
had an accident** Kaza geçirdim;
There's been an accident! Bir
kaza oldu!; **What do I do if I have
an accident?** Kaza geçirirsem ne
yapmam gerekiyor?

accidental [ˌæksɪ'dɛntəl] *adj* kaza
sonucu

accidentally [ˌæksɪ'dɛntəlɪ] *adv*
kazara

accommodate [ə'kɒmədeɪt] *v*
barındırmak

accommodation
[əˌkɒmə'deɪʃən] *n* kalacak yer

accompany [ə'kʌmpənɪ;
ə'kʌmpnɪ] *v* eşlik etmek *(yanında
gitmek)*

accomplice [ə'kɒmplɪs; ə'kʌm-]
n suç ortağı

according [ə'kɔːdɪŋ] *prep*
according to *prep* göre

accordingly [ə'kɔːdɪŋlɪ] *adv*
bundan dolayı

accordion [ə'kɔːdɪən] *n* akordiyon

account [ə'kaʊnt] *n (in bank)* hesap
(banka), *(report)* tarif; **account
number** *n* hesap numarası; **bank
account** *n* banka hesabı; **current
account** *n* cari hesap; **joint
account** *n* ortak hesap

accountable [ə'kaʊntəbəl] *adj*
sorumlu

accountancy [ə'kaʊntənsɪ] *n*
muhasebecilik

accountant [ə'kaʊntənt] *n*
muhasebeci

account for [ə'kaʊnt fɔː] *v* hesap
vermek

accuracy ['ækjʊrəsɪ] *n* doğruluk

accurate ['ækjərɪt] *adj* doğru *(söz,
eylem, sonuç)*

accurately ['ækjərɪtlɪ] *adv* doğru
olarak

accusation [ˌækjʊ'zeɪʃən] *n*
suçlama

accuse [ə'kjuːz] *v* suçlamak

accused [ə'kjuːzd] *n* sanık

ace [eɪs] *n* as *(oyun, spor)*

ache [eɪk] *n* ağrı ▷ *v* ağrımak

achieve [ə'tʃiːv] *v* başarmak

achievement [ə'tʃiːvmənt] *n*
başarı

acid ['æsɪd] *n* asit; **acid rain** *n* asit
yağmuru

acknowledgement
[ək'nɒlɪdʒmənt] *n* ikrar

acne ['æknɪ] *n* sivilce

acorn ['eɪkɔːn] *n* meşe palamudu

acoustic [ə'kuːstɪk] *adj* akustik

acre ['eɪkə] *n* acre

acrobat ['ækrəbæt] *n* akrobat

acronym ['ækrənɪm] *n* kısaltma

across [ə'krɒs] *prep* karşıya

act [ækt] *n* hareket ▷ *v* davranmak
(hareket)

acting ['æktɪŋ] *adj* vekaleten ▷ *n*
oyunculuk

action ['ækʃən] *n* eylem

active ['æktɪv] *adj* aktif

activity [æk'tɪvɪtɪ] *n* etkinlik;

activity holiday n aktivite tatili;
**Do you have activities for
children?** Çocuklar için
etkinlikleriniz var mı?

actor ['æktə] n aktör

actress ['æktrıs] n kadın oyuncu

actual ['æktʃuəl] adj gerçek

actually ['æktʃuəlı] adv aslında

acupuncture ['ækjʊ‚pʌŋktʃə] n
akupunktur

ad [æd] abbr reklam; **small ads** npl
küçük ilanlar

AD [eı di:] abbr MS

adapt [ə'dæpt] v uyarlamak

adaptor [ə'dæptə] n adaptör

add [æd] v eklemek

addict ['ædıkt] n bağımlı; **drug
addict** n uyuşturucu bağımlısı

addicted [ə'dıktıd] adj bağımlı

additional [ə'dıʃənºl] adj ek

additive ['ædıtıv] n katkı maddesi

address [ə'dres] n (location) adres,
(speech) hitap; **address book** n
adres defteri; **home address** n ev
adresi; **web address** n internet
adresi; **My email address is...**
E-posta adresim...; **Please send
my mail on to this address**
Mektuplarımı şu adrese gönderin
lütfen; **The website address is...**
İnternet adresi...; **What's your
email address?** E-posta adresiniz
nedir?; **Will you write down the
address, please?** Adresi yazar
mısınız lütfen?

add up [æd ʌp] v toplamak
(matematik)

adjacent [ə'dʒeısºnt] adj bitişik

adjective ['ædʒıktıv] n sıfat

adjust [ə'dʒʌst] v ayarlamak

adjustable [ə'dʒʌstəbºl] adj
ayarlanabilir

adjustment [ə'dʒʌstmənt] n
ayarlama

administration
[əd‚mını'streıʃən] n yönetim

administrative [əd'mını‚strətıv]
adj idari

admiration [‚ædmə'reıʃən] n
hayranlık

admire [əd'maıə] v hayranlık
duymak

admission [əd'mıʃən] n kabul;
admission charge n giriş ücreti

admit [əd'mıt] v (allow in) içeri
almak, (confess) kabul etmek
(itiraf)

admittance [əd'mıtºns] n giriş
hakkı

adolescence [‚ædə'lesəns] n
ergenlik

adolescent [‚ædə'lesºnt] n ergen

adopt [ə'dɒpt] v evlat edinmek

adopted [ə'dɒptıd] adj evlat
edinilmiş

adoption [ə'dɒpʃən] n evlat
edinme

adore [ə'dɔ:] v tapmak

Adriatic [‚eıdrı'ætık] adj Adriyatik

Adriatic Sea [‚eıdrı'ætık si:] n
Adriyatik Denizi

adult ['ædʌlt; ə'dʌlt] n yetişkin;
adult education n yetişkin
eğitimi

advance [əd'vɑːns] n ilerleme ▷ v
ilerlemek; **advance booking** n
önceden rezervasyon

advanced [əd'vɑːnst] adj ileri

advantage [əd'vɑːntıdʒ] n
üstünlük

advent ['ædvɛnt; -vənt] n Noel
öncesi

adventure [əd'vɛntʃə] n macera

adventurous [əd'vɛntʃərəs] adj
maceraperest

adverb ['ædvɜːb] n belirteç

adversary ['ædvəsəri] n rakip

advert ['ædvɜːt] n reklam

advertise ['ædvətaɪz] v reklam
yapmak

advertisement [əd'vɜːtɪsmənt;
-tɪz-] n reklam

advertising ['ædvətaɪzɪŋ] n
reklamcılık

advice [əd'vaɪs] n öğüt

advisable [əd'vaɪzəbᵊl] adj akıllıca

advise [əd'vaɪz] v tavsiye etmek

aerial ['ɛərɪəl] n anten

aerobics [ɛə'rəʊbɪks] npl aerobik

aerosol ['ɛərəˌsɒl] n aerosol

affair [ə'fɛə] n olay

affect [ə'fɛkt] v etkilemek (bir
sonuç yaratarak)

affectionate [ə'fɛkʃənɪt] adj
sevecen

afford [ə'fɔːd] v gücü yetmek

affordable [ə'fɔːdəbᵊl] adj keseye
uygun

Afghan ['æfgæn; -gən] adj Afgan
▷ n Afgan

Afghanistan [æf'gænɪˌstɑːn;
-ˌstæn] n Afganistan

afraid [ə'freɪd] adj korkmuş

Africa ['æfrɪkə] n Afrika; **North
Africa** n Kuzey Afrika; **South
Africa** n Güney Afrika

African ['æfrɪkən] adj Afrikalı ▷ n
Afrikalı; **Central African Republic**
n Orta Afrika Cumhuriyeti; **North
African** n Kuzey Afrika, Kuzey

Afrikalı; **South African** n Güney
Afrika, Güney Afrikalı

Afrikaans [ˌæfrɪ'kɑːns; -'kɑːnz] n
Afrikaanca

Afrikaner [afri'kɑːnə;
ˌæfrɪ'kɑːnə] n Afrikaner

after ['ɑːftə] conj sonra; **after
eight o'clock** saat sekizden
sonra; **the week after next** bir
sonraki hafta

afternoon [ˌɑːftə'nuːn] n öğleden
sonra; **in the afternoon** öğleden
sonra; **tomorrow afternoon**
yarın öğleden sonra

afters ['ɑːftəz] npl tatlı

aftershave ['ɑːftəˌʃeɪv] n traş
losyonu

afterwards ['ɑːftəwədz] adv sonra

again [ə'gɛn; ə'geɪn] adv yine

against [ə'gɛnst; ə'geɪnst] prep
karşı

age [eɪdʒ] n yaş (yıl); **age limit** n
yaş sınırı; **Middle Ages** npl Orta Çağ

aged ['eɪdʒɪd] adj yaşlı

agency ['eɪdʒənsɪ] n ajans; **travel
agency** n seyahat acentası

agenda [ə'dʒɛndə] n gündem

agent ['eɪdʒənt] n temsilci; **estate
agent** n emlakçı; **travel agent** n
seyahat acentası (kişi)

aggressive [ə'grɛsɪv] adj saldırgan

AGM [eɪ dʒiː ɛm] abbr Yıllık Genel
cunta

ago [ə'gəʊ] adv **a month ago** bir ay
önce; **a week ago** bir hafta önce

agony ['ægənɪ] n ıstırap

agree [ə'griː] v aynı fikirde olmak

agreed [ə'griːd] adj mutabık

agreement [ə'griːmənt] n
anlaşma

agricultural ['ægrɪ,kʌltʃərəl] *adj* tarımsal

agriculture ['ægrɪ,kʌltʃə] *n* tarım

ahead [ə'hɛd] *adv* önde

aid [eɪd] *n* yardım; **first aid** *n* ilk yardım; **first-aid kit** *n* ilk yardım çantası; **hearing aid** *n* işitme cihazı

AIDS [eɪdz] *n* AIDS

aim [eɪm] *n* hedef ▷ *v* hedeflemek

air [ɛə] *n* hava; **air hostess** *n* hostes; **air-traffic controller** *n* hava trafik kontrolörü; **Air Force** *n* Hava Kuvvetleri; **Can you check the air, please?** Tekerleklerin havasını kontrol eder misiniz lütfen?; **How long will it take by air?** Hava postası ile ne kadar zamanda gider?

airbag [ɛəbæɡ] *n* hava yastığı

air-conditioned [ɛəkən'dɪʃənd] *adj* havalandırmalı

air conditioning [ɛə kən'dɪʃənɪŋ] *n* havalandırma

aircraft ['ɛə,krɑːft] *n* uçak

airline ['ɛə,laɪn] *n* havayolu

airmail ['ɛə,meɪl] *n* uçak postası

airport ['ɛə,pɔːt] *n* hava alanı; **airport bus** *n* hava alanı otobüsü

airsick ['ɛə,sɪk] *adj* uçak tutması

airspace ['ɛə,speɪs] *n* hava sahası

airtight ['ɛə,taɪt] *adj* vakumlanmış

aisle [aɪl] *n* koridor; **I'd like an aisle seat** Koltuğum koridor tarafında olsun

alarm [ə'lɑːm] *n* alarm; **alarm call** *n* uyarı çağrısı; **alarm clock** *n* çalar saat; **false alarm** *n* yanlış alarm; **fire alarm** *n* yangın alarmı; **smoke alarm** *n* duman alarmı

alarming [ə'lɑːmɪŋ] *adj* ürkütücü

Albania [æl'beɪnɪə] *n* Arnavutluk

Albanian [æl'beɪnɪən] *adj* Arnavut ▷ *n* (*language*) Arnavutça (dil), (*person*) Arnavut (kişi)

album ['ælbəm] *n* albüm (müzik, fotoğraf); **photo album** *n* fotoğraf albümü

alcohol ['ælkə,hɒl] *n* alkol; **Does that contain alcohol?** Bunda alkol var mı?

alcohol-free ['ælkə,hɒlfriː] *adj* alkolsüz

alcoholic [,ælkə'hɒlɪk] *adj* alkollü ▷ *n* alkolik

alert [ə'lɜːt] *adj* uyanık ▷ *v* uyarmak

Algeria [æl'dʒɪərɪə] *n* Cezayir

Algerian [æl'dʒɪərɪən] *adj* Cezayir ▷ *n* Cezayirli

alias ['eɪlɪəs] *adv* takma ad ▷ *prep* diğer adıyla

alibi ['ælɪ,baɪ] *n* özür

alien ['eɪljən; 'eɪlɪən] *n* yabancı

alive [ə'laɪv] *adj* canlı (hayatta)

all [ɔːl] *adj* bütün (hepsi) ▷ *pron* hepsi; **We'd like to see nobody but us all day!** Bütün gün hiç kimseyi değil, sadece kendimizi görmek isterdik!

Allah ['ælə] *n* Allah

allegation [,ælɪ'ɡeɪʃən] *n* iddia

alleged [ə'lɛdʒd] *adj* iddia edilen

allergic [ə'lɜːdʒɪk] *adj* alerjik

allergy ['ælədʒɪ] *n* alerji; **peanut allergy** *n* fıstık alerjisi

alley ['ælɪ] *n* dar sokak

alliance [ə'laɪəns] *n* ittifak

alligator ['ælɪ,ɡeɪtə] *n* timsah

allow [ə'laʊ] *v* izin vermek

all right [ɔːl raɪt] *adv* iyi

ally ['ælaɪ; ə'laɪ] *n* müttefik

almond ['ɑːmənd] *n* badem

almost ['ɔːlməʊst] *adv* neredeyse;
It's almost half past two Saat
neredeyse iki buçuk

alone [ə'ləʊn] *adj* yalnız

along [ə'lɒŋ] *prep* boyunca

aloud [ə'laʊd] *adv* yüksek sesle

alphabet ['ælfə,bɛt] *n* alfabe

Alps [ælps] *npl* Alpler

already [ɔːl'rɛdɪ] *adv* zaten

alright [ɔːl'raɪt] *adv* **Are you
alright?** İyi misiniz?

also ['ɔːlsəʊ] *adv* dahi *(o da)*

altar ['ɔːltə] *n* sunak

alter ['ɔːltə] *v* değiştirmek

alternate [ɔːl'tɜːnɪt] *adj* karşılıklı

alternative [ɔːl'tɜːnətɪv] *adj*
alternatif ▷ *n* seçenek

alternatively [ɔːl'tɜːnətɪvlɪ] *adv*
ya da

although [ɔːl'ðəʊ] *conj* rağmen

altitude ['æltɪ,tjuːd] *n* yükseklik

altogether [,ɔːltə'gɛðə;
'ɔːltə,gɛðə] *adv* hep birlikte

aluminium [,æljʊ'mɪnɪəm] *n*
alüminyum

always ['ɔːlweɪz; -wɪz] *adv* her
zaman

a.m. [eɪɛm] *abbr* öğleden önce

amateur ['æmətə; -tʃə; -,tjʊə;
,æmə'tɜː] *n* amatör

amaze [ə'meɪz] *v* şaşırtmak

amazed [ə'meɪzd] *adj* şaşkın

amazing [ə'meɪzɪŋ] *adj* hayret
verici

ambassador [æm'bæsədə] *n*
büyükelçi

amber ['æmbə] *n* kehribar

ambition [æm'bɪʃən] *n* hırs

ambitious [æm'bɪʃəs] *adj* hırslı

ambulance ['æmbjʊləns] *n*
cankurtaran *(tıp)*

ambush ['æmbʊʃ] *n* tuzak

amenities [ə'miːnɪtɪz] *npl*
olanaklar

America [ə'mɛrɪkə] *n* Amerika;
Central America *n* Orta Amerika;
North America *n* Kuzey Amerika;
South America *n* Güney Amerika

American [ə'mɛrɪkən] *adj*
Amerikan ▷ *n* Amerikalı; **American
football** *n* Amerikan futbolu;
North American *n* Kuzey
Amerika, Kuzey Amerikalı; **South
American** *n* Güney Amerika,
Güney Amerikalı

ammunition [,æmjʊ'nɪʃən] *n*
cephane

among [ə'mʌŋ] *prep* arasında

amount [ə'maʊnt] *n* miktar; **I
have the allowed amount of
tobacco to declare** İzin verilen
miktarda sigara deklare etmek
istiyorum

amp [æmp] *n* amper

amplifier ['æmplɪ,faɪə] *n*
yükselteci

amuse [ə'mjuːz] *v* eğlendirmek
(şakayla); **amusement arcade** *n*
oyun salonu

an [ɑːn] *art* bir

anaemic [ə'niːmɪk] *adj* kansız

anaesthetic [,ænɪs'θɛtɪk] *n*
anestetik; **general anaesthetic** *n*
genel anestezi; **local anaesthetic**
n lokal anestezi

analyse ['ænə,laɪz] *v* çözümlemek

analysis [ə'nælɪsɪs] *n* çözümleme

ancestor ['ænsɛstə] *n* ata

anchor ['æŋkə] *n* çapa

anchovy ['æntʃəvɪ] *n* ançuez

ancient ['eɪnʃənt] *adj* eski

and [ænd; ənd; ən] *conj* ve

Andes ['ændiːz] *npl* And Dağları

Andorra [æn'dɔːrə] *n* Andorra

angel ['eɪndʒəl] *n* melek

anger ['æŋgə] *n* öfke

angina [æn'dʒaɪnə] *n* anjin

angle ['æŋgəl] *n* açı; **right angle** *n* dik açı

angler ['æŋglə] *n* olta balıkçısı

angling ['æŋglɪŋ] *n* olta balıkçılığı

Angola [æŋ'gəʊlə] *n* Angola

Angolan [æŋ'gəʊlən] *adj* Angola ▷ *n* Angolalı

angry ['æŋgrɪ] *adj* kızgın

animal ['ænɪməl] *n* hayvan

aniseed ['ænɪˌsiːd] *n* anason

ankle ['æŋkəl] *n* ayak bileği

anniversary [ˌænɪ'vɜːsərɪ] *n* yıl dönümü; **wedding anniversary** *n* evlilik yıldönümü

announce [ə'naʊns] *v* duyurmak

announcement [ə'naʊnsmənt] *n* duyuru

annoy [ə'nɔɪ] *v* sinirini bozmak

annoying [ə'nɔɪɪŋ] *adj* sinir bozucu

annual ['ænjʊəl] *adj* yıllık

annually ['ænjʊəlɪ] *adv* her yıl

anonymous [ə'nɒnɪməs] *adj* adsız

anorak ['ænəˌræk] *n* anorak

anorexia [ˌænɒ'rɛksɪə] *n* anoreksi

anorexic [ˌænɒ'rɛksɪk] *adj* anoreksik

another [ə'nʌðə] *adj* diğer

answer ['ɑːnsə] *n* yanıt ▷ *v* yanıt vermek

answerphone ['ɑːnsəfəʊn] *n* telesekreter

ant [ænt] *n* karınca

antagonize [æn'tægəˌnaɪz] *v* düşmanlığını kazanmak

Antarctic [ænt'ɑːktɪk] **the Antarctic** *n* Güney Kutbu

Antarctica [ænt'ɑːktɪkə] *n* Güney Kutbu

antelope ['æntɪˌləʊp] *n* antilop

antenatal [ˌæntɪ'neɪtəl] *adj* doğum öncesi

anthem ['ænθəm] *n* marş

anthropology [ˌænθrə'pɒlədʒɪ] *n* insan bilimi

antibiotic [ˌæntɪbaɪ'ɒtɪk] *n* antibiyotik

antibody ['æntɪˌbɒdɪ] *n* antikor

anticlockwise [ˌæntɪ'klɒkˌwaɪz] *adv* saatin aksi yönünde

antidepressant [ˌæntɪdɪ'prɛsənt] *n* antidepresan

antidote ['æntɪˌdəʊt] *n* panzehir

antifreeze ['æntɪˌfriːz] *n* antifriz

antihistamine [ˌæntɪ'hɪstəˌmiːn; -mɪn] *n* antihistamin

antiperspirant [ˌæntɪ'pɜːspərənt] *n* ter önleyici deodorant

antique [æn'tiːk] *n* antika; **antique shop** *n* antikacı dükkanı

antiseptic [ˌæntɪ'sɛptɪk] *n* antiseptik

antivirus ['æntɪˌvaɪrəs] *n* antivirüs

anxiety [æŋ'zaɪɪtɪ] *n* endişe

any ['ɛnɪ] *pron* her, herhangi

anybody ['ɛnɪˌbɒdɪ; -bədɪ] *pron* herhangi biri

anyhow ['ɛnɪˌhaʊ] *adv* her halükarda

anyone ['ɛnɪˌwʌn; -wən] *pron* herhangi biri

anything ['ɛnɪˌθɪŋ] *pron* herhangi bir şey

anyway ['ɛnɪˌweɪ] *adv* neyse

anywhere ['ɛnɪˌwɛə] *adv* herhangi bir yer

apart [ə'pɑːt] *adv* ayrı

apart from [ə'pɑːt frɒm] *prep* dışında *(ondan ayrı olarak)*

apartment [ə'pɑːtmənt] *n* apartman dairesi; **We're looking for an apartment** Bir apartman dairesi bakıyorduk; **We've booked an apartment in the name of...** ...adına bir apartman dairesi ayırtmıştık

aperitif [ɑːˌpɛrɪ'tiːf] *n* yemek öncesi içki

aperture ['æpətʃə] *n* açıklık *(aralık)*

apologize [ə'pɒləˌdʒaɪz] *v* özür dilemek

apology [ə'pɒlədʒɪ] *n* özür

apostrophe [ə'pɒstrəfɪ] *n* kesme imi

app [æp] *n* uygulama

appalling [ə'pɔːlɪŋ] *adj* korkunç

apparatus [ˌæpə'reɪtəs; -'rɑːtəs; 'æpəˌreɪtəs] *n* aygıt

apparent [ə'pærənt; ə'pɛər-] *adj* görünür

apparently [ə'pærəntlɪ; ə'pɛər-] *adv* açıkça

appeal [ə'piːl] *n* rica ▷ *v* rica etmek

appear [ə'pɪə] *v* görünmek

appearance [ə'pɪərəns] *n* görünüş

appendicitis [əˌpɛndɪ'saɪtɪs] *n* apandisit

appetite ['æpɪˌtaɪt] *n* iştah

applaud [ə'plɔːd] *v* alkışlamak

applause [ə'plɔːz] *n* alkış

apple ['æpəl] *n* elma; **apple pie** *n* elmalı turta

appliance [ə'plaɪəns] *n* cihaz

applicant ['æplɪkənt] *n* başvurucu

application [ˌæplɪ'keɪʃən] *n* başvuru; **application form** *n* başvuru formu

apply [ə'plaɪ] *v* kullanmak

appoint [ə'pɔɪnt] *v* atamak

appointment [ə'pɔɪntmənt] *n* randevu; **Can I have an appointment with the doctor?** Doktordan randevu alabilir miyim?; **Do you have an appointment?** Randevunuz var mıydı?; **I have an appointment with......** ile randevum vardı; **I'd like to make an appointment** Randevu almak istiyorum

appreciate [ə'priːʃɪˌeɪt, -sɪ-] *v* paha biçmek

apprehensive [ˌæprɪ'hɛnsɪv] *adj* endişeli

apprentice [ə'prɛntɪs] *n* çırak

approach [ə'prəʊtʃ] *v* yaklaşmak

appropriate [ə'prəʊprɪɪt] *adj* uygun

approval [ə'pruːvəl] *n* onay

approve [ə'pruːv] *v* onaylamak

approximate [ə'prɒksɪmɪt] *adj* yaklaşık

approximately [ə'prɒksɪmɪtlɪ] *adv* yaklaşık olarak

apricot ['eɪprɪˌkɒt] *n* kayısı

April ['eɪprəl] *n* Nisan; **April Fools' Day** *n* 1 Nisan Şakası

apron ['eɪprən] *n* önlük

aquarium [əˈkwɛərɪəm] *n* akvaryum

Aquarius [əˈkwɛərɪəs] *n* Kova burcu

Arab [ˈærəb] *adj* Arap ⊳ *n* Arap; **United Arab Emirates** *npl* Birleşik Arap Emirlikleri

Arabic [ˈærəbɪk] *adj* Arap ⊳ *n* Arapça

arbitration [ˌɑːbɪˈtreɪʃən] *n* hakem aracılığıyla çözümleme

arch [ɑːtʃ] *n* kemer

archaeologist [ˌɑːkɪˈɒlədʒɪst] *n* arkeolog

archaeology [ˌɑːkɪˈɒlədʒɪ] *n* arkeoloji

archbishop [ɑːtʃˈbɪʃəp] *n* başpiskopos

architect [ˈɑːkɪˌtɛkt] *n* mimar

architecture [ˈɑːkɪˌtɛktʃə] *n* mimarlık

archive [ˈɑːkaɪv] *n* arşiv

Arctic [ˈɑːktɪk] **Arctic Circle** *n* Kuzey Buzul Kuşağı; **Arctic Ocean** *n* Kuzey Okyanusu; **the Arctic** *n* Kuzey Kutbu

area [ˈɛərɪə] *n* alan *(ölçü birimi)*; **service area** *n* konaklama alanı

Argentina [ˌɑːdʒənˈtiːnə] *n* Arjantin

Argentinian [ˌɑːdʒənˈtɪnɪən] *adj* Arjantin ⊳ *n (person)* Arjantinli *(kişi)*

argue [ˈɑːɡjuː] *v* tartışmak

argument [ˈɑːɡjʊmənt] *n* tartışma

Aries [ˈɛəriːz] *n* Koç burcu

arm [ɑːm] *n* kol; **I can't move my arm** Kolumu oynatamıyorum

armchair [ˈɑːmˌtʃɛə] *n* koltuk

armed [ɑːmd] *adj* silahlı

Armenia [ɑːˈmiːnɪə] *n* Ermenistan

Armenian [ɑːˈmiːnɪən] *adj* Ermeni ⊳ *n (language)* Ermeni *(dil)*, *(person)* Ermeni *(kişi)*

armour [ˈɑːmə] *n* zırh

armpit [ˈɑːmˌpɪt] *n* koltukaltı

army [ˈɑːmɪ] *n* ordu

aroma [əˈrəʊmə] *n* koku

aromatherapy [əˌrəʊməˈθɛrəpɪ] *n* aromaterapi

around [əˈraʊnd] *adv* yakınında ⊳ *prep* etrafında

arrange [əˈreɪndʒ] *v* düzenlemek *(toplantı)*

arrangement [əˈreɪndʒmənt] *n* düzenleme *(aranjman)*

arrears [əˈrɪəz] *npl* vadesi geçmiş borç

arrest [əˈrɛst] *n* tutuklama ⊳ *v* tutuklamak

arrival [əˈraɪvəl] *n* varış

arrive [əˈraɪv] *v* varmak

arrogant [ˈærəɡənt] *adj* kendini beğenmiş

arrow [ˈærəʊ] *n* ok

arson [ˈɑːsən] *n* kundaklama

art [ɑːt] *n* sanat; **art gallery** *n* sanat galerisi; **art school** *n* sanat okulu; **work of art** *n* sanat eseri

artery [ˈɑːtərɪ] *n* atardamar

arthritis [ɑːˈθraɪtɪs] *n* mafsal iltihabı

artichoke [ˈɑːtɪˌtʃəʊk] *n* enginar

article [ˈɑːtɪkəl] *n* makale

artificial [ˌɑːtɪˈfɪʃəl] *adj* yapay

artist [ˈɑːtɪst] *n* sanatçı

artistic [ɑːˈtɪstɪk] *adj* sanatsal

as [əz] *adv* gibi ⊳ *conj* iken ⊳ *prep* kadar; **How much should I give as a tip?** Ne kadar bahşiş vermem gerek?

asap [eɪsæp] *abbr* en kısa zamanda

ascent [əˈsɛnt] *n* **When is the last ascent?** En son çıkış kaçta?

ashamed [əˈʃeɪmd] *adj* mahcup

ashore [əˈʃɔː] *adv* **Can we go ashore now?** Kıyıya çıkabilir miyiz?

ashtray [ˈæʃˌtreɪ] *n* küllük

Asia [ˈeɪʃə; ˈeɪʒə] *n* Asya

Asian [ˈeɪʃən; ˈeɪʒən] *adj* Asya ▷ *n* Asyalı

Asiatic [ˌeɪʃɪˈætɪk; -zɪ-] *adj* Asyalı

ask [ɑːsk] *v* sormak

ask for [ɑːsk fɔː] *v* aramak

asleep [əˈsliːp] *adj* uykuda

asparagus [əˈspærəgəs] *n* kuşkonmaz

aspect [ˈæspɛkt] *n* bakış açısı

aspirin [ˈæsprɪn] *n* aspirin; **I can't take aspirin** Aspirin alamıyorum; **I'd like some aspirin** Aspirin rica ediyorum

assembly [əˈsɛmblɪ] *n* topluluk

asset [ˈæsɛt] *n* varlık; **assets** *npl* varlık

assignment [əˈsaɪnmənt] *n* görev (ödev vb)

assistance [əˈsɪstəns] *n* yardım; **I need assistance** Yardıma ihtiyacım var

assistant [əˈsɪstənt] *n* asistan; **personal assistant** *n* kişisel asistan; **sales assistant** *n* tezgahtar; **shop assistant** *n* satış elemanı

associate [əˈsəʊʃɪɪt] *adj* yardımcı ▷ [əˈsəʊʃɪɪt] *n* iş arkadaşı

association [əˌsəʊsɪˈeɪʃən; -ʃɪ-] *n* birlik (dernek)

assortment [əˈsɔːtmənt] *n* çeşit

assume [əˈsjuːm] *v* varsaymak

assure [əˈʃʊə] *v* güvence vermek

asthma [ˈæsmə] *n* astım

astonish [əˈstɒnɪʃ] *v* şaşırtmak

astonished [əˈstɒnɪʃt] *adj* şaşırmış

astonishing [əˈstɒnɪʃɪŋ] *adj* şaşırtıcı

astrology [əˈstrɒlədʒɪ] *n* astroloji

astronaut [ˈæstrəˌnɔːt] *n* astronot

astronomy [əˈstrɒnəmɪ] *n* astronomi

asylum [əˈsaɪləm] *n* sığınma; **asylum seeker** *n* sığınmacı

at [æt] *prep* de, da (konum); **at least** *adv* en azından

atheist [ˈeɪθɪˌɪst] *n* tanrı tanımaz

athlete [ˈæθliːt] *n* atlet

athletic [æθˈlɛtɪk] *adj* atletik

athletics [æθˈlɛtɪks] *npl* atletizm

Atlantic [ətˈlæntɪk] *n* Atlantik

atlas [ˈætləs] *n* atlas

atmosphere [ˈætməsˌfɪə] *n* atmosfer

atom [ˈætəm] *n* atom; **atom bomb** *n* atom bombası

atomic [əˈtɒmɪk] *adj* nükleer

attach [əˈtætʃ] *v* bağlamak

attached [əˈtætʃt] *adj* ekli

attachment [əˈtætʃmənt] *n* ek

attack [əˈtæk] *n* saldırı ▷ *v* saldırmak; **heart attack** *n* kalp krizi; **terrorist attack** *n* terörist saldırı; **I've been attacked** Saldırıya uğradım

attempt [əˈtɛmpt] *n* girişim ▷ *v* kalkışmak

attend [əˈtɛnd] *v* katılmak

attendance [əˈtɛndəns] *n* katılım

attendant [əˈtɛndənt] *n* **flight attendant** *n* uçuş hostesi

attention [əˈtɛnʃən] n dikkat

attic [ˈætɪk] n tavanarası

attitude [ˈætɪˌtjuːd] n tavır

attorney [əˈtɜːnɪ] n avukat

attract [əˈtrækt] v çekmek

attraction [əˈtrækʃən] n çekim

attractive [əˈtræktɪv] adj çekici;
  You are very attractive Çok
  çekicisiniz

aubergine [ˈəʊbəˌʒiːn] n patlıcan

auburn [ˈɔːbən] adj kumral

auction [ˈɔːkʃən] n açık arttırma

audience [ˈɔːdɪəns] n dinleyiciler

audit [ˈɔːdɪt] n hesap denetimi ▷ v
  hesapları denetlemek

audition [ɔːˈdɪʃən] n ses sınavı

auditor [ˈɔːdɪtə] n denetçi (maliye)

August [ˈɔːɡəst] n Ağustos

aunt [ɑːnt] n (maternal aunt)
  teyze

auntie [ˈɑːntɪ] n teyze

au pair [əʊ ˈpɛə; oʊ pɛr] n au-pair

austerity [ɒˈstɛrɪtɪ] n darlık

Australasia [ˌɒstrəˈleɪzɪə] n
  Avustralasya

Australia [ɒˈstreɪlɪə] n Avustralya

Australian [ɒˈstreɪlɪən] adj
  Avustralyalı ▷ n Avustralyalı

Austria [ˈɒstrɪə] n Avusturya

Austrian [ˈɒstrɪən] adj Avusturya
  ▷ n Avusturyalı

authentic [ɔːˈθɛntɪk] adj özgün

author, authoress [ˈɔːθə,
  ˈɔːθəˌrɛs] n yazar

authorize [ˈɔːθəˌraɪz] v yetki
  vermek

autobiography [ˌɔːtəʊbaɪˈɒɡrəfɪ;
  ˌɔːtəbaɪ-] n özyaşam öyküsü

autograph [ˈɔːtəˌɡrɑːf; -ˌɡræf] n
  imza

automatic [ˌɔːtəˈmætɪk] adj
  otomatik; **An automatic, please**
  Otomatik olsun lütfen; **Is it an
  automatic car?** Bu araba
  otomatik mi?

automatically [ˌɔːtəˈmætɪklɪ] adv
  otomatik olarak

autonomous [ɔːˈtɒnəməs] adj
  özerk

autonomy [ɔːˈtɒnəmɪ] n özerklik

autumn [ˈɔːtəm] n sonbahar

availability [əˈveɪləbɪlɪtɪ] n
  uygunluk

available [əˈveɪləbəl] adj uygun

avalanche [ˈævəˌlɑːntʃ] n çığ

avenue [ˈævɪˌnjuː] n bulvar

average [ˈævərɪdʒ; ˈævrɪdʒ] adj
  ortalama ▷ n ortalama

avocado, avocados
  [ˌævəˈkɑːdəʊ, ˌævəˈkɑːdəʊs] n
  avokado

avoid [əˈvɔɪd] v kaçmak

awake [əˈweɪk] adj uyanık ▷ v
  uyanmak

award [əˈwɔːd] n ödül

aware [əˈwɛə] adj farkında

away [əˈweɪ] adv uzakta; **away
  match** n rakip sahada maç

awful [ˈɔːfʊl] adj berbat;
  What awful weather! Hava çok
  berbat!

awfully [ˈɔːfəlɪ; ˈɔːflɪ] adv son
  derece

awkward [ˈɔːkwəd] adj beceriksiz

axe [æks] n balta

axle [ˈæksəl] n dingil

Azerbaijan [ˌæzəbaɪˈdʒɑːn] n
  Azerbaycan

Azerbaijani [ˌæzəbaɪˈdʒɑːnɪ] adj
  Azerbaycan ▷ n Azerbaycanlı

b

B&B [bi: ænd bi:] *n* Yatak ve Kahvaltı

BA [bɑː] *abbr* lisans derecesi *(edebiyat)*

baby ['beɪbɪ] *n* bebek; **baby milk** *n* bebek sütü; **baby wipe** *n* ıslak bebek mendili; **baby's bottle** *n* biberon; **Are there facilities for parents with babies?** Bebekli aileler için kolaylıklarınız var mı?

babysit ['beɪbɪsɪt] *v* bebek bakmak

babysitter ['beɪbɪsɪtə] *n* bebek bakıcısı

babysitting ['beɪbɪsɪtɪŋ] *n* bebek bakma

bachelor ['bætʃələ; 'bætʃlə] *n* bekar

back [bæk] *adj* arka ▷ *adv* arkada ▷ *n* sırt ▷ *v* geri çekilmek; **back pain** *n* sırt ağrısı; **I've got a bad back** Sırtım tutuldu

backache ['bækˌeɪk] *n* sırt ağrısı

backbone ['bækˌbəʊn] *n* omurga

backfire [ˌbæk'faɪə] *v* geri tepmek

background ['bækˌɡraʊnd] *n* arka plan

backing ['bækɪŋ] *n* destekleme

back out [bæk aʊt] *v* geri kalmak

backpack ['bækˌpæk] *n* sırt çantası

backpacker ['bækˌpækə] *n* sırt çantasıyla dolaşan gezgin

backpacking ['bækˌpækɪŋ] *n* sırt çantasıyla gezme

backside [ˌbæk'saɪd] *n* kıç

backslash ['bækˌslæʃ] *n* geriye yatık çizgi

backstroke ['bækˌstrəʊk] *n* sırtüstü yüzme

back up [bæk ʌp] *v* destek olmak

backup [bækˌʌp] *n* yedek

backwards ['bækwədz] *adv* geriye doğru

bacon ['beɪkən] *n* domuz pastırması

bacteria [bæk'tɪərɪə] *npl* bakteri

bad [bæd] *adj* kötü; **It's a bad line** Çok kötü bir hat

badge [bædʒ] *n* kimlik kartı

badger ['bædʒə] *n* porsuk

badly ['bædlɪ] *adv* kötü bir şekilde

badminton ['bædmɪntən] *n* badminton

bad-tempered [bæd'tempəd] *adj* huysuz

baffled ['bæfᵊld] *adj* şaşkın

bag [bæg] *n* torba; **bum bag** *n* bel çantası; **carrier bag** *n* alışveriş torbası; **overnight bag** *n* gecelik seyahat çantası; **plastic bag** *n* naylon torba; **polythene bag** *n* naylon torba; **shopping bag** *n*

alışveriş çantası; **sleeping bag** n
uyku tulumu; **tea bag** n torba çay;
toilet bag n tuvalet çantası; **Can I
have a bag, please?** Torbanız var
mı?; **I don't need a bag, thanks**
Torba istemem, sağolun
baggage ['bægɪdʒ] n bagaj;
baggage allowance n bagaj
limiti; **baggage reclaim** n bagaj
alım; **excess baggage** n fazla
bagaj; **What is the baggage
allowance?** Bagaj limiti ne kadar?
baggy ['bægɪ] adj şalvar biçimi
bagpipes ['bæg,paɪps] npl gayda
Bahamas [bə'hɑːməz] npl
Bahama Adaları
Bahrain [bɑː'reɪn] n Bahreyn
bail [beɪl] n kefalet
bake [beɪk] v fırında pişirmek
baked [beɪkt] adj fırında pişirilmiş;
baked potato n kumpir
baker ['beɪkə] n fırıncı
bakery ['beɪkərɪ] n ekmekçi (fırın)
baking ['beɪkɪŋ] n fırında pişirme;
baking powder n kabartma tozu
balance ['bæləns] n denge (fizik);
balance sheet n bilanço; **bank
balance** n bakiye
balanced ['bælənst] adj dengeli
balcony ['bælkənɪ] n balkon; **Do
you have a room with a
balcony?** Balkonlu odanız var mı?
bald [bɔːld] adj kel
Balkan ['bɔːlkən] adj Balkan
ball [bɔːl] n (dance) balo, (toy)
oyuncak top
ballerina [,bælə'riːnə] n balerin
ballet ['bæleɪ; bæ'leɪ] n bale;
ballet dancer n balet; **ballet
shoes** npl bale patiği; **Where can I**

buy tickets for the ballet?
Baleye nereden bilet alabilirim?
balloon [bə'luːn] n balon
bamboo [bæm'buː] n bambu
ban [bæn] n yasak ▷ v yasaklamak
banana [bə'nɑːnə] n muz
band [bænd] n (musical group)
orkestra, (strip) bant; **brass band**
n bando takımı; **elastic band** n
lastik bant; **rubber band** n elastik
band
bandage ['bændɪdʒ] n bandaj ▷ v
sarmak
bang [bæŋ] n patlama sesi ▷ v
patlamak (ses çıkararak)
Bangladesh [,bɑːŋglə'deʃ; ,bæŋ-]
n Bengaldeş
Bangladeshi [,bɑːŋglə'deʃɪ;
,bæŋ-] adj Bengaldeş ile ilgili ▷ n
Bengaldeşli
banister ['bænɪstə] n trabzan
banjo ['bændʒəʊ] n banço
bank [bæŋk] n (finance) banka,
(ridge) ırmak kıyısı; **bank account**
n banka hesabı; **bank balance** n
bakiye; **bank charges** npl banka
ücretleri; **bank holiday** n
İngiltere'de bankaların kapalı
olduğu tatil günü; **bank
statement** n hesap özeti; **bottle
bank** n şişe geri dönüşüm kutusu;
merchant bank n ticaret bankası;
How far is the bank? Banka
buraya ne kadar uzakta?; **I would
like to transfer some money
from my bank in...** Bankamdan
para transferi yapmak istiyorum;
Is the bank open today? Banka
bugün açık mı?; **Is there a bank
here?** Burada banka var mı?;

When does the bank close?
Banka ne zaman kapanıyor?
banker ['bæŋkə] n bankacı
banknote ['bæŋk,nəʊt] n banknot
bankrupt ['bæŋkrʌpt; -rəpt] adj
müflis
banned [bænd] adj yasaklanmış
Baptist ['bæptɪst] n Baptist
bar [bɑ:] n (alcohol) bar, (strip)
çubuk; **snack bar** n snack bar;
Where is the bar? Bar ne tarafta?;
Where is there a nice bar? İyi bir
bar biliyor musunuz?
Barbados [bɑ:ˈbeɪdəʊs; -dəʊz;
-dɒs] n Barbados
barbaric [bɑ:ˈbærɪk] adj barbar
barbecue ['bɑ:bɪ,kju:] n barbekü;
Where is the barbecue area?
Barbekü kısmı nerede?
barber ['bɑ:bə] n berber
bare [beə] adj çıplak ▷ v açığa
çıkarmak
barefoot ['beə,fʊt] adj çıplak ayak
▷ adv çıplak ayakla
barely ['beəlɪ] adv ucu ucuna
bargain ['bɑ:gɪn] n pazarlık
barge [bɑ:dʒ] n mavna
bark [bɑ:k] v havlamak
barley ['bɑ:lɪ] n arpa
barmaid ['bɑ:,meɪd] n kadın
barmen
barman, barmen ['bɑ:mən,
'bɑ:mɛn] n barmen
barn [bɑ:n] n samanlık
barrel ['bærəl] n fıçı
barrier ['bærɪə] n bariyer; **ticket
barrier** n bilet turnikesi
bartender ['bɑ:,tɛndə] n barmen
base [beɪs] n ana
baseball ['beɪs,bɔ:l] n beyzbol;

baseball cap n beyzbol kepi
based [beɪst] adj dayanan
basement ['beɪsmənt] n bodrum
bash [bæʃ] n darbe ▷ v şiddetle
vurmak
basic ['beɪsɪk] adj temel
basically ['beɪsɪklɪ] adv aslında
basics ['beɪsɪks] npl temel bilgiler
basil ['bæzəl] n fesleğen
basin ['beɪsən] n leğen
basis ['beɪsɪs] n anafikir
basket ['bɑ:skɪt] n sepet;
wastepaper basket n çöp sepeti
basketball ['bɑ:skɪt,bɔ:l] n
basketbol
Basque [bæsk; bɑ:sk] adj Bask ▷ n
(language) Bask dili, (person) Basklı
(kişi)
bass [beɪs] n bas; **bass drum** n
davul; **double bass** n kontrabas
bassoon [bəˈsu:n] n fagot
bat [bæt] n (mammal) yarasa, (with
ball) vuruş (topa sopayla)
bath [bɑ:θ] n banyo; **bubble bath** n
köpüklü banyo
bathe [beɪð] v yüzmek
bathrobe ['bɑ:θ,rəʊb] n bornoz
bathroom ['bɑ:θ,ru:m; -,rʊm] n
banyo; **Are there support
railings in the bathroom?**
Banyoda tutunma rayı var mı?;
**Does the room have a private
bathroom?** Odada banyo var mı?;
The bathroom is flooded Banyo
taşıyor
baths [bɑ:θz] npl hamam
bathtub ['bɑ:θ,tʌb] n küvet
batter ['bætə] n sulu hamur
battery ['bætərɪ] n pil; **Do you
have any batteries?** Pil satıyor

musunuz?; **Do you have batteries for this camera?** Bu makineye uygun pil var mı?

battle ['bætəl] n muharebe

battleship ['bætəl‚ʃɪp] n muharebe zırhlısı

bay [beɪ] n körfez; **bay leaf** n defne yaprağı

BC [bi: si:] abbr İÖ

be [bi::; bɪ] v olmak

beach [bi:tʃ] n kumsal

bead [bi:d] n boncuk

beak [bi:k] n gaga

beam [bi:m] n ışın

bean [bi:n] n fasulye; **broad bean** n bakla (sebze); **coffee bean** n kahve çekirdeği; **French beans** npl çalı fasulyesi; **runner bean** n çalı fasulyesi

beansprout ['bi:nspraʊt] n **beansprouts** npl fasulye filizi

bear [beə] n ayı ▷ v taşımak; **polar bear** n kutup ayısı; **teddy bear** n oyuncak ayı

beard [bɪəd] n sakal

bearded [bɪədɪd] adj sakallı

bear up [beə ʌp] v dayanmak

beat [bi:t] n ritim ▷ v (outdo) yenmek, (strike) dövmek

beautiful ['bju:tɪfʊl] adj güzel

beautifully ['bju:tɪflɪ] adv güzel

beauty ['bju:tɪ] n güzellik; **beauty salon** n güzellik salonu; **beauty spot** n güzel manzaralı yer

beaver ['bi:və] n kunduz

because [bɪ'kɒz; -'kəz] conj çünkü

become [bɪ'kʌm] v olmak

bed [bed] n yatak; **bed and breakfast** n yatak ve kahvaltı; **bunk beds** npl ranza; **camp bed** n portatif karyola; **double bed** n çift kişilik yatak; **king-size bed** n battal boy yatak; **single bed** n tek yatak; **sofa bed** n çek-yat; **twin beds** npl çift yatak; **Do I have to stay in bed?** Yatakta mı kalmam gerekiyor?; **I'd like a dorm bed** Tek bir yatak rica ediyorum; **The bed is uncomfortable** Yatak çok rahatsız

bedclothes ['bed‚kləʊðz] npl yatak takımı

bedding ['bedɪŋ] n yatak takımı

bedroom ['bed‚ru:m; -‚rʊm] n yatak odası; **Do you have any bedrooms on the ground floor?** Zemin katta yatak odası var mı?

bedsit ['bed‚sɪt] n kiralık oda

bedspread ['bed‚spred] n yatak örtüsü

bedtime ['bed‚taɪm] n yatma zamanı

bee [bi:] n arı

beech [bi:tʃ] n **beech (tree)** n kayın ağacı

beef [bi:f] n sığır eti

beefburger ['bi:f‚bɜ:gə] n hamburger

beer [bɪə] n bira; **another beer, please** Bir bira daha lütfen; **A draught beer, please** Bir çekme bira lütfen

beetle ['bi:təl] n böcek

beetroot ['bi:t‚ru:t] n pancar

before [bɪ'fɔ:] adv önceden ▷ conj önce ▷ prep önünde; **before five o'clock** saat beşten önce; **Do we have to clean the house before we leave?** Ayrılmadan önce evi temizlememiz gerekiyor mu?;

the day before yesterday önceki gün; **the week before last** bundan bir hafta önce
beforehand [bɪ'fɔː,hænd] *adv* daha önceden
beg [bɛg] *v* dilenmek
beggar ['bɛgə] *n* dilenci
begin [bɪ'gɪn] *v* başlamak
beginner [bɪ'gɪnə] *n* yeni başlayan
beginning [bɪ'gɪnɪŋ] *n* başlangıç
behave [bɪ'heɪv] *v* davranmak *(tavır)*
behaviour [bɪ'heɪvjə] *n* davranış
behind [bɪ'haɪnd] *adv* arkasında ▷ *n* arka ▷ *prep* arkada; **lag behind** *v* geride kalmak
beige [beɪʒ] *adj* bej
Beijing ['beɪ'dʒɪŋ] *n* Pekin
Belarus ['bɛləˌrʌs; -ˌrʊs] *n* beyaz rusya
Belarussian [ˌbɛləʊ'rʌʃən; ˌbjɛl-] *adj* Belarus ▷ *n (language)* Belarusca, *(person)* Belaruslu
Belgian ['bɛldʒən] *adj* Belçika ▷ *n* Belçikalı
Belgium ['bɛldʒəm] *n* Belçika
belief [bɪ'liːf] *n* inanç
believe [bɪ'liːv] *vi* inandırmak ▷ *vt* inanmak
bell [bɛl] *n* zil *(kapı, okul)*
belly ['bɛlɪ] *n* göbek; **belly button** *n* göbek *(deliği)*
belong [bɪ'lɒŋ] *v* ait olmak; **belong to** *v* ait olmak
belongings [bɪ'lɒŋɪŋz] *npl* eşya
below [bɪ'ləʊ] *adv* altında ▷ *prep* altında
belt [bɛlt] *n* kemer; **conveyor belt** *n* taşıyıcı bant; **money belt** *n* bel

çantası; **safety belt** *n* emniyet kemeri
bench [bɛntʃ] *n* bank
bend [bɛnd] *n* viraj ▷ *v* kıvrılmak; **bend down** *v* eğilmek *(kıvrılarak)*; **bend over** *v* eğilmek *(ayak uçlarına doğru)*
beneath [bɪ'niːθ] *prep* altında
benefit ['bɛnɪfɪt] *n* yarar ▷ *v* yarar sağlamak
bent [bɛnt] *adj (dishonest)* namussuz, *(not straight)* bükülmüş
beret ['bɛreɪ] *n* bere *(giyim)*
berry ['bɛrɪ] *n* çalı meyvesi
berth [bɜːθ] *n* ranza
beside [bɪ'saɪd] *prep* yanında
besides [bɪ'saɪdz] *adv* üstelik
best [bɛst] *adj* en iyi ▷ *adv* en iyisi; **best man** *n* sağdıç
bestseller [ˌbɛst'sɛlə] *n* çoksatar
bet [bɛt] *n* bahis ▷ *v* bahse girmek
betray [bɪ'treɪ] *v* ihanet etmek
better ['bɛtə] *adj* daha iyi ▷ *adv* daha iyisi
betting ['bɛtɪŋ] *n* bahse girme; **betting shop** *n* bahis bayii
between [bɪ'twiːn] *prep* arasında
bewildered [bɪ'wɪldəd] *adj* şaşırmış
beyond [bɪ'jɒnd] *prep* ötesinde
biased ['baɪəst] *adj* yanlı
bib [bɪb] *n* mama önlüğü
Bible ['baɪbəl] *n* İncil
bicarbonate [baɪ'kɑːbənɪt; -ˌneɪt] *n* **bicarbonate of soda** *n* karbonat
bicycle ['baɪsɪkəl] *n* bisiklet; **bicycle pump** *n* bisiklet pompası
bid [bɪd] *n* teklif ▷ *v (at auction)* fiyat vermek *(açık arttırmada)*
bifocals [baɪ'fəʊkəlz] *npl* çift odaklı gözlük

big [bɪg] *adj* büyük; **It's too big** Çok büyük; **The house is quite big** Ev oldukça büyük

bigger [bɪgə] *adj* daha büyük; **Do you have a bigger one?** Daha büyük bir odanız var mı?

bigheaded [ˈbɪgˌhɛdɪd] *adj* kendini beğenmiş

bike [baɪk] *n* bisiklet; **mountain bike** *n* dağ bisikleti; **Can I keep my bike here?** Bisikletimi buraya bırakabilir miyim?; **Does the bike have brakes?** Bisikletin frenleri var mı?; **Does the bike have gears?** Bisiklet vitesli mi?; **I want to hire a bike** Bisiklet kiralamak istiyorum; **Where can I hire a bike?** Nereden bisiklet kiralayabilirim?; **Where is the nearest bike repair shop?** En yakın bisiklet tamircisi nerede?

bikini [bɪˈkiːnɪ] *n* bikini

bilingual [baɪˈlɪŋgwəl] *adj* iki dilli

bill [bɪl] *n (account)* hesap, *(legislation)* yasa; **phone bill** *n* telefon faturası; **Can I have an itemized bill?** Ayrıntılı hesap alabilir miyim?; **The bill is wrong** Hesapta bir yanlışlık var

billiards [ˈbɪljədz] *npl* bilardo

billion [ˈbɪljən] *n* milyar

bin [bɪn] *n* çöp tenekesi; **litter bin** *n* çöp kutusu

binding [ˈbaɪndɪŋ] *n* **Can you adjust my bindings, please?** Bağlarımı ayarlar mısınız lütfen?; **Can you tighten my bindings, please?** Bağlarımı sıkılar mısınız lütfen?

bingo [ˈbɪŋgəʊ] *n* tombola

binoculars [bɪˈnɒkjʊləz; baɪ-] *npl* dürbün

biochemistry [ˌbaɪəʊˈkɛmɪstrɪ] *n* biyokimya

biodegradable [ˌbaɪəʊdɪˈgreɪdəbəl] *adj* biyo-çözünür

biography [baɪˈɒgrəfɪ] *n* yaşam öyküsü

biological [ˌbaɪəˈlɒdʒɪkəl] *adj* biyolojik

biology [baɪˈɒlədʒɪ] *n* biyoloji

biometric [ˌbaɪəʊˈmɛtrɪk] *adj* biyometrik

birch [bɜːtʃ] *n* huş ağacı

bird [bɜːd] *n* kuş; **bird flu** *n* kuş gribi; **bird of prey** *n* yırtıcı kuş

birdwatching [bɜːdwɒtʃɪŋ] *n* kuş gözleme

Biro® [ˈbaɪrəʊ] *n* tükenmez kalem

birth [bɜːθ] *n* doğum; **birth certificate** *n* nüfus cüzdanı; **birth control** *n* doğum kontrolü; **place of birth** *n* doğum yeri

birthday [ˈbɜːθˌdeɪ] *n* doğum günü

birthplace [ˈbɜːθˌpleɪs] *n* doğum yeri

biscuit [ˈbɪskɪt] *n* bisküvi

bishop [ˈbɪʃəp] *n* piskopos

bit [bɪt] *n* parça

bitch [bɪtʃ] *n* kancık

bite [baɪt] *n* ısırma ▷ *v* ısırmak

bitter [ˈbɪtə] *adj* acı *(tat)*

black [blæk] *adj* siyah; **black ice** *n* gizli buz; **in black and white** Siyah beyaz

blackberry [ˈblækbərɪ] *n* böğürtlen

blackbird [ˈblækˌbɜːd] *n* karatavuk

blackboard [ˈblækˌbɔːd] n karatahta

blackcurrant [ˌblækˈkʌrənt] n kuşüzümü

blackmail [ˈblækˌmeɪl] n şantaj ▷ v şantaj yapmak

blackout [ˈblækaʊt] n karartma

bladder [ˈblædə] n sidik torbası; **gall bladder** n safra kesesi

blade [bleɪd] n bıçak; **razor blade** n traş bıçağı; **shoulder blade** n kürek kemiği

blame [bleɪm] n suç ▷ v suçlamak

blank [blæŋk] adj boş (kağıt, zihin) ▷ n boşluk (yazı, zihin); **blank cheque** n açık çek

blanket [ˈblæŋkɪt] n battaniye; **electric blanket** n elektrikli battaniye; **Please bring me an extra blanket** Bana bir battaniye daha getirir misiniz lütfen?; **We need more blankets** Daha fazla battaniyeye ihtiyacımız var

blast [blɑːst] n patlama

blatant [ˈbleɪtᵊnt] adj apaçık

blaze [bleɪz] n parlak alev

blazer [ˈbleɪzə] n blazer

bleach [bliːtʃ] n ağartıcı

bleached [bliːtʃt] adj ağartılmış

bleak [bliːk] adj rüzgara açık

bleed [bliːd] v kanamak

bleeper [ˈbliːpə] n çağrı cihazı

blender [ˈblɛndə] n mikser

bless [blɛs] v kutsamak

blind [blaɪnd] adj kör ▷ n jaluzi; **Venetian blind** n jaluzi; **I'm blind** Körüm

blindfold [ˈblaɪndˌfəʊld] n göz bağı ▷ v gözlerini bağlamak

blink [blɪŋk] v göz kırpmak

bliss [blɪs] n mutluluk

blister [ˈblɪstə] n sulu kabarcık

blizzard [ˈblɪzəd] n kar fırtınası

block [blɒk] n (buildings) blok (bina), (obstruction) engel, (solid piece) blok ▷ v bloke etmek

blockage [ˈblɒkɪdʒ] n tıkanıklık

blocked [blɒkt] adj tıkalı

blog [blɒg] n blog ▷ v blog yazmak

blogger [ˈblɒgə] n blog yazarı

blogpost [ˈblɒgˌpəʊst] n blog yazısı

bloke [bləʊk] n herif

blonde [blɒnd] adj sarışın

blood [blʌd] n kan; **blood group** n kan grubu; **blood poisoning** n kan zehirlenmesi; **blood pressure** n tansiyon; **blood sports** n hayvan dövüşleri; **blood test** n kan testi; **blood transfusion** n kan nakli; **My blood group is O positive** Kan grubum O pozitif; **This stain is blood** Kan lekesi

bloody [ˈblʌdɪ] adj kanlı

blossom [ˈblɒsəm] n tomurcuk ▷ v çiçek açmak

blouse [blaʊz] n bluz

blow [bləʊ] n esinti ▷ v havaya uçmak

blow-dry [bləʊdraɪ] n fön

blow up [bləʊ ʌp] v havaya uçurmak

blue [bluː] adj mavi

blueberry [ˈbluːbərɪ; -brɪ] n yaban mersini

blues [bluːz] npl melankoli

bluff [blʌf] n blöf ▷ v blöf yapmak

blunder [ˈblʌndə] n gaf

blunt [blʌnt] adj kör (bıçak/makas)

blush [blʌʃ] v kızarmak

blusher [ˈblʌʃə] n allık

board [bɔːd] n (meeting) kurul,

(wood) tahta *(okul)* ▷ *v (go aboard)* tahta *(okul)*; **board game** *n* aile oyunları; **boarding card** *n* biniş kartı; **boarding pass** *n* biniş kartı; **boarding school** *n* yatılı okul; **bulletin board** *n* ilan tahtası; **diving board** *n* tramplen; **draining board** *n* damlalıklı eviye; **half board** *n* kahvaltı ve akşam yemeği dahil; **ironing board** *n* ütü tahtası; **notice board** *n* ilan tahtası; **skirting board** *n* süpürgelik

boarder ['bɔːdə] *n* yatılı öğrenci

boast [bəʊst] *v* böbürlenmek

boat [bəʊt] *n* tekne; **fishing boat** *n* balıkçı teknesi; **rowing boat** *n* kürek teknesi; **sailing boat** *n* yelkenli; **Are there any boat trips on the river?** Nehirde tekne turu var mı?

body ['bɒdɪ] *n* beden

bodybuilding ['bɒdɪ,bɪldɪŋ] *n* vücut geliştirme

bodyguard ['bɒdɪ,gɑːd] *n* özel koruma

bog [bɒg] *n* bataklık

boil [bɔɪl] *vi* pişirmek ▷ *vt* kaynatmak

boiled [bɔɪld] *adj* kaynamış; **boiled egg** *n* haşlanmış yumurta

boiler ['bɔɪlə] *n* kazan

boiling ['bɔɪlɪŋ] *adj* kaynar

boil over [bɔɪl 'əʊvə] *v* taşmak

Bolivia [bə'lɪvɪə] *n* Bolivya

Bolivian [bə'lɪvɪən] *adj* Bolivya ▷ *n* Bolivyalı

bolt [bəʊlt] *n* sürgü

bomb [bɒm] *n* bomba ▷ *v* bombalamak; **atom bomb** *n* atom bombası

bombing [bɒmɪŋ] *n* bombalama

bond [bɒnd] *n* bağ

bone [bəʊn] *n* kemik; **bone dry** *adj* kupkuru

bonfire ['bɒn,faɪə] *n* şenlik ateşi

bonnet ['bɒnɪt] *n (car)* motor kapağı

bonus ['bəʊnəs] *n* prim

book [bʊk] *n* kitap ▷ *v* rezerve etmek; **address book** *n* adres defteri

bookcase ['bʊk,keɪs] *n* kitaplık

booking ['bʊkɪŋ] *n* rezervasyon; **advance booking** *n* önceden rezervasyon; **booking office** *n* bilet gişesi; **Can I change my booking?** Rezervasyonumu değiştirebilir miyim?; **I want to cancel my booking** Rezervasyonumu iptal ettirmek istiyorum

booklet ['bʊklɪt] *n* kitapçık

bookmark ['bʊk,mɑːk] *n* kitap ayracı

bookshelf ['bʊk,ʃelf] *n* kitap rafı

bookshop ['bʊk,ʃɒp] *n* kitapçı

boost [buːst] *v* yüreklendirmek

boot [buːt] *n* çizme *(ayakkabı)*

booze [buːz] *n* içki

border ['bɔːdə] *n* sınır

bore [bɔː] *v (be dull)* can sıkmak, *(drill)* delmek

bored [bɔːd] *adj* canı sıkılmış

boredom ['bɔːdəm] *n* can sıkıntısı

boring ['bɔːrɪŋ] *adj* sıkıcı

born [bɔːn] *adj* doğmuş

borrow ['bɒrəʊ] *v* ödünç almak

Bosnia ['bɒznɪə] *n* Bosna; **Bosnia and Herzegovina** *n* Bosna-Hersek

Bosnian ['bɒznɪən] adj Bosna ▷ n (person) Bosnalı (kişi)

boss [bɒs] n patron

boss around [bɒs ə'raʊnd] v patronluk taslamak

bossy ['bɒsɪ] adj buyurgan

both [bəʊθ] adj her iki ▷ pron her ikisi de

bother ['bɒðə] v zahmet etmek

Botswana [bʊ'tʃwɑːnə; bʊt'swɑːnə; bɒt-] n Botsvana

bottle ['bɒtªl] n şişe; **baby's bottle** n biberon; **bottle bank** n şişe geri dönüşüm kutusu; **hot-water bottle** n sıcak su torbası; **a bottle of mineral water** Bir şişe maden suyu; **a bottle of red wine** Bir şişe kırmızı şarap; **Please bring another bottle** Bir şişe daha getirir misiniz?

bottle-opener ['bɒtªl'əʊpənə] n şişe açacağı

bottom ['bɒtəm] adj en alt ▷ n dip

bought [bɔːt] adj satın alınmış

bounce [baʊns] v avara etmek

bouncer ['baʊnsə] n fedai

boundary ['baʊndərɪ; -drɪ] n sınır

bouquet ['buːkeɪ] n buket

bow [baʊ] (weapon) yay ▷ v [baʊ] baş eğmek

bowels ['baʊəlz] npl bağırsaklar

bowl [bəʊl] n kase

bowling ['bəʊlɪŋ] n bowling; **bowling alley** n bowling salonu; **tenpin bowling** n bowling

bow tie [bəʊ] n papyon kravat

box [bɒks] n boks; **box office** n bilet gişesi; **call box** n telefon kulübesi; **fuse box** n sigorta kutusu; **gear box** n vites kutusu

boxer ['bɒksə] n boksör; **boxer shorts** npl bokser şort

boxing ['bɒksɪŋ] n boks

boy [bɔɪ] n oğlan çocuğu

boyfriend ['bɔɪˌfrɛnd] n erkek arkadaş; **I have a boyfriend** Erkek arkadaşım var

bra [brɑː] n sütyen

brace [breɪs] n (fastening) destek (bağ, kuşak vb)

bracelet ['breɪslɪt] n kolçak

braces ['breɪsɪz] npl pantolon askıları

brackets ['brækɪts] npl köşeli parantezler

brain [breɪn] n beyin

brainy ['breɪnɪ] adj akıllı

brake [breɪk] n fren ▷ v frenlemek; **brake light** n fren lambası; **Does the bike have back-pedal brakes?** Bisikletin geri frenleri var mı?; **The brakes don't work** Frenler çalışmıyor

bran [bræn] n kepek

branch [brɑːntʃ] n dal (ağaç vb)

brand [brænd] n marka; **brand name** n marka

brand-new [brænd'njuː] adj yepyeni

brandy ['brændɪ] n brendi; **I'll have a brandy** Ben brendi alayım

brass [brɑːs] n pirinç (metal); **brass band** n bando takımı

brat [bræt] n velet

brave [breɪv] adj cesur

bravery ['breɪvərɪ] n cesaret

Brazil [brə'zɪl] n Brezilya

Brazilian [brə'zɪljən] adj Brezilya ▷ n Brezilyalı

bread [brɛd] n ekmek; **bread roll** n

yuvarlak ekmek; **brown bread** n esmer ekmek; **Please bring more bread** Biraz daha ekmek getirir misiniz?; **Would you like some bread?** Biraz daha ekmek ister misiniz?

bread bin [ˈbrɛdbɪn] n ekmek kutusu

breadcrumbs [ˈbrɛd,krʌmz] npl ekmek kırıntısı

break [breɪk] n kırık ▷ v kırmak; **lunch break** n yemek molası

break down [breɪk daʊn] v bozmak

breakdown [ˈbreɪkdaʊn] n arıza; **breakdown truck** n çekici; **breakdown van** n kurtarma aracı; **nervous breakdown** n sinir krizi

breakfast [ˈbrɛkfəst] n kahvaltı; **bed and breakfast** n yatak ve kahvaltı; **continental breakfast** n çörek ve kahve ya da çaydan oluşan kahvaltı; **Can I have breakfast in my room?** Odamda kahvaltı edebilir miyim?; **Is breakfast included?** Kahvaltı dahil mi?; **with breakfast** kahvaltı dahil; **without breakfast** kahvaltı hariç; **What time is breakfast?** Kahvaltı kaçta?; **What would you like for breakfast?** Kahvaltıda ne yemek istersiniz?

break in [breɪk ɪn] v terbiye etmek; **break in (on)** v sözünü kesmek

break-in [ˈbreɪkɪn] n hırsızlık

break up [breɪk ʌp] v kırmak

breast [brɛst] n göğüs

breast-feed [ˈbrɛst,fiːd] v emzirmek

breaststroke [ˈbrɛst,strəʊk] n kurbağalama (yüzme)

breath [brɛθ] n nefes

Breathalyser® [ˈbrɛθə,laɪzə] n üfleme cihazı

breathe [briːð] v nefes almak

breathe in [briːð ɪn] v nefes almak

breathe out [briːð aʊt] v nefes vermek

breathing [ˈbriːðɪŋ] n nefes alma

breed [briːd] n cins (hayvan) ▷ v yetiştirmek (hayvan)

breeze [briːz] n hafif rüzgar

brewery [ˈbrʊərɪ] n bira fabrikası

bribe [braɪb] v rüşvet vermek

bribery [ˈbraɪbərɪ] n rüşvet

brick [brɪk] n tuğla

bricklayer [ˈbrɪk,leɪə] n duvarcı

bride [braɪd] n gelin (damadın eşi)

bridegroom [ˈbraɪd,gruːm; -,grʊm] n damat (gelinin kocası)

bridesmaid [ˈbraɪdz,meɪd] n nedime

bridge [brɪdʒ] n köprü; **suspension bridge** n asma köprü

brief [briːf] adj kısa

briefcase [ˈbriːf,keɪs] n evrak çantası

briefing [ˈbriːfɪŋ] n brifing

briefly [ˈbriːflɪ] adv kısaca

briefs [briːfs] npl külot

bright [braɪt] adj parlak

brilliant [ˈbrɪljənt] adj pırıl pırıl

bring [brɪŋ] v getirmek

bring back [brɪŋ bæk] v geri getirmek

bring forward [brɪŋ ˈfɔːwəd] v öncelik getirmek

bring up ['brɪŋ ʌp] v yetiştirmek
Britain ['brɪtən] n İngiltere
British ['brɪtɪʃ] adj İngiliz ▷ n İngilizce
broad [brɔːd] adj geniş (yayvan)
broadband ['brɔːd,bænd] n geniş bant
broadcast ['brɔːd,kɑːst] n yayın ▷ v yayın yapmak
broad-minded [brɔːd'maɪndɪd] adj açık fikirli
broccoli ['brɒkəlɪ] n brokoli
brochure ['brəʊʃjʊə; -fə] n broşür
broke [brəʊk] adj züğürt
broken ['brəʊkən] n kırık; **broken down** adj kırık
broker ['brəʊkə] n komisyoncu
bronchitis [brɒŋ'kaɪtɪs] n bronşit
bronze [brɒnz] n bronz
brooch [brəʊtʃ] n broş
broom [bruːm; brʊm] n süpürge
broth [brɒθ] n et ya da sebze suyuna çorba
brother ['brʌðə] n erkek kardeş
brother-in-law ['brʌðə ɪn lɔː] n kayın birader
brown [braʊn] adj kahverengi; **brown bread** n esmer ekmek; **brown rice** n esmer pirinç
browse [braʊz] v göz atmak
browser ['braʊzə] n tarayıcı (internet)
bruise [bruːz] n bere (tıp)
brush [brʌʃ] n fırça ▷ v fırçalamak
Brussels sprouts ['brʌsᵊlz spraʊts] npl Brüksel lahanası
brutal ['bruːtᵊl] adj vahşi
bubble ['bʌbᵊl] n kabarcık; **bubble bath** n köpüklü banyo; **bubble gum** n balonlu çiklet
bucket ['bʌkɪt] n kova

buckle ['bʌkᵊl] n kemer tokası
Buddha ['bʊdə] n Buda
Buddhism ['bʊdɪzəm] n Budizm
Buddhist ['bʊdɪst] adj Budist ▷ n Budist
budgerigar ['bʌdʒərɪ,gɑː] n muhabbet kuşu
budget ['bʌdʒɪt] n bütçe
budgie ['bʌdʒɪ] n muhabbet kuşu
buffalo ['bʌfə,ləʊ] n manda
buffet ['bʊfeɪ] n açık büfe; **buffet car** n yemekli vagon
bug [bʌg] n böcek; **There are bugs in my room** Odamda böcek var
bugged ['bʌgd] adj gizli dinleme cihazı yerleştirilmiş
buggy ['bʌgɪ] n at arabası
build [bɪld] v inşa etmek
builder ['bɪldə] n inşaatçı
building ['bɪldɪŋ] n yapı; **building site** n inşaat alanı
bulb [bʌlb] n (electricity) ampul (elektrik), (plant) soğan (bitki)
Bulgaria [bʌl'gɛərɪə; bʊl-] n Bulgaristan
Bulgarian [bʌl'gɛərɪən; bʊl-] adj Bulgar ▷ n (language) Bulgarca (dil) (person) Bulgar (kişi)
bulimia [bjuː'lɪmɪə] n bulimia
bull [bʊl] n boğa
bulldozer ['bʊl,dəʊzə] n buldozer
bullet ['bʊlɪt] n kurşun (silah)
bully ['bʊlɪ] n zorba ▷ v zorbalık etmek
bum [bʌm] n kıç; **bum bag** n bel çantası
bumblebee ['bʌmbᵊl,biː] n hezen arısı
bump [bʌmp] n çarpma; **bump into** v kazara çarpmak

bumper ['bʌmpə] n tampon (oto)

bumpy ['bʌmpɪ] adj tümsekli

bun [bʌn] n çörek

bunch [bʌntʃ] n demet

bungalow ['bʌŋgələu] n bungalov

bungee jumping ['bʌndʒɪ] n bungee jumping

bunion ['bʌnjən] n yangılı ayak şişi

bunk [bʌŋk] n ranza; **bunk beds** npl ranza

buoy [bɔɪ, 'buːɪ] n şamandıra

burden ['bɜːdən] n yük

bureaucracy [bjuə'rɒkrəsɪ] n bürokrasi

bureau de change ['bjuərəu də 'ʃɒnʒ] n bureau de change n döviz bürosu; **I need to find a bureau de change** Döviz bürosu arıyorum; **Is there a bureau de change here?** Burada döviz bürosu var mı?; **When is the bureau de change open?** Döviz bürosu ne zaman açılıyor?

burger ['bɜːgə] n burger

burglar ['bɜːglə] n hırsız; **burglar alarm** n hırsız alarmı

burglary ['bɜːglərɪ] n hırsızlık

burgle ['bɜːgəl] v soymak

Burma ['bɜːmə] n Burma

Burmese [bɜːˈmiːz] adj Burma ▷ n (language) Burma dili (dil), (person) Burmalı (kişi)

burn [bɜːn] n yanık ▷ v yakmak (ateşte)

burn down [bɜːn daun] v yanıp kül olmak

burp [bɜːp] n geğirme ▷ v geğirmek

burst [bɜːst] v patlamak (delinerek)

bury ['berɪ] v gömmek

bus [bʌs] n otobüs; **airport bus** n

hava alanı otobüsü; **bus station** n otobüs terminali; **bus stop** n otobüs durağı; **bus ticket** n otobüs bileti; **Does this bus go to...?** Bu otobüs... a gider mi?; **Excuse me, which bus goes to...?** Affedersiniz,... a hangi otobüs gidiyor?; **How often are the buses to...?** ... otobüsü ne kadarda bir geliyor?; **Is there a bus to the airport?** Havaalanına otobüs var mı?; **What time does the bus leave?** Otobüs ne zaman kalkacak?; **What time is the last bus?** Son otobüs kaçta?; **When is the next bus to...?** ... a bir sonraki otobüs kaçta?; **Where can I buy a bus card?** Nereden otobüs kartı alabilirim?; **Where can I get a bus to...?** ... otobüsüne nereden binebilirim?; **Where is the bus station?** Otobüs terminali nerede?

bush [buʃ] n (shrub) çalı, (thicket) çalılık

business ['bɪznɪs] n ticaret; **business class** n hizmet sınıfı; **business trip** n iş seyahati; **show business** n eğlence sanayii

businessman, businessmen ['bɪznɪs,mæn; -mən, 'bɪznɪs,men] n iş adamı

businesswoman, businesswomen ['bɪznɪs,wumən, 'bɪznɪs,wɪmɪn] n iş kadını

busker ['bʌskə] n sokak çalgıcısı

bust [bʌst] n göğüs

busy ['bɪzɪ] adj meşgul; **busy signal** n meşgul sinyali; **Sorry, I'm busy**

Kusura bakmayın, meşgulüm

but [bʌt] *conj* fakat

butcher ['bʊtʃə] *n* kasap

butcher's ['bʊtʃəz] *n* kasap

butter ['bʌtə] *n* tereyağı; **peanut butter** *n* fıstık ezmesi

buttercup ['bʌtəˌkʌp] *n* düğün çiçeği

butterfly ['bʌtəˌflaɪ] *n* kelebek *(hayvan)*

buttocks ['bʌtəkz] *npl* kalça

button ['bʌtᵊn] *n* düğme *(giysi, elektrik)*; **belly button** *n* göbek *(deliği)*; **Which button do I press?** Hangi düğmeye basacağım?

buy [baɪ] *v* satın almak

buyer ['baɪə] *n* alıcı

buyout ['baɪˌaʊt] *n* satın alma *(şirket)*

by [baɪ] *prep* tarafından

bye [baɪ] *excl* hoşçakal!

bye-bye [baɪbaɪ] *excl* hoşçakal!

bypass ['baɪˌpɑːs] *n* çevre yolu

C

cab [kæb] *n* taksi

cabbage ['kæbɪdʒ] *n* lahana

cabin ['kæbɪn] *n* kabin, kulübe; **cabin crew** *n* kabin mürettebatı; **a first class cabin** Birinci sınıf bir kabin; **a standard class cabin** Standart bir kabin bileti; **Where is cabin number five?** Beş numaralı kabin nerede?

cabinet ['kæbɪnɪt] *n* kabine

cable ['keɪbᵊl] *n* kablo; **cable car** *n* teleferik; **cable television** *n* kablolu yayın

cactus ['kæktəs] *n* kaktüs

cadet [kə'dɛt] *n* askeri öğrenci

café ['kæfeɪ; 'kæfɪ] *n* cafe; **internet café** *n* internet cafe; **Are there any internet cafés here?** Buralarda internet cafe var mı?

cafeteria [ˌkæfɪ'tɪərɪə] *n* kafeterya

caffeine ['kæfiːn; 'kæfɪˌiːn] *n* kafein

cage [keɪdʒ] n kafes
cagoule [kə'gu:l] n su geçirmez parka
cake [keɪk] n kek
calcium ['kælsɪəm] n kalsiyum
calculate ['kælkjʊ,leɪt] v hesaplamak
calculation [,kælkjʊ'leɪʃən] n hesaplama
calculator ['kælkjʊ,leɪtə] n hesap makinesi; **pocket calculator** n cep hesap makinesi
calendar ['kælɪndə] n takvim
calf, calves [kɑ:f, kɑ:vz] n dana
call [kɔ:l] n çağrı ⊳ v aramak;
alarm call n uyarı çağrısı; **call box** n telefon kulübesi; **call centre** n çağrı merkezi; **roll call** n yoklama
call back [kɔ:l bæk] v geri aramak
call for [kɔ:l fɔ:] v icap ettirmek
call off [kɔ:l ɒf] v iptal etmek
calm [kɑ:m] adj sakin
calm down [kɑ:m daʊn] v sakinleşmek
calorie ['kælərɪ] n kalori
Cambodia [kæm'bəʊdɪə] n Kamboçya
Cambodian [kæm'bəʊdɪən] adj Kamboçya ⊳ n (person) Kamboçyalı (kişi)
camcorder ['kæm,kɔ:də] n video kamera
camel ['kæməl] n deve
camera ['kæmərə; 'kæmrə] n fotoğraf makinesi; **camera phone** n fotoğraflı telefon; **digital camera** n dijital fotoğraf makinesi; **video camera** n video kamerası

cameraman, cameramen ['kæmərə,mæn; 'kæmrə-, 'kæmərə,men] n kameraman
Cameroon [,kæmə'ru:n; 'kæmə,ru:n] n Kamerun
camp [kæmp] n kamp ⊳ v kamp yapmak; **camp bed** n portatif karyola
campaign [kæm'peɪn] n kampanya
camper ['kæmpə] n kampçı, karavan
camping ['kæmpɪŋ] n kamping; **camping gas** n tüp gaz
campsite ['kæmp,saɪt] n kamp yeri; **Is there a campsite here?** Buralarda bir kamp yeri var mı?
campus ['kæmpəs] n kampüs
can [kæn] n pet ⊳ v yapabilmek; **watering can** n bahçe sulama bidonu
Canada ['kænədə] n Kanada
Canadian [kə'neɪdɪən] adj Kanada ⊳ n Kanadalı
canal [kə'næl] n kanal
Canaries [kə'nɛərɪːz] npl Kanarya Adaları
canary [kə'nɛərɪ] n kanarya
cancel ['kænsəl] v iptal etmek
cancellation [,kænsɪ'leɪʃən] n iptal
cancer ['kænsə] n (illness) kanser (hastalık)
Cancer ['kænsə] n (horoscope) Yengeç Burcu
candidate ['kændɪ,deɪt; -dɪt] n aday
candle ['kændəl] n mum
candlestick ['kændəl,stɪk] n şamdan

candyfloss ['kændɪˌflɒs] n pamuk helva

canister ['kænɪstə] n teneke kutu

cannabis ['kænəbɪs] n esrar (bitki)

canned [kænd] adj kutulanmış

canoe [kə'nu:] n kano

canoeing [kə'nu:ɪŋ] n kano sporu; **Where can we go canoeing?** Kano sporu nerede yapabiliriz?

can-opener ['kænˌəʊpənə] n kutu açacağı

canteen [kæn'ti:n] n kantin

canter ['kæntə] v eşkin gitmek

canvas ['kænvəs] n kaput bezi

canvass ['kænvəs] v oy propagandası yapmak

cap [kæp] n kep; **baseball cap** n beyzbol kepi

capable ['keɪpəbəl] adj muktedir

capacity [kə'pæsɪtɪ] n kapasite

capital ['kæpɪtəl] n başkent

capitalism ['kæpɪtəˌlɪzəm] n kapitalizm

Capricorn ['kæprɪˌkɔ:n] n Oğlak burcu

capsize [kæp'saɪz] v alabora olmak

capsule ['kæpsju:l] n kapsül

captain ['kæptɪn] n kaptan

caption ['kæpʃən] n başlık

capture ['kæptʃə] v zaptetmek

car [kɑ:] n araba; **buffet car** n yemekli vagon; **cable car** n teleferik; **car hire** n araba kiralama; **car park** n otopark; **car rental** n oto kiralama; **car wash** n oto yıkama; **company car** n şirket arabası; **dining car** n yemek vagonu; **estate car** n vagon (oto); **hired car** n kiralık araba; **patrol**

car n devriye arabası; **racing car** n yarış arabası; **rental car** n kiralık araba; **saloon car** n sedan araba; **sleeping car** n kuşetli vagon; **Can you take me by car?** Beni arabayla alabilir misiniz?; **Do I have to return the car here?** Arabayı buraya mı geri getirmem gerekiyor; **I want to hire a car** Araba kiralamak istiyorum; **I've crashed my car** Arabamı çarptım; **My car has been broken into** Arabamı soydular; **When will the car be ready?** Araba ne zaman hazır olur?; **Where can I park the car?** Arabamı nereye park edebilirim?

carafe [kə'ræf; -'rɑ:f] n sürahi; **a carafe of the house wine** Kendi şarabınızdan bir sürahi

caramel ['kærəməl; -ˌmɛl] n karamelâ

carat ['kærət] n kırat

caravan ['kærəˌvæn] n karavan; **caravan site** n karavan kampı; **Can we park our caravan here?** Karavanımızı buraya park edebilir miyiz?; **We'd like a site for a caravan** Karavanımızla kamp edebileceğimiz bir yer arıyoruz

carbohydrate [ˌkɑ:bəʊ'haɪdreɪt] n karbonhidrat

carbon ['kɑ:bən] n karbon; **carbon footprint** n karbon ayak izi

carburettor [ˌkɑ:bjʊ'rɛtə; 'kɑ:bjʊˌrɛtə; -bə-] n karbüratör

card [kɑ:d] n kart; **boarding card** n biniş kartı; **credit card** n kredi kartı; **debit card** n banka kartı; **greetings card** n tebrik kartı;

ID card abbr kimlik kartı; **membership card** n üyelik kartı; **playing card** n oyun kartı; **report card** n karne; **top-up card** n telefon kartı; **A memory card for this digital camera, please** Bu dijital kameraya hafıza kartı almak istiyorum lütfen; **Can I have your card?** Kartınızı alabilir miyim?; **Can I use my card to get cash?** Nakit almak için kartımı kullanabilir miyim?; **Do you sell phone cards?** Telefon kartı satıyor musunuz?; **Do you take credit cards?** Kredi kartı kabul ediyor musunuz?; **Do you take debit cards?** Banka kartı kabul ediyor musunuz?; **I need to cancel my card** Kartımı iptal ettirmek istiyorum; **My card has been stolen** Kartım çalındı; **Where can I post these cards?** Bu kartları nereden postalayabilirim?

cardboard ['kɑːˌbɔːd] n mukavva
cardigan ['kɑːdɪɡən] n hırka
cardphone ['kɑːdfəʊn] n kartlı telefon
care [kɛə] n bakım (hasta vb) ⊳ v bakmak (hasta vb); **intensive care unit** n yoğun bakım ünitesi
career [kəˈrɪə] n kariyer
careful ['kɛəfʊl] adj dikkatli
carefully ['kɛəfʊlɪ] adv dikkatli
careless ['kɛəlɪs] adj dikkatsiz
caretaker ['kɛəˌteɪkə] n bakıcı (apartman, ev)
car-ferry ['kɑːˌfɛrɪ] n arabalı feribot
cargo ['kɑːɡəʊ] n kargo

Caribbean [ˌkærɪˈbiːən; kəˈrɪbɪən] adj Karayip ⊳ n Karayip denizi
caring ['kɛərɪŋ] adj şefkatli
carnation [kɑːˈneɪʃən] n karanfil (çiçek)
carnival ['kɑːnɪvəl] n karnaval
carol ['kærəl] n Noel şarkısı
carpenter ['kɑːpɪntə] n marangoz
carpentry ['kɑːpɪntrɪ] n marangozluk
carpet ['kɑːpɪt] n halı; **fitted carpet** n duvardan duvara halı
carriage ['kærɪdʒ] n vagon; **Where is carriage number thirty?** Otuz numaralı vagon nerede?
carriageway ['kærɪdʒˌweɪ] n dual carriageway n çift-şeritli yol
carrot ['kærət] n havuç
carry ['kærɪ] v taşımak
carrycot ['kærɪˌkɒt] n portbebe
carry on ['kærɪ ɒn] v devam etmek
carry out ['kærɪ aʊt] v uygulamak
cart [kɑːt] n at arabası
carton ['kɑːtən] n karton kutu
cartoon [kɑːˈtuːn] n karikatür
cartridge ['kɑːtrɪdʒ] n fişek (silah)
carve [kɑːv] v oymak (ağaç)
case [keɪs] n vaka; **pencil case** n kalemlik
cash [kæʃ] n nakit; **cash dispenser** n bankamatik; **cash register** n yazar kasa; **Can I get a cash advance with my credit card?** Kredi kartıma nakit ödeme alabilir miyim?; **Do you offer a discount for cash?** Nakit ödemelere indirim yapıyor musunuz?; **I don't have any cash** Üzerimde nakit yok

cashew [ˈkæʃuː; kæˈʃuː] n Hint fıstığı

cashier [kæˈʃɪə] n kasiyer

cashmere [ˈkæʃmɪə] n kaşmir

casino [kəˈsiːnəʊ] n kumarhane

casserole [ˈkæsəˌrəʊl] n güveç

cassette [kæˈsɛt] n kaset

cast [kɑːst] n oyuncu kadrosu

castle [ˈkɑːsᵊl] n kale (şato vb)

casual [ˈkæʒjʊəl] adj umursamaz

casually [ˈkæʒjʊəlɪ] adv gelişigüzel

casualty [ˈkæʒjʊəltɪ] n zayiat

cat [kæt] n kedi

catalogue [ˈkætəˌlɒg] n katalog; **I'd like a catalogue** Katalog istiyorum

cataract [ˈkætəˌrækt] n (eye) katarakt, (waterfall) çağlayan

catarrh [kəˈtɑː] n akıntı (nezle)

catastrophe [kəˈtæstrəfɪ] n felaket (doğal afet)

catch [kætʃ] v yakalamak

catching [ˈkætʃɪŋ] adj bulaşıcı

catch up [kætʃ ʌp] v yetişmek

category [ˈkætɪgərɪ] n kategori

catering [ˈkeɪtərɪŋ] n catering

caterpillar [ˈkætəˌpɪlə] n tırtıl

cathedral [kəˈθiːdrəl] n katedral; **When is the cathedral open?** Katedral ne zaman açık?

Catholic [ˈkæθəlɪk; ˈkæθlɪk] adj Katolik ▷ n Katolik; **Roman Catholic** n Roma Katoliği, Roma Katolik

cattle [ˈkætᵊl] npl davar

Caucasus [ˈkɔːkəsəs] n Kafkas

cauliflower [ˈkɒlɪˌflaʊə] n karnabahar

cause [kɔːz] n (ideals) amaç, (reason) neden ▷ v yol açmak

caution [ˈkɔːʃən] n önlem

cautious [ˈkɔːʃəs] adj tedbirli

cautiously [ˈkɔːʃəslɪ] adv özenli bir şekilde

cave [keɪv] n mağara

CCTV [si: si: ti: vi:] abbr Kapalı Devre Televizyon Sistemi

CD [si: di:] n CD; **CD burner** n CD yazıcı; **CD player** n CD çalar; **Can I make CDs at this computer?** Bu bilgisayarda CD yapabilir miyim?; **When will the CD be ready?** CD ne zaman hazır olur?

CD-ROM [-ˈrɒm] n CD-ROM

ceasefire [ˈsiːsˈfaɪə] n ateşkes

ceiling [ˈsiːlɪŋ] n tavan

celebrate [ˈsɛlɪˌbreɪt] v kutlamak

celebration [ˈsɛlɪˌbreɪʃən] n kutlama

celebrity [sɪˈlɛbrɪtɪ] n ünlü

celery [ˈsɛlərɪ] n kereviz sapı

cell [sɛl] n hücre

cellar [ˈsɛlə] n mahzen

cello [ˈtʃɛləʊ] n viyolonsel

cement [sɪˈmɛnt] n çimento

cemetery [ˈsɛmɪtrɪ] n mezarlık

census [ˈsɛnsəs] n nüfus sayımı

cent [sɛnt] n sent (para birimi)

centenary [sɛnˈtiːnərɪ] n yüzüncü yıl

centimetre [ˈsɛntɪˌmiːtə] n santimetre

central [ˈsɛntrəl] adj merkezi; **central heating** n merkezi ısıtma; **Central America** n Orta Amerika

centre [ˈsɛntə] n merkez; **call centre** n çağrı merkezi; **city centre** n kent merkezi; **job centre** n iş bulma kurumu; **leisure centre** n eğlence merkezi;

shopping centre n alışveriş merkezi; **town centre** n şehir merkezi; **visitor centre** n ziyaretçi merkezi; **How do I get to the centre of...?** ... merkezine nasıl gidebilirim?

century ['sɛntʃərɪ] n yüzyıl

CEO [si: i: əʊ] abbr CEO

ceramic [sɪˈræmɪk] adj seramik

cereal ['sɪərɪəl] n tahıl gevreği

ceremony ['sɛrɪmənɪ] n tören

certain ['sɜːtᵊn] adj kesin

certainly ['sɜːtᵊnlɪ] adv kesinlikle

certainty ['sɜːtᵊntɪ] n kesinlik

certificate [səˈtɪfɪkɪt] n sertifika; **birth certificate** n nüfus cüzdanı; **marriage certificate** n evlilik cüzdanı; **medical certificate** n sağlık belgesi

Chad [tʃæd] n Çad

chain [tʃeɪn] n zincir; **Do I need snow chains?** Kar zinciri almam gerekiyor mu?

chair [tʃɛə] n (furniture) sandalye; **easy chair** n koltuk; **rocking chair** n sallanan sandalye; **Do you have a high chair?** Mama sandalyeniz var mı?

chairlift ['tʃɛəˌlɪft] n teleferik; **When does the first chairlift go?** İlk teleferik kaçta?

chairman, chairmen ['tʃɛəmən, 'tʃɛəmɛn] n başkan

chalk [tʃɔːk] n tebeşir

challenge ['tʃælɪndʒ] n meydan okuma ▷ v meydan okumak

challenging ['tʃælɪndʒɪŋ] adj zorlayıcı

chambermaid ['tʃeɪmbəˌmeɪd] n oda görevlisi

champagne [ʃæmˈpeɪn] n şampanya

champion ['tʃæmpɪən] n şampiyon

championship ['tʃæmpɪənˌʃɪp] n şampiyona

chance [tʃɑːns] n gelişigüzel; **by chance** adv kazara

change [tʃeɪndʒ] n değişim ▷ vi değiştirmek; **changing room** n soyunma odası (spor); **I want to change my ticket** Biletimi değiştirmek istiyorum; **I want to change some... into...** ...larımı... la değiştirmek istiyorum; **I'd like to change my flight** Uçuşumu değiştirmek istiyorum

changeable ['tʃeɪndʒəbᵊl] adj değiştirilebilir

channel ['tʃænᵊl] n kanal

chaos ['keɪɒs] n kargaşa

chaotic ['keɪˈɒtɪk] adj karmakarışık

chap [tʃæp] n ahbap

chapel ['tʃæpᵊl] n şapel

chapter ['tʃæptə] n bölüm (kitap)

character ['kærɪktə] n karakter

characteristic [ˌkærɪktəˈrɪstɪk] n karakteristik

charcoal ['tʃɑːˌkəʊl] n odun kömürü

charge [tʃɑːdʒ] n (accusation) suçlama, (electricity) şarj, (price) fiyat biçmek ▷ v (accuse) suçlamak, (electricity) şarj etmek (elektrik), (price) fiyat biçmek; **admission charge** n giriş ücreti; **cover charge** n servis ücreti; **service charge** n servis ücreti; **Where can I charge my mobile phone?** Cep telefonumu nerede şarj edebilirim

charger [ˈtʃɑːdʒə] n şarj aleti

charity [ˈtʃærɪtɪ] n yardım derneği; **charity shop** n yardım derneği dükkanı

charm [tʃɑːm] n çekim

charming [ˈtʃɑːmɪŋ] adj sevimli

chart [tʃɑːt] n harita; **pie chart** n dilimli grafik

chase [tʃeɪs] n takip ▷ v takip etmek

chat [tʃæt] n sohbet ▷ v sohbet etmek; **chat show** n sohbet programı

chatroom [ˈtʃætˌruːm; -ˌrʊm] n sohbet odası

chauffeur [ˈʃəʊfə; ʃəʊˈfɜː] n şoför

chauvinist [ˈʃəʊvɪˌnɪst] n şoven

cheap [tʃiːp] adj ucuz; **Do you have anything cheaper?** Daha ucuz bir şeyiniz var mı?; **I'd like the cheapest option** En ucuz bilet olsun lütfen

cheat [tʃiːt] n dolandırıcı ▷ v dolandırmak

Chechnya [ˈtʃetʃnjə] n Çeçenistan

check [tʃek] n denetim ▷ v denetlemek (kontrol)

checked [tʃekt] adj kareli

check in [tʃek ɪn] v giriş yapmak

check-in [tʃekɪn] n giriş (havaalanı)

check out [tʃek aʊt] v çıkış yapmak

checkout [ˈtʃekaʊt] n çıkış

check-up [tʃekʌp] n revizyon

cheek [tʃiːk] n yanak

cheekbone [ˈtʃiːkˌbəʊn] n elmacık kemiği

cheeky [ˈtʃiːkɪ] adj arsız

cheer [tʃɪə] n tezahürat ▷ v tezahürat yapmak

cheerful [ˈtʃɪəfʊl] adj neşeli

cheerio [ˌtʃɪərɪˈəʊ] excl sağlıcakla!

cheers [tʃɪəz] excl şerefe!

cheese [tʃiːz] n peynir; **cottage cheese** n süzme peynir

chef [ʃef] n aşçıbaşı

chemical [ˈkemɪkəl] n kimyasal

chemist [ˈkemɪst] n eczacı; **chemist('s)** n eczane

chemistry [ˈkemɪstrɪ] n kimya

cheque [tʃek] n çek; **blank cheque** n açık çek; **traveller's cheque** n seyahat çeki; **Can I change my traveller's cheques here?** Seyahat çeklerimi burada bozdurabilir miyim?; **I want to change these traveller's cheques** Bu seyahat çeklerini bozdurmak istiyorum; **Someone's stolen my traveller's cheques** Biri seyahat çeklerimi çaldı

chequebook [ˈtʃekˌbʊk] n çek defteri

cherry [ˈtʃerɪ] n kiraz

chess [tʃes] n satranç

chest [tʃest] n (body part) göğüs, (storage) sandık; **chest of drawers** n komodin

chestnut [ˈtʃesˌnʌt] n kestane

chew [tʃuː] v çiğnemek; **chewing gum** n çiklet

chick [tʃɪk] n civciv

chicken [ˈtʃɪkɪn] n tavuk

chickenpox [ˈtʃɪkɪnˌpɒks] n suçiçeği

chickpea [ˈtʃɪkˌpiː] n nohut

chief [tʃiːf] adj baş ▷ n şef

child, children [tʃaɪld, ˈtʃɪldrən] n çocuk; **child abuse** n çocuk tacizi; **I need someone to look after the children tonight** Bu akşam çocuklara bakacak birine ihtiyacım var; **I'd like a child seat for a two-year-old child** İki yaşında bir çocuk için çocuk koltuğu istiyorum; **I'm looking for a present for a child** Bir çocuk için armağan almak istiyordum

childcare ['tʃaɪld,keə] n çocuk bakımı

childhood ['tʃaɪldhʊd] n çocukluk

childish ['tʃaɪldɪʃ] adj çocukça

childminder ['tʃaɪld,maɪndə] n çocuk bakıcısı

Chile ['tʃɪlɪ] n Şili

Chilean ['tʃɪlɪən] adj Şili ▷ n Şilili

chill [tʃɪl] v soğutmak

chilli ['tʃɪlɪ] n acı (biber)

chilly ['tʃɪlɪ] adj soğuk

chimney ['tʃɪmnɪ] n baca

chimpanzee [,tʃɪmpæn'ziː] n şempanze

chin [tʃɪn] n çene

china ['tʃaɪnə] n porselen

China ['tʃaɪnə] n Çin

Chinese [tʃaɪ'niːz] adj Çin ▷ n (language) Çince (dil), (person) Çinli (kişi)

chip [tʃɪp] n (electronic) çip (elektronik), (small piece) parça; **silicon chip** n silikon çip

chips [tʃɪps] npl patates kızartması

chiropodist [kɪ'rɒpədɪst] n ayak uzmanı

chisel ['tʃɪzəl] n keski

chives [tʃaɪvz] npl Frenk soğanı

chlorine ['klɔːriːn] n klor

chocolate ['tʃɒkəlɪt; 'tʃɒklɪt; -lət] n çikolata; **milk chocolate** n sütlü

çikolata; **plain chocolate** n sade çikolata

choice [tʃɔɪs] n seçim

choir [kwaɪə] n koro

choke [tʃəʊk] v tıkanmak

cholesterol [kə'lɛstə,rɒl] n kolesterol

choose [tʃuːz] v seçmek

chop [tʃɒp] n doğrama ▷ v doğramak (et, sebze); **pork chop** n domuz pirzolası

chopsticks ['tʃɒpstɪks] npl Çin çubuğu

chosen ['tʃəʊzən] adj seçilmiş

Christ [kraɪst] n İsa

christening ['krɪsnɪŋ] n vaftiz

Christian ['krɪstʃən] adj Hristiyan ▷ n Hristiyan; **Christian name** n ön adı

Christianity [,krɪstɪ'ænɪtɪ] n Hristiyanlık

Christmas ['krɪsməs] n Noel; **Christmas card** n Noel kartı; **Christmas Eve** n Noel arifesi; **Christmas tree** n Noel ağacı; **Merry Christmas!** Mutlu Noeller!

chrome [krəʊm] n krom kaplı

chronic ['krɒnɪk] adj kronik

chrysanthemum [krɪ'sænθəməm] n kasımpatı

chubby ['tʃʌbɪ] adj tombul

chunk [tʃʌŋk] n parça

church [tʃɜːtʃ] n kilise; **Can we visit the church?** Kiliseyi gezebilir miyiz?

cider ['saɪdə] n elma şarabı

cigar [sɪ'gɑː] n puro

cigarette [,sɪgə'rɛt] n sigara; **cigarette lighter** n çakmak

cinema ['sɪnɪmə] n sinema;

What's on at the cinema?
Sinemada ne oynuyor?

cinnamon ['sɪnəmən] n tarçın

circle ['sɜːkəl] n daire; **Arctic Circle** n Kuzey Buzul Kuşağı

circuit ['sɜːkɪt] n devre

circular ['sɜːkjʊlə] adj dairesel

circulation [,sɜːkjʊ'leɪʃən] n kan dolaşımı

circumstances ['sɜːkəmstənsɪz] npl koşullar

circus ['sɜːkəs] n sirk

citizen ['sɪtɪzən] n vatandaş; **senior citizen** n yaşlı vatandaş

citizenship ['sɪtɪzənʃɪp] n vatandaşlık

city ['sɪtɪ] n şehir; **city centre** n kent merkezi

civilian [sɪ'vɪljən] adj sivil ▷ n sivil

civilization [,sɪvɪlaɪ'zeɪʃən] n uygarlık

claim [kleɪm] n talep ▷ v talep etmek; **claim form** n istek formu

clap [klæp] v alkışlanmak

clarify ['klærɪ,faɪ] v açıklık kazandırmak

clarinet [,klærɪ'nɛt] n klarnet

clash [klæʃ] v çatışmak

clasp [klɑːsp] n toka

class [klɑːs] n sınıf; **business class** n hizmet sınıfı; **economy class** n ikinci sınıf; **second class** n ikinci sınıf; **a first-class cabin** Birinci sınıf bir kabin; **a first-class return to...** ... a birinci sınıf bir gidiş dönüş bilet; **I would like to travel first class** Birinci sınıf seyahat etmek istiyorum

classic ['klæsɪk] adj klasik ▷ n klasik

classical ['klæsɪkəl] adj klasik

classmate ['klɑːs,meɪt] n sınıf arkadaşı

classroom ['klɑːs,ruːm; -,rʊm] n sınıf; **classroom assistant** n yardımcı öğretmen

clause [klɔːz] n madde (yasa vb)

claustrophobic [,klɔːstrə'fəʊbɪk; ,klɒs-] adj kapalı yer korkusu olan

claw [klɔː] n pençe

clay [kleɪ] n kil

clean [kliːn] adj temiz ▷ v temizlemek; **Can you clean the room, please?** Odamı temizler misiniz lütfen; **I need this dry-cleaned** Bunu kuru temizleyiciye vermek istiyorum; **I'd like to get these things cleaned** Bunları temizletmek istiyorum; **The room isn't clean** Oda temizlenmemiş; **Where can I get this cleaned?** Bunu nerede temizletebilirim?

cleaner ['kliːnə] n temizlikçi; **When does the cleaner come?** Temizlikçi kaçta geliyor?

cleaning ['kliːnɪŋ] n temizleme; **cleaning lady** n temizlikçi

cleanser ['klɛnzə] n temizleyici

clear [klɪə] adj açık (hava vb)

clearly ['klɪəlɪ] adv açıkça

clear off [klɪə ɒf] v ayak altından çekilmek

clear up [klɪə ʌp] v toplamak (ortalığı)

clementine ['klɛmən,tiːn; -,taɪn] n mandalina

clever ['klɛvə] adj zeki

click [klɪk] n tık ▷ v tıklamak

client ['klaɪənt] n müşteri

cliff [klɪf] n kayalık

climate ['klaımıt] n iklim; **climate change** n iklim değişikliği

climb [klaım] v tırmanmak

climber ['klaımə] n dağcı (tırmanıcı)

climbing ['klaımıŋ] n dağcılık (tırmanıcılık)

clinic ['klınık] n poliklinik

clip [klıp] n klips

clippers ['klıpəz] npl makas (tırnak/saç/tel/çalı)

cloakroom ['kləʊk,ruːm; -,rʊm] n vestiyer

clock [klɒk] n saat (genelde); **alarm clock** n çalar saat; **before five o'clock** saat beşten önce; It's two o'clock Saat iki

clockwise ['klɒk,waız] adv saat yönünde

clog [klɒg] n takunya

clone [kləʊn] n klon ▷ v klonlamak

close adj [kləʊs] yakın ▷ adv [kləʊs] yakın ▷ v [kləʊz] kapatmak; **close by** adj yakın; **closing time** n kapanış saati

closed [kləʊzd] adj kapalı

closely [kləʊslı] adv yakından

closure ['kləʊʒə] n kapanış

cloth [klɒθ] n kumaş

clothes [kləʊðz] npl giysiler; **clothes line** n çamaşır ipi; **clothes peg** n çamaşır mandalı; **My clothes are damp** Giysilerim ıslak

clothing ['kləʊðıŋ] n giyim

cloud [klaʊd] n bulut

cloudy ['klaʊdı] adj bulutlu; It's cloudy Hava bulutlu

clove [kləʊv] n karanfil (baharat)

clown [klaʊn] n palyaço

club [klʌb] n (group) klüp, (weapon) sopa (silah); **golf club** n (stick) golf sopası, (society) golf klübü; **Do they hire out golf clubs?** Golf sopaları kiralıyorlar mı?

club together [klʌb tə'gɛðə] v paylaşmak (iş/masraf)

clue [kluː] n delil

clumsy ['klʌmzı] adj sakar

clutch [klʌtʃ] n debriyaj

clutter ['klʌtə] n yayıntı

coach [kəʊtʃ] n (trainer) koç (spor), (vehicle) tur otobüsü

coal [kəʊl] n kömür

coarse [kɔːs] adj kaba (kumaş, sakal vb)

coast [kəʊst] n kıyı

coastguard ['kəʊst,gɑːd] n sahil koruma görevlisi

coat [kəʊt] n kaban; **fur coat** n kürk (giysi)

coathanger ['kəʊt,hæŋə] n elbise askısı

cobweb ['kɒb,wɛb] n örümcek ağı

cocaine [kə'keın] n kokain

cock [kɒk] n horoz

cockerel ['kɒkərəl; 'kɒkrəl] n horoz

cockpit ['kɒk,pıt] n kokpit

cockroach ['kɒk,rəʊtʃ] n hamam böceği

cocktail ['kɒk,teıl] n kokteyl; **Do you sell cocktails?** Kokteyl yapıyor musunuz?

cocoa ['kəʊkəʊ] n kakao

coconut ['kəʊkə,nʌt] n Hindistan cevizi

cod [kɒd] n morina balığı

code [kəʊd] n şifre; **dialling code** n telefon kodu; **Highway Code** n trafik kuralları

coeliac ['si:lɪ‚æk] *adj* karın boşluğu ile ilgili

coffee ['kɒfɪ] *n* kahve; **black coffee** *n* sütsüz kahve; **coffee bean** *n* kahve çekirdeği; **decaffeinated coffee** *n* kafeinsiz kahve; **A white coffee, please** Sütlü kahve lütfen; **Could we have another cup of coffee, please?** Bir fincan kahve daha alabilir miyiz?; **Have you got fresh coffee?** Taze kahveniz var mı?

coffeepot ['kɒfɪ‚pɒt] *n* cezve

coffin ['kɒfɪn] *n* tabut

coin [kɔɪn] *n* madeni para

coincide [‚kəʊɪn'saɪd] *v* çakışmak

coincidence [kəʊ'ɪnsɪdəns] *n* rastlantı

Coke® [kəʊk] *n* Kola

colander ['kɒləndə; 'kʌl-] *n* süzgeç

cold [kəʊld] *adj* soğuk ▷ *n* soğuk; **cold sore** *n* uçuk *(sağlık)*; **I have a cold** Soğuk algınlığım var; **I'd like something for a cold** Soğuk algınlığı için bir şey rica ediyorum; **The food is too cold** Yemek çok soğuk; **The room is too cold** Oda çok soğuk; **Will it be cold tonight?** Bu gece hava soğuk mu olacak?

coleslaw ['kəʊl‚slɔ:] *n* lahana salatası

collaborate [kə'læbə‚reɪt] *v* işbirliği yapmak

collapse [kə'læps] *v* çökmek

collar ['kɒlə] *n* yaka

collarbone ['kɒlə‚bəʊn] *n* köprücük kemiği

colleague ['kɒli:g] *n* meslekdaş

collect [kə'lɛkt] *v* toplamak *(para, pul vb)*

collection [kə'lɛkʃən] *n* koleksiyon

collective [kə'lɛktɪv] *adj* kolektif ▷ *n* kolektif

collector [kə'lɛktə] *n* kolleksiyoncu; **ticket collector** *n* biletçi

college ['kɒlɪdʒ] *n* yüksek okul

collide [kə'laɪd] *v* çarpışmak

collie ['kɒlɪ] *n* İskoç çoban köpeği

colliery ['kɒljərɪ] *n* kömür ocağı

collision [kə'lɪʒən] *n* çarpışma

Colombia [kə'lɒmbɪə] *n* Kolombiya

Colombian [kə'lɒmbɪən] *adj* Kolombiya ▷ *n* Kolombiyalı

colon ['kəʊlən] *n* iki nokta üst üste

colonel ['kɜ:nəl] *n* albay

colour ['kʌlə] *n* renk; **A colour film, please** Renkli film istiyorum lütfen; **in colour** Renkli; **I'd like a colour photocopy of this, please** Bunun renkli fotokopisini istiyorum lütfen

colour-blind ['kʌlə'blaɪnd] *adj* renk körü

colourful ['kʌləfʊl] *adj* renkli

colouring ['kʌlərɪŋ] *n* boyama

column ['kɒləm] *n* sütun

coma ['kəʊmə] *n* koma

comb [kəʊm] *n* tarak ▷ *v* taramak

combination [‚kɒmbɪ'neɪʃən] *n* birleştirme

combine [kəm'baɪn] *v* birleştirmek

come [kʌm] *v* gelmek

come back [kʌm bæk] *v* geri gelmek

comedian [kə'miːdɪən] n
komedyen

come down [kʌm daʊn] v aşağıya
inmek

comedy ['kɒmɪdɪ] n komedi

come from [kʌm frəm] v gelmek

come in [kʌm ɪn] v girmek
(içeriye)

come off [kʌm ɒf] v **The handle
has come off** Kolu çıktı

come out [kʌm aʊt] v çıkmak

come round [kʌm raʊnd] v
kendine gelmek

comet ['kɒmɪt] n kuyruklu yıldız

come up [kʌm ʌp] v gündeme
gelmek

comfortable ['kʌmftəbəl;
'kʌmfətəbəl] adj rahat

comic ['kɒmɪk] n komik; **comic
book** n mizah dergisi; **comic strip**
n çizgi öykü

coming ['kʌmɪŋ] adj gelecek

comma ['kɒmə] n virgül; **inverted
commas** npl ters tırnak işareti

command [kə'mɑːnd] n emir

comment ['kɒment] n yorum ▷ v
yorum yapmak

commentary ['kɒməntərɪ; -trɪ] n
yorum

commentator ['kɒmənˌteɪtə] n
yorumcu

commercial [kə'mɜːʃəl] n reklam;
commercial break n reklam arası

commission [kə'mɪʃən] n
komisyon; **Do you charge
commission?** Komisyon alıyor
musunuz?; **What's the
commission?** Komisyon ne
kadar?

commit [kə'mɪt] v işlemek

committee [kə'mɪtɪ] n komite

common ['kɒmən] adj müşterek;
common sense n sağduyu

communicate [kə'mjuːnɪˌkeɪt] v
iletişim kurmak

communication
[kəˌmjuːnɪ'keɪʃən] n iletişim

communion [kə'mjuːnjən] n
ortak görüş

communism ['kɒmjʊˌnɪzəm] n
komünizm

communist ['kɒmjʊnɪst] adj
toplumcu ▷ n toplumcu

community [kə'mjuːnɪtɪ] n
topluluk

commute [kə'mjuːt] v her gün işi
ile evi arasında gidip gelmek

commuter [kə'mjuːtə] n her gün
işe trenle giden kimse

compact ['kɒmˈpækt] adj sımsıkı
paketlenmiş; **compact disc** n
kompakt disk

companion [kəm'pænjən] n
yoldaş

company ['kʌmpənɪ] n şirket;
company car n şirket arabası

comparable ['kɒmpərəbəl] adj
kıyaslanabilir

comparatively [kəm'pærətɪvlɪ]
adv göreceli olarak

compare [kəm'pɛə] v kıyaslamak

comparison [kəm'pærɪsən] n
kıyaslama

compartment [kəm'pɑːtmənt] n
kompartıman

compass ['kʌmpəs] n pusula

compatible [kəm'pætəbəl] adj
uyumlu

compensate ['kɒmpɛnˌseɪt] v
telafi etmek

compensation [ˌkɒmpɛnˈseɪʃən]
n tazminat

compere [ˈkɒmpɛə] n sunucu
(oyun, film, gösteri)

compete [kəmˈpiːt] v yarışmak

competent [ˈkɒmpɪtənt] adj
yetkin

competition [ˌkɒmpɪˈtɪʃən] n
yarışma

competitive [kəmˈpɛtɪtɪv] adj
rekabete açık

competitor [kəmˈpɛtɪtə] n
yarışmacı

complain [kəmˈpleɪn] v yakınmak

complaint [kəmˈpleɪnt] n şikayet;
I'd like to make a complaint Bir
şikayette bulunmak istiyorum

complementary
[ˌkɒmplɪˈmɛntərɪ; -trɪ] adj
bütünleyici

complete [kəmˈpliːt] adj bütün

completely [kəmˈpliːtlɪ] adv
tamamen

complex [ˈkɒmplɛks] adj
komplike ▷ n kompleks

complexion [kəmˈplɛkʃən] n ten

complicated [ˈkɒmplɪˌkeɪtɪd] adj
komplike

complication [ˌkɒmplɪˈkeɪʃən] n
zorluk

compliment n [ˈkɒmplɪmənt]
kompliman ▷ v [ˈkɒmplɪˌmɛnt]
iltifat etmek

complimentary
[ˌkɒmplɪˈmɛntərɪ; -trɪ] adj övücü

component [kəmˈpəʊnənt] adj
bileşen ▷ n bileşen

composer [kəmˈpəʊzə] n besteci

composition [ˌkɒmpəˈzɪʃən] n
beste

comprehension
[ˌkɒmprɪˈhɛnʃən] n anlama

comprehensive
[ˌkɒmprɪˈhɛnsɪv] adj kapsamlı

compromise [ˈkɒmprəˌmaɪz] n
ödün ▷ v ödün vermek

compulsory [kəmˈpʌlsərɪ] adj
metazori

computer [kəmˈpjuːtə] n
bilgisayar; **computer game** n
bilgisayar oyunu; **computer
science** n bilgisayar bilimi;
May I use your computer?
Bilgisayarınızı kullanabilir miyim?;
Where is the computer room?
Bilgisayar odası nerede?

computing [kəmˈpjuːtɪŋ] n
bilgisayar çalışması

concentrate [ˈkɒnsənˌtreɪt] v
yoğunlaşmak

concentration [ˌkɒnsənˈtreɪʃən]
n yoğunlaşma

concern [kənˈsɜːn] n teveccüh

concerned [kənˈsɜːnd] adj ilgili

concerning [kənˈsɜːnɪŋ] prep ilgili

concert [ˈkɒnsɜːt; -sət] n konser;
**Are there any good concerts
on?** İyi konserler var mı?; **What's
on tonight at the concert hall?**
Konser salonunda bu gece ne var?;
**Where can I buy tickets for the
concert?** Konser biletlerini
nereden alabilirim?

concerto, concerti [kənˈtʃɛətəʊ,
kənˈtʃɛətɪ] n konçerto

concession [kənˈsɛʃən] n ayrıcalık

concise [kənˈsaɪs] adj kısa ve öz

conclude [kənˈkluːd] v son
vermek

conclusion [kənˈkluːʒən] n sonuç

concrete ['kɒnkri:t] n beton

concussion [kən'kʌʃən] n sarsıntı

condemn [kən'dɛm] v kınamak

condensation [ˌkɒndɛn'seɪʃən] n buğu

condition [kən'dɪʃən] n koşul

conditional [kən'dɪʃənəl] adj koşullu

conditioner [kən'dɪʃənə] n saç kremi

condom ['kɒndɒm; 'kɒndəm] n prezervatif

conduct [kən'dʌkt] v rehberlik etmek

conductor [kən'dʌktə] n orkestra şefi; **bus conductor** n biletçi

cone [kəʊn] n koni

conference ['kɒnfərəns; -frəns] n konferans; **press conference** n basın toplantısı; **Please take me to the conference centre** Konferans merkezine lütfen

nfess [kən'fɛs] v itiraf etmek

fession [kən'fɛʃən] n itiraf

tti [kən'fɛtɪ] npl konfeti

ence ['kɒnfɪdəns] n (secret) assurance) özgüven, (trust)

'kɒnfɪdənt] adj
nen
daimi   ɒnfɪ'dɛnʃəl] adj
adv

v doğrulamak
ə'meɪʃən] n
rmek
əs] adj   sɪdən] n l v

tra'sɛdʒən]   na

confused [kən'fju:zd] adj kafası karışık

confusing [kən'fju:zɪŋ] adj yanıltıcı

confusion [kən'fju:ʒən] n karışıklık

congestion [kən'dʒɛstʃən] n tıkanıklık

Congo ['kɒŋgəʊ] n Kongo

congratulate [kən'grætjʊˌleɪt] v kutlamak

congratulations [kənˌgrætjʊ'leɪʃənz] npl tebrikler

conifer ['kəʊnɪfə; 'kɒn-] n kozalak

conjugation [ˌkɒndʒʊ'geɪʃən] n birleşme

conjunction [kən'dʒʌŋkʃən] n bağlantı

conjurer ['kʌndʒərə] n illüzyonist

connect [kə'nɛkt] v bağlamak (kablo)

connection [kə'nɛkʃən] n bağlantı; **I've missed my connection** Bağlantı uçağımı kaçırdım; **Is there an internet connection in the room?** Odada internet bağlantısı var mı?; **The connection seems very slow** Bağlantı çok yavaş

conquer ['kɒŋkə] v yenmek

conscience ['kɒnʃəns] n vicdan

conscientious [ˌkɒnʃɪ'ɛnʃəs] adj vicdanlı

conscious ['kɒnʃəs] adj bilinçli

consciousness ['kɒnʃəsnɪs] n bilinçlilik

consecutive [kən'sɛkjʊtɪv] adj ardı ardına

consensus [kən'sɛnsəs] n oy birliği

consequence [ˈkɒnsɪkwəns] *n*
sonuç

consequently [ˈkɒnsɪkwəntlɪ]
adv nitekim

conservation [ˌkɒnsəˈveɪʃən] *n*
koruma

conservative [kənˈsɜːvətɪv] *adj*
muhafazakâr

conservatory [kənˈsɜːvətrɪ] *n*
limonluk

consider [kənˈsɪdə] *v* hesaba
katmak

considerate [kənˈsɪdərɪt] *adj*
düşünceli *(özenli)*

considering [kənˈsɪdərɪŋ] *prep*
göz önünde tutarak

consist [kənˈsɪst] *v* **consist of** *v*
oluşmak

consistent [kənˈsɪstənt] *adj* tutarlı

consonant [ˈkɒnsənənt] *n* ünsüz
(gramer)

conspiracy [kənˈspɪrəsɪ] *n*
komplo

constant [ˈkɒnstənt] *adj* sabit
(değişmez)

constantly [ˈkɒnstəntlɪ] *adv*
sürekli

constipated [ˈkɒnstɪˌpeɪtɪd] *adj*
kabız; **I'm constipated** Kabızlık
çekiyorum

constituency [kənˈstɪtjʊənsɪ] *n*
seçmen bölgesi

constitution [ˌkɒnstɪˈtjuːʃən] *n*
yasalar

construct [kənˈstrʌkt] *v* yapmak

construction [kənˈstrʌkʃən] *n*
yapı

constructive [kənˈstrʌktɪv] *adj*
yapıcı

consul [ˈkɒnsəl] *n* konsolos

consulate [ˈkɒnsjʊlɪt] *n*
konsolosluk

consult [kənˈsʌlt] *v* danışmak

consultant [kənˈsʌltᵊnt] *n*
(adviser) danışman

consumer [kənˈsjuːmə] *n* tüketici

contact *n* [ˈkɒntækt] temas ▷ *v*
[kənˈtækt] temas kurmak;
contact lenses *npl* kontakt lens;
Where can I contact you? Sizinle
nasıl temas kurabilirim?; **Who do
we contact if there are
problems?** Bir sorun çıkarsa
kiminle temas kuracağız?

contactless [ˈkɒntæktlɪs] *adj*
temassız

contagious [kənˈteɪdʒəs] *adj*
bulaşıcı

contain [kənˈteɪn] *v* içermek

container [kənˈteɪnə] *n* kap

contemporary [kənˈtɛmprərɪ]
adj çağdaş

contempt [kənˈtɛmpt] *n* hor
görme

content [ˈkɒntɛnt] *n* muhteviyat

contents *(list)* *npl* muhteviyat

contest [ˈkɒntɛst] *n* yarışma

contestant [kənˈtɛstənt] *n*
yarışmacı

context [ˈkɒntɛkst] *n* içerik

continent [ˈkɒntɪnənt] *n* k...

continual [kənˈtɪnjʊəl] *adj*...

continually [kənˈtɪnjʊəlɪ]...
daimi

continue [kənˈtɪnjuː] *vi*
sürdürmek ▷ *vt* devam e...

continuous [kənˈtɪnju...
kesintisiz

contraception [ˌkɒn...
doğum kontrolü

contraceptive [ˌkɒntrə'septiv] n
doğum kontrol hapı

contract ['kɒntrækt] n kontrat

contractor ['kɒntræktə;
kən'træk-] n yüklenici

contradict [ˌkɒntrə'dikt] v
çelişmek

contradiction [ˌkɒntrə'dikʃən] n
çelişki

contrary ['kɒntrəri] n zıt

contrast ['kɒntrɑːst] n karşıtlık

contribute [kən'tribjuːt] v
katkıda bulunmak

contribution [ˌkɒntrı'bjuːʃən] n
katkı

control [kən'trəul] n kontrol ▷ v
idare etmek; **birth control** n
doğum kontrolü; **passport
control** n pasaport kontrol;
remote control n uazaktan
kumanda

controller [kən'trəulə] n
air-traffic controller n hava
trafik kontrolörü

controversial ['kɒntrə'vɜːʃəl] adj
tartışmalı

convenient [kən'viːnıənt] adj
uygun

convent ['kɒnvənt] n manastır

conventional [kən'venʃənᵊl] adj
konvensiyonel *(alışılmış)*

conversation [ˌkɒnvə'seıʃən] n
konuşma

convert [kən'vɜːt] v değiştirmek
(dönüştürmek); **catalytic
converter** n katalitik konvertör

convertible [kən'vɜːtəbᵊl] adj
konvertibl ▷ n üstü açılır araba

convict [kən'vıkt] n hükümlü

convince [kən'vıns] v inandırmak

convincing [kən'vınsıŋ] adj
inandırıcı

convoy ['kɒnvɔı] n konvoy

cook [kʊk] n ahçı ▷ v pişirmek

cookbook ['kʊk,bʊk] n yemek
kitabı

cooker ['kʊkə] n ocak *(fırın vb)*;
gas cooker n gazlı ocak

cookery ['kʊkərı] n aşçılık;
cookery book n yemek kitabı

cooking ['kʊkıŋ] n pişirme

cool [kuːl] adj *(cold)* serin, *(stylish)*
havalı

cooperation [kəʊˌɒpə'reıʃən] n
işbirliği

cop [kɒp] n aynasız

cope [kəʊp] v **cope (with)** v başa
çıkmak

copper ['kɒpə] n bakır

copy ['kɒpı] n *(reproduction)* taklit,
(written text) kopya *(nüsha)* ▷ v
kopyalamak

copyright ['kɒpı,raıt] n telif hakkı

coral ['kɒrəl] n mercan

cord [kɔːd] n **spinal cord** n omurilik

cordless ['kɔːdlıs] adj telsiz

corduroy ['kɔːdəˌrɔı; ˌkɔːdə'rɔı] n
fitilli kadife

core [kɔː] n çekirdekli kısım
(meyve)

coriander [ˌkɒrı'ændə] n kişniş

cork [kɔːk] n mantar *(eşya)*

corkscrew ['kɔːk,skruː] n tirbuşon

corn [kɔːn] n mısır *(sebze)*

corner ['kɔːnə] n köşe; **It's on the
corner** Köşede; **It's round the
corner** Köşeyi dönünce

cornet ['kɔːnıt] n kornet

cornflakes ['kɔːnˌfleıks] npl
mısır gevreği

cornflour ['kɔːnˌflaʊə] n mısır nişastası

corporal ['kɔːpərəl; -prəl] n onbaşı

corpse [kɔːps] n ceset

correct [kə'rɛkt] adj doğru (işlem, hareket) ▷ v düzeltmek (hata, yanlış)

correction [kə'rɛkʃən] n düzelti

correctly [kə'rɛktlɪ] adv doğru olarak

correspondence [ˌkɒrɪ'spɒndəns] n yazışma

correspondent [ˌkɒrɪ'spɒndənt] n muhabir

corridor ['kɒrɪˌdɔː] n koridor

corrupt [kə'rʌpt] adj yozlaşmış

corruption [kə'rʌpʃən] n yozlaşma

cosmetics [kɒz'mɛtɪks] npl makyaj malzemesi

cost [kɒst] n eder ▷ v mal olmak; **cost of living** n hayat pahalılığı

Costa Rica ['kɒstə 'riːkə] n Kosta Rika

costume ['kɒstjuːm] n kostüm; **swimming costume** n mayo

cosy ['kəʊzɪ] adj rahat

cot [kɒt] n bebek karyolası

cottage ['kɒtɪdʒ] n kulübe; **cottage cheese** n süzme peynir

cotton ['kɒtən] n pamuk (bitki); **cotton bud** n kulak çubuğu; **cotton wool** n pamuk

couch [kaʊtʃ] n kanepe

couchette [kuː'ʃɛt] n kuşet

cough [kɒf] n öksürük ▷ v öksürmek; **cough mixture** n öksürük şurubu

council ['kaʊnsəl] n meclis

(belediye vb); **council house** n sosyal konut

councillor ['kaʊnsələ] n belediye meclis üyesi

count [kaʊnt] v saymak

counter ['kaʊntə] n kontuar

count on [kaʊnt ɒn] v güvenmek

country ['kʌntrɪ] n ülke; **developing country** n gelişmekte olan ülke

countryside ['kʌntrɪˌsaɪd] n kırsal bölge

couple ['kʌpəl] n çift

courage ['kʌrɪdʒ] n cesaret

courageous [kə'reɪdʒəs] adj yürekli

courgette [kʊə'ʒɛt] n kabak

courier ['kʊərɪə] n kurye; **I want to send this by courier** Kuryeyle göndermek istiyorum

course [kɔːs] n kurs; **golf course** n golf sahası; **main course** n ana yemek; **refresher course** n bilgi tazeleme eğitimi; **training course** n eğitim kursu

court [kɔːt] n mahkeme; **tennis court** n tenis kortu

courtyard ['kɔːtˌjɑːd] n avlu

cousin ['kʌzən] n kuzen

cover ['kʌvə] n örtü ▷ v örtmek; **cover charge** n servis ücreti

cow [kaʊ] n inek

coward ['kaʊəd] n korkak

cowardly ['kaʊədlɪ] adj korkakça

cowboy ['kaʊˌbɔɪ] n kovboy

crab [kræb] n yengeç

crack [kræk] n (cocaine) krek (kokain), (fracture) çatlak ▷ v çatlatmak; **crack down on** v sıkı tedbirler almak

cracked [krækt] *adj* çatlak

cracker ['krækə] *n* kraker

cradle ['kreɪdªl] *n* beşik

craft [krɑːft] *n* zanaat

craftsman ['krɑːftsmən] *n* zanaatkâr

cram [kræm] *v* tıkabasa doldurmak

crammed [kræmd] *adj* tıkabasa dolu

cranberry ['krænbərɪ; -brɪ] *n* kırmızı yaban mersini

crane [kreɪn] *n (bird)* turna, *(for lifting)* vinç

crash [kræʃ] *n* araba kazası ▷ *vi* çarpışmak *(araçla)* ▷ *vt* vasıta ile çarpmak

crawl [krɔːl] *v* emeklemek

crayfish ['kreɪˌfɪʃ] *n* kerevit

crayon ['kreɪən; -ɒn] *n* mum boya

crazy ['kreɪzɪ] *adj* çılgın

cream [kriːm] *adj* krem renkli ▷ *n* krem, krema; **ice cream** *n* dondurma; **shaving cream** *n* traş kremi; **whipped cream** *n* köpük krema

crease [kriːs] *n* kırışıklık

creased [kriːst] *adj* kırışık

create [kriːˈeɪt] *v* yaratmak

creation [kriːˈeɪʃən] *n* yaradılış

creative [kriːˈeɪtɪv] *adj* yaratıcı

creature ['kriːtʃə] *n* yaratık

crêche [krɛʃ] *n* kreş

credentials [krɪˈdɛnʃəlz] *npl* itimatname

credible ['krɛdɪbªl] *adj* inandırıcı

credit ['krɛdɪt] *n* kredi; **credit card** *n* kredi kartı; **Can I pay by credit card?** Kredi kartıyla ödeme yapabilir miyim?; **Do you take**

credit cards? Kredi kartı kabul ediyor musunuz?

crematorium, crematoria [ˌkrɛməˈtɔːrɪəm, ˌkrɛməˈtɔːrɪə] *n* krematoryum

cress [krɛs] *n* tere

crew [kruː] *n* tayfa; **crew cut** *n* asker traşı

cricket ['krɪkɪt] *n (game)* kriket, *(insect)* cırcır böceği

crime [kraɪm] *n* suç

criminal ['krɪmɪnªl] *adj* suçlu ▷ *n* suçlu

crisis ['kraɪsɪs] *n* kriz

crisp [krɪsp] *adj* gevrek *(çıtır çıtır)*

crisps [krɪsps] *npl* cips

crispy ['krɪspɪ] *adj* gevrek

criterion, criteria [kraɪˈtɪərɪən, kraɪˈtɪərɪə] *n* kriter

critic ['krɪtɪk] *n* eleştirmen

critical ['krɪtɪkªl] *adj* kritik

criticism ['krɪtɪˌsɪzəm] *n* tenkit *(davranış)*

criticize ['krɪtɪˌsaɪz] *v* eleştirmek

Croatia [krəʊˈeɪʃə] *n* Hırvatistan

Croatian [krəʊˈeɪʃən] *adj* Hırvat ▷ *n (language)* Hırvatça *(dil)*, *(person)* Hırvat *(kişi)*

crochet ['krəʊʃeɪ; -ʃɪ] *v* kroşe yapmak

crockery ['krɒkərɪ] *n* **We need more crockery** Daha fazla tabak çanağa ihtiyacımız var

crocodile ['krɒkəˌdaɪl] *n* timsah

crocus ['krəʊkəs] *n* çiğdem *(çiçek)*

crook [krʊk] *n* düzenbaz, *(swindler)* düzenbaz

crop [krɒp] *n* ürün

cross [krɒs] *adj* öfkeli ▷ *n* çapraz ▷ *v* karşıdan karşıya geçmek;

Red Cross n Kızılhaç

cross-country ['krɒs'kʌntrɪ] n arazide

crossing ['krɒsɪŋ] n geçit; **level crossing** n hemzemin geçit; **pedestrian crossing** n yaya geçidi; **pelican crossing** n ışıklı yaya geçidi; **zebra crossing** n şeritli yaya geçidi

cross out [krɒs aʊt] v silmek (silip çıkarmak)

crossroads ['krɒs,rəʊdz] n dört yol ağzı

crossword ['krɒs,wɜːd] n bulmaca

crouch down [kraʊtʃ daʊn] v çömelmek

crow [krəʊ] n karga

crowd [kraʊd] n kalabalık

crowded ['kraʊdɪd] adj kalabalık

crowdfunding ['kraʊd,fʌndɪŋ] n kitle fonlaması

crown [kraʊn] n taç

crucial ['kruːʃəl] adj önemli

crucifix ['kruːsɪfɪks] n krüsifi

crude [kruːd] adj kaba (iş vb)

cruel ['kruːəl] adj gaddar

cruelty ['kruːəltɪ] n zulüm

cruise [kruːz] n gemi gezisi

crumb [krʌm] n ekmek kırıntısı

crush [krʌʃ] v ezmek (sıkıştırarak)

crutch [krʌtʃ] n koltuk değneği

cry [kraɪ] n ağlamak ⊳ v ağlamak

crystal ['krɪstəl] n kristal

cub [kʌb] n yavru (aslan/ayı)

Cuba ['kjuːbə] n Küba

Cuban ['kjuːbən] adj Küba ⊳ n Kübalı

cube [kjuːb] n küp; **ice cube** n küp buz; **stock cube** n bulyon

cubic ['kjuːbɪk] adj kübik

cuckoo ['kʊkuː] n guguk kuşu

cucumber ['kjuː,kʌmbə] n salatalık

cuddle ['kʌdəl] n kucaklama ⊳ v kucaklamak

cue [kjuː] n (billiards) ıstaka

cufflinks ['kʌflɪŋks] npl kol düğmeleri

culprit ['kʌlprɪt] n zanlı

cultural ['kʌltʃərəl] adj kültürel

culture ['kʌltʃə] n kültür

cumin ['kʌmɪn] n kimyon

cunning ['kʌnɪŋ] adj kurnaz

cup [kʌp] n tas; **World Cup** n Dünya Kupası

cupboard ['kʌbəd] n dolap (mobilya)

curb [kɜːb] n hakimiyet

cure [kjʊə] n tedavi ⊳ v tedavi etmek

curfew ['kɜːfjuː] n karartma

curious ['kjʊərɪəs] adj meraklı

curl [kɜːl] n bukle (saç)

curler ['kɜːlə] n bigudi

curly ['kɜːlɪ] adj kıvırcık; **My hair is naturally curly** Saçım doğuştan kıvırcık

currant ['kʌrənt] n kuşüzümü

currency ['kʌrənsɪ] n kur (para)

current ['kʌrənt] adj güncel ⊳ n (electricity) akım, (flow) akış; **current account** n cari hesap; **current affairs** npl güncel haberler

currently ['kʌrəntlɪ] adv şu anda

curriculum [kə'rɪkjʊləm] n müfredat; **curriculum vitae** n özgeçmiş

curry ['kʌrɪ] n köri; **curry powder** n köri baharatı

curse [kɜːs] n küfür

cursor ['kɜːsə] n imleç

curtain ['kɜːtən] n perde

cushion ['kʊʃən] n yastık

custard ['kʌstəd] n krema

custody ['kʌstədɪ] n koruma altına alma

custom ['kʌstəm] n adet *(gelenek)*

customer ['kʌstəmə] n müşteri

customized ['kʌstə,maɪzd] adj ihtiyaca uyarlanmış

customs ['kʌstəmz] npl gümrük; **customs officer** n gümrük memuru

cut [kʌt] n kesme ▷ v kesmek; **crew cut** n asker traşı; **power cut** n elektrik kesintisi; **Don't cut too much off** Çok kesmeyin

cutback ['kʌt,bæk] n azaltma

cut down [kʌt daʊn] v kesmek

cute [kjuːt] adj sevimli

cutlery ['kʌtlərɪ] n çatal, bıçak, kaşık

cutlet ['kʌtlɪt] n pirzola

cut off [kʌt ɒf] v kesmek

cutting ['kʌtɪŋ] n gazete kesiği

cut up [kʌt ʌp] v makaslamak

CV [siː viː] abbr CV

cyberbullying ['saɪbə,bʊlɪɪŋ] n siber zorbalık

cybercafé ['saɪbə,kæfeɪ; -,kæfɪ] n sibercafe

cybercrime ['saɪbə,kraɪm] n internet suçu

cycle ['saɪkəl] n *(bike)* bisiklete binme, *(recurring period)* döngü ▷ v bisiklet sürmek; **cycle lane** n bisiklet yolu; **cycle path** n bisiklet yolu

cycling ['saɪklɪŋ] n bisiklete binme; **Let's go cycling** Bisiklete binmeye gidelim; **We would like**

to go cycling Bisiklete binmek istiyoruz

cyclist ['saɪklɪst] n bisikletçi

cyclone ['saɪkləʊn] n siklon

cylinder ['sɪlɪndə] n silindir

cymbals ['sɪmbəlz] npl zil *(müzik)*

Cypriot ['sɪprɪət] adj Kıbrıs ▷ n *(person)* Kıbrıslı *(kişi)*

Cyprus ['saɪprəs] n kıbrıs

cyst [sɪst] n kist

cystitis [sɪ'staɪtɪs] n sistit

Czech [tʃɛk] adj Çek ▷ n *(language)* Çek dili *(dil)*, *(person)* Çek *(kişi)*; **Czech Republic** n Çek Cumhuriyeti

d

dad [dæd] *n* baba

daddy ['dædɪ] *n* babacığım

daffodil ['dæfədɪl] *n* nergiz

daft [dɑːft] *adj* saf

daily ['deɪlɪ] *adj* günlük ▷ *adv* her gün

dairy ['dɛərɪ] *n* mandıra; **dairy produce** *n* sütle yapılmış; **dairy products** *npl* süt ürünleri

daisy ['deɪzɪ] *n* papatya

dam [dæm] *n* baraj

damage ['dæmɪdʒ] *n* zarar ▷ *v* zarar vermek

damaged ['dæmɪdʒd] *adj* **My luggage has been damaged** Bagajım hasar görmüş; **My suitcase has arrived damaged** Valizim hasar görmüş

damn [dæm] *adj* lanet

damp [dæmp] *adj* nemli

dance [dɑːns] *n* dans ▷ *v* dans etmek; **I don't really dance** Dans etmem pek; **I feel like dancing** Dans etmek istiyorum; **Would you like to dance?** Dans etmek ister misiniz?

dancer ['dɑːnsə] *n* dansçı

dancing ['dɑːnsɪŋ] *n* danslı toplantı; **ballroom dancing** *n* salon dansı

dandelion ['dændɪˌlaɪən] *n* kara hindiba

dandruff ['dændrəf] *n* kepek *(saç)*

Dane [deɪn] *n* Danimarkalı

danger ['deɪndʒə] *n* tehlike; **Is there a danger of avalanches?** Çığ tehlikesi var mı?

dangerous ['deɪndʒərəs] *adj* tehlikeli

Danish ['deɪnɪʃ] *adj* Danimarka ▷ *n (language)* Danimarka dili *(dil)*

dare [dɛə] *v* cüret etmek

daring ['dɛərɪŋ] *adj* cesur

dark [dɑːk] *adj* karanlık ▷ *n* karanlık; **It's dark** Karanlık

darkness ['dɑːknɪs] *n* karanlık

darling ['dɑːlɪŋ] *n* sevgilim

dart [dɑːt] *n* dart oku

darts [dɑːts] *npl* dart oyunu

dash [dæʃ] *v* hızla koşmak

dashboard ['dæʃˌbɔːd] *n* gösterge tablosu

dashcam ['dæʃˌkæm] *n* araç içi kamera

data ['deɪtə; 'dɑːtə] *npl* veri

database ['deɪtəˌbeɪs] *n* veri tabanı

date [deɪt] *n* tarih *(takvim)*; **best-before date** *n* son kullanım tarihi; **expiry date** *n* son kullanım tarihi; **sell-by date** *n* son satış tarihi; **What is today's date?** Bugünün tarihi nedir?

daughter ['dɔːtə] *n* kız evlat

daughter-in-law ['dɔːtə ɪn lɔː] (**daughters-in-law**) n gelin

dawn [dɔːn] n şafak

day [deɪ] n gün; **day return** n günlük bilet; **Valentine's Day** n Sevgililer Günü; **Do you run per day trips to...?**... a günlük turunuz var mı?; **I want to hire a car for five days** Beş günlüğüne bir araba kiralamak istiyorum; **Is the museum open every day?** Müze her gün açık mı?; **the day after tomorrow** öbür gün; **the day before yesterday** önceki gün; **What a lovely day!** Harika bir gün!; **What are your rates per day?** Günlük tarifeniz nedir?; **What day is it today?** Bugün günlerden ne?; **What is the dish of the day?** Günün yemeği ne?

daytime ['deɪˌtaɪm] n gündüz

dead [dɛd] adj ölü ⊳ adv ölü; **dead end** n çıkmaz sokak

deadline ['dɛdˌlaɪn] n son teslim tarihi

deaf [dɛf] adj sağır; **I'm deaf** Sağırım

deafening ['dɛfənɪŋ] adj sağır edici

deal [diːl] n anlaşma

dealer ['diːlə] n satıcı; **drug dealer** n uyuşturucu satıcısı

deal with [diːl wɪð] v halletmek

dear [dɪə] adj (expensive) pahalı, (loved) sevgili

death [dɛθ] n ölüm

debate [dɪ'beɪt] n tartışma (fikir) ⊳ v tartışmak (fikir)

debit ['dɛbɪt] n hesabından çekilen para ⊳ v birinin hesabına borç kaydetmek; **debit card** n banka kartı; **direct debit** n otomatik ödeme

debt [dɛt] n borç

decade ['dɛkeɪd; dɪ'keɪd] n on yıl

decaffeinated [dɪ'kæfɪˌneɪtɪd] adj kafeinsiz; **decaffeinated coffee** n kafeinsiz kahve

decay [dɪ'keɪ] v çürümek

deceive [dɪ'siːv] v yanıltmak

December [dɪ'sɛmbə] n Aralık (ay); **on Friday the thirty first of December** Otuz bir Aralık Cuma günü

decent ['diːsᵊnt] adj uygun

decide [dɪ'saɪd] v karar vermek

decimal ['dɛsɪməl] adj onluk

decision [dɪ'sɪʒən] n karar

decisive [dɪ'saɪsɪv] adj belirleyici

deck [dɛk] n güverte; **Can we go out on deck?** Güverteye çıkabilir miyiz?; **How do I get to the car deck?** Araba güvertesine nasıl gidebilirim?

deckchair ['dɛkˌtʃɛə] n şezlong

declare [dɪ'klɛə] v deklare etmek; **I have a bottle of spirits to declare** Bir şişe içki deklare etmek istiyorum; **I have the allowed amount of alcohol to declare** İzin verilen miktarda içki deklare etmek istiyorum

decorate ['dɛkəˌreɪt] v dekore etmek

decorator ['dɛkəˌreɪtə] n dekoratör

decrease n [diːkriːs] azalma ⊳ v [dɪ'kriːs] azalmak

dedicated ['dɛdɪˌkeɪtɪd] adj adanmış

dedication [ˌdɛdɪ'keɪʃən] n ithaf

deduct [dɪ'dʌkt] v çıkarmak *(matematik)*

deep [di:p] *adj* derin

deep-fry [di:pfraɪ] v kızartma

deeply ['di:plɪ] *adv* derinden

deer [dɪə] *(pl* **deer)** *n* geyik

defeat [dɪ'fi:t] *n* yenilgi ▷ v yenmek

defect [dɪ'fekt] *n* kusur

defence [dɪ'fens] *n* savunma

defend [dɪ'fend] v korumak

defendant [dɪ'fendənt] *n* davalı

defender [dɪ'fendə] *n* savunucu

deficit ['defɪsɪt; dɪ'fɪsɪt] *n* açık *(finans)*

define [dɪ'faɪn] v tanımlamak

definite ['defɪnɪt] *adj* kesin

definitely ['defɪnɪtlɪ] *adv* kesinlikle

definition [ˌdefɪ'nɪʃən] *n* tanım

degree [dɪ'gri:] *n* derece *(sıcaklık);* **degree centigrade** *n* Santigrat derece; **degree Celsius** *n* Santigrat derece; **degree Fahrenheit** *n* Fahrenheit derece

dehydrated [di:'haɪdreɪtɪd] *adj* susuz

de-icer [di:'aɪsə] *n* buz çözücü

delay [dɪ'leɪ] *n* gecikme ▷ v gecikmek

delayed [dɪ'leɪd] *adj* gecikmeli; **The flight has been delayed** Uçuşunuz gecikmeli

delegate *n* ['delɪˌgɪt] delege ▷ v ['delɪˌgeɪt] yetkilendirmek

delete [dɪ'li:t] v silmek

deliberate [dɪ'lɪbərɪt] *adj* kasıtlı

deliberately [dɪ'lɪbərətlɪ] *adv* kasıtlı olarak

delicate ['delɪkɪt] *adj* hassas

delicatessen [ˌdelɪkə'tesən] *n* şarküteri

delicious [dɪ'lɪʃəs] *adj* lezzetli

delight [dɪ'laɪt] *n* haz

delighted [dɪ'laɪtɪd] *adj* hoşnut

delightful [dɪ'laɪtfʊl] *adj* keyif verici

deliver [dɪ'lɪvə] v teslim etmek

delivery [dɪ'lɪvərɪ] *n* teslimat; **recorded delivery** *n* iadeli taahhütlü

demand [dɪ'ma:nd] *n* talep ▷ v talep etmek

demanding [dɪ'ma:ndɪŋ] *adj* zahmetli

demo, demos ['deməʊ, 'deməʊz] *n* demo

democracy [dɪ'mɒkrəsɪ] *n* demokrasi

democratic [ˌdemə'krætɪk] *adj* demokratik

demolish [dɪ'mɒlɪʃ] v yıkmak

demonstrate ['demənˌstreɪt] v bulgularla kanıtlamak

demonstration [ˌdemən'streɪʃən] *n* gösteri *(politik)*

demonstrator ['demənˌstreɪtə] *n* gösterici

denim ['denɪm] *n* blucin kumaşı

denims ['denɪmz] *npl* blucin

Denmark ['denma:k] *n* Danimarka

dense [dens] *adj* sık *(orman)*

density ['densɪtɪ] *n* yoğunluk

dent [dent] *n* göçük ▷ v göçürmek

dental ['dentəl] *adj* diş; **dental floss** *n* diş ipi; **I don't know if I have dental insurance** Diş sigortam var mı bilmiyorum?

dentist ['dentɪst] *n* dişçi; **I need a dentist** Dişçiye ihtiyacım var

dentures ['dɛntʃəz] *npl* takma dişler; **Can you repair my dentures?** Takma dişlerimi onarabilir misiniz?

deny [dɪ'naɪ] *v* inkar etmek

deodorant [di:'əʊdərənt] *n* deodoran

depart [dɪ'pɑ:t] *v* bir yerden hareket etmek

department [dɪ'pɑ:tmənt] *n* bölüm *(idari)*; **accident & emergency department** *n* kaza & acil servis; **department store** *n* büyük mağaza; **Where is the lingerie department?** İç çamaşırları bölümü ne tarafta?

departure [dɪ'pɑ:tʃə] *n* kalkış; **departure lounge** *n* uçuş bekleme salonu

depend [dɪ'pɛnd] *v* güvenine bağlı olmak

deport [dɪ'pɔ:t] *v* sınır dışı etmek

deposit [dɪ'pɒzɪt] *n* depozito

depressed [dɪ'prɛst] *adj* canı sıkkın

depressing [dɪ'prɛsɪŋ] *adj* iç karartıcı

depression [dɪ'prɛʃən] *n* depresyon

depth [dɛpθ] *n* derinlik

descend [dɪ'sɛnd] *v* inmek *(alçalmak)*

describe [dɪ'skraɪb] *v* betimlemek

description [dɪ'skrɪpʃən] *n* betimleme

desert ['dɛzət] *n* çöl; **desert island** *n* ıssız ada

deserve [dɪ'zɜ:v] *v* hak etmek

design [dɪ'zaɪn] *n* dizayn ▷ *v* tasarlamak

designer [dɪ'zaɪnə] *n* tasarımcı; **interior designer** *n* iç mimar

desire [dɪ'zaɪə] *n* arzu ▷ *v* arzu etmek

desk [dɛsk] *n* sıra *(okul)*; **enquiry desk** *n* danışma

despair [dɪ'spɛə] *n* umutsuzluk

desperate ['dɛspərɪt; -prɪt] *adj* umutsuz

desperately ['dɛspərɪtlɪ] *adv* umutsuzca

despise [dɪ'spaɪz] *v* hor görmek

despite [dɪ'spaɪt] *prep* karşın

dessert [dɪ'zɜ:t] *n* tatlı; **dessert spoon** *n* tatlı kaşığı; **The dessert menu, please** Tatlı menüsü lütfen; **We'd like a dessert** Tatlı rica ediyoruz

destination [ˌdɛstɪ'neɪʃən] *n* gidilecek yer

destiny ['dɛstɪnɪ] *n* kader

destroy [dɪ'strɔɪ] *v* yok etmek

destruction [dɪ'strʌkʃən] *n* imha

detail ['di:teɪl] *n* ayrıntı

detailed ['di:teɪld] *adj* ayrıntılı

detective [dɪ'tɛktɪv] *n* dedektif

detention [dɪ'tɛnʃən] *n* gözaltına alma

detergent [dɪ'tɜ:dʒənt] *n* deterjan

deteriorate [dɪ'tɪərɪəˌreɪt] *v* kötülemek

determined [dɪ'tɜ:mɪnd] *adj* kararlı

detour ['di:tʊə] *n* güzergah değiştirme

devaluation [di:ˌvælju:'eɪʃən] *n* devalüasyon

devastated ['dɛvəˌsteɪtɪd] *adj* mahvolmuş

devastating ['dɛvəˌsteɪtɪŋ] *adj* yıkıcı

develop [dɪ'vɛləp] vi geliştirmek
(büyüme) ▷ vt gelişmek;
developing country n gelişmekte
olan ülke

development [dɪ'vɛləpmənt] n
gelişme (büyüme)

device [dɪ'vaɪs] n araç

devil ['dɛvᵊl] n şeytan

devise [dɪ'vaɪz] v tasarlamak

devoted [dɪ'vəʊtɪd] adj özverili

diabetes [ˌdaɪə'biːtɪs; -tiːz] n
şeker hastalığı

diabetic [ˌdaɪə'bɛtɪk] adj diyabetik
▷ n şeker hastası

diagnosis [ˌdaɪəg'nəʊsɪs] n tanı

diagonal [daɪ'ægənᵊl] adj
diyagonal

diagram ['daɪəˌgræm] n diyagram

dial ['daɪəl; daɪl] v tuşlamak
(telefon); **dialling code** n telefon
kodu; **dialling tone** n telefon
sinyali

dialect ['daɪəˌlɛkt] n diyalekt

dialogue ['daɪəˌlɒg] n diyalog

diameter [daɪ'æmɪtə] n çap

diamond ['daɪəmənd] n elmas

diarrhoea [ˌdaɪə'rɪə] n ishal

diary ['daɪərɪ] n günlük

dice, die [daɪs, daɪ] npl zar (kumar)

dictation [dɪk'teɪʃən] n dikte

dictator [dɪk'teɪtə] n diktatör

dictionary ['dɪkʃənərɪ; -ʃənrɪ] n
sözlük

die [daɪ] v ölmek

diesel ['diːzᵊl] n dizel; **... worth of
diesel, please** ...lık dizel lütfen

diet ['daɪət] n diyet ▷ v diyet
yapmak

difference ['dɪfərəns; 'dɪfrəns]
n fark

different ['dɪfərənt; 'dɪfrənt] adj
farklı; **I would like something
different** Farklı bir şey istiyordum

difficult ['dɪfɪkᵊlt] adj güç (zor)

difficulty ['dɪfɪkᵊltɪ] n güçlük

dig [dɪg] v kazmak

digest [dɪ'dʒɛst; daɪ-] v sindirmek

digestion [dɪ'dʒɛstʃən; daɪ-] n
sindirim

digger ['dɪgə] n ekskavatör

digital ['dɪdʒɪtᵊl] adj dijital; **digital
camera** n dijital fotoğraf
makinesi; **digital radio** n dijital
radyo; **digital television** n dijital
televizyon; **digital watch** n dijital
saat

dignity ['dɪgnɪtɪ] n haysiyet

dilemma [dɪ'lɛmə; daɪ-] n ikilem

dilute [daɪ'luːt] v sulandırmak

diluted [daɪ'luːtɪd] adj
sulandırılmış

dim [dɪm] adj loş

dimension [dɪ'mɛnʃən] n ebat

diminish [dɪ'mɪnɪʃ] v azaltmak

din [dɪn] n şamata

diner ['daɪnə] n lokanta müşterisi

dinghy ['dɪŋɪ] n küçük sandal

dinner ['dɪnə] n akşam yemeği;
dinner jacket n smokin; **dinner
party** n yemekli parti; **dinner
time** n yemek zamanı; **What time
is dinner?** Akşam yemeği kaçta?;
**Would you like to go out for
dinner?** Benimle akşam yemeğine
çıkmak ister misiniz?

dinosaur ['daɪnəˌsɔː] n dinozor

dip [dɪp] n (food/sauce) ezme
(yiyecek) ▷ v daldırmak

diploma [dɪ'pləʊmə] n diploma

diplomat ['dɪpləˌmæt] n diplomat

diplomatic [ˌdɪpləˈmætɪk] *adj*
diplomatik

dipstick [ˈdɪpˌstɪk] *n* yağ çubuğu

direct [dɪˈrɛkt; daɪ-] *adj* kestirme
▷ *v* yönetmek; **direct debit** *n*
otomatik ödeme

direction [dɪˈrɛkʃən; daɪ-] *n* yön

directions [dɪˈrɛkʃənz; daɪ-] *npl*
talimatlar

directly [dɪˈrɛktlɪ; daɪ-] *adv*
doğrudan doğruya

director [dɪˈrɛktə; daɪ-] *n* direktör;
managing director *n* genel
müdür

directory [dɪˈrɛktərɪ; -trɪ; daɪ-] *n*
telefon rehberi; **directory
enquiries** *npl* bilinmeyen
numaralar; **telephone directory**
n telefon rehberi

dirt [dɜːt] *n* kir

dirty [ˈdɜːtɪ] *adj* kirli; **My sheets
are dirty** Çarşaflarım kirli

disability [ˌdɪsəˈbɪlɪtɪ] *n* sakatlık

disabled [dɪˈseɪbᵊld] *adj* engelli,
özürlü

disadvantage [ˌdɪsədˈvɑːntɪdʒ] *n*
dezavantaj

disagree [ˌdɪsəˈgriː] *v* görüşe
katılmamak

disagreement [ˌdɪsəˈgriːmənt] *n*
anlaşmazlık

disappear [ˌdɪsəˈpɪə] *v* gözden
kaybolmak

disappearance [ˌdɪsəˈpɪərəns] *n*
gözden kaybolma

disappoint [ˌdɪsəˈpɔɪnt] *v* hayal
kırıklığına uğratmak

disappointed [ˌdɪsəˈpɔɪntɪd] *adj*
hayal kırıklığına uğramış

disappointing [ˌdɪsəˈpɔɪntɪŋ] *adj*

tatmin edici olmayan

disappointment
[ˌdɪsəˈpɔɪntmənt] *n* düş kırıklığı

disaster [dɪˈzɑːstə] *n* felaket

disastrous [dɪˈzɑːstrəs] *adj*
korkunç

disc [dɪsk] *n* disk; **compact disc** *n*
kompakt disk; **disc jockey** *n*
disk jokey; **slipped disc** *n* disk
kayması

discharge [dɪsˈtʃɑːdʒ] *v* **When
will I be discharged?** Ne zaman
çıkacağım?

discipline [ˈdɪsɪplɪn] *n* disiplin

disclose [dɪsˈkləʊz] *v* ortaya
çıkarmak

disco [ˈdɪskəʊ] *n* disko

disconnect [ˌdɪskəˈnɛkt] *v*
kesilmek *(bağlantı)*

discount [ˈdɪskaʊnt] *n* indirim;
student discount *n* öğrenci
indirimi; **Do you offer a discount
for cash?** Nakit ödemelere indirim
yapıyor musunuz?

discourage [dɪsˈkʌrɪdʒ] *v*
cesaretini kırmak

discover [dɪsˈkʌvə] *v* keşfetmek

discretion [dɪsˈkrɛʃən] *n* sağduyu

discrimination
[dɪˌskrɪmɪˈneɪʃən] *n* ayrımcılık

discuss [dɪsˈkʌs] *v* görüşmek

discussion [dɪsˈkʌʃən] *n*
münazara

disease [dɪˈziːz] *n* illet;
Alzheimer's disease *n* Alzheimer
hastalığı

disgraceful [dɪsˈgreɪsfʊl] *adj*
utanç verici

disguise [dɪsˈgaɪz] *v* kılık
değiştirmek

disgusted [dɪsˈɡʌstɪd] *adj*
tiksinmiş

disgusting [dɪsˈɡʌstɪŋ] *adj* iğrenç

dish [dɪʃ] *n (food)* yemek, *(plate)*
servis tabağı; **dish towel** *n*
kurulama havlusu; **satellite dish**
n uydu çanak; **soap dish** *n*
sabunluk; **Can you recommend a
local dish?** Yöresel bir yemek
tavsiye edebilir misiniz?; **Do you
have any vegetarian dishes?**
Vejetaryen yemekleriniz var mı?;
**Which dishes have no meat /
fish?** İçinde et / balık olmayan ne
yemekleriniz var mı?

dishcloth [ˈdɪʃˌklɒθ] *n* kurulama
bezi

dishonest [dɪsˈɒnɪst] *adj* dürüst
olmayan

dishwasher [ˈdɪʃˌwɒʃə] *n* bulaşık
makinesi

disinfectant [ˌdɪsɪnˈfɛktənt] *n*
dezenfektan

disk [dɪsk] *n* disk; **disk drive** *n* disk
sürücü

diskette [dɪsˈkɛt] *n* disket

dislike [dɪsˈlaɪk] *v* hoşlanmamak

dismal [ˈdɪzməl] *adj* iç karartıcı

dismiss [dɪsˈmɪs] *v* işten
çıkarmak

disobedient [ˌdɪsəˈbiːdɪənt] *adj*
asi

disobey [ˌdɪsəˈbeɪ] *v* söz
dinlememek

dispenser [dɪˈspɛnsə] *n* dağıtıcı;
cash dispenser *n* bankamatik

display [dɪˈspleɪ] *n* sergileme ▷ *v*
sergilemek

disposable [dɪˈspəʊzəbəl] *adj* tek
kullanımlık

disqualify [dɪsˈkwɒlɪˌfaɪ] *v*
diskalifiye etmek

disrupt [dɪsˈrʌpt] *v* sözünü
kesmek

dissatisfied [dɪsˈsætɪsˌfaɪd] *adj*
hoşnutsuz

dissolve [dɪˈzɒlv] *v* erimek

distance [ˈdɪstəns] *n* uzaklık

distant [ˈdɪstənt] *adj* uzak

distillery [dɪˈstɪləri] *n* damıtımevi

distinction [dɪˈstɪŋkʃən] *n* fark
gözetme

distinctive [dɪˈstɪŋktɪv] *adj*
belirgin

distinguish [dɪˈstɪŋɡwɪʃ] *v* ayırt
etmek

distract [dɪˈstrækt] *v* ilgisini başka
yöne çekmek

distribute [dɪˈstrɪbjuːt] *v*
dağıtmak

distributor [dɪˈstrɪbjʊtə] *n*
distribütör

district [ˈdɪstrɪkt] *n* bölge

disturb [dɪˈstɜːb] *v* rahatsız etmek

ditch [dɪtʃ] *n* hendek ▷ *v*
sepetlemek

dive [daɪv] *n* dalış ▷ *v* dalmak *(deniz
vb)*; **I'd like to go diving** Dalmak
istiyorum

diver [ˈdaɪvə] *n* dalgıç

diversion [daɪˈvɜːʃən] *n* mecburi
yön *(trafik)*

divide [dɪˈvaɪd] *v* bölmek

diving [ˈdaɪvɪŋ] *n* dalma *(denize)*;
diving board *n* tramplen; **scuba
diving** *n* tüplü dalış

division [dɪˈvɪʒən] *n* bölme

divorce [dɪˈvɔːs] *n* boşanma ▷ *v*
boşanma

divorced [dɪˈvɔːst] *adj* boşanmış

DIY [di: aı waı] *abbr* kendin-yap

dizzy ['dızı] *adj* başı dönmüş

DJ [di: dʒeı] *abbr* DJ

DNA [di: en eı] *n* DNA

do [dʊ] *v* yapmak; **What would you like to do today?** Bugün ne yapmak istersiniz?

dock [dɒk] *n* dok

doctor ['dɒktə] *n* doktor; **Call a doctor!** Bir doktor çağırın; **I need a doctor** Bana bir doktor gerek; **Is there a doctor who speaks English?** İngilizce bilen bir doktor var mı?; **Please call the emergency doctor** Nöbetçi doktoru çağırın lütfen

document ['dɒkjʊmənt] *n* belge; **I want to copy this document** Bu belgenin fotokopisini çektirmek istiyorum

documentary [ˌdɒkjʊ'mentərı; -trı] *n* belgesel

documentation [ˌdɒkjʊmen'teıʃən] *n* belgeleme

documents ['dɒkjʊments] *npl* belgeler

dodge [dɒdʒ] *v* kenara kaçmak

dog [dɒg] *n* köpek; **guide dog** *n* rehber köpek; **hot dog** *n* sosisli sandviç

dole [dəʊl] *n* yoksulluk yardımı

doll [dɒl] *n* oyuncak bebek

dollar ['dɒlə] *n* dolar; **Do you take dollars?** Dolar kabul ediyor musunuz?

dolphin ['dɒlfın] *n* yunus

domestic [də'mestık] *adj* ülke içi

Dominican Republic [də'mınıkən rı'pʌblık] *n* Dominik Cumhuriyeti

domino ['dɒmı,nəʊ] *n* domino

dominoes ['dɒmı,nəʊz] *npl* domino oyunu

donate [dəʊ'neıt] *v* bağışlamak

done [dʌn] *adj* yapılmış

donkey ['dɒŋkı] *n* eşek

donor ['dəʊnə] *n* verici

door [dɔ:] *n* kapı; **door handle** *n* kapı kolu; **Keep the door locked** Kapınızı kilitleyin; **The door handle has come off** Kapının kolu çıktı; **The door won't close** Kapı kapanmıyor; **The door won't lock** Kapı kilitlenmiyor; **The door won't open** Kapı açılmıyor; **Which is the key for the front door?** Hangisi ön kapının anahtarı?

doorbell ['dɔ:,bel] *n* kapı zili

doorman, doormen ['dɔ:,mæn; -mən, 'dɔ:,men] *n* kapıcı

doorstep ['dɔ:,step] *n* kapı eşiği

dorm [dɔ:m] *n* **Do you have any single sex dorms?** Yalnızca kadınlar/erkekler için yeriniz var mı?

dormitory ['dɔ:mıtərı; -trı] *n* yatakhane

dose [dəʊs] *n* doz

dot [dɒt] *n* nokta *(şekil)*

double ['dʌb°l] *adj* çift ▷ *v* iki katına çıkmak; **double bass** *n* kontrabas; **double bed** *n* çift kişilik yatak; **double glazing** *n* çift cam; **double room** *n* iki kişilik oda

doubt [daʊt] *n* kuşku ▷ *v* kuşku duymak

doubtful ['daʊtfʊl] *adj* kuşkulu

dough [dəʊ] *n* hamur

doughnut ['dəʊnʌt] *n* donut®

do up [dʊ ʌp] v sarmak

dove [dʌv] n beyaz güvercin

do without [dʊ wɪ'ðaʊt] v onsuz yapmak

down [daʊn] adv aşağıda

download ['daʊn,ləʊd] n indirme (bilgisayar) ▷ v indirmek (bilgisayar)

downpour ['daʊn,pɔ:] n sağanak

downstairs ['daʊn'steəz] adj alt kat ▷ adv alt katta

downtown ['daʊn'taʊn] adv kent merkezinde

doze [dəʊz] v kestirmek

dozen ['dʌzᵊn] n düzine

doze off [dəʊz ɒf] v uyuyakalmak

drab [dræb] adj sıkıcı

draft [drɑ:ft] n taslak

drag [dræg] v sürüklemek

dragon ['drægən] n ejderha

dragonfly ['drægən,flaɪ] n yusufçuk

drain [dreɪn] n atık borusu ▷ v atık boşaltmak; **draining board** n damlalıklı eviye

drainpipe ['dreɪn,paɪp] n atık borusu

drama ['drɑ:mə] n dram

dramatic [drə'mætɪk] adj dramatik

drastic ['dræstɪk] adj zorlayıcı

draught [drɑ:ft] n cereyan

draughts [drɑ:fts] npl dama oyunu

draw [drɔ:] n (lottery) kura, (tie) çekiliş ▷ v (equal with) berabere kalmak, (sketch) çizmek (resim)

drawback ['drɔ:,bæk] n engel

drawer ['drɔ:ə] n çekmece

drawers [drɔ:z] n **chest of drawers** n komodin

drawing ['drɔ:ɪŋ] n çizim

drawing pin ['drɔ:ɪŋ pɪn] n **drawing pin** n raptiye

dreadful ['drɛdfʊl] adj korkunç

dream [dri:m] n düş (rüya) ▷ v düş görmek

drench [drɛntʃ] v sırılsıklam etmek

dress [drɛs] n giysi (elbise) ▷ v giyinmek; **evening dress** n gece elbisesi; **wedding dress** n gelinlik; **Is there a dress code?** Giysi kuralı var mı?

dressed [drɛst] adj giyinik

dresser ['drɛsə] n mutfak dolabı

dressing ['drɛsɪŋ] n **salad dressing** n salata sosu

dressing gown ['drɛsɪŋ gaʊn] n sabahlık

dressing table ['drɛsɪŋ 'teɪbᵊl] n tuvalet masası

dress up [drɛs ʌp] v süslenmek

dried [draɪd] adj kuru

drift [drɪft] n birikinti ▷ v sürüklenmek (sularla)

drill [drɪl] n matkap ▷ v delmek (matkapla); **pneumatic drill** n pnömatik matkap

drink [drɪŋk] n içecek ▷ v içmek; **binge drinking** n ölçüsüz içme; **drinking water** n içme suyu; **soft drink** n içecek; **What would you like to drink?** Ne içmek istersiniz?; **Would you like a drink?** Bir şey içmek ister misiniz?

drink-driving ['drɪŋk'draɪvɪŋ] n içkili araba kullanma

drip [drɪp] n damla ▷ v damlamak

drive [draɪv] n yolculuk (otomobil)

▷ v sürmek *(otomobil)*; **driving instructor** n direksiyon öğretmeni; **four-wheel drive** n dört çekerli; **left-hand drive** n soldan trafik; **right-hand drive** n sağdan trafik

driver ['draɪvə] n sürücü; **learner driver** n öğrenci sürücü; **lorry driver** n kamyon şoförü; **racing driver** n yarışçı *(otomobil)*; **truck driver** n kamyon şoförü

driveway ['draɪvˌweɪ] n kişinin evinin önündeki özel yol

driving lesson ['draɪvɪŋ 'lɛsˀn] n direksiyon dersi

driving licence ['draɪvɪŋ 'laɪsəns] n sürücü ehliyeti; **Here is my driving licence** İşte ehliyetim; **I don't have my driving licence on me** Ehliyetim üzerimde değil; **My driving licence number is...** Ehliyet numaram...

driving test ['draɪvɪŋ 'tɛst] n direksiyon sınavı

drizzle ['drɪzᵊl] n çisenti

drop [drɒp] n damla ▷ v düşürmek; **eye drops** npl göz damlası

drought [draʊt] n kuraklık

drown [draʊn] v suda boğulmak

drowsy ['draʊzɪ] adj uykulu

drug [drʌg] n ilaç; **drug addict** n uyuşturucu bağımlısı; **drug dealer** n uyuşturucu satıcısı

drum [drʌm] n davul

drummer ['drʌmə] n davulcu

drunk [drʌŋk] adj sarhoş ▷ n sarhoş

dry [draɪ] adj kuru ▷ v kurutmak; **bone dry** adj kupkuru; **I have dry hair** Saçım kuru

dry-cleaner's ['draɪ'kliːnəz] n kuru temizleyici

dry-cleaning ['draɪ'kliːnɪŋ] n kuru temizleme

dryer ['draɪə] n kurutucu; **spin dryer** n çamaşır kurutma makinesi; **tumble dryer** n çamaşır kurutma makinesi

dual ['djuːəl] adj dual; **dual carriageway** n çift-şeritli yol

dubbed [dʌbt] adj altyazılı

dubious ['djuːbɪəs] adj kuşkulu

duck [dʌk] n ördek

due [djuː] adj olması beklenen

due to [djuː tʊ] prep dolayı

dull [dʌl] adj fersiz

dumb [dʌm] adj dilsiz

dummy ['dʌmɪ] n vitrin mankeni

dump [dʌmp] n çöplük ▷ v atmak; **rubbish dump** n çöp döküm alanı

dumpling ['dʌmplɪŋ] n hamur yuvarı

dune [djuːn] n sand dune n kum tepesi

dungarees [ˌdʌŋɡə'riːz] npl tulum

dungeon ['dʌndʒən] n zindan

duration [djʊ'reɪʃən] n süre

during ['djʊərɪŋ] prep süresince

dusk [dʌsk] n alacakaranlık

dust [dʌst] n toz ▷ v toz almak

dustbin ['dʌstˌbɪn] n çöp sepeti

dustman, dustmen ['dʌstmən, 'dʌstmɛn] n çöpçü

dustpan ['dʌstˌpæn] n faraş

dusty ['dʌstɪ] adj tozlu

Dutch [dʌtʃ] adj Hollanda'ya ait ▷ n Hollandalı

Dutchman, Dutchmen ['dʌtʃmən, 'dʌtʃmɛn] n Hollandalı

Dutchwoman, Dutchwomen
[ˌdʌtʃwʊmən, ˈdʌtʃˌwɪmɪn] *n*
Hollandalı

duty [ˈdjuːtɪ] *n* görev; **(customs)**
duty *n* gümrük

duty-free [ˈdjuːtɪˈfriː] *adj*
duty-free ▷ *n* duty-free

duvet [ˈduːveɪ] *n* yorgan

DVD [diː viː diː] *n* DVD; **DVD**
burner *n* DVD yazıcı; **DVD player**
n DVD oynatıcı

dwarf, dwarves [dwɔːf, dwɔːvz]
n cüce

dye [daɪ] *n* boya *(giysi)* ▷ *v*
boyamak; **Can you dye my hair,
please?** Saçımı boyar mısınız
lütfen?

dynamic [daɪˈnæmɪk] *adj* dinamik

dyslexia [dɪsˈleksɪə] *n* disleksi

dyslexic [dɪsˈleksɪk] *adj* disleksik
▷ *n* disleksik

e

each [iːtʃ] *adj* her bir ▷ *pron* her bir

eagle [ˈiːgəl] *n* kartal

ear [ɪə] *n* kulak

earache [ˈɪərˌeɪk] *n* kulak ağrısı

eardrum [ˈɪəˌdrʌm] *n* kulak zarı

earlier [ˈɜːlɪə] *adv* daha önce

early [ˈɜːlɪ] *adj* erken ▷ *adv* erken;
We arrived early/late Erken/
geç geldik

earn [ɜːn] *v* kazanmak

earnings [ˈɜːnɪŋz] *npl* gelir *(aylık
kazanç)*

earphones [ˈɪəˌfəʊnz] *npl* kulaklık

earplugs [ˈɪəˌplʌgz] *npl* kulak tıkacı

earring [ˈɪərɪŋ] *n* küpe

earth [ɜːθ] *n* yeryüzü

earthquake [ˈɜːθˌkweɪk] *n* deprem

easily [ˈiːzɪlɪ] *adv* kolaylıkla

east [iːst] *adj* doğu ▷ *adv*
doğusunda ▷ *n* doğu; **Far East** *n*
Uzak Doğu; **Middle East** *n*
Orta Doğu

eastbound ['i:st,baʊnd] *adj* doğu yönünde

Easter ['i:stə] *n* Paskalya; **Easter egg** *n* Paskalya yumurtası

eastern ['i:stən] *adj* doğu

easy ['i:zɪ] *adj* kolay; **easy chair** *n* koltuk

easy-going ['i:zɪ'gəʊɪŋ] *adj* uysal

eat [i:t] *v* yemek; **Have you eaten?** Yemek yediniz mi?; **Is there somewhere to eat on the boat?** Feribotta yemek satan bir yer var mı?; **What would you like to eat?** Ne yemek istersiniz?; **Would you like something to eat?** Bir şey yemek ister misiniz?

e-book ['i:'bʊk] *n* digital not defteri

eccentric [ɪk'sɛntrɪk] *adj* eksantrik

echo ['ɛkəʊ] *n* yankı

e-cigarette ['i:sɪgə'rɛt] *n* elektronik sigara

ecofriendly ['i:kəʊ,frɛndlɪ] *adj* çevre dostu

ecological [,i:kə'lɒdʒɪkˀl] *adj* ekolojik

ecology [ɪ'kɒlədʒɪ] *n* çevrebilim

e-commerce ['i:kɒmɜ:s] *n* e-ticaret

economic [,i:kə'nɒmɪk; ,ɛkə-] *adj* ekonomi

economical [,i:kə'nɒmɪkˀl; ,ɛkə-] *adj* ekonomik

economics [,i:kə'nɒmɪks; ,ɛkə-] *npl* ekonomi

economist [ɪ'kɒnəmɪst] *n* ekonomist

economize [ɪ'kɒnə,maɪz] *v* ekonomi yapmak

economy [ɪ'kɒnəmɪ] *n* ekonomi; **economy class** *n* ikinci sınıf

ecstasy ['ɛkstəsɪ] *n* coşku

Ecuador ['ɛkwə,dɔ:] *n* Ekvador

eczema ['ɛksɪmə; ɪg'zi:mə] *n* egzema

edge [ɛdʒ] *n* sınır

edgy ['ɛdʒɪ] *adj* gergin *(sinirli)*

edible ['ɛdɪbˀl] *adj* yenilebilir

edition [ɪ'dɪʃən] *n* baskı *(gazete, dergi)*

editor ['ɛdɪtə] *n* editör

educated ['ɛdjʊ,keɪtɪd] *adj* eğitimli

education [,ɛdjʊ'keɪʃən] *n* eğitim *(okul)*; **adult education** *n* yetişkin eğitimi; **higher education** *n* yüksek eğitim

educational [,ɛdjʊ'keɪʃənˀl] *adj* eğitimsel

eel [i:l] *n* yılan balığı

effect [ɪ'fɛkt] *n* etki; **side effect** *n* yan etki

effective [ɪ'fɛktɪv] *adj* etkili

effectively [ɪ'fɛktɪvlɪ] *adv* etkili bir şekilde

efficient [ɪ'fɪʃənt] *adj* etkin *(nüfuzlu)*

efficiently [ɪ'fɪʃəntlɪ] *adv* etkili bir biçimde

effort ['ɛfət] *n* çaba

e.g. [i: dʒi:] *abbr* örneğin

egg [ɛg] *n* yumurta; **boiled egg** *n* haşlanmış yumurta; **egg white** *n* yumurta akı; **egg yolk** *n* yumurta sarısı; **Easter egg** *n* Paskalya yumurtası; **scrambled eggs** *npl* karıştırılmış yumurta; **Could you prepare a meal without eggs?** İçinde yumurta olmayan bir yemek yapabilir misiniz?; **I can't eat raw eggs** Çiğ yumurta yiyemiyorum

eggcup [ˈɛg.kʌp] n yumurta kabı

Egypt [ˈiːdʒɪpt] n Mısır (ülke)

Egyptian [ɪˈdʒɪpʃən] adj Mısır ▷ n Mısırlı

eight [eɪt] number sekiz; **two for the eight o'clock showing** Sekiz matinesine iki bilet lütfen

eighteen [ˈeɪˈtiːn] number onsekiz

eighteenth [ˈeɪˈtiːnθ] adj onsekizinci

eighth [eɪtθ] adj sekizinci ▷ n sekizinci

eighty [ˈeɪtɪ] number seksen

Eire [ˈɛərə] n İrlanda

either [ˈaɪðə; ˈiːðə] conj (... or) ya o, ya bu ▷ pron biri; **either... or** conj ya bu

elastic [ɪˈlæstɪk] n lastik; **elastic band** n lastik bant

Elastoplast® [ɪˈlæstəˌplɑːst] n yara bandı

elbow [ˈɛlbəʊ] n dirsek

elder [ˈɛldə] adj daha yaşlı

elderly [ˈɛldəlɪ] adj yaşlılar

eldest [ˈɛldɪst] adj yaşça en büyük

elect [ɪˈlɛkt] v seçmek

election [ɪˈlɛkʃən] n seçim; **general election** n genel seçim

electorate [ɪˈlɛktərɪt] n seçmen bölgesi

electric [ɪˈlɛktrɪk] adj elektrikli; **electric blanket** n elektrikli battaniye; **electric shock** n elektrik çarpması

electrical [ɪˈlɛktrɪkᵊl] adj elektrikli

electrician [ɪlɛkˈtrɪʃən; ˌiːlɛk-] n elektrikçi

electricity [ɪlɛkˈtrɪsɪtɪ; ˌiːlɛk-] n elektrik; **Do we have to pay extra for electricity?** Elektrik için ayrıca para ödememiz gerekiyor mu?; **Is the cost of electricity included?** Elektrik ücrete dahil mi?; **There is no electricity** Elektrik yok; **Where is the electricity meter?** Elektrik sayacı nerede?

electronic [ɪlɛkˈtrɒnɪk; ˌiːlɛk-] adj elektronik

electronics [ɪlɛkˈtrɒnɪks; ˌiːlɛk-] npl elektronik bilimi

elegant [ˈɛlɪgənt] adj zarif

element [ˈɛlɪmənt] n bileşen

elephant [ˈɛlɪfənt] n fil

eleven [ɪˈlɛvᵊn] number onbir

eleventh [ɪˈlɛvᵊnθ] adj onbirinci

eliminate [ɪˈlɪmɪˌneɪt] v gidermek

elm [ɛlm] n karaağaç

else [ɛls] adj diğer

elsewhere [ˌɛlsˈwɛə] adv başka bir yerde

email [ˈiːmeɪl] n e-posta ▷ vt (a person) e-posta atmak; **email address** n e-posta adresi; **Can I have your email?** E-postanızı alabilir miyim?; **Can I send an email?** E-posta gönderebilir miyim?; **Did you get my email?** E-postamı aldınız mı?; **Do you have an email?** E-postanız var mı?; **My email address is...** E-posta adresim...; **What is your email address?** E-posta adresiniz nedir?

embankment [ɪmˈbæŋkmənt] n bent

embarrassed [ˌɪmˈbærəst] adj utanmış

embarrassing [ɪmˈbærəsɪŋ] adj nahoş

embassy [ˈɛmbəsɪ] n elçilik

embroider [ɪm'brɔɪdə] v elişiyle süslemek

embroidery [ɪm'brɔɪdərɪ] n nakış

emergency [ɪ'mɜːdʒənsɪ] n acil durum; **accident & emergency department** n kaza & acil servis; **emergency exit** n acil çıkış kapısı; **emergency landing** n acil iniş

emigrate ['emɪˌɡreɪt] v göç etmek

emoji [ɪ'məʊdʒɪ] n emoji

emotion [ɪ'məʊʃən] n duygu

emotional [ɪ'məʊʃənəl] adj duygusal

emperor, empress ['empərə, 'emprɪs] n imparator

emphasize ['emfəˌsaɪz] v vurgulamak

empire ['empaɪə] n imparatorluk

employ [ɪm'plɔɪ] v işe almak

employee [emˌplɔɪ'iː; ˌemplɔɪ'iː] n işçi

employer [ɪm'plɔɪə] n işveren

employment [ɪm'plɔɪmənt] n işe alma

empty ['emptɪ] adj boş (mekan) ▷ v boşaltmak

enamel [ɪ'næməl] n emaye

encourage [ɪn'kʌrɪdʒ] v yüreklendirmek

encouragement [ɪn'kʌrɪdʒmənt] n yüreklendirme

encouraging [ɪn'kʌrɪdʒɪŋ] adj cesaret verici

encyclopaedia [enˌsaɪkləʊ'piːdɪə] n ansiklopedi

end [end] n son ▷ v sonlandırmak; **dead end** n çıkmaz sokak; **at the end of June** Haziran sonunda; **Is this the end of the queue?** Kuyruğun sonu burası mı?

endanger [ɪn'deɪndʒə] v tehlikeye atmak

ending ['endɪŋ] n son

endless ['endlɪs] adj sonsuz

enemy ['enəmɪ] n düşman

energetic [ˌenə'dʒetɪk] adj enerji dolu

energy ['enədʒɪ] n enerji

engaged [ɪn'ɡeɪdʒd] adj nişanlı; **engaged tone** n meşgul sinyali; **I'm engaged** Nişanlıyım

engagement [ɪn'ɡeɪdʒmənt] n randevu; **engagement ring** n nişan yüzüğü

engine ['endʒɪn] n makine; **search engine** n arama motoru

engineer [ˌendʒɪ'nɪə] n mühendis

engineering [ˌendʒɪ'nɪərɪŋ] n mühendislik

England ['ɪŋɡlənd] n İngiltere

English ['ɪŋɡlɪʃ] adj İngiliz ▷ n İngilizce; **Do you speak English?** İngilizce biliyor musunuz?; **Does anyone speak English?** İngilizce bilen biri var mı?; **I don't speak English** İngilizce bilmiyorum; **I speak very little English** Çok az İngilizce konuşabiliyorum

Englishman, Englishmen ['ɪŋɡlɪʃmən, 'ɪŋɡlɪʃmen] n İngiliz

Englishwoman, Englishwomen ['ɪŋɡlɪʃˌwʊmən, 'ɪŋɡlɪʃˌwɪmɪn] n İngiliz kadın

engrave [ɪn'ɡreɪv] v kazımak

enjoy [ɪn'dʒɔɪ] v hoşlanmak

enjoyable [ɪn'dʒɔɪəbəl] adj zevkli

enlargement [ɪn'lɑːdʒmənt] n büyütme

enormous [ɪ'nɔːməs] adj muazzam

enough [ɪ'nʌf] adj kâfi ▷ pron kâfi

enquire [ɪnˈkwaɪə] v araştırmak

enquiry [ɪnˈkwaɪərɪ] n araştırma; **enquiry desk** n danışma

ensure [ɛnˈʃʊə; -ˈʃɔː] v garantiye almak

enter [ˈɛntə] v girmek (bir yere)

entertain [ˌɛntəˈteɪn] v eğlendirmek

entertainer [ˌɛntəˈteɪnə] n eğlence düzenleyen

entertaining [ˌɛntəˈteɪnɪŋ] adj eğlendirici

entertainment [ˌɛntəˈteɪnmənt] n eğlence

enthusiasm [ɪnˈθjuːzɪˌæzəm] n heves

enthusiastic [ɪnˌθjuːzɪˈæstɪk] adj hevesli

entire [ɪnˈtaɪə] adj bütün (tamamı)

entirely [ɪnˈtaɪəlɪ] adv bütünüyle

entrance [ˈɛntrəns] n giriş (kapı); **entrance fee** n giriş ücreti; **Where is the wheelchair-accessible entrance?** Tekerlekli sandalye girişi nerede?

entry [ˈɛntrɪ] n giriş; **entry phone** n kapı telefonu

envelope [ˈɛnvəˌləʊp; ˈɒn-] n zarf

envious [ˈɛnvɪəs] adj kıskanç

environment [ɪnˈvaɪrənmənt] n çevre

environmental [ɪnˌvaɪrənˈmɛntəl] adj çevresel; **environmentally friendly** adj çevre dostu

envy [ˈɛnvɪ] n haset ▷ v hasetlenmek

epidemic [ˌɛpɪˈdɛmɪk] n salgın

epileptic [ˌɛpɪˈlɛptɪk] n saralı; **epileptic fit** n sara nöbeti

episode [ˈɛpɪˌsəʊd] n bölüm (dizi)

equal [ˈiːkwəl] adj eşit ▷ v eşitlemek

equality [ɪˈkwɒlɪtɪ] n eşitlik (siyasi)

equalize [ˈiːkwəˌlaɪz] v eşitlemek

equation [ɪˈkweɪʒən; -ʃən] n eşitlik (matematik)

equator [ɪˈkweɪtə] n ekvator

Equatorial Guinea [ˌɛkwəˈtɔːrɪəl ˈgɪnɪ] n Ekvator Ginesi

equipment [ɪˈkwɪpmənt] n donanım

equipped [ɪˈkwɪpt] adj donanımlı

equivalent [ɪˈkwɪvələnt] n denk (eşit)

erase [ɪˈreɪz] v silmek

e-reader [ˈiːˈriːdə] n elektronik kitap okuyucu

Eritrea [ˌɛrɪˈtreɪə] n Eritre

erotic [ɪˈrɒtɪk] adj erotik

error [ˈɛrə] n yanlış

escalator [ˈɛskəˌleɪtə] n yürüyen merdiven

escape [ɪˈskeɪp] n kaçış ▷ v kaçmak; **fire escape** n yangın çıkışı

escort [ɪsˈkɔːt] v eşlik etmek (refakat)

especially [ɪˈspɛʃəlɪ] adv özellikle

espionage [ˈɛspɪəˌnɑːʒ; ˌɛspɪəˈnɑːʒ; ˈɛspɪənɪdʒ] n casusluk

essay [ˈɛseɪ] n deneme

essential [ɪˈsɛnʃəl] adj zorunlu

estate [ɪˈsteɪt] n malikane; **estate agent** n emlakçı; **estate car** n vagon (oto)

estimate [ˈɛstɪmɪt] n tahmin ▷ v [ˈɛstɪˌmeɪt] tahminde bulunmak

Estonia [ɛˈstəʊnɪə] n Estonya

Estonian [ɛˈstəʊnɪən] *adj* Estonya ▷ *n (language)* Estonya dili (dil), *(person)* Estonyalı (kişi)

etc [ɪt ˈsɛtrə] *abbr* vb (kısaltma)

eternal [ɪˈtɜːnəl] *adj* sonsuz

eternity [ɪˈtɜːnɪtɪ] *n* sonsuz

ethical [ˈɛθɪkəl] *adj* ahlaki

Ethiopia [ˌiːθɪˈəʊpɪə] *n* Etyopya

Ethiopian [ˌiːθɪˈəʊpɪən] *adj* Etyopya ▷ *n* Etyopyalı

ethnic [ˈɛθnɪk] *adj* etnik

e-ticket [ˈiːˈtɪkɪt] *n* e-bilet

EU [iː juː] *abbr* AB

euro [ˈjʊərəʊ] *n* avro

Europe [ˈjʊərəp] *n* Avrupa

European [ˌjʊərəˈpɪən] *adj* Avrupa ▷ *n* Avrupalı; **European Union** *n* Avrupa Birliği

evacuate [ɪˈvækjʊeɪt] *v* boşaltmak *(bina)*

eve [iːv] *n* arife

even [ˈiːvən] *adj* düz *(düzgün)* ▷ *adv* hatta

evening [ˈiːvnɪŋ] *n* akşam; **evening class** *n* akşam okulu; **evening dress** *n* gece elbisesi; **Good evening** İyi akşamlar; **in the evening** akşam; **The table is booked for nine o'clock this evening** Masa bu akşam saat dokuz için rezerve edildi; **What are you doing this evening?** Bu akşam ne yapıyorsunuz?; **What is there to do in the evenings?** Burada akşamları yapılabilecek ne var?

event [ɪˈvɛnt] *n* olay

eventful [ɪˈvɛntfʊl] *adj* olaylı

eventually [ɪˈvɛntʃʊəlɪ] *adv* sonuçta

ever [ˈɛvə] *adv* hiç; **Have you ever been to...?** ... a hiç gittiniz mi?

every [ˈɛvrɪ] *adj* her; **The bus runs every twenty minutes** Her yirmi dakikada bir otobüs var

everybody [ˈɛvrɪˌbɒdɪ] *pron* herkes

everyone [ˈɛvrɪˌwʌn; -wən] *pron* herkes

everything [ˈɛvrɪθɪŋ] *pron* herşey

everywhere [ˈɛvrɪˌwɛə] *adv* her yerde

evidence [ˈɛvɪdəns] *n* kanıt

evil [ˈiːvəl] *adj* kötücül

evolution [ˌiːvəˈluːʃən] *n* evrim

ewe [juː] *n* koyun *(dişi)*

exact [ɪɡˈzækt] *adj* tam

exactly [ɪɡˈzæktlɪ] *adv* tam olarak

exaggerate [ɪɡˈzædʒəˌreɪt] *v* abartmak

exaggeration [ɪɡˈzædʒəˌreɪʃən] *n* abartı

exam [ɪɡˈzæm] *n* sınav

examination [ɪɡˌzæmɪˈneɪʃən] *n (medical)* sınav, *(school)* sınav

examine [ɪɡˈzæmɪn] *v* incelemek

examiner [ɪɡˈzæmɪnə] *n* sınav görevlisi

example [ɪɡˈzɑːmpəl] *n* örnek

excellent [ˈɛksələnt] *adj* mükemmel; **The lunch was excellent** Yemek mükemmeldi

except [ɪkˈsɛpt] *prep* hariç

exception [ɪkˈsɛpʃən] *n* dışında *(haricinde)*

exceptional [ɪkˈsɛpʃənəl] *adj* müstesna

excessive [ɪkˈsɛsɪv] *adj* aşırı

exchange [ɪksˈtʃeɪndʒ] *v* karşılıklı yapmak; **exchange rate** *n* döviz kuru; **rate of exchange** n döviz kuru; **stock exchange** n borsa

excited [ɪk'saɪtɪd] adj heyecanlı

exciting [ɪk'saɪtɪŋ] adj heyecan verici

exclude [ɪk'skluːd] v dışında tutmak

excluding [ɪk'skluːdɪŋ] prep dışında (onu hariç tutarak)

exclusively [ɪk'skluːsɪvlɪ] adv yalnızca

excuse n [ɪk'skjuːs] özür ▷ v [ɪk'skjuːz] özür beyan etmek

execute ['ɛksɪˌkjuːt] v idam etmek

execution [ˌɛksɪ'kjuːʃən] n idam

executive [ɪɡ'zɛkjʊtɪv] n yönetici

exercise ['ɛksəˌsaɪz] n egzersiz

exhaust [ɪɡ'zɔːst] n **The exhaust is broken** Egzos patladı

exhausted [ɪɡ'zɔːstɪd] adj tükenmiş

exhibition [ˌɛksɪ'bɪʃən] n sergi

ex-husband [ɛks'hʌzbənd] n eski koca

exile ['ɛɡzaɪl; 'ɛksaɪl] n sürgün (başka bir yere)

exist [ɪɡ'zɪst] v var olmak

exit ['ɛɡzɪt; 'ɛksɪt] n çıkış; **emergency exit** n acil çıkış kapısı; **Which exit for…?** … çıkışı nerede?

exotic [ɪɡ'zɒtɪk] adj egzotik

expect [ɪk'spɛkt] v ummak

expedition [ˌɛkspɪ'dɪʃən] n keşif gezisi

expel [ɪk'spɛl] v kovmak

expenditure [ɪk'spɛndɪtʃə] n harcamalar

expenses [ɪk'spɛnsɪz] npl masraflar

expensive [ɪk'spɛnsɪv] adj pahalı;

It's quite expensive Çok pahalı; **It's too expensive for me** Benim için çok pahalı

experience [ɪk'spɪərɪəns] n deneyim; **work experience** n iş deneyimi

experienced [ɪk'spɪərɪənst] adj deneyimli

experiment [ɪk'spɛrɪmənt] n deney

expert ['ɛkspɜːt] n uzman

expire [ɪk'spaɪə] v sona erdirme

explain [ɪk'spleɪn] v açıklamak

explanation [ˌɛksplə'neɪʃən] n açıklama (izah)

explode [ɪk'spləʊd] v patlamak (havaya uçarak)

exploit [ɪk'splɔɪt] v sömürmek

exploitation [ˌɛksplɔɪ'teɪʃən] n sömürü

explore [ɪk'splɔː] v araştırmak

explorer [ɪk'splɔːrə] n kaşif

explosion [ɪk'spləʊʒən] n patlama

explosive [ɪk'spləʊsɪv] n patlayıcı madde

export n ['ɛkspɔːt] ihracat ▷ v [ɪk'spɔːt] ihraç etmek

express [ɪk'sprɛs] v ifade etmek

expression [ɪk'sprɛʃən] n anlatım

extension [ɪk'stɛnʃən] n uzatma; **extension cable** n uzatma kablosu

extensive [ɪk'stɛnsɪv] adj geniş (ferah, yaygın)

extensively [ɪk'stɛnsɪvlɪ] adv uzun uzadıya

extent [ɪk'stɛnt] n boyut

exterior [ɪk'stɪərɪə] adj dış (yapı vb)

external [ɪk'stɜːnᵊl] adj dış (harici)

extinct [ɪk'stɪŋkt] *adj* soyu
tükenmiş

extinguisher [ɪk'stɪŋgwɪʃə] *n*
söndürücü *(yangın)*

extortionate [ɪk'stɔːʃənɪt] *adj*
ölçüsüz

extra ['ɛkstrə] *adj* ilave *(fazladan)*
▷ *adv* ilaveten

extraordinary [ɪk'strɔːdªnrı;
-dªnərı] *adj* olağanüstü

extravagant [ɪk'strævɪgənt] *adj*
savruk

extreme [ɪk'striːm] *adj* aşırı

extremely [ɪk'striːmlı] *adv* aşırı
derecede

extremism [ɪk'striːmızəm] *n*
aşırıcılık

extremist [ɪk'striːmıst] *n* aşırı
uçta

ex-wife [ɛks'waɪf] *n* eski karı

eye [aɪ] *n* göz; **eye drops** *npl* göz
damlası; **eye shadow** *n* göz farı;
I have something in my eye
Gözüme bir şey kaçtı; **My eyes
are sore** Gözlerim yanıyor

eyebrow ['aɪˌbraʊ] *n* kaş

eyelash ['aɪˌlæʃ] *n* kirpik

eyelid ['aɪˌlɪd] *n* göz kapağı

eyeliner ['aɪˌlaɪnə] *n* rimel

eyesight ['aɪˌsaɪt] *n* görme yetisi

f

fabric ['fæbrɪk] *n* kumaş

fabulous ['fæbjʊləs] *adj* inanılmaz

face [feɪs] *n* yüz ▷ *v* bakmak
(karşılıklı); **face cloth** *n* yüz
havlusu

facial ['feɪʃəl] *adj* yüz ▷ *n* yüz
bakımı

facilities [fəˈsɪlɪtɪz] *npl* kolaylıklar;
**Do you have facilities for
children?** Çocuklar için
kolaylıklarınız neler?; **What
facilities do you have for people
with disabilities?** Özürlüler için
kolaylıklarınız nelerdir?

fact [fækt] *n* gerçek *(bilgi)*

factory ['fæktərı] *n* fabrika; **I work
in a factory** Bir fabrikada
çalışıyorum

fade [feɪd] *v* solmak

fag [fæg] *n* sigara *(argo)*

fail [feɪl] *v* başarısız olmak

failure ['feɪljə] *n* başarısızlık

faint [feɪnt] *adj* zayıf *(ışık, ses vb)*
▷ *v* bayılmak

fair [feə] *adj (light colour)* açık renk
(ten/saç), *(reasonable)* adil ▷ *n* fuar

fairground ['feə,graʊnd] *n* fuar
alanı

fairly ['feəlɪ] *adv* oldukça

fairness ['feənɪs] *n* dürüstlük

fairy ['feərɪ] *n* peri

fairytale ['feərɪˌteɪl] *n* peri masalı

faith [feɪθ] *n* inanç

faithful ['feɪθfʊl] *adj* sadık

faithfully ['feɪθfʊlɪ] *adv* sadakatle

fake [feɪk] *adj* uyduruk ▷ *n* sahte

fall [fɔ:l] *n* düşüş ▷ *v* düşmek

fall down [fɔ:l daʊn] *v* düşmek

fall for [fɔ:l fɔ:] *v* cazibesine
kapılmak

fall out [fɔ:l aʊt] *v* sıradan çıkmak

false [fɔ:ls] *adj* düzmece; **false
alarm** *n* yanlış alarm

fame [feɪm] *n* ün

familiar [fəˈmɪlɪə] *adj* bildik

family ['fæmɪlɪ; 'fæmlɪ] *n* aile;
I want to reserve a family room
Aile odası ayırtmak istiyorum;
I'd like to book a family room
Aile odası ayırtmak istiyorum; **I'm here
with my family** Ailemle geldim

famine ['fæmɪn] *n* kıtlık

famous ['feɪməs] *adj* ünlü

fan [fæn] *n* vantilatör; **fan belt** *n*
soğutucu kayışı; **Does the room
have a fan?** Odada vantilatör var mı?

fanatic [fəˈnætɪk] *n* fanatik

fancy ['fænsɪ] *v* tasavvur etmek;
fancy dress *n* balo kostümü

fantastic [fænˈtæstɪk] *adj* harika

FAQ [ɛf ɛɪ kjuː] *abbr* sık
sorulan sorular

far [fɑ:] *adj* uzak ▷ *adv* uzakta; **Far
East** *n* Uzak Doğu; **How far are
we from the beach?** Plajdan ne
kadar uzaktayız?; **How far are we
from the bus station?** Otobüs
terminaline ne kadar uzaktayız?;
How far is it? Ne kadar uzak?;
How far is the bank? Banka
buraya ne kadar uzaklıkta?; **Is it far?**
Uzak mı?; **It's not far** Uzak değil;
It's quite far Oldukça uzak

fare [feə] *n* yolcu

farewell [ˌfeəˈwɛl] *excl* elveda!

farm [fɑ:m] *n* çiftlik

farmer ['fɑ:mə] *n* çiftçi

farmhouse ['fɑ:mˌhaʊs] *n* çiftlik
evi

farming ['fɑ:mɪŋ] *n* çiftçilik

Faroe Islands ['feərəʊ 'aɪləndz]
npl Faroe Adaları

fascinating ['fæsɪˌneɪtɪŋ] *adj*
büyüleyici

fashion ['fæʃən] *n* moda

fashionable ['fæʃənəbᵊl] *adj*
modaya uygun

fast [fɑ:st] *adj* hızlı ▷ *adv* hızlı; **He
was driving too fast** Çok hızlı
gidiyordu

fat [fæt] *adj* şişman ▷ *n* yağ

fatal ['feɪtᵊl] *adj* ölümcül

fate [feɪt] *n* kader

father ['fɑ:ðə] *n* baba

father-in-law ['fɑ:ðə ɪn lɔ:]
(fathers-in-law) *n* kayınpeder

fault [fɔ:lt] *n (defect)* hata, *(mistake)*
hata; **It wasn't my fault** Hata
bende değildi

faulty ['fɔ:ltɪ] *adj* hatalı

fauna ['fɔ:nə] *npl* hayvanat

favour ['feɪvə] *n* yardım

favourite ['feɪvərɪt; 'feɪvrɪt] *adj* gözde ▷ *n* gözde

fax [fæks] *n* faks ▷ *v* fakslamak; **Do you have a fax?** Faksınız var mı?; **How much is it to send a fax?** Faks göndermek ne kadar?; **I want to send a fax** Faks çekmek istiyorum; **Is there a fax machine I can use?** Kullanabileceğim bir faks makinesi var mı?; **Please resend your fax** Faksınızı bir daha gönderin; **There is a problem with your fax** Faksınızda bir sorun var; **What is the fax number?** Faks numarası nedir?

fear [fɪə] *n* korku ▷ *v* korkmak

feasible ['fiːzəbəl] *adj* uygulanabilir

feather ['fɛðə] *n* tüy

feature ['fiːtʃə] *n* özellik

February ['fɛbrʊərɪ] *n* Şubat

fed up [fɛd ʌp] *adj* bıkkın

fee [fiː] *n* ücret; **entrance fee** *n* giriş ücreti; **tuition fees** *npl* öğretim ücreti; **Is there a booking fee to pay?** Yer ayırtmak için ücret ödemek gerekiyor mu?

feed [fiːd] *v* beslemek ▷ *n* yayın

feedback ['fiːdˌbæk] *n* geribildirim

feel [fiːl] *v* hissetmek

feeling ['fiːlɪŋ] *n* his

feet [fiːt] *npl* ayaklar; **My feet are sore** Ayaklarım ağrıyor

felt [fɛlt] *n* keçe

female ['fiːmeɪl] *adj* kadın ▷ *n* kadın

feminine ['fɛmɪnɪn] *adj* kadınsı

feminist ['fɛmɪnɪst] *n* feminist

fence [fɛns] *n* çit *(tahta, tel örgü)*

fennel ['fɛnəl] *n* rezene

fern [fɜːn] *n* eğrelti otu

ferret ['fɛrɪt] *n* yaban gelinciği

ferry ['fɛrɪ] *n* feribot; **Where do we catch the ferry to...?** ... feribotuna nereden binebiliriz?

fertile ['fɜːtaɪl] *adj* doğurgan

fertilizer ['fɜːtɪˌlaɪzə] *n* gübre

festival ['fɛstɪvəl] *n* festival

fetch [fɛtʃ] *v* getirmek

fever ['fiːvə] *n* ateş *(sağlık)*; **hay fever** *n* saman nezlesi; **He has a fever** Ateşi çok yüksek

few [fjuː] *adj* birkaç ▷ *pron* birkaç

fewer [fjuːə] *adj* daha az *(sayıca)*

fiancé [fɪ'ɒnseɪ] *n* nişanlı *(erkek)*

fiancée [fɪ'ɒnseɪ] *n* nişanlı *(kadın)*

fibre ['faɪbə] *n* fibre

fibreglass ['faɪbəˌglɑːs] *n* cam yünü

fiction ['fɪkʃən] *n* kurgu; **science fiction** *n* bilim kurgu

field [fiːld] *n* tarla; **playing field** *n* oyun alanı

fierce [fɪəs] *adj* azgın

fifteen ['fɪf'tiːn] *number* onbeş

fifteenth ['fɪf'tiːnθ] *adj* onbeşinci

fifth [fɪfθ] *adj* beşinci

fifty ['fɪftɪ] *number* elli

fifty-fifty ['fɪftɪ'fɪftɪ] *adj* yarı yarıya ▷ *adv* yarı yarıya

fig [fɪg] *n* incir

fight [faɪt] *n* dövüş ▷ *v* savaşmak

fighting [faɪtɪŋ] *n* dövüşme

figure ['fɪgə; 'fɪgjər] *n* şekil

figure out ['fɪgə aʊt] *v* çözmek

Fiji ['fiːdʒiː; fiː'dʒiː] *n* Fiji

file [faɪl] *n (folder)* dosya, *(tool)* eğe ▷ *v (folder)* dosyalamak, *(smoothing)* törpülemek

Filipino, Filipina [ˌfɪlɪ'piːnəʊ, ˌfɪlɪ'piːna] adj Filipinli ▷ n Filipinli

fill [fɪl] v doldurmak

fillet ['fɪlɪt] n fileto ▷ v fileto kesmek

fill in [fɪl ɪn] v doldurmak

fill up [fɪl ʌp] v doldurmak (benzin deposu)

film [fɪlm] n film (fotoğraf vb); **film star** n film yıldızı; **horror film** n korku filmi; **Are there any films in English?** İngilizce film var mı?; **Can I film here?** Burada film çekebilir miyim?; **Can you develop this film, please?** Bu filmi banyo edebilir misiniz lütfen?; **The film has jammed** Film takıldı; **When does the film start?** Film kaçta başlıyor; **Where can we go to see a film?** Film görmek için nereye gidebiliriz?; **Which film is on at the cinema?** Sinemada hangi film oynuyor?

filter ['fɪltə] n filtre ▷ v süzmek

filthy ['fɪlθɪ] adj iğrenç

final ['faɪnᵊl] adj son ▷ n final

finalize ['faɪnaˌlaɪz] v sonlandırmak

finally ['faɪnəlɪ] adv sonunda

finance [fɪ'næns; 'faɪnæns] n finans ▷ v finanse etmek

financial [fɪ'nænʃəl; faɪ-] adj mali; **financial year** n mali yıl

find [faɪnd] v bulmak (aradığı bir şeyi)

find out [faɪnd aʊt] v bulmak (keşfetmek)

fine [faɪn] adj çok iyi ▷ adv pekala ▷ n ceza; **How much is the fine?** Ceza ne kadar?; **Where do I pay the fine?** Cezayı nereye yatıracağım?

finger ['fɪŋgə] n parmak; **index finger** n işaret parmağı

fingernail ['fɪŋgə,neɪl] n tırnak

fingerprint ['fɪŋgə,prɪnt] n parmak izi

finish ['fɪnɪʃ] n son ▷ v bitmek (son bulmak)

finished ['fɪnɪʃt] adj hazır

Finland ['fɪnlənd] n Finlandiya

Finn ['fɪn] n Fin

Finnish ['fɪnɪʃ] adj Fin ▷ n Finli

fir [fɜː] n **fir (tree)** n köknar ağacı

fire [faɪə] n yangın; **fire alarm** n yangın alarmı; **fire brigade** n itfaiye; **fire escape** n yangın çıkışı; **fire extinguisher** n yangın söndürücü; **Fire!** Yangın var!

firefighter ['faɪəˌfaɪtə] n itfaiye eri

fireman, firemen ['faɪəmən, 'faɪəmen] n itfaiyeci

fireplace ['faɪəˌpleɪs] n şömine

firewall ['faɪəˌwɔːl] n güvenlik duvarı

fireworks ['faɪəˌwɜːks] npl havai fişek gösterileri

firm ['fɜːm] adj sıkı ▷ n firma

first [fɜːst] adj ilk ▷ adv ilkin ▷ n ilk; **first aid** n ilk yardım; **first name** n ön ad; **This is my first trip to...** Bu benim... a ilk gelişim; **When is the first bus to...?** ... a ilk otobüs kaçta?

first-class ['fɜːst'klɑːs] adj birinci sınıf

firstly ['fɜːstlɪ] adv öncelikle

fiscal ['fɪskᵊl] adj mali; **fiscal year** n mali yıl

fish [fɪʃ] n balık ▷ v balık avlamak;

freshwater fish n tatlısu balığı; **Am I allowed to fish here?** Burada balık avlayabilir miyim?; **Can we fish here?** Burada balık avlanabilir mi?; **Could you prepare a meal without fish?** İçinde balık olmayan bir yemek yapabilir misiniz?; **I don't eat fish** Balık yemiyorum; **I'll have the fish** Balık alayım; **Is the fish fresh or frozen?** Balıklarınız taze mi, dondurulmuş mu?; **Is this cooked in fish stock?** Bu yemekte balık suyu var mı?; **What fish dishes do you have?** Balıklardan ne var?; **Where can I go fishing?** Nerede balık tutabilirim?

fisherman, fishermen ['fɪʃəmən, 'fɪʃəmɛn] n balıkçı

fishing ['fɪʃɪŋ] n balık avlamak; **fishing boat** n balıkçı teknesi; **fishing rod** n olta; **fishing tackle** n olta

fishmonger ['fɪʃˌmʌŋɡə] n balıkçı (dükkan)

fist [fɪst] n yumruk

fit [fɪt] adj uygun ▷ n uyma ▷ v uydurmak; **epileptic fit** n sara nöbeti; **fitted kitchen** n hazır mutfak; **fitted sheet** n fitted çarşaf; **fitting room** n soyunma odası (mağaza)

fit in [fɪt ɪn] v uymak

five [faɪv] number beş

fix [fɪks] v sabitlemek

fixed [fɪkst] adj sabitlenmiş

fizzy ['fɪzɪ] adj köpüklü

flabby ['flæbɪ] adj gevşek (sarkmış karın vb)

flag [flæɡ] n bayrak

flame [fleɪm] n alev

flamingo [flə'mɪŋɡəʊ] n flamingo

flammable ['flæməbəl] adj yanıcı

flan [flæn] n turta

flannel ['flænəl] n fanila

flap [flæp] v kanat çırpmak

flash [flæʃ] n flaş ▷ v parlamak; **The flash is not working** Flaş çalışmıyor

flashlight ['flæʃˌlaɪt] n fener

flask [flɑːsk] n cep matarası

flat [flæt] adj düz (yassı) ▷ n apartman dairesi; **studio flat** n stüdyo daire

flat-screen ['flæt,skriːn] adj düz ekran

flatter ['flætə] v pohpohlamak

flattered ['flætəd] adj pohpohlanmış

flavour ['fleɪvə] n lezzet

flavouring ['fleɪvərɪŋ] n lezzet katıcı

flaw [flɔː] n kusur

flea [fliː] n pire; **flea market** n bit pazarı

flee [fliː] v kaçmak

fleece [fliːs] n post

fleet [fliːt] n filo

flex [flɛks] n kablo

flexible ['flɛksɪbəl] adj esnek

flexitime ['flɛksɪˌtaɪm] n esnek çalışma saati

flight [flaɪt] n uçuş; **charter flight** n tarifesiz uçuş; **flight attendant** n uçuş hostesi; **scheduled flight** n tarifeli uçuş; **Are there any cheap flights?** Ucuz tarifeli uçuşunuz var mı?; **I'd like to cancel my flight** Uçuşumu iptal ettirmek istiyorum; **I'd like to change my**

flight Uçuşumu değiştirmek istiyorum; **The flight has been delayed** Uçuşunuz gecikmeli; **Which gate for the flight to…?** … uçağı hangi uçuş kapısında?

fling [flɪŋ] v savurmak

flip-flops ['flɪp'flɒpz] npl tokyo (terlik)

flippers ['flɪpəz] npl yüzgeç

flirt [flɜːt] n flört ▷ v flört etmek

float [fləʊt] n sal ▷ v yüzdürmek

flock [flɒk] n sürü

flood [flʌd] n sel ▷ vi su baskınına uğramak ▷ vt/vi su basmak

flooding ['flʌdɪŋ] n su basması

floodlight ['flʌd,laɪt] n projektör ışığı

floor [flɔː] n yer; **ground floor** n zemin kat

flop [flɒp] n fiyasko

floppy ['flɒpɪ] adj **floppy disk** n disket

flora ['flɔːrə] npl flora

florist ['flɒrɪst] n çiçekçi

flour ['flaʊə] n un

flow [fləʊ] v akmak

flower ['flaʊə] n çiçek ▷ v çiçek açmak

flu [fluː] n grip; **bird flu** n kuş gribi; **I had flu recently** Yakınlarda grip atlattım; **I've got flu** Grip geçiriyorum

fluent ['fluːənt] adj akıcı

fluorescent [ˌfluəˈrɛsᵊnt] adj floresan

flush [flʌʃ] n yüz kızarması ▷ v yüzü kızarmak

flute [fluːt] n flüt

fly [flaɪ] n sinek ▷ v uçmak

fly away [flaɪ əˈweɪ] v uçup gitmek

foal [fəʊl] n tay

foam [fəʊm] n **shaving foam** n traş köpüğü

focus ['fəʊkəs] n odak ▷ v odaklanmak

foetus ['fiːtəs] n cenin

fog [fɒg] n sis; **fog light** n sis lambası

foggy ['fɒgɪ] adj sisli

foil [fɔɪl] n folyo

fold [fəʊld] n kat (giysi, kağıt vb) ▷ v katlamak

folder ['fəʊldə] n dosya

folding ['fəʊldɪŋ] adj katlanır

folklore ['fəʊkˌlɔː] n folklor

follow ['fɒləʊ] v izlemek, (social media) takip et

following ['fɒləʊɪŋ] adj izleyen

food [fuːd] n yiyecek; **food poisoning** n gıda zehirlenmesi; **My food processor** n mutfak robotu; **Do you have food?** Yiyecek satıyor musunuz?

fool [fuːl] n ahmak ▷ v kandırmak

foot, feet [fʊt, fiːt] n ayak; **My feet are a size six** Ayakkabı numaram altı

football ['fʊt,bɔːl] n futbol; **American football** n Amerikan futbolu; **football match** n futbol maçı; **football player** n futbolcu; **I'd like to see a football match** Futbol maçı görmek isterdim; **Let's play football** Futbol oynayalım

footballer ['fʊt,bɔːlə] n futbolcu

footpath ['fʊt,pɑːθ] n patika

footprint ['fʊt,prɪnt] n ayakizi

footstep ['fʊt,stɛp] n adım

for [fɔː; fə] prep için; **I want to hire**

a car for the weekend Hafta sonu için bir araba kiralamak istiyorum; **I'd like to book a table for four people for tonight at eight o'clock** Bu akşam saat sekiz için dört kişilik bir masa ayırtmak istiyordum; **I'd like two tickets for tonight** Bu akşam için iki bilet almak istiyorum

forbid [fə'bɪd] v yasaklamak

forbidden [fə'bɪdªn] adj yasak

force [fɔːs] n güç (kuvvet) ▷ v zorlamak; **Air Force** n Hava Kuvvetleri

forecast ['fɔːˌkɑːst] n tahmin (hava, borsa vb); **What's the weather forecast?** Hava tahmini nasıl?

foreground ['fɔːˌgraʊnd] n ön plan

forehead ['fɒrɪd; 'fɔːˌhɛd] n alın

foreign ['fɒrɪn] adj yabancı

foreigner ['fɒrɪnə] n yabancı

foresee [fɔː'siː] v öngörmek

forest ['fɒrɪst] n orman

forever [fɔː'rɛvə; fə-] adv ebediyen

forge [fɔːdʒ] v demir dövmek

forgery ['fɔːdʒərɪ] n sahte

forget [fə'gɛt] v unutmak

forgive [fə'gɪv] v bağışlamak

forgotten [fə'gɒtªn] adj unutulmuş

fork [fɔːk] n çatal; **Could I have a clean fork please?** Temiz bir çatal alabilir miyim lütfen?

form [fɔːm] n form; **application form** n başvuru formu; **order form** n sipariş formu

formal ['fɔːməl] adj resmi

formality [fɔː'mælɪtɪ] n formalite

format ['fɔːmæt] n format ▷ v formatlamak

former ['fɔːmə] adj eski (önceki)

formerly ['fɔːməlɪ] adv önceki

formula ['fɔːmjʊlə] n formül

fort [fɔːt] n hisar

fortnight ['fɔːtˌnaɪt] n iki hafta

fortunate ['fɔːtʃənɪt] adj şanslı

fortunately ['fɔːtʃənɪtlɪ] adv neyse ki

fortune ['fɔːtʃən] n servet

forty ['fɔːtɪ] number kırk

forum ['fɔːrəm] n forum

forward ['fɔːwəd] adv ileriye ▷ v iletlemek; **forward slash** n eğik çizgi; **lean forward** v öne eğilmek

foster ['fɒstə] v koruyucu aile olmak; **foster child** n koruyucu aile bakımındaki çocuk

foul [faʊl] adj kirli ▷ n faul

foundations [faʊn'deɪʃənz] npl vakıflar

fountain ['faʊntɪn] n çeşme; **fountain pen** n dolmakalem

four [fɔː] number dört

fourteen ['fɔː'tiːn] number ondört

fourteenth ['fɔː'tiːnθ] adj ondördüncü

fourth [fɔːθ] adj dördüncü

fox [fɒks] n tilki

fracture ['fræktʃə] n kırık

fragile ['frædʒaɪl] adj kırılgan

frail [freɪl] adj hastalıklı

frame [freɪm] n çerçeve; **picture frame** n resim çerçevesi; **Zimmer® frame** n yürüteç

France [frɑːns] n Fransa

frankly ['fræŋklɪ] adv içtenlikle

frantic ['fræntɪk] adj çılgın

fraud [frɔːd] *n* dolandırıcılık *(sahte para vb)*

freckles ['frɛkəlz] *npl* çiller

free [friː] *adj (no cost)* bedava, *(no restraint)* özgür ▷ *v* özgürlüğünü kavratmak; **free kick** *n* frikik

freedom ['friːdəm] *n* özgürlük

freelance ['friːˌlɑːns] *adj* bağımsız ▷ *adv* bağımsız olarak

freeze [friːz] *n* dondurmak

freezer ['friːzə] *n* dondurucu *(derin)*

freezing ['friːzɪŋ] *adj* dondurucu *(çok soğuk)*

freight [freɪt] *n* nakliye

French [frɛntʃ] *adj* Fransız ▷ *n* Fransız; **French beans** *npl* çalı fasulyesi; **French horn** *n* korno

Frenchman, Frenchmen ['frɛntʃmən, 'frɛntʃmɛn] *n* Fransız erkek

Frenchwoman, Frenchwomen ['frɛntʃwʊmən, 'frɛntʃˌwɪmɪn] *n* Fransız kadın

frequency ['friːkwənsɪ] *n* sıklık

frequent ['friːkwənt] *adj* sık; **How frequent are the buses to…?** … otobüsü ne sıklıkta geliyor?

fresh [frɛʃ] *adj* taze

freshen up ['frɛʃən ʌp] *v* ferahlamak

fret [frɛt] *v* endişe etmek

Friday ['fraɪdɪ] *n* Cuma; **Good Friday** *n* Kutsal Cuma; **on Friday the thirty first of December** Otuz bir Aralık Cuma günü; **on Friday** Cuma günü

fridge [frɪdʒ] *n* buzdolabı

fried [fraɪd] *adj* kızarmış

friend [frɛnd] *n* arkadaş ▷ *v* arkadaş; **I'm here with my**

friends Arkadaşlarımla geldim

friendly ['frɛndlɪ] *adj* dostça

friendship ['frɛndʃɪp] *n* dostluk

fright [fraɪt] *n* korku

frighten ['fraɪtən] *v* korkutmak

frightened ['fraɪtənd] *adj* korkmuş

frightening ['fraɪtənɪŋ] *adj* ürkünç

fringe [frɪndʒ] *n* kahkül

frog [frɒg] *n* kurbağa

from [frɒm; frəm] *prep* den, dan; **How far are we from the beach?** Plajdan ne kadar uzaktayız?

front [frʌnt] *adj* ön ▷ *n* ön

frontier ['frʌntɪə; frʌn'tɪə] *n* cephe

frost [frɒst] *n* don *(hava)*

frosting ['frɒstɪŋ] *n* şekerli kek süsü

frosty ['frɒstɪ] *adj* buzlu

frown [fraʊn] *v* kaşlarını çatmak

frozen ['frəʊzən] *adj* donmuş

fruit [fruːt] *n (botany)* meyve, *(collectively)* meyve; **fruit juice** *n* meyve suyu; **fruit machine** *n* slot makinesi; **fruit salad** *n* meyve salatası; **passion fruit** *n* çarkıfelek meyvası

frustrated [frʌ'streɪtɪd] *adj* engellenmiş

fry [fraɪ] *v* kızartmak; **frying pan** *n* kızartma tavası

fuel [fjʊəl] *n* yakıt

fulfil [fʊl'fɪl] *v* gerçekleştirmek

full [fʊl] *adj* dolu; **full moon** *n* dolunay; **full stop** *n* nokta *(gramer)*

full-time [fʊlˌtaɪm] *adj* tam gün ▷ *adv* tam gün

fully ['fʊlɪ] *adv* tam olarak

fumes [fjuːmz] *npl* duman *(pis kokulu)*; **exhaust fumes** *npl* egzos gazı

fun [fʌn] *adj* eğlendirici ⊳ *n* eğlence

funds [fʌndz] *npl* parasal kaynak

funeral ['fjuːnərəl] *n* cenaze; **funeral parlour** *n* cenazenin gömülmeye ya da yakılmaya hazırlandığı oda

funfair ['fʌn,feə] *n* lunapark

funnel ['fʌnˀl] *n* huni

funny ['fʌnɪ] *adj* komik

fur [fɜː] *n* kürk; **fur coat** *n* kürk *(giysi)*

furious ['fjʊərɪəs] *adj* öfkeden çıldırmış

furnished ['fɜːnɪʃt] *adj* mobilyalı

furniture ['fɜːnɪtʃə] *n* mobilya

further ['fɜːðə] *adj* daha ileri ⊳ *adv* daha ileriye; **further education** *n* ileri eğitim

fuse [fjuːz] *n* sigorta *(elektrik)*; **fuse box** *n* sigorta kutusu; **A fuse has blown** Sigorta attı; **Can you mend a fuse?** Sigortayı tamir eder misiniz?

fuss [fʌs] *n* yaygara

fussy ['fʌsɪ] *adj* yaygaracı

future ['fjuːtʃə] *adj* gelecek ⊳ *n* gelecek

g

Gabon [gə'bɒn] *n* Gabon

gain [geɪn] *n* kazanç ⊳ *v* kazanmak

gale [geɪl] *n* şiddetli rüzgar

gallery ['gælərɪ] *n* galeri; **art gallery** *n* sanat galerisi

gallop ['gæləp] *n* dörtnala gidiş ⊳ *v* dörtnala koşmak

gallstone ['gɔːl,stəʊn] *n* safra kesesi taşı

Gambia ['gæmbɪə] *n* Gambiya

gamble ['gæmbˀl] *v* kumar oynamak

gambler ['gæmblə] *n* kumarcı

gambling ['gæmblɪŋ] *n* kumar

game [geɪm] *n* oyun; **board game** *n* aile oyunları; **games console** *n* oyun konsolu; **Can I play video games?** Oyun oynayabilir miyim?

gang [gæŋ] *n* çete

gangster ['gæŋstə] *n* gangster

gap [gæp] *n* gedik *(yer)*

garage ['gærɑːʒ; -rɪdʒ] *n* garaj;

Which is the key for the garage? Hangisi garaj anahtarı?

garbage ['gɑ:bɪdʒ] *n* çöp

garden ['gɑ:dªn] *n* bahçe; **garden centre** *n* bahçe merkezi; **Can we visit the gardens?** Bahçeleri gezebilir miyiz?

gardener ['gɑ:dnə] *n* bahçıvan

gardening ['gɑ:dªnɪŋ] *n* bahçecilik

garlic ['gɑ:lɪk] *n* sarmısak; **Is there any garlic in it?** Bunda sarmısak var mı?

garment ['gɑ:mənt] *n* giysi (kıyafet)

gas [gæs] *n* gaz; **gas cooker** *n* gazlı ocak; **natural gas** *n* doğal gaz; **I can smell gas** Gaz kokusu alıyorum; **Where is the gas meter?** Gaz sayacı nerede?

gasket ['gæskɪt] *n* conta

gate [geɪt] *n* kapı; **Please go to gate…** … numaralı kapıya gidiniz; **Which gate for the flight to…?** … uçağı hangi uçuş kapısında?

gateau, gateaux ['gætəʊ, 'gætəʊz] *n* kremalı pasta

gather ['gæðə] *v* toplanmak

gauge [geɪdʒ] *n* ölçek ▷ *v* ölçmek

gaze [geɪz] *v* gözünü dikmek

gear [gɪə] *n (equipment)* vites, *(mechanism)* dişli; **gear lever** *n* vites kolu; **gear stick** *n* vites kolu; **Does the bike have gears?** Bisiklet vitesli mi?; **The gears don't work** Vitesler çalışmıyor

gearbox ['gɪəbɒks] *n* vites kutusu

gearshift ['gɪəʃɪft] *n* vites kolu

gel [dʒel] *n* jöle (saç); **hair gel** *n* saç jölesi

gem [dʒem] *n* mücevher

Gemini ['dʒemɪˌnaɪ; -ˌniː] *n* İkizler burcu

gender ['dʒendə] *n* cinsiyet

gene [dʒiːn] *n* gen

general ['dʒenərəl; 'dʒenrəl] *adj* genel ▷ *n* genel; **general anaesthetic** *n* genel anestezi; **general election** *n* genel seçim; **general knowledge** *n* genel kültür

generalize ['dʒenrəˌlaɪz] *v* genellemek

generally ['dʒenrəlɪ] *adv* genellikle

generation [ˌdʒenəˈreɪʃən] *n* kuşak *(jenerasyon)*

generator ['dʒenəˌreɪtə] *n* jeneratör

generosity [ˌdʒenəˈrɒsɪtɪ] *n* cömertlik

generous ['dʒenərəs; 'dʒenrəs] *adj* cömert

genetic [dʒɪˈnetɪk] *adj* genetik

genetically-modified [dʒɪˈnetɪklɪˈmɒdɪˌfaɪd] *adj* genetik olarak değiştirilmiş

genetics [dʒɪˈnetɪks] *n* genetik bilimi

genius ['dʒiːnɪəs; -njəs] *n* dahi *(zeki)*

gentle ['dʒentªl] *adj* kibar

gentleman, gentlemen ['dʒentªlmən, 'dʒentªlmen] *n* centilmen

gently [dʒentlɪ] *adv* kibarca

gents' [dʒents] *n* erkekler tuvaleti; **Where is the gents?** Erkekler tuvaleti nerede?

genuine ['dʒenjʊɪn] *adj* gerçek *(mücevher)*

geography [dʒɪˈɒgrəfɪ] *n* coğrafya

geology [dʒɪˈɒlədʒɪ] n jeoloji

Georgia [ˈdʒɔːdʒjə] n (country) Gürcistan, (US state) Georgia (Amerikan eyaleti)

Georgian [ˈdʒɔːdʒjən] adj Georgia'ya ait ▷ n (inhabitant of Georgia) Gürcü

geranium [dʒɪˈreɪnɪəm] n sardunya

gerbil [ˈdʒɜːbɪl] n çöl faresi

geriatric [ˌdʒerɪˈætrɪk] adj yaşlılar ▷ n yaşlılık

germ [dʒɜːm] n mikrop

German [ˈdʒɜːmən] adj Alman ▷ n (language) Almanca (dil), (person) Alman; **German measles** n kızamıkçık

Germany [ˈdʒɜːmənɪ] n Almanya

gesture [ˈdʒestʃə] n jest

get [ɡet] v almak, (to a place) almak

get away [ɡet əˈweɪ] v sıvışmak

get back [ɡet bæk] v geri getirmek

get in [ɡet ɪn] v mekana girmek

get into [ɡet ˈɪntə] v girmek

get off [ɡet ɒf] v inmek

get on [ɡet ɒn] v binmek

get out [ɡet aʊt] v çıkmak

get over [ɡet ˈəʊvə] v toparlanmak

get together [ɡet təˈɡeðə] v bir araya gelmek

get up [ɡet ʌp] v kalkmak

Ghana [ˈɡɑːnə] n Gana

Ghanaian [ɡɑːˈneɪən] adj Gana ▷ n Ganalı

ghost [ɡəʊst] n hayalet

giant [ˈdʒaɪənt] adj dev gibi ▷ n dev

gift [ɡɪft] n armağan; **gift shop** n hediye dükkanı; **gift voucher** n hediye çeki; **This is a gift for you** Bu armağan sizin için

gifted [ˈɡɪftɪd] adj yetenekli

gigantic [dʒaɪˈɡæntɪk] adj devasa

giggle [ˈɡɪɡ°l] v kıkırdamak

gin [dʒɪn] n cin (alkol); **I'll have a gin and tonic, please** Ben bir cin tonik alayım lütfen

ginger [ˈdʒɪndʒə] adj kızılımsı sarı saçlı ▷ n zencefil

giraffe [dʒɪˈrɑːf; -ˈræf] n zürafa

girl [ɡɜːl] n kız

girlfriend [ˈɡɜːlˌfrend] n kız arkadaş; **I have a girlfriend** Kız arkadaşım var

give [ɡɪv] v vermek

give back [ɡɪv bæk] v geri vermek

give in [ɡɪv ɪn] v yenilgiyi kabullenmek

give out [ɡɪv aʊt] v dağıtmak (vermek)

give up [ɡɪv ʌp] v vazgeçmek

glacier [ˈɡlæsɪə; ˈɡleɪs-] n buzul

glad [ɡlæd] adj memnun

glamorous [ˈɡlæmərəs] adj göz kamaştırıcı

glance [ɡlɑːns] n bakış ▷ v gözatmak

gland [ɡlænd] n beze

glare [ɡleə] v öfkeyle bakmak

glaring [ˈɡleərɪŋ] adj bariz

glass [ɡlɑːs] n cam, (vessel) cam bardak; **magnifying glass** n büyüteç; **stained glass** n vitray

glasses [ˈɡlɑːsɪz] npl gözlük; **Can you repair my glasses?** Gözlüklerimi tamir edebilir misiniz?

glazing [ˈɡleɪzɪŋ] n **double glazing** n çift cam

glider [ˈɡlaɪdə] n planör

gliding [ˈɡlaɪdɪŋ] n planörle uçma

global ['gləʊbəl] *adj* küresel; **global warming** *n* küresel ısınma

globalization [,gləʊbəlaɪ'zeɪʃən] *n* küreselleşme

globe [gləʊb] *n* yerküre

gloomy ['glu:mɪ] *adj* kasvetli

glorious ['glɔ:rɪəs] *adj* görkemli

glory ['glɔ:rɪ] *n* zafer

glove [glʌv] *n* eldiven; **glove compartment** *n* torpido gözü; **oven glove** *n* fırın eldiveni; **rubber gloves** *npl* lastik eldiven

glucose ['glu:kəʊz; -kəʊs] *n* glükoz

glue [glu:] *n* tutkal ▷ *v* yapıştırmak

gluten ['glu:tⁿn] *n* glüten

GM [dʒi: em] *abbr* GM

go [gəʊ] *v* gitmek; **I'd like to go home** Eve gitmek istiyorum; **I'm going to...** ... a gitmek istiyorum; **We'd like to go to...** ... a gitmek istiyorduk

go after [gəʊ 'ɑ:ftə] *v* çabalamak

go ahead [gəʊ ə'hɛd] *v* önden gitmek

goal [gəʊl] *n* gol

goalkeeper ['gəʊl,ki:pə] *n* kaleci

goat [gəʊt] *n* keçi

go away [gəʊ ə'weɪ] *v* yola çıkmak

go back [gəʊ bæk] *v* dönmek

go by [gəʊ baɪ] *v* geçmek

god [gɒd] *n* tanrı

godchild, godchildren ['gɒd,tʃaɪld, 'gɒd,tʃɪldrən] *n* vaftiz çocuğu

goddaughter ['gɒd,dɔ:tə] *n* vaftiz kızı

godfather ['gɒd,fɑ:ðə] *n* (baptism) isim babası (vaftiz), (criminal leader) baba (mafya)

godmother ['gɒd,mʌðə] *n* isim annesi

go down [gəʊ daʊn] *v* azalmak

godson ['gɒd,sʌn] *n* vaftiz oğlu

goggles ['gɒg⁻lz] *npl* koruma gözlüğü

go in [gəʊ ɪn] *v* girmek (içeriye)

gold [gəʊld] *n* altın (metal)

golden ['gəʊldən] *adj* altın (metal)

goldfish ['gəʊld,fɪʃ] *n* Japon balığı

gold-plated ['gəʊld'pleɪtɪd] *adj* altın kaplama

golf [gɒlf] *n* golf; **golf club** *n* (stick) golf sopası, (society) golf klübü; **golf course** *n* golf sahası; **Do they hire out golf clubs?** Golf sopaları kiralıyorlar mı?; **Is there a public golf course near here?** Buraya yakın bir golf sahası var mı?; **Where can I play golf?** Nerede golf oynayabilirim?

gone [gɒn] *adj* geçmiş

good [gʊd] *adj* iyi

goodbye [,gʊd'baɪ] *excl* hoşçakal!

good-looking ['gʊd'lʊkɪŋ] *adj* yakışıklı

good-natured ['gʊd'neɪtʃəd] *adj* iyi huylu

goods [gʊdz] *npl* mallar

go off [gəʊ ɒf] *v* kapamak

go on [gəʊ ɒn] *v* devam etmek

goose, geese [gu:s, gi:s] *n* kaz; **goose pimples** *npl* diken diken olmuş tüyler

gooseberry ['gʊzbərɪ; -brɪ] *n* bektaşi üzümü

go out [gəʊ aʊt] *v* dışarı çıkmak

go past [gəʊ pɑ:st] *v* yanından geçmek

gorgeous ['gɔːdʒəs] *adj* çok güzel

gorilla [gəˈrɪlə] *n* goril

go round [gəʊ raʊnd] *v* idare etmek

gospel ['gɒspəl] *n* incil

gossip ['gɒsɪp] *n* dedikodu ▷ *v* dedikodu yapmak

go through [gəʊ θruː] *v* geçirmek

go up [gəʊ ʌp] *v* yükselmek

government ['gʌvənmənt; 'gʌvəmənt] *n* hükümet

gown [gaʊn] *n* **dressing gown** *n* sabahlık

GP [dʒiː piː] *abbr* pratisyen hekim

GPS [dʒiː piː es] *abbr* GPS sistemi

grab [græb] *v* kavramak

graceful ['greɪsfʊl] *adj* zarif

grade [greɪd] *n* derece (düzey)

gradual ['grædjʊəl] *adj* derece derece

gradually ['grædjʊəlɪ] *adv* adım adım

graduate ['grædjʊɪt] *n* üniversite mezunu

graduation [ˌgrædjʊˈeɪʃən] *n* mezuniyet

graffiti, graffito [græˈfiːtiː, græˈfiːtəʊ] *npl* grafiti

grain [greɪn] *n* tahıl tanesi

grammar ['græmə] *n* gramer

grammatical [grəˈmætɪkəl] *adj* gramatik

gramme [græm] *n* gram

grand [grænd] *adj* gösterişli

grandchild ['grænˌtʃaɪld] *n* torun; **grandchildren** *npl* torunlar

granddad ['grænˌdæd] *n* dede

granddaughter ['grænˌdɔːtə] *n* kız torun

grandfather ['grænˌfɑːðə] *n* dede

grandma ['grænˌmɑː] *n* nine

grandmother ['grænˌmʌðə] *n* büyükanne

grandpa ['grænˌpɑː] *n* dede

grandparents ['grænˌpɛərəntz] *npl* büyükanne ve büyükbaba

grandson ['grænsʌn; 'grænd-] *n* erkek torun

granite ['grænɪt] *n* granit

granny ['grænɪ] *n* nine

grant [grɑːnt] *n* fon (destek)

grape [greɪp] *n* üzüm

grapefruit ['greɪpˌfruːt] *n* greyfurt

graph [grɑːf; græf] *n* grafik

graphics ['græfɪks] *npl* grafik

grasp [grɑːsp] *v* kavramak

grass [grɑːs] *n (informer)* muhbir, *(marijuana)* ot *(esrar)*, *(plant)* ot

grasshopper ['grɑːsˌhɒpə] *n* çekirge

grate [greɪt] *v* rendelemek

grateful ['greɪtfʊl] *adj* müteşekkir

grave [greɪv] *n* mezar

gravel ['grævəl] *n* çakıl

gravestone ['greɪvˌstəʊn] *n* mezar taşı

graveyard ['greɪvˌjɑːd] *n* mezarlık

gravy ['greɪvɪ] *n* et sosu

grease [griːs] *n* yağ

greasy ['griːzɪ, -sɪ] *adj* yağlı

great [greɪt] *adj* büyük *(müthiş)*

Great Britain [greɪt 'brɪtən] *n* İngiltere

great-grandfather ['greɪtˈgrænˌfɑːðə] *n* dedenin babası

great-grandmother ['greɪtˈgrænˌmʌðə] *n* ninenin annesi

Greece [griːs] *n* Yunanistan

greedy ['griːdɪ] *adj* açgözlü

Greek [griːk] *adj* Yunan ▷ *n* (*language*) Yunanca (dil), (*person*) Yunanlı (kişi)

green [griːn] *adj* (*colour*) yeşil, (*inexperienced*) acemi ▷ *n* yeşil; **green salad** *n* yeşil salata

greengrocer's ['griːnˌɡrəʊsəz] *n* manav

greenhouse ['griːnˌhaʊs] *n* sera

Greenland ['griːnlənd] *n* Grönland

greet [griːt] *v* selamlamak

greeting ['griːtɪŋ] *n* selamlaşma; **greetings card** *n* tebrik kartı

grey [ɡreɪ] *adj* gri

grey-haired [ˌɡreɪ'heəd] *adj* beyaz saçlı

grid [ɡrɪd] *n* ızgara

grief [ɡriːf] *n* keder

grill [ɡrɪl] *n* ızgara ▷ *v* ızgara yapmak

grilled [ɡrɪld] *adj* ızgarada

grim [ɡrɪm] *adj* tatsız

grin [ɡrɪn] *n* sırıtış ▷ *v* sırıtmak

grind [ɡraɪnd] *v* öğütmek

grip [ɡrɪp] *v* sımsıkı kavramak

gripping [ɡrɪpɪŋ] *adj* sürükleyici

grit [ɡrɪt] *n* kum

groan [ɡrəʊn] *v* inlemek

grocer ['ɡrəʊsə] *n* bakkal

groceries [ˈɡrəʊsərɪz] *npl* yiyecek maddeleri

grocer's ['ɡrəʊsəz] *n* bakkal (dükkan)

groom [ɡruːm; ɡrʊm] *n* seyis, (*bridegroom*) damat (gelinin kocası)

grope [ɡrəʊp] *v* elle yoklamak

gross [ɡrəʊs] *adj* (*fat*) şişko, (*income etc.*) hantal

grossly [ɡrəʊslɪ] *adv* kabaca

ground [ɡraʊnd] *n* yer ▷ *v* yere indirmek; **ground floor** *n* zemin kat

group [ɡruːp] *n* grup; **Are there any reductions for groups?** Grup indirimi var mı?

grouse [ɡraʊs] *n* (*complaint*) şikayet, (*game bird*) orman tavuğu

grow [ɡrəʊ] *vi* büyümek ▷ *vt* bitki yetiştirmek

growl [ɡraʊl] *v* hırlamak

grown-up [ɡrəʊnʌp] *n* erişkin

growth [ɡrəʊθ] *n* büyüme

grow up [ɡrəʊ ʌp] *v* büyümek

grub [ɡrʌb] *n* kurtçuk

grudge [ɡrʌdʒ] *n* kin

gruesome ['ɡruːsəm] *adj* tüyler ürpertici

grumpy ['ɡrʌmpɪ] *adj* huysuz

guarantee [ˌɡærən'tiː] *n* garanti ▷ *v* garanti etmek; **It's still under guarantee** Hala garantisi var

guard [ɡɑːd] *n* nöbetçi ▷ *v* korumak; **security guard** *n* güvenlik görevlisi

Guatemala [ˌɡwɑːtə'mɑːlə] *n* Guatemala

guess [ɡɛs] *n* tahmin ▷ *v* sezmek

guest [ɡɛst] *n* konuk

guesthouse ['ɡɛstˌhaʊs] *n* konukevi

guide [ɡaɪd] *n* rehber (*turizm*) ▷ *v* rehber (*turizm*); **guide dog** *n* rehber köpek; **guided tour** *n* rehberli tur; **tour guide** *n* tur rehberi; **Can you guide me, please?** Bana rehberlik eder misiniz lütfen; **Do you have a guide to local walks?** Yerel

yürüyüşler için rehberiniz var mı?;
I have a guide dog Rehber
köpeğim var; **Is there a guide
who speaks English?** İngilizce
konuşan bir rehber var mı?
guidebook ['gaɪd,bʊk] *n* rehber
(kılavuz)
guilt [gɪlt] *n* suçluluk
guilty ['gɪltɪ] *adj* suçlu
Guinea ['gɪnɪ] *n* Gine; **guinea pig** *n*
(for experiment) kobay, *(rodent)*
kobay faresi
guitar [gɪ'tɑː] *n* gitar
gum [gʌm] *n* sakız; **chewing gum**
n çiklet
gun [gʌn] *n* silah; **machine gun** *n*
makineli tüfek
gust [gʌst] *n* ani rüzgar
gut [gʌt] *n* bağırsak
guy [gaɪ] *n* adam
Guyana [gaɪ'ænə] *n* Güyan
gym [dʒɪm] *n* jimnastik salonu
gymnast ['dʒɪmnæst] *n*
jimnastikçi
gymnastics [dʒɪm'næstɪks] *npl*
jimnastik
gynaecologist [,gaɪnɪ'kɒlədʒɪst]
n jinekolog
gypsy ['dʒɪpsɪ] *n* çingene

habit ['hæbɪt] *n* alışkanlık
hack [hæk] *v* doğramak
hacker ['hækə] *n* hacker
haddock ['hædək] *n* mezgit balığı
haemorrhoids ['hɛmə,rɔɪdz] *npl*
hemoroid
haggle ['hægəl] *v* pazarlık etmek
hail [heɪl] *n* dolu *(hava)* ▷ *v* dolu
yağmak
hair [hɛə] *n* saç; **hair gel** *n* saç
jölesi; **hair spray** *n* saç spreyi; **Can
you dye my hair, please?** Saçımı
boyar mısınız lütfen?; **Can you
straighten my hair?** Saçımı
düzleştirebilir misiniz?; **I have
greasy hair** Saçım yağlı; **I need
a hair dryer** Saç kurutma
makinesine ihtiyacım var; **My hair
is naturally straight** Saçım
doğuştan düz; **My hair is permed**
Saçım permalı; **What do you
recommend for my hair?** Saçıma

ne tavsiye edersiniz?

hairband ['heə,bænd] *n* saç bandı

hairbrush ['heə,brʌʃ] *n* saç fırçası

haircut ['heə,kʌt] *n* saç kestirme

hairdo ['heə,duː] *n* saç modeli

hairdresser ['heə,dresə] *n* kuaför

hairdresser's ['heə,dresəz] *n* kuaför

hairdryer ['heə,draɪə] *n* saç kurutma makinesi

hairgrip ['heə,grɪp] *n* saç tokası

hairstyle ['heə,staɪl] *n* saç modeli

hairy ['heərɪ] *adj* kıllı

Haiti ['heɪtɪ; haːˈiːtɪ] *n* Haiti

half [haːf] *adj* yarım ▷ *adv* yarı yarıya ▷ *n* yarım; **half board** *n* kahvaltı ve akşam yemeği dahil

half-hour ['haːf,aʊə] *n* yarım saat

half-price ['haːf,praɪs] *adj* yarı fiyatı ▷ *adv* yarı fiyatına

half-term ['haːf,tɜːm] *n* sömestr tatili

half-time ['haːf,taɪm] *n* devre arası

halfway [,haːf'weɪ] *adv* yarı yolda

hall [hɔːl] *n* salon; **town hall** *n* belediye binası

hallway ['hɔːl,weɪ] *n* antre

halt [hɔːlt] *n* duraksama

ham [hæm] *n* jambon

hamburger ['hæm,bɜːgə] *n* hamburger

hammer ['hæmə] *n* çekiç

hammock ['hæmək] *n* hamak

hamster ['hæmstə] *n* hamster

hand [hænd] *n* el ▷ *v* vermek; **hand luggage** *n* el bagajı; **Where can I wash my hands?** Ellerimi nerede yıkayabilirim?

handbag ['hænd,bæg] *n* çanta

handball ['hænd,bɔːl] *n* hentbol

handbook ['hænd,bʊk] *n* referans kitabı

handbrake ['hænd,breɪk] *n* el freni

handcuffs ['hænd,kʌfs] *npl* kelepçe

handicap ['hændɪ,kæp] *n* handikap

handkerchief ['hæŋkətʃɪf; -tʃiːf] *n* mendil

handle ['hændᵊl] *n* kol ▷ *v* elle yapmak; **The door handle has come off** Kapının kolu çıktı

handlebars ['hændᵊl,baːz] *npl* gidon

handmade [,hænd'meɪd] *adj* yapımı; **Is this handmade?** Bu el yapımı mı?

hands-free ['hændz,friː] *adj* handsfree; **hands-free kit** *n* handsfree set

handsome ['hændsəm] *adj* yakışıklı

handwriting ['hænd,raɪtɪŋ] *n* el yazısı

handy ['hændɪ] *adj* el altında

hang [hæŋ] *vi* asılmak ▷ *vt* asmak

hanger ['hæŋə] *n* askı

hang-gliding ['hæŋ'glaɪdɪŋ] *n* hang-gliding; **I'd like to go hang-gliding** Hang-gliding yapmak isterdim

hang on [hæŋ ɒn] *v* sabretmek

hangover ['hæŋ,əʊvə] *n* akşamdan kalma

hang up [hæŋ ʌp] *v* telefonu kapatmak

hankie ['hæŋkɪ] n mendil

happen ['hæpⁿn] v olmak

happily ['hæpɪlɪ] adv seve seve

happiness ['hæpɪnɪs] n mutluluk

happy ['hæpɪ] adj mutlu; **Happy New Year!** Mutlu Yıllar!

harassment ['hærəsmənt] n taciz

harbour ['hɑ:bə] n liman

hard [hɑ:d] adj (difficult) zor, (firm, rigid) sert ▷ adv zor; **hard disk** n bilgisayar hafızası; **hard shoulder** n dönemeç

hardboard ['hɑ:d,bɔ:d] n mukavva

hardly ['hɑ:dlɪ] adv güçlükle

hard up [hɑ:d ʌp] adj yoksul

hardware ['hɑ:d,wɛə] n hırdavat

hare [hɛə] n yabani tavşan

harm [hɑ:m] v zarar vermek

harmful ['hɑ:mfʊl] adj zararlı

harmless ['hɑ:mlɪs] adj zararsız

harp [hɑ:p] n harp (müzik)

harsh [hɑ:ʃ] adj şiddetli

harvest ['hɑ:vɪst] n hasat ▷ v hasat kaldırmak

hastily [heɪstɪlɪ] adv telaşla

hat [hæt] n şapka

hatchback ['hætʃ,bæk] n hatchback

hate [heɪt] v nefret etmek

hatred ['heɪtrɪd] n nefret

haunted ['hɔ:ntɪd] adj perili

have [hæv] v sahip olmak

have to [hæv tʊ] v yapmak zorunda olmak

hawthorn ['hɔ:,θɔ:n] n akdiken

hay [heɪ] n saman; **hay fever** n saman nezlesi

haystack ['heɪ,stæk] n saman yığını

hazelnut ['heɪzⁿl,nʌt] n fındık

he [hi:] pron o (erkek)

head [hɛd] n (body part) baş (vücut), (principal) baş (yönetim) ▷ v başı çekmek; **deputy head** n müdür yardımcısı; **head office** n yönetim merkezi

headache ['hɛd,eɪk] n baş ağrısı; **I'd like something for a headache** Baş ağrısı için bir şey rica ediyorum

headlamp ['hɛd,læmp] n ön lamba

headlight ['hɛd,laɪt] n ön lamba

headline ['hɛd,laɪn] n başlık (haber)

headphones ['hɛd,fəʊnz] npl kulaklık; **Does it have headphones?** Kulaklık var mı?

headquarters [,hɛd'kwɔ:təz] npl merkez

headroom ['hɛd,rʊm] n -, ['ru:m] n boşluk payı (tavanda)

headscarf, headscarves ['hɛd,skɑ:f, 'hɛd,skɑ:vz] n eşarp

headteacher ['hɛd,ti:tʃə] n müdür

heal [hi:l] v iyileşmek

health [hɛlθ] n sağlık; **I don't have health insurance** Sağlık sigortam yok; **I have private health insurance** Özel sağlık sigortam var

healthy ['hɛlθɪ] adj sağlıklı

heap [hi:p] n yığın

hear [hɪə] v işitmek

hearing ['hɪərɪŋ] n işitme; **hearing aid** n işitme cihazı

heart [hɑ:t] n kalp; **heart attack** n kalp krizi; **I have a heart condition** Kalp hastasıyım

heartbroken ['hɑːtˌbrəʊkən] *adj* kalbi kırık

heartburn ['hɑːtˌbɜːn] *n* mide ekşimesi

heat [hiːt] *n* ısı ▷ *v* ısıtmak

heater ['hiːtə] *n* ısıtıcı

heather ['hɛðə] *n* süpürge otu

heating ['hiːtɪŋ] *n* ısıtma; **central heating** *n* merkezi ısıtma

heat up [hiːt ʌp] *v* kızışmak

heaven ['hɛv²n] *n* cennet

heavily ['hɛvɪlɪ] *adv* ağır bir şekilde

heavy ['hɛvɪ] *adj* ağır; **This is too heavy** Bu çok ağır

hedge [hɛdʒ] *n* çit (çalılık)

hedgehog ['hɛdʒˌhɒg] *n* kirpi

heel [hiːl] *n* topuk; **high heels** *npl* yüksek topuklar

height [haɪt] *n* yükseklik

heir [ɛə] *n* varis

heiress ['ɛərɪs] *n* varis (kadın)

helicopter ['hɛlɪˌkɒptə] *n* helikopter

hell [hɛl] *n* cehennem

hello [hɛ'ləʊ] *excl* merhaba!

helmet ['hɛlmɪt] *n* kask (motosiklet); **Can I have a helmet?** Kask alabilir miyim?

help [hɛlp] *n* yardım ▷ *v* yardım etmek; **Can you help me?** Yardımcı olabilir misiniz?; **Fetch help quickly!** Yardım çağırın, çabuk!

helpful ['hɛlpfʊl] *adj* yardımcı

helpline ['hɛlpˌlaɪn] *n* yardım hattı

hen [hɛn] *n* tavuk; **hen night** *n* kına gecesi

hepatitis [ˌhɛpə'taɪtɪs] *n* karaciğer iltihabı

her [hɜː; hə; ə] *pron* onu, ona (kadın)

herbs [hɜːbz] *npl* kokulu otlar

herd [hɜːd] *n* sürü

here [hɪə] *adv* burada

hereditary [hɪ'rɛdɪtərɪ; -trɪ] *adj* kalıtsal

heritage ['hɛrɪtɪdʒ] *n* miras

hernia ['hɜːnɪə] *n* fıtık

hero ['hɪərəʊ] *n* kahraman

heroin ['hɛrəʊɪn] *n* eroin

heroine ['hɛrəʊɪn] *n* kadın kahraman

heron ['hɛrən] *n* balıkçıl kuşu

herring ['hɛrɪŋ] *n* ringa balığı

hers [hɜːz] *pron* onunki (kadın)

herself [hə'sɛlf] *pron* kendisi (kadın)

hesitate ['hɛzɪˌteɪt] *v* duraksamak

heterosexual [ˌhɛtərəʊ'sɛksjʊəl] *adj* heteroseksüel

HGV [eɪtʃ dʒiː viː] *abbr* ağır yük taşıma aracı

hi [haɪ] *excl* selam!

hiccups ['hɪkʌps] *npl* hıçkırık

hidden ['hɪd²n] *adj* saklı

hide [haɪd] *vi* saklamak

hide-and-seek [ˌhaɪdænd'siːk] *n* saklambaç

hideous ['hɪdɪəs] *adj* itici

hifi ['haɪˈfaɪ] *n* hi-fi

high [haɪ] *adj* yüksek ▷ *adv* yüksekte; **high heels** *npl* yüksek topuklar; **high jump** *n* yüksek atlama; **high season** *n* pahalı sezon; **How high is it?** Yüksekliği ne kadar?

highchair ['haɪˌtʃɛə] *n* bebe sandalyesi

high-heeled ['haɪˌhiːld] *adj* yüksek topuklu

highlight ['haɪˌlaɪt] n önemli olay ▷ v vurgulamak

highlighter ['haɪˌlaɪtə] n marker

high-rise ['haɪˌraɪz] n gökdelen

hijack ['haɪˌdʒæk] v gaspetmek

hijacker ['haɪˌdʒækə] n korsan *(uçak/hava)*

hike [haɪk] n yürüyüşe çıkma

hiking ['haɪkɪŋ] n yürüyüş

hilarious [hɪ'lɛərɪəs] adj çok komik

hill [hɪl] n tepe *(coğrafya)*; **I'd like to go hill walking** Tepelere yürüyüşe çıkmak isterim

hill-walking ['hɪlˌwɔːkɪŋ] n tepelere tırmanma

him [hɪm; ɪm] pron onu, ona *(erkek)*

himself [hɪm'sɛlf; ɪm'sɛlf] pron kendisi *(erkek)*

Hindu ['hɪnduː; hɪn'duː] adj Hindu ▷ n Hindu

Hinduism ['hɪnduˌɪzəm] n Hinduizm

hinge [hɪndʒ] n menteşe

hint [hɪnt] n ima ▷ v imada bulunmak

hip [hɪp] n kalça

hippie ['hɪpɪ] n hippi

hippo ['hɪpəʊ] n hipopotam

hippopotamus, hippopotami [ˌhɪpə'pɒtəməs, ˌhɪpə'pɒtəmaɪ] n hipopotam

hire ['haɪə] n kiralama ▷ v kiralamak; **car hire** n araba kiralama; **hire car** n kiralık araba; **How much is it to hire a tennis court?** Tenis kortu kiralamak kaça?; **I want to hire a bike** Bisiklet kiralamak istiyorum;

I want to hire a car for five days Beş günlüğüne bir araba kiralamak istiyorum; **I'd like to hire...** ... kiralamak istiyorum

his [hɪz; ɪz] adj onun *(erkek)* ▷ pron onun *(erkek)*

historian [hɪ'stɔːrɪən] n tarihçi

historical [hɪ'stɒrɪkəl] adj tarihi

history ['hɪstərɪ; 'hɪstrɪ] n tarih *(geçmiş, ders)*

hit [hɪt] n çarpma ▷ v vurmak

hitch [hɪtʃ] n ufak sorun

hitchhike ['hɪtʃˌhaɪk] v otostop

hitchhiker ['hɪtʃˌhaɪkə] n otostopçu

hitchhiking ['hɪtʃˌhaɪkɪŋ] n otostop yapma

HIV-negative [eɪtʃ aɪ viː 'nɛɡətɪv] adj HIV'li olmayan

HIV-positive [eɪtʃ aɪ viː 'pɒzɪtɪv] adj HIV'li

hobby ['hɒbɪ] n hobi

hockey ['hɒkɪ] n hokey; **ice hockey** n buz hokeyi

hold [həʊld] v tutmak

holdall ['həʊldˌɔːl] n sırt çantası

hold on [həʊld ɒn] v tutunmak

hold up [həʊld ʌp] v kaldırmak

hold-up [həʊldʌp] n soygun

hole [həʊl] n delik *(çorap, duvar vb)*; **I have a hole in my shoe** Ayakkabımda delik var

holiday ['hɒlɪˌdeɪ; -dɪ] n tatil; **activity holiday** n aktivite tatili; **bank holiday** n İngiltere'de bankaların kapalı olduğu tatil günü; **holiday home** n tatil evi; **holiday job** n yazlık iş; **package holiday** n paket tatil; **public holiday** n resmi tatil günü;

Enjoy your holiday! İyi tatiller!;
I'm here on holiday Burada
tatildeyim

Holland ['hɒlənd] n Hollanda

hollow ['hɒləʊ] adj oyuk

holly ['hɒlɪ] n çoban püskülü

holy ['həʊlɪ] adj kutsal

home [həʊm] adv evde ▷ n ev;
home address n ev adresi; **home
match** n kendi sahasında maç;
home page n açılış sayfası;
mobile home n taşınabilir ev;
nursing home n huzurevi (yaşlılar
için); **stately home** n malikane;
I'd like to go home Eve gitmek
istiyorum; **Please come home by
11p.m.** Akşam saat on bire kadar
evde olun lütfen; **When do you go
home?** Eve ne zaman
gideceksiniz?; **Would you like to
phone home?** Evi aramak ister
misiniz?

homeland ['həʊm,lænd] n
anavatan

homeless ['həʊmlɪs] adj evsiz

home-made ['həʊm'meɪd] adj ev
yapımı

homeopathic [,həʊmɪ'ɒpæθɪk]
adj homeopatik

homeopathy [,həʊmɪ'ɒpəθɪ] n
homeopati

homesick ['həʊm,sɪk] adj sıla acısı
çeken

homework ['həʊm,wɜːk] n ev
ödevi

Honduras [hɒn'djʊərəs] n
Honduras

honest ['ɒnɪst] adj dürüst

honestly ['ɒnɪstlɪ] adv dürüstçe

honesty ['ɒnɪstɪ] n dürüstlük

honey ['hʌnɪ] n bal

honeymoon ['hʌnɪ,muːn] n
balayı; **We are on our
honeymoon** Balayındayız

honeysuckle ['hʌnɪ,sʌkəl] n
hanımeli

honour ['ɒnə] n onur (şeref)

hood [hʊd] n kapüşon

hook [hʊk] n kanca

hooray [huː'reɪ] excl hurra!

Hoover® ['huːvə] n elektrik
süpürgesi; **hoover** v süpürmek
(elektrikli süpürgeyle)

hope [həʊp] n umut ▷ v umut
etmek

hopeful ['həʊpfʊl] adj umutlu

hopefully ['həʊpfʊlɪ] adv umutla

hopeless ['həʊplɪs] adj umutsuz

horizon [hə'raɪzən] n ufuk

horizontal [,hɒrɪ'zɒntəl] adj yatay

hormone ['hɔːməʊn] n hormon

horn [hɔːn] n boynuz; **French
horn** n korno

horoscope ['hɒrə,skəʊp] n yıldız
falı

horrendous [hɒ'rɛndəs] adj
korkunç

horrible ['hɒrəbəl] adj korkunç

horrifying ['hɒrɪ,faɪɪŋ] adj dehşet
verici

horror ['hɒrə] n dehşet; **horror
film** n korku filmi

horse [hɔːs] n at (hayvan); **horse
racing** n at yarışı; **horse riding** n
binicilik; **rocking horse** n sallanan
at; **Can we go horse riding?** Ata
binebilir miyiz?; **I'd like to see a
horse race** At yarışı görmek
isterdim; **Let's go horse riding**
Ata binmeye gidelim

horseradish ['hɔːsˌrædɪʃ] *n* yabanturpu

horseshoe ['hɔːsˌʃuː] *n* at nalı

hose [həʊz] *n* hortum

hosepipe ['həʊzˌpaɪp] *n* hortum

hospital ['hɒspɪtᵊl] *n* hastane; **maternity hospital** *n* doğum hastanesi; **How do I get to the hospital?** Hastaneye nasıl gidebilirim?; **I work in a hospital** Hastanede çalışıyorum; **We must get him to hospital** Hastaneye götürmemiz gerek; **Where is the hospital?** Hastane nerede?; **Will he have to go to hospital?** Hastaneye gitmesi gerekiyor mu?

hospitality [ˌhɒspɪˈtælɪtɪ] *n* konukseverlik

host [həʊst] *n (entertains)* ev sahibi, *(multitude)* kalabalık

hostage ['hɒstɪdʒ] *n* rehine

hostel ['hɒstᵊl] *n* öğrenci yurdu

hostess ['həʊstɪs] *n* **air hostess** *n* hostes

hostile ['hɒstaɪl] *adj* düşmanca

hot [hɒt] *adj* sıcak; **hot dog** *n* sosisli sandviç; **I'm too hot** Çok sıcakladım; **It's very hot** Çok sıcak; **The food is too hot** Yemek çok sıcak; **The room is too hot** Oda çok sıcak

hotel [həʊˈtel] *n* otel; **Can you book me into a hotel?** Bana bir otelde yer ayırtabilir misiniz?; **Can you recommend a hotel?** Bir otel tavsiye edebilir misiniz?; **He runs the hotel** Oteli yönetiyor; **I'm staying at a hotel** Otelde kalıyorum; **Is your hotel accessible to wheelchairs?** Otelinizde tekerlekli sandalye girişi var mı?; **We're looking for a hotel** Bir otel arıyoruz; **What's the best way to get to this hotel?** Şu otele en kolay nasıl gidebilirim?

hour [aʊə] *n* saat *(zaman)*; **office hours** *npl* çalışma saatleri; **opening hours** *npl* açılış saatleri; **peak hours** *npl* sıkışık saat; **rush hour** *n* sıkışık saatler; **visiting hours** *npl* ziyaret saatleri; **How much is it per hour?** Saati ne kadar?; **The journey takes two hours** Yolculuk iki saat sürüyor; **When are visiting hours?** Ziyaret saatleri nedir?

hourly ['aʊəlɪ] *adj* saat başı ▷ *adv* saat başı

house [haʊs] *n* ev; **council house** *n* sosyal konut; **detached house** *n* müstakil ev; **semi-detached house** *n* bitişik nizam ev; **Do we have to clean the house before we leave?** Ayrılmadan önce evi temizlememiz gerekiyor mu?

household ['haʊsˌhəʊld] *n* hane halkı

housewife, housewives ['haʊsˌwaɪf, 'haʊsˌwaɪvz] *n* evkadını

housework ['haʊsˌwɜːk] *n* ev işi

hovercraft ['hɒvəˌkrɑːft] *n* hovercraft

how [haʊ] *adv* nasıl; **Do you know how to do this?** Bunun nasıl yapıldığını biliyor musunuz?; **How are you?** Nasılsınız?; **How do I get to...?** ... na nasıl gidebilirim?; **How does this work?** Bu nasıl çalışıyor?

however [haʊˈɛvə] *adv* ancak

howl [haʊl] *v* ulumak

HQ [eɪtʃ kjuː] *abbr* genel merkez

hubcap [ˈhʌbˌkæp] *n* jant kapağı

hug [hʌg] *n* kucaklama ▷ *v* kucaklamak

huge [hjuːdʒ] *adj* kocaman

hull [hʌl] *n* gemi teknesi

hum [hʌm] *v* vızıldamak

human [ˈhjuːmən] *adj* insan;
human being *n* insanoğlu;
human rights *npl* insan hakları

humanitarian
[hjuːˌmænɪˈtɛərɪən] *adj* hümanist

humble [ˈhʌmbəl] *adj* alçak gönüllü

humid [ˈhjuːmɪd] *adj* nemli

humidity [hjuːˈmɪdɪtɪ] *n* nem

humorous [ˈhjuːmərəs] *adj* nükteli

humour [ˈhjuːmə] *n* mizah;
sense of humour *n* mizah duygusu

hundred [ˈhʌndrəd] *number* yüz *(sayı)*; **I'd like five hundred…** Beş yüz… rica ediyorum; **the key for room number two hundred and two** İki yüz iki numaralı odanın anahtarı lütfen

Hungarian [hʌŋˈgɛərɪən] *adj* Macar ▷ *n* Macar

Hungary [ˈhʌŋgərɪ] *n* Macaristan

hunger [ˈhʌŋgə] *n* açlık

hungry [ˈhʌŋgrɪ] *adj* aç *(karın)*; **I'm hungry** Açım; **I'm not hungry** Aç değilim

hunt [hʌnt] *n* avlamak ▷ *v* avlamak

hunter [ˈhʌntə] *n* avcı

hunting [ˈhʌntɪŋ] *n* av

hurdle [ˈhɜːdəl] *n* engel

hurricane [ˈhʌrɪkən; -keɪn] *n* kasırga

hurry [ˈhʌrɪ] *n* acele ▷ *v* acele etmek; **I'm in a hurry** Acelem var

hurry up [ˈhʌrɪ ʌp] *v* acele etmek

hurt [hɜːt] *adj* incinmiş ▷ *v* incitmek

husband [ˈhʌzbənd] *n* koca (eş)

hut [hʌt] *n* baraka

hyacinth [ˈhaɪəsɪnθ] *n* sümbül

hydrogen [ˈhaɪdrɪdʒən] *n* hidrojen

hygiene [ˈhaɪdʒiːn] *n* hijyen

hymn [hɪm] *n* ilahi

hypermarket [ˈhaɪpəˌmɑːkɪt] *n* hipermarket

hyphen [ˈhaɪfən] *n* tire

I [aɪ] *pron* ben *(kişi)*
ice [aɪs] *n* buz; **black ice** *n* gizli buz;
  ice cube *n* küp buz; **ice hockey** *n*
  buz hokeyi; **ice lolly** *n* çubuk buz;
  ice rink *n* buz pateni sahası; **With**
  ice, please buzlu lütfen
iceberg ['aɪsbɜːɡ] *n* buzdağı
icebox ['aɪsˌbɒks] *n* buz kutusu
ice cream ['aɪs 'kriːm] *n* **ice**
  cream *n* dondurma; **I'd like an ice**
  cream Ben dondurma alayım
Iceland ['aɪslənd] *n* İzlanda
Icelandic [aɪs'lændɪk] *adj* İzlanda
  ▷ *n* İzlandalı
ice-skating ['aɪsˌskeɪtɪŋ] *n* buz
  pateni
icing ['aɪsɪŋ] *n* pastanın üzerindeki
  şekerli süsleme; **icing sugar** *n* toz
  süsleme şekeri
icon ['aɪkɒn] *n* ikon
icy ['aɪsɪ] *adj* buzlu; **Are the roads**
  icy? Yollar buzlu mu?

idea [aɪ'dɪə] *n* fikir *(düşünce)*
ideal [aɪ'dɪəl] *adj* ideal
ideally [aɪ'dɪəlɪ] *adv* en iyi şekilde
identical [aɪ'dɛntɪkəl] *adj* özdeş
identification [aɪˌdɛntɪfɪ'keɪʃən]
  n kimlik
identify [aɪ'dɛntɪˌfaɪ] *v* kimlik
  belirlemek
identity [aɪ'dɛntɪtɪ] *n* kimlik;
  identity card *n* kimlik kartı;
  identity theft *n* kimlik hırsızlığı
ideology [ˌaɪdɪ'ɒlədʒɪ] *n* ideoloji
idiot ['ɪdɪət] *n* salak
idiotic [ˌɪdɪ'ɒtɪk] *adj* salakça
idle ['aɪdəl] *adj* boş *(insan)*
i.e. [aɪ iː] *abbr* örneğin
if [ɪf] *conj* eğer
ignition [ɪɡ'nɪʃən] *n* ateşleme
ignorance ['ɪɡnərəns] *n* cehalet
ignorant ['ɪɡnərənt] *adj* cahil
ignore [ɪɡ'nɔː] *v* reddeylemek
ill [ɪl] *adj* hasta; **My child is ill**
  Çocuğum hasta
illegal [ɪ'liːɡəl] *adj* yasadışı
illegible [ɪ'lɛdʒɪbəl] *adj* okunaksız
illiterate [ɪ'lɪtərɪt] *adj* okuma
  yazması olmayan
illness ['ɪlnɪs] *n* hastalık
ill-treat [ɪl'triːt] *v* kötü muamele
  etmek
illusion [ɪ'luːʒən] *n* yanılsama
illustration [ˌɪlə'streɪʃən] *n*
  resimleme *(kitabı)*
image ['ɪmɪdʒ] *n* imge
imaginary [ɪ'mædʒɪnərɪ; -dʒɪnrɪ]
  adj hayali
imagination [ɪˌmædʒɪ'neɪʃən] *n*
  hayal
imagine [ɪ'mædʒɪn] *v* tasavvur
  etmek

imitate [ˈɪmɪˌteɪt] v taklit etmek
imitation [ˌɪmɪˈteɪʃən] n taklit
immature [ˌɪməˈtjʊə; -ˈtʃʊə] adj gelişmemiş
immediate [ɪˈmiːdɪət] adj acil
immediately [ɪˈmiːdɪətlɪ] adv anında
immigrant [ˈɪmɪɡrənt] n göçmen
immigration [ˌɪmɪˈɡreɪʃən] n göçme
immoral [ɪˈmɒrəl] adj ahlak dışı
impact [ˈɪmpækt] n etki (sonuç)
impartial [ɪmˈpɑːʃəl] adj yansız
impatience [ɪmˈpeɪʃəns] n sabırsızlık
impatient [ɪmˈpeɪʃənt] adj sabırsız
impatiently [ɪmˈpeɪʃəntlɪ] adv sabırsızlıkla
impersonal [ɪmˈpɜːsənəl] adj yansız
import n [ˈɪmpɔːt] ithal ▷ v [ɪmˈpɔːt] ithal etmek
importance [ɪmˈpɔːtəns] n önem
important [ɪmˈpɔːtənt] adj önemli
impossible [ɪmˈpɒsəbəl] adj imkansız
impractical [ɪmˈpræktɪkəl] adj pratik olmayan
impress [ɪmˈpres] v etkilemek (iz bırakmak)
impressed [ɪmˈprest] adj etkilenmiş
impression [ɪmˈpreʃən] n izlenim
impressive [ɪmˈpresɪv] adj etkileyici
improve [ɪmˈpruːv] v geliştirmek
improvement [ɪmˈpruːvmənt] n gelişme (iyileşme)
in [ɪn] prep içinde
inaccurate [ɪnˈækjʊrɪt] adj doğru olmayan

inadequate [ɪnˈædɪkwɪt] adj yetersiz
inadvertently [ˌɪnədˈvɜːtəntlɪ] adv kasıtsız olarak
inbox [ˈɪnbɒks] n gelen kutusu
incentive [ɪnˈsentɪv] n teşvik
inch [ɪntʃ] n inç
incident [ˈɪnsɪdənt] n olay
include [ɪnˈkluːd] v dahil etmek
included [ɪnˈkluːdɪd] adj dahil; **Is breakfast included?** Kahvaltı dahil mi?; **Is fully comprehensive insurance included in the price?** Fiyata tam kapsamlı sigorta dahil mi?; **Is service included?** Servis dahil mi?; **Is the cost of electricity included?** Elektrik ücrete dahil mi?; **Is VAT included?** KDV dahil mi?; **What is included in the price?** Fiyata neler dahil?
including [ɪnˈkluːdɪŋ] prep dahil
inclusive [ɪnˈkluːsɪv] adj kapsamlı
income [ˈɪnkʌm; ˈɪnkəm] n gelir (maaş); **income tax** n gelir vergisi
incompetent [ɪnˈkɒmpɪtənt] adj yeteneksiz
incomplete [ˌɪnkəmˈpliːt] adj eksik
inconsistent [ˌɪnkənˈsɪstənt] adj tutarsız
inconvenience [ˌɪnkənˈviːnjəns; -ˈviːnɪəns] n rahatsızlık
inconvenient [ˌɪnkənˈviːnjənt; -ˈviːnɪənt] adj rahatsız
incorrect [ˌɪnkəˈrekt] adj yanlış
increase [ˈɪnkriːs] n artış ▷ [ɪnˈkriːs] v artmak
increasingly [ɪnˈkriːsɪŋlɪ] adv gitgide artarak

incredible [ɪnˈkrɛdəbᵊl] *adj*
inanılmaz

indecisive [ˌɪndɪˈsaɪsɪv] *adj*
kararsız

indeed [ɪnˈdiːd] *adv* gerçekten

independence [ˌɪndɪˈpɛndəns] *n*
bağımsızlık

independent [ˌɪndɪˈpɛndənt] *adj*
bağımsız

index [ˈɪndɛks] *n (list)* indeks,
(numerical scale) dizin *(sayısal)*;
index finger *n* işaret parmağı

India [ˈɪndɪə] *n* Hindistan

Indian [ˈɪndɪən] *adj* Hint ⊳ *n* Hintli;
Indian Ocean *n* Hint Okyanusu

indicate [ˈɪndɪˌkeɪt] *v* işaretlemek

indicator [ˈɪndɪˌkeɪtə] *n* gösterge

indigestion [ˌɪndɪˈdʒɛstʃən] *n*
hazımsızlık

indirect [ˌɪndɪˈrɛkt] *adj* dolaylı

indispensable [ˌɪndɪˈspɛnsəbᵊl]
adj vazgeçilmez

individual [ˌɪndɪˈvɪdjʊəl] *adj*
birey

Indonesia [ˌɪndəʊˈniːzɪə] *n*
Endonezya

Indonesian [ˌɪndəʊˈniːzɪən] *adj*
Endonezya ⊳ *n (person)*
Endonezyalı

indoor [ˈɪnˌdɔː] *adj* kapalı alan

indoors [ˌɪnˈdɔːz] *adv* içeride

industrial [ɪnˈdʌstrɪəl] *adj*
endüstriyel; **industrial estate** *n*
sanayi sitesi

industry [ˈɪndəstrɪ] *n* endüstri

inefficient [ˌɪnɪˈfɪʃənt] *adj* yetersiz

inevitable [ɪnˈɛvɪtəbᵊl] *adj*
kaçınılmaz

inexpensive [ˌɪnɪkˈspɛnsɪv] *adj*
pahalı olmayan

inexperienced [ˌɪnɪkˈspɪərɪənst]
adj deneyimsiz

infantry [ˈɪnfəntrɪ] *n* piyade

infection [ɪnˈfɛkʃən] *n* enfeksiyon

infectious [ɪnˈfɛkʃəs] *adj* bulaşıcı;
Is it infectious? Bulaşıcı mı?

inferior [ɪnˈfɪərɪə] *adj* aşağı
(durum) ⊳ *n* ast

infertile [ɪnˈfɜːtaɪl] *adj* verimsiz

infinitive [ɪnˈfɪnɪtɪv] *n* sonsuz

infirmary [ɪnˈfɜːmərɪ] *n* revir

inflamed [ɪnˈfleɪmd] *adj* kızgın

inflammation [ˌɪnfləˈmeɪʃən] *n*
yangı

inflatable [ɪnˈfleɪtəbᵊl] *adj*
şişirilebilir

inflation [ɪnˈfleɪʃən] *n* enflasyon

inflexible [ɪnˈflɛksəbᵊl] *adj* esnek
olmayan

influence [ˈɪnflʊəns] *n* etki
(nüfuz) ⊳ *v* etkilemek

influenza [ˌɪnflʊˈɛnzə] *n* grip

inform [ɪnˈfɔːm] *v* bilgi vermek

informal [ɪnˈfɔːməl] *adj* teklifsiz

information [ˌɪnfəˈmeɪʃən] *n*
bilgi; **information office** *n*
enformasyon bürosu; **Here's
some information about my
company** Şirketimle ilgili bilgiler;
**I'd like some information
about...** ... hakkında bilgi
istiyordum

informative [ɪnˈfɔːmətɪv] *adj*
bilgilendirici

infrastructure [ˈɪnfrəˌstrʌktʃə] *n*
altyapı

infuriating [ɪnˈfjʊərɪeɪtɪŋ] *adj*
çileden çıkaran

ingenious [ɪnˈdʒiːnjəs; -nɪəs] *adj*
usta işi

ingredient [ɪn'griːdɪənt] *n* malzeme

inhabitant [ɪn'hæbɪtənt] *n* sakin (konut)

inhaler [ɪn'heɪlə] *n* inhalasyon cihazı

inherit [ɪn'hɛrɪt] *v* miras almak

inheritance [ɪn'hɛrɪtəns] *n* miras

inhibition [ˌɪnɪ'bɪʃən; ˌɪnhɪ-] *n* ketlenme

initial [ɪ'nɪʃəl] *adj* başlangıç *(ilk)* ⊳ *v* adının ön harflerini yazmak

initially [ɪ'nɪʃəlɪ] *adv* başlangıçta

initials [ɪ'nɪʃəlz] *npl* adın baş harfleri

initiative [ɪ'nɪʃɪətɪv] *n* girişim *(inisiyatif)*

inject [ɪn'dʒɛkt] *v* enjekte etmek

injection [ɪn'dʒɛkʃən] *n* enjeksiyon

injure ['ɪndʒə] *v* yaralamak

injured ['ɪndʒəd] *adj* yaralanmış

injury ['ɪndʒərɪ] *n* yara; **injury time** *n* uzatma süresi

injustice [ɪn'dʒʌstɪs] *n* adaletsizlik

ink [ɪŋk] *n* mürekkep

in-laws [ɪnlɔːz] *npl* eşinin ailesi

inmate ['ɪnˌmeɪt] *n* hükümlü

inn [ɪn] *n* han

inner ['ɪnə] *adj* iç; **inner tube** *n* iç lastik

innocent ['ɪnəsənt] *adj* masum

innovation [ˌɪnə'veɪʃən] *n* yenilik

innovative ['ɪnəˌveɪtɪv] *adj* yenilikçi

inquest ['ɪnˌkwɛst] *n* soruşturma

inquire [ɪn'kwaɪə] *v* soruşturmak

inquiry [ɪn'kwaɪərɪ] *n* soru; **inquiries office** *n* danışma bürosu

inquisitive [ɪn'kwɪzɪtɪv] *adj* meraklı

insane [ɪn'seɪn] *adj* deli

inscription [ɪn'skrɪpʃən] *n* kazılmış yazı

insect ['ɪnsɛkt] *n* böcek; **insect repellent** *n* böcek ilacı; **stick insect** *n* sopa çekirgesi; **Do you have insect repellent?** Böcek ilacınız var mı?

insecure [ˌɪnsɪ'kjʊə] *adj* güvensiz

insensitive [ɪn'sɛnsɪtɪv] *adj* duyarsız

inside *adv* [ˌɪn'saɪd] içeride ⊳ *n* ['ɪn'saɪd] içerisi ⊳ *prep* içeride

insincere [ˌɪnsɪn'sɪə] *adj* samimiyetsiz

insist [ɪn'sɪst] *v* ısrar etmek

insomnia [ɪn'sɒmnɪə] *n* uykusuzluk

inspect [ɪn'spɛkt] *v* denetlemek *(teftiş)*

inspector [ɪn'spɛktə] *n* denetçi *(müfettiş)*; **ticket inspector** *n* bilet kontrolörü

instability [ˌɪnstə'bɪlɪtɪ] *n* dengesizlik

instalment [ɪn'stɔːlmənt] *n* taksit

instance ['ɪnstəns] *n* örnek

instant ['ɪnstənt] *adj* derhal

instantly ['ɪnstəntlɪ] *adv* derhal

instead [ɪn'stɛd] *adv* yerine; **instead of** *prep* yerine

instinct ['ɪnstɪŋkt] *n* içgüdü

institute ['ɪnstɪˌtjuːt] *n* enstitü

institution [ˌɪnstɪ'tjuːʃən] *n* kurum *(enstitü)*

instruct [ɪn'strʌkt] *v* talimat vermek

instructions [ɪn'strʌkʃənz] *npl* talimatlar

instructor [ɪn'strʌktə] *n*

öğretmen; **driving instructor** n direksiyon öğretmeni

instrument [ˈɪnstrəmənt] n alet; **musical instrument** n müzik aleti

insufficient [ˌɪnsəˈfɪʃənt] adj yetersiz

insulation [ˌɪnsjʊˈleɪʃən] n yalıtım

insulin [ˈɪnsjʊlɪn] n ensülin

insult n [ˈɪnsʌlt] hakaret ▷ v [ɪnˈsʌlt] onur kırmak

insurance [ɪnˈʃʊərəns; -ˈʃɔː-] n sigorta (poliçe); **accident insurance** n kaza sigortası; **car insurance** n araba sigortası; **insurance certificate** n sigorta belgesi; **insurance policy** n sigorta poliçesi; **life insurance** n yaşam sigortası; **third-party insurance** n üçüncü kişi sorumluluk sigortası; **travel insurance** n seyahat sigortası; **Can I see your insurance certificate please?** Sigorta belgenizi görebilir miyim lütfen?; **Do you have insurance?** Sigortanız var mı?; **Give me your insurance details, please** Sigorta bilgilerinizi verin lütfen; **Here are my insurance details** İşte sigorta bilgilerim; **How much extra is comprehensive insurance cover?** Tam kapsamlı sigorta için ne kadar ekstra ödemem gerekiyor?; **I don't have dental insurance** Diş sigortam yok; **I don't have health insurance** Sağlık sigortam yok; **I have insurance** Sigortalıyım; **I'd like to arrange personal**

accident insurance Bireysel kaza sigortası yaptırmak istiyorum; **Is fully comprehensive insurance included in the price?** Fiyata tam kapsamlı sigorta dahil mi?

insure [ɪnˈʃʊə; -ˈʃɔː] v sigortalamak

insured [ɪnˈʃʊəd; -ˈʃɔːd] adj sigortalı

intact [ɪnˈtækt] adj bütün (bölünmemiş)

intellectual [ˌɪntɪˈlɛktʃʊəl] adj entellektüel ▷ n entellektüel

intelligence [ɪnˈtɛlɪdʒəns] n zeka

intelligent [ɪnˈtɛlɪdʒənt] adj zeki

intend [ɪnˈtɛnd] v **intend to** v niyetlenmek

intense [ɪnˈtɛns] adj yoğun

intensive [ɪnˈtɛnsɪv] adj yoğun; **intensive care unit** n yoğun bakım ünitesi

intention [ɪnˈtɛnʃən] n niyet

intentional [ɪnˈtɛnʃənªl] adj kasıtlı

intercom [ˈɪntəˌkɒm] n interkom

interest [ˈɪntrɪst; -tərɪst] n (curiosity) ilgi (merak), (income) faiz ▷ v ilgilenmek; **interest rate** n faiz oranı

interested [ˈɪntrɪstɪd; -tərɪs-] adj ilgili

interesting [ˈɪntrɪstɪŋ; -tərɪs-] adj ilgi çekici

interior [ɪnˈtɪərɪə] n iç; **interior designer** n iç mimar

intermediate [ˌɪntəˈmiːdɪɪt] adj orta

internal [ɪnˈtɜːnªl] adj iç (organ vb)

international [ˌɪntəˈnæʃənªl] adj uluslararası; **Where can I make an international phone call?**

Nereden uluslararası telefon görüşmesi yapabilirim?

internet ['ıntə,net] *n* internet; **internet café** *n* internet cafe; **internet user** *n* internet kullanıcısı; **Are there any internet cafés here?** Buralarda internet cafe var mı?; **Does the room have wireless internet access?** Odada kablosuz internet bağlantısı var mı?; **Is there an internet connection in the room?** Odada internet bağlantısı var mı?

interpret [ın'tɜ:prıt] *v* tefsir etmek

interpreter [ın'tɜ:prıtə] *n* mütercim

interrogate [ın'terə,geıt] *v* sorgulamak

interrupt [,ıntə'rʌpt] *v* sözünü kesmek

interruption [,ıntə'rʌpʃən] *n* müdahale

interval ['ıntəvəl] *n* ara (konser, tiyatro)

interview ['ıntə,vju:] *n* görüşme ▷ *v* görüşme yapmak

interviewer ['ıntə,vju:ə] *n* görüşmeci

intimate ['ıntımıt] *adj* yakın

intimidate [ın'tımı,deıt] *v* gözünü korkutmak

into ['ıntu:; 'ıntə] *prep* içeri; **bump into** *v* kazara çarpmak

intolerant [ın'tɒlərənt] *adj* hoşgörüsüz

intranet ['ıntrə,net] *n* şirketiçi network

introduce [,ıntrə'dju:s] *v* tanıtmak

introduction [,ıntrə'dʌkʃən] *n* tanıtma

intruder [ın'tru:də] *n* davetsiz misafir

intuition [,ıntjʊ'ıʃən] *n* önsezi

invade [ın'veıd] *v* akın etmek

invalid [ın'və,li:d] *n* sakat

invent [ın'vent] *v* icat etmek

invention [ın'venʃən] *n* icat

inventor [ın'ventə] *n* mucit

inventory ['ınvəntərı; -trı] *n* envanter

invest [ın'vest] *v* yatırım yapmak

investigation [ın,vestı'geıʃən] *n* soruşturma

investment [ın'vestmənt] *n* yatırım

investor [ın'vestə] *n* yatırımcı

invigilator [ın'vıdʒı,leıtə] *n* sınav gözcüsü

invisible [ın'vızəb°l] *adj* görünmez

invitation [,ınvı'teıʃən] *n* davet

invite [ın'vaıt] *v* davet etmek

invoice ['ınvɔıs] *n* fatura ▷ *v* faturalamak

involve [ın'vɒlv] *v* dahil etmek

iPod® ['aı,pɒd] *n* iPod®

IQ [aı kju:] *abbr* IQ

Iran [ı'ra:n] *n* İran

Iranian [ı'reınıən] *adj* İran ▷ *n (person)* İranlı (kişi)

Iraq [ı'ra:k] *n* Irak

Iraqi [ı'ra:kı] *adj* Irak ▷ *n* Iraklı

Ireland ['aıələnd] *n* İrlanda; **Northern Ireland** *n* Kuzey İrlanda

iris ['aırıs] *n* iris

Irish ['aırıʃ] *adj* İrlanda ▷ *n* İrlandalı

Irishman, Irishmen ['aırıʃmən, 'aırıʃmen] *n* İrlandalı *(erkek)*

Irishwoman, Irishwomen
['aɪrɪʃwʊmən, 'aɪrɪʃwɪmɪn] *n*
İrlandalı *(kadın)*

iron ['aɪən] *n* demir ▷ *v* ütülemek

ironic [aɪ'rɒnɪk] *adj* alaycı

ironing ['aɪənɪŋ] *n* ütüleme;
ironing board *n* ütü tahtası

ironmonger's ['aɪən,mʌŋɡəz] *n*
demirci dükkanı

irony ['aɪrənɪ] *n* ince alay

irregular [ɪ'reɡjʊlə] *adj* düzensiz

irrelevant [ɪ'reləvənt] *adj* alakasız

irresponsible [,ɪrɪ'spɒnsəbəl] *adj*
sorumsuz

irritable ['ɪrɪtəbəl] *adj* çabuk kızan

irritating ['ɪrɪ,teɪtɪŋ] *adj* sinir
bozucu

Islam ['ɪzlɑːm] *n* Müslümanlık

Islamic ['ɪzləmɪk] *adj* İslami

island ['aɪlənd] *n* ada; **desert
island** *n* ıssız ada

isolated ['aɪsə,leɪtɪd] *adj*
soyutlanmış

ISP [aɪ ɛs piː] *abbr* ISP

Israel ['ɪzreɪəl; -rɪəl] *n* İsrail

Israeli [ɪz'reɪlɪ] *adj* İsrail ▷ *n* İsrailli

issue ['ɪʃjuː] *n* mesele ▷ *v*
kamuoyuna açıklamak

it [ɪt] *pron* o *(eşya/hayvan)*; **I can't
read it** Okuyamıyorum; **Is it safe
for children?** Çocuklara verilebilir
mi?; **It hurts** Acıyor; **It won't turn
on** Açılmıyor; **It's ten to two** Saat
ikiye on var

IT [aɪ tiː] *abbr* Enformasyon
Teknolojisi

Italian [ɪ'tæljən] *adj* İtalyan ▷ *n
(language)* İtalyanca *(dil)*, *(person)*
İtalyan *(kişi)*

Italy ['ɪtəlɪ] *n* İtalya

itch [ɪtʃ] *v* kaşınmak

itchy [ɪtʃɪ] *adj* kaşıntılı

item ['aɪtəm] *n* madde *(dizi)*

itinerary [aɪ'tɪnərərɪ; ɪ-] *n*
güzergah

its [ɪts] *adj* onun

itself [ɪt'sɛlf] *pron* kendisi

ivory ['aɪvərɪ; -vrɪ] *n* fildişi

ivy ['aɪvɪ] *n* sarmaşık

J

jab [dʒæb] n aşı (tıp)
jack [dʒæk] n kriko
jacket ['dʒækɪt] n ceket; **dinner jacket** n smokin; **jacket potato** n kumpir; **life jacket** n cankurtaran yeleği
jackpot ['dʒæk,pɒt] n jackpot
jail [dʒeɪl] n hapishane ▷ v hapse atmak
jam [dʒæm] n reçel; **jam jar** n reçel kavanozu; **traffic jam** n trafik sıkışıklığı
Jamaican [dʒə'meɪkən] adj Jamaika ▷ n Jamaikalı
jammed [dʒæmd] adj sıkışmış
janitor ['dʒænɪtə] n bina sorumlusu
January ['dʒænjʊərɪ] n Ocak (ay)
Japan [dʒə'pæn] n Japonya
Japanese [,dʒæpə'niːz] adj Japon ▷ n (language) Japonca (dil), (person) Japon (kişi)

jar [dʒɑː] n kavanoz; **jam jar** n reçel kavanozu
jaundice ['dʒɔːndɪs] n sarılık
javelin ['dʒævlɪn] n mızrak
jaw [dʒɔː] n çene
jazz [dʒæz] n caz
jealous ['dʒɛləs] adj kıskanç
jeans [dʒiːnz] npl blucin
jelly ['dʒɛlɪ] n jöle (tatlı)
jellyfish ['dʒɛlɪ,fɪʃ] n deniz anası; **Are there jellyfish here?** Burada deniz anası var mı?
jersey ['dʒɜːzɪ] n kazak
Jesus ['dʒiːzəs] n İsa
jet [dʒɛt] n jet; **jet lag** n uçak tutması; **jumbo jet** n jumbo jet
jetty ['dʒɛtɪ] n rıhtım
Jew [dʒuː] n Yahudi
jewel ['dʒuːəl] n mücevher
jeweller ['dʒuːələ] n kuyumcu
jeweller's ['dʒuːələz] n kuyumcu dükkanı
jewellery ['dʒuːəlrɪ] n mücevherat
Jewish ['dʒuːɪʃ] adj Yahudi
jigsaw ['dʒɪg,sɔː] n yapboz
job [dʒɒb] n iş; **job centre** n iş bulma kurumu
jobless ['dʒɒblɪs] adj işsiz
jockey ['dʒɒkɪ] n jokey
jog [dʒɒg] v jogging yapmak
jogging ['dʒɒgɪŋ] n jogging
join [dʒɔɪn] v birleştirmek, katılmak
joiner ['dʒɔɪnə] n doğramacı
joint [dʒɔɪnt] adj ortak ▷ n (junction) bağlantı, (meat) kemikli et; **joint account** n ortak hesap
joke [dʒəʊk] n şaka ▷ v şaka yapmak
jolly ['dʒɒlɪ] adj neşeli
Jordan ['dʒɔːdən] n Ürdün

Jordanian [dʒɔːˈdeɪnɪən] *adj* Ürdün ▷ *n* Ürdünlü

jot down [dʒɒt daʊn] *v* not almak

jotter [ˈdʒɒtə] *n* not defteri

journalism [ˈdʒɜːnˌlɪzəm] *n* gazetecilik

journalist [ˈdʒɜːnᵊlɪst] *n* gazeteci

journey [ˈdʒɜːnɪ] *n* seyahat

joy [dʒɔɪ] *n* neşe

joystick [ˈdʒɔɪˌstɪk] *n* joystick

judge [dʒʌdʒ] *n* yargıç ▷ *v* yargılamak

judo [ˈdʒuːdəʊ] *n* judo

jug [dʒʌg] *n* sürahi; **a jug of water** Bir sürahi su

juggler [ˈdʒʌglə] *n* hokkabaz

juice [dʒuːs] *n* meyve suyu; **orange juice** *n* portakal suyu

July [dʒuːˈlaɪ; dʒə-; dʒʊ-] *n* Temmuz

jump [dʒʌmp] *n* uzun atlama ▷ *v* atlamak; **high jump** *n* yüksek atlama; **jump leads** *npl* takviye kablosu; **long jump** *n* uzun atlama

jumper [ˈdʒʌmpə] *n* kazak

jumping [ˈdʒʌmpɪŋ] *n* **show-jumping** *n* engel atlama

junction [ˈdʒʌŋkʃən] *n* kavşak; **Go right at the next junction** Bir sonraki kavşaktan sağa dönün

June [dʒuːn] *n* Haziran; **at the beginning of June** Haziran başında; **at the end of June** Haziran sonunda; **for the whole of June** bütün Haziran boyunca; **It's Monday the fifteenth of June** On beş Haziran Pazartesi

jungle [ˈdʒʌŋgᵊl] *n* orman

junior [ˈdʒuːnjə] *adj* yaşça küçük

junk [dʒʌŋk] *n* pılı pırtı; **junk mail** *n* istenmeyen posta

jury [ˈdʒʊərɪ] *n* jüri

just [dʒʌst] *adv* henüz

justice [ˈdʒʌstɪs] *n* adalet

justify [ˈdʒʌstɪˌfaɪ] *v* haklılığını göstermek

k

kangaroo [ˌkæŋɡəˈruː] n kanguru
karaoke [ˌkɑːrəˈəʊki] n karaoke
karate [kəˈrɑːtɪ] n karate
Kazakhstan [ˌkɑːzɑːkˈstæn; -ˈstɑːn] n Kazakistan
kebab [kəˈbæb] n kebap
keen [kiːn] adj istekli
keep [kiːp] v bırakmak, tutmak
keep-fit [ˈkiːpˌfɪt] n sağlıklı yaşam
keep out [kiːp aʊt] v dışarda tutmak
keep up [kiːp ʌp] v sürdürmek;
  keep up with v uygun adım yürümek
kennel [ˈken²l] n köpek kulübesi
Kenya [ˈkenjə; ˈkiːnjə] n Kenya
Kenyan [ˈkenjən; ˈkiːnjən] adj Kenya ▷ n Kenyalı
kerb [kɜːb] n kaldırım taşı
kerosene [ˈkerəsiːn] n gazyağı
ketchup [ˈketʃəp] n ketçap
kettle [ˈket²l] n çaydanlık

key [kiː] n *(for lock)* anahtar *(kilit)*, *(music/computer)* tuş *(bilgisayar/ piyano)*; **car keys** npl araba anahtarları; **Can I have a key?** Anahtar alabilir miyim?; **I left the keys in the car** Anahtarları arabada bıraktım; **I'm having trouble with the key** Anahtarla sorunum var; **I've forgotten the key** Anahtarımı unuttum; **the key for room number two hundred and two** İki yüz iki numaralı odanın anahtarı lütfen; **The key doesn't work** Anahtar uymuyor; **We need a second key** Yedek bir anahtar istiyoruz; **What's this key for?** Bu anahtar nerenin?; **Where do we get the key...?** Anahtarı nereden alacağız?; **Where do we hand in the key when we're leaving?** Ayrılırken anahtarı nereye bırakacağız?; **Which is the key for the back door?** Hangisi arka kapının anahtarı?; **Which is the key for this door?** Bu kapının anahtarı hangisi?
keyboard [ˈkiːbɔːd] n klavye
keyring [ˈkiːrɪŋ] n anahtarlık
kick [kɪk] n tekme ▷ v tekmelemek
kick off [kɪk ɒf] v başlama vuruşu yapmak
kick-off [kɪkɒf] n başlama vuruşu
kid [kɪd] n çocuk ▷ v dalga geçmek
kidnap [ˈkɪdnæp] v kaçırmak *(adam)*
kidney [ˈkɪdnɪ] n böbrek
kill [kɪl] v öldürmek
killer [ˈkɪlə] n katil
kilo [ˈkiːləʊ] n kilo

kilometre [kɪ'lɒmɪtə; 'kɪləˌmiːtə] *n* kilometre

kilt [kɪlt] *n* kilt

kind [kaɪnd] *adj* iyi kalpli ▷ *n* tür

kindly ['kaɪndlɪ] *adv* iyilikle

kindness ['kaɪndnɪs] *n* iyi yüreklilik

king [kɪŋ] *n* kral

kingdom ['kɪŋdəm] *n* krallık

kingfisher ['kɪŋˌfɪʃə] *n* yalı çapkını

kiosk ['kiːɒsk] *n* büfe *(dükkan)*

kipper ['kɪpə] *n* tuzlanıp tütsülenmiş ringa balığı

kiss [kɪs] *n* öpücük ▷ *v* öpmek

kit [kɪt] *n* takım; **hands-free kit** *n* handsfree set; **repair kit** *n* tamir takımı; **Can I have a repair kit?** Tamir takımı alabilir miyim?

kitchen ['kɪtʃɪn] *n* mutfak; **fitted kitchen** *n* hazır mutfak

kite [kaɪt] *n* uçurtma

kitten ['kɪtªn] *n* kedi yavrusu

kiwi ['kiːwiː] *n* kivi *(kuş)*

knee [niː] *n* diz

kneecap ['niːˌkæp] *n* dizkapağı

kneel [niːl] *v* diz çökmek

kneel down [niːl daʊn] *v* diz çökmek

knickers ['nɪkəz] *npl* külot *(kadın)*

knife [naɪf] *n* bıçak

knit [nɪt] *v* örmek

knitting ['nɪtɪŋ] *n* örgü; **knitting needle** *n* örgü şişi

knob [nɒb] *n* tokmak *(kapı, çekmece)*

knock [nɒk] *n* vuruş ▷ *v* vurmak, *(on the door etc.)* kapıyı çalmak

knock down [nɒk daʊn] *v* devirmek *(düşürmek)*

knock out [nɒk aʊt] *v* yere sermek

knot [nɒt] *n* düğüm

know [nəʊ] *v* bilmek, tanımak

know-all ['nəʊɔːl] *n* bilgiç

know-how ['nəʊˌhaʊ] *n* teknik bilgi

knowledge ['nɒlɪdʒ] *n* bilgi

knowledgeable ['nɒlɪdʒəbªl] *adj* bilgili

known [nəʊn] *adj* bilinen

Koran [kɔː'rɑːn] *n* Kuran

Korea [kə'riːə] *n* Kore; **North Korea** *n* Kuzey Kore; **South Korea** *n* Güney Kore

Korean [kə'riːən] *adj* Kore ▷ *n (language)* Korece (dil), *(person)* Koreli *(kişi)*

kosher ['kəʊʃə] *adj* kaşer

Kosovo ['kɒsəvɒ; 'kɒsəvəʊ] *n* Kosova

Kuwait [kʊ'weɪt] *n* Kuveyt

Kuwaiti [kʊ'weɪtɪ] *adj* Kuveyt ▷ *n* Kuveytli

Kyrgyzstan ['kɪəɡɪzˌstɑːn; -ˌstæn] *n* Kırgızistan

lab [læb] n laboratuvar
label ['leɪbᵊl] n etiket (fiyat vb)
laboratory [ləˈbɒrətəri; -trı; ˈlæbrəˌtɔːrı] n laboratuvar; **language laboratory** n dil laboratuvarı
labour ['leɪbə] n emek
labourer ['leɪbərə] n işçi
lace [leɪs] n dantel
lack [læk] n eksiklik
lacquer ['lækə] n lake
lad [læd] n delikanlı
ladder ['lædə] n taşınır merdiven
ladies ['leɪdɪz] n **ladies'** n kadınlar tuvaleti; **Where is the ladies?** Bayanlar tuvaleti nerede?
ladle ['leɪdᵊl] n kepçe (mutfak)
lady ['leɪdɪ] n leydi
ladybird ['leɪdɪˌbɜːd] n uç uç böceği
lager ['lɑːgə] n hafif bira
lagoon [ləˈguːn] n lagün

laid-back ['leɪdbæk] adj rahat
lake [leɪk] n göl
lamb [læm] n kuzu
lame [leɪm] adj topal
lamp [læmp] n lamba; **bedside lamp** n başucu lambası; **The lamp is not working** Lamba çalışmıyor
lamppost ['læmpˌpəʊst] n lamba direği
lampshade ['læmpˌʃeɪd] n abajur
land [lænd] n kara (coğrafya) ▷ v iniş yapmak
landing ['lændɪŋ] n merdiven başı
landlady ['lændˌleɪdɪ] n ev sahibesi
landlord ['lændˌlɔːd] n ev sahibi
landmark ['lændˌmɑːk] n sınır işareti
landowner ['lændˌəʊnə] n toprak sahibi
landscape ['lændˌskeɪp] n manzara
landslide ['lændˌslaɪd] n toprak kayması
lane [leɪn] n dar yol, (driving) patika; **cycle lane** n bisiklet yolu
language ['læŋgwɪdʒ] n dil (lisan); **language laboratory** n dil laboratuvarı; **language school** n dil okulu; **sign language** n işaret dili; **What languages do you speak?** Hangi dilleri konuşabiliyorsunuz?
lanky ['læŋkɪ] adj sırık gibi
Laos [laʊz; laʊs] n Laos
lap [læp] n kucak
laptop ['læpˌtɒp] n dizüstü bilgisayar; **Can I use my own laptop here?** Burada dizüstü bilgisayarımı kullanabilir miyim?

larder ['lɑːdə] n kiler

large [lɑːdʒ] adj büyük *(iri)*; **Do you have a large?** Büyük beden var mı?; **Do you have an extra large?** Ekstra büyük beden var mı?

largely ['lɑːdʒlɪ] adv yaygın bir şekilde

laryngitis [,lærɪn'dʒaɪtɪs] n larenjit

laser ['leɪzə] n lazer

lass [læs] n genç kız

last [lɑːst] adj son ▷ adv sonda ▷ v sürmek; **When does the last chair-lift go?** Son teleferik kaçta?; **When is the last bus to...?**... a son otobüs kaçta

lastly ['lɑːstlɪ] adv son olarak

late [leɪt] adj *(dead)* eski *(ölmüş)*, *(delayed)* gecikmeli ▷ adv geç; **Is the train running late?** Tren gecikmeli mi?; **It's too late** Çok geç

lately ['leɪtlɪ] adv son zamanlarda

later ['leɪtə] adv daha sonra; **Can you try again later?** Daha sonra tekrar arayabilir misiniz?; **Shall I come back later?** Daha sonra tekrar geleyim mi?

Latin ['lætɪn] n Latin

Latin America ['lætɪn ə'mɛrɪkə] n Latin Amerika

Latin American ['lætɪn ə'mɛrɪkən] adj Latin Amerika

latitude ['lætɪ,tjuːd] n enlem

Latvia ['lætvɪə] n Latviya

Latvian ['lætvɪən] adj Latviya ▷ n *(language)* Letonca *(dil)*, *(person)* Letonyalı *(kişi)*

laugh [lɑːf] n gülüş ▷ v kahkahayla gülmek

laughter ['lɑːftə] n kahkaha

launch [lɔːntʃ] v başlatmak, denize indirmek

Launderette® [,lɔːndə'rɛt; lɔːn'drɛt] n çamaşırhane; **Is there a launderette near here?** Buralarda bir çamaşırhane var mı?

laundry ['lɔːndrɪ] n çamaşır

lava ['lɑːvə] n lav

lavatory ['lævətərɪ; -trɪ] n tuvalet

lavender ['lævəndə] n lavanta

law [lɔː] n yasa; **law school** n hukuk fakültesi

lawn [lɔːn] n çim alan

lawnmower ['lɔːn,məʊə] n çim biçme makinesi

lawyer ['lɔːjə; 'lɔɪə] n avukat

laxative ['læksətɪv] n müshil

lay [leɪ] v koymak

layby ['leɪ,baɪ] n yol kenarında geçici park yeri

layer ['leɪə] n katman; **ozone layer** n ozon tabakası

lay off [leɪ ɒf] v işten çıkarmak

layout ['leɪ,aʊt] n düzenleme *(masa vb)*

lazy ['leɪzɪ] adj tembel

lead¹ [liːd] n *(in play/film)* başrol *(oyun/film)*, *(position)* ana ▷ v yol göstermek; **jump leads** npl takviye kablosu; **lead singer** n as solist

lead² [lɛd] n *(metal)* kurşun *(metal)*

leader ['liːdə] n lider

lead-free [,lɛd'friː] adj kurşunsuz

leaf [liːf] n yaprak; **bay leaf** n defne yaprağı

leaflet ['liːflɪt] n broşür; **Do you have a leaflet in English?** İngilizce broşürünüz var mı?;

Do you have any leaflets about...?... hakkında broşürünüz var mı?; **Do you have any leaflets?** Broşürünüz var mı?

league [li:g] *n* lig

leak [li:k] *n* sızıntı ▷ *v* sızdırmak; **There is a leak in the radiator** Radyatör sızıntı yapıyor

lean [li:n] *v* yaslamak; **lean forward** *v* öne eğilmek

lean on [li:n ɒn] *v* baskı yapmak

lean out [li:n aʊt] *v* dışarıya sarkmak

leap [li:p] *v* sıçramak; **leap year** *n* artık yıl

learn [lɜ:n] *v* öğrenmek

learner ['lɜ:nə] *n* öğrenci; **learner driver** *n* öğrenci sürücü

lease [li:s] *n* kira sözleşmesi ▷ *v* kiralamak

least [li:st] *adj* en az; **at least** *adv* en azından

leather ['lɛðə] *n* deri (*hayvan, giysi vb*)

leave [li:v] *n* izin (*işten izne ayrılmak*) ▷ *v* ayrılmak, biryerden ayrılmak; **maternity leave** *n* doğum izni; **paternity leave** *n* babalık izni; **sick leave** *n* hastalık izni

leave out [li:v aʊt] *v* çıkarmak

leaves [li:vz] *npl* yapraklar

Lebanese [ˌlɛbəˈni:z] *adj* Lübnan'a ait ▷ *n* Lübnanlı

Lebanon ['lɛbənən] *n* Lübnan

lecture ['lɛktʃə] *n* ders ▷ *v* ders vermek

lecturer ['lɛktʃərə] *n* okutman

leek [li:k] *n* pırasa

left [lɛft] *adj* sol ▷ *adv* soldaki ▷ *n*

sol; **Go left at the next junction** Bir sonraki kavşaktan sola dönün; **Turn left** Sola dönün

left-hand [ˌlɛftˈhænd] *adj* sol; **left-hand drive** *n* soldan trafik

left-handed [ˌlɛftˈhændɪd] *adj* solak

left-luggage [ˌlɛftˈlʌgɪdʒ] *n* emanet bagaj; **left-luggage locker** *n* bagaj emanet dolabı; **left-luggage office** *n* emanet bagaj bürosu

leftovers ['lɛftˌəʊvəz] *npl* artık yemek

left-wing [ˌlɛftˌwɪŋ] *adj* sol (*politika*)

leg [lɛg] *n* bacak

legal ['li:gəl] *adj* yasal

legend ['lɛdʒənd] *n* efsane

leggings ['lɛgɪŋz] *npl* tozluk

legible ['lɛdʒəbəl] *adj* okunaklı

legislation [ˌlɛdʒɪsˈleɪʃən] *n* mevzuat

leisure ['lɛʒə, 'li:ʒər] *n* boş vakit; **leisure centre** *n* eğlence merkezi

lemon ['lɛmən] *n* limon; **with lemon** limonlu

lemonade [ˌlɛməˈneɪd] *n* limonata

lend [lɛnd] *v* ödünç vermek

length [lɛŋkθ; lɛŋθ] *n* uzunluk

lens [lɛnz] *n* lens; **contact lenses** *npl* kontakt lens; **zoom lens** *n* zoom merceği; **cleansing solution for contact lenses** Lens solüsyonu; **I wear contact lenses** Lens takıyorum

Lent [lɛnt] *n* 40 günlük Paskalya dönemi

lentils ['lɛntɪlz] *npl* mercimek

Leo ['li:əʊ] *n* Aslan burcu

leopard [ˈlɛpəd] n leopar

leotard [ˈlɪəˌtɑːd] n leotard

less [lɛs] adv daha az *(miktar olarak)* ▷ pron daha az

lesson [ˈlɛsᵊn] n ders *(sınıf)*; **driving lesson** n direksiyon dersi; **Can we take lessons?** Ders alabilir miyiz?; **Do you give lessons?** Ders veriyor musunuz?; **Do you organise skiing lessons?** Kayak dersleri veriyor musunuz?; **Do you organise snowboarding lessons?** Snowboarding dersleri veriyor musunuz?

let [lɛt] v izin vermek

let down [lɛt daʊn] v hayal kırıklığına uğratmak

let in [lɛt ɪn] v içeriye almak

letter [ˈlɛtə] n *(a, b, c)* harf, *(message)* mektup

letterbox [ˈlɛtəˌbɒks] n posta kutusu

lettuce [ˈlɛtɪs] n marul

leukaemia [luːˈkiːmɪə] n lösemi

level [ˈlɛvᵊl] adj yatay ▷ n düzey; **level crossing** n hemzemin geçit; **sea level** n deniz seviyesi

lever [ˈliːvə] n kol

liar [ˈlaɪə] n yalancı

liberal [ˈlɪbərəl; ˈlɪbrəl] adj açık görüşlü

liberation [ˌlɪbəˈreɪʃən] n önyargılardan arındırma

Liberia [laɪˈbɪərɪə] n Liberya

Liberian [laɪˈbɪərɪən] adj Liberya ▷ n Liberyalı

Libra [ˈliːbrə] n Terazi burcu

librarian [laɪˈbrɛərɪən] n kütüphaneci

library [ˈlaɪbrərɪ] n kütüphane

Libya [ˈlɪbɪə] n Libya

Libyan [ˈlɪbɪən] adj Libya ▷ n Libyalı

lice [laɪs] npl bit *(saç)*

licence [ˈlaɪsəns] n ehliyet; **driving licence** n sürücü ehliyeti; **I don't have my driving licence on me** Ehliyetim üzerimde değil; **My driving licence number is…** Ehliyet numaram…

lick [lɪk] v yalamak

lid [lɪd] n kapak

lie [laɪ] n yalan ▷ v yalan söylemek, yatmak

Liechtenstein [ˈlɪktənˌstaɪn; ˈlɪçtənʃtaɪn] n Lihtenştayn

lie down [laɪ daʊn] v yatmak

lie in [laɪ ɪn] v uykusunu almak

lie-in [laɪɪn] n **have a lie-in** v uykusunu almak

lieutenant [lɛfˈtɛnənt; luːˈtɛnənt] n teğmen *(subay/polis)*

life [laɪf] n yaşam; **life insurance** n yaşam sigortası; **life jacket** n cankurtaran yeleği

lifebelt [ˈlaɪfˌbɛlt] n cankurtaran simidi

lifeboat [ˈlaɪfˌbəʊt] n cankurtaran sandalı

lifeguard [ˈlaɪfˌɡɑːd] n cankurtaran *(sahil)*; **Get the lifeguard!** Cankurtaran çağırın!; **Is there a lifeguard?** Cankurtaran var mı?

life-saving [ˈlaɪfˌseɪvɪŋ] adj can kurtaran

lifestyle [ˈlaɪfˌstaɪl] n yaşam biçimi

lift [lɪft] n *(free ride)* birini arabayla evine bırakma, *(up/down)* kaldırma/indirme ▷ v kaldırmak

(yukarıya); **ski lift** n teleferik
light [laɪt] adj *(not dark)* açık (renk), *(not heavy)* hafif ▷ n ışık ▷ v yakmak *(ışık)*; **brake light** n fren lambası; **hazard warning lights** npl tehlike uyarı ışığı; **light bulb** n ampul; **pilot light** n kontrol lambası; **traffic lights** npl trafik ışıkları
lighter ['laɪtə] n çakmak
lighthouse ['laɪt,haʊs] n deniz feneri
lighting ['laɪtɪŋ] n ışıklandırma
lightning ['laɪtnɪŋ] n şimşek
like [laɪk] prep gibi ▷ v sevmek
likely ['laɪklɪ] adj olası
lilac ['laɪlək] adj leylak renkli ▷ n leylak
Lilo® ['laɪləʊ] n deniz yatağı
lily ['lɪlɪ] n zambak; **lily of the valley** n inci çiçeği
lime [laɪm] n *(compound)* kireç, *(fruit)* yeşil limon
limestone ['laɪm,stəʊn] n kireç taşı
limit ['lɪmɪt] n sınır; **age limit** n yaş sınırı; **speed limit** n hız sınırı
limousine ['lɪmə,zi:n; ,lɪmə'zi:n] n limuzin
limp [lɪmp] v topallamak
line [laɪn] n çizgi; **washing line** n çamaşır ipi
linen ['lɪnɪn] n keten *(kumaş)*; **bed linen** n yatak çarşafı
liner ['laɪnə] n büyük yolcu gemisi
lingerie ['lænʒərɪ] n iç çamaşırı
linguist ['lɪŋgwɪst] n dilbilimci
linguistic [lɪŋ'gwɪstɪk] adj dilbilim
lining ['laɪnɪŋ] n astar *(kumaş)*
link [lɪŋk] n halka *(zincir)*; **link (up)** v birleştirmek *(parçaları)*

lino ['laɪnəʊ] n yer muşambası
lion ['laɪən] n aslan
lioness ['laɪənɪs] n aslan *(dişi)*
lip [lɪp] n dudak; **lip salve** n dudak kremi
lip-read ['lɪp,ri:d] v dudak okuma
lipstick ['lɪp,stɪk] n ruj
liqueur [lɪ'kjʊə; lɪkœr] n likör; **What liqueurs do you have?** Likör olarak neleriniz var?
liquid ['lɪkwɪd] n sıvı; **washing-up liquid** n bulaşık deterjanı
liquidizer ['lɪkwɪ,daɪzə] n mikser
list [lɪst] n liste ▷ v listelemek; **mailing list** n adres listesi; **price list** n fiyat listesi; **waiting list** n bekleme listesi; **wine list** n şarap listesi; **The wine list, please** Şarap listesi lütfen
listen ['lɪs°n] v dinlemek; **listen to** v söz dinlemek
listener ['lɪsnə] n dinleyici
literally ['lɪtərəlɪ] adv harfi harfine
literature ['lɪtərɪtʃə; 'lɪtrɪ-] n edebiyat
Lithuania [,lɪθjʊ'eɪnɪə] n Litvanya
Lithuanian [,lɪθjʊ'eɪnɪən] adj Litvanya ▷ n *(language)* Litvanca *(dil)*, *(person)* Litvanyalı *(kişi)*
litre ['li:tə] n litre
litter ['lɪtə] n *(offspring)* yeni doğmuş yavrular, *(rubbish)* çöp; **litter bin** n çöp kutusu
little ['lɪt°l] adj küçük
live¹ [lɪv] v yaşamak
live² [laɪv] adj canlı *(yaşayan)*; **Where can we hear live music?** Canlı müzik dinleyebileceğimiz bir yer var mı?
lively ['laɪvlɪ] adj enerjik

live on [lɪv ɒn] v geçinmek

liver ['lɪvə] n karaciğer

live together [lɪv] v beraber yaşamak

living ['lɪvɪŋ] n canlı (yaşayan); **cost of living** n hayat pahalılığı; **living room** n oturma odası; **standard of living** n yaşam standardı

lizard ['lɪzəd] n kertenkele

load [ləʊd] n yük ⊳ v yüklemek

loaf, loaves [ləʊf, ləʊvz] n somun (ekmek)

loan [ləʊn] n kredi ⊳ v ödünç vermek

loathe [ləʊð] v tiksinmek

lobby ['lɒbɪ] n **I'll meet you in the lobby** Lobide buluşuruz

lobster ['lɒbstə] n istakoz

local ['ləʊkəl] adj yerel; **local anaesthetic** n lokal anestezi; **We'd like to see local plants and trees** Yerel bitkileri ve ağaçları görmek isterdik; **What's the local speciality?** Yerel yemeğiniz nedir?

location [ləʊ'keɪʃən] n yer; **My location is...** Yerim tam olarak...

lock [lɒk] n (door) kilit, (hair) bukle (saç) ⊳ v kilitlemek; **The door won't lock** Kapı kilitlenmiyor; **The lock is broken** Kilit kırılmış; **The wheels lock** Tekerlekler kilitleniyor

locker ['lɒkə] n kilitli dolap; **left-luggage locker** n bagaj emanet dolabı

locket ['lɒkɪt] n madalyon

lock out [lɒk aʊt] v kilitlemek

locksmith ['lɒk,smɪθ] n çilingir

lodger ['lɒdʒə] n pansiyoner

loft [lɒft] n tavan arası

log [lɒg] n tomruk

logical ['lɒdʒɪkəl] adj mantıklı

log in [lɒg ɪn] v oturum açmak

logo ['ləʊgəʊ; 'lɒg-] n logo

log off [lɒg ɒf] v oturum kapatmak

log on [lɒg ɒn] v oturum açmak

log out [lɒg aʊt] v oturum kapatmak

lollipop ['lɒlɪ,pɒp] n lolipop

lolly ['lɒlɪ] n lolipop

London ['lʌndən] n Londra

loneliness ['ləʊnlɪnɪs] n yalnızlık

lonely ['ləʊnlɪ] adj yalnız

lonesome ['ləʊnsəm] adj yalnız

long [lɒŋ] adj uzun ⊳ adv uzunca ⊳ v özlemek; **long jump** n atlama

longer [lɒŋə] adv daha uzun

longitude ['lɒndʒɪ,tjuːd; 'lɒŋg-] n boylam

loo [luː] n tuvalet

look [lʊk] n bakış ⊳ v gözünü dikmek; **look at** v gözünü dikmek

look after [lʊk ɑːftə] v bakmak

look for [lʊk fɔː] v aramak

look round [lʊk raʊnd] v bakınmak

look up [lʊk ʌp] v aramak

loose [luːs] adj gevşek (düğüm vb)

lorry ['lɒrɪ] n yük arabası; **lorry driver** n kamyon şoförü

lose [luːz] vi kaybolmak ⊳ vt kaybetmek

loser ['luːzə] n yenilmiş

loss [lɒs] n kayıp

lost [lɒst] adj kayıp; **lost-property office** n kayıp eşya bürosu

lost-and-found ['lɒstænd'faʊnd] *n* kaybolup bulunmuş

lot [lɒt] *n* **a lot** *n* topluluk

lotion ['ləʊʃən] *n* losyon; **after sun lotion** *n* güneş sonrası krem; **cleansing lotion** *n* yüz temizleme losyonu; **suntan lotion** *n* bronzlaşma losyonu

lottery ['lɒtərɪ] *n* piyango

loud [laʊd] *adj* gürültülü; **It's too loud** Çok gürültülü

loudly [laʊdlɪ] *adv* yüksek sesle

loudspeaker [,laʊd'spi:kə] *n* hoparlör

lounge [laʊndʒ] *n* salon; **departure lounge** *n* uçuş bekleme salonu; **transit lounge** *n* transit yolcu salonu; **Could we have coffee in the lounge?** Salonda kahve içebilir miyiz?

lousy ['laʊzɪ] *adj* alçak

love [lʌv] *n* sevgi/aşk ▷ *v* sevmek

lovely ['lʌvlɪ] *adj* hoş

lover ['lʌvə] *n* aşık

low [ləʊ] *adj* aşağı *(konum)* ▷ *adv* aşağı *(konum)*; **low season** *n* ucuz sezon

low-alcohol ['ləʊ,ælkə,hɒl] *adj* düşük alkollü

lower ['ləʊə] *adj* daha aşağı ▷ *v* düşürmek

low-fat ['ləʊ,fæt] *adj* az-yağlı

loyalty ['lɔɪəltɪ] *n* sadakat

luck [lʌk] *n* şans

luckily ['lʌkɪlɪ] *adv* neyse ki

lucky ['lʌkɪ] *adj* şanslı

lucrative ['lu:krətɪv] *adj* kazançlı

luggage ['lʌgɪdʒ] *n* bagaj; **hand luggage** *n* el bagajı; **luggage rack** *n* port bagaj; **luggage trolley** *n* bagaj trolleyi; **Can I insure my luggage?** Bagajımı sigorta ettirebilir miyim?; **My luggage has been damaged** Bagajım hasar görmüş; **My luggage has been lost** Bagajım kaybolmuş; **My luggage hasn't arrived** Bagajım çıkmadı; **Where do I check in my luggage?** Bagajlarımı nerede check-in yaptırabilirim; **Where is the luggage for the flight from...?** ... uçağının bagajları nerede?

lukewarm [,lu:k'wɔ:m] *adj* ılık

lullaby ['lʌlə,baɪ] *n* ninni

lump [lʌmp] *n* iri parça

lunatic ['lu:nætɪk] *n* (*inf!*) kaçık

lunch [lʌntʃ] *n* öğle yemeği; **lunch break** *n* yemek molası; **packed lunch** *n* paket yemek

lunchtime ['lʌntʃ,taɪm] *n* yemek zamanı

lung [lʌŋ] *n* akciğer

lush [lʌʃ] *adj* özlü

lust [lʌst] *n* şehvet

Luxembourg ['lʌksəm,bɜ:g] *n* Lüksemburg

luxurious [lʌg'zjʊərɪəs] *adj* lüks

luxury ['lʌkʃərɪ] *n* lüks

lyrics ['lɪrɪks] *npl* güfte

mac [mæk] *abbr* yağmurluk

macaroni [ˌmækəˈrəʊnɪ] *npl* makarna

machine [məˈʃiːn] *n* makine; **answering machine** *n* telesekreter; **machine gun** *n* makineli tüfek; **machine washable** *adj* makinede yıkanabilir; **sewing machine** *n* dikiş makinesi; **slot machine** *n* jetonlu makine; **ticket machine** *n* bilet otomatı; **vending machine** *n* otomatik satış makinesi; **washing machine** *n* çamaşır makinesi; **Can I use my card with this cash machine?** Bu kartı bu makinede kullanabilir miyim?; **How does the washing machine work?** Çamaşır makinesi nasıl çalışıyor?; **Is there a fax machine I can use?** Kullanabileceğim bir faks makinesi var mı?; **The cash machine swallowed my card** Makine kartımı yuttu; **Where are the washing machines?** Çamaşır makineleri nerede?

machinery [məˈʃiːnərɪ] *n* mekanizma

mackerel [ˈmækrəl] *n* uskumru

mad [mæd] *adj (angry)* çılgın, *(insane)* kaçık

Madagascar [ˌmædəˈgæskə] *n* Madagaskar

madam [ˈmædəm] *n* madam

madly [ˈmædlɪ] *adv* çılgınca

madman [ˈmædmən] *n* manyak

madness [ˈmædnɪs] *n* çılgınlık

magazine [ˌmægəˈziːn] *n (ammunition)* şarjör, *(periodical)* dergi; **Where can I buy a magazine?** Dergi nereden alabilirim?

maggot [ˈmægət] *n* larva

magic [ˈmædʒɪk] *adj* büyülü ▷ *n* büyü

magical [ˈmædʒɪkəl] *adj* sihirli

magician [məˈdʒɪʃən] *n* sihirbaz

magistrate [ˈmædʒɪˌstreɪt, -strɪt] *n* sulh hakimi

magnet [ˈmægnɪt] *n* mıknatıs

magnetic [mægˈnɛtɪk] *adj* mıknatıslı

magnificent [mægˈnɪfɪsˀnt] *adj* harika

magpie [ˈmægˌpaɪ] *n* saksağan

mahogany [məˈhɒgənɪ] *n* maun

maid [meɪd] *n* hizmetçi kadın

maiden [ˈmeɪdˀn] *n* **maiden name** *n* kızlık soyadı

mail [meɪl] *n* posta ▷ *v* postalamak; **junk mail** *n* istenmeyen posta

mailbox ['meɪlˌbɒks] n posta kutusu

mailing list ['meɪlɪŋ 'lɪst] n adres listesi

main [meɪn] adj temel; **main course** n ana yemek; **main road** n anayol

mainland ['meɪnlənd] n anakara

mainly ['meɪnlɪ] adv başlıca

maintain [meɪn'teɪn] v sürdürmek

maintenance ['meɪntɪnəns] n bakım (araba vb)

maize [meɪz] n mısır

majesty ['mædʒɪstɪ] n görkem

major ['meɪdʒə] adj büyük

majority [mə'dʒɒrɪtɪ] n büyük çoğunluk

make [meɪk] v yapmak

makeover ['meɪkˌəʊvə] n yenileme

maker ['meɪkə] n yapıcı

make up [meɪk ʌp] v oluşturmak

make-up ['meɪkʌp] n makyaj

malaria [mə'lɛərɪə] n sıtma

Malawi [mə'lɑːwɪ] n Malawi

Malaysia [mə'leɪzɪə] n Malezya

Malaysian [mə'leɪzɪən] adj Malezya ⊳ n Malezyalı

male [meɪl] adj erkek ⊳ n erkek

malicious [mə'lɪʃəs] adj kötü niyetli

malignant [mə'lɪgnənt] adj kötücül

malnutrition [ˌmælnjuːˈtrɪʃən] n yetersiz beslenme

Malta ['mɔːltə] n Malta

Maltese [mɔːl'tiːz] adj Malta ⊳ n (language) Malta dili (dil), (person) Maltalı (kişi)

mammal ['mæməl] n memeli

mammoth ['mæməθ] adj devasa ⊳ n mamut

man, men [mæn, mɛn] n erkek; **best man** n sağdıç

manage ['mænɪdʒ] v becermek

manageable ['mænɪdʒəbəl] adj üstesinden gelinebilir

management ['mænɪdʒmənt] n yönetim

manager ['mænɪdʒə] n müdür; **I'd like to speak to the manager, please** Müdürle konuşmak istiyorum lütfen

manageress [ˌmænɪdʒəˈrɛs; 'mænɪdʒəˌrɛs] n müdür (kadın)

mandarin ['mændərɪn] n (fruit) mandalina, (official) Çin'de yüksek memur

mangetout ['mɑ̃ʒ'tuː] n mangetout

mango ['mæŋgəʊ] n mango

mania ['meɪnɪə] n çılgınlık

maniac ['meɪnɪˌæk] n manyak

manicure ['mænɪˌkjʊə] n manikür ⊳ v manikür yapmak

manipulate [mə'nɪpjʊˌleɪt] v idare etmek

mankind [ˌmænˈkaɪnd] n insanlık

man-made ['mæn,meɪd] adj insan yapısı

manner ['mænə] n tavır

manners ['mænəz] npl görgü

manpower ['mænˌpaʊə] n insan gücü

mansion ['mænʃən] n konak

mantelpiece ['mæntəlˌpiːs] n şömine rafı

manual ['mænjʊəl] n kullanım kılavuzu

manufacture [ˌmænjʊˈfæktʃə] v üretmek

manufacturer [ˌmænjʊˈfæktʃərə] n üretici

manure [məˈnjʊə] n gübre

manuscript [ˈmænjʊˌskrɪpt] n elyazması

many [ˈmɛnɪ] adj çok ▷ pron çok

Maori [ˈmaʊrɪ] adj Maori ▷ n (language) Maori dili (dil), (person) Maori (kişi)

map [mæp] n harita; **road map** n yol haritası; **street map** n sokak haritası; **Can I have a map?** Harita alabilir miyim?; **Can you show me where it is on the map?** Haritada yerini gösterebilir misiniz?; **Do you have a map of the ski runs?** Kayak güzergahlarının haritası var mı?; **Do you have a map of the tube?** Metro haritası var mı?; **Have you got a map of...?** ... haritası var mı?; **I need a road map of...** ... yol haritası istiyorum; **Is there a cycle map of this area?** Bu bölgenin bisiklet haritası var mı?; **Where can I buy a map of the area?** Bölgenin haritasını nereden alabilirim?

maple [ˈmeɪpəl] n akçaağaç

marathon [ˈmærəθən] n maraton

marble [ˈmɑːbəl] n mermer

march [mɑːtʃ] n uyun adım yürüyüş ▷ v uygun adım yürümek

March [mɑːtʃ] n Mart

mare [mɛə] n kısrak

margarine [ˌmɑːdʒəˈriːn; ˌmɑːgə-] n margarin

margin [ˈmɑːdʒɪn] n sınır

marigold [ˈmærɪˌgəʊld] n kadife çiçeği

marijuana [ˌmærɪˈhwɑːnə] n Hint keneviri (yaprakları esrar olarak kullanılır)

marina [məˈriːnə] n yat limanı

marinade n [ˌmærɪˈneɪd] terbiye sosu ▷ v [ˈmærɪˌneɪd] terbiye sosuna yatırmak

marital [ˈmærɪtəl] adj **marital status** n medeni hal

maritime [ˈmærɪˌtaɪm] adj denizcilikle ilgili

marjoram [ˈmɑːdʒərəm] n mercanköşk

mark [mɑːk] n işaret ▷ v (grade) not vermek, (make sign) işaretlemek; **exclamation mark** n ünlem işareti; **question mark** n soru işareti; **quotation marks** npl çift tırnak

market [ˈmɑːkɪt] n pazar (piyasa); **market research** n pazar araştırması; **stock market** n borsa; **When is the market on?** Hangi günler pazar kuruluyor?

marketing [ˈmɑːkɪtɪŋ] n pazarlama

marketplace [ˈmɑːkɪtˌpleɪs] n pazar yeri

marmalade [ˈmɑːməˌleɪd] n marmelat

maroon [məˈruːn] adj vişne çürüğü renginde

marriage [ˈmærɪdʒ] n evlilik; **marriage certificate** n evlilik cüzdanı

married [ˈmærɪd] adj evli; **I'm married** Evliyim

marrow [ˈmærəʊ] n ilik (anatomi)

marry ['mærɪ] v evlenmek

marsh [mɑːʃ] n bataklık

martyr ['mɑːtə] n şehit

marvellous ['mɑːvələs] adj harika

Marxism ['mɑːksɪzəm] n Marksizm

marzipan ['mɑːzɪˌpæn] n badem ezmesi

mascara [mæ'skɑːrə] n rimel

masculine ['mæskjʊlɪn] adj erkeksi

mask [mɑːsk] n maske

masked [mɑːskt] adj maskeli

mass [mæs] n (amount) kütle, (church) ayin (kilise); **When is mass?** Ayin ne zaman?

massacre ['mæsəkə] n katliam

massage ['mæsɑːʒ; -sɑːdʒ] n masaj

massive ['mæsɪv] adj masif

mast [mɑːst] n direk (kale, gemi)

master ['mɑːstə] n bey ▷ v üstesinden gelmek

masterpiece ['mɑːstəˌpiːs] n şaheser

mat [mæt] n paspas (ayak silme); **mouse mat** n fare pedi

match [mætʃ] n (partnership) denk (uygun), (sport) maç ▷ v uydurmak; **away match** n rakip sahada maç; **home match** n kendi sahasında maç; **I'd love to see a football match** Futbol maçı görmek isterdim

matching [mætʃɪŋ] adj uyumlu

mate [meɪt] n ahbap

material [mə'tɪərɪəl] n malzeme

maternal [mə'tɜːnªl] adj annelik

mathematical [ˌmæθə'mætɪkªl; ˌmæθ'mæt-] adj matematiksel

mathematics [ˌmæθə'mætɪks; ˌmæθ'mæt-] npl matematik

maths [mæθs] npl matematik

matter ['mætə] n madde (fizik) ▷ v önemli olmak

mattress ['mætrɪs] n yatak (döşek)

mature [mə'tjʊə; -'tʃʊə] adj olgun (kişi); **mature student** n olgun öğrenci

Mauritania [ˌmɒrɪ'teɪnɪə] n Moritanya

Mauritius [mə'rɪʃəs] n Mauritius Adası

mauve [məʊv] adj pembemsi leylak rengi

maximum ['mæksɪməm] adj en fazla ▷ n maksimum

May [meɪ] n Mayıs

maybe ['meɪˌbiː] adv belki

mayonnaise [ˌmeɪə'neɪz] n mayonez

mayor, mayoress [mɛə, 'mɛərɪs] n belediye başkanı

maze [meɪz] n labirent

me [miː] pron ben (kişi)

meadow ['mɛdəʊ] n çayır

meal [miːl] n öğün

mealtime ['miːlˌtaɪm] n yemek zamanı

mean [miːn] adj eli sıkı ▷ v kastetmek

meaning ['miːnɪŋ] n anlam

means [miːnz] npl yol

meantime ['miːnˌtaɪm] adv bu arada

meanwhile ['miːnˌwaɪl] adv o sırada

measles ['miːzəlz] npl kızamık; **German measles** n kızamıkçık;

I had measles recently
Yakınlarda kızamık geçirdim
measure ['mɛʒə] v ölçmek; **tape measure** n şerit metre
measurements ['mɛʒəmənts] npl ölçüler
meat [mi:t] n et *(yiyecek)*; **red meat** n kırmızı et; **Do you eat meat?** Et yiyor musunuz?; **I don't eat meat** Et yemiyorum; **I don't eat red meat** Kırmızı et yemiyorum; **I don't like meat** Et sevmem; **The meat is cold** Et soğuk; **This meat is off** Et bozulmuş
meatball ['mi:t,bɔ:l] n köfte
Mecca ['mɛkə] n Mekke
mechanic [mɪ'kænɪk] n tamirci *(otomobil)*; **Can you send a mechanic?** Tamirci gönderebilir misiniz?
mechanical [mɪ'kænɪkəl] adj mekanik
mechanism ['mɛkə,nɪzəm] n mekanizma
medal ['mɛdəl] n madalya
medallion [mɪ'dæljən] n madalyon
media ['mi:dɪə] npl medya
mediaeval [,mɛdi'i:vəl] adj ortaçağ
medical ['mɛdɪkəl] adj tıbbi ▷ n tıp; **medical certificate** n sağlık belgesi
medication [,mɛdɪ'keɪʃən] n I'm on this medication Bu ilacı kullanıyorum
medicine ['mɛdɪsɪn; 'mɛdsɪn] n ilaç
meditation [,mɛdɪ'teɪʃən] n meditasyon

Mediterranean [,mɛdɪtə'reɪnɪən] adj Akdeniz ▷ n Akdeniz
medium ['mi:dɪəm] adj *(between extremes)* ılımlı
medium-sized ['mi:dɪəm,saɪzd] adj orta boy
meet [mi:t] vi toplanmak ▷ vt tanışmak; **It was a pleasure to meet you** Sizinle tanışmak bir zevk
meeting ['mi:tɪŋ] n buluşma
meet up [mi:t ʌp] v buluşmak
mega ['mɛɡə] adj mega
melody ['mɛlədɪ] n melodi
melon ['mɛlən] n kavun
melt [mɛlt] vi eritmek
member ['mɛmbə] n üye
membership ['mɛmbə,ʃɪp] n üyelik; **membership card** n üyelik kartı
meme [mi:m] n meme
memento [mɪ'mɛntəʊ] n hatıra
memo ['mɛməʊ; 'mi:məʊ] n kısa not
memorial [mɪ'mɔ:rɪəl] n anıt
memorize ['mɛmə,raɪz] v ezberlemek
memory ['mɛmərɪ] n bellek; **memory card** n hafıza kartı
mend [mɛnd] v onarmak
meningitis [,mɛnɪn'dʒaɪtɪs] n menenjit
menopause ['mɛnəʊ,pɔ:z] n menopoz
menstruation [,mɛnstrʊ'eɪʃən] n regl
mental ['mɛntəl] adj akıl
mentality [mɛn'tælɪtɪ] n zihniyet
mention ['mɛnʃən] v bahsetmek

menu ['mɛnju:] n mönü; **set menu** n fiks mönü

mercury ['mɜ:kjʊrɪ] n cıva

mercy ['mɜ:sɪ] n merhamet

mere [mɪə] adj sadece

merge [mɜ:dʒ] v kaynaştırmak

merger ['mɜ:dʒə] n şirket evliliği

meringue [mə'ræŋ] n beze (tatlı)

mermaid ['mɜ:ˌmeɪd] n deniz kızı

merry ['mɛrɪ] adj şen şakrak

merry-go-round ['mɛrɪɡəʊ'raʊnd] n atlıkarınca

mess [mɛs] n dağınıklık

mess about [mɛs ə'baʊt] v boş durmak

message ['mɛsɪdʒ] n mesaj; **text message** n mesaj; **Are there any messages for me?** Bana mesaj var mı?; **Can I leave a message with his secretary?** Sekreterine mesaj bırakabilir miyim?; **Can I leave a message?** Mesaj bırakabilir miyim?

messenger ['mɛsɪndʒə] n ulak

mess up [mɛs ʌp] v berbat etmek

messy ['mɛsɪ] adj kirli

metabolism [mɪ'tæbəˌlɪzəm] n metabolizma

metal ['mɛtəl] n metal

meteorite ['mi:tɪəˌraɪt] n göktaşı

meter ['mi:tə] n sayaç; **parking meter** n otopark ödeme cihazı

method ['mɛθəd] n yöntem

Methodist ['mɛθədɪst] adj Methodist mezhebine ait

metre ['mi:tə] n metre

metric ['mɛtrɪk] adj metrik

Mexican ['mɛksɪkən] adj Meksika'ya ait ▷ n Meksikalı

Mexico ['mɛksɪˌkəʊ] n Meksika

microchip ['maɪkrəʊˌtʃɪp] n mikroçip

microphone ['maɪkrəˌfəʊn] n mikrofon; **Does it have a microphone?** Mikrofon var mı?

microscope ['maɪkrəˌskəʊp] n mikroskop

mid [mɪd] adj orta

midday ['mɪd'deɪ] n öğle; **It's twelve midday** Saat öğlen on iki

middle ['mɪdəl] n orta; **Middle Ages** npl Orta Çağ; **Middle East** n Orta Doğu

middle-aged ['mɪdəlˌeɪdʒɪd] adj orta yaşlı

middle-class ['mɪdəlˌklɑ:s] adj orta sınıf

midge [mɪdʒ] n tatarcık

midnight ['mɪdˌnaɪt] n geceyarısı; **at midnight** Geceyarısı

midwife, midwives ['mɪdˌwaɪf, 'mɪdˌwaɪvz] n ebe

migraine ['mi:greɪn; 'maɪ-] n migren

migrant ['maɪɡrənt] adj göçmen ▷ n göçmen

migration [maɪ'greɪʃən] n göç

mike [maɪk] n mikrofon

mild [maɪld] adj ılımlı

mile [maɪl] n mil

mileage ['maɪlɪdʒ] n mil hesabıyla uzaklık

mileometer [maɪ'lɒmɪtə] n mil ölçer

military ['mɪlɪtərɪ; -trɪ] adj askeri

milk [mɪlk] n süt ▷ v sağmak; **baby milk** n bebek sütü; **milk chocolate** n sütlü çikolata; **semi-skimmed milk** n yarım yağlı süt; **skimmed milk** n yağı alınmış süt; **UHT milk** n UHT süt; **Do you drink milk?** Süt içer misiniz?; **Have you got real milk?** Taze sütünüz var mı?; **Is it made with unpasteurised milk?** Bu pastörize edilmemiş sütten mi yapıldı?; **with the milk separate** sütü ayrı getirin

milkshake ['mɪlk,ʃeɪk] n milkshake

mill [mɪl] n değirmen

millennium [mɪ'lenɪəm] n milenyum

millimetre ['mɪlɪ,miːtə] n milimetre

million ['mɪljən] n milyon

millionaire [,mɪljə'neə] n milyoner

mimic ['mɪmɪk] v taklit etmek

mince [mɪns] v kıyma

mind [maɪnd] n zihin ▷ v aldırmak

mine [maɪn] n maden ocağı ▷ pron benim

miner ['maɪnə] n madenci

mineral ['mɪnərəl; 'mɪnrəl] adj madensel ▷ n maden; **mineral water** n maden suyu; **a bottle of sparkling mineral water** Bir şişe maden suyu

miniature ['mɪnɪtʃə] adj minyatür ▷ n minyatür

minibar ['mɪnɪ,bɑː] n minibar

minibus ['mɪnɪ,bʌs] n minibüs

minicab ['mɪnɪ,kæb] n taksi

minimal ['mɪnɪməl] adj en düşük

minimize ['mɪnɪ,maɪz] v en aza indirgemek

minimum ['mɪnɪməm] adj en az ▷ n en az

mining ['maɪnɪŋ] n madencilik

miniskirt ['mɪnɪ,skɜːt] n mini etek

minister ['mɪnɪstə] n (clergy) vaiz, (government) bakan (hükümet); **prime minister** n başbakan

ministry ['mɪnɪstrɪ] n (government) bakanlık, (religion) papazlık

mink [mɪŋk] n vizon

minor ['maɪnə] adj ufak ▷ n küçük

minority [maɪ'nɒrɪtɪ; mɪ-] n azınlık

mint [mɪnt] n (coins) darphane, (herb/sweet) nane (bitki/şeker)

minus ['maɪnəs] prep eksi

minute adj [maɪ'njuːt] küçük ▷ n ['mɪnɪt] dakika; **Could you watch my bag for a minute, please?** Bir dakikalığına çantama göz kulak olur musunuz lütfen?; **We are ten minutes late** On dakika geciktik

miracle ['mɪrəkəl] n mucize

mirror ['mɪrə] n ayna; **rear-view mirror** n arka ayna; **wing mirror** n yan ayna

misbehave [,mɪsbɪ'heɪv] v yaramazlık yapmak

miscarriage [mɪs'kærɪdʒ] n düşük yapmak

miscellaneous [,mɪsə'leɪnɪəs] adj çeşitli

mischief ['mɪstʃɪf] n yaramazlık

mischievous ['mɪstʃɪvəs] adj yaramaz (çocuk vb)

miser ['maɪzə] n zengin pinti

miserable ['mɪzərəbəl; 'mɪzrə-] adj kepaze

misery ['mɪzərɪ] n sefalet

misfortune [mɪs'fɔːtʃən] n talihsizlik

mishap ['mɪshæp] n terslik

misjudge [ˌmɪsˈdʒʌdʒ] v yanlış hüküm vermek

mislay [mɪsˈleɪ] v yanlış yere koymak

misleading [mɪsˈliːdɪŋ] adj yanıltıcı

misprint [ˈmɪsˌprɪnt] n baskı hatası

miss [mɪs] v kaçırmak (treni, otobüsü)

Miss [mɪs] n Bayan (evlenmemiş kadınlara hitap şekli)

missile [ˈmɪsaɪl] n füze

missing [ˈmɪsɪŋ] adj kayıp; **My child is missing** Çocuğum kayıp

missionary [ˈmɪʃənərɪ] n misyoner

mist [mɪst] n sis

mistake [mɪˈsteɪk] n hata ▷ v hata yapmak

mistaken [mɪˈsteɪkən] adj hatalı

mistakenly [mɪˈsteɪkənlɪ] adv yanlışlıkla

mistletoe [ˈmɪsəlˌtəʊ] n ökseotu

mistress [ˈmɪstrɪs] n metres

misty [ˈmɪstɪ] adj sisli

misunderstand [ˌmɪsʌndəˈstænd] v yanlış anlamak

misunderstanding [ˌmɪsʌndəˈstændɪŋ] n yanlış anlama; **There's been a misunderstanding** Bir yanlış anlama var

mitten [ˈmɪtən] n parmaksız eldiven

mix [mɪks] n karışık (şeker/çiçek) ▷ v karıştırmak (nesne)

mixed [mɪkst] adj karışık; **mixed salad** n karışık salata

mixer [ˈmɪksə] n mikser

mixture [ˈmɪkstʃə] n karışım

mix up [mɪks ʌp] v karıştırmak (salata, baharat vb)

mix-up [mɪksʌp] n karışıklık

MMS [ɛm ɛm ɛs] abbr MMS

moan [məʊn] v inlemek

moat [məʊt] n hendek

mobile [ˈməʊbaɪl] adj mobil; **mobile home** n taşınabilir ev; **mobile number** n cep numarası; **mobile phone** n cep telefonu

mock [mɒk] adj deneme sınavı ▷ v alay etmek

mod cons [ˈmɒd kɒnz] npl konfor ve rahatlık

model [ˈmɒdəl] adj örnek ▷ n model ▷ v modelini yapmak

modem [ˈməʊdɛm] n modem

moderate [ˈmɒdərɪt] adj ılımlı

moderation [ˌmɒdəˈreɪʃən] n ılımlılık

modern [ˈmɒdən] adj modern; **modern languages** npl modern diller

modernize [ˈmɒdəˌnaɪz] v modernize etmek

modest [ˈmɒdɪst] adj alçak gönüllü

modification [ˌmɒdɪfɪˈkeɪʃən] n değişiklik

modify [ˈmɒdɪˌfaɪ] v değişiklik yapmak

module [ˈmɒdjuːl] n modül

moist [mɔɪst] adj ıslak

moisture [ˈmɔɪstʃə] n nem

moisturizer [ˈmɔɪstʃəˌraɪzə] n nemlendirici

Moldova [mɒlˈdəʊvə] n Moldova

Moldovan [mɒlˈdəʊvən] adj

Moldova ▷ n Moldovalı

mole [məʊl] n (infiltrator) köstebek (casus), (mammal) köstebek (hayvan), (skin) ben (cilt)

molecule ['mɒlɪˌkjuːl] n molekül

moment ['məʊmənt] n an

momentarily ['məʊməntərəlɪ; -trɪlɪ] adv bir anlığına

momentary ['məʊməntərɪ; -trɪ] adj bir anlık

momentous [məʊ'mentəs] adj çok önemli

Monaco ['mɒnəˌkəʊ; mə'nɑːkəʊ] n Monako

monarch ['mɒnək] n kral

monarchy ['mɒnəkɪ] n kraliyet

monastery ['mɒnəstərɪ; -strɪ] n manastır; **Is the monastery open to the public?** Manastır halka açık mı?

Monday ['mʌndɪ] n Pazartesi; **It's Monday the fifteenth of June** On beş Haziran Pazartesi; **on Monday** Pazartesi günü

monetary ['mʌnɪtərɪ; -trɪ] adj parasal

money ['mʌnɪ] n para; **money belt** n bel çantası; **pocket money** n cep harçlığı; **Can I have my money back?** Paramı geri alabilir miyim?; **Can you arrange to have some money sent over urgently?** Bana acilen para gönderilmesini ayarlayabilir misiniz?; **I have no money** Hiç param yok; **I have run out of money** Param bitti; **I would like to transfer some money from my account** Hesabımdan para transferi yapmak istiyorum

Mongolia [mɒŋ'gəʊlɪə] n Moğolistan

Mongolian [mɒŋ'gəʊlɪən] adj Moğol ▷ n (language) Moğolca (dil), (person) Mongolistanlı (kişi)

mongrel ['mʌŋgrəl] n melez

monitor ['mɒnɪtə] n gözcü

monk [mʌŋk] n keşiş

monkey ['mʌŋkɪ] n maymun

monopoly [mə'nɒpəlɪ] n tekel

monotonous [mə'nɒtənəs] adj tekdüze

monsoon [mɒn'suːn] n muson

monster ['mɒnstə] n canavar

month [mʌnθ] n ay (zaman); **a month ago** bir ay önce; **in a month's time** bir ay sonra

monthly ['mʌnθlɪ] adj aylık (zaman)

monument ['mɒnjʊmənt] n anıt

mood [muːd] n ruh durumu

moody ['muːdɪ] adj bedbin

moon [muːn] n ay (uydu); **full moon** n dolunay

moor [mʊə; mɔː] n bozkır ▷ v bağlamak (tekne)

mop [mɒp] n paspas (yer silme)

moped ['məʊped] n moped; **I want to hire a moped** Moped kiralamak istiyorum

mop up [mɒp ʌp] v paspaslamak

moral ['mɒrəl] adj ahlaki ▷ n ders (ahlaki)

morale [mɒ'rɑːl] n moral

morals ['mɒrəlz] npl ahlak kuralları

more [mɔː] adj daha fazla ▷ adv daha ▷ pron fazla; **Could you speak more slowly, please?** Biraz daha yavaş konuşabilir

misiniz lütfen?; **Please bring
more bread** Biraz daha ekmek
getirir misiniz?; **We need more
blankets** Daha fazla battaniyeye
ihtiyacımız var

morgue [mɔːɡ] n morg

morning ['mɔːnɪŋ] n sabah;
morning sickness n hamilelik
bulantısı; **in the morning** sabah;
**I will be leaving tomorrow
morning at ten a.m.** Yarın sabah
onda ayrılıyorum; **I've been sick
since this morning** Bu sabahtan
beri kusuyorum; **Is the museum
open in the morning?** Müze
sabahları açık mı?; **this morning**
bu sabah; **tomorrow morning**
yarın sabah

Moroccan [məˈrɒkən] adj Fas
▷ n Faslı

Morocco [məˈrɒkəʊ] n Fas

morphine ['mɔːfiːn] n morfin

Morse [mɔːs] n Morse (alfabe)

mortar ['mɔːtə] n (military) havan
topu, (plaster) harç

mortgage ['mɔːɡɪdʒ] n konut
kredisi ▷ v ipotek etmek

mosaic [məˈzeɪɪk] n mozaik

Moslem ['mɒzləm] adj Müslüman
▷ n Müslüman

mosque [mɒsk] n cami; **Where
is there a mosque?** Cami nerede
var?

mosquito [məˈskiːtəʊ] n
sivrisinek

moss [mɒs] n yosun

most [məʊst] adj en çok ▷ adv
(superlative) en çok ▷ n (majority)
çok

mostly ['məʊstlɪ] adv çoğunlukla

MOT [ɛm əʊ tiː] abbr yıllık taşıt
testi

motel [məʊˈtɛl] n motel

moth [mɒθ] n güve

mother ['mʌðə] n anne; **mother
tongue** n anadil; **surrogate
mother** n taşıyıcı anne

mother-in-law ['mʌðə ɪn lɔː]
(**mothers-in-law**) n kayınvalide

motionless ['məʊʃənlɪs] adj
hareketsiz

motivated ['məʊtɪˌveɪtɪd] adj
motive olmuş

motivation [ˌməʊtɪˈveɪʃən] n
motivasyon

motive ['məʊtɪv] n sebep

motor ['məʊtə] n motor; **motor
mechanic** n motor teknisyeni;
motor racing n oto yarışı

motorbike ['məʊtəˌbaɪk] n
motosiklet; **I want to hire a
motorbike** Motosiklet kiralamak
istiyorum

motorboat ['məʊtəˌbəʊt] n deniz
motoru

motorcycle ['məʊtəˌsaɪkəl] n
motosiklet

motorcyclist ['məʊtəˌsaɪklɪst] n
motosikletçi

motorist ['məʊtərɪst] n sürücü

motorway ['məʊtəˌweɪ] n otoyol;
How do I get to the motorway?
Otoyola nereden gidebilirim?; **Is
there a toll on this motorway?**
Bu otoyol ücretli mi?

mould [məʊld] n (fungus) küf,
(shape) kalıp (pasta, jöle, briket vb)

mouldy ['məʊldɪ] adj küflü

mount [maʊnt] v tırmanmak

mountain ['maʊntɪn] n dağ;

mountain bike n dağ bisikleti; **Where is the nearest mountain rescue service post?** En yakın dağ kurtarma ekibi nerede?

mountaineer [ˌmaʊntɪˈnɪə] n dağcı

mountaineering [ˌmaʊntɪˈnɪərɪŋ] n dağcılık

mountainous [ˈmaʊntɪnəs] adj dağlık

mount up [maʊnt ʌp] v birikmek

mourning [ˈmɔːnɪŋ] n matem

mouse, mice [maʊs, maɪs] n fare; **mouse mat** n fare pedi

mousse [muːs] n köpük krema

moustache [məˈstɑːʃ] n bıyık

mouth [maʊθ] n ağız; **mouth organ** n armonika

mouthwash [ˈmaʊθˌwɒʃ] n gargara

move [muːv] n hareket ⊳ vi kımıldamak ⊳ vt kımıldatmak

move back [muːv bæk] v geri gitmek

move forward [muːv fɔːwəd] v ileri gitmek

move in [muːv ɪn] v taşınmak

movement [ˈmuːvmənt] n hareket

movie [ˈmuːvɪ] n film (sinema)

moving [ˈmuːvɪŋ] adj dokunaklı (sahne, film)

mow [məʊ] v biçmek

mower [ˈmaʊə] n çim biçme makinesi

Mozambique [ˌməʊzəmˈbiːk] n Mozambik

mph [maɪlz pə aʊə] abbr mil/saat

Mr [ˈmɪstə] n Bay

Mrs [ˈmɪsɪz] n Bayan (hanım)

Ms [mɪz; məs] n Bayan (evli olup olmadığını belirtmeyenler için)

MS [ɛm ɛs] abbr MS (hastalık)

much [mʌtʃ] adj fazla ⊳ adv fazla, (graded) çokça; **There's too much... in it** Çok fazla... koymuşsunuz

mud [mʌd] n çamur

muddle [ˈmʌdˀl] n kargaşa

muddy [ˈmʌdɪ] adj çamurlu

mudguard [ˈmʌdˌgɑːd] n çamurluk

muesli [ˈmjuːzlɪ] n müsli

muffler [ˈmʌflə] n atkı (giysi)

mug [mʌg] n kupa (kahve) ⊳ v saldırmak

mugger [ˈmʌgə] n kapkaçcı

mugging [ˈmʌgɪŋ] n kapkaççılık

mule [mjuːl] n katır

multinational [ˌmʌltɪˈnæʃənˀl] adj çok uluslu ⊳ n çok uluslu

multiple [ˈmʌltɪpˀl] adj **multiple sclerosis** n multipl skleroz

multiplication [ˌmʌltɪplɪˈkeɪʃən] n çarpma işlemi

multiply [ˈmʌltɪˌplaɪ] v çarpmak (matematik)

mum [mʌm] n anne

mummy [ˈmʌmɪ] n (body) mumya, (mother) annecim

mumps [mʌmps] n kabakulak

murder [ˈmɜːdə] n cinayet ⊳ v katletmek

murderer [ˈmɜːdərə] n katil

muscle [ˈmʌsˀl] n kas

muscular [ˈmʌskjʊlə] adj kas

museum [mjuːˈzɪəm] n müze; **Is the museum open every day?** Müze her gün açık mı?; **When is the museum open?** Müze ne zaman açık?

mushroom ['mʌʃru:m; -rʊm] *n* mantar *(botanik)*

music ['mju:zɪk] *n* müzik; **folk music** *n* halk müziği; **music centre** *n* müzik seti; **Where can we hear live music?** Canlı müzik dinleyebileceğimiz bir yer var mı?

musical ['mju:zɪkəl] *adj* müzik ▷ *n* müzikal; **musical instrument** *n* müzik aleti

musician [mju:'zɪʃən] *n* müzisyen; **Where can we hear local musicians play?** Yerel müzisyenleri dinleyebileceğimiz bir yer var mı?

Muslim ['mʊzlɪm; 'mʌz-] *adj* Müslüman ▷ *n* Müslüman

mussel ['mʌsəl] *n* midye

must [mʌst] *v* gereğinde olmak

mustard ['mʌstəd] *n* hardal

mutter ['mʌtə] *v* mırıldanmak

mutton ['mʌtən] *n* koyun eti

mutual ['mju:tʃʊəl] *adj* karşılıklı

my [maɪ] *pron* benim

Myanmar ['maɪænmɑ:; 'mjænmɑ:] *n* Myanmar

myself [maɪ'self] *pron* kendim

mysterious [mɪ'stɪərɪəs] *adj* gizemli

mystery ['mɪstərɪ] *n* gizem

myth [mɪθ] *n* efsane

mythology [mɪ'θɒlədʒɪ] *n* mitoloji

n

naff [næf] *adj* salaş

nag [næg] *v* dırdır etmek

nail [neɪl] *n* çivi; **nail polish** *n* oje; **nail scissors** *npl* tırnak makası; **nail varnish** *n* tırnak cilası; **nail varnish remover** *n* oje çıkarıcı

nailbrush ['neɪl,brʌʃ] *n* tırnak fırçası

nailfile ['neɪl,faɪl] *n* tırnak törpüsü

naive [nɑ:'i:v; naɪ'i:v] *adj* saf

naked ['neɪkɪd] *adj* çıplak

name [neɪm] *n* ad *(kişi)*; **brand name** *n* marka; **first name** *n* ön ad; **maiden name** *n* kızlık soyadı; **I booked a room in the name of…** … adına yer ayırtmıştım; **My name is…** Benim adım…; **What's your name?** Adınız ne?

nanny ['nænɪ] *n* çocuk bakıcısı

nap [næp] *n* kestirme *(uyku)*

napkin ['næpkɪn] *n* peçete

nappy ['næpɪ] *n* bebek bezi

narrow ['nærəʊ] *adj* dar

narrow-minded
['nærəʊ'maɪndɪd] *adj* dar görüşlü

nasty ['nɑːstɪ] *adj* berbat

nation ['neɪʃən] *n* ulus; **United
Nations** *n* Birleşmiş Milletler

national ['næʃənᵊl] *adj* ulusal;
national anthem *n* milli marş;
national park *n* milli park

nationalism ['næʃənəˌlɪzəm;
'næfnə-] *n* ulusalcılık

nationalist ['næʃənəlɪst] *n*
ulusalcı

nationality [ˌnæʃə'nælɪtɪ] *n* ulus

nationalize ['næʃənəˌlaɪz;
'næfnə-] *v* kamulaştırmak

native ['neɪtɪv] *adj* yerli; **native
speaker** *n* anadilini konuşan

NATO ['neɪtəʊ] *abbr* NATO

natural ['nætʃrəl; -tʃərəl] *adj*
doğal; **natural gas** *n* doğal gaz;
natural resources *npl* doğal
kaynaklar

naturalist ['nætʃrəlɪst; -tʃərəl-] *n*
doğa bilimleri uzmanı

naturally ['nætʃrəlɪ; -tʃərə-] *adv*
doğal olarak

nature ['neɪtʃə] *n* doğa

naughty ['nɔːtɪ] *adj* yaramaz
(çocuk vb)

nausea ['nɔːzɪə; -sɪə] *n* bulantı

naval ['neɪvᵊl] *adj* deniz *(askeri)*

navel ['neɪvᵊl] *n* göbek

navy ['neɪvɪ] *n* donanma *(deniz)*

navy-blue ['neɪvɪ'bluː] *adj* lacivert

NB [en biː] *abbr* *(notabene)*
dikkatinize

near [nɪə] *adj* yakın ▷ *adv* yakınında
▷ *prep* bitişiğinde; **How do I get
to the nearest tube station?**

En yakın metro istasyonuna nasıl
gidebilirim?; **It's very near** Çok
yakın; **Where is the nearest bus
stop?** Buraya en yakın otobüs
durağı nerede?

nearby *adj* ['nɪəˌbaɪ] yakın ▷ *adv*
[ˌnɪə'baɪ] yakınlarda; **Is there a
bank nearby?** Yakınlarda bir
banka var mı?

nearly ['nɪəlɪ] *adv* hemen hemen

near-sighted [ˌnɪə'saɪtɪd] *adj*
miyop

neat [niːt] *adj* temiz ve tertipli

neatly [niːtlɪ] *adv* derli toplu
(düzenli)

necessarily ['nɛsɪsərɪlɪ;
ˌnɛsɪ'sɛrɪlɪ] *adv* kaçınılmaz bir
şekilde

necessary ['nɛsɪsərɪ] *adj* gerekli

necessity [nɪ'sɛsɪtɪ] *n* gereklilik

neck [nɛk] *n* boyun

necklace ['nɛklɪs] *n* kolye

nectarine ['nɛktərɪn] *n* nektarin

need [niːd] *n* ihtiyaç ▷ *v* gerek
duymak

needle ['niːdᵊl] *n* iğne; **knitting
needle** *n* örgü şişi

negative ['nɛgətɪv] *adj* olumsuz
▷ *n* olumsuz

neglect [nɪ'glɛkt] *n* ihmal ▷ *v* ihmal
etmek

neglected [nɪ'glɛktɪd] *adj* ihmal
edilmiş

negligee ['nɛglɪˌʒeɪ] *n* gecelik
(hafif)

negotiate [nɪ'gəʊʃɪˌeɪt] *v* görüşmek

negotiations [nɪˌgəʊʃɪ'eɪʃənz] *npl*
görüşmeler

negotiator [nɪ'gəʊʃɪˌeɪtə] *n*
görüşmeci

neighbour [ˈneɪbə] n komşu
neighbourhood [ˈneɪbəˌhʊd] n mahalle
neither [ˈnaɪðə; ˈniːðə] adv hiçbiri ▷ conj ne ▷ pron hiçbir
neon [ˈniːɒn] n neon
Nepal [nɪˈpɔːl] n Nepal
nephew [ˈnɛvjuː; ˈnɛf-] n yeğen (erkek)
nerve [nɜːv] n (boldness) cüret, (anat) sinir (anatomi)
nerve-racking [ˈnɜːvˈrækɪŋ] adj sinir bozucu
nest [nɛst] n yuva
net [nɛt] n tül
Net [nɛt] n İnternet
netball [ˈnɛtˌbɔːl] n netbol
Netherlands [ˈnɛðələndz] npl Hollanda
nettle [ˈnɛtᵊl] n ısırgan
network [ˈnɛtˌwɜːk] n ağ (bilişim)
neurotic [njʊˈrɒtɪk] adj nörotik
neutral [ˈnjuːtrəl] adj tarafsız ▷ n tarafsız
never [ˈnɛvə] adv asla
nevertheless [ˌnɛvəðəˈlɛs] adv bununla birlikte
new [njuː] adj yeni; **New Year** n Yeni Yıl; **New Zealand** n Yeni Zelanda; **New Zealander** n Yeni Zelandalı
newborn [ˈnjuːˌbɔːn] adj yeni doğan
newcomer [ˈnjuːˌkʌmə] n yeni gelen
news [njuːz] npl haberler; **When is the news?** Haberler kaçta?

newsagent [ˈnjuːzˌeɪdʒənt] n gazete bayii
newspaper [ˈnjuːzˌpeɪpə] n gazete; **Do you have newspapers?** Gazete satıyor musunuz?; **I would like a newspaper** Gazete almak istiyorum; **Where can I buy a newspaper?** Gazete nereden alabilirim?; **Where is the nearest shop which sells newspapers?** En yakın gazete satan dükkan nerede?
newsreader [ˈnjuːzˌriːdə] n haber sunucusu
newt [njuːt] n su keleri
next [nɛkst] adj gelecek ▷ adv bir sonraki; **next to** prep yanında; **the week after next** bir sonraki hafta; **What is the next stop?** Bir sonraki durak neresi?; **When is the next bus to...?** ...a bir sonraki otobüs kaçta?
next-of-kin [ˈnɛkstɒvˈkɪn] n en yakın akraba
Nicaragua [ˌnɪkəˈrægjʊə; nɪkaˈraɣwa] n Nikaragua
Nicaraguan [ˌnɪkəˈrægjʊən; -gwən] adj Nikaragua ▷ n Nikaragualı
nice [naɪs] adj hoş
nickname [ˈnɪkˌneɪm] n takma ad
nicotine [ˈnɪkətiːn] n nikotin
niece [niːs] n yeğen (kız)
Niger [ˈnaɪdʒɪər] n Nijer
Nigeria [naɪˈdʒɪərɪə] n Nijerya
Nigerian [naɪˈdʒɪərɪən] adj Nijerya ▷ n Nijeryalı
night [naɪt] n gece; **hen night** n kına gecesi; **night school** n gece

okulu; **stag night** n bekarlığa veda
partisi (erkek); **at night** gece;
Good night İyi geceler; **How
much is it per night?** Odanın
geceliği ne kadar?; **I want to stay
an extra night** Bir gece daha
kalmak istiyorum; **I'd like to stay
for two nights** İki gece kalmak
istiyorum; **last night** dün gece;
tomorrow night yarın gece

nightclub ['naɪt,klʌb] n gece
kulübü

nightdress ['naɪt,drɛs] n gecelik

nightie ['naɪtɪ] n gecelik

nightlife ['naɪt,laɪf] n gece hayatı

nightmare ['naɪt,mɛə] n
karabasan

nightshift ['naɪt,ʃɪft] n gece
nöbeti

nil [nɪl] n sıfır

nine [naɪn] number dokuz

nineteen [,naɪn'tiːn] number
ondokuz

nineteenth [,naɪn'tiːnθ] adj
ondokuzuncu

ninety ['naɪntɪ] number doksan

ninth [naɪnθ] adj dokuzuncu ▷ n
dokuzda bir

nitrogen ['naɪtrədʒən] n
nitrojen

no [nəʊ] pron hiç; **no!** excl hayır;
no one pron hiç kimse; **I have no
money** Hiç param yok

nobody ['nəʊbədɪ] pron hiç kimse;
**We'd like to see nobody but us
all day!** Bütün gün hiç kimseyi
değil, sadece kendimizi görmek
isterdik!

nod [nɒd] v başıyla onaylamak

noise [nɔɪz] n gürültü; **I can't
sleep for the noise** Gürültüden
uyuyamıyorum

noisy ['nɔɪzɪ] adj gürültülü; **It's
noisy** Çok gürültülü; **The room is
too noisy** Bu oda çok gürültülü

nominate ['nɒmɪ,neɪt] v aday
göstermek

nomination [,nɒmɪ'neɪʃən] n
adaylık

none [nʌn] pron hiçbiri

nonsense ['nɒnsəns] n saçma

non-smoker [nɒn'sməʊkə] n
sigara içmeyen

non-smoking [nɒn'sməʊkɪŋ] adj
sigara içilmeyen; **I want to book
a seat in a non-smoking
compartment** Sigara içilmeyen
kompartmanda yer ayırtmak
istiyorum

non-stop ['nɒn'stɒp] adv hiç
durmadan

noodles ['nuːdəlz] npl noodle

noon [nuːn] n öğle

nor [nɔː; nə] conj ne de

normal ['nɔːməl] adj normal; **How
long will it take by normal post?**
Normal postayla ne kadar sürer?

normally ['nɔːməlɪ] adv normalde

north [nɔːθ] adj kuzey ▷ adv
kuzeyde ▷ n kuzey; **North Africa** n
Kuzey Afrika; **North African** n
Kuzey Afrika, Kuzey Afrikalı;
North America n Kuzey Amerika;
North American n Kuzey
Amerika, Kuzey Amerikalı; **North
Korea** n Kuzey Kore; **North Pole** n
Kuzey Kutbu; **North Sea** n Kuzey
Denizi

northbound ['nɔːθ,baʊnd] adj
kuzeye doğru

northeast [ˌnɔːθˈiːst; ˌnɔːˈriːst] n kuzeydoğu

northern [ˈnɔːðən] adj kuzey; **Northern Ireland** n Kuzey İrlanda

northwest [ˌnɔːθˈwɛst; ˌnɔːˈwɛst] n kuzeybatı

Norway [ˈnɔːweɪ] n Norveç

Norwegian [nɔːˈwiːdʒən] adj Norveç ▷ n (language) Norveçce (dil), (person) Norveçli (kişi)

nose [nəʊz] n burun

nosebleed [ˈnəʊzˌbliːd] n burun kanaması

nostril [ˈnɒstrɪl] n burun deliği

nosy [ˈnəʊzɪ] adj meraklı

not [nɒt] adv yok

note [nəʊt] n (banknote) banknot, (message) not (mesaj), (music) nota (müzik); **sick note** n hasta belgesi

notebook [ˈnəʊtˌbʊk] n not defteri

note down [nəʊt daʊn] v not almak

notepad [ˈnəʊtˌpæd] n not defteri

notepaper [ˈnəʊtˌpeɪpə] n not kağıdı

nothing [ˈnʌθɪŋ] pron hiçbir şey

notice [ˈnəʊtɪs] n (note) farkına varma, (termination) mühlet ▷ v farkına varmak; **notice board** n ilan tahtası

noticeable [ˈnəʊtɪsəbəl] adj dikkat çeken

notification [ˌnəʊtɪfɪˈkeɪʃən] n bildirim

notify [ˈnəʊtɪˌfaɪ] v bildirimde bulunmak

nought [nɔːt] n sıfır

noun [naʊn] n ad (gramer)

novel [ˈnɒvəl] n roman

novelist [ˈnɒvəlɪst] n romancı

November [nəʊˈvɛmbə] n Kasım (ay)

now [naʊ] adv şimdi

nowadays [ˈnaʊəˌdeɪz] adv bugünlerde

nowhere [ˈnəʊˌwɛə] adv hiçbir yerde

nuclear [ˈnjuːklɪə] adj nükleer

nude [njuːd] adj çıplak ▷ n çıplak

nudist [ˈnjuːdɪst] n nüdist

nuisance [ˈnjuːsəns] n sıkıntı

numb [nʌm] adj uyuşuk

number [ˈnʌmbə] n sayı; **account number** n hesap numarası; **mobile number** n cep numarası; **number plate** n plaka (otomobil); **phone number** n telefon numarası; **reference number** n referans numarası; **room number** n oda numarası; **wrong number** n yanlış numara

numerous [ˈnjuːmərəs] adj sayısız

nun [nʌn] n rahibe

nurse [nɜːs] n hemşire; **I'd like to speak to a nurse** Hemşireyle konuşmak istiyorum

nursery [ˈnɜːsrɪ] n çocuk odası; **nursery rhyme** n çocuk şarkıları; **nursery school** n kreş

nursing home [ˈnɜːsɪŋ həʊm] n **nursing home** n huzurevi (yaşlılar için)

nut [nʌt] n (device) vida somunu, (food) fındık fıstık; **nut allergy** n fıstık alerjisi; **Could you prepare a meal without nuts?** İçinde fındık fıstık olmayan bir yemek yapabilir misiniz?

nutmeg ['nʌtmeg] *n* küçük
  Hindistan cevizi
nutrient ['njuːtrɪənt] *n* besleyici
  (gıda)
nutrition [njuːˈtrɪʃən] *n* beslenme
nutritious [njuːˈtrɪʃəs] *adj*
  besleyici
nutter ['nʌtə] *n* kaçık
nylon ['naɪlɒn] *n* naylon

oak [əʊk] *n* meşe
oar [ɔː] *n* kürek
oasis, oases [əʊˈeɪsɪs, əʊˈeɪsiːz] *n*
  vaha
oath [əʊθ] *n* yemin
oatmeal ['əʊt,miːl] *n* yulaf ezmesi
oats [əʊts] *npl* yulaf
obedient [əˈbiːdɪənt] *adj* itaatkar
obese [əʊˈbiːs] *adj* obez
obey [əˈbeɪ] *v* boyun eğmek
obituary [əˈbɪtjʊərɪ] *n* anma yazısı
  (ölünün ardından)
object ['ɒbdʒɪkt] *n* nesne
objection [əbˈdʒekʃən] *n* itiraz
objective [əbˈdʒektɪv] *n* amaç
oblong ['ɒb,lɒŋ] *adj* dikdörtgen
  şeklinde
obnoxious [əbˈnɒkʃəs] *adj* iğrenç
oboe ['əʊbəʊ] *n* obua
obscene [əbˈsiːn] *adj* açık saçık
observant [əbˈzɜːvənt] *adj*
  gözlemci

observatory [əb'zɜːvətərɪ, -trɪ] n
gözlemevi

observe [əb'zɜːv] v gözlemlemek

observer [əb'zɜːvə] n gözlemci

obsessed [əb'sɛst] adj takıntılı

obsession [əb'sɛʃən] n takıntı

obsolete ['ɒbsəˌliːt, ˌɒbsə'liːt] adj
modası geçmiş

obstacle ['ɒbstək°l] n engel

obstinate ['ɒbstɪnɪt] adj müzmin

obstruct [əb'strʌkt] v tıkamak

obtain [əb'teɪn] v elde etmek

obvious ['ɒbvɪəs] adj açık (kavram)

obviously ['ɒbvɪəslɪ] adv açıkçası

occasion [ə'keɪʒən] n fırsat
(durum)

occasional [ə'keɪʒən°l] adj arasıra

occasionally [ə'keɪʒən°lɪ] adv
arada sırada

occupation [ˌɒkjʊ'peɪʃən] n
(invasion) işgal, (work) meslek

occupy ['ɒkjʊˌpaɪ] v oturmak

occur [ə'kɜː] v meydana gelmek

occurrence [ə'kʌrəns] n olay

ocean ['əʊʃən] n okyanus; **Arctic
Ocean** n Kuzey Okyanusu; **Indian
Ocean** n Hint Okyanusu

Oceania [ˌəʊʃɪ'ɑːnɪə] n Okyanusya

o'clock [ə'klɒk] adv **after eight
o'clock** saat sekizden sonra; **at
three o'clock** saat üçte; **I'd like
to book a table for four people
for tonight at eight o'clock** Bu
akşam saat sekiz için dört kişilik
bir masa ayırtmak istiyordum;
It's one o'clock Saat bir;
It's six o'clock Saat altı

October [ɒk'təʊbə] n Ekim (ay);
It's Sunday the third of October
Üç Ekim Pazar

octopus ['ɒktəpəs] n ahtapot

odd [ɒd] adj acaip

odour ['əʊdə] n koku

of [ɒv; əv] prep onun

off [ɒf] adv kapalı ▷ prep den, dan;
time off n izin (işten alınan)

offence [ə'fɛns] n saldırı

offend [ə'fɛnd] v gücendirmek

offensive [ə'fɛnsɪv] adj saldırgan

offer ['ɒfə] n teklif ▷ v teklif etmek;
special offer n indirimli fiyatla
sunulan eşya

office ['ɒfɪs] n büro; **booking
office** n bilet gişesi; **box office** n
bilet gişesi; **head office** n yönetim
merkezi; **information office** n
enformasyon bürosu;
left-luggage office n emanet
bagaj bürosu; **lost-property
office** n kayıp eşya bürosu; **office
hours** npl çalışma saatleri; **post
office** n postane; **registry office** n
evlendirme dairesi; **ticket office** n
bilet gişesi; **tourist office** n turizm
bürosu; **Do you have a press
office?** Basın büronuz var mı?;
How do I get to your office?
Büronuza nasıl gelebilirim?; **I work
in an office** Bir büroda
çalışıyorum

officer ['ɒfɪsə] n görevli memur
(polis/asker); **customs officer** n
gümrük memuru; **police officer** n
polis görevlisi; **prison officer** n
hapishane görevlisi

official [ə'fɪʃəl] adj yetkili

off-licence ['ɒfˌlaɪsəns] n içki
satan dükkan

off-peak ['ɒfˌpiːk] adv iş saatleri
dışında

off-season ['ɒf‚siːz²n] *adj* sezon dışı ▷ *adv* sezon dışında

offside ['ɒf'saɪd] *adj* ofsayt

often ['ɒfⁿn; 'ɒftⁿn] *adv* sıklıkla

oil [ɔɪl] *n* yağ ▷ *v* yağlamak; **olive oil** *n* zeytin yağı; **The oil warning light won't go off** Yağ ikaz ışığı yanıyor; **This stain is oil** Yağ lekesi

oil refinery [ɔɪl rɪ'faɪnərɪ] *n* petrol rafinerisi

oil rig [ɔɪl rɪg] *n* petrol platformu

oil slick [ɔɪl slɪk] *n* petrol sızması

oil well [ɔɪl wɛl] *n* petrol kuyusu

ointment ['ɔɪntmənt] *n* merhem

OK [‚əʊ'keɪ] *excl* OK!

okay [‚əʊ'keɪ] *adj* okey; **okay!** *excl* okey!

old [əʊld] *adj* yaşlı; **old-age pensioner** *n* emekli

old-fashioned ['əʊld'fæʃənd] *adj* eski moda

olive ['ɒlɪv] *n* zeytin; **olive oil** *n* zeytin yağı; **olive tree** *n* zeytin ağacı

Oman [əʊ'mɑːn] *n* Umman

omelette ['ɒmlɪt] *n* omlet

on [ɒn] *adv* açık ▷ *prep* de, da; **on behalf of** namına; **on time** *adj* zamanında; **I don't have my driving licence on me** Ehliyetim üzerimde değil; **I'm here on holiday** Burada tatildeyim; **I'm on a diet** Rejimdeyim; **It's on the corner** Köşede; **Take the first turning on your right** Sağdan ilk sokağa dönün; **The drinks are on me** İçkiler benden; **What's on tonight at the cinema?** Bu gece sinemada ne var?; **Which film is on at the cinema?** Sinemada hangi film oynuyor?

once [wʌns] *adv* bir seferinde

one [wʌn] *number* bir ▷ *pron* bir; **no one** *pron* hiç kimse

one-off [wʌnɒf] *n* bir seferlik

onion ['ʌnjən] *n* soğan; **spring onion** *n* taze soğan

online ['ɒn‚laɪn] *adj* çevirimiçi ▷ *adv* hatta (*bilgisayar*)

onlooker ['ɒn‚lʊkə] *n* izleyici

only ['əʊnlɪ] *adj* tek ▷ *adv* yalnızca

open ['əʊpⁿn] *adj* açık (*kapı, pencere vb*) ▷ *v* açmak (*kapı vb*); **opening hours** *npl* açılış saatleri; **Are you open?** Açık mısınız?; **Is it open today?** Bugün açık mı?; **Is the castle open to the public?** Kale halka açık mı?; **Is the museum open in the afternoon?** Müze öğleden sonra açık mı?

opera ['ɒpərə] *n* opera; **soap opera** *n* televizyon dizisi; **What's on tonight at the opera?** Bu gece operada ne var?

operate ['ɒpə‚reɪt] *v* (*to function*) işlemek, (*to perform surgery*) ameliyat etmek

operating theatre ['ɒpə‚reɪtɪŋ 'θɪətə] *n* ameliyat odası

operation [‚ɒpə'reɪʃən] *n* (*surgery*) ameliyat (*tıp*), (*undertaking*) operasyon

operator ['ɒpə‚reɪtə] *n* operatör

opinion [ə'pɪnjən] *n* fikir (*bir konuda*); **opinion poll** *n* kamuoyu yoklaması; **public opinion** *n* kamuoyu

opponent [ə'pəʊnənt] *n* karşıt

opportunity [ˌɒpəˈtjuːnɪtɪ] n fırsat *(olanak)*

oppose [əˈpəʊz] v karşı çıkmak

opposed [əˈpəʊzd] adj karşı

opposing [əˈpəʊzɪŋ] adj karşı çıkan

opposite [ˈɒpəzɪt; -sɪt] adj karşıt ▷ adv karşılıklı ▷ prep karşısında

opposition [ˌɒpəˈzɪʃən] n muhalefet

optician [ɒpˈtɪʃən] n gözlükçü

optimism [ˈɒptɪˌmɪzəm] n iyimserlik

optimist [ˈɒptɪˌmɪst] n iyimser

optimistic [ɒptɪˈmɪstɪk] adj iyimser

option [ˈɒpʃən] n seçenek

optional [ˈɒpʃənᵊl] adj isteğe bağlı

opt out [ɒpt aʊt] v çekilmek

or [ɔː] conj ya; **either... or** conj ya

oral [ˈɔːrəl; ˈɒrəl] adj sözlü ▷ n sözlü

orange [ˈɒrɪndʒ] adj portakal rengi ▷ n portakal; **orange juice** n portakal suyu

orchard [ˈɔːtʃəd] n meyve bahçesi

orchestra [ˈɔːkɪstrə] n orkestra

orchid [ˈɔːkɪd] n orkide

ordeal [ɔːˈdiːl] n çetin sınav

order [ˈɔːdə] n emir, sıra ▷ v *(command)* komut vermek, *(request)* ısmarlamak; **order form** n sipariş formu; **postal order** n posta havalesi; **standing order** n banka ödeme emri; **I'd like to order something local** Yöreye özgü bir şey ısmarlamak istiyorum

ordinary [ˈɔːdᵊnrɪ] adj sıradan

oregano [ˌɒrɪˈɡɑːnəʊ] n mercanköşk *(yabani)*

organ [ˈɔːɡən] n *(body part)* organ, *(music)* org; **mouth organ** n armonika

organic [ɔːˈɡænɪk] adj organik

organism [ˈɔːɡəˌnɪzəm] n organizma

organization [ˌɔːɡənaɪˈzeɪʃən] n organizasyon

organize [ˈɔːɡəˌnaɪz] v organize etmek

organizer [ˈɔːɡəˌnaɪzə] n **personal organizer** n kişisel organizatör

orgasm [ˈɔːɡæzəm] n orgazm

Orient [ˈɔːrɪənt] n Doğu

oriental [ˌɔːrɪˈentᵊl] adj oryantal

origin [ˈɒrɪdʒɪn] n kaynak *(çıkış noktası)*

original [əˈrɪdʒɪnᵊl] adj özgün

originally [əˈrɪdʒɪnəlɪ] adv başlangıç olarak

ornament [ˈɔːnəmənt] n süs

orphan [ˈɔːfən] n kimsesiz

ostrich [ˈɒstrɪtʃ] n devekuşu

other [ˈʌðə] adj diğer

otherwise [ˈʌðəˌwaɪz] adv başka türlü ▷ conj yoksa

otter [ˈɒtə] n su samuru

ounce [aʊns] n ons

our [aʊə] adj bizim

ours [aʊəz] pron bizimki

ourselves [aʊəˈsɛlvz] pron biz *(kendimiz)*

out [aʊt] adj dış *(iç karşıtı)* ▷ adv dışarıda; **He's out** Dışarıda

outbreak [ˈaʊtˌbreɪk] n ayaklanma

outcome [ˈaʊtˌkʌm] n sonuç

outdoor [ˈaʊtˈdɔː] adj açık hava; **What outdoor activities are there?** Açık hava sporu olarak ne yapabilirim?

outdoors [ˌaʊtˈdɔːz] *adv* açık havada

outfit ['aʊtˌfɪt] *n* kılık

outgoing ['aʊtˌgəʊɪŋ] *adj* dışa dönük

outing ['aʊtɪŋ] *n* dışarı çıkmak

outline ['aʊtˌlaɪn] *n* özet

outlook ['aʊtˌlʊk] *n* yaşama bakış

out-of-date ['aʊtɒv'deɪt] *adj* günü geçmiş

out-of-doors ['aʊtɒv'dɔːz] *adv* açık havada

outrageous [aʊt'reɪdʒəs] *adj* dehşet verici

outset ['aʊtˌsɛt] *n* başlangıç (çıkış)

outside *adj* ['aʊtˌsaɪd] dışarı ▷ *adv* [ˌaʊt'saɪd] dışarıda ▷ *n* ['aʊt'saɪd] dışarısı ▷ *prep* dışında; **I want to make an outside call, can I have a line?** Dışarıyı aramak istiyorum, hat bağlar mısınız?

outsize ['aʊtˌsaɪz] *adj* bedenine göre büyük

outskirts ['aʊtˌskɜːts] *npl* eteklerinde

outspoken [ˌaʊt'spəʊkən] *adj* açık sözlü

outstanding [ˌaʊt'stændɪŋ] *adj* mükemmel

oval ['əʊvᵊl] *adj* oval

ovary ['əʊvərɪ] *n* yumurtalık (sağlık)

oven ['ʌvᵊn] *n* fırın; **microwave oven** *n* mikrodalga fırın; **oven glove** *n* fırın eldiveni

ovenproof ['ʌvᵊn,pruːf] *adj* ateşe dayanıklı

over ['əʊvə] *adj* bitmiş ▷ *prep* üstünde

overall [ˌəʊvər'ɔːl] *adv* kapsamlı

overalls [ˌəʊvə'ɔːlz] *npl* tulum (giysi)

overcast ['əʊvəˌkɑːst] *adj* bulutlu

overcharge [ˌəʊvə'tʃɑːdʒ] *v* fazla fiyat istemek

overcoat ['əʊvəˌkəʊt] *n* palto

overcome [ˌəʊvə'kʌm] *v* üstesinden gelmek

overdone [ˌəʊvə'dʌn] *adj* çok pişmiş

overdose ['əʊvəˌdəʊs] *n* yüksek dozda

overdraft ['əʊvəˌdrɑːft] *n* fazla para çekme

overdrawn [ˌəʊvə'drɔːn] *adj* hesabından fazla para çekmiş

overdue [ˌəʊvə'djuː] *adj* ödeme günü geçmiş

overestimate [ˌəʊvər'ɛstɪˌmeɪt] *v* gözünde büyütmek

overheads ['əʊvəˌhɛdz] *npl* işletme masrafları

overlook [ˌəʊvə'lʊk] *v* gözden kaçırmak

overrule [ˌəʊvə'ruːl] *v* kararı bozmak

overseas [ˌəʊvə'siːz] *adv* denizaşırı

oversight ['əʊvəˌsaɪt] *n* (mistake) hata, (supervision) gözetim

oversleep [ˌəʊvə'sliːp] *v* uyuyakalmak

overtake [ˌəʊvə'teɪk] *v* sollamak

overtime ['əʊvəˌtaɪm] *n* fazla mesai

overweight [ˌəʊvə'weɪt] *adj* aşırı kilolu

owe [əʊ] *v* borçlu olmak

owing to ['əʊɪŋ tuː] *prep* için

owl [aʊl] *n* baykuş

own [əʊn] *adj* kendi ▷ *v* sahip olmak

owner ['əʊnə] *n* sahip
own up [əʊn ʌp] *v* sahip çıkmak
oxygen ['ɒksɪdʒən] *n* oksijen
oyster ['ɔɪstə] *n* istridye
ozone ['əʊzəʊn; əʊ'zəʊn] *n* ozon;
  ozone layer *n* ozon tabakası

PA [pi: eɪ] *abbr* kişisel asistan
pace [peɪs] *n* adım
pacemaker ['peɪs,meɪkə] *n* kalp
  pili
Pacific [pə'sɪfɪk] *n* Pasifik
pack [pæk] *n* yük ▷ *v* paketlemek
package ['pækɪdʒ] *n* paket;
  package holiday *n* paket tatil;
  package tour *n* paket tur
packaging ['pækɪdʒɪŋ] *n*
  paketleme
packed [pækt] *adj* paketlenmiş;
  packed lunch *n* paket yemek
packet ['pækɪt] *n* paket
pad [pæd] *n* ped
paddle ['pædəl] *n* kısa kürek ▷ *v* sığ
  suda çıplak ayak yürümek
padlock ['pæd,lɒk] *n* asma kilit
paedophile ['pi:dəʊ,faɪl] *n* pedofil
page [peɪdʒ] *n* sayfa ▷ *v* anons
  etmek; **home page** *n* açılış sayfası;
  Yellow Pages® *npl* Sarı Sayfalar

pager ['peɪdʒə] n çağrı cihazı

paid [peɪd] adj ücretli

pail [peɪl] n kova

pain [peɪn] n acı; **back pain** n sırt ağrısı; **It hurts here** Burası acıyor

painful ['peɪnfʊl] adj acılı

painkiller ['peɪn,kɪlə] n ağrı kesici

paint [peɪnt] n boya (yapı) ▷ v boyamak

paintbrush ['peɪnt,brʌʃ] n boya fırçası

painter ['peɪntə] n ressam

painting ['peɪntɪŋ] n resim

pair [peə] n çift

Pakistan [,pɑːkɪ'stɑːn] n Pakistan

Pakistani [,pɑːkɪ'stɑːnɪ] adj Pakistan ▷ n Pakistanlı

pal [pæl] n yakın arkadaş

palace ['pælɪs] n saray; **Is the palace open to the public?** Saray halka açık mı?; **When is the palace open?** Saray ne zaman açık?

pale [peɪl] adj soluk

Palestine ['pælɪ,staɪn] n Filistin

Palestinian [,pælɪ'stɪnɪən] adj Filistin ▷ n Filistinli

palm [pɑːm] n (part of hand) avuçiçi, (tree) palmiye

pamphlet ['pæmflɪt] n broşür

pan [pæn] n tava; **frying pan** n kızartma tavası

Panama [,pænə'mɑː; 'pænə,mɑː] n Panama

pancake ['pæn,keɪk] n krep (yiyecek)

panda ['pændə] n panda

panic ['pænɪk] n panik ▷ v paniğe kapılmak

panther ['pænθə] n panter

panties ['pæntɪz] npl külot

pantomime ['pæntə,maɪm] n pandomim

pants [pænts] npl külot

paper ['peɪpə] n kağıt; **paper round** n gazete dağıtım; **scrap paper** n karalama kağıdı; **toilet paper** n tuvalet kağıdı; **tracing paper** n aydıngır kağıdı; **wrapping paper** n paket kağıdı; **writing paper** n yazı kağıdı

paperback ['peɪpə,bæk] n ikinci baskı kitap

paperclip ['peɪpə,klɪp] n ataş

paperweight ['peɪpə,weɪt] n kağıt ağırlığı

paperwork ['peɪpə,wɜːk] n evrak işi

paprika ['pæprɪkə; pæ'priː-] n kırmızı toz biber

paracetamol [,pærə'siːtə,mɒl; -'setə-] n **I'd like some paracetamol** Parasetamol rica ediyorum

parachute ['pærə,ʃuːt] n paraşüt

parade [pə'reɪd] n tören alayı

paradise ['pærə,daɪs] n cennet

paraffin ['pærəfɪn] n parafin

paragraph ['pærə,grɑːf; -,græf] n paragraf

Paraguay ['pærə,gwaɪ] n Paraguay

Paraguayan [,pærə'gwaɪən] adj Paraguay ▷ n Paraguaylı

parallel ['pærə,lɛl] adj paralel

paralysed ['pærə,laɪzd] adj felçli

paramedic [,pærə'mɛdɪk] n paramedik

parcel ['pɑːsəl] n paket; **How much is it to send this parcel?**

Bu paket kaça gider?; **I'd like to send this parcel** Bu paketi postalamak istiyorum

pardon ['pɑːdᵊn] n bağışlama

parent ['peərənt] n ebeveyn; **parents** npl ebeveynler; **single parent** n yalnız ebeveyn

parish ['pærɪʃ] n kilisenin dini bölgesi

park [pɑːk] n park ▷ v park etmek; **car park** n otopark; **national park** n milli park; **theme park** n konulu eğlence parkı; **Can I park here?** Arabamı buraya park edebilir miyim?; **Can we park our caravan here?** Karavanımızı buraya park edebilir miyiz?; **How long can I park here?** Ne kadarlığına park edebilirim?; **Is there a car park near here?** Buralarda bir otopark var mı?; **Where can I park the car?** Arabamı nereye park edebilirim?

parking [pɑːkɪŋ] n park etme; **parking meter** n otopark ödeme cihazı; **parking ticket** n otopark bileti

parliament ['pɑːləmənt] n parlamento

parole [pəˈrəʊl] n şartlı tahliye

parrot ['pærət] n papağan

parsley ['pɑːslɪ] n maydanoz

parsnip ['pɑːsnɪp] n yabani havuç

part [pɑːt] n parça; **spare part** n yedek parça; **Do you have parts for a Toyota?** Toyota parçaları var mı?

partial ['pɑːʃəl] adj kısmi

participate [pɑːˈtɪsɪˌpeɪt] v katılmak

particular [pəˈtɪkjʊlə] adj özellik

particularly [pəˈtɪkjʊləlɪ] adv özellikle

parting ['pɑːtɪŋ] n ayrılış

partly ['pɑːtlɪ] adv kısmen

partner ['pɑːtnə] n partner; **I have a partner** Partnerim var; **This is my partner** Bu partnerim

partridge ['pɑːtrɪdʒ] n keklik

part-time ['pɑːtˌtaɪm] adj yarım gün ▷ adv yarım gün

part with [pɑːt wɪð] v ayırılmak

party ['pɑːtɪ] n (group) parti (grup), (social gathering) parti (sosyal etkinlik) ▷ v partiye katılmak; **dinner party** n yemekli parti; **search party** n arama ekibi

pass [pɑːs] n (in mountains) geçit (dağ), (meets standard) geçer (standartlara uygun), (permit) paso ▷ v (an exam) sınavı kazanmak ▷ vi geçilmek ▷ vt geçmek; **boarding pass** n biniş kartı; **ski pass** n kayak izni

passage ['pæsɪdʒ] n (musical) parça (müzik), (route) geçit

passenger ['pæsɪndʒə] n yolcu

passion ['pæʃən] n tutku; **passion fruit** n çarkıfelek meyvası

passive ['pæsɪv] adj pasif

pass out [pɑːs aʊt] v bayılmak

Passover ['pɑːsˌəʊvə] n Musevilerin Fısıh Bayramı

passport ['pɑːspɔːt] n pasaport; **passport control** n pasaport kontrol; **Here is my passport** İşte pasaportum; **I've forgotten my passport** Pasaportumu unutmuşum; **I've lost my passport** Pasaportumu

kaybettim; **My passport has been stolen** Pasaportum çalındı; **Please give me my passport back** Pasaportumu alabilir miyim?; **The children are on this passport** Çocuklar bu pasaportta
password [ˈpɑːsˌwɜːd] *n* şifre
past [pɑːst] *adj* geçmiş ▷ *n* geçmiş ▷ *prep* yoluyla
pasta [ˈpæstə] *n* makarna; **I'd like pasta as a starter** Başlangıç olarak makarna alayım
paste [peɪst] *n* macun
pasteurized [ˈpæstəˌraɪzd] *adj* pastörize
pastime [ˈpɑːsˌtaɪm] *n* uğraş
pastry [ˈpeɪstrɪ] *n* hamur; **puff pastry** *n* milföy hamuru; **shortcrust pastry** *n* un kurabiyesi hamuru
patch [pætʃ] *n* yama
patched [pætʃt] *adj* yamalı
path [pɑːθ] *n* patika; **cycle path** *n* bisiklet yolu; **Keep to the path** Patikadan ayrılmayın
pathetic [pəˈθɛtɪk] *adj* acınası
patience [ˈpeɪʃəns] *n* sabır
patient [ˈpeɪʃənt] *adj* sabırlı ▷ *n* hasta
patio [ˈpætɪˌəʊ] *n* teras
patriotic [ˌpætrɪˈɒtɪk] *adj* yurtsever
patrol [pəˈtrəʊl] *n* devriye; **patrol car** *n* devriye arabası
pattern [ˈpætən] *n* kalıp (dikiş)
pause [pɔːz] *n* duraklama
pavement [ˈpeɪvmənt] *n* kaldırım
pavilion [pəˈvɪljən] *n* sayvan
paw [pɔː] *n* pençe
pawnbroker [ˈpɔːnˌbrəʊkə] *n* rehinci

pay [peɪ] *n* maaş ▷ *v* ödemek; **sick pay** *n* hastalık ödentisi
payable [ˈpeɪəbˀl] *adj* ödenecek
pay back [peɪ bæk] *v* geri ödemek
payment [ˈpeɪmənt] *n* ödeme
payphone [ˈpeɪˌfəʊn] *n* ankesörlü telefon
PC [piː siː] *n* PC
PDF [piː diː ɛf] *n* PDF
peace [piːs] *n* barış
peaceful [ˈpiːsfʊl] *adj* barışçıl
peach [piːtʃ] *n* şeftali
peacock [ˈpiːˌkɒk] *n* tavus kuşu
peak [piːk] *n* zirve; **peak hours** *npl* sıkışık saat
peanut [ˈpiːˌnʌt] *n* yerfıstığı; **peanut allergy** *n* fıstık alerjisi; **peanut butter** *n* fıstık ezmesi
pear [pɛə] *n* armut
pearl [pɜːl] *n* inci
peas [piːs] *npl* bezelye
peat [piːt] *n* turba
pebble [ˈpɛbˀl] *n* çakıl taşı
peculiar [pɪˈkjuːlɪə] *adj* tuhaf
pedal [ˈpɛdˀl] *n* pedal
pedestrian [pɪˈdɛstrɪən] *n* yaya; **pedestrian crossing** *n* yaya geçidi; **pedestrian precinct** *n* yayalara özel bölge
pedestrianized [pɪˈdɛstrɪəˌnaɪzd] *adj* yayalara ayrılmış
pedigree [ˈpɛdɪˌgriː] *adj* cins
peel [piːl] *n* meyva kabuğu ▷ *v* soymak *(meyva, deri vb)*
peg [pɛg] *n* kanca
Pekinese [ˌpiːkɪŋˈiːz] *n* Pekinez
pelican [ˈpɛlɪkən] *n* pelikan; **pelican crossing** *n* ışıklı yaya geçidi
pellet [ˈpɛlɪt] *n* metal çekirdek

pelvis ['pɛlvɪs] n leğen kemiği

pen [pɛn] n kalem; **ballpoint pen** n
Tükenmez kalem; **felt-tip pen** n
keçe kalem; **fountain pen** n
dolmakalem; **Do you have a pen I
could borrow?** Kaleminiz var mı?

penalize ['piːnəˌlaɪz] v
cezalandırmak

penalty ['pɛnˈltɪ] n penaltı

pencil ['pɛnsˈl] n kurşun kalem;
pencil case n kalemlik; **pencil
sharpener** n kalem açacağı

pendant ['pɛndənt] n pandantif

penfriend ['pɛn.frɛnd] n kalem
arkadaşı

penguin ['pɛŋgwɪn] n penguen

penicillin [ˌpɛnɪˈsɪlɪn] n penisilin

peninsula [pɪˈnɪnsjʊlə] n
yarımada

penknife ['pɛn.naɪf] n çakı

penny ['pɛnɪ] n peni

pension ['pɛnʃən] n emekli maaşı

pensioner ['pɛnʃənə] n emekli;
old-age pensioner n emekli

pentathlon [pɛnˈtæθlən] n
pentatlon

penultimate [pɪˈnʌltɪmɪt] adj
sondan bir önceki

people ['piːpˈl] npl insanlar

pepper ['pɛpə] n biber

peppermill ['pɛpəˌmɪl] n biberlik

peppermint ['pɛpəˌmɪnt] n nane
şekeri

per [pɜː; pə] prep başına; **per cent**
adv yüzde; **How much is it per
person?** Kişi başına ne kadar?

percentage [pəˈsɛntɪdʒ] n yüzde

percussion [pəˈkʌʃən] n vurmalı
(müzik)

perfect ['pɜːfɪkt] adj mükemmel

perfection [pəˈfɛkʃən] n
mükemmellik

perfectly ['pɜːfɪktlɪ] adv
mükemmel bir şekilde

perform [pəˈfɔːm] v performans
göstermek

performance [pəˈfɔːməns] n
(artistic) sahne performansı,
(functioning) performans

perfume ['pɜːfjuːm] n parfüm

perhaps [pəˈhæps; præps] adv
belki

period ['pɪərɪəd] n dönem; **trial
period** n deneme süresi

perjury ['pɜːdʒərɪ] n yalancı
şahitlik

perm [pɜːm] n perma

permanent ['pɜːmənənt] adj
kalıcı

permanently ['pɜːmənəntlɪ] adv
kalıcı bir şekilde

permission [pəˈmɪʃən] n izin
(birine bir şey yapmak için verilen)

permit n ['pɜːmɪt] izin ▷ v [pəˈmɪt]
izin vermek; **work permit** n
çalışma izni; **Do you need a
fishing permit?** Avlanma izin
belgesi gerekiyor mu?

persecute ['pɜːsɪˌkjuːt] v eziyet
etmek

persevere [ˌpɜːsɪˈvɪə] v azmetmek

Persian ['pɜːʃən] adj İranlı

persistent [pəˈsɪstənt] adj ısrarlı

person ['pɜːsˈn] n kişi; **How much
is it per person?** Kişi başına ne
kadar?

personal ['pɜːsənˈl] adj kişisel;
personal assistant n kişisel
asistan; **personal organizer** n
kişisel organizatör; **personal**

stereo n kişisel müzik çalar
personality [ˌpɜːsəˈnælɪtɪ] n
kişilik
personally [ˈpɜːsənəlɪ] adv kişisel
olarak
personnel [ˌpɜːsəˈnɛl] n personel
perspective [pəˈspɛktɪv] n
perspektif
perspiration [ˌpɜːspəˈreɪʃən] n
terleme
persuade [pəˈsweɪd] v ikna etme
persuasive [pəˈsweɪsɪv] adj ikna
edici
Peru [pəˈruː] n Peru
Peruvian [pəˈruːvɪən] adj Peru ▷ n
Perulu
pessimist [ˈpɛsɪˌmɪst] n kötümser
pessimistic [ˈpɛsɪˌmɪstɪk] adj
kötümser
pest [pɛst] n baş belası
pester [ˈpɛstə] v musallat olmak
pesticide [ˈpɛstɪˌsaɪd] n böcek
zehiri
pet [pɛt] n ev hayvanı
petition [pɪˈtɪʃən] n dilekçe
petrified [ˈpɛtrɪˌfaɪd] adj ödü
kopmak
petrol [ˈpɛtrəl] n benzin; **petrol
station** n benzin istasyonu;
petrol tank n benzin deposu;
unleaded petrol n kurşunsuz
benzin; **I've run out of petrol**
Benzinim bitti; **Is there a petrol
station near here?** Buraya en
yakın benzin istasyonu nerede?;
The petrol has run out Benzin
bitti
pewter [ˈpjuːtə] n tutya
pharmacist [ˈfɑːməsɪst] n eczacı
pharmacy [ˈfɑːməsɪ] n eczane;

**Which pharmacy provides
emergency service?** Hangi
eczane nöbetçi?
PhD [piː eɪtʃ diː] n doktora
pheasant [ˈfɛzənt] n sülün
philosophy [fɪˈlɒsəfɪ] n felsefe
phobia [ˈfəʊbɪə] n fobi
phone [fəʊn] n telefon ▷ v telefon
etmek; **camera phone** n fotoğraflı
telefon; **entry phone** n kapı
telefonu; **mobile phone** n cep
telefonu; **phone back** v geri
aramak; **phone bill** n telefon
faturası; **phone number** n telefon
numarası; **smart phone** n akıllı
telefon; **Can I have your phone
number?** Telefon numaranızı
alabilir miyim?; **Can I phone from
here?** Buradan telefon edebilir
miyim?; **Can I use your phone,
please?** Telefonunuzu kullanabilir
miyim lütfen?; **Do you sell
international phone cards?**
Uluslararası telefon kartı satıyor
musunuz?; **I must make a phone
call** Bir telefon görüşmesi
yapmam gerek; **I want to make a
phone call** Telefon etmek
istiyorum; **I'd like a twenty-five
euro phone card** Yirmibeş
euroluk telefon kartı rica
ediyorum; **I'd like some coins for
the phone, please** Telefon için
bozuk para rica ediyorum; **I'm
having trouble with the phone**
Telefonla sorunum var; **May I use
your phone?** Telefonunuzu
kullanabilir miyim?; **Where can I
charge my mobile phone?** Cep
telefonumu nerede şarj edebilirim;

Where can I make a phone call?
Nereden telefon edebilirim?

phonebook ['fəʊn,bʊk] n telefon rehberi

phonebox ['fəʊn,bɒks] n telefon kulübesi

phonecall ['fəʊn,kɔːl] n telefon görüşmesi

phonecard ['fəʊn,kɑːd] n telefon kartı; **A phonecard, please** Bir telefon kartı lütfen; **Where can I buy a phonecard?** Nereden telefon kartı alabilirim?

photo ['fəʊtəʊ] n fotoğraf; **photo album** n fotoğraf albümü; **Can I download photos to here?** Fotoğraf indirebilir miyim?; **Can you put these photos on CD, please?** Bu fotoğrafları CD'ye yükleybilir misiniz lütfen?; **How much do the photos cost?** Fotoğraflar kaça malolur?; **I'd like the photos glossy** Fotoğrafları parlak kağıda basın lütfen; **I'd like the photos matt** Fotoğrafları mat kağıda basın lütfen

photobomb ['fəʊtəʊ,bɒm] v photobomb yapmak ▷ n photobomb

photocopier ['fəʊtəʊ,kɒpɪə] n fotokopi makinesi

photocopy ['fəʊtəʊ,kɒpɪ] n fotokopi ▷ v fotokopisini çekmek; **I'd like a photocopy of this, please** Bunun fotokopisini istiyorum lütfen; **Where can I get some photocopying done?** Nerede fotokopi çektirebilirim?

photograph ['fəʊtə,grɑːf; -,græf] n fotoğraf ▷ v fotoğrafını çekmek

photographer [fə'tɒgrəfə] n fotoğrafçı

photography [fə'tɒgrəfɪ] n fotoğrafçılık

phrase [freɪz] n sözcük grubu

phrasebook ['freɪz,bʊk] n günlük ifadeler sözlüğü

physical ['fɪzɪkəl] adj fiziksel ▷ n fizik (görünüş)

physicist ['fɪzɪsɪst] n fizikçi

physics ['fɪzɪks] npl fizik

physiotherapist [,fɪzɪəʊ'θerəpɪst] n fizyoterapist

physiotherapy [,fɪzɪəʊ'θerəpɪ] n fizyoterapi

pianist ['pɪənɪst] n piyanist

piano [pɪ'ænəʊ] n piyano

pick [pɪk] n kazma ▷ v toplamak (çiçek vb)

pick on [pɪk ɒn] v birine takmak

pick out [pɪk aʊt] v seçmek

pickpocket ['pɪk,pɒkɪt] n yankesicilik

pick up [pɪk ʌp] v yerden almak

picnic ['pɪknɪk] n piknik

picture ['pɪktʃə] n resim; **picture frame** n resim çerçevesi

picturesque [,pɪktʃə'resk] adj resmedilmeye değer

pie [paɪ] n börek; **apple pie** n elmalı turta; **pie chart** n dilimli grafik

piece [piːs] n parça

pier [pɪə] n rıhtım

pierce [pɪəs] v delmek

pierced [pɪəst] adj delik (kulak vb)

piercing ['pɪəsɪŋ] n delici

pig [pɪg] n domuz; **guinea pig** n (for experiment) kobay, (rodent) kobay faresi

pigeon ['pɪdʒɪn] n güvercin

piggybank ['pɪgɪ,bæŋk] n kumbara
pigtail ['pɪg,teɪl] n saç örgüsü
pile [paɪl] n yığın
piles [paɪlz] npl basur
pile-up [paɪlʌp] n yığılmak
pilgrim ['pɪlgrɪm] n hacı
pilgrimage ['pɪlgrɪmɪdʒ] n hac
pill [pɪl] n hap; **sleeping pill** n uyku hapı; **I'm not on the pill** Doğum kontrol hapı kullanmıyorum; **I'm on the pill** Doğum kontrol hapı kullanıyorum
pillar ['pɪlə] n sütun
pillow ['pɪləʊ] n yastık
pillowcase ['pɪləʊ,keɪs] n yastık kılıfı
pilot ['paɪlət] n pilot; **pilot light** n kontrol lambası
pimple ['pɪmpəl] n sivilce
pin [pɪn] n toplu iğne; **drawing pin** n raptiye; **rolling pin** n oklava; **safety pin** n kilitli iğne
PIN [pɪn] npl kredi kartı şifresi
pinafore ['pɪnə,fɔː] n önlük
pinch [pɪntʃ] v çimdiklemek
pine [paɪn] n çam
pineapple ['paɪn,æpəl] n ananas
pink [pɪŋk] adj pembe
pint [paɪnt] n pint (içki)
pip [pɪp] n çekirdek
pipe [paɪp] n boru; **exhaust pipe** n egzos borusu
pipeline ['paɪp,laɪn] n boru hattı
pirate ['paɪrɪt] n korsan (deniz)
Pisces ['paɪsiːz; 'pɪ-] n Balık burcu
pistol ['pɪstəl] n kısa kabzalı tabanca
piston ['pɪstən] n piston
pitch [pɪtʃ] n (sound) perde (ses), (sport) saha (spor) ▷ v fırlatmak

pity ['pɪtɪ] n acıma (duygu) ▷ v acımak
pixel ['pɪksəl] n piksel
pizza ['piːtsə] n pizza
place [pleɪs] n yer ▷ v yerleştirmek; **place of birth** n doğum yeri; **Do you know a good place to go?** Gidilecek iyi bir yer biliyor musunuz?; **Where is the best place to dive?** Burada dalınacak en iyi yer neresi?
placement ['pleɪsmənt] n yerleştirme
plain [pleɪn] adj düz (desensiz, süssüz) ▷ n ova; **plain chocolate** n sade çikolata
plait [plæt] n saç örgüsü
plan [plæn] n plan ▷ v planlamak; **street plan** n sokak planı
plane [pleɪn] n (aeroplane) uçak, (surface) düzlem, (tool) rende
planet ['plænɪt] n gezegen
planning [plænɪŋ] n planlama
plant [plɑːnt] n (site/equipment) tesis, (vegetable organism) bitki ▷ v dikmek (bitki); **plant pot** n çiçek saksısı; **pot plant** n saksı çiçeği; **We'd like to see local plants and trees** Yerel bitkileri ve ağaçları görmek isterdik
plaque [plæk; plɑːk] n plaket
plaster ['plɑːstə] n (for wall) badana, (for wound) yara bandı; **I'd like some plasters** Yara bandı rica ediyorum
plastic ['plæstɪk; 'plɑːs-] adj plastik ▷ n plastik; **plastic bag** n naylon torba; **plastic surgery** n plastik cerrahi
plate [pleɪt] n tabak; **number**

plate *n* plaka *(otomobil)*
platform ['plætfɔ:m] *n* platform; **Is this the right platform for the train to...?** ... treninin kalkacağı platform burası mı?; **Which platform does the train leave from?** Tren hangi platformdan kalkıyor?
platinum ['plætɪnəm] *n* platin
play [pleɪ] *n* oyun ▹ *v* *(in sport)* oynamak, *(music)* çalmak; **play truant** *v* okuldan kaçmak; **playing card** *n* oyun kartı; **playing field** *n* oyun alanı; **Can I play video games?** Oyun oynayabilir miyim?; **We'd like to play tennis** Tenis oynamak istiyoruz; **Where can we go to see a play?** Tiyatro oyunu görmek için nereye gidebiliriz?
player ['pleɪə] *n* *(instrumentalist)* müzisyen, *(of sport)* oyuncu *(spor)*; **CD player** *n* CD çalar; **MP3 player** *n* MP3 çalar; **MP4 player** *n* MP4 çalar
playful ['pleɪfʊl] *adj* oyuncu *(oyunbaz)*
playground ['pleɪ,graʊnd] *n* oyun alanı
playgroup ['pleɪ,gru:p] *n* çocuk oyun grubu
PlayStation® ['pleɪ,steɪʃən] *n* PlayStation®
playtime ['pleɪ,taɪm] *n* oyun saati
playwright ['pleɪ,raɪt] *n* oyun yazarı
pleasant ['plɛzᵊnt] *adj* hoş
please [pli:z] *excl* lütfen
pleased [pli:zd] *adj* memnun; **Pleased to meet you** Tanıştığımıza memnun oldum
pleasure ['plɛʒə] *n* zevk; **It was a pleasure to meet you** Sizinle tanışmak bir zevk; **It's been a pleasure working with you** Sizinle çalışmak bir zevkti
plenty ['plɛntɪ] *n* çok
pliers ['plaɪəz] *npl* pense
plot [plɒt] *n* *(piece of land)* arsa, *(secret plan)* komplo ▹ *v* *(conspire)* gizli plan
plough [plaʊ] *n* pulluk ▹ *v* tarla sürmek
plug [plʌg] *n* tıkaç; **spark plug** *n* buji
plughole ['plʌg,həʊl] *n* musluk deliği
plug in [plʌg ɪn] *v* elektriğe bağlamak
plum [plʌm] *n* erik
plumber ['plʌmə] *n* muslukçu
plumbing ['plʌmɪŋ] *n* musluk işleri
plump [plʌmp] *adj* tıknaz
plunge [plʌndʒ] *v* hızla atlamak
plural ['plʊərəl] *n* çoğul
plus [plʌs] *prep* ayrıca
plywood ['plaɪ,wʊd] *n* kontrplak
p.m. [pi: ɛm] *abbr* öğleden sonra
pneumonia [nju:'məʊnɪə] *n* zatürre
poached [pəʊtʃt] *adj* *(caught illegally)* kaçak avlanmış, *(simmered gently)* suda pişirilmiş *(yumurta, balık)*
pocket ['pɒkɪt] *n* cep; **pocket calculator** *n* cep hesap makinesi; **pocket money** *n* cep harçlığı
podcast ['pɒd,kɑ:st] *n* podcast
poem ['pəʊɪm] *n* şiir

poet ['pəʊɪt] *n* şair

poetry ['pəʊɪtrɪ] *n* şiir

point [pɔɪnt] *n* nokta *(yer)* ▷ *v* göstermek

pointless ['pɔɪntlɪs] *adj* anlamsız

point out [pɔɪnt aʊt] *v* dikkatini çekmek

poison ['pɔɪzᵊn] *n* zehir ▷ *v* zehirlemek

poisonous ['pɔɪzənəs] *adj* zehirli

poke [pəʊk] *v* dürtmek

poker ['pəʊkə] *n* poker

Poland ['pəʊlənd] *n* Polonya

polar ['pəʊlə] *adj* kutup; **polar bear** *n* kutup ayısı

pole [pəʊl] *n* direk *(elektrik, telgraf)*; **North Pole** *n* Kuzey Kutbu; **pole vault** *n* sırıkla atlama; **South Pole** *n* Güney Kutbu; **tent pole** *n* çadır direği

police [pə'liːs] *n* polis; **police station** *n* polis istasyonu; **Call the police** Polis çağırın; **I need a police report for my insurance** Sigortam için polise bildirmemiz gerekiyor; **We will have to report it to the police** Polise haber vermemiz gerekiyor; **Where is the police station?** Polis karakolu nerede?

policeman, policemen [pə'liːsmən, pə'liːsmɛn] *n* erkek polis

police officer *n* polis görevlisi

policewoman, policewomen [pə'liːswʊmən, pə'liːswɪmɪn] *n* kadın polis

policy ['pɒlɪsɪ] *n* **insurance policy** *n* sigorta poliçesi

polio ['pəʊlɪəʊ] *n* çocuk felci

polish ['pɒlɪʃ] *n* cila ▷ *v* cilalamak; **nail polish** *n* oje; **shoe polish** *n* ayakkabı cilası

Polish ['pəʊlɪʃ] *adj* Polonya ▷ *n* Polonyalı

polite [pə'laɪt] *adj* kibar

politely [pə'laɪtlɪ] *adv* kibarca

politeness [pə'laɪtnɪs] *n* kibarlık

political [pə'lɪtɪkᵊl] *adj* politik

politician [ˌpɒlɪ'tɪʃən] *n* politikacı

politics ['pɒlɪtɪks] *npl* politika

poll [pəʊl] *n* kamuoyu yoklaması; **opinion poll** *n* kamuoyu yoklaması

pollen ['pɒlən] *n* çiçek tozu

pollute [pə'luːt] *v* kirletmek

polluted [pə'luːtɪd] *adj* kirlenmiş

pollution [pə'luːʃən] *n* kirlilik

Polynesia [ˌpɒlɪ'niːʒə; -ʒɪə] *n* Polonezya Adaları

Polynesian [ˌpɒlɪ'niːʒən; -ʒɪən] *adj* Polonezya ▷ *n (language)* Polonezce *(dil)*, *(person)* Polonezyalı *(kişi)*

pomegranate ['pɒmɪˌɡrænɪt; 'pɒmˌɡrænɪt] *n* nar

pond [pɒnd] *n* gölcük

pony ['pəʊnɪ] *n* midilli; **pony trekking** *n* midilliyle gezme

ponytail ['pəʊnɪˌteɪl] *n* atkuyruğu

poodle ['puːdᵊl] *n* kaniş

pool [puːl] *n (resources)* fon *(mali birikim)*, *(water)* havuz; **paddling pool** *n* sığ havuz; **swimming pool** *n* yüzme havuzu; **Is it an outdoor pool?** Açık yüzme havuzu mu?; **Is the pool heated?** Havuz ısıtılmış mı?; **Is there a children's pool?** Çocuk havuzu var mı?; **Is there a**

paddling pool for the children?
Çocuklar için yüzme havuzu var
mı?; **Is there a swimming pool?**
Yüzme havuzu var mı?

poor [pʊə; pɔ:] adj yoksul

poorly [ˈpʊəlɪ; ˈpɔ:-] adj acemice

popcorn [ˈpɒp,kɔ:n] n patlamış
mısır

pope [pəʊp] n papa

poplar [ˈpɒplə] n kavak

poppy [ˈpɒpɪ] n gelincik (çiçek)

popular [ˈpɒpjʊlə] adj popüler

popularity [ˌpɒpjʊˈlærɪtɪ] n
popülerlik

population [ˌpɒpjʊˈleɪʃən] n nüfus

pop-up [pɒpʌp] n ortaya çıkmak

porch [pɔ:tʃ] n veranda

pork [pɔ:k] n domuz eti; **pork
chop** n domuz pirzolası; **I don't
eat pork** Domuz eti yemiyorum

porn [pɔ:n] n (informal) porno

pornographic [pɔ:ˈnɒɡræfɪk] adj
pornografik

pornography [pɔ:ˈnɒɡrəfɪ] n
pornografi

porridge [ˈpɒrɪdʒ] n yulaf ezmesi

port [pɔ:t] n (ships) liman, (wine)
porto şarabı

portable [ˈpɔ:təbəl] adj taşınabilir

porter [ˈpɔ:tə] n hamal

portfolio [pɔ:tˈfəʊlɪəʊ] n portföy

portion [ˈpɔ:ʃən] n parça

portrait [ˈpɔ:trɪt; -treɪt] n portre

Portugal [ˈpɔ:tjʊɡəl] n Portekiz

Portuguese [ˌpɔ:tjʊˈɡi:z] adj
Portekiz ▷ n (language) Portekizce
(dil), (person) Portekizli (kişi)

position [pəˈzɪʃən] n pozisyon

positive [ˈpɒzɪtɪv] adj olumlu

possess [pəˈzɛs] v sahip olmak

possession [pəˈzɛʃən] n mülkiyet

possibility [ˌpɒsɪˈbɪlɪtɪ] n olasılık

possible [ˈpɒsɪbəl] adj olası

possibly [ˈpɒsɪblɪ] adv olasılıkla

post [pəʊst] n (mail) posta,
(position) görev (pozisyon), (stake)
direk (çit) ▷ v (mail) postalamak,
(social media) paylaş; **post office** n
postane; **When does the post
office open?** Postane ne zaman
açılıyor?; **Where can I post these
cards?** Bu kartları nereden
postalayabilirim?

postage [ˈpəʊstɪdʒ] n posta
ücreti

postbox [ˈpəʊst,bɒks] n posta
kutusu

postcard [ˈpəʊst,kɑ:d] n
kartpostal; **Can I have stamps
for four postcards to...** Bu dört
kartpostal için pul alacaktım... a
gidecek; **Do you have any
postcards?** Kartpostal satıyor
musunuz?; **I'm looking for
postcards** Kartpostal
bakıyordum; **Where can I buy
some postcards?** Nereden
kartpostal alabilirim?

postcode [ˈpəʊst,kəʊd] n alan
kodu

poster [ˈpəʊstə] n poster

postgraduate [pəʊstˈɡrædjʊɪt] n
üniversite sonrası eğitim yapan
öğrenci

postman, postmen [ˈpəʊstmən,
ˈpəʊstmɛn] n postacı

postmark [ˈpəʊst,mɑ:k] n posta
damgası

postpone [pəʊstˈpəʊn; pəˈspəʊn]
v ertelemek

postwoman, postwomen
['pəʊstwʊmən, 'pəʊstwɪmɪn] n
kadın postacı

pot [pɒt] n tencere; **plant pot** n
çiçek saksısı; **pot plant** n saksı
çiçeği

potato, potatoes [pə'teɪtəʊ,
pə'teɪtəʊz] n patates; **baked
potato** n kumpir; **jacket potato** n
kumpir; **mashed potatoes** npl
patates püresi; **potato peeler** n
patates soyucu

potential [pə'tenʃəl] adj
potansiyel ▷ n potansiyel

pothole ['pɒt,həʊl] n yol çukuru

pottery ['pɒtərɪ] n çanak çömlek

potty ['pɒtɪ] n lazımlık

pound [paʊnd] n pound (İngiliz
ağırlık birimi); **pound sterling** n
pound sterlin (İngiliz para birimi)

pour [pɔː] v akmak

poverty ['pɒvətɪ] n yoksulluk

powder ['paʊdə] n toz; **baking
powder** n kabartma tozu; **soap
powder** n sabun tozu; **talcum
powder** n talk pudrası; **washing
powder** n çamaşır tozu; **Do you
have washing powder?** Çamaşır
tozunuz var mı?

power ['paʊə] n güç (erk); **power
cut** n elektrik kesintisi; **solar
power** n güneş enerjisi

powerful ['paʊəfʊl] adj güçlü

practical ['præktɪkəl] adj pratik

practically ['præktɪkəlɪ; -klɪ] adv
pratik olarak

practice ['præktɪs] n pratik

practise ['præktɪs] v pratik
yapmak

praise [preɪz] v övmek

pram [præm] n bebek arabası

prank [præŋk] n kaba şaka

prawn [prɔːn] n karides

pray [preɪ] v dua etmek

prayer [preə] n dua

precaution [prɪ'kɔːʃən] n önlem

preceding [prɪ'siːdɪŋ] adj önceki

precinct ['priːsɪŋkt] n bölge
(kent); **pedestrian precinct** n
yayalara özel bölge

precious ['preʃəs] adj değerli

precise [prɪ'saɪs] adj tam

precisely [prɪ'saɪslɪ] adv tam olarak

predecessor ['priːdɪ,sesə] n selef

predict [prɪ'dɪkt] v öngörmek

predictable [prɪ'dɪktəbəl] adj
tahmin edilebilir

prefect ['priːfekt] n başkan (okul)

prefer [prɪ'fɜː] v tercih etmek

preferably ['prefərəblɪ;
'prefrəblɪ] adv tercihen

preference ['prefərəns;
'prefrəns] n tercih

pregnancy ['pregnənsɪ] n gebelik

pregnant ['pregnənt] adj gebe

prehistoric [,priːhɪ'stɒrɪk] adj
tarih öncesi

prejudice ['predʒʊdɪs] n önyargı

prejudiced ['predʒʊdɪst] adj
önyargılı

premature [,premə'tjʊə;
'premə,tjʊə] adj erken

premiere ['premɪ,eə; 'premɪə] n
gala

premises ['premɪsɪz] npl bina ve
etrafındaki arazi

premonition [,premə'nɪʃən] n
kehanet

preoccupied [priː'ɒkjʊ,paɪd] adj
kafasını takmış

prepaid [priː'peɪd] *adj* önceden ödenmiş

preparation [ˌprepə'reɪʃən] *n* hazırlık

prepare [prɪ'peə] *v* hazırlama

prepared [prɪ'peəd] *adj* hazırlanmış

Presbyterian [ˌprezbɪ'tɪərɪən] *adj* Presbiteryan ▷ *n* Presbiteryan

prescribe [prɪ'skraɪb] *v* ilaç yazmak

prescription [prɪ'skrɪpʃən] *n* reçete; **Where can I get this prescription made up?** Bu reçeteyi nerede yaptırabilirim

presence ['prezəns] *n* varlık

present *adj* ['preznt] var ▷ *n* ['preznt] *(gift)* armağan, *(time being)* şu an ▷ *v* [prɪ'zent] takdim etmek; **I'm looking for a present for my husband** Eşime bir armağan almak istiyordum

presentation [ˌprezən'teɪʃən] *n* sunma

presenter [prɪ'zentə] *n* sunucu *(radyo, TV)*

presently ['prezntlɪ] *adv* şu anda

preservative [prɪ'zɜːvətɪv] *n* katkı maddesi

president ['prezɪdənt] *n* başkan *(şirket)*

press [pres] *n* pres ▷ *v* bastırmak; **press conference** *n* basın toplantısı

press-up [presʌp] *n* şınav çekmek

pressure ['preʃə] *n* basınç ▷ *v* baskı yapmak; **blood pressure** *n* tansiyon

prestige [pre'stiːʒ] *n* prestij

prestigious [pre'stɪdʒəs] *adj* saygın

presumably [prɪ'zjuːməblɪ] *adv* olasılıkla

presume [prɪ'zjuːm] *v* farzetmek

pretend [prɪ'tend] *v* yapar gibi görünmek

pretext ['priːtekst] *n* bahane

prettily ['prɪtɪlɪ] *adv* hoş bir şekilde

pretty ['prɪtɪ] *adj* hoş ▷ *adv* bayağı *(oldukça)*

prevent [prɪ'vent] *v* önlemek

prevention [prɪ'venʃən] *n* önleme

previous ['priːvɪəs] *adj* önceki

previously ['priːvɪəslɪ] *adv* daha önceden

prey [preɪ] *n* ev

price [praɪs] *n* fiyat; **price list** *n* fiyat listesi; **retail price** *n* perakende fiyatı; **selling price** *n* satış fiyatı; **Does the price include boots?** Fiyata botlar da dahil mi?; **Please write down the price** Fiyatı yazar mısınız?; **What is included in the price?** Fiyata neler dahil?

prick [prɪk] *v* delmek *(iğneyle)*

pride [praɪd] *n* gurur

priest [priːst] *n* rahip

primarily ['praɪmərəlɪ] *adv* başlıca

primary ['praɪmərɪ] *adj* ilk; **primary school** *n* ilkokul

primitive ['prɪmɪtɪv] *adj* ilkel

primrose ['prɪmˌrəʊz] *n* çuha çiçeği

prince [prɪns] *n* prens

princess [prɪn'ses] *n* prenses

principal ['prɪnsɪpəl] *adj* baş *(tepede)* ▷ *n* müdür

principle ['prɪnsɪpəl] *n* ilke

print [prɪnt] *n* baskı *(matbaa)* ▷ *v* basmak *(matbaa)*

printer ['prɪntə] n (machine) yazıcı, (person) matbaacı; **Is there a colour printer?** Renkli yazıcı var mı?

printout ['prɪntaʊt] n çıktı (bilgisayar)

priority [praɪ'ɒrɪtɪ] n öncelik

prison ['prɪzᵃn] n hapishane; **prison officer** n hapishane görevlisi

prisoner ['prɪzənə] n mahkum

privacy ['praɪvəsɪ; 'prɪvəsɪ] n özel yaşam

private ['praɪvɪt] adj özel; **private property** n özel mülk; **Can I speak to you in private?** Sizinle özel olarak konuşabilir miyim?

privatize ['praɪvɪˌtaɪz] v özelleştirmek

privilege ['prɪvɪlɪdʒ] n ayrıcalık

prize [praɪz] n ödül

prize-giving ['praɪzˌɡɪvɪŋ] n ödül töreni

prizewinner ['praɪzˌwɪnə] n ödüllü

probability [ˌprɒbə'bɪlɪtɪ] n olasılık

probable ['prɒbəbᵃl] adj olası

probably ['prɒbəblɪ] adv olasılıkla

problem ['prɒbləm] n sorun; **No problem** Sorun değil; **There's a problem with the room** Odada bir sorun var; **Who do we contact if there are problems?** Bir sorun çıkarsa kiminle temas kuracağız?

proceedings [prə'siːdɪŋz] npl dava

proceeds ['prəʊsiːdz] npl gelir (toplanan para)

process ['prəʊsɛs] n işlem

procession [prə'sɛʃən] n alay (tören/gelin)

produce [prə'djuːs] v yaratmak

producer [prə'djuːsə] n üretici

product ['prɒdʌkt] n ürün

production [prə'dʌkʃən] n üretim

productivity [ˌprɒdʌk'tɪvɪtɪ] n verimlilik

profession [prə'fɛʃən] n meslek

professional [prə'fɛʃənᵊl] adj profesyonel ▷ n profesyonel

professionally [prə'fɛʃənᵊlɪ] adv profesyonelce

professor [prə'fɛsə] n profesör

profile ['prəʊfaɪl] n profil; **profile picture** n profil fotoğrafı

profit ['prɒfɪt] n kazanç

profitable ['prɒfɪtəbᵊl] adj kazançlı

program ['prəʊɡræm] n program ▷ v programlamak

programme ['prəʊɡræm] n program

programmer ['prəʊɡræmə] n programcı

programming ['prəʊɡræmɪŋ] n programlama

progress ['prəʊɡrɛs] n ilerleme

prohibit [prə'hɪbɪt] v yasaklamak

prohibited [prə'hɪbɪtɪd] adj yasaklanmış

project ['prɒdʒɛkt] n proje

projector [prə'dʒɛktə] n projektör; **overhead projector** n projektör

promenade [ˌprɒmə'nɑːd] n gezinti yeri

promise ['prɒmɪs] n söz ▷ v söz vermek

promising ['prɒmɪsɪŋ] adj ümit veren

promote [prə'məʊt] v tanıtımını yapmak

promotion [prə'məʊʃən] n tanıtım

prompt [prɒmpt] adj çabuk

promptly [prɒmptlı] adv çabucak

pronoun ['prəʊ,naʊn] n zamir

pronounce [prə'naʊns] v telaffuz etmek

pronunciation [prə,nʌnsı'eıʃən] n telaffuz

proof [pru:f] n (evidence) kanıt, (for checking) deneme baskısı

propaganda [,prɒpə'gændə] n propaganda

proper ['prɒpə] adj doğru dürüst

properly ['prɒpəlı] adv doğru dürüst; **This isn't cooked properly** Bu doğru dürüst pişmemiş; **This part doesn't work properly** Bu kısım doğru dürüst çalışmıyor

property ['prɒpətı] n mülk; **private property** n özel mülk

proportion [prə'pɔ:ʃən] n oran

proportional [prə'pɔ:ʃənəl] adj orantılı

proposal [prə'pəʊzəl] n öneri

propose [prə'pəʊz] v önermek

prosecute ['prɒsı,kju:t] v kovuşturma açmak

prospect ['prɒspekt] n gelecek beklentisi

prospectus [prə'spektəs] n tanıtma broşürü

prosperity [prɒ'sperıtı] n gönenç

prostitute ['prɒstı,tju:t] n fahişe

protect [prə'tekt] v korumak

protection [prə'tekʃən] n koruma

protein ['prəʊti:n] n protein

protest n ['prəʊtest] protesto ▷ v [prə'test] protesto etmek

Protestant ['prɒtıstənt] adj Protestan ▷ n Protestan

proud [praʊd] adj gururlu

prove [pru:v] v kanıtlamak

proverb ['prɒvɜ:b] n atasözü

provide [prə'vaıd] v sağlamak; **provide for** v geçimini sağlamak

provided [prə'vaıdıd] conj yeter ki

providing [prə'vaıdıŋ] conj yeter ki

provisional [prə'vıʒənəl] adj geçici (bir süreliğine)

proximity [prɒk'sımıtı] n yakınlık

prune [pru:n] n kuru erik

pry [praı] v gözetlemek

pseudonym ['sju:də,nım] n takma ad

psychiatric [,saıkı'ætrık] adj psikiyatrik

psychiatrist [saı'kaıətrıst] n psikiyatrist

psychological [,saıkə'lɒdʒıkəl] adj psikolojik

psychologist [saı'kɒlədʒıst] n psikolog

psychology [saı'kɒlədʒı] n psikoloji

psychotherapy [,saıkəʊ'θerəpı] n psikoterapi

PTO [pi: ti: əʊ] abbr Lütfen Arka Sayfaya Bakınız

pub [pʌb] n birahane

public ['pʌblık] adj halk ▷ n halk; **public holiday** n resmi tatil günü; **public opinion** n kamuoyu; **public relations** npl halkla ilişkiler; **public school** n devlet koleji; **public transport** n toplu taşıma; **Is the castle open to the**

public? Kale halka açık mı?

publican ['pʌblɪkən] n bar işletmecisi

publication [,pʌblɪ'keɪʃən] n yayımlama

publish ['pʌblɪʃ] v yayımlamak

publisher ['pʌblɪʃə] n yayınevi

pudding ['pʊdɪŋ] n puding

puddle ['pʌdəl] n su birikintisi

Puerto Rico ['pwɜːtəʊ 'riːkəʊ; 'pwɛə-] n Portoriko

pull [pʊl] v çekmek

pull down [pʊl daʊn] v yıkmak

pull out [pʊl aʊt] vi kenara çekmek (araç)

pullover ['pʊl,əʊvə] n kazak

pull up [pʊl ʌp] v kenara çekmek (araç)

pulse [pʌls] n nabız

pulses [pʌlsɪz] npl bakliyat

pump [pʌmp] n pompa ▷ v pompalamak; **bicycle pump** n bisiklet pompası; **Do you have a pump?** Bisiklet pompanız var mı?; **Pump number three, please** Üç numaralı pompa lütfen

pumpkin ['pʌmpkɪn] n balkabağı

pump up [pʌmp ʌp] v şişirmek

punch [pʌntʃ] n (blow) yumruk, (hot drink) pançv ▷ v yumruklamak

punctual ['pʌŋktjʊəl] adj zamanında

punctuation [,pʌŋktjʊ'eɪʃən] n noktalama

puncture ['pʌŋktʃə] n patlak

punish ['pʌnɪʃ] v cezalandırmak

punishment ['pʌnɪʃmənt] n ceza; **capital punishment** n idam cezası; **corporal punishment** n dayak cezası

punk [pʌŋk] n punkçu

pupil ['pjuːpəl] n (eye) gözbebeği, (learner) öğrenci

puppet ['pʌpɪt] n kukla

puppy ['pʌpɪ] n yavru köpek

purchase ['pɜːtʃɪs] v satın almak

pure [pjʊə] adj saf

purple ['pɜːpəl] adj mor

purpose ['pɜːpəs] n maksat

purr [pɜː] v mırıldanmak (kedi gibi)

purse [pɜːs] n cüzdan (kadın)

pursue [pə'sjuː] v peşine takılmak

pursuit [pə'sjuːt] n kovalamaca

pus [pʌs] n irin

push [pʊʃ] v ittirmek

pushchair ['pʊʃtʃeə] n puset

push-up [pʊʃʌp] n pres (spor)

put [pʊt] v koymak; **I would like to put my jewellery in the safe** Mücevherlerimi kasaya koymak istiyorum

put aside [pʊt ə'saɪd] v biriktirmek

put away [pʊt ə'weɪ] v toparlayıp kaldırmak

put back [pʊt bæk] v geri koymak

put forward [pʊt fɔː'wəd] v ileriye almak

put in [pʊt ɪn] v öncelik belirlemek

put off [pʊt ɒf] v ertelemek

put up [pʊt ʌp] v dikmek

puzzle ['pʌzəl] n bilmece

puzzled ['pʌzəld] adj kafası karışmış

puzzling ['pʌzlɪŋ] adj şaşırtıcı

pyjamas [pə'dʒɑːməz] npl pijama

pylon ['paɪlən] n elektrik direği

pyramid ['pɪrəmɪd] n piramit

q

Qatar [kæˈtɑː] *n* Katar
quail [kweɪl] *n* bıldırcın
quaint [kweɪnt] *adj* eski ve hoş
Quaker [ˈkweɪkə] *n* Quaker mezhebinden
qualification [ˌkwɒlɪfɪˈkeɪʃən] *n* nitelik
qualified [ˈkwɒlɪˌfaɪd] *adj* nitelikli
qualify [ˈkwɒlɪˌfaɪ] *v* nitelemek
quality [ˈkwɒlɪtɪ] *n* kalite
quantify [ˈkwɒntɪˌfaɪ] *v* miktar belirtmek
quantity [ˈkwɒntɪtɪ] *n* miktar
quarantine [ˈkwɒrənˌtiːn] *n* karantina
quarrel [ˈkwɒrəl] *n* kavga ▷ *v* tartışmak
quarry [ˈkwɒrɪ] *n* taş ocağı
quarter [ˈkwɔːtə] *n* çeyrek; **quarter final** *n* çeyrek final; **It's quarter past two** Saat ikiyi çeyrek geçiyor;

It's quarter to two Saat ikiye çeyrek var
quartet [kwɔːˈtɛt] *n* kuartet
quay [kiː] *n* iskele *(deniz)*
queen [kwiːn] *n* kraliçe
query [ˈkwɪərɪ] *n* soru ▷ *v* sorgulamak
question [ˈkwɛstʃən] *n* soru ▷ *v* sormak; **question mark** *n* soru işareti
questionnaire [ˌkwɛstʃəˈnɛə; ˌkɛs-] *n* anket
queue [kjuː] *n* kuyruk *(insan sırası)* ▷ *v* kuyruğa girmek
quick [kwɪk] *adj* çabuk
quickly [ˈkwɪklɪ] *adv* çabukça
quiet [ˈkwaɪət] *adj* sessiz; **I'd like a quiet room** Sessiz bir oda rica ediyorum
quietly [ˈkwaɪətlɪ] *adv* sessizce
quilt [kwɪlt] *n* yorgan
quit [kwɪt] *v* bırakmak
quite [kwaɪt] *adv* büsbütün, bütünüyle
quiz, quizzes [kwɪz, ˈkwɪzɪz] *n* bilgi yarışması
quota [ˈkwəʊtə] *n* kota
quotation [kwəʊˈteɪʃən] *n* alıntı; **quotation marks** *npl* çift tırnak
quote [kwəʊt] *n* alıntı ▷ *v* alıntı yapmak

r

rabbi ['ræbaɪ] n haham
rabbit ['ræbɪt] n tavşan
rabies ['reɪbiːz] n kuduz
race [reɪs] n *(contest)* yarış, *(origin)* ırk ▷ v yarışmak; **I'd like to see a horse race** At yarışı görmek isterdim
racecourse ['reɪsˌkɔːs] n yarış parkuru
racehorse ['reɪsˌhɔːs] n yarış atı
racer ['reɪsə] n yarışçı
racetrack ['reɪsˌtræk] n yarış pisti
racial ['reɪʃəl] adj ırkla ilgili
racing ['reɪsɪŋ] n **horse racing** n at yarışı; **motor racing** n oto yarışı; **racing car** n yarış arabası; **racing driver** n yarışçı *(otomobil)*
racism ['reɪsɪzəm] n ırkçılık
racist ['reɪsɪst] adj ırkçı ▷ n ırkçı
rack [ræk] n askılık; **luggage rack** n port bagaj
racket ['rækɪt] n *(racquet)* raket;

tennis racket n tenis raketi; **Where can I hire a racket?** Raket nereden kiralayabilirim?
racoon [rəˈkuːn] n rakun
racquet ['rækɪt] n raket
radar ['reɪdɑː] n radar
radiation [ˌreɪdɪˈeɪʃən] n radyasyon
radiator ['reɪdɪˌeɪtə] n radyatör; **There is a leak in the radiator** Radyatör sızıntı yapıyor
radio ['reɪdɪəʊ] n radyo; **digital radio** n dijital radyo; **radio station** n radyo istasyonu; **Can I switch the radio off?** Radyoyu kapatabilir miyim?; **Can I switch the radio on?** Radyoyu açabilir miyim?
radioactive [ˌreɪdɪəʊˈæktɪv] adj radyoaktif
radio-controlled ['reɪdɪəʊkənˈtrəʊld] adj uzaktan kumandalı
radish ['rædɪʃ] n kırmızı turp
raffle ['ræfəl] n çekiliş
raft [rɑːft] n sal
rag [ræg] n çaput
rage [reɪdʒ] n hiddet; **road rage** n trafik magandalığı
raid [reɪd] n baskın ▷ v baskın yapmak
rail [reɪl] n parmaklık, ray
railcard ['reɪlˌkɑːd] n tren abonmanı
railings ['reɪlɪŋz] npl parmaklık
railway ['reɪlˌweɪ] n demiryolu; **railway station** n tren istasyonu
rain [reɪn] n yağmur ▷ v yağmur yağmak; **acid rain** n asit yağmuru; **Do you think it's going to rain?**

Sizce yağmur yağacak mı?; **It's raining** Yağmur yağıyor

rainbow ['reɪn,bəʊ] n gökkuşağı

raincoat ['reɪn,kəʊt] n yağmurluk

rainforest ['reɪn,fɒrɪst] n yağmur ormanı

rainy ['reɪnɪ] adj yağmurlu

raise [reɪz] v kabartmak

raisin ['reɪzᵊn] n kuru üzüm

rake [reɪk] n tırmık

rally ['rælɪ] n miting

ram [ræm] n koç ⊳ v vurmak

Ramadan [,ræmə'dɑːn] n Ramazan

rambler ['ræmblə] n avare

ramp [ræmp] n rampa

random ['rændəm] adj rastgele

range [reɪndʒ] n (limits) sınır, (mountains) sıradağ ⊳ v çeşitlilik göstermek

rank [ræŋk] n (line) sıra (taksi vb), (status) rütbe ⊳ v sıralamak

ransom ['rænsəm] n fidye

rape [reɪp] n (plant) hardal otu, (sexual attack) tecavüz (cinsel) ⊳ v tecavüz etmek; **I've been raped** Tecavüze uğradım

rapids ['ræpɪdz] npl çağlayanlar

rapist ['reɪpɪst] n tecavüzcü

rare [rɛə] adj (uncommon) az görülür, (undercooked) az pişmiş

rarely ['rɛəlɪ] adv nadiren

rash [ræʃ] n kızarıklık

raspberry ['rɑːzbərɪ, -brɪ] n ahududu

rat [ræt] n sıçan

rate [reɪt] n oran ⊳ v oranlamak; **interest rate** n faiz oranı; **rate of exchange** n döviz kuru

rather ['rɑːðə] adv oldukça

ratio ['reɪʃɪ,əʊ] n oran

rational ['ræʃənᵊl] adj akıllıca

rattle ['rætᵊl] n çıngırak

rattlesnake ['rætᵊl,sneɪk] n çıngıraklı yılan

rave [reɪv] n abuk sabuk konuşma ⊳ v saçmalamak

raven ['reɪvᵊn] n kuzgunî

ravenous ['rævənəs] adj kurt gibi aç

ravine [rə'viːn] n koyak

raw [rɔː] adj çiğ (pişmemiş)

razor ['reɪzə] n traş bıçağı; **razor blade** n traş bıçağı

reach [riːtʃ] v ulaşmak

react [rɪ'ækt] v tepki göstermek

reaction [rɪ'ækʃən] n tepki

reactor [rɪ'æktə] n reaktör

read [riːd] v okumak

reader ['riːdə] n okuyucu

readily ['rɛdɪlɪ] adv hazır bir şekilde

reading ['riːdɪŋ] n okuma

read out [riːd] v yüksek sesle okumak

ready ['rɛdɪ] adj hazır; **Are you ready?** Hazır mısınız?; **I'm not ready** Hazır değilim; **I'm ready** Hazırım; **When will it be ready?** Ne zaman hazır olur?; **When will the car be ready?** Araba ne zaman hazır olur?

ready-cooked ['rɛdɪ'kʊkt] adj hazır yemek

real ['rɪəl] adj gerçek (durum)

realistic [,rɪə'lɪstɪk] adj gerçekçi

reality [rɪ'ælɪtɪ] n gerçeklik; **reality TV** n biri bizi gözetliyor; **virtual reality** n sanal gerçeklik

realize ['rɪə,laɪz] v farkına varmak

really ['rɪəlɪ] *adv* gerçekten

rear [rɪə] *adj* arka ▷ *n* arka; **rear-view mirror** *n* arka ayna

reason ['riːzᵊn] *n* mantık

reasonable ['riːzənəbᵊl] *adj* mantıklı

reasonably ['riːzənəblɪ] *adv* makul

reassure [ˌriːəˈʃʊə] *v* güven vermek

reassuring [ˌriːəˈʃʊərɪŋ] *adj* güven verici

rebate ['riːbeɪt] *n* para iadesi

rebellious [rɪˈbeljəs] *adj* isyankar

rebuild [riːˈbɪld] *v* yeniden yapmak

receipt [rɪˈsiːt] *n* fiş; **I need a receipt for the insurance** Sigorta için fiş almam gerekiyor; **I need a receipt, please** Fiş istiyorum lütfen

receive [rɪˈsiːv] *v* almak

receiver [rɪˈsiːvə] *n (electronic)* alıcı, *(person)* tasfiye memuru

recent ['riːsᵊnt] *adj* yeni

recently ['riːsəntlɪ] *adv* son zamanlarda

reception [rɪˈsepʃən] *n* resepsiyon

receptionist [rɪˈsepʃənɪst] *n* resepsiyonist

recession [rɪˈseʃən] *n* durgunluk *(piyasa)*

recharge [riːˈtʃɑːdʒ] *v* yüklemek *(pil vb)*

recipe ['resɪpɪ] *n* tarif

recipient [rɪˈsɪpɪənt] *n* alıcı *(kişi)*

reckon ['rekən] *v* hesaba katmak

reclining [rɪˈklaɪnɪŋ] *adj* yaslanır

recognizable ['rekəgˌnaɪzəbᵊl] *adj* tanınabilir

recognize ['rekəgˌnaɪz] *v* tanımak

recommend [ˌrekəˈmend] *v* tavsiye etmek

recommendation [ˌrekəmənˈdeɪʃən] *n* öneri

reconsider [ˌriːkənˈsɪdə] *v* yeniden ele almak

record *n* ['rekɔːd] kayıt ▷ *v* [rɪˈkɔːd] kaydetmek

recorder [rɪˈkɔːdə] *n (music)* ses kayıt cihazı, *(scribe)* kayıt aleti

recording [rɪˈkɔːdɪŋ] *n* kayıt

recover [rɪˈkʌvə] *v* iyileşmek

recovery [rɪˈkʌvərɪ] *n* iyileşme

recruitment [rɪˈkruːtmənt] *n* eleman alma

rectangle ['rektæŋgᵊl] *n* dikdörtgen

rectangular [rekˈtæŋgjʊlə] *adj* dikdörtgen biçiminde

rectify ['rektɪˌfaɪ] *v* düzeltmek *(hatalı bir davranış)*

recurring [rɪˈkʌrɪŋ] *adj* yinelenen

recycle [riːˈsaɪkᵊl] *v* geri dönüştürmek

recycling [riːˈsaɪklɪŋ] *n* geri dönüştürmek

red [red] *adj* kırmızı; **red meat** *n* kırmızı et; **red wine** *n* kırmızı şarap; **Red Cross** *n* Kızılhaç; **Red Sea** *n* Kızıl Deniz; **a bottle of red wine** Bir şişe kırmızı şarap; **I don't eat red meat** Kırmızı et yemiyorum

redcurrant ['redˈkʌrənt] *n* kırmızı Frenk üzümü

redecorate [riːˈdekəˌreɪt] *v* yeniden badana yapmak

red-haired ['redˌheəd] *adj* kızıl saçlı

redhead ['redˌhed] *n* kızıl saçlı

redo [riːˈduː] *v* yeniden yapmak

reduce [rɪˈdjuːs] v azaltmak

reduction [rɪˈdʌkʃən] n indirim; **Are there any reductions for children?** Çocuklara indirim var mı?; **Are there any reductions for groups?** Grup indirimi var mı?; **Are there any reductions for senior citizens?** Yaşlılara indirim var mı?; **Is there a reduction for people with disabilities?** Özürlüler için indiriminiz var mı?; **Is there a reduction with this pass?** Bu kartla indirim alabilir miyim?

redundancy [rɪˈdʌndənsɪ] n işten çıkarma *(ihtiyaç fazlası olarak)*

redundant [rɪˈdʌndənt] adj işten çıkarılmış *(ihtiyaç fazlası olarak)*

reed [riːd] n kamış

reel [riːl; rɪəl] n makara

refer [rɪˈfɜː] v söz etmek

referee [ˌrɛfəˈriː] n hakem

reference [ˈrɛfərəns; ˈrɛfrəns] n gönderme *(kaynak)*; **reference number** n referans numarası

refill [riːˈfɪl] n doldurmaya devam etmek

refinery [rɪˈfaɪnərɪ] n rafineri; **oil refinery** n petrol rafinerisi

reflect [rɪˈflɛkt] v yansıtmak

reflection [rɪˈflɛkʃən] n yansıma

reflex [ˈriːflɛks] n refleks

refreshing [rɪˈfrɛʃɪŋ] adj iç ferahlatıcı

refreshments [rɪˈfrɛʃmənts] npl serinletici içecek

refrigerator [rɪˈfrɪdʒəˌreɪtə] n buzdolabı

refuel [riːˈfjuːəl] v yakıt ikmali yapmak

refuge [ˈrɛfjuːdʒ] n sığınak

refugee [ˌrɛfjʊˈdʒiː] n sığınmacı

refund n [ˈriːˌfʌnd] para iadesi ▷ v [rɪˈfʌnd] para iadesi yapmak

refusal [rɪˈfjuːzəl] n red

refuse¹ [rɪˈfjuːz] v reddetmek

refuse² [ˈrɛfjuːs] n çöp

regain [rɪˈgeɪn] v kendine gelmek

regard [rɪˈgɑːd] n saygı ▷ v değerlendirmek

regarding [rɪˈgɑːdɪŋ] prep ilgili olarak

regiment [ˈrɛdʒɪmənt] n alay *(askeri)*

region [ˈriːdʒən] n bölge; **Where can I buy a map of the region?** Bu bölgenin haritasını nereden alabilirim?

regional [ˈriːdʒənəl] adj bölgesel

register [ˈrɛdʒɪstə] n kayıt ▷ v kayıt yaptırmak; **cash register** n yazar kasa

registered [ˈrɛdʒɪstəd] adj kayıtlı

registration [ˌrɛdʒɪˈstreɪʃən] n kayıt

regret [rɪˈɡrɛt] n pişmanlık ▷ v hayıflanmak

regular [ˈrɛɡjʊlə] adj düzenli

regularly [ˈrɛɡjʊləlɪ] adv düzenli olarak

regulation [ˌrɛɡjʊˈleɪʃən] n düzeltme, yönetmelik

rehearsal [rɪˈhɜːsəl] n prova

rehearse [rɪˈhɜːs] v denemek

reimburse [ˌriːɪmˈbɜːs] v zararını karşılamak

reindeer [ˈreɪnˌdɪə] n ren geyiği

reins [reɪnz] npl dizgin *(at)*

reject [rɪˈdʒɛkt] v reddetmek

relapse [ˈriːˌlæps] n eski haline
dönmek

related [rɪˈleɪtɪd] adj akraba

relation [rɪˈleɪʃən] n ilişki; **public
relations** npl halkla ilişkiler

relationship [rɪˈleɪʃənʃɪp] n ilişki

relative [ˈrelətɪv] n göreceli

relatively [ˈrelətɪvlɪ] adv göreceli
olarak

relax [rɪˈlæks] v gevşemek

relaxation [ˌriːlækˈseɪʃən] n
gevşeme

relaxed [rɪˈlækst] adj rahat

relaxing [rɪˈlæksɪŋ] adj gevşetici

relay [ˈriːleɪ] n eski grubun yerini
alan yeni grup

release [rɪˈliːs] n serbest bırakma
▷ v serbest bırakmak

relegate [ˈrelɪˌɡeɪt] v daha
önemsiz bir göreve kaydırmak

relevant [ˈrelɪvənt] adj ilişkin

reliable [rɪˈlaɪəbʰl] adj güvenilir

relief [rɪˈliːf] n iç rahatlığı

relieve [rɪˈliːv] v dindirmek *(acı)*

relieved [rɪˈliːvd] adj rahatlamış

religion [rɪˈlɪdʒən] n din

religious [rɪˈlɪdʒəs] adj dini

reluctant [rɪˈlʌktənt] adj gönülsüz

reluctantly [rɪˈlʌktəntlɪ] adv
gönülsüzce

rely [rɪˈlaɪ] v **rely on** v güvenmek

remain [rɪˈmeɪn] v kalmak

remaining [rɪˈmeɪnɪŋ] adj kalan

remains [rɪˈmeɪnz] npl kalıntı

remake [ˈriːˌmeɪk] n yeniden
çekim

remark [rɪˈmɑːk] n görüş *(fikir)*

remarkable [rɪˈmɑːkəbʰl] adj
dikkate değer

remarkably [rɪˈmɑːkəblɪ] adv

dikkat çekecek derecede

remarry [riːˈmærɪ] v yeniden
evlenmek

remedy [ˈremɪdɪ] n ilaç

remember [rɪˈmembə] v
hatırlamak

remind [rɪˈmaɪnd] v hatırlatmak

reminder [rɪˈmaɪndə] n hatırlatıcı

remorse [rɪˈmɔːs] n vicdan azabı

remote [rɪˈməʊt] adj uzak;
remote control n uazaktan
kumanda

remotely [rɪˈməʊtlɪ] adv uzaktan
yakından

removable [rɪˈmuːvəbʰl] adj
taşınabilir

removal [rɪˈmuːvʰl] n taşıma;
removal van n taşınma kamyonu

remove [rɪˈmuːv] v kaldırmak

remover [rɪˈmuːvə] n **nail-polish
remover** n oje çıkarıcı

rendezvous [ˈrɒndɪˌvuː] n
randevu

renew [rɪˈnjuː] v yenilemek

renewable [rɪˈnjuːəbʰl] adj
yenilenebilir

renovate [ˈrenəˌveɪt] v yenilemek

renowned [rɪˈnaʊnd] adj tanınmış

rent [rent] n kira ▷ v kiralamak; **Do
you rent DVDs?** DVD kiralayabilir
miyim?; **I'd like to rent a room** Bir
oda kiralamak istiyorum

rental [ˈrentʰl] n kira; **car rental** n
oto kiralama; **rental car** n kiralık
araba

reorganize [riːˈɔːɡəˌnaɪz] v
yeniden düzenlemek

rep [rep] n temsilci

repair [rɪˈpeə] n tamir ▷ v onarmak;
repair kit n tamir takımı; **Can you**

repair it? Tamir edebilir misiniz?;
Can you repair my watch?
Saatimi tamir edebilir misiniz?;
Can you repair this? Bunu tamir
edebilir misiniz?; **Do you have a
repair kit?** Tamir takımınız var
mı?; **How long will it take to
repair?** Tamir etmek ne kadar
sürer?; **How much will the
repairs cost?** Tamir kaça
malolacak?; **Where can I get this
repaired?** Bunu nerede tamir
ettirebilirim?; **Where is the
nearest bike repair shop?** En
yakın bisiklet tamircisi nerede?
repay [rɪˈpeɪ] v geri ödemek
repayment [rɪˈpeɪmənt] n geri
ödeme
repeat [rɪˈpiːt] n tekrar ▷ v
tekrarlamak; **Could you repeat
that, please?** Tekrar eder misiniz
lütfen?
repeatedly [rɪˈpiːtɪdlɪ] adv
defalarca
repellent [rɪˈpɛlənt] adj itici;
insect repellent n böcek ilacı
repercussions [ˌriːpəˈkʌʃənz] npl
sonuçlar
repetitive [rɪˈpɛtɪtɪv] adj
tekrarlayan
replace [rɪˈpleɪs] v yerini almak
replacement [rɪˈpleɪsmənt] n
yerini alma
replay n [ˈriːˌpleɪ] yeniden
gösterim ▷ v [riːˈpleɪ] yeniden
göstermek
replica [ˈrɛplɪkə] n kopya
(taklit)
reply [rɪˈplaɪ] n yanıt ▷ v
yanıtlamak

report [rɪˈpɔːt] n rapor ▷ v rapor
vermek; **report card** n karne
reporter [rɪˈpɔːtə] n muhabir
represent [ˌrɛprɪˈzɛnt] v temsil
etmek
representative [ˌrɛprɪˈzɛntətɪv]
adj temsil eden
reproduction [ˌriːprəˈdʌkʃən] n
üreme
reptile [ˈrɛptaɪl] n sürüngen
republic [rɪˈpʌblɪk] n cumhuriyet
repulsive [rɪˈpʌlsɪv] adj iğrenç
reputable [ˈrɛpjʊtəbᵊl] adj
saygıdeğer
reputation [ˌrɛpjʊˈteɪʃən] n ün
request [rɪˈkwɛst] n rica ▷ v rica
etmek
require [rɪˈkwaɪə] v gerektirmek
requirement [rɪˈkwaɪəmənt] n
gereksinim
rescue [ˈrɛskjuː] n kurtarma ▷ v
kurtarmak; **Where is the nearest
mountain rescue service post?**
En yakın dağ kurtarma ekibi
nerede?
research [rɪˈsɜːtʃ; ˈriːsɜːtʃ] n
araştırma; **market research** n
pazar araştırması
resemblance [rɪˈzɛmbləns] n
benzerlik
resemble [rɪˈzɛmbᵊl] v benzetmek
resent [rɪˈzɛnt] v nefret etmek
resentful [rɪˈzɛntfʊl] adj içerlemiş
reservation [ˌrɛzəˈveɪʃən] n itiraz
reserve [rɪˈzɜːv] n (land) koruma
alanı, (retention) yedek ▷ v
saklamak (korumak)
reserved [rɪˈzɜːvd] adj ayrılmış
reservoir [ˈrɛzəˌvwɑː] n su deposu
resident [ˈrɛzɪdənt] n sakin (konut)

residential [ˌrezɪ'denʃəl] adj
  meskun

resign [rɪ'zaɪn] v istifa etmek

resin ['rezɪn] n reçine

resist [rɪ'zɪst] v direnmek

resistance [rɪ'zɪstəns] n direnme

resit [riː'sɪt] v yeniden sınava
  girmek

resolution [ˌrezə'luːʃən] n
  kararlılık

resort [rɪ'zɔːt] n tatil yeri; **resort
  to** v başvurmak

resource [rɪ'zɔːs; -'sɔːs] n kaynak
  (destek); **natural resources** npl
  doğal kaynaklar

respect [rɪ'spekt] n saygı ▷ v saygı
  duymak

respectable [rɪ'spektəbəl] adj
  saygıdeğer

respectively [rɪ'spektɪvlɪ] adv
  sırasıyla

respond [rɪ'spɒnd] v tepki vermek

response [rɪ'spɒns] n yanıt

responsibility [rɪˌspɒnsə'bɪlɪtɪ] n
  sorumluluk

responsible [rɪ'spɒnsəbəl] adj
  sorumlu

rest [rest] n dinlenme ▷ v
  dinlenmek; **the rest** n dinlenme

restaurant ['restərɒn; 'restrɒn;
  -rɒnt] n restoran; **Are there any
  vegetarian restaurants here?**
  Buralarda vejetaryen restoranlar
  var mı?

restful ['restfʊl] adj dinlendirici

restless ['restlɪs] adj huzursuz

restore [rɪ'stɔː] v restore etmek

restrict [rɪ'strɪkt] v sınırlamak

restructure [riː'strʌktʃə] v
  yeniden yapılandırma

result [rɪ'zʌlt] n sonuç; **result in** v
  sonucu olmak

resume [rɪ'zjuːm] v devam etmek

retail ['riːteɪl] n perakende ▷ v
  perakende satmak; **retail price** n
  perakende fiyatı

retailer ['riːteɪlə] n perakendeci

retire [rɪ'taɪə] v emekli olmak

retired [rɪ'taɪəd] adj emekli; **I'm
  retired** Emekliyim

retirement [rɪ'taɪəmənt] n
  emeklilik

retrace [rɪ'treɪs] v iz sürmek

return [rɪ'tɜːn] n (coming back) geri
  dönüş, (yield) getiri ▷ vi geri
  döndürmek ▷ vt geri dönmek; **day
  return** n günlük bilet; **return
  ticket** n gidiş-dönüş bilet; **tax
  return** n vergi iadesi

reunion [riː'juːnjən] n yeniden bir
  araya gelme

reuse [riː'juːz] v yeniden
  kullanmak

reveal [rɪ'viːl] v ifşa etmek

revenge [rɪ'vendʒ] n intikam

revenue [ˈrevɪˌnjuː] n vergi geliri

reverse [rɪ'vɜːs] n geri dönme ▷ v
  geri dönmek

review [rɪ'vjuː] n eleştiri (kitap,
  film vb)

revise [rɪ'vaɪz] v gözden geçirme
  (yeniden)

revision [rɪ'vɪʒən] n revizyon

revive [rɪ'vaɪv] v canlandırmak

revolting [rɪ'vəʊltɪŋ] adj iğrenç

revolution [ˌrevə'luːʃən] n devrim

revolutionary [ˌrevə'luːʃənərɪ]
  adj devrimci

revolver [rɪ'vɒlvə] n revolver

reward [rɪ'wɔːd] n ödül

rewarding [rɪ'wɔ:dɪŋ] *adj* tatmin edici

rewind [ri:'waɪnd] *v* geri sarmak

rheumatism ['ru:mətɪzəm] *n* romatizma

rhubarb ['ru:bɑ:b] *n* ravent

rhyme [raɪm] *n* nursery rhyme *n* çocuk şarkıları

rhythm ['rɪðəm] *n* ritim

rib [rɪb] *n* kaburga

ribbon ['rɪbᵊn] *n* kurdele

rice [raɪs] *n* pirinç (yiyecek); **brown rice** *n* esmer pirinç

rich [rɪtʃ] *adj* zengin

ride [raɪd] *n* gezinti (at/araba/bisiklet) ▷ *v* binmek (hayvana)

rider ['raɪdə] *n* binici

ridiculous [rɪ'dɪkjʊləs] *adj* gülünç

riding ['raɪdɪŋ] *n* ata binme; **horse riding** *n* binicilik

rifle ['raɪfᵊl] *n* tüfek

rig [rɪg] *n* petrol platformu; **oil rig** *n* petrol platformu

right [raɪt] *adj* (correct) doğru (işlem, hareket), (not left) sağ (yan, yön) ▷ *adv* doğru olarak ▷ *n* hak; **civil rights** *npl* özlük hakları; **human rights** *npl* insan hakları; **right angle** *n* dik açı; **right of way** *n* geçiş hakkı; **Go right at the next junction** Bir sonraki kavşaktan sağa dönün; **It wasn't your right of way** Yol hakkı sizin değildi; **Turn right** Sağa dönün

right-hand ['raɪt,hænd] *adj* sağ taraf; **right-hand drive** *n* sağdan trafik

right-handed ['raɪt,hændɪd] *adj* sağ elini kullanan

rightly ['raɪtlɪ] *adv* haklı olarak

right-wing ['raɪt,wɪŋ] *adj* sağ kanat

rim [rɪm] *n* ağız (çaydanlık vb)

ring [rɪŋ] *n* yüzük ▷ *v* çalmak (zil/çan); **engagement ring** *n* nişan yüzüğü; **ring binder** *n* klasör; **ring road** *n* çevre yolu; **wedding ring** *n* yüzük (nikah)

ring back [rɪŋ bæk] *v* geri aramak

ringtone ['rɪŋ,təʊn] *n* çalma tonu

ring up [rɪŋ ʌp] *v* telefonla aramak

rink [rɪŋk] *n* paten alanı; **ice rink** *n* buz pateni sahası; **skating rink** *n* paten alanı

rinse [rɪns] *n* durulama ▷ *v* durulamak

riot ['raɪət] *n* ayaklanma ▷ *v* başkaldırmak

rip [rɪp] *v* yırtmak

ripe [raɪp] *adj* olgun (mevye)

rip off [rɪp ɒf] *v* kazıklamak

rip-off [rɪpɒf] *n* kazık (pahalı)

rip up [rɪp ʌp] *v* yırtmak

rise [raɪz] *n* doğrulma ▷ *v* doğrulmak

risk [rɪsk] *n* risk ▷ *vt* risk almak

risky ['rɪskɪ] *adj* riskli

ritual ['rɪtjʊəl] *adj* ayinsel ▷ *n* ayin (tören)

rival ['raɪvᵊl] *adj* rakip ▷ *n* rakip

rivalry ['raɪvᵊlrɪ] *n* rekabet

river ['rɪvə] *n* nehir; **Can one swim in the river?** Nehirde yüzülebilir mi?

road [rəʊd] *n* yol; **main road** *n* anayol; **ring road** *n* çevre yolu; **road map** *n* yol haritası; **road rage** *n* trafik magandalığı; **road sign** *n* trafik işareti; **road tax** *n* yol vergisi; **slip road** *n* bağlantı yolu;

Are the roads icy? Yollar buzlu mu?; **Do you have a road map of this area?** Bu bölgenin karayolları haritası var mı?; **I need a road map of...** ... yol haritası istiyorum; **Is the road to... snowed up?** ... yolunda kar var mı?; **What is the speed limit on this road?** Bu yolda hız limiti nedir?; **When will the road be clear?** Yol ne zaman açılır?; **Which road do I take for...?** ... a gitmek için hangi yoldan gitmem gerek?

roadblock ['rəʊd,blɒk] n çevirme (trafik)

roadworks ['rəʊd,wɜːks] npl yol yapım çalışması

roast [rəʊst] adj kavrulmuş

rob [rɒb] v soymak

robber [rɒbə] n soyguncu

robbery ['rɒbərı] n soygun

robin ['rɒbɪn] n kızılgerdan

robot ['rəʊbɒt] n robot

rock [rɒk] n kaya ▷ v sallamak; **rock climbing** n tırmanma (kaya)

rocket ['rɒkɪt] n roket

rod [rɒd] n çubuk (demir)

rodent ['rəʊd³nt] n kemirgen

role [rəʊl] n ödev

roll [rəʊl] n yuvarlanma ▷ v yuvarlanmak; **bread roll** n yuvarlak ekmek; **roll call** n yoklama

roller ['rəʊlə] n silindir

rollercoaster ['rəʊlə,kəʊstə] n rollercoaster

rollerskates ['rəʊlə,skeɪts] npl paten

rollerskating ['rəʊlə,skeɪtɪŋ] n patenle kaymak

Roman ['rəʊmən] adj Romen; **Roman Catholic** n Roma Katoliği, Roma Katolik

romance ['rəʊmæns] n aşk ilişkisi

Romanesque [,rəʊmə'nɛsk] adj Romanesk

Romania [rəʊ'meɪnɪə] n Romanya

Romanian [rəʊ'meɪnɪən] adj Romen ▷ n (language) Rumence (dil), (person) Rumen (kişi)

romantic [rəʊ'mæntɪk] adj romantik

roof [ruːf] n çatı

roof rack ['ruːf,ræk] n port bagaj

room [ruːm; rʊm] n oda; **changing room** n soyunma odası (spor); **dining room** n yemek salonu; **double room** n iki kişilik oda; **fitting room** n soyunma odası (mağaza); **living room** n oturma odası; **room number** n oda numarası; **room service** n oda servisi; **single room** n tek kişilik oda; **sitting room** n oturma odası; **spare room** n yedek oda; **twin room** n çift yataklı oda; **twin-bedded room** n çift yataklı oda; **utility room** n çamaşır odası; **waiting room** n bekleme odası; **Can I see the room?** Odayı görebilir miyim?; **Can I switch rooms?** Odamı değiştirebilir miyim?; **Can you clean the room, please?** Odamı temizler misiniz lütfen; **Do you have a room for tonight?** Bu gece için odanız var mı?; **Does the room have air conditioning?** Odada klima var mı?; **How much is the room?**

Oda ne kadar?; **I need a room with wheelchair access** Tekerlekli sandalye girişi olan bir oda istiyorum; **I want to reserve a double room** İki kişilik bir oda ayırtmak istiyorum; **I want to reserve a single room** Tek kişilik bir oda ayırtmak istiyorum; **I'd like a no smoking room** Sigara içilemeyen bir oda rica ediyorum; **I'd like a room with a view of the sea** Deniz manzaralı bir oda rica ediyorum; **I'd like to rent a room** Bir oda kiralamak istiyorum; **Please charge it to my room** Oda hesabıma yazın lütfen; **The room is dirty** Oda pis; **The room is too cold** Oda çok soğuk; **There's a problem with the room** Odada bir sorun var

roommate ['ru:m,meɪt; 'rʊm-] n oda arkadaşı

root [ru:t] n kök

rope [rəʊp] n ip

rope in [rəʊp ɪn] v inandırmak

rose [rəʊz] n gül

rosé ['rəʊzeɪ] n pembe şarap

rosemary ['rəʊzmərɪ] n biberiye

rot [rɒt] v çürümek

rotten ['rɒtᵊn] adj çürümüş

rough [rʌf] adj kaba (aceleyle yapılmış)

roughly ['rʌflɪ] adv kabaca

roulette [ru:'let] n rulet

round [raʊnd] adj yuvarlak ⊳ n (circle) halka (çember), (series) sıra (oyun) ⊳ prep etrafını; **paper round** n gazete dağıtımı; **round trip** n gidiş dönüş yolculuk; **Whose round is it?** İçki sırası kimde?

roundabout ['raʊndə,baʊt] n döner kavşak

round up [raʊnd ʌp] v toparlamak

route [ru:t] n güzergah; **Is there a route that avoids the traffic?** Yoğun trafikten kaçabileceğim bir güzergah var mı?

routine [ru:'ti:n] n sıradan

row¹ [rəʊ] n (line) sıra (dizi) ⊳ v (in boat) kürek çekmek; **Where can we go rowing?** Kürek çekmek için nereye gidebiliriz?

row² [raʊ] n (argument) tartışma ⊳ v (to argue) tartışmak

rowing ['rəʊɪŋ] n kürek sporu; **rowing boat** n kürek teknesi

royal ['rɔɪəl] adj kraliyet

rub [rʌb] v sürtmek

rubber ['rʌbə] n lastik; **rubber band** n elastik band; **rubber gloves** npl lastik eldiven

rubbish ['rʌbɪʃ] adj süprüntü ⊳ n çöp; **rubbish dump** n çöp döküm alanı

rucksack ['rʌk,sæk] n sırt çantası

rude [ru:d] adj kaba (davranış)

rug [rʌg] n küçük halı

rugby ['rʌgbɪ] n rugbi

ruin ['ru:ɪn] n tahribat ⊳ v mahvetmek

rule [ru:l] n kural

rule out [ru:l aʊt] v hesaba katmamak

ruler ['ru:lə] n (commander) hükümdar, (measure) cetvel

rum [rʌm] n rom

rumour ['ru:mə] n söylenti

run [rʌn] n koşu ⊳ vi koşturmak ⊳ vt koşmak

run away [rʌn əˈweɪ] v kaçmak *(uzaklara)*

runner [ˈrʌnə] n yarışmacı; **runner bean** n çalı fasulyesi

runner-up [ˈrʌnəʌp] n ikinci *(yarışma)*

running [ˈrʌnɪŋ] n koşma, koşu

run out of [rʌn aʊt ɒv] v bitmek *(tükenmek)*

run over [rʌn ˈəʊvə] v ezmek *(arabayla)*

runway [ˈrʌn,weɪ] n uçak pisti

rural [ˈrʊərəl] adj kırsal

rush [rʌʃ] n telaş ▷ v telaş etmek; **rush hour** n sıkışık saatler

rusk [rʌsk] n bebe bisküvisi

Russia [ˈrʌʃə] n Rusya

Russian [ˈrʌʃən] adj Rus ▷ n *(language)* Rusça (dil), *(person)* Rus *(kişi)*

rust [rʌst] n pas *(metal)*

rusty [ˈrʌstɪ] adj paslı

ruthless [ˈruːθlɪs] adj acımasız

rye [raɪ] n çavdar

S

Sabbath [ˈsæbəθ] n dinlenme günü *(Yahudiler için Cumartesi, Hristiyanlar için Pazar)*

sabotage [ˈsæbə,tɑːʒ] n sabotaj ▷ v sabote etmek

sachet [ˈsæʃeɪ] n torbacık

sack [sæk] n *(container)* çuval, *(dismissal)* işten atma ▷ v işten atmak

sacred [ˈseɪkrɪd] adj kutsal

sacrifice [ˈsækrɪ,faɪs] n feda etmek

sad [sæd] adj üzgün

saddle [ˈsædəl] n semer

saddlebag [ˈsædəl,bæg] n heybe

sadly [sædlɪ] adv acıklı bir şekilde

safari [səˈfɑːrɪ] n safari

safe [seɪf] adj güvenli ▷ n kasa; **I have some things in the safe** Kasada eşyalarım vardı; **I would like to put my jewellery in the safe** Mücevherlerimi kasaya koymak istiyorum; **Put that in the safe, please** Bunu kasaya koyun lütfen

safety ['seɪftɪ] n güvenlik; **safety belt** n emniyet kemeri; **safety pin** n kilitli iğne

saffron ['sæfrən] n safran

Sagittarius [,sædʒɪ'teərɪəs] n Yay burcu

Sahara [sə'hɑːrə] n Sahra

sail [seɪl] n yelken ▷ v gemiyle yolculuk etmek

sailing ['seɪlɪŋ] n yelken sporu; **sailing boat** n yelkenli

sailor ['seɪlə] n bahriyeli

saint [seɪnt; sənt] n aziz

salad ['sæləd] n salata; **mixed salad** n karışık salata; **salad dressing** n salata sosu

salami [sə'lɑːmɪ] n salam

salary ['sælərɪ] n maaş

sale [seɪl] n satış; **sales assistant** n tezgahtar; **sales rep** n satış elemanı

salesman, salesmen ['seɪlzmən, 'seɪlzmɛn] n satıcı (erkek)

salesperson ['seɪlzpɜːsᵊn] n satıcı

saleswoman, saleswomen ['seɪlzwʊmən, 'seɪlzwɪmɪn] n satıcı

saliva [sə'laɪvə] n tükürük

salmon ['sæmən] n som balığı

salon ['sælɒn] n beauty salon n güzellik salonu

saloon [sə'luːn] n salon; **saloon car** n sedan araba

salt [sɔːlt] n tuz; **Pass the salt, please** Tuzu uzatır mısınız lütfen?

saltwater ['sɔːlt,wɔːtə] adj tuzlu

salty ['sɔːltɪ] adj tuzlu; **The food is too salty** Yemek çok tuzlu

salute [sə'luːt] v selamlamak

salve [sælv] n **lip salve** n dudak kremi

same [seɪm] adj aynı; **I'll have the same** Bana da aynısından

sample ['sɑːmpᵊl] n örnek

sand [sænd] n kum; **sand dune** n kum tepesi

sandal ['sændᵊl] n sandalet

sandcastle [sændkɑːsᵊl] n kumdan kale

sandpaper ['sænd,peɪpə] n zımpara

sandpit ['sænd,pɪt] n kum havuzu

sandstone ['sænd,stəʊn] n kumtaşı

sandwich ['sænwɪdʒ; -wɪtʃ] n sandviç; **What kind of sandwiches do you have?** Sandviç olarak ne var?

San Marino [,sæn mə'riːnəʊ] n San Marino

sapphire ['sæfaɪə] n safir

sarcastic [sɑː'kæstɪk] adj alaycı

sardine [sɑː'diːn] n sardalya

satchel ['sætʃəl] n omuz çantası

satellite ['sætᵊ,laɪt] n uydu; **satellite dish** n uydu çanak

satisfaction [,sætɪs'fækʃən] n tatmin

satisfactory [,sætɪs'fæktərɪ; -trɪ] adj tatmin edici

satisfied [,sætɪs,faɪd] adj tatmin olmuş

sat nav ['sæt næv] n satnav

Saturday ['sætədɪ] n Cumartesi; **every Saturday** her Cumartesi; **last Saturday** geçen Cumartesi;

next Saturday önümüzdeki Cumartesi; **on Saturday** Cumartesi günü; **on Saturdays** Cumartesileri; **this Saturday** bu Cumartesi

sauce [sɔːs] *n* sos; **soy sauce** *n* soya sosu; **tomato sauce** *n* domates sosu

saucepan ['sɔːspən] *n* saplı tencere

saucer ['sɔːsə] *n* fincan tabağı

Saudi ['sɔːdɪ; 'sau-] *adj* Suudi ▷ *n* Suudi

Saudi Arabia ['sɔːdɪ; 'sau-] *n* Suudi Arabistan

Saudi Arabian ['sɔːdɪ əˈreɪbɪən] *adj* Suudi Arabistan ▷ *n* Suudi Arabistanlı

sauna ['sɔːnə] *n* sauna

sausage ['sɒsɪdʒ] *n* sosis

save [seɪv] *v* kurtarmak

save up [seɪv ʌp] *v* biriktirmek

savings ['seɪvɪŋz] *npl* birikim

savoury ['seɪvərɪ] *adj* tuzlu ve baharatlı

saw [sɔː] *n* testere

sawdust ['sɔːˌdʌst] *n* talaş

saxophone ['sæksəˌfəʊn] *n* saksafon

say [seɪ] *v* söylemek

saying ['seɪɪŋ] *n* deyim

scaffolding ['skæfəldɪŋ] *n* iskele (inşaat)

scale [skeɪl] *n* (measure) ölçü, (tiny piece) pul (balık)

scales [skeɪlz] *npl* terazi

scallop ['skɒləp; 'skæl-] *n* deniz tarağı

scam [skæm] *n* dolandırıcılık (hileli iş)

scampi ['skæmpɪ] *npl* büyük karides

scan [skæn] *n* tarama *(bilgisayar)* ▷ *v* taramak *(bilgisayar)*

scandal ['skændəl] *n* skandal

Scandinavia [ˌskændɪˈneɪvɪə] *n* İskandinavya

Scandinavian [ˌskændɪˈneɪvɪən] *adj* İskandinav

scanner ['skænə] *n* tarayıcı *(scanner)*

scar [skɑː] *n* yara

scarce [skɛəs] *adj* kıt

scarcely ['skɛəslɪ] *adv* nadiren

scare [skɛə] *n* panik ▷ *v* korkutmak

scarecrow ['skɛəˌkrəʊ] *n* korkuluk

scared [skɛəd] *adj* korkmuş

scarf, scarves [skɑːf, skɑːvz] *n* eşarp

scarlet ['skɑːlɪt] *adj* kan kırmızısı

scary ['skɛərɪ] *adj* korkutucu

scene [siːn] *n* sahne *(olay, bölüm)*

scenery ['siːnərɪ] *n* manzara

scent [sɛnt] *n* koku

sceptical ['skɛptɪkəl] *adj* kuşkulu

schedule ['ʃɛdjuːl; 'skɛdʒʊəl] *n* program; **We are on schedule** Programa uygun gidiyoruz; **We are slightly behind schedule** Programın gerisindeyiz

scheme [skiːm] *n* plan

schizophrenic [ˌskɪtsəʊˈfrɛnɪk] *adj* şizofren

scholarship ['skɒləʃɪp] *n* burs

school [skuːl] *n* okul; **art school** *n* sanat okulu; **boarding school** *n* yatılı okul; **elementary school** *n* ilkokul; **infant school** *n* ana okulu; **language school** *n* dil okulu; **law school** *n* hukuk fakültesi; **night**

school n gece okulu; **nursery school** n kreş; **primary school** n ilkokul; **public school** n devlet koleji; **school uniform** n okul üniforması; **secondary school** n ortaokul

schoolbag ['sku:l,bæg] n okul çantası

schoolbook ['sku:l,bʊk] n ders kitabı

schoolboy ['sku:l,bɔɪ] n erkek öğrenci

schoolchildren ['sku:l,tʃɪldrən] n okul çocukları

schoolgirl ['sku:l,gɜ:l] n kız öğrenci

schoolteacher ['sku:l,ti:tʃə] n öğretmen

science ['saɪəns] n bilim; **science fiction** n bilim kurgu

scientific [,saɪən'tɪfɪk] adj bilimsel

scientist ['saɪəntɪst] n bilim adamı

sci-fi ['saɪ,faɪ] n sci-fi

scissors ['sɪzəz] npl makas; **nail scissors** npl tırnak makası

sclerosis [sklɪə'rəʊsɪs] n **multiple sclerosis** n multipl skleroz

scoff [skɒf] v alay etmek

scold [skəʊld] v azarlamak

scooter ['sku:tə] n skuter

score [skɔ:] n (game/match) sayı (maç/oyun), (of music) nota ▷ v sayı yapmak

Scorpio ['skɔ:pɪ,əʊ] n Akrep burcu

scorpion ['skɔ:pɪən] n akrep

Scot [skɒt] n İskoç

Scotland ['skɒtlənd] n İskoçya

Scots [skɒts] adj İskoç

Scotsman, Scotsmen ['skɒtsmən, 'skɒtsmɛn] n İskoç (erkek)

Scotswoman, Scotswomen ['skɒts,wʊmən, 'skɒts,wɪmɪn] n İskoç

Scottish ['skɒtɪʃ] adj İskoç

scout [skaʊt] n izci

scrap [skræp] n (dispute) kavga, (small piece) parça ▷ v atmak; **scrap paper** n karalama kağıdı

scrapbook ['skræp,bʊk] n karalama defteri

scratch [skrætʃ] n çizme (boyasını vb) ▷ v çizmek (arabanın boyasını vb)

scream [skri:m] n çığlık ▷ v çığlık atmak

screen [skri:n] n ekran; **plasma screen** n plazma ekran

screen-saver ['skri:nseɪvə] n ekran koruyucusu

screw [skru:] n vida; **The screw has come loose** Vida gevşemiş

screwdriver ['skru:,draɪvə] n tornavida

scribble ['skrɪbəl] v karalamak

scroll [skrəʊl] v ekranı kaydırma; **scroll down** v aşağı kaydır; **scroll up** v yukarı kaydır

scrub [skrʌb] v ovalamak

sculptor ['skʌlptə] n heykeltraş

sculpture ['skʌlptʃə] n heykel

sea [si:] n deniz (coğrafya); **North Sea** n Kuzey Denizi; **Red Sea** n Kızıl Deniz; **sea level** n deniz seviyesi; **sea water** n deniz suyu

seafood ['si:,fu:d] n deniz ürünü

seagull ['si:,gʌl] n martı

seal [si:l] n (animal) fok, (mark) mühür ▷ v mühürlemek

seam [si:m] n dikiş (giysinin)

seaman, seamen ['si:mən, 'si:mɛn] n denizci

search [sɜːtʃ] n arama ▷ v aramak;
search engine n arama motoru;
search party n arama ekibi

seashore ['siːˌʃɔː] n deniz kıyısı
(sahil)

seasick ['siːˌsɪk] adj deniz tutması

seaside ['siːˌsaɪd] n deniz kıyısı

season ['siːzⁿn] n mevsim; **high
season** n pahalı sezon; **low
season** n ucuz sezon; **season
ticket** n abonman kartı

seasonal ['siːzənᵊl] adj mevsimlik

seasoning ['siːzənɪŋ] n çeşni

seat [siːt] n (constituency) koltuk
(politika), (furniture) sandalye;
aisle seat n koridor koltuğu;
window seat n cam kenarı
koltuğu; **Do you have a baby
seat?** Bebek sandalyeniz var mı?;
I'd like a non-smoking seat
Sigara içilmeyen bölümde bir
koltuk lütfen; **I'd like a seat in
the smoking area** Sigara içilen
bölümde bir koltuk lütfen; **Is this
seat free?** Bu koltuk boş mu?

seatbelt ['siːtˌbɛlt] n emniyet
kemeri

seaweed ['siːˌwiːd] n yosun

second ['sɛkənd] adj ikinci ▷ n
ikinci; **second class** n ikinci sınıf

second-class ['sɛkəndˌklɑːs] adj
ikinci sınıf

secondhand ['sɛkəndˌhænd] adj
ikinci el

secondly ['sɛkəndlɪ] adv ikinci
olarak

second-rate ['sɛkəndˌreɪt] adj
ikinci kalite

secret ['siːkrɪt] adj gizli ▷ n sır;
secret service n gizli servis

secretary ['sɛkrətrɪ] n sekreter

secretly ['siːkrɪtlɪ] adv gizlice

sect [sɛkt] n mezhep

section ['sɛkʃən] n bölüm (bina,
konum)

sector ['sɛktə] n sektör

secure [sɪ'kjʊə] adj güvenli

security [sɪ'kjʊərɪtɪ] n güvenlik;
security guard n güvenlik
görevlisi; **social security** n sosyal
güvenlik

sedative ['sɛdətɪv] n yatıştırıcı

see [siː] v görmek; **Where can we
go to see a film?** Film görmek için
nereye gidebiliriz?

seed [siːd] n tohum

seek [siːk] v aramak

seem [siːm] v görünmek

seesaw ['siːˌsɔː] n tahterevalli

see-through ['siːˌθruː] adj
transparan

seize [siːz] v yakalamak

seizure ['siːʒə] n nöbet

seldom ['sɛldəm] adv nadiren

select [sɪ'lɛkt] v seçmek

selection [sɪ'lɛkʃən] n seçme

self-assured ['sɛlfə'ʃʊəd] adj
kendine güvenen

self-catering ['sɛlfˌkeɪtərɪŋ] n
self-catering

self-centred ['sɛlfˌsɛntəd] adj
bencil

self-conscious ['sɛlfˌkɒnʃəs] adj
içine kapanık

self-contained ['sɛlfˌkən'teɪnd]
adj müstakil

self-control ['sɛlfˌkən'trəʊl] n
özkontrol

self-defence ['sɛlfˌdɪ'fɛns] n
özsavunma

self-discipline ['self͵dɪsɪplɪn] *n* özdisiplin

self-employed ['selɪm'plɔɪd] *adj* serbest çalışan

selfie ['selfɪ] *n* özçekim

selfish ['selfɪʃ] *adj* bencil

self-service ['self͵sɜːvɪs] *adj* selfservis

sell [sel] *v* satmak; **sell-by date** *n* son satış tarihi; **selling price** *n* satış fiyatı

sell off [sel ɒf] *v* elden çıkarmak

Sellotape® ['seləteɪp] *n* seloteyp

sell out [sel aʊt] *v* hepsini satmak

semester [sɪ'mestə] *n* sömestr

semi ['semɪ] *n* bitişik nizam ev

semicircle ['semɪ͵sɜːkəl] *n* yarım daire

semicolon [͵semɪ'kəʊlən] *n* noktalı virgül

semifinal [͵semɪ'faɪnəl] *n* yarı final

send [send] *v* göndermek; **I want to send this by courier** Kuryeyle göndermek istiyorum

send back [send bæk] *v* geri göndermek

sender ['sendə] *n* gönderen

send off [send ɒf] *v* uğurlamak

send out [send aʊt] *v* göndermek

Senegal [͵senɪ'gɔːl] *n* Senegal

Senegalese [͵senɪgə'liːz] *adj* Senegal ▷ *n* Senegalli

senior ['siːnjə] *adj* üst (rütbe); **senior citizen** *n* yaşlı vatandaş

sensational [sen'seɪʃənəl] *adj* sansasyonel

sense [sens] *n* duyu; **sense of humour** *n* mizah duygusu

senseless ['senslɪs] *adj* amaçsız

sensible ['sensɪbəl] *adj* sağduyulu

sensitive ['sensɪtɪv] *adj* duyarlı

sensuous ['sensjʊəs] *adj* duyarlı (tensel)

sentence ['sentəns] *n* (*punishment*) ceza, (*words*) cümle ▷ *v* mahkum etmek

sentimental [͵sentɪ'mentəl] *adj* duygusal

separate *adj* ['sepərɪt] ayrı ▷ *v* ['sepəreɪt] ayırmak; **with the milk separate** sütü ayrı getirin

separately ['sepərətlɪ] *adv* ayrı olarak

separation [͵sepə'reɪʃən] *n* ayrılma

September [sep'tembə] *n* Eylül

sequel ['siːkwəl] *n* devamı

sequence ['siːkwəns] *n* dizi

Serbia ['sɜːbɪə] *n* Sırbistan

Serbian ['sɜːbɪən] *adj* Sırp ▷ *n* (*language*) Sırpça (dil), (*person*) Sırp (kişi)

sergeant ['sɑːdʒənt] *n* çavuş

serial ['sɪərɪəl] *n* seri

series ['sɪəriːz; -rɪz] *n* dizi

serious ['sɪərɪəs] *adj* ciddi; **Is it serious?** Ciddi bir şey mi?

seriously ['sɪərɪəslɪ] *adv* ciddiyetle

sermon ['sɜːmən] *n* vaaz

servant ['sɜːvənt] *n* hizmetçi; **civil servant** *n* hükümet görevlisi

serve [sɜːv] *n* servis atmak ▷ *v* hizmet etmek

server ['sɜːvə] *n* (*computer*) sunucu (bilişim), (*person*) hizmet eden

service ['sɜːvɪs] *n* servis ▷ *v* hizmet etmek; **room service** *n* oda servisi; **secret service** *n* gizli servis; **service area** *n* konaklama alanı; **service charge** *n* servis ücreti; **service station** n benzin istasyonu; **social services** npl sosyal hizmetler; **Call the breakdown service, please** Tamir servisini çağırabilir misiniz lütfen?; **I want to complain about the service** Servisten şikayetçiyim; **Is service included?** Servis dahil mi?; **Is there a child-minding service?** Çocuk bakıcı servisiniz var mı?; **Is there room service?** Oda servisi var mı?; **The service was terrible** Servis berbattı

serviceman, servicemen ['sɜːvɪs‚mæn; -mən, 'sɜːvɪs‚mɛn] n ordu mensubu (erkek)

servicewoman, servicewomen ['sɜːvɪs‚wʊmən, 'sɜːvɪs‚wɪmɪn] n ordu mensubu (kadın)

serviette [‚sɜːvɪ'ɛt] n kağıt peçete

session ['sɛʃən] n seans

set [sɛt] n ayarlama ▷ v ayarlamak

setback ['sɛtbæk] n engel

set off [sɛt ɒf] v yola koyulmak

set out [sɛt aʊt] v düzenlemek (masa, eşya vb)

settee [sɛ'tiː] n divan

settle ['sɛtəl] v yoluna koymak

settle down ['sɛtəl daʊn] v yerleşmek

seven ['sɛvən] number yedi

seventeen ['sɛvən'tiːn] number onyedi

seventeenth ['sɛvən'tiːnθ] adj onyedinci

seventh ['sɛvənθ] adj yedinci ▷ n yedinci

seventy ['sɛvəntɪ] number yetmiş

several ['sɛvrəl] adj birkaç ▷ pron birkaç

sew [səʊ] v dikmek

sewer ['suːə] n lağım borusu

sewing ['səʊɪŋ] n dikiş (eylem); **sewing machine** n dikiş makinesi

sew up [səʊ ʌp] v dikmek (onarmak)

sex [sɛks] n cinsiyet (seks)

sexism ['sɛksɪzəm] n cinsiyet ayrımcılığı

sexist ['sɛksɪst] adj cinsiyet ayrımcılığı yapan

sexual ['sɛksjʊəl] adj cinsel; **sexual intercourse** n cinsel birleşim

sexuality [‚sɛksjʊ'ælɪtɪ] n seksilik

sexy ['sɛksɪ] adj seksi

shabby ['ʃæbɪ] adj eski püskü

shade [ʃeɪd] n gölge (tente, ağaç altı)

shadow ['ʃædəʊ] n gölge (birinin ya da bir şeyin); **eye shadow** n göz farı

shake [ʃeɪk] vi çalkalanmak ▷ vt çalkalamak

shaken ['ʃeɪkən] adj sarsılmış

shaky ['ʃeɪkɪ] adj bitkin

shallow ['ʃæləʊ] adj sığ

shambles ['ʃæmbəlz] npl talan olmuş

shame [ʃeɪm] n utanç

shampoo [ʃæm'puː] n şampuan

shape [ʃeɪp] n şekil

share [ʃɛə] n pay ▷ v paylaşmak

shareholder ['ʃɛə‚həʊldə] n hisse sahibi

share out [ʃɛə aʊt] v paylaştırmak

shark [ʃɑːk] n köpek balığı

sharp [ʃɑːp] adj keskin

shave [ʃeɪv] v traş olmak; **shaving cream** n traş kremi; **shaving foam** n traş köpüğü

shaver [ˈʃeɪvə] n traş makinesi

shawl [ʃɔːl] n şal

she [ʃiː] pron o (kadın)

shed [ʃɛd] n bahçe kulübesi

sheep [ʃiːp] n koyun

sheepdog [ˈʃiːpˌdɒg] n çoban köpeği

sheepskin [ˈʃiːpˌskɪn] n koyun postu

sheer [ʃɪə] adj tam

sheet [ʃiːt] n çarşaf; **balance sheet** n bilanço; **fitted sheet** n fitted çarşaf; **We need more sheets** Daha fazla çarşafa ihtiyacımız var

shelf, shelves [ʃɛlf, ʃɛlvz] n raf

shell [ʃɛl] n kabuk; **shell suit** n eşofman

shellfish [ˈʃɛlˌfɪʃ] n kabuklu deniz ürünü

shelter [ˈʃɛltə] n barınak

shepherd [ˈʃɛpəd] n çoban

sherry [ˈʃɛrɪ] n şeri

shield [ʃiːld] n kalkan

shift [ʃɪft] n yer değiştirme ▷ v yer değiştirmek

shifty [ˈʃɪftɪ] adj kaypak

Shiite [ˈʃiːaɪt] adj Şii

shin [ʃɪn] n kaval kemiği

shine [ʃaɪn] v parlamak

shiny [ˈʃaɪnɪ] adj parlak

ship [ʃɪp] n gemi

shipbuilding [ˈʃɪpˌbɪldɪŋ] n gemi yapımı

shipment [ˈʃɪpmənt] n yükleme

shipwreck [ˈʃɪpˌrɛk] n deniz kazası

shipwrecked [ˈʃɪpˌrɛkt] adj deniz kazası geçirmiş

shipyard [ˈʃɪpˌjɑːd] n tersane

shirt [ʃɜːt] n gömlek; **polo shirt** n polo gömlek

shiver [ˈʃɪvə] v titremek

shock [ʃɒk] n şok ▷ v şok geçirmek; **electric shock** n elektrik çarpması

shocking [ˈʃɒkɪŋ] adj yüzkızartıcı

shoe [ʃuː] n ayakkabı; **shoe polish** n ayakkabı cilası; **shoe shop** n ayakkabıcı; **Can you re-heel these shoes?** Ayakkabılarımın topuklarını değiştirebilir misiniz?; **Can you repair these shoes?** Bu ayakkabıları tamir edebilir misiniz?; **I have a hole in my shoe** Ayakkabımda delik var; **Which floor are shoes on?** Ayakkabılar hangi katta?

shoelace [ˈʃuːˌleɪs] n ayakkabı bağı

shoot [ʃuːt] v ateş etmek

shooting [ˈʃuːtɪŋ] n ateş etme

shop [ʃɒp] n dükkân/mağaza; **antique shop** n antikacı dükkânı; **gift shop** n hediye dükkânı; **shop assistant** n satış elemanı; **shop window** n vitrin

shopkeeper [ˈʃɒpˌkiːpə] n bakkal

shoplifting [ˈʃɒpˌlɪftɪŋ] n aşırma (dükkanda)

shopping [ˈʃɒpɪŋ] n alışveriş; **shopping bag** n alışveriş çantası; **shopping centre** n alışveriş merkezi; **shopping trolley** n market arabası

shore [ʃɔː] n kıyı

short [ʃɔːt] adj kısa; **short story** n kısa öykü

shortage [ˈʃɔːtɪdʒ] n yokluk (eksiklik)

shortcoming ['ʃɔːtˌkʌmɪŋ] n eksiklik

shortcut ['ʃɔːtˌkʌt] n kestirme yol

shortfall ['ʃɔːtˌfɔːl] n mali açıklık

shorthand ['ʃɔːtˌhænd] n steno

shortlist ['ʃɔːtˌlɪst] n ön eleme listesi

shortly ['ʃɔːtlɪ] adv kısa zamanda

shorts [ʃɔːts] npl şort

short-sighted ['ʃɔːt'saɪtɪd] adj miyop

short-sleeved ['ʃɔːtˌsliːvd] adj kısa kollu

shot [ʃɒt] n ateş

shotgun ['ʃɒtˌgʌn] n kısa menzilli silah

shoulder ['ʃəʊldə] n omuz; **hard shoulder** n dönemeç; **shoulder blade** n kürek kemiği; **I've hurt my shoulder** Omuzumu incittim

shout [ʃaʊt] n bağırtı ▷ v bağırmak

shovel ['ʃʌvəl] n kürek

show [ʃəʊ] n gösteri (eğlence) ▷ v göstermek; **show business** n eğlence sanayii; **Where can we go to see a show?** Gösteri için nereye gidebiliriz?

shower ['ʃaʊə] n duş; **shower cap** n duş başlığı; **shower gel** n duş jeli; **Are there showers?** Burada duş var mı?; **The shower doesn't work** Duş çalışmıyor; **The shower is dirty** Duş kirli; **The showers are cold** Duş soğuk akıyor; **Where are the showers?** Duşlar nerede?

showerproof ['ʃaʊəˌpruːf] adj yağmura dayanıklı

showing ['ʃəʊɪŋ] n gösterim (film vb)

show off [ʃəʊ ɒf] v gösteriş yapmak

show-off [ʃəʊɒf] n gösteriş

show up [ʃəʊ ʌp] v ortaya çıkmak

shriek [ʃriːk] v feryat etmek

shrimp [ʃrɪmp] n ufak karides

shrine [ʃraɪn] n mabed

shrink [ʃrɪŋk] v kısalmak

shrub [ʃrʌb] n çalı

shrug [ʃrʌg] v omuz silkmek

shrunk [ʃrʌŋk] adj kısalmış

shudder ['ʃʌdə] v korkarak titremek

shuffle ['ʃʌfəl] v ayaklarını sürüyerek yürümek

shut [ʃʌt] v kapatmak

shut down [ʃʌt daʊn] v kapatmak

shutters ['ʃʌtəz] n kepenk

shuttle ['ʃʌtəl] n karşılıklı sefer yapan araç

shuttlecock ['ʃʌtəlˌkɒk] n badminton topu

shut up [ʃʌt ʌp] v susmak

shy [ʃaɪ] adj utangaç

Siberia [saɪˈbɪərɪə] n Siberya

siblings ['sɪblɪŋz] npl kardeşler

sick [sɪk] adj hasta; **sick leave** n hastalık izni; **sick note** n hasta belgesi; **sick pay** n hastalık ödentisi

sickening ['sɪkənɪŋ] adj mide bulandırıcı

sickness ['sɪknɪs] n hastalık; **morning sickness** n hamilelik bulantısı; **travel sickness** n araba tutması

side [saɪd] n taraf; **side effect** n yan etki; **side street** n yan sokak

sideboard ['saɪdˌbɔːd] n büfe (mobilya)

sidelight ['saɪdˌlaɪt] n yan lambalar

sideways ['saɪd,weɪz] *adv* yana
doğru

sieve [sɪv] *n* elek

sigh [saɪ] *n* iç çekme ▷ *v* iç geçirmek

sight [saɪt] *n* görüş *(göz)*

sightseeing ['saɪt,siːɪŋ] *n* gezip
görme

sign [saɪn] *n* işaret ▷ *v* işaret
etmek; **road sign** *n* trafik işareti;
sign language *n* işaret dili; **I can't
find the at sign** at işaretini
bulamıyorum

signal ['sɪɡnəl] *n* işaret ▷ *v* sinyal
vermek; **busy signal** *n* meşgul
sinyali

signature ['sɪɡnɪtʃə] *n* imza

significance [sɪɡ'nɪfɪkəns] *n*
önem

significant [sɪɡ'nɪfɪkənt] *adj*
önemli

sign on [saɪn ɒn] *v* kaydolmak

signpost ['saɪn,pəʊst] *n* yol
tabelası

Sikh [siːk] *adj* Sikh ▷ *n* Sikh

silence ['saɪləns] *n* sessizlik

silencer ['saɪlənsə] *n* susturucu

silent ['saɪlənt] *adj* sessiz

silk [sɪlk] *n* ipek

silly ['sɪlɪ] *adj* aptalca

silver ['sɪlvə] *n* gümüş

similar ['sɪmɪlə] *adj* benzer

similarity ['sɪmɪ'lærɪtɪ] *n*
benzerlik

simmer ['sɪmə] *v* yavaş yavaş
kaynatmak

simple ['sɪmpəl] *adj* basit

simplify ['sɪmplɪ,faɪ] *v*
basitleştirmek

simply ['sɪmplɪ] *adv* basitçe

simultaneous [,sɪməl'teɪnɪəs;

,saɪməl'teɪnɪəs] *adj* aynı anda olan

simultaneously
[,sɪməl'teɪnɪəslɪ] *adv* aynı anda

sin [sɪn] *n* günah

since [sɪns] *adv* o zamandan beri
▷ *conj* den beri; **I've been sick
since Monday** Pazartesi'nden
beri kusuyorum

sincere [sɪn'sɪə] *adj* içten

sincerely [sɪn'sɪəlɪ] *adv* içtenlikle

sing [sɪŋ] *v* şarkı söylemek

singer ['sɪŋə] *n* şarkıcı; **lead singer**
n as solist

singing ['sɪŋɪŋ] *n* şarkı söyleme

single ['sɪŋɡəl] *adj* tek ▷ *n* tek
yataklı oda; **single bed** *n* tek
yatak; **single parent** *n* yalnız
ebeveyn; **single room** *n* tek kişilik
oda; **single ticket** *n* tek yön bilet;
How much is a single ticket? Tek
gidiş bilet ne kadar?; **I want to
reserve a single room** Tek kişilik
bir oda ayırtmak istiyorum

singles ['sɪŋɡəlz] *npl* tekler *(spor)*

singular ['sɪŋɡjʊlə] *n* tekil

sinister ['sɪnɪstə] *adj* uğursuz

sink [sɪŋk] *n* lavabo ▷ *v* batmak

sinus ['saɪnəs] *n* sinüs

sir [sɜː] *n* sör

siren ['saɪərən] *n* siren

sister ['sɪstə] *n* kızkardeş

sister-in-law ['sɪstə ɪn lɔː] *n* elti

sit [sɪt] *v* oturmak

sitcom ['sɪt,kɒm] *n* sitkom

sit down [sɪt daʊn] *v* oturmak

site [saɪt] *n* alan *(yer)*; **building
site** *n* inşaat alanı; **caravan site** *n*
karavan kampı

situated ['sɪtjʊ,eɪtɪd] *adj*
konuşlanmış

situation [ˌsɪtjʊˈeɪʃən] n durum
six [sɪks] number altı; **It's six o'clock** Saat altı
sixteen [ˈsɪksˈtiːn] number onaltı
sixteenth [ˈsɪksˈtiːnθ] adj onaltıncı
sixth [sɪksθ] adj altıncı
sixty [ˈsɪkstɪ] number altmış
size [saɪz] n boyut
skate [skeɪt] v paten yapmak
skateboard [ˈskeɪtˌbɔːd] n skateboard; **I'd like to go skateboarding** Skateboarding yapmak isterdim
skateboarding [ˈskeɪtˌbɔːdɪŋ] n skateboard yapma
skates [skeɪts] npl patenler
skating [ˈskeɪtɪŋ] n paten yapma; **skating rink** n paten alanı
skeleton [ˈskɛlɪtən] n iskelet
sketch [skɛtʃ] n karalama ▷ v karalama yapmak
skewer [ˈskjʊə] n kebap şişi
ski [skiː] n kayak ▷ v kayak yapmak; **ski lift** n teleferik; **ski pass** n kayak izni; **Can we hire skis here?** Burada kayak kiralayabilir miyiz?; **Do you have a map of the ski runs?** Kayak güzergahlarının haritası var mı?; **How much is a ski pass?** Kayak kartı ne kadar?; **I want to hire ski poles** Kayak sopası kiralamak istiyorum; **I want to hire skis** Kayak kiralamak istiyorum; **I'd like a ski pass for a day** Bir günlük kayak kartı almak istiyorum; **Is there a ski school?** Burada kayak okulu var mı?; **Where can I buy a ski pass?** Kayak kartı nereden alabilirim?

skid [skɪd] v kaymak
skier [ˈskiːə] n kayakçı
skiing [ˈskiːɪŋ] n kayma sporu
skilful [ˈskɪlfʊl] adj becerikli
skill [skɪl] n beceri
skilled [skɪld] adj becerikli
skimpy [ˈskɪmpɪ] adj yetersiz
skin [skɪn] n cilt
skinhead [ˈskɪnˌhɛd] n dazlak kafa
skinny [ˈskɪnɪ] adj kürdan gibi
skin-tight [ˈskɪnˈtaɪt] adj daracık
skip [skɪp] v atlamak
skirt [skɜːt] n etek (giysi)
skive [skaɪv] v kaytarmak
skull [skʌl] n kafatası
sky [skaɪ] n gök
skyscraper [ˈskaɪˌskreɪpə] n gökdelen
slack [slæk] adj gevşek (tavır)
slam [slæm] v çarparak kapatmak
slang [slæŋ] n argo
slap [slæp] v tokatlamak
slash [slæʃ] n **forward slash** n eğik çizgi
slate [sleɪt] n arduvaz
slave [sleɪv] n köle ▷ v köle gibi çalışmak
sledge [slɛdʒ] n kızak; **Where can we go sledging?** Kızak kaymak için nereye gitmemiz gerek?
sledging [ˈslɛdʒɪŋ] n kızak kayma
sleep [sliːp] n uyku ▷ v uyumak; **sleeping bag** n uyku tulumu; **sleeping car** n kuşetli vagon; **sleeping pill** n uyku hapı
sleep around [sliːp əˈraʊnd] v önüne gelenle yatmak
sleep in [sliːp ɪn] v uyuyakalmak
sleep together [sliːp təˈgɛðə] v birlikte yatmak

sleepwalk ['sli:p.wɔːk] v uykuda
yürüme

sleepy ['sli:pɪ] adj uykulu

sleet [sli:t] n sulu kar ▷ v sulu
sepken yağmak

sleeve [sli:v] n kol ağzı

sleeveless ['sli:vlɪs] adj kolsuz
(giysi)

slender ['slɛndə] adj tığ gibi

slice [slaɪs] n dilim ▷ v dilimlemek

slick [slɪk] n **oil slick** n petrol
sızması

slide [slaɪd] n kayma ▷ v kaymak

slight [slaɪt] adj az

slightly ['slaɪtlɪ] adv azıcık

slim [slɪm] adj ince (vücut vb)

sling [slɪŋ] n kol askısı (sağlık)

slip [slɪp] n (mistake) hata, (paper)
kağıt parçası, (underwear) iç
gömleği ▷ v kaymak; **slip road** n
bağlantı yolu; **slipped disc** n disk
kayması

slipper ['slɪpə] n terlik

slippery ['slɪpərɪ; -prɪ] adj kaygan

slip up [slɪp ʌp] v hata yapmak

slip-up [slɪpʌp] n hata

slope [sləʊp] n yokuş; **nursery
slope** n kayak alıştırma pisti

sloppy ['slɒpɪ] adj pasaklı

slot [slɒt] n boşluk (konum); **slot
machine** n jetonlu makine

Slovak ['sləʊvæk] adj Slovak ▷ n
(language) Slovakça (dil), (person)
Slovak (kişi)

Slovakia [sləʊ'vækɪə] n Slovakya

Slovenia [sləʊ'vi:nɪə] n Slovenya

Slovenian [sləʊ'vi:nɪən] adj
Slovenya ▷ n (language) Slovence
(dil), (person) Slovenyalı (kişi)

slow [sləʊ] adj yavaş; **The
connection seems very slow**
Bağlantı çok yavaş

slow down [sləʊ daʊn] v
yavaşlamak

slowly ['sləʊlɪ] adv yavaşça

slug [slʌg] n kabuksuz
sümüklüböcek

slum [slʌm] n gecekondu

slush [slʌʃ] n sulu çamur

sly [slaɪ] adj kurnaz

smack [smæk] v tokat atmak

small [smɔːl] adj küçük; **small ads**
npl küçük ilanlar; **Do you have a
small?** Küçük beden var mı?; **Do
you have this in a smaller size?**
Bunun bir küçük bedeni var mı?;
It's too small Çok küçük; **The
room is too small** Bu oda çok
küçük

smart [smɑːt] adj şık; **smart
phone** n akıllı telefon

smash [smæʃ] v parçalamak

smashing ['smæʃɪŋ] adj harika

smell [smɛl] n koku ▷ vi kokmak
▷ vt koklamak; **I can smell gas**
Gaz kokusu alıyorum; **My room
smells of smoke** Odada duman
kokusu var; **There's a funny
smell** Garip bir koku var

smelly ['smɛlɪ] adj pis kokulu

smile [smaɪl] n gülümseme ▷ v
gülümsemek

smiley ['smaɪlɪ] n neşeli

smoke [sməʊk] n duman ▷ v sigara
içmek; **smoke alarm** n duman
alarmı; **My room smells of
smoke** Odada duman kokusu var

smoked ['sməʊkt] adj tütsülenmiş

smoker ['sməʊkə] n sigara içen

smoking ['sməʊkɪŋ] n tüten

smooth [smu:ð] *adj* pürüzsüz

smoothie ['smu:ðɪ] *n* smoothie

SMS [ɛs ɛm ɛs] *n* SMS

smudge [smʌdʒ] *n* leke

smug [smʌg] *adj* kendinden memnun

smuggle ['smʌgəl] *v* kaçakçılık yapmak

smuggler ['smʌglə] *n* kaçakçı

smuggling ['smʌglɪŋ] *n* kaçakçılık

snack [snæk] *n* atıştırma; **snack bar** *n* snack bar

snail [sneɪl] *n* salyangoz

snake [sneɪk] *n* yılan

snap [snæp] *v* kopmak

snapshot ['snæp,ʃɒt] *n* enstantane

snarl [snɑ:l] *v* hırlamak

snatch [snætʃ] *v* kapmak

sneakers ['sni:kəz] *npl* spor ayakkabısı

sneeze [sni:z] *v* hapşırmak

sniff [snɪf] *v* burnunu çekmek

snigger ['snɪgə] *v* kıs kıs gülmek

snob [snɒb] *n* züppe

snooker ['snu:kə] *n* snooker

snooze [snu:z] *n* tavşan uykusu ▷ *v* uykuyu uzatmak

snore [snɔ:] *v* horlamak

snorkel ['snɔ:kəl] *n* şnorkel

snow [snəʊ] *n* kar ▷ *v* kar yağmak; **Do I need snow chains?** Kar zinciri almam gerekiyor mu?; **Do you think it will snow?** Kar yağacak mı dersiniz?; **It's snowing** Kar yağıyor; **The snow is very heavy** Kar çok şiddetli; **What are the snow conditions?** Kar durumu nasıl?; **What is the snow like?** Kar nasıl?

snowball ['snəʊ,bɔ:l] *n* kar topu

snowboard ['snəʊ,bɔ:d] *n* **I want to hire a snowboard** Snowboard kiralamak istiyorum

snowflake ['snəʊ,fleɪk] *n* kar tanesi

snowman ['snəʊ,mæn] *n* kardan adam

snowplough ['snəʊ,plaʊ] *n* kar temizleme aracı

snowstorm ['snəʊ,stɔ:m] *n* kar fırtınası

so [səʊ] *adv* öyle, öylesine; **so (that)** *conj* öyle ki

soak [səʊk] *v* ıslatmak

soaked [səʊkt] *adj* ıslak

soap [səʊp] *n* sabun; **soap dish** *n* sabunluk; **soap opera** *n* televizyon dizisi; **soap powder** *n* sabun tozu; **There is no soap** Sabun yok

sob [sɒb] *v* hıçkırarak ağlamak

sober ['səʊbə] *adj* ayık

sociable ['səʊʃəbəl] *adj* sosyal

social ['səʊʃəl] *adj* sosyal; **social media** *n* sosyal medya; **social security** *n* sosyal güvenlik; **social services** *npl* sosyal hizmetler; **social worker** *n* sosyal hizmetler görevlisi

socialism ['səʊʃə,lɪzəm] *n* sosyalizm

socialist ['səʊʃəlɪst] *adj* sosyalist ▷ *n* sosyalist

society [sə'saɪətɪ] *n* toplum

sociology [,səʊsɪ'ɒlədʒɪ] *n* toplumbilim

sock [sɒk] *n* çorap

socket ['sɒkɪt] *n* priz; **Where is the socket for my electric razor?** Traş makinem için priz nerede?

sofa ['səʊfə] *n* kanepe *(koltuk)*; **sofa bed** *n* çek-yat

soft [sɒft] adj yumuşak; **soft drink** n içecek

softener ['sɒfnə] n yumuşatıcı

software ['sɒft,weə] n yazılım

soggy ['sɒgɪ] adj ıslak

soil [sɔɪl] n toprak

solar ['səʊlə] adj güneş; **solar power** n güneş enerjisi; **solar system** n güneş sistemi

soldier ['səʊldʒə] n asker

sold out [səʊld aʊt] adj satılıp tükenmiş

solicitor [sə'lɪsɪtə] n hukuk danışmanı

solid ['sɒlɪd] adj katı (maddenin hali)

solo ['səʊləʊ] n tek başına

soloist ['səʊləʊɪst] n solist

soluble ['sɒljʊbəl] adj çözünür

solution [sə'luːʃən] n çözüm

solve [sɒlv] v çözmek

solvent ['sɒlvənt] n çözücü

Somali [səʊ'mɑːlɪ] adj Somali ▷ n (language) Somalice, (person) Somalili (kişi)

Somalia [səʊ'mɑːlɪə] n Somali

some [sʌm; səm] adj herhangi ▷ pron bazı, biraz; **Could you lend me some money?** Bana biraz borç verebilir misiniz?

somebody ['sʌmbədɪ] pron birisi

somehow ['sʌm,haʊ] adv nasılsa

someone ['sʌm,wʌn; -wən] pron birisi

someplace ['sʌm,pleɪs] adv bir yerde

something ['sʌmθɪŋ] pron bir şey; **I'd like to order something local** Yöreye özgü bir şey ısmarlamak istiyorum; **Would you like something to eat?** Bir şey yemek ister misiniz?; **Would you like to do something tomorrow?** Yarın bir şeyler yapmak ister misiniz?

sometime ['sʌm,taɪm] adv bir ara

sometimes ['sʌm,taɪmz] adv bazen

somewhere ['sʌm,weə] adv bir yerde

son [sʌn] n oğul

song [sɒŋ] n şarkı

son-in-law [sʌn ɪn lɔː] (**sons-in-law**) n damat (kızının kocası)

soon [suːn] adv kısa zamanda; **as soon as possible** en kısa zamanda

sooner ['suːnə] adv daha erken

soot [sʊt] n kurum (is)

sophisticated [sə'fɪstɪ,keɪtɪd] adj sofistike

soppy ['sɒpɪ] adj aşırı duygusal

soprano [sə'prɑːnəʊ] n soprano

sorbet ['sɔːbeɪ; -bɪt] n sorbet

sorcerer ['sɔːsərə] n büyücü

sore [sɔː] adj ağrılı ▷ n yara; **cold sore** n uçuk (sağlık)

sorry ['sɒrɪ] interj sorry! excl affedersiniz!; **I'm sorry** Özür dilerim; **I'm sorry to trouble you** Rahatsız ettiğim için özür dilerim; **I'm very sorry, I didn't know the regulations** Özür dilerim, kuralları bilmiyordum; **Sorry we're late** Geciktiğimiz için özür dileriz; **Sorry, I didn't catch that** Pardon, anlayamadım; **Sorry, I'm not interested** Kusura bakmayın, ilgilenmiyorum

sort [sɔːt] n çeşit

sort out [sɔːt aʊt] v halletmek

SOS [ɛs əʊ ɛs] n SOS

so-so [səʊsəʊ] adv şöyle böyle

soul [səʊl] n ruh

sound [saʊnd] adj sağlam ▷ n ses

soundtrack ['saʊnd,træk] n film müziği

soup [suːp] n çorba; **What is the soup of the day?** Günün çorbası ne?

sour ['saʊə] adj ekşi

south [saʊθ] adj güney ▷ adv güneyde ▷ n güney; **South Africa** n Güney Afrika; **South African** n Güney Afrika, Güney Afrikalı; **South America** n Güney Amerika; **South American** n Güney Amerika, Güney Amerikalı; **South Korea** n Güney Kore; **South Pole** n Güney Kutbu

southbound ['saʊθ,baʊnd] adj güneye giden

southeast [,saʊθ'iːst; ,saʊ'iːst] n güneydoğu

southern ['sʌðən] adj güney

southwest [,saʊθ'wɛst; ,saʊ'wɛst] n güneybatı

souvenir [,suːvə'nɪə; 'suːvə,nɪə] n anmalık

soya ['sɔɪə] n soya

spa [spɑː] n ılıca

space [speɪs] n boşluk (mekan)

spacecraft ['speɪs,krɑːft] n uzay aracı

spade [speɪd] n kürek

spaghetti [spə'gɛtɪ] n spagetti

Spain [speɪn] n İspanya

spam [spæm] n istenmeyen e-mail

Spaniard ['spænjəd] n İspanyol

spaniel ['spænjəl] n cocker spaniel

Spanish ['spænɪʃ] adj İspanyol ▷ n İspanyol

spank [spæŋk] v şaplak atmak

spanner ['spænə] n İngiliz anahtarı

spare [spɛə] adj yedek ▷ v hayatını bağışlamak; **spare part** n yedek parça; **spare room** n yedek oda; **spare time** n boş zaman; **spare tyre** n stepne; **spare wheel** n stepne; **Is there any spare bedding?** Yedek çarşaf takımı var mı?

spark [spɑːk] n kıvılcım; **spark plug** n buji

sparrow ['spærəʊ] n serçe

spasm ['spæzəm] n kramp

spatula ['spætjʊlə] n spatül

speak [spiːk] v konuşmak; **I'd like to speak to..., please**... ile konuşmak istiyorum lütfen; **I'd like to speak to a doctor** Doktorla konuşmak istiyorum lütfen; **I'd like to speak to the manager, please** Müdürle konuşmak istiyorum lütfen

speaker ['spiːkə] n konuşmacı; **native speaker** n anadilini konuşan

speak up [spiːk ʌp] v açıkça fikrini söylemek

special ['spɛʃəl] adj özel; **special offer** n indirimli fiyatla sunulan eşya

specialist ['spɛʃəlɪst] n uzman

speciality [,spɛʃɪ'ælɪtɪ] n uzmanlık

specialize ['spɛʃə,laɪz] v uzmanlaşmak

specially ['spɛʃəlɪ] adv özellikle

species ['spiːʃiːz; 'spiːʃɪ,iːz] n tür

specific [spɪˈsɪfɪk] *adj* spesifik

specifically [spɪˈsɪfɪklɪ] *adv* özellikle

specify [ˈspɛsɪˌfaɪ] *v* belirtmek

specs [spɛks] *npl* özellikler

spectacles [ˈspɛktəkᵊlz] *npl* gözlük

spectacular [spɛkˈtækjʊlə] *adj* görülmeye değer

spectator [spɛkˈteɪtə] *n* izleyici

speculate [ˈspɛkjʊˌleɪt] *v* varsayımda bulunmak

speech [spiːtʃ] *n* konuşma

speechless [ˈspiːtʃlɪs] *adj* nutku tutulmuş

speed [spiːd] *n* hız; **speed limit** *n* hız sınırı; **What is the speed limit on this road?** Bu yolda hız limiti nedir?

speedboat [ˈspiːdˌbəʊt] *n* sürat motoru

speeding [ˈspiːdɪŋ] *n* hız yapmak

speedometer [spɪˈdɒmɪtə] *n* hızölçer

speed up [spiːd ʌp] *v* hızlanmak

spell [spɛl] *n* (magic) büyü, (time) dönem (belirli bir süre) ▷ *v* telaffuz etmek

spellchecker [ˈspɛlˌtʃɛkə] *n* yazım denetimi

spelling [ˈspɛlɪŋ] *n* heceleme

spend [spɛnd] *v* harcamak

sperm [spɜːm] *n* sperm

spice [spaɪs] *n* baharat

spicy [ˈspaɪsɪ] *adj* acılı

spider [ˈspaɪdə] *n* örümcek

spill [spɪl] *v* dökmek

spinach [ˈspɪnɪdʒ, -ɪtʃ] *n* ıspanak

spine [spaɪn] *n* belkemiği

spinster [ˈspɪnstə] *n* kız kurusu

spire [spaɪə] *n* kilise kulesinin sivri tepesi

spirit [ˈspɪrɪt] *n* ruh

spirits [ˈspɪrɪts] *npl* alkollü içki

spiritual [ˈspɪrɪtjʊəl] *adj* manevi

spit [spɪt] *n* şiş ▷ *v* tükürmek

spite [spaɪt] *n* kincilik ▷ *v* kin gütmek

spiteful [ˈspaɪtfʊl] *adj* kinci

splash [splæʃ] *v* sıçratmak

splendid [ˈsplɛndɪd] *adj* görkemli

splint [splɪnt] *n* süyek

splinter [ˈsplɪntə] *n* kıymık

split [splɪt] *v* ayırmak

split up [splɪt ʌp] *v* ayrılmak

spoil [spɔɪl] *v* berbat etmek

spoilsport [ˈspɔɪlˌspɔːt] *n* oyunbozan

spoilt [spɔɪlt] *adj* şımartılmış

spoke [spəʊk] *n* jant teli

spokesman, spokesmen [ˈspəʊksmən, ˈspəʊksmɛn] *n* sözcü (erkek)

spokesperson [ˈspəʊksˌpɜːsən] *n* sözcü

spokeswoman, spokeswomen [ˈspəʊksˌwʊmən, ˈspəʊksˌwɪmɪn] *n* sözcü (kadın)

sponge [spʌndʒ] *n* (cake) pandispanya, (for washing) sünger (banyo); **sponge bag** *n* tuvalet çantası

sponsor [ˈspɒnsə] *n* finansör ▷ *v* finanse etmek

sponsorship [ˈspɒnsəʃɪp] *n* mali destek

spontaneous [spɒnˈteɪnɪəs] *adj* kendiliğinden

spooky [ˈspuːkɪ] *adj* ürkütücü

spoon [spuːn] *n* kaşık; **Could I**

have a clean spoon, please?
Temiz bir kaşık alabilir miyim
lütfen?

spoonful ['spuːnˌfʊl] n bir kaşık
dolusu

sport [spɔːt] n spor; **winter sports**
npl kış sporları; **What sports
facilities are there?** Buralarda
sport tesisi var mı?; **Which
sporting events can we go to?**
Hangi spor gösterisine gidebiliriz?

sportsman, sportsmen
['spɔːtsmən, 'spɔːtsmɛn] n
sporcu *(erkek)*

sportswear ['spɔːtsˌwɛə] n spor
giysisi

sportswoman, sportswomen
['spɔːtsˌwʊmən, 'spɔːtsˌwɪmɪn] n
kadın sporcu

sporty ['spɔːtɪ] adj sporsever

spot [spɒt] n *(blemish)* akne, *(place)*
yer ▷ v dikkat etmek

spotless ['spɒtlɪs] adj pırıl pırıl

spotlight ['spɒtˌlaɪt] n spot
lambası

spotty ['spɒtɪ] adj sivilceli

spouse [spaʊs] n eş *(karı/koca)*

sprain [spreɪn] n burkulma ▷ v
burkmak *(bilek)*

spray [spreɪ] n serpinti ▷ v
püskürtmek; **hair spray** n saç
spreyi

spread [sprɛd] n yayılım ▷ v
yaymak

spread out [sprɛd aʊt] v yayılmak

spreadsheet ['sprɛdˌʃiːt] n hesap
çizelgesi

spring [sprɪŋ] n *(coil)* yay,
(season) ilkbahar; **spring onion** n
taze soğan

spring-cleaning ['sprɪŋˌkliːnɪŋ]
n bahar temizliği

springtime ['sprɪŋˌtaɪm] n bahar

sprinkler ['sprɪŋklə] n
yağmurlama cihazı

sprint [sprɪnt] n kısa mesafe hız
koşusu ▷ v hızla koşmak

sprinter ['sprɪntə] n kısa mesafe
koşucusu

spy [spaɪ] n casus ▷ v casusluk etmek

spying ['spaɪɪŋ] n casusluk

squabble ['skwɒbəl] v ağız dalaşı

squander ['skwɒndə] v müsrüflük
etmek

square [skwɛə] adj kare ▷ n kare

squash [skwɒʃ] n ezme ▷ v ezmek

squeak [skwiːk] v cıyaklamak

squeeze [skwiːz] v sıkmak

squeeze in [skwiːz ɪn] v sıkışmak

squid [skwɪd] n kalamar

squint [skwɪnt] v şaşı bakmak

squirrel ['skwɪrəl; 'skwɜːrəl;
'skwʌr-] n sincap

Sri Lanka [ˌsriː 'læŋkə] n Sri Lanka

stab [stæb] v bıçaklamak

stability [stə'bɪlɪtɪ] n denge
(durum)

stable ['steɪbəl] adj dengede ▷ n
ahır

stack [stæk] n yığın

stadium, stadia ['steɪdɪəm,
'steɪdɪə] n stadyum; **How do we
get to the stadium?** Stadyuma
nasıl gidebiliriz?

staff [stɑːf] n *(stick or rod)* sopa
(asa), *(workers)* eleman

staffroom ['stɑːfˌruːm] n
öğretmen odası

stage [steɪdʒ] n sahne
(tiyatro mekan)

stagger ['stægə] v sendelemek

stain [steɪn] n leke ▷ v lekelemek;
stain remover n leke çıkarıcı; **Can you remove this stain?** Bu lekeyi çıkarabilir misiniz?; **This stain is coffee** Kahve lekesi; **This stain is wine** Şarap lekesi

staircase ['steəˌkeɪs] n merdiven

stairs [steəz] npl merdivenler

stale [steɪl] adj bayat

stalemate ['steɪlˌmeɪt] n şahmat

stall [stɔːl] n tezgah

stamina ['stæmɪnə] n dayanıklılık

stammer ['stæmə] v kekelemek

stamp [stæmp] n pul ▷ v ayağını yere vurmak; **Can I have stamps for four postcards to...** Bu dört kartpostal için pul alacaktım... a gidecek; **Do you sell stamps?** Pul satıyor musunuz?; **Where can I buy stamps?** Pul nereden alabilirim?; **Where is the nearest shop which sells stamps?** Pul satan en yakın yer nerede?

stand [stænd] v ayakta durmak

standard ['stændəd] adj standart ▷ n standart; **standard of living** n yaşam standardı

stand for [stænd fɔː] v anlamına gelmek

stand out [stænd aʊt] v kendini göstermek

standpoint ['stændˌpɔɪnt] n bakış noktası

stands ['stændz] npl tezgahlar

stand up [stænd ʌp] v ayağa kalkmak

staple ['steɪpəl] n (commodity) temel ürün, (wire) zımba teli ▷ v zımbalamak

stapler ['steɪplə] n tel zımba

star [staː] n (person) yıldız (kişi), (sky) yıldız (gök) ▷ v yıldız koymak; **film star** n film yıldızı

starch [staːtʃ] n nişasta

stare [steə] v boşluğa bakmak

stark [staːk] adj sıkıcı (durum)

start [staːt] n başlangıç (iş, yarış vb) ▷ vi başlatmak ▷ vt başlamak

starter ['staːtə] n ön yemek

startle ['staːtəl] v irkilmek

start off [staːt ɒf] v yola çıkmak

starve [staːv] v açlık çekmek

state [steɪt] n durum (ruhsal) ▷ v ifade etmek; **Gulf States** npl Körfez Ülkeleri

statement ['steɪtmənt] n açıklama (beyan); **bank statement** n hesap özeti

station ['steɪʃən] n istasyon; **bus station** n otobüs terminali; **metro station** n metro istasyonu; **petrol station** n benzin istasyonu; **police station** n polis istasyonu; **radio station** n radyo istasyonu; **railway station** n tren istasyonu; **service station** n benzin istasyonu; **tube station** n metro istasyonu; **Is there a petrol station near here?** Buraya en yakın benzin istasyonu nerede?; **Where is the nearest tube station?** Buraya en yakın metro istasyonu nerede?

stationer's ['steɪʃənəz] n kırtasiyeci

stationery ['steɪʃənərɪ] n kırtasiye

statistics [stə'tɪstɪks] npl sayımlama

statue ['stætjuː] n heykel

status ['steɪtəs] n marital status
n medeni hal

status quo ['steɪtəs kwəʊ] n
statüko

stay [steɪ] n kalış ▷ v kalmak;
I want to stay an extra night
Bir gece daha kalmak istiyorum;
**I want to stay from Monday
till Wednesday** Pazartesi'den
Çarşamba'ya kadar kalmak
istiyorum; **I'd like to stay for two
nights** İki gece kalmak istiyorum

stay in [steɪ ɪn] v evde kalmak

stay up [steɪ ʌp] v geç saatlere
kadar oturmak

steady ['stɛdɪ] adj sabit (dengeli)

steak [steɪk] n biftek; **rump steak**
n biftek

steal [stiːl] v çalmak

steam [stiːm] n buhar

steel [stiːl] n çelik; **stainless steel**
n paslanmaz çelik

steep [stiːp] adj dik (yokuş vb); **Is it
very steep?** Yokuş çok mu dik?

steeple ['stiːpᵊl] n kilise kulesi

steering ['stɪərɪŋ] n yönetim;
steering wheel n direksiyon

step [stɛp] n adım

stepbrother ['stɛpˌbrʌðə] n üvey
erkek kardeş

stepdaughter ['stɛpˌdɔːtə] n üvey
kız evlat

stepfather ['stɛpˌfɑːðə] n üvey
baba

stepladder ['stɛpˌlædə] n ayaklı
merdiven

stepmother ['stɛpˌmʌðə] n üvey
anne

stepsister ['stɛpˌsɪstə] n
üvey kızkardeş

stepson ['stɛpˌsʌn] n üvey oğul

stereo ['stɛrɪəʊ; 'stɪər-] n stereo;
personal stereo n kişisel müzik
çalar; **Is there a stereo in the
car?** Arabada stereo var mı?

stereotype ['stɛrɪəˌtaɪp; 'stɪər-] n
basmakalıp

sterile ['stɛraɪl] adj steril

sterilize ['stɛrɪˌlaɪz] v sterilize
etmek

sterling ['stɜːlɪŋ] n sterlin

steroid ['stɪərɔɪd; 'stɛr-] n steroid

stew [stjuː] n güveç

steward ['stjʊəd] n hostes

stick [stɪk] n sopa (çubuk) ▷ v
yapışmak; **stick insect** n sopa
çekirgesi; **walking stick** n baston

sticker ['stɪkə] n etiket (defter vb)

stick out [stɪk aʊt] v çıkarmak

sticky ['stɪkɪ] adj yapışkan

stiff [stɪf] adj katı (kumaş vb)

stifling ['staɪflɪŋ] adj boğucu

still [stɪl] adj durgun ▷ adv hala

sting [stɪŋ] n sokma (arı, böcek) ▷ v
sokmak (arı, böcek vb)

stingy ['stɪndʒɪ] adj ısırıcı

stink [stɪŋk] n leş gibi kokma ▷ v
kötü kokmak

stir [stɜː] v karıştırmak (çorba vb)

stitch [stɪtʃ] n dikiş (tıp, nakış vb)
▷ v dikmek (tıp, nakış vb)

stock [stɒk] n stok ▷ v stoklamak;
stock cube n bulyon; **stock
exchange** n borsa; **stock market**
n borsa

stockbroker ['stɒkˌbrəʊkə] n
borsacı

stockholder ['stɒkˌhəʊldə] n
hissedar

stocking ['stɒkɪŋ] n naylon çorap

stock up [stɒk ʌp] v **stock up on** v depoyu doldurmak

stomach ['stʌmək] n mide

stomachache ['stʌmək,eɪk] n mide ağrısı

stone [stəʊn] n taş

stool [stuːl] n tabure

stop [stɒp] n durdurma ▷ vi durdurmak ▷ vt bırakmak; **bus stop** n otobüs durağı; **full stop** n nokta (gramer)

stopover ['stɒp,əʊvə] n konaklama

stopwatch ['stɒp,wɒtʃ] n kronometre

storage ['stɔːrɪdʒ] n depo

store [stɔː] n depo ▷ v depolamak; **department store** n büyük mağaza

storm [stɔːm] n fırtına; **Do you think there will be a storm?** Fırtına çıkabilir mi?

stormy ['stɔːmɪ] adj fırtınalı

story ['stɔːrɪ] n öykü; **short story** n kısa öykü

stove [stəʊv] n soba

straight [streɪt] adj doğru (çizgi); **straight on** adv dosdoğru

straighteners ['streɪtⁿnəz] npl saç maşası

straightforward [,streɪt'fɔːwəd] adj açık sözlü

strain [streɪn] n stres ▷ v psikolojik anlamda germek

strained [streɪnd] adj zorlama

stranded ['strændɪd] adj kısılıp kalmak

strange [streɪndʒ] adj garip

stranger ['streɪndʒə] n yabancı

strangle ['stræŋgⁿl] v boğazlamak

strap [stræp] n kayış; **watch strap** n saat kayışı

strategic [strə'tiːdʒɪk] adj stratejik

strategy ['strætɪdʒɪ] n strateji

straw [strɔː] n saman

strawberry ['strɔːbərɪ; -brɪ] n çilek

stray [streɪ] n sürüden ayrılmış

stream [striːm] n dere ▷ v stream etmek

street [striːt] n cadde; **street map** n sokak haritası; **street plan** n sokak planı

streetlamp ['striːt,læmp] n sokak lambası

streetwise ['striːt,waɪz] adj sokaklarda büyümüş

strength [strɛŋθ] n güç (kuvvet)

strengthen ['strɛŋθən] v güçlendirmek

stress [strɛs] n stres ▷ v vurgulamak

stressed ['strɛst] adj gergin

stressful ['strɛsfʊl] adj gerginlik yaratıcı

stretch [strɛtʃ] v esnetmek

stretcher ['strɛtʃə] n sedye

stretchy ['strɛtʃɪ] adj esnek (materyal)

strict [strɪkt] adj katı (kural vb)

strictly [strɪktlɪ] adv katı bir şekilde

strike [straɪk] n grev ▷ vi darbe yemek, (suspend work) grev yapmak ▷ vt vurmak; **because of a strike** grev vardı, o yüzden

striker ['straɪkə] n grevci

striking ['straɪkɪŋ] adj çarpıcı

string [strɪŋ] n ip

strip [strɪp] n şerit ▷ v soyunmak

stripe [straɪp] n şerit

striped [straɪpt] adj çizgili

stripper ['strɪpə] n striptizci

stripy ['straɪpɪ] adj çizgili

stroke [strəʊk] n *(apoplexy)* okşama, *(hit)* okşama ▷ v okşamak

stroll [strəʊl] n yürüyüş

strong [strɒŋ] adj güçlü

strongly [strɒŋlɪ] adv kuvvetli

structure ['strʌktʃə] n yapı

struggle ['strʌgəl] v uğraşmak

stub [stʌb] n izmarit *(sigara)*

stubborn ['stʌbən] adj inatçı

stub out [stʌb aʊt] v bastırarak söndürmek

stuck [stʌk] adj takılmış

stuck-up [stʌkʌp] adj kibirli

stud [stʌd] n kabara

student ['stjuːdənt] n öğrenci; **student discount** n öğrenci indirimi

studio ['stjuːdɪˌəʊ] n stüdyo; **studio flat** n stüdyo daire

study ['stʌdɪ] v çalışmak

stuff [stʌf] n madde

stuffy ['stʌfɪ] adj havasız

stumble ['stʌmbəl] v tökezlemek

stunned [stʌnd] adj şaşkına dönmüş

stunning ['stʌnɪŋ] adj göz kamaştırıcı

stunt [stʌnt] n dublör

stuntman, stuntmen ['stʌntmən, 'stʌntmɛn] n dublör

stupid ['stjuːpɪd] adj aptal

stutter ['stʌtə] v kekelemek

style [staɪl] n stil

styling ['staɪlɪŋ] n **Do you sell styling products?** Saç bakım ürünleri satıyor musunuz?

stylist ['staɪlɪst] n stilist

subject ['sʌbdʒɪkt] n konu

submarine ['sʌbməˌriːn; ˌsʌbməˈriːn] n denizaltı

subscription [səbˈskrɪpʃən] n abonelik

subsidiary [səbˈsɪdɪərɪ] n yan *(destek)*

subsidize ['sʌbsɪˌdaɪz] v mali destek sağlamak

subsidy ['sʌbsɪdɪ] n sübvansiyon

substance ['sʌbstəns] n madde

substitute ['sʌbstɪˌtjuːt] n yedek ▷ v vekalet etmek

subtitled ['sʌbˌtaɪtəld] adj altyazılı

subtitles ['sʌbˌtaɪtəlz] npl altyazı

subtle ['sʌtəl] adj belli belirsiz

subtract [səbˈtrækt] v çıkarma işlemi

suburb ['sʌbɜːb] n banliyö

suburban [səˈbɜːbən] adj banliyö

subway ['sʌbˌweɪ] n altgeçit

succeed [səkˈsiːd] v başarmak

success [səkˈsɛs] n başarı

successful [səkˈsɛsfʊl] adj başarılı

successfully [səkˈsɛsfʊlɪ] adv başarıyla

successive [səkˈsɛsɪv] adj ardıl

successor [səkˈsɛsə] n halef

such [sʌtʃ] adj böyle ▷ adv böylesine

suck [sʌk] v emmek

Sudan [suːˈdɑːn; -ˈdæn] n Sudan

Sudanese [ˌsuːdəˈniːz] adj Sudan ▷ n Sudanlı

sudden ['sʌdən] adj ani

suddenly ['sʌdənlɪ] adv aniden

sue [sjuː; suː] v dava etmek

suede [sweɪd] n süet

suffer ['sʌfə] v acı çekmek

sufficient [səˈfɪʃənt] adj yeterli

suffocate ['sʌfəˌkeɪt] v boğmak

sugar [ˈʃʊɡə] n şeker; **icing sugar** n toz süsleme şekeri; **no sugar** şekersiz

sugar-free [ˈʃʊɡfriː] adj şekersiz

suggest [səˈdʒɛst; səgˈdʒɛst] v önermek

suggestion [səˈdʒɛstʃən] n öneri

suicide [ˈsuːɪˌsaɪd; ˈsjuː-] n intihar; **suicide bomber** n intihar bombacısı

suit [suːt; sjuːt] n takım elbise ▷ v uymak; **bathing suit** n mayo; **shell suit** n eşofman

suitable [ˈsuːtəbəl; ˈsjuːt-] adj uygun

suitcase [ˈsuːtˌkeɪs; ˈsjuːt-] n valiz

suite [swiːt] n suit

sulk [sʌlk] v suratını asmak

sulky [ˈsʌlkɪ] adj suratı asık

sultana [sʌlˈtɑːnə] n kuru üzüm

sum [sʌm] n toplam

summarize [ˈsʌməˌraɪz] v özetlemek

summary [ˈsʌmərɪ] n özet

summer [ˈsʌmə] n yaz (mevsim); **summer holidays** npl yaz tatili; **after summer** yazdan sonra; **during the summer** yaz boyunca; **in summer** yazın

summertime [ˈsʌməˌtaɪm] n yaz sezonu

summit [ˈsʌmɪt] n zirve

sum up [sʌm ʌp] v özetlemek

sun [sʌn] n güneş

sunbathe [ˈsʌnˌbeɪð] v güneşte yanmak

sunbed [ˈsʌnˌbɛd] n güneşlenme yatağı

sunblock [ˈsʌnˌblɒk] n koruyucu güneş kremi

sunburn [ˈsʌnˌbɜːn] n güneş yanığı

sunburnt [ˈsʌnˌbɜːnt] adj güneş yanığı; **I am sunburnt** Güneş yanığım var

suncream [ˈsʌnˌkriːm] n güneş kremi

Sunday [ˈsʌndɪ] n Pazar; **Is the museum open on Sundays?** Müze Pazar günleri açık mı?; **on Sunday** Pazar günü

sunflower [ˈsʌnˌflaʊə] n ayçiçeği

sunglasses [ˈsʌnˌglɑːsɪz] npl güneş gözlüğü

sunlight [ˈsʌnlaɪt] n gün ışığı

sunny [ˈsʌnɪ] adj güneşli; **It's sunny** Hava güneşli

sunrise [ˈsʌnˌraɪz] n gün doğuşu

sunroof [ˈsʌnˌruːf] n açılır tavan

sunscreen [ˈsʌnˌskriːn] n güneşlik

sunset [ˈsʌnˌsɛt] n gün batımı

sunshine [ˈsʌnˌʃaɪn] n gün ışığı

sunstroke [ˈsʌnˌstrəʊk] n çarpması

suntan [ˈsʌnˌtæn] n bronzlaşma; **suntan lotion** n bronzlaşma losyonu; **suntan oil** n güneş yağı

super [ˈsuːpə] adj süper

superb [sʊˈpɜːb; sjʊ-] adj muhteşem

superficial [ˌsuːpəˈfɪʃəl] adj yapay

superior [suːˈpɪərɪə] adj üstün ▷ n üst (kalite/rütbe)

supermarket [ˈsuːpəˌmɑːkɪt] n süpermarket; **I need to find a supermarket** Süpermarket arıyorum

supernatural [ˌsuːpəˈnætʃrəl; -ˈnætʃərəl] adj doğaüstü

superstitious [ˌsuːpəˈstɪʃəs] adj batıl inançları olan

supervise ['suːpəˌvaɪz] v
denetlemek

supervisor ['suːpəˌvaɪzə] n
amir *(iş)*

supper ['sʌpə] n hafif akşam
yemeği

supplement ['sʌplɪmənt] n
ilave *(ek)*

supplier [sə'plaɪə] n satıcı

supplies [sə'plaɪz] npl erzak

supply [sə'plaɪ] n malzeme temin
etme ▷ v temin etmek; **supply
teacher** n yedek öğretmen

support [sə'pɔːt] n destek
(manevi) ▷ v desteklemek

supporter [sə'pɔːtə] n taraftar

suppose [sə'pəʊz] v varsaymak

supposedly [sə'pəʊzɪdlɪ] adv
varsayalım ki

supposing [sə'pəʊzɪŋ] conj
diyelim ki

surcharge ['sɜːˌtʃɑːdʒ] n fazla fiyat
isteme

sure [ʃʊə; ʃɔː] adj emin

surely ['ʃʊəlɪ; 'ʃɔː-] adv muhakkak

surf [sɜːf] n sörf ▷ v sörf yapmak;
Where can you go surfing? Sörf
için nereye gitmek gerek?

surface ['sɜːfɪs] n yüzey

surfboard ['sɜːfˌbɔːd] n sörf
tahtası

surfer ['sɜːfə] n sörfçü

surfing ['sɜːfɪŋ] n sörf yapma

surge [sɜːdʒ] n ani yükselme

surgeon ['sɜːdʒən] n cerrah

surgery ['sɜːdʒərɪ] n *(doctor's)*
klinik, *(operation)* ameliyat;
cosmetic surgery n kozmetik
cerrahi; **plastic surgery** n
plastik cerrahi

surname ['sɜːˌneɪm] n soyadı

surplus ['sɜːpləs] adj fazla ▷ n
fazlalık

surprise [sə'praɪz] n sürpriz

surprised [sə'praɪzd] adj şaşırmış

surprising [sə'praɪzɪŋ] adj
şaşırtıcı

surprisingly [sə'praɪzɪŋlɪ] adv
şaşırtıcı bir şekilde

surrender [sə'rɛndə] v teslim
olmak

surround [sə'raʊnd] v çevrelemek

surroundings [sə'raʊndɪŋz] npl
çevre

survey ['sɜːveɪ] n inceleme

surveyor [sɜː'veɪə] n denetçi

survival [sə'vaɪvəl] n yaşam
kavgası

survive [sə'vaɪv] v hayatta kalmak

survivor [sə'vaɪvə] n hayatta
kalan

suspect n ['sʌspɛkt] zanlı ▷ v
[sə'spɛkt] kuşkulanmak

suspend [sə'spɛnd] v askıya almak

suspenders [sə'spɛndəz] npl
jartiyer

suspense [sə'spɛns] n kuşku ve
gerilimli bekleyiş

suspension [sə'spɛnʃən] n askıya
alma; **suspension bridge** n asma
köprü

suspicious [sə'spɪʃəs] adj kuşkulu

swallow ['swɒləʊ] n yutma ▷ vi
yutulmak ▷ vt yutmak

swamp [swɒmp] n bataklık

swan [swɒn] n kuğu

swap [swɒp] v değiştirmek

swat [swɒt] v vurmak *(sineklik gibi
yassı bir şeyle)*

sway [sweɪ] v salınmak

Swaziland ['swɑːzɪˌlænd] *n*
Swaziland

swear [swɛə] *v* küfretmek

swearword ['swɛəˌwɜːd] *n* küfür

sweat [swɛt] *n* ter ▷ *v* terlemek

sweater ['swɛtə] *n* kazak;
polo-necked sweater *n* polo
yakalı kazak

sweatshirt ['swɛtˌʃɜːt] *n* pamuklu
kalın tişört

sweaty ['swɛtɪ] *adj* terli

swede [swiːd] *n* sarı şalgam

Swede [swiːd] *n* İsveçli

Sweden ['swiːdᵊn] *n* İsveç

Swedish ['swiːdɪʃ] *adj* İsveç ▷ *n*
İsveçli

sweep [swiːp] *v* süpürmek

sweet [swiːt] *adj (pleasing)* tatlı
(hoş), (taste) tatlı ▷ *n* şeker

sweetcorn ['swiːtˌkɔːn] *n* bebe
mısır

sweetener ['swiːtᵊnə] *n*
tatlandırıcı; **Do you have any
sweetener?** Tatlandırıcınız var
mı?

sweets [swiːtz] *npl* tatlılar

sweltering ['swɛltərɪŋ] *adj*
boğucu sıcak

swerve [swɜːv] *v* direksiyonu
kırmak

swim [swɪm] *v* yüzmek

swimmer ['swɪmə] *n* yüzücü

swimming ['swɪmɪŋ] *n* yüzme;
swimming costume *n* mayo;
swimming pool *n* yüzme havuzu;
swimming trunks *npl* yüzücü
şortu; **Is there a swimming pool?**
Yüzme havuzu var mı?; **Where is
the public swimming pool?**
Yüzme havuzu nerede?

swimsuit ['swɪmˌsuːt; -ˌsjuːt] *n*
mayo

swing [swɪŋ] *n* sallanma ▷ *v*
sallanmak

Swiss [swɪs] *adj* İsviçre ▷ *n*
İsviçreli

switch [swɪtʃ] *n* elektrik düğmesi
▷ *v* elektrik düğmesini çevirmek

switchboard ['swɪtʃˌbɔːd] *n*
santral

switch off [swɪtʃ ɒf] *v* elektriği
kapamak

switch on [swɪtʃ ɒn] *v* şalter
açmak

Switzerland ['swɪtsələnd] *n*
İsviçre

swollen ['swəʊlən] *adj* şiş

sword [sɔːd] *n* kılıç

swordfish ['sɔːdˌfɪʃ] *n* kılıç balığı

swot [swɒt] *v* ineklemek

syllable ['sɪləbᵊl] *n* hece

syllabus ['sɪləbəs] *n* müfredat

symbol ['sɪmbᵊl] *n* sembol

symmetrical [sɪ'mɛtrɪkᵊl] *adj*
simetrik

sympathetic [ˌsɪmpə'θɛtɪk] *adj*
anlayışlı

sympathize ['sɪmpəˌθaɪz] *v*
halden anlamak

sympathy ['sɪmpəθɪ] *n* halden
anlama

symphony ['sɪmfənɪ] *n* senfoni

symptom ['sɪmptəm] *n* belirti
(hastalık)

synagogue ['sɪnəˌgɒg] *n* sinagog;
Where is there a synagogue?
Sinagog nerede var?

syndrome ['sɪndrəʊm] *n* **Down's
syndrome** *n* Down sendromu

Syria ['sɪrɪə] *n* Suriye

Syrian ['sɪrɪən] *adj* Suriye ▷ *n*
Suriyeli
syringe ['sɪrɪndʒ; sɪ'rɪndʒ] *n*
şırınga
syrup ['sɪrəp] *n* şurup
system ['sɪstəm] *n* sistem;
immune system *n* bağışıklık
sistemi; **solar system** *n* güneş
sistemi; **systems analyst** *n*
sistem analizcisi
systematic [ˌsɪstɪ'mætɪk] *adj*
sistemli

table ['teɪbəl] *n (chart)* tablo *(grafik)*,
(furniture) masa; **bedside table** *n*
komodin; **coffee table** *n* sehpa;
dressing table *n* tuvalet masası;
table tennis *n* masa tenisi; **table
wine** *n* yemeklik şarap; **A table
for four people, please** Dört
kişilik bir masa lütfen; **I'd like to
book a table for three people
for tonight** Bu akşam için üç kişilik
bir masa ayırtmak istiyordum;
**I'd like to book a table for two
people for tomorrow night**
Yarın akşam için iki kişilik bir masa
ayırtmak istiyordum; **The table is
booked for nine o'clock this
evening** Masa bu akşam saat
dokuz için rezerve edildi
tablecloth ['teɪbəlˌklɒθ] *n* masa
örtüsü
tablespoon ['teɪbəlˌspuːn] *n*
çorba kaşığı

tablet ['tæblɪt] *n (medicine)* hap, *(computer)* tablet

taboo [tə'buː] *adj* tabu ▷ *n* tabu

tackle ['tækºl; 'teɪkºl] *n* palanga ▷ *v* üstesinden gelmek; **fishing tackle** *n* olta

tact [tækt] *n* incelik

tactful ['tæktfʊl] *adj* incelikli

tactics ['tæktɪks] *npl* taktik

tactless ['tæktlɪs] *adj* patavatsız

tadpole ['tæd,pəʊl] *n* iribaş

tag [tæg] *n* etiket *(bilişim)*

Tahiti [tə'hiːtɪ] *n* Tahiti

tail [teɪl] *n* kuyruk *(hayvan vb)*

tailor ['teɪlə] *n* terzi

Taiwan ['taɪ'wɑːn] *n* Tayvan

Taiwanese [,taɪwɑː'niːz] *adj* Tayvan ▷ *n* Tayvanlı

Tajikistan [tɑː,dʒɪkɪ'stɑːn; -stæn] *n* Tacikistan

take [teɪk] *v* almak, *(time)* almak

take after [teɪk 'ɑːftə] *v* benzemek

take apart [teɪk ə'pɑːt] *v* sökmek *(parçalarına ayırmak)*

take away [teɪk ə'weɪ] *v* çıkarmak

takeaway ['teɪkə,weɪ] *n* hazır yemek

take back [teɪk bæk] *v* geri almak

take off [teɪk ɒf] *v* üstünü çıkarmak

takeoff ['teɪk,ɒf] *n* kalkış *(uçak)*

take over [teɪk 'əʊvə] *v* yönetimi ele almak

takeover ['teɪk,əʊvə] *n* devralma

takings ['teɪkɪŋz] *npl* hasılat

tale [teɪl] *n* hikaye

talent ['tælənt] *n* yetenek

talented ['tæləntɪd] *adj* yetenekli

talk [tɔːk] *n* konuşma ▷ *v* konuşmak; **talk to** *v* biriyle konuşmak

talkative ['tɔːkətɪv] *adj* konuşkan

tall [tɔːl] *adj* uzun boylu

tame [teɪm] *adj* evcil

tampon ['tæmpɒn] *n* tampon

tan [tæn] *n* bronzlaşmış ten

tandem ['tændəm] *n* tandem bisiklet

tangerine [,tændʒə'riːn] *n* mandalina

tank [tæŋk] *n (combat vehicle)* tank *(ordu)*, *(large container)* tank; **petrol tank** *n* benzin deposu; **septic tank** *n* foseptik çukuru

tanker ['tæŋkə] *n* tanker

tanned [tænd] *adj* güneşte yanmış

tantrum ['tæntrəm] *n* öfke nöbeti

Tanzania [,tænzə'nɪə] *n* Tanzanya

Tanzanian [,tænzə'nɪən] *adj* Tanzanya ▷ *n* Tanzanyalı

tap [tæp] *n* hafif vuruş

tap-dancing ['tæp,dɑːnsɪŋ] *n* step dansı

tape [teɪp] *n* şerit ▷ *v* kaydetmek; **tape measure** *n* şerit metre; **tape recorder** *n* ses kayıt cihazı

target ['tɑːgɪt] *n* hedef

tariff ['tærɪf] *n* gümrük tarifesi

tarmac ['tɑːmæk] *n* asfalt

tarpaulin [tɑː'pɔːlɪn] *n* tente

tarragon ['tærəgən] *n* tarhun

tart [tɑːt] *n* turta

tartan ['tɑːtºn] *adj* ekose

task [tɑːsk] *n* görev

Tasmania [tæz'meɪnɪə] *n* Tasmanya

taste [teɪst] *n* tat ▷ *v* tatmak

tasteful ['teɪstfʊl] *adj* lezzetli

tasteless ['teɪstlɪs] *adj* tatsız tuzsuz

tasty ['teɪstɪ] *adj* lezzetli

tattoo [tæ'tu:] *n* dövme

Taurus ['tɔ:rəs] *n* Boğa burcu

tax [tæks] *n* vergi; **income tax** *n* gelir vergisi; **road tax** *n* yol vergisi; **tax payer** *n* vergi yükümlüsü; **tax return** *n* vergi iadesi

taxi ['tæksɪ] *n* taksi; **taxi driver** *n* taksi sürücüsü; **taxi rank** *n* taksi sırası; **How much is the taxi fare into town?** Kente taksi ne kadar?; **I left my bags in the taxi** Bagajımı takside bıraktım; **I need a taxi** Bana taksi gerek; **Where can I get a taxi?** Nereden taksi bulabilirim?; **Where is the taxi stand?** Taksi durağı nerede?

TB [ti: bi:] *n* tüberküloz

tea [ti:] *n* çay; **herbal tea** *n* bitki çayı; **tea bag** *n* torba çay; **tea towel** *n* mutfak havlusu; **A tea, please** Bir çay lütfen; **Could we have another cup of tea, please?** Bir çay daha alabilir miyiz?

teach [ti:tʃ] *v* öğretmek

teacher ['ti:tʃə] *n* öğretmen; **supply teacher** *n* yedek öğretmen

teaching ['ti:tʃɪŋ] *n* öğretme

teacup ['ti:ˌkʌp] *n* çay fincanı

team [ti:m] *n* ekip

teapot ['ti:ˌpɒt] *n* çaydanlık

tear¹ [tɪə] *n (from eye)* gözyaşı

tear² [teə] *n (split)* yırtık ▷ *v* yırtmak; **tear up** *v* yırtmak

teargas ['tɪəˌgæs] *n* gözyaşı bombası

tease [ti:z] *v* kızdırmak

teaspoon ['ti:ˌspu:n] *n* çay kaşığı

teatime ['ti:ˌtaɪm] *n* çay saati

technical ['teknɪkəl] *adj* teknik

technician [tɛk'nɪʃən] *n* teknisyen

technique [tɛk'ni:k] *n* teknik

techno ['teknəʊ] *n* tekno

technological [tɛk'nɒlədʒɪkəl] *adj* teknolojik

technology [tɛk'nɒlədʒɪ] *n* teknoloji

tee [ti:] *n* golf sopası

teenager ['ti:nˌeɪdʒə] *n* ergen

teens [ti:nz] *npl* ergenler

tee-shirt ['ti:ˌʃɜ:t] *n* tişört

teethe [ti:ð] *v* diş çıkarmak

teetotal [ti:'təʊtəl] *adj* Yeşilaycı

telecommunications [ˌtelɪkəˌmju:nɪˈkeɪʃənz] *npl* telekomünikasyon

telegram ['telɪˌgræm] *n* telgraf; **Can I send a telegram from here?** Buradan telgraf çekebilir miyim?

telephone ['telɪˌfəʊn] *n* telefon; **telephone directory** *n* telefon rehberi; **How much is it to telephone…?** ... a telefon ne kadar?; **I need to make an urgent telephone call** Acil bir telefon görüşmesi yapmam gerek; **What's the telephone number?** Telefon numarası nedir?

telesales ['telɪˌseɪlz] *npl* telefonla satış

telescope ['telɪˌskəʊp] *n* teleskop

television ['telɪˌvɪʒən] *n* televizyon; **cable television** *n* kablolu yayın; **colour television** *n* renkli televizyon; **digital**

television n dijital televizyon; **Where is the television?** Televizyon nerede?

tell [tɛl] v anlatmak

teller ['tɛlə] n anlatıcı

tell off [tɛl ɒf] v azarlamak

telly ['tɛlɪ] n televizyon

temp [tɛmp] n geçici görevli

temper ['tɛmpə] n ruh hali

temperature ['tɛmprɪtʃə] n sıcaklık

temple ['tɛmpəl] n tapınak; **Is the temple open to the public?** Tapınak halka açık mı?; **When is the temple open?** Tapınak ne zaman açık?

temporary ['tɛmpərərɪ; 'tɛmprərɪ] adj geçici

tempt [tɛmpt] v kışkırtmak

temptation [tɛmp'teɪʃən] n ayartma

tempting ['tɛmptɪŋ] adj baştan çıkarıcı

ten [tɛn] number on; **It's ten o'clock** Saat on

tenant ['tɛnənt] n kiracı

tend [tɛnd] v eğilim göstermek

tendency ['tɛndənsɪ] n eğilim

tender ['tɛndə] adj yumuşak

tendon ['tɛndən] n kiriş (anatomi)

tennis ['tɛnɪs] n tenis; **table tennis** n masa tenisi; **tennis player** n tenis oyuncusu; **tennis racket** n tenis raketi; **How much is it to hire a tennis court?** Tenis kortu kiralamak kaça?; **Where can I play tennis?** Nerede tenis oynayabilirim?

tenor ['tɛnə] n tenör

tense [tɛns] adj gergin (huzursuz)

▷ n zaman (gramer)

tension ['tɛnʃən] n gerginlik

tent [tɛnt] n çadır; **tent peg** n çadır kazığı; **tent pole** n çadır direği; **We'd like a site for a tent** Bir çadır yeri istiyoruz

tenth [tɛnθ] adj onuncu ▷ n onuncu

term [tɜːm] n (description) terim, (division of year) dönem (akademik dönem)

terminal ['tɜːmɪnəl] adj ölümcül ▷ n terminal

terminally ['tɜːmɪnəlɪ] adv ölümcül

terrace ['tɛrəs] n teras; **Can I eat on the terrace?** Terasta yiyebilir miyim?

terraced ['tɛrəst] adj sıra evler

terrible ['tɛrəbəl] adj korkunç

terribly ['tɛrəblɪ] adv aşırı derecede

terrier ['tɛrɪə] n teriyer

terrific [təˈrɪfɪk] adj müthiş

terrified ['tɛrɪˌfaɪd] adj aşırı derecede korkmuş

terrify ['tɛrɪˌfaɪ] v dehşete düşürmek

territory ['tɛrɪtərɪ; -trɪ] n bölge (arazi)

terrorism ['tɛrəˌrɪzəm] n terörizm

terrorist ['tɛrərɪst] n terörist; **terrorist attack** n terörist saldırı

test [tɛst] n test ▷ v denemek; **driving test** n direksiyon sınavı; **smear test** n Pap smear testi; **test tube** n deney tüpü

testicle ['tɛstɪkəl] n haya (anatomi)

tetanus ['tɛtənəs] n tetanoz;

I need a tetanus shot Tetanoz aşısı yaptırmam gerek

text [tɛkst] n metin ▷ v mesaj atmak; **text message** n mesaj

textbook ['tɛkst,bʊk] n ders kitabı

textile ['tɛkstaɪl] n tekstil

Thai [taɪ] adj Thai ▷ n (language) Taylandca (dil), (person) Taylandlı (kişi)

Thailand ['taɪ,lænd] n Tayland

than [ðæn; ðən] conj den, dan; **It's more than on the meter** Taksimetrenin gösterdiğinden daha fazla

thank [θæŋk] v teşekkür etmek

thanks [θæŋks] excl teşekkürler!

that [ðæt; ðət] adj şu, bu ▷ conj ki ▷ pron şu, bu, şunu; **Does that contain alcohol?** Bunda alkol var mı?

thatched [θætʃt] adj saz ve saman çatılı

thaw [θɔː] v eritmek

the [ðə] def art bu, şu, o

theatre ['θɪətə] n tiyatro; **operating theatre** n ameliyat odası; **What's on at the theatre?** Tiyatroda ne var?

theft [θɛft] n hırsızlık; **identity theft** n kimlik hırsızlığı

their [ðɛə] pron onların

theirs [ðɛəz] pron onlarınki

them [ðɛm; ðəm] pron onları

theme [θiːm] n konu; **theme park** n konulu eğlence parkı

themselves [ðəm'sɛlvz] pron kendileri

then [ðɛn] adv öyleyse ▷ conj ondan sonra

theology [θɪ'ɒlədʒɪ] n din bilimi

theory ['θɪərɪ] n kuram

therapy ['θɛrəpɪ] n terapi

there [ðɛə] adv orada; **It's over there** Orada

therefore ['ðɛə,fɔː] adv bu sebeple

thermometer [θə'mɒmɪtə] n termometre

Thermos® ['θɜːməs] n termos

thermostat ['θɜːmə,stæt] n termostat

these [ðiːz] adj bunların ▷ pron bunlar

they [ðeɪ] pron onlar

thick [θɪk] adj kalın

thickness ['θɪknɪs] n kalınlık

thief [θiːf] n hırsız

thigh [θaɪ] n but

thin [θɪn] adj ince

thing [θɪŋ] n şey

think [θɪŋk] v düşünmek

third [θɜːd] adj üçüncü ▷ n üçüncü; **third-party insurance** n üçüncü kişi sorumluluk sigortası; **Third World** n Üçüncü Dünya

thirdly ['θɜːdlɪ] adv üçüncü olarak

thirst [θɜːst] n susuzluk

thirsty ['θɜːstɪ] adj susuz

thirteen ['θɜː'tiːn] number onüç

thirteenth ['θɜː'tiːnθ] adj onüçüncü

thirty ['θɜːtɪ] number otuz

this [ðɪs] adj şu ▷ pron bu; **I'll have this** Bunu alayım; **This is your room** Odanız burası; **What is in this?** Bunun içinde ne var?

thistle ['θɪsəl] n deve dikeni

thorn [θɔːn] n diken

thorough ['θʌrə] adj baştanbaşa

thoroughly ['θʌrəlɪ] adv derinlemesine

those [ðəʊz] *adj* şunlar ▷ *pron* şunlar

though [ðəʊ] *adv* gerçi ▷ *conj* her ne kadar

thought [θɔːt] *n* düşünce

thoughtful ['θɔːtfʊl] *adj* düşünceli

thoughtless ['θɔːtlɪs] *adj* düşüncesiz

thousand ['θaʊzənd] *number* bin (sayı)

thousandth ['θaʊzənθ] *adj* bininci ▷ *n* bininci

thread [θrɛd] *n* (in clothing) iplik, (social media) konu

threat [θrɛt] *n* tehdit

threaten ['θrɛtªn] *v* tehdit etmek

threatening ['θrɛtªnɪŋ] *adj* tehdit edici

three [θriː] *number* üç; **It's three o'clock** Saat üç

three-dimensional [,θriːdɪ'mɛnʃənªl] *adj* üç boyutlu

thrifty ['θrɪftɪ] *adj* tutumlu

thrill [θrɪl] *n* heyecan

thrilled [θrɪld] *adj* çok sevinmiş

thriller ['θrɪlə] *n* polisiye

thrilling ['θrɪlɪŋ] *adj* heyecan verici

throat [θrəʊt] *n* boğaz

throb [θrɒb] *v* zonklamak

throne [θrəʊn] *n* taht

through [θruː] *prep* içinden

throughout [θruː'aʊt] *prep* baştan başa

throw [θrəʊ] *v* atmak

throw away [θrəʊ əˈweɪ] *v* atmak

throw out [θrəʊ aʊt] *v* atmak

throw up [θrəʊ ʌp] *v* kusmak

thrush [θrʌʃ] *n* ardıç kuşu

thug [θʌg] *n* eşkıya

thumb [θʌm] *n* baş parmak

thumb tack ['θʌm,tæk] *n* raptiye

thump [θʌmp] *v* vurmak

thunder ['θʌndə] *n* gök gürültüsü

thunderstorm ['θʌndə,stɔːm] *n* gök gürültülü fırtına

thundery ['θʌndərɪ] *adj* gök gürültülü

Thursday ['θɜːzdɪ] *n* Perşembe; **on Thursday** Perşembe günü

thyme [taɪm] *n* kekik

Tibet [tɪ'bɛt] *n* Tibet

Tibetan [tɪ'bɛtªn] *adj* Tibet ▷ *n* (language) Tibetçe (dil), (person) Tibetli (kişi)

tick [tɪk] *n* im ▷ *v* tıkırdamak

ticket ['tɪkɪt] *n* bilet; **bus ticket** *n* otobüs bileti; **one-way ticket** *n* tek gidiş bileti; **parking ticket** *n* otopark bileti; **return ticket** *n* gidiş-dönüş bilet; **season ticket** *n* abonman kartı; **single ticket** *n* tek yön bilet; **stand-by ticket** *n* beklemede bilet; **ticket barrier** *n* bilet turnikesi; **ticket collector** *n* biletçi; **ticket inspector** *n* bilet kontrolörü; **ticket machine** *n* bilet otomatı; **ticket office** *n* bilet gişesi; **a child's ticket** Bir çocuk bileti; **Can I buy the tickets here?** Biletleri buradan alabilir miyim?; **Can you book the tickets for us?** Biletleri siz ayırtır mısınız lütfen?; **Do I need to buy a car-parking ticket?** Bilet almam gerekiyor mu?; **Do you have multi-journey tickets?** Birkaç seyahati içeren bilet satıyor musunuz?; **How much are the tickets?** Biletler ne kadar?; **How much is a return ticket?** Gidiş dönüş bilet ne kadar?; **I want to upgrade my ticket** Biletimi birinci sınıfa çevirmek istiyorum; **I'd like two tickets for next Friday** Cuma günü için iki bilet almak istiyorum; **I'd like two tickets, please** İki bilet, lütfen; **I've lost my ticket** Biletimi kaybettim; **two return tickets to...** ... a gidiş dönüş iki bilet; **The ticket machine isn't working** Bilet makinası çalışmıyor; **Two tickets for tonight, please** Bu akşam için iki bilet lütfen; **Where can I buy tickets for the concert?** Konser biletlerini nereden alabilirim?; **Where can I get tickets?** Nereden bilet alabilirim?; **Where is the ticket machine?** Bilet makinası nerede?

tickle ['tɪkᵊl] v gıdıklamak

ticklish ['tɪklɪʃ] adj kolay gıdıklanan

tick off [tɪk ɒf] v payalamak

tide [taɪd] n gelgit

tidy ['taɪdɪ] adj derli toplu (tertipli) ▷ v toplamak (ortalığı)

tidy up ['taɪdɪ ʌp] v derleyip toplamak

tie [taɪ] n kravat ▷ v bağlamak; **bow tie** n papyon kravat

tie up [taɪ ʌp] v birini bağlamak

tiger ['taɪɡə] n kaplan

tight [taɪt] adj sıkı

tighten ['taɪtᵊn] v sıkılamak

tights [taɪts] npl külotlu çorap

tile [taɪl] n fayans

tiled ['taɪld] adj fayans döşeli

till [tɪl] conj ...'e kadar (zaman) ▷ prep ...e kadar (yer) ▷ n yazar kasa

timber ['tɪmbə] n kereste

time [taɪm] n zaman; **closing time** n kapanış saati; **dinner time** n yemek zamanı; **on time** adj zamanında; **spare time** n boş zaman; **time off** n izin (işten alınan); **time zone** n zaman dilimi; **By what time?** En geç ne zaman?; **Is it time to go?** Gitme zamanı geldi mi?; **We've been waiting for a very long time** Çok uzun zamandır bekliyoruz; **What time do we get to...?** ... a ne zaman varırız?; **What time does it leave?** Ne zaman kalkıyor?; **What time does the bus arrive?** Otobüs ne zaman geliyor?; **What time does the bus leave?** Otobüs ne zaman kalkacak?; **What time is the train to...?** ... treni ne zaman?

time bomb ['taɪmˌbɒm] n saatli bomba

timer ['taɪmə] n saat (fırın vb)

timeshare ['taɪmˌʃɛə] n devre mülk

timetable ['taɪmˌteɪbᵊl] n program

tin [tɪn] n teneke; **tin-opener** n kutu açacağı

tinfoil ['tɪnˌfɔɪl] n kalay yaldızı

tinned [tɪnd] adj kutulanmış konserve

tinsel ['tɪnsᵊl] n gelin teli

tinted ['tɪntɪd] adj boyalı

tiny ['taɪnɪ] adj ufak

tip [tɪp] n (end of object) uç (kalem/dil), (reward) bahşiş, (suggestion) öğüt ▷ v (incline) devirmek (dökmek), (reward) bahşiş vermek; **How much should I give as a tip?**

Ne kadar bahşiş vermem gerek?;
Is it usual to give a tip? Bahşiş
vermek adet midir?

tipsy ['tɪpsɪ] *adj* çakırkeyif

tiptoe ['tɪp,təʊ] *n* parmaklarının
ucunda yürüme

tired ['taɪəd] *adj* yorgun; **I'm tired**
Yorgunum

tiring ['taɪərɪŋ] *adj* yorucu

tissue ['tɪsjuː, 'tɪʃuː] *n (anatomy)*
kağıt mendil, *(paper)* kağıt mendil

title ['taɪt°l] *n* başlık *(kitap,
albüm vb)*

to [tuː; tʊ; tə] *prep* oraya, orada

toad [təʊd] *n* kara kurbağa

toadstool ['təʊd,stuːl] *n* mantar
(botanik)

toast [təʊst] *n (culin)* tost, *(tribute)*
kadeh kaldırmak

toaster ['təʊstə] *n* ekmek
kızartma makinesi

tobacco [tə'bækəʊ] *n* tütün

tobacconist's [tə'bækənɪsts] *n*
tütüncü

tobogganing [tə'bɒgənɪŋ] *n*
kızak kayma

today [tə'deɪ] *adv* bugün; **What
day is it today?** Bugün günlerden
ne?; **What is today's date?**
Bugünün tarihi nedir?

toddler ['tɒdlə] *n* yeni yürümeye
başlayan çocuk

toe [təʊ] *n* ayak parmağı

toffee ['tɒfɪ] *n* karamela

together [tə'geðə] *adv* birlikte; **All
together, please** Hepsini birlikte
yazın lütfen

Togo ['təʊgəʊ] *n* Togo

toilet ['tɔɪlɪt] *n* tuvalet; **toilet bag**
n tuvalet çantası; **toilet paper** *n*

tuvalet kağıdı; **toilet roll** *n* tuvalet
kağıdı; **Are there any accessible
toilets?** Özürlüler için tuvaletiniz
var mı?; **Can I use the toilet?**
Tuvaleti kullanabilir miyim?;
Is there a toilet on board?
Otobüste tuvalet var mı?; **The
toilet won't flush** Tuvaletin
sifonu çalışmıyor; **There is no
toilet paper** Tuvalet kağıdı yok;
Where are the toilets? Tuvaletler
nerede?

toiletries ['tɔɪlɪtrɪːs] *npl* makyaj
malzemeleri

token ['təʊkən] *n* nişan *(belirti)*

tolerant ['tɒlərənt] *adj* hoşgörülü

toll [təʊl] *n* çan sesi

tomato, tomatoes [tə'mɑːtəʊ,
tə'mɑːtəʊz] *n* domates; **tomato
sauce** *n* domates sosu

tomb [tuːm] *n* türbe

tomboy ['tɒm,bɔɪ] *n* erkek Fatma

tomorrow [tə'mɒrəʊ] *adv* yarın;
Is it open tomorrow? Yarın açık
mı?; **tomorrow morning** yarın
sabah

ton [tʌn] *n* ton *(ağırlık)*

tone [təʊn] *n* **dialling tone** *n*
telefon sinyali; **engaged tone** *n*
meşgul sinyali

Tonga ['tɒŋgə] *n* Tonga

tongue [tʌŋ] *n* dil *(anatomi)*;
mother tongue *n* anadil

tonic ['tɒnɪk] *n* tonik

tonight [tə'naɪt] *adv* bu gece;
**What's on tonight at the
cinema?** Bu gece sinemada ne
var?

tonsillitis [,tɒnsɪ'laɪtɪs] *n*
bademcik iltihabı

tonsils ['tɒnsəlz] *npl* bademcikler

too [tu:] *adv* -de, -da *(kıyaslama)*, de, da *(kıyaslama)*

tool [tu:l] *n* araç *(mekanik)*

tooth, teeth ['tu:θ, ti:θ] *n* diş; **wisdom tooth** *n* yirmi yaş dişi; **I've broken a tooth** Dişim kırıldı; **This tooth hurts** Bu dişim ağrıyor

toothache ['tu:θeɪk] *n* diş ağrısı

toothbrush ['tu:θˌbrʌʃ] *n* diş fırçası

toothpaste ['tu:θˌpeɪst] *n* diş macunu

toothpick ['tu:θˌpɪk] *n* kürdan

top [tɒp] *adj* tepede ▷ *n* tepe

topic ['tɒpɪk] *n* tema

topical ['tɒpɪkəl] *adj* güncel *(haber vb)*

top-secret [tɒp'si:krɪt] *adj* çok gizli

top up [tɒp ʌp] *v* doldurmak

torch [tɔ:tʃ] *n* el feneri

tornado [tɔ:'neɪdəʊ] *n* kasırga

tortoise ['tɔ:təs] *n* kaplumbağa

torture ['tɔ:tʃə] *n* işkence ▷ *v* işkence etmek

toss [tɒs] *v* atmak

total ['təʊtəl] *adj* tam *(bütün)* ▷ *n* toplam

totally ['təʊtəlɪ] *adv* tamamen

touch [tʌtʃ] *v* dokunmak

touchdown ['tʌtʃˌdaʊn] *n* gol *(Amerikan futbolunda)*

touched [tʌtʃt] *adj* duygulanmış

touching ['tʌtʃɪŋ] *adj* dokunaklı *(konuşma)*

touchline ['tʌtʃˌlaɪn] *n* taç çizgisi

touchpad ['tʌtʃˌpæd] *n* akıllı dokunuş

touchy ['tʌtʃɪ] *adj* hassas

tough [tʌf] *adj* sağlam

toupee ['tu:peɪ] *n* yarım peruk

tour [tʊə] *n* tur *(gezi)* ▷ *v* tura çıkmak; **guided tour** *n* rehberli tur; **package tour** *n* paket tur; **tour guide** *n* tur rehberi; **tour operator** *n* tur operatörü; **Are there any sightseeing tours of the town?** Kent turunuz var mı?; **How long does the tour take?** Tur ne kadar sürüyor?; **I enjoyed the tour** Turdan çok zevk aldım; **Is there a guided tour in English?** İngilizce rehberli turunuz var mı?; **What time does the guided tour begin?** Rehberli tur kaçta başlıyor?; **When is the bus tour of the town?** Tur otobüsü ne zaman kalkıyor?

tourism ['tʊərɪzəm] *n* turizm

tourist ['tʊərɪst] *n* turist; **tourist office** *n* turizm bürosu; **I'm here as a tourist** Buraya turist olarak geldim

tournament ['tʊənəmənt; 'tɔ:-; 'tɜ:-] *n* turnuva

towards [tə'wɔ:dz; tɔ:dz] *prep* ...e doğru *(yön)*

tow away [təʊ ə'weɪ] *v* arabayı çekmek

towel ['taʊəl] *n* havlu; **bath towel** *n* banyo havlusu; **dish towel** *n* kurulama havlusu; **sanitary towel** *n* ped; **tea towel** *n* mutfak havlusu; **Could you lend me a towel?** Bana bir havlu verebilir misiniz?; **Please bring me more towels** Birkaç tane daha havlu getirir misiniz lütfen?

tower ['tauə] *n* kule

town [taun] *n* şehir; **town centre** *n* şehir merkezi; **town hall** *n* belediye binası; **town planning** *n* şehir planlama

toxic ['tɒksɪk] *adj* zehirli

toy [tɔɪ] *n* oyuncak

trace [treɪs] *n* belirti

tracing paper ['treɪsɪŋ 'peɪpə] *n* aydınger kağıdı

track [træk] *n* engebeli yol

track down [træk daun] *v* izini sürmek

tracksuit ['træk,su:t; -,sju:t] *n* antreman giysisi

tractor ['træktə] *n* traktör

trade [treɪd] *n* ticaret; **trade union** *n* sendika; **trade unionist** *n* sendikacı

trademark ['treɪd,mɑːk] *n* marka *(ticaret)*

tradition [trə'dɪʃən] *n* gelenek

traditional [trə'dɪʃənᵊl] *adj* geleneksel *(töre)*

traffic ['træfɪk] *n* trafik; **traffic jam** *n* trafik sıkışıklığı; **traffic lights** *npl* trafik ışıkları; **traffic warden** *n* trafik memuru; **Is the traffic heavy on the motorway?** Otoyolda trafik yoğun mu?

tragedy ['trædʒɪdɪ] *n* trajedi

tragic ['trædʒɪk] *adj* trajik

trailer ['treɪlə] *n* römork

train [treɪn] *n* tren ▷ *v* eğitmek; **Does the train stop at…?** Bu tren… da duruyor mu?; **How frequent are the trains to…?** … treni hangi sıklıkta geliyor?; **I've missed my train** Trenimi kaçırdım; **Is the train**

wheelchair-accessible? Trende tekerlekli sandalye girişi var mı?; **Is this the tram for…?** … treni bu mu?; **The next available train, please** Bir sonraki tren lütfen; **What time does the train arrive in…?** Tren… kaçta varıyor?; **What time does the train leave?** Tren kaçta kalkacak?; **What times are the trains to…?** … tren saatleri nedir?; **When is the first train to…?** … a ilk tren kaçta?; **When is the last train to…?** … a son tren kaçta?; **When is the next train to…?** … a bir sonraki tren kaçta?; **When is the train due?** Tren kaçta geliyor?; **Where can I get a train to…?** … trenine nereden binebilirim?; **Which platform does the train leave from?** Tren hangi platformdan kalkıyor?

trained ['treɪnd] *adj* eğitilmiş

trainee [treɪ'niː] *n* kursiyer

trainer ['treɪnə] *n* eğitmen *(spor vb)*

trainers ['treɪnəz] *npl* lastik spor ayakkabısı

training ['treɪnɪŋ] *n* eğitim *(kurs)*; **training course** *n* eğitim kursu

tram [træm] *n* tramvay

tramp [træmp] *n (beggar)* serseri, *(long walk)* taban tepmek

trampoline ['træmpəlɪn; -,liːn] *n* tramplen

tranquillizer ['træŋkwɪ,laɪzə] *n* sakinleştirici

transaction [træn'zækʃən] *n* işlem

transcript ['trænskrɪpt] *n* belge *(döküm)*

transfer n ['trænsfɜ:] transfer ⊳ v [træns'fɜ:] transfer; **How long will it take to transfer?** Transfer ne kadar sürer?; **I would like to transfer some money from my account** Hesabımdan para transferi yapmak istiyorum; **Is there a transfer charge?** Transfer ücreti var mı?

transform [træns'fɔ:m] v dönüştürmek

transfusion [træns'fju:ʒən] n kan aktarımı; **blood transfusion** n kan nakli

transistor [træn'zɪstə] n transistör

transit ['trænsɪt; 'trænz-] n transit; **transit lounge** n transit yolcu salonu

transition [træn'zɪʃən] n geçiş

translate [træns'leɪt; trænz-] v tercüme etmek

translation [træns'leɪʃən; trænz-] n tercüme

translator [træns'leɪtə; trænz-] n tercüman

transparent [træns'pærənt; -'pɛər-] adj saydam

transplant ['træns,plɑ:nt] n aktarım (doku/organ)

transport n ['træns,pɔ:t] taşıma ⊳ v [træns'pɔ:t] taşımak; **public transport** n toplu taşıma

transvestite [trænz'vɛstaɪt] n transvestit

trap [træp] n tuzak

trash [træʃ] n çöp

traumatic ['trɔ:mə,tɪk] adj travmatik

travel ['træv³l] n seyahat ⊳ v seyahat etmek; **travel agency** n seyahat acentası; **travel agent's** n seyahat acentası; **travel sickness** n araba tutması; **I don't have travel insurance** Seyahat sigortam yok; **I get travel-sick** Seyahat bulantım var; **I'm travelling alone** Tek başıma seyahat ediyorum

traveller ['træv³lə; 'trævlə] n yolcular; **traveller's cheque** n seyahat çeki

travelling ['træv³lɪŋ] n seyahat etme

tray [treɪ] n tepsi

treacle ['tri:k³l] n melas

tread [trɛd] v adımlamak

treasure ['trɛʒə] n define

treasurer ['trɛʒərə] n veznedar

treat [tri:t] n birine ufak bir armağan alma ⊳ v davranmak (muamele)

treatment ['tri:tmənt] n muamele

treaty ['tri:tɪ] n anlaşma (tarih)

treble ['trɛb³l] n üç katı

tree [tri:] n ağaç

trek [trɛk] n zahmetli yürüyüş ⊳ v zahmetli bir yürüyüşe çıkmak

trekking ['trɛkɪŋ] n **I'd like to go pony trekking** Ata binmek istiyorum

tremble ['trɛmb³l] v titremek

tremendous [trɪ'mɛndəs] adj çok büyük

trench [trɛntʃ] n siper

trend [trɛnd] n moda akımı ⊳ v trend olmak

trendy ['trɛndɪ] adj modaya uygun

trial ['traɪəl] n duruşma; **trial period** n deneme süresi

triangle ['traɪ,æŋɡ^əl] n üçgen

tribe [traɪb] n kabile

tribunal [traɪˈbjuːn^əl; trɪ-] n mahkeme

trick [trɪk] n dolap (hile) ▷ v kandırmak

tricky ['trɪkɪ] adj dolambaçlı

tricycle ['traɪsɪk^əl] n üç tekerlekli bisiklet

trifle ['traɪf^əl] n önemsiz şey

trim [trɪm] v kesip düzeltmek

Trinidad and Tobago ['trɪnɪˌdæd ænd təˈbeɪɡəʊ] n Trinidad ve Tobago

trip [trɪp] n yolculuk (kısa); **business trip** n iş seyahati; **round trip** n gidiş dönüş yolculuk; **trip (up)** v tökezlemek; **Have a good trip!** İyi yolculuklar!

triple ['trɪp^əl] adj üç katı

triplets ['trɪplɪts] npl üçüzler

triumph ['traɪəmf] n zafer ▷ v yenmek

trivial ['trɪvɪəl] adj önemsiz

trolley ['trɒlɪ] n servis masası; **luggage trolley** n bagaj trolleyi; **shopping trolley** n market arabası

trombone [trɒmˈbəʊn] n trombon

troops ['truːps] npl birlikler (askeri)

trophy ['trəʊfɪ] n kupa (spor)

tropical ['trɒpɪk^əl] adj tropik

trot [trɒt] v tırıs gitmek

trouble ['trʌb^əl] n güçlük

troublemaker ['trʌb^əl,meɪkə] n güçlük çıkaran

trough [trɒf] n yalak

trousers ['traʊzəz] npl pantolon

trout [traʊt] n alabalık

trowel ['traʊəl] n mala

truant ['truːənt] n **play truant** v okuldan kaçmak

truce [truːs] n ateşkes

truck [trʌk] n kamyon; **breakdown truck** n çekici; **truck driver** n kamyon şoförü

true [truː] adj gerçek (söz)

truly ['truːlɪ] adv gerçekten

trumpet ['trʌmpɪt] n borazan

trunk [trʌŋk] n ağaç gövdesi; **swimming trunks** npl yüzücü şortu

trunks [trʌŋks] npl yüzücü şortu

trust [trʌst] n güven ▷ v güvenmek

trusting ['trʌstɪŋ] adj güvenen

truth [truːθ] n gerçek (doğruluk)

truthful ['truːθfʊl] adj dürüst

try [traɪ] n çaba ▷ v çabalamak

try on [traɪ ɒn] v denemek (giysi)

try out [traɪ aʊt] v denemek

T-shirt ['tiːˌʃɜːt] n tişört

tsunami [tsʊˈnæmɪ] n tsunami

tube [tjuːb] n tüp; **inner tube** n iç lastik; **test tube** n deney tüpü; **tube station** n metro istasyonu

tuberculosis [tjʊˌbɜːkjʊˈləʊsɪs] n tüberküloz

Tuesday ['tjuːzdɪ] n Salı; **Shrove Tuesday** n büyük perhizin arife günü; **on Tuesday** Salı günü

tug-of-war ['tʌɡɒvˈwɔː] n halat çekme oyunu

tuition [tjuːˈɪʃən] n öğretim; **tuition fees** npl öğretim ücreti

tulip ['tjuːlɪp] n lale

tummy ['tʌmɪ] n karın

tumour ['tjuːmə] n ur

tuna ['tjuːnə] *n* ton balığı

tune [tjuːn] *n* melodi

Tunisia [tjuːˈnɪzɪə; -ˈnɪsɪə] *n* Tunus

Tunisian [tjuːˈnɪzɪən; -ˈnɪsɪən] *adj* Tunus ▷ *n* Tunuslu

tunnel ['tʌnᵊl] *n* tünel

turbulence ['tɜːbjʊləns] *n* çalkantı

Turk [tɜːk] *n* Türk

turkey ['tɜːkɪ] *n* hindi

Turkey ['tɜːkɪ] *n* Türkiye

Turkish ['tɜːkɪʃ] *adj* Türk ▷ *n* Türkçe

turn [tɜːn] *n* dönme ▷ *v* dönmek

turn around [tɜːn əˈraʊnd] *v* arkaya dönmek

turn back [tɜːn bæk] *v* geri dönmek

turn down [tɜːn daʊn] *v* geri çevirmek

turning ['tɜːnɪŋ] *n* kıvrım

turnip ['tɜːnɪp] *n* şalgam

turn off [tɜːn ɒf] *v* kapatmak

turn on [tɜːn ɒn] *v* açmak

turn out [tɜːn aʊt] *v* ışığı söndürmek

turnover ['tɜːnˌəʊvə] *n* sermaye devri

turn round [tɜːn raʊnd] *v* arkaya dönmek

turnstile ['tɜːnˌstaɪl] *n* turnike

turn up [tɜːn ʌp] *v* boy göstermek

turquoise ['tɜːkwɔɪz; -kwɑːz] *adj* türkuvaz renkli

turtle ['tɜːtᵊl] *n* su kaplumbağası

tutor ['tjuːtə] *n* özel öğretmen

tutorial [tjuːˈtɔːrɪəl] *n* ders *(özel)*

tuxedo [tʌkˈsiːdəʊ] *n* smokin

TV [tiː viː] *n* TV; **plasma TV** *n* plazma TV; **reality TV** *n* biri bizi gözetliyor

tweet [twiːt] *v* tweet atmak

tweezers ['twiːzəz] *npl* cımbız

twelfth [twelfθ] *adj* onikinci

twelve [twɛlv] *number* oniki

twentieth ['twentɪɪθ] *adj* yirminci

twenty ['twentɪ] *number* yirmi

twice [twaɪs] *adv* iki kere

twin [twɪn] *n* ikiz; **twin beds** *npl* çift yatak; **twin room** *n* çift yataklı oda; **twin-bedded room** *n* çift yataklı oda

twinned ['twɪnd] *adj* kardeş *(şehir)*

twist [twɪst] *v* bükmek

twit [twɪt] *n* avanak

two [tuː] *num* iki

type [taɪp] *n* tip ▷ *v* yazmak *(daktilo/bilgisayar)*

typewriter ['taɪpˌraɪtə] *n* daktilo

typhoid ['taɪfɔɪd] *n* tifo

typical ['tɪpɪkᵊl] *adj* tipik

typist ['taɪpɪst] *n* daktilograf

tyre ['taɪə] *n* lastik; **spare tyre** *n* stepne; **Can you check the tyres, please?** Lastikleri kontrol eder misiniz lütfen?; **The tyre has burst** Lastik patladı

u

UFO ['ju:fəʊ] *abbr* UFO
Uganda [ju:'gændə] *n* Uganda
Ugandan [ju:'gændən] *adj*
Uganda ▷ *n* Ugandalı
ugh [ʊx; ʊh; ʌh] *excl* ığğ
ugly ['ʌglı] *adj* çirkin
UK [ju: keɪ] *n* birleşik krallık
Ukraine [ju:'kreɪn] *n* Ukrayna
Ukrainian [ju:'kreɪnɪən] *adj*
Ukrayna ▷ *n* (*language*) Ukraynaca
(dil), (*person*) Ukraynalı (kişi)
ulcer ['ʌlsə] *n* yara (*ülser*)
Ulster ['ʌlstə] *n* Kuzey İrlanda
ultimate ['ʌltɪmɪt] *adj* son
ultimately ['ʌltɪmɪtlɪ] *adv* eninde
sonunda
ultimatum [,ʌltɪ'meɪtəm] *n*
ultimatom
ultrasound ['ʌltrə,saʊnd] *n*
ultrason
umbrella [ʌm'brelə] *n* şemsiye
umpire ['ʌmpaɪə] *n* hakem

UN [ju: ɛn] *abbr* Birleşmiş Milletler
unable [ʌn'eɪbəl] *adj* **unable to** *adj*
yapamamak
unacceptable [,ʌnək'septəbəl] *adj*
kabul edilemez
unanimous [ju:'nænɪməs] *adj*
oybirliğiyle
unattended [,ʌnə'tendɪd] *adj*
sahipsiz
unavoidable [,ʌnə'vɔɪdəbəl] *adj*
kaçınılmaz
unbearable [ʌn'beərəbəl] *adj*
dayanılmaz
unbeatable [ʌn'bi:təbəl] *adj*
yenilmez
unbelievable [,ʌnbɪ'li:vəbəl] *adj*
inanılmaz
unbreakable [ʌn'breɪkəbəl] *adj*
kırılmaz
uncanny [ʌn'kænɪ] *adj* tekinsiz
uncertain [ʌn'sɜ:tən] *adj* belirsiz
uncertainty [ʌn'sɜ:təntɪ] *n*
belirsizlik
unchanged [ʌn'tʃeɪndʒd] *adj*
değişmemiş
uncivilized [ʌn'sɪvɪ,laɪzd] *adj*
ilkel
uncle ['ʌŋkəl] *n* amca
unclear [ʌn'klɪə] *adj* net değil
uncomfortable [ʌn'kʌmftəbəl]
adj rahatsız
unconditional [,ʌnkən'dɪʃənəl]
adj koşulsuz
unconscious [ʌn'kɒnʃəs] *adj*
bilinçsiz
uncontrollable
[,ʌnkən'trəʊləbəl] *adj* kontrol
edilemez
unconventional [,ʌnkən'venʃənəl]
adj göreneklere uymayan

undecided [ˌʌndɪ'saɪdɪd] *adj* kararsız

undeniable [ˌʌndɪ'naɪəbəl] *adj* inkar edilemez

under ['ʌndə] *prep* altında

underage [ˌʌndər'eɪdʒ] *adj* reşit olmayan

underestimate [ˌʌndərestɪ'meɪt] *v* hafife almak

undergo [ˌʌndə'gəʊ] *v* geçmek *(deneyim/ameliyat)*

undergraduate [ˌʌndə'grædjuɪt] *n* üniversite mezunu

underground ['ʌndəˌgraʊnd] *adj* yerin altında ▷ *n* yeraltı hareketı

underline [ˌʌndə'laɪn] *v* altını çizmek

underneath [ˌʌndə'ni:θ] *adv* altında ▷ *prep* altında

underpaid [ˌʌndə'peɪd] *adj* düşük ücretli

underpants ['ʌndəˌpænts] *npl* şort *(erkek iç çamaşırı)*

underpass ['ʌndəˌpɑ:s] *n* alt geçit

underskirt ['ʌndəˌskɜ:t] *n* jüpon

understand [ˌʌndə'stænd] *v* anlamak

understandable [ˌʌndə'stændəbəl] *adj* anlaşılır

understanding [ˌʌndə'stændɪŋ] *adj* anlayış

undertaker ['ʌndəˌteɪkə] *n* cenaze kaldırıcısı

underwater ['ʌndə'wɔ:tə] *adv* sualtı

underwear ['ʌndəˌweə] *n* iç çamaşırı

undisputed [ˌʌndɪ'spju:tɪd] *adj* tartışmasız

undo [ʌn'du:] *v* açmak *(paket, fermuar vb)*

undoubtedly [ʌn'daʊtɪdlɪ] *adv* kuşku götürmez bir şekilde

undress [ʌn'dres] *v* soyunmak

unemployed [ˌʌnɪm'plɔɪd] *adj* işsiz

unemployment [ˌʌnɪm'plɔɪmənt] *n* işsizlik

unexpected [ˌʌnɪk'spektɪd] *adj* umulmadık

unexpectedly [ˌʌnɪk'spektɪdlɪ] *adv* umulmadık bir şekilde

unfair [ʌn'feə] *adj* haksız

unfaithful [ʌn'feɪθfʊl] *adj* sadakatsiz

unfamiliar [ˌʌnfə'mɪljə] *adj* aşina olmayan

unfashionable [ʌn'fæʃənəbəl] *adj* modaya uymayan

unfavourable [ʌn'feɪvərəbəl; -'feɪvrə-] *adj* elverişsiz

unfit [ʌn'fɪt] *adj* sağlıksız

unfollow ['ʌn'fɒləʊ] *v* takibi bırakmak

unforgettable [ˌʌnfə'getəbəl] *adj* unutulmaz

unfortunately [ʌn'fɔ:tʃənɪtlɪ] *adv* ne yazık ki

unfriend ['ʌn'frend] *v* arkadaşlıktan çıkarmak

unfriendly [ʌn'frendlɪ] *adj* düşmanca

ungrateful [ʌn'greɪtfʊl] *adj* nankör

unhappy [ʌn'hæpɪ] *adj* mutsuz

unhealthy [ʌn'helθɪ] *adj* sağlıksız

unhelpful [ʌn'helpfʊl] *adj* yardımcı olmayan

uni ['ju:nɪ] *n* üniversite

unidentified [ˌʌnaɪˈdɛntɪˌfaɪd] adj kimliği belirsiz

uniform [ˈjuːnɪˌfɔːm] n üniforma; **school uniform** n okul üniforması

unimportant [ˌʌnɪmˈpɔːtᵊnt] adj önemsiz

uninhabited [ˌʌnɪnˈhæbɪtɪd] adj meskun olmayan

unintentional [ˌʌnɪnˈtɛnʃᵊnᵊl] adj kasıtsız

union [ˈjuːnjən] n birlik; **European Union** n Avrupa Birliği; **trade union** n sendika

unique [juːˈniːk] adj eşsiz

unit [ˈjuːnɪt] n ünite

unite [juːˈnaɪt] v birleştirmek (kişileri)

United Kingdom [juːˈnaɪtɪd ˈkɪŋdəm] n Birleşik Krallık (İngiltere)

United States [juːˈnaɪtɪd steɪts] n Birleşik Devletler (Amerika)

universe [ˈjuːnɪˌvɜːs] n evren

university [ˌjuːnɪˈvɜːsɪtɪ] n üniversite

unknown [ʌnˈnəʊn] adj bilinmez

unleaded [ʌnˈlɛdɪd] n kurşunsuz; **unleaded petrol** n kurşunsuz benzin; **... worth of premium unleaded, please** ...lık kurşunsuz benzin lütfen

unless [ʌnˈlɛs] conj olmadıkça

unlike [ʌnˈlaɪk] prep farklı olarak

unlikely [ʌnˈlaɪklɪ] adj olasılık dışı

unlisted [ʌnˈlɪstɪd] adj liste harici

unload [ʌnˈləʊd] v boşaltmak (yük)

unlock [ʌnˈlɒk] v kilidi açmak

unlucky [ʌnˈlʌkɪ] adj şanssız

unmarried [ʌnˈmærɪd] adj evlenmemiş

unnecessary [ʌnˈnɛsɪsərɪ; -ɪsrɪ] adj gereksiz

unofficial [ˌʌnəˈfɪʃəl] adj resmi olmayan

unpack [ʌnˈpæk] v boşaltmak

unpaid [ʌnˈpeɪd] adj ücreti ödenmemiş

unpleasant [ʌnˈplɛzᵊnt] adj hoş olmayan

unplug [ʌnˈplʌg] v fişten çekmek

unpopular [ʌnˈpɒpjʊlə] adj popüler olmayan

unprecedented [ʌnˈprɛsɪˌdɛntɪd] adj daha önceden olmamış

unpredictable [ˌʌnprɪˈdɪktəbᵊl] adj ne yapacağı belli olmayan

unreal [ʌnˈrɪəl] adj gerçek dışı

unrealistic [ˌʌnrɪəˈlɪstɪk] adj gerçeklerle bağdaşmayan

unreasonable [ʌnˈriːznəbᵊl] adj mantıksız

unreliable [ˌʌnrɪˈlaɪəbᵊl] adj güvenilmez

unroll [ʌnˈrəʊl] v açmak (rulo/sargı)

unsatisfactory [ˌʌnsætɪsˈfæktərɪ; -trɪ] adj tatmin edici olmayan

unscrew [ʌnˈskruː] v sökmek (vida)

unshaven [ʌnˈʃeɪvᵊn] adj traşsız

unskilled [ʌnˈskɪld] adj niteliksiz

unstable [ʌnˈsteɪbᵊl] adj dengesiz

unsteady [ʌnˈstɛdɪ] adj sallanan

unsuccessful [ˌʌnsəkˈsɛsfʊl] adj başarısız

unsuitable [ʌnˈsuːtəbᵊl; ʌnˈsjuːt-] adj uygun olmayan

unsure [ʌnˈʃʊə] adj emin olmayan

untidy [ʌnˈtaɪdɪ] adj dağınık

untie [ʌn'taɪ] v çözmek *(bağcık)*

until [ʌn'tɪl] conj kadar *(zaman, olay vb)* ▷ prep kadar *(yer)*

unusual [ʌn'juːʒʊəl] adj alışılmadık

unwell [ʌn'wɛl] adj iyi değil

unwind [ʌn'waɪnd] v açmak *(sargı)*

unwise [ʌn'waɪz] adj akıllıca olmayan

unwrap [ʌn'ræp] v açmak *(paket)*

unzip [ʌn'zɪp] v fermuarı açmak

up [ʌp] adv yukarıya

upbringing ['ʌp,brɪŋɪŋ] n yetiştirilme

upcycle ['ʌp,saɪkəl] v illeri dönüştürmek

update n ['ʌp,deɪt] güncellemek ▷ v [ʌp'deɪt] güncellemek

uphill ['ʌp'hɪl] adv yokuş yukarı

upload ['ʌp,ləʊd] v yüklemek

upper ['ʌpə] adj üst

upright ['ʌp,raɪt] adv dik

upset adj [ʌp'sɛt] keyfi kaçık ▷ v [ʌp'sɛt] keyfini kaçırmak

upside down ['ʌp,saɪd daʊn] adv baş aşağı

upstairs ['ʌp'stɛəz] adv üst katta

uptight [ʌp'taɪt] adj gergin *(sinirleri yay gibi)*

up-to-date [ʌptʊdeɪt] adj güncel *(yenilenmiş)*

upwards ['ʌpwədz] adv yukarıya doğru

uranium [jʊ'reɪnɪəm] n uranyum

urgency ['ɜːdʒənsɪ] n ivedilik

urgent ['ɜːdʒənt] adj ivedi

urine ['jʊərɪn] n idrar

URL [juː ɑː ɛl] n URL

Uruguay ['jʊərə,gwaɪ] n Uruguay

Uruguayan [,jʊərə'gwaɪən] adj Uruguay ▷ n Uruguaylı

us [ʌs] pron biz; **Please call us if you'll be late** Gecikeceğiniz zaman lütfen bize haber verin

US [juː ɛs] n Birleşik Devletler

USA [juː ɛs eɪ] n ABD

USB stick [juː ɛs biː stɪk] n USB bellek

use n [juːs] kullanım ▷ v [juːz] kullanmak; **It is for my own personal use** Bu benim kişisel kullanımım için

used [juːzd] adj kullanılmış

useful ['juːsfʊl] adj yararlı

useless ['juːslɪs] adj yararsız

user ['juːzə] n kullanıcı; **internet user** n internet kullanıcısı

user-friendly ['juːzə,frɛndlɪ] adj kullanıcı dostu

use up [juːz ʌp] v harcamak

usual ['juːʒʊəl] adj alışılagelmiş

usually ['juːʒʊəlɪ] adv genellikle

U-turn ['juː,tɜːn] n U-dönüşü

Uzbekistan [,ʌzbɛkɪ'stɑːn] n Özbekistan

V

vacancy ['veɪkənsɪ] *n* açık iş
vacant ['veɪkənt] *adj* boş *(daire, ev, sandalye)*
vacate [və'keɪt] *v* tahliye etmek
vaccinate ['væksɪ,neɪt] *v* aşılamak
vaccination [,væksɪ'neɪʃən] *n* aşı *(tıp)*; **I need a vaccination** Aşı yaptırmam gerek
vacuum ['vækjʊəm] *v* vakumlamak; **vacuum cleaner** *n* elektrik süpürgesi
vague [veɪg] *adj* belirsiz
vain [veɪn] *adj* kendini beğenmiş
valid ['vælɪd] *adj* geçerli
valley ['vælɪ] *n* vadi
valuable ['væljʊəbəl] *adj* değerli
valuables ['væljʊəblz] *npl* değerli eşyalar; **I'd like to put my valuables in the safe** Değerli eşyalarımı kasaya koymak istiyorum; **Where can I leave my valuables?** Değerli eşyalarımı

nereye bırakabilirim?
value ['vælju:] *n* değer
vampire ['væmpaɪə] *n* vampir
van [væn] *n* üstü kapalı yük aracı; **breakdown van** *n* kurtarma aracı; **removal van** *n* taşınma kamyonu
vandal ['vændəl] *n* vandal
vandalism ['vændə,lɪzəm] *n* vandalizm
vandalize ['vændə,laɪz] *v* tahrip etmek
vanilla [və'nɪlə] *n* vanilya
vanish ['vænɪʃ] *v* yok olmak
vape [veɪp] *v* elektronik sigara içmek
variable ['vɛərɪəbəl] *adj* değişken
varied ['vɛərɪd] *adj* çeşitli
variety [və'raɪɪtɪ] *n* çeşit
various ['vɛərɪəs] *adj* çeşitli
varnish ['vɑːnɪʃ] *n* cila *(vernik)* ▷ *v* cilalamak; **nail varnish** *n* tırnak cilası
vary ['vɛərɪ] *v* çeşitlilik göstermek
vase [vɑːz] *n* vazo
VAT [væt] *abbr* KDV; **Is VAT included?** KDV dahil mi?
Vatican ['vætɪkən] *n* Vatikan
vault [vɔːlt] *n* **pole vault** *n* sırıkla atlama
veal [viːl] *n* dana eti
vegan ['viːgən] *n* vegan; **Do you have any vegan dishes?** Vegan yemeğiniz var mı?
vegetable ['vɛdʒtəbəl] *n* sebze; **Are the vegetables fresh or frozen?** Sebzeleriniz taze mi, dondurulmuş mu?; **Are the vegetables included?** Sebze de dahil mi?

vegetarian [ˌvɛdʒɪˈtɛərɪən] adj vejetaryen ▷ n vejetaryen; **Do you have any vegetarian dishes?** Vejetaryen yemekleriniz var mı?; **I'm vegetarian** Vejetaryenim

vegetation [ˌvɛdʒɪˈteɪʃən] n bitki örtüsü

vehicle [ˈviːɪkəl] n araç (otomobil)

veil [veɪl] n peçe

vein [veɪn] n damar

Velcro® [ˈvɛlkrəʊ] n cırt bant

velvet [ˈvɛlvɪt] n kadife

vendor [ˈvɛndɔː] n satıcı

Venezuela [ˌvɛnɪˈzweɪlə] n Venezuela

Venezuelan [ˌvɛnɪˈzweɪlən] adj Venezuela ▷ n Venezuelalı

venison [ˈvɛnɪzən, -sən] n geyik eti

venom [ˈvɛnəm] n zehir

ventilation [ˌvɛntɪˈleɪʃən] n havalandırma

venue [ˈvɛnjuː] n yer

verb [vɜːb] n fiil

verdict [ˈvɜːdɪkt] n jüri kararı

versatile [ˈvɜːsətaɪl] adj çok yönlü

version [ˈvɜːʃən, -ʒən] n versiyon

versus [ˈvɜːsəs] prep karşı

vertical [ˈvɜːtɪkəl] adj dikey

vertigo [ˈvɜːtɪˌɡəʊ] n yükseklik korkusu

very [ˈvɛrɪ] adv çok; **It's very kind of you to invite us** Bizi davet ettiğiniz için çok teşekkürler

vest [vɛst] n atlet

vet [vɛt] n veteriner

veteran [ˈvɛtərən, ˈvɛtrən] adj emektar ▷ n emektar

veto [ˈviːtəʊ] n veto

via [ˈvaɪə] prep yoluyla

vicar [ˈvɪkə] n papaz yardımcısı

vice [vaɪs] n kötülük

vice versa [ˈvaɪsɪ ˈvɜːsə] adv ya da aksine

vicinity [vɪˈsɪnɪtɪ] n çevre

vicious [ˈvɪʃəs] adj kötü

victim [ˈvɪktɪm] n kurban (kişi)

victory [ˈvɪktərɪ] n zafer

video [ˈvɪdɪˌəʊ] n video; **video camera** n video kamerası

videophone [ˈvɪdɪəˌfəʊn] n video telefon

Vietnam [ˌvjɛtˈnæm] n Vietnam

Vietnamese [ˌvjɛtnəˈmiːz] adj Vietnam ▷ n (language) Vietnamca (dil), (person) Vietnamlı (kişi)

view [vjuː] n görüş

viewer [ˈvjuːə] n izleyici

viewpoint [ˈvjuːˌpɔɪnt] n bakış noktası

vile [vaɪl] adj kokuşmuş

villa [ˈvɪlə] n villa; **I'd like to rent a villa** Bir villa kiralamak istiyorum

village [ˈvɪlɪdʒ] n köy

villain [ˈvɪlən] n hain (kötü)

vinaigrette [ˌvɪneɪˈɡrɛt] n sirkeli salata sosu

vine [vaɪn] n asma (bitki)

vinegar [ˈvɪnɪɡə] n sirke

vineyard [ˈvɪnjəd] n bağ (üzüm)

viola [vɪˈəʊlə] n viyola

violence [ˈvaɪələns] n şiddet

violent [ˈvaɪələnt] adj şiddet uygulayan

violin [ˌvaɪəˈlɪn] n keman

violinist [ˌvaɪəˈlɪnɪst] n kemancı

viral [ˈvaɪrəl] adj viral; **to go viral** viral olmak

virgin [ˈvɜːdʒɪn] n bakire

Virgo ['vɜːgəʊ] *n* Başak burcu

virtual ['vɜːtʃʊəl] *adj* sanal; **virtual reality** *n* sanal gerçeklik

virus ['vaɪrəs] *n* virüs

visa ['viːzə] *n* vize; **Here is my visa** Vizem burada; **I have an entry visa** Giriş vizem var

visibility [ˌvɪzɪˈbɪlɪtɪ] *n* görüş (göz)

visible ['vɪzɪbəl] *adj* görünür

visit ['vɪzɪt] *n* ziyaret ⊳ *v* ziyaret etmek; **visiting hours** *npl* ziyaret saatleri

visitor ['vɪzɪtə] *n* ziyaretçi; **visitor centre** *n* ziyaretçi merkezi

visual ['vɪʒʊəl; -zjʊ-] *adj* görsel

visualize ['vɪʒʊəˌlaɪz; -zjʊ-] *v* gözünde canlandırmak

vital ['vaɪtəl] *adj* önemli

vitamin ['vɪtəmɪn; 'vaɪ-] *n* vitamin

vivid ['vɪvɪd] *adj* canlı (parlak)

vlog [vlɒg] *v* video blogu

vlogger ['vlɒgə] *n* video blog yazarı

vocabulary [vəˈkæbjʊlərɪ] *n* sözcük dağarcığı

vocational [vəʊˈkeɪʃənəl] *adj* mesleki

vodka ['vɒdkə] *n* votka

voice [vɔɪs] *n* ses

voicemail ['vɔɪsˌmeɪl] *n* sesli posta

void [vɔɪd] *adj* geçersiz ⊳ *n* boşluk (uzay, geometri)

volcano, volcanoes [vɒlˈkeɪnəʊ, vɒlˈkeɪnəʊz] *n* volkan

volleyball ['vɒlɪˌbɔːl] *n* voleybol

volt [vəʊlt] *n* volt

voltage ['vəʊltɪdʒ] *n* voltaj; **What's the voltage?** Voltaj ne kadar?

volume ['vɒljuːm] *n* hacim

voluntarily ['vɒləntərɪlɪ] *adv* gönüllü olarak

voluntary ['vɒləntərɪ; -trɪ] *adj* gönüllü

volunteer [ˌvɒlənˈtɪə] *n* gönüllü olmak ⊳ *v* gönüllü olmak

vomit ['vɒmɪt] *v* kusmak

vote [vəʊt] *n* oy ⊳ *v* oy vermek

voucher ['vaʊtʃə] *n* kupon; **gift voucher** *n* hediye çeki

vowel ['vaʊəl] *n* ünlü (gramer)

vulgar ['vʌlgə] *adj* kaba (insan)

vulnerable ['vʌlnərəbəl] *adj* savunmasız

vulture ['vʌltʃə] *n* akbaba

W

wafer ['weɪfə] n gofret

waffle ['wɒfᵊl] n waffle ▷ v gevelemek

wage [weɪdʒ] n ücret

waist [weɪst] n bel

waistcoat ['weɪsˌkəʊt] n yelek

wait [weɪt] v beklemek; **wait for** v beklemek; **waiting list** n bekleme listesi; **waiting room** n bekleme odası

waiter ['weɪtə] n garson

waitress ['weɪtrɪs] n kadın garson

wait up [weɪt ʌp] v yatmayıp beklemek

waive [weɪv] v vazgeçmek

wake up [weɪk ʌp] v uyanmak

Wales [weɪlz] n Galler

walk [wɔːk] n yürüyüş ▷ v yürümek; **Are there any guided walks?** Rehberli yürüyüş var mı?; **Do you have a guide to local walks?** Yerel yürüyüşler için rehberiniz var

mı?; **How many kilometres is the walk?** Yürüyüş kaç kilometre?

walkie-talkie [ˌwɔːkɪˈtɔːkɪ] n telsiz

walking ['wɔːkɪŋ] n yürüme; **walking stick** n baston

walkway ['wɔːkˌweɪ] n yaya yolu

wall [wɔːl] n duvar

wallet ['wɒlɪt] n cüzdan (erkek); **I've lost my wallet** Cüzdanımı kaybettim; **My wallet has been stolen** Cüzdanım çalındı

wallpaper ['wɔːlˌpeɪpə] n duvar kağıdı

walnut ['wɔːlˌnʌt] n ceviz

walrus ['wɔːlrəs; 'wɒl-] n deniz aygırı

waltz [wɔːls] n vals ▷ v vals yapmak

wander ['wɒndə] v dolaşmak

want [wɒnt] v istemek

war [wɔː] n savaş; **civil war** n iç savaş

ward [wɔːd] n (area) bölge (seçim), (hospital room) koğuş; **Which ward is... in?...** hangi koğuşta?

warden ['wɔːdᵊn] n bekçi; **traffic warden** n trafik memuru

wardrobe ['wɔːdrəʊb] n gardrop

warehouse ['wɛəˌhaʊs] n depo

warm [wɔːm] adj ılık

warm up [wɔːm ʌp] v ısıtmak

warn [wɔːn] v uyarmak

warning ['wɔːnɪŋ] n uyarı; **hazard warning lights** npl tehlike uyarı ışığı

warranty ['wɒrəntɪ] n garanti; **The car is still under warranty** Arabanın garantisi var

wart [wɔːt] n siğil

wash [wɒʃ] v yıkamak; **car wash** n

oto yıkama; **I would like to wash the car** Arabayı yıkamak istiyorum

washable ['wɒʃəbºl] *adj* **machine washable** *adj* makinede yıkanabilir; **Is it washable?** Bu yıkanabilir mi?

washbasin ['wɒʃˌbeısºn] *n* lavabo; **The washbasin is dirty** Lavabo kirli

washing ['wɒʃɪŋ] *n* çamaşır; **washing line** *n* çamaşır ipi; **washing machine** *n* çamaşır makinesi; **washing powder** *n* çamaşır tozu

washing-up ['wɒʃɪŋʌp] *n* bulaşık yıkama; **washing-up liquid** *n* bulaşık deterjanı

wash up [wɒʃ ʌp] *v* bulaşık yıkamak

wasp [wɒsp] *n* eşekarısı

waste [weıst] *n* israf ▷ *v* israf etmek

watch [wɒtʃ] *n* kol saati ▷ *v* gözetlemek; **digital watch** *n* dijital saat

watch out [wɒtʃ aʊt] *v* dikkat etmek

water ['wɔːtə] *n* su ▷ *v* sulamak; **drinking water** *n* içme suyu; **mineral water** *n* maden suyu; **sea water** *n* deniz suyu; **sparkling water** *n* maden suyu; **watering can** *n* bahçe sulama bidonu; **a glass of water** Bir bardak su; **Can you check the water, please?** Suyu kontrol eder misiniz lütfen?; **How deep is the water?** Suyun derinliği ne kadar?; **Is hot water included in the**

price? Fiyata sıcak su dahil mi?; **Please bring more water** Biraz daha su getirir misiniz?; **There is no hot water** Sıcak su yok

watercolour ['wɔːtəˌkʌlə] *n* suluboya

watercress ['wɔːtəˌkrɛs] *n* su teresi

waterfall ['wɔːtəˌfɔːl] *n* şelale

watermelon ['wɔːtəˌmɛlən] *n* karpuz

waterproof ['wɔːtəˌpruːf] *adj* su geçirmez

water-skiing ['wɔːtəˌskiːɪŋ] *n* su kayağı; **Is it possible to go water-skiing here?** Burada su kayağı yapmak mümkün mü?

wave [weıv] *n* dalga ▷ *v* el sallamak

wavelength ['weıvˌlɛŋθ] *n* dalgaboyu

wavy ['weıvı] *adj* dalgalı

wax [wæks] *n* balmumu

way [weı] *n* yol; **right of way** *n* geçiş hakkı; **It wasn't your right of way** Yol hakkı sizin değildi; **She didn't give way** Yol vermedi

way in [weı ın] *n* giriş (*yer, nokta*)

way out [weı aʊt] *n* çıkış

we [wiː] *pron* biz

weak [wiːk] *adj* zayıf (*karakter*)

weakness ['wiːknıs] *n* zayıflık

wealth [wɛlθ] *n* varlık (*zenginlik*)

wealthy ['wɛlθı] *adj* varsıl

weapon ['wɛpən] *n* silah

wear [wɛə] *v* giymek

weasel ['wiːzºl] *n* gelincik (*hayvan*)

weather ['wɛðə] *n* hava (*meteoroloji*); **weather forecast** *n* hava tahmini; **Is the weather going to change?** Hava değişecek mi?; **What awful weather!** Hava çok berbat!; **What will the weather be like tomorrow?** Hava yarın nasıl olacak?

web [wɛb] n ağ; **web address** n internet adresi; **web browser** n internet tarayıcı

webcam ['wɛb,kæm] n internet kamerası

webmaster ['wɛb,mɑ:stə] n webmaster

website ['wɛb,saɪt] n internet sitesi

webzine ['wɛb,zi:n] n online magazin

wedding ['wɛdɪŋ] n düğün; **wedding anniversary** n evlilik yıldönümü; **wedding dress** n gelinlik; **wedding ring** n yüzük (nikah); **We are here for a wedding** Buraya bir düğüne geldik

Wednesday ['wɛnzdɪ] n Çarşamba; **Ash Wednesday** n Büyük perhizin ilk Çarşambası; **on Wednesday** Çarşamba günü

weed [wi:d] n yabani ot

weedkiller ['wi:d,kɪlə] n yabani ot öldürücü

week [wi:k] n hafta; **a week ago** bir hafta önce; **How much is it for a week?** Bir haftalığı ne kadar?; **last week** geçen hafta; **next week** gelecek hafta

weekday ['wi:k,deɪ] n hafta içi

weekend [,wi:k'ɛnd] n hafta sonu; **I want to hire a car for the weekend** Hafta sonu için bir araba kiralamak istiyorum

weep [wi:p] v ağlamak

weigh [weɪ] v çekmek (ağırlık)

weight [weɪt] n ağırlık

weightlifter ['weɪt,lɪftə] n halterci

weightlifting ['weɪt,lɪftɪŋ] n ağırlık kaldırma

weird [wɪəd] adj acaip

welcome ['wɛlkəm] n karşılama ▷ v karşılamak; **welcome!** excl hoşgeldiniz!

well [wɛl] adj afiyette ▷ adv iyi ▷ n kuyu; **oil well** n petrol kuyusu; **well done!** excl aferin!; **He's not well** Hiç iyi değil

well-behaved ['wɛl'bɪ'heɪvd] adj iyi yetiştirilmiş

wellies ['wɛlɪz] npl lastik çizme

wellingtons ['wɛlɪŋtənz] npl lastik çizmeler

well-known ['wɛl'nəʊn] adj tanınmış

well-off ['wɛl'ɒf] adj hali vakti yerinde

well-paid ['wɛl'peɪd] adj yüksek maaşlı

Welsh [wɛlʃ] adj Gal ▷ n Galli

west [wɛst] adj batı ▷ adv batıda ▷ n batı; **West Indian** n Batı Hint Adaları; **West Indies** npl Batı Hint Adaları

westbound ['wɛst,baʊnd] adj batıya doğru

western ['wɛstən] adj batı ▷ n kovboy filmi

wet [wɛt] adj ıslak

wetsuit ['wɛt,su:t] n balıkadam kıyafeti

whale [weɪl] n balina

what [wɒt; wət] adj ne, nasıl ▷ pron ne, nasıl; **What do you do?**

Ne işle meşgulsünüz?; **What is it?**
Bu nedir?

wheat [wiːt] *n* buğday; **wheat intolerance** *n* buğday alerjisi

wheel [wiːl] *n* tekerlek; **spare wheel** *n* stepne; **steering wheel** *n* direksiyon

wheelbarrow ['wiːl,bærəʊ] *n* el arabası

wheelchair ['wiːl,tʃeə] *n* tekerlekli sandalye; **Can you visit… in a wheelchair?**... a tekerlekli sandalyeyle gidilebilir mi?; **Do you have a lift for wheelchairs?** Tekerlekli sandalyeler için asansör var mı?; **Do you have wheelchairs?** Tekerlekli sandalyeniz var mı?; **I need a room with wheelchair access** Tekerlekli sandalye girişi olan bir oda istiyorum; **I use a wheelchair** Tekerlekli sandalyedeyim; **Is there wheelchair-friendly transport available to…?** Tekerlekli sandalyeye uygun ulaşım var mı?; **Is your hotel accessible to wheelchairs?** Otelinizde tekerlekli sandalye girişi var mı?; **Where is the nearest repair shop for wheelchairs?** Tekerlekli sandalye tamiri için en yakın dükkan nerede?; **Where is the wheelchair-accessible entrance?** Tekerlekli sandalye girişi nerede?

when [wɛn] *adv* ne zaman ki ▷ *conj* ne zaman; **When does it begin?** Ne zaman başlıyor?; **When does it finish?** Ne zaman bitiyor?

where [wɛə] *adv* nerede ▷ *conj*

nerede; **Can you show me where we are on the map?** Nerede olduğumuzu haritada gösterebilir misiniz?; **Where are we?** Neredeyiz?; **Where are you staying?** Nerede kalıyorsunuz?; **Where can we meet?** Nerede buluşabiliriz?; **Where is…?**... nerede?; **Where is the gents?** Erkekler tuvaleti nerede?

whether ['wɛðə] *conj* şayet

which [wɪtʃ] *pron* hangi; **Which is the key for this door?** Bu kapının anahtarı hangisi?

while [waɪls] *conj* iken ▷ *n* sırada

whip [wɪp] *n* kırbaç; **whipped cream** *n* köpük krema

whisk [wɪsk] *n* çırpıcı

whiskers ['wɪskəz] *npl* bıyık

whisky ['wɪskɪ] *n* viski; **malt whisky** *n* malt viskisi; **a whisky and soda** bir viski soda; **I'll have a whisky** Ben viski alayım

whisper ['wɪspə] *v* fısıldamak

whistle ['wɪsᵊl] *n* ıslık ▷ *v* ıslık çalmak

white [waɪt] *adj* beyaz; **egg white** *n* yumurta akı; **a carafe of white wine** Bir sürahi beyaz şarap

whiteboard ['waɪt,bɔːd] *n* beyaz yazı tahtası

whitewash ['waɪt,wɒʃ] *v* badanalamak

whiting ['waɪtɪŋ] *n* mezgit

who [huː] *pron* kim; **Who am I talking to?** Kiminle görüşüyorum?; **Who is it?** Kim o?; **Who's calling?** Kim arıyor?

whole [həʊl] *adj* bütün (*tüm*) ▷ *n* bütün (*tamamı*); **for the whole of**

June bütün Haziran boyunca
wholefoods ['həʊl,fu:dz] *npl* doğal yiyecek
wholemeal ['həʊl,mi:l] *adj* kepekli undan yapılmış
wholesale ['həʊl,seɪl] *adj* toptan satış ▷ *n* toptan
whom [hu:m] *pron* kime, kimi
whose [hu:z] *adj* kime ▷ *pron* kimin
why [waɪ] *adv* niçin
wicked ['wɪkɪd] *adj* hain *(cadı vb)*
wide [waɪd] *adj* geniş *(yayvan)* ▷ *adv* ferah *(geniş)*
widespread ['waɪd,spred] *adj* yaygın
widow ['wɪdəʊ] *n* dul *(kocası/karısı ölmüş)*; **I'm widowed** Dulum
widower ['wɪdəʊə] *n* dul *(kocası/ karısı ölmüş)*
width [wɪdθ] *n* genişlik
wife, wives [waɪf, waɪvz] *n* karı *(eş)*
Wi-Fi [waɪ faɪ] *n* wifi
wig [wɪg] *n* peruk
wild [waɪld] *adj* yabani
wildlife ['waɪld,laɪf] *n* vahşi doğa
will [wɪl] *n (document)* vasiyet, *(motivation)* irade
willing ['wɪlɪŋ] *adj* istekli
willingly ['wɪlɪŋlɪ] *adv* seve seve
willow ['wɪləʊ] *n* söğüt
willpower ['wɪl,paʊə] *n* irade
wilt [wɪlt] *v* solmak
win [wɪn] *v* kazanmak
wind¹ [wɪnd] *n* rüzgar ▷ *vt (with a blow etc.)* esmek *(rüzgar)*
wind² [waɪnd] *v (coil around)* esmek *(rüzgar)*
windmill ['wɪnd,mɪl; 'wɪn,mɪl] *n* değirmen

window ['wɪndəʊ] *n* pencere; **shop window** *n* vitrin; **window pane** *n* pencere camı; **window seat** *n* cam kenarı koltuğu; **I can't open the window** Pencereyi açamıyorum; **I'd like a window seat** Koltuğum pencere kenarında olsun; **May I close the window?** Pencereyi kapatabilir miyim?; **May I open the window?** Pencereyi açabilir miyim?
windowsill ['wɪndəʊ,sɪl] *n* pencere pervazı
windscreen ['wɪnd,skri:n] *n* ön cam; **windscreen wiper** *n* cam sileceği
windsurfing ['wɪnd,sɜ:fɪŋ] *n* rüzgar sörfü
windy ['wɪndɪ] *adj* rüzgarlı
wine [waɪn] *n* şarap; **house wine** *n* ev şarabı; **red wine** *n* kırmızı şarap; **table wine** *n* yemeklik şarap; **wine list** *n* şarap listesi; **a bottle of white wine** Bir şişe beyaz şarap; **Can you recommend a good wine?** İyi bir şarap tavsiye edebilir misiniz?; **This wine is not chilled** Bu şarap soğutulmamış
wineglass ['waɪn,glɑ:s] *n* şarap kadehi
wing [wɪŋ] *n* kanat; **wing mirror** *n* yan ayna
wink [wɪŋk] *v* göz kırpmak
winner ['wɪnə] *n* kazanan
winning ['wɪnɪŋ] *adj* kazanan
winter ['wɪntə] *n* kış; **winter sports** *npl* kış sporları
wipe [waɪp] *v* silerek temizlemek; **baby wipe** *n* ıslak bebek mendili

wipe up [waɪp ʌp] v silip temizlemek

wire [waɪə] n tel; **barbed wire** n dikenli tel

wisdom ['wɪzdəm] n zeka; **wisdom tooth** n yirmi yaş dişi

wise [waɪz] adj akıllı

wish [wɪʃ] n dilek ▷ v dilemek

wit [wɪt] n nükte

witch [wɪtʃ] n cadı

with [wɪð; wɪθ] prep ile

withdraw [wɪð'drɔː] v çekmek

withdrawal [wɪð'drɔːəl] n çekme

within [wɪ'ðɪn] prep (space) içinde, (term) içine

without [wɪ'ðaʊt] prep onsuz

witness ['wɪtnɪs] n tanık; **Jehovah's Witness** n Yehovanın Şahitleri; **Can you be a witness for me?** Tanıklık eder misiniz?

witty ['wɪtɪ] adj esprili

wolf, wolves [wʊlf, wʊlvz] n kurt

woman, women ['wʊmən, 'wɪmɪn] n kadın

wonder ['wʌndə] v merak etmek

wonderful ['wʌndəfʊl] adj harika

wood [wʊd] n (forest) koruluk, (material) tahta (ağaç)

wooden ['wʊdən] adj ağaç/tahta

woodwind ['wʊd,wɪnd] n ağaç üflemeli (çalgı)

woodwork ['wʊd,wɜːk] n ağaç işleri

wool [wʊl] n yün; **cotton wool** n pamuk

woollen ['wʊlən] adj yünlü

woollens ['wʊlənz] npl yünlüler

word [wɜːd] n sözcük

work [wɜːk] n iş ▷ v çalışmak; **work experience** n iş deneyimi; **work**

of art n sanat eseri; **work permit** n çalışma izni; **work station** n çalışma köşesi; **I'm here for work** Buraya iş için geldim

worker ['wɜːkə] n işçi; **social worker** n sosyal hizmetler görevlisi

workforce ['wɜːk,fɔːs] n işgücü

working-class ['wɜːkɪŋklɑːs] adj işçi sınıfı

workman, workmen ['wɜːkmən, 'wɜːkmɛn] n işçi

work out [wɜːk aʊt] v çözmek

workplace ['wɜːk,pleɪs] n işyeri

workshop ['wɜːk,ʃɒp] n atölye

workspace ['wɜːk,speɪs] n çalışma alanı

workstation ['wɜːk,steɪʃən] n çalışma köşesi

world [wɜːld] n dünya; **Third World** n Üçüncü Dünya; **World Cup** n Dünya Kupası

worm [wɜːm] n solucan

worn [wɔːn] adj eskimiş

worried ['wʌrɪd] adj endişeli

worry ['wʌrɪ] v tasalanmak

worrying ['wʌrɪɪŋ] adj endişe verici

worse [wɜːs] adj daha kötü ▷ adv daha kötüsü

worsen ['wɜːsən] v kötüleşmek

worship ['wɜːʃɪp] v ibadet etmek

worst [wɜːst] adj en kötü

worth [wɜːθ] n değer; **Is it worth repairing?** Tamir ettirmeye değer mi?

worthless ['wɜːθlɪs] adj değersiz

wound [wuːnd] n yara ▷ v yaralamak

wrap [ræp] v sarmak; **wrapping**

paper *n* paket kağıdı
wrap up [ræp ʌp] *v* paketlemek
wreck [rɛk] *n* enkaz ▷ *v* berbat
  etmek
wreckage ['rɛkɪdʒ] *n* enkaz
wren [rɛn] *n* çalıkuşu
wrench [rɛntʃ] *n* burma ▷ *v*
  burmak
wrestler ['rɛslə] *n* güreşçi
wrestling ['rɛslɪŋ] *n* güreş
wrinkle ['rɪŋkᵊl] *n* kırışık
wrinkled ['rɪŋkᵊld] *adj* kırışmış
wrist [rɪst] *n* bilek
write [raɪt] *v* yazmak
write down [raɪt daʊn] *v* yazmak
writer ['raɪtə] *n* yazar
writing ['raɪtɪŋ] *n* yazı; **writing
  paper** *n* yazı kağıdı
wrong [rɒŋ] *adj* yanlış ▷ *adv* yanlış;
  wrong number *n* yanlış numara; **I
  think you've given me the
  wrong change** Sanırım yanlış
  para üstü verdiniz; **The bill is
  wrong** Hesapta bir yanlışlık var;
  You have the wrong number
  Yanlış numara

Xmas ['ɛksməs; 'krɪsməs] *n* Noel
X-ray [ɛksreɪ] *n* röntgen ▷ *v*
  röntgenini çekmek
xylophone ['zaɪləˌfəʊn] *n* ksilofon

Y

yacht [jɒt] *n* yat *(tekne)*
yard [jɑːd] *n (enclosure)* avlu, *(measurement)* yarda
yawn [jɔːn] *v* esnemek
year [jɪə] *n* yıl; **academic year** *n* akademik yıl; **financial year** *n* mali yıl; **leap year** *n* artık yıl; **New Year** *n* Yeni Yıl; **Happy New Year!** Mutlu Yıllar!; **last year** geçen yıl; **next year** gelecek yıl; **this year** bu yıl
yearly ['jɪəlɪ] *adj* yıllık ▷ *adv* her yıl
yeast [jiːst] *n* maya
yell [jɛl] *v* bağırmak
yellow ['jɛləʊ] *adj* sarı; **Yellow Pages®** *npl* Sarı Sayfalar
Yemen ['jɛmən] *n* Yemen
yes [jɛs] *excl* evet
yesterday ['jɛstədɪ; -,deɪ] *adv* dün
yet [jɛt] *adv (interrogative)* artık, *(with negative)* henüz ▷ *conj (nevertheless)* yine de

yew [juː] *n* porsuk ağacı
yield [jiːld] *v* ürün sağlamak
yoga ['jəʊgə] *n* yoga
yoghurt ['jəʊgət; 'jɒg-] *n* yoğurt
yolk [jəʊk] *n* yumurtanın sarısı
you [juː; jʊ] *pron (plural)* siz, *(singular polite)* siz, *(singular)* sen
young [jʌŋ] *adj* genç
younger [jʌŋə] *adj* daha genç
youngest [jʌŋɪst] *adj* en genç
your [jɔː; jʊə; jə] *adj (plural)* sizin, *(singular polite)* sizin, *(singular)* senin
yours [jɔːz; jʊəz] *pron (plural)* sizinki, *(singular polite)* sizinki, *(singular)* sizinki
yourself [jɔːˈsɛlf; jʊə-] *pron* kendin, *(intensifier)* kendin, *(polite)* kendin
yourselves [jɔːˈsɛlvz] *pron (intensifier)* kendiniz, *(polite)* kendiniz, *(reflexive)* kendiniz
youth [juːθ] *n* gençlik; **youth club** *n* gençlik klubü; **youth hostel** *n* gençlerin kaldığı otel

Z

kuraklık); **time zone** *n* zaman dilimi

zoo [zuː] *n* hayvanat bahçesi

zoology [zəʊˈɒlədʒɪ; zuː-] *n* hayvanbilim

zoom [zuːm] *n* **zoom lens** *n* zoom merceği

zucchini [tsuːˈkiːnɪ; zuː-] *n* kabak

Zambia [ˈzæmbɪə] *n* Zambiya

Zambian [ˈzæmbɪən] *adj* Zambiya ▷ *n* Zambiyalı

zebra [ˈziːbrə; ˈzɛbrə] *n* zebra; **zebra crossing** *n* şeritli yaya geçidi

zero, zeroes [ˈzɪərəʊ, ˈzɪərəʊz] *n* sıfır

zest [zɛst] *n (excitement)* haz, *(lemon-peel)* limon kabuğu

Zimbabwe [zɪmˈbɑːbwɪ; -weɪ] *n* Zimbabwe

Zimbabwean [zɪmˈbɑːbwɪən; -weɪən] *adj* Zimbabwe ▷ *n* Zimbabweli

zinc [zɪŋk] *n* çinko

zip [zɪp] *n* fermuar; **zip (up)** *v* kapatmak *(fermuar)*

zit [zɪt] *n* sivilce

zodiac [ˈzəʊdɪˌæk] *n* burçlar kuşağı

zone [zəʊn] *n* bölge *(savaş,*